MAKE MONEY ONLINE WITH DROPSHIPPING

MAKE MONEY ONLINE WITH DROPSHIPPING: HOW TO GENERATE A PASSIVE INCOME OF $ 10,000 A MONTH USING THE DROPSHIPPING E-COMMERCE BUSINESS MODEL. LEARN THE SECRETS OF THE MOST SUCCESSFUL DROPSHIPPING BASED E-COMMERCE STORES.

Table of Contents

Description

Have you always wanted your own e-commerce store but are worried about the cost and the risk? It is one of the biggest hurdles for people to overcome and most never get beyond the idea stage of having their own business and being their own boss. And understandably so; it can be expensive to start an online store and spend thousands purchasing stock, not to mention the risk of the products not selling.

This is why dropshipping is an excellent way to get into the entrepreneurial world and start earning an income through a business of your own. Dropshipping lets you sell products without actually having to purchase any products beforehand. In other words, you set up an online store, you list the products you want to sell, and when a customer buys something, you then place an order with the supplier who then ships it out to them. You then pocket the difference between what your customer paid and what it cost you to buy the item and get it shipped. You never need to buy stock and you never need to handle packaging and shipping – the supplier does all of that for you.

Dropshipping has provided people with an opportunity to have their own business that doesn't involve a big capital investment nor high risk. Want to know how it's done? Then read on. This book explains everything you need to know about how to set up a store, find suppliers, reach an audience and find new customers, and how to keep running your business once its active. It also suggests apps you can use to make your business more efficient and streamlined and marketing tools to help build your online presence and make your business successful.

The reason I wrote this book is to gather my knowledge on a subject I know a lot about based from personal experience and share with others in order to inspire them to take the plunge and set up their own business. With drop shipping, it's fairly straight forward and you can be earning a six-figure income in a matter of months, giving you independence and financial security.

This guide will focus on the following:

- Understanding dropshipping
- Why invest in dropshipping?
- What you need for a successful dropshipping business
- Setting up your dropshipping business
- The advantages of retail arbitrage
- How to pick the right products
- Find a supplier
- Contacting suppliers
- All about orders
- Affiliate marketing
- Scaling up your FBA business
- Avoiding common dropshipping mistakes... AND MORE!!!

Introduction

Earning a passive income online gives you the unique and incredible opportunity to maximize your income and step into the blissful world of financial freedom. When you are able to produce a six-figure online business that requires little of your involvement for maintenance, you eliminate your need to stay in the struggle and grind of a 9-to-5 corporate job. You open up your window of opportunity and give yourself the chance to live a life that is free, effortless, and bountiful.

Dropshipping companies are an incredible way to tap into the online retail industry without having to spend a great deal of money to get started. They are one of the best opportunities for anyone to take advantage of as very little is required in order for you to get started. To start, you simply have to set up your website or use a hosting website, plug in some products from qualified drop shipping wholesaler suppliers, and start marketing your business! Through effective management strategies and strong marketing techniques you will inevitably establish a business that will earn you a major income, up to six-figures and beyond!

There are many valuable benefits that you can enjoy if you start a drop shipping company of your own. Some of these benefits include: low overhead and zero need to carry inventory, low startup costs, and convenient automation systems. This business opportunity is truly one of the best ones available to anyone who is seeking to make a major income from the online world of e-commerce. Regardless of where your launch point is, you can definitely create a business that will earn you a massive amount of income.

This guide will guide you through absolutely everything you need to know in order to begin your own successful dropshipping business. You will learn about how you can begin your business, how you can manage your business, how to market your business, common mistakes to avoid, various tips and tricks to launch your business into success, and so much more. By the end of this book, you will have all of the skills and confidence that you need in order to cultivate your own business and earn a massive profit as a result. All you have to do is implement the simple-to-follow steps and watch your business grow!

If you are ready to release the caged lifestyle of a 9-to-5 job that requires excessive amounts of time and effort and start earning a passive income online, then you are ready to design your own drop- shipping business. Each chapter has been specially designed to ensure you have all of the tools you need to succeed with your dropshipping business. As you read, be sure to complete the suggested activities so that you can maximize the success you experience with your business. Finally, please enjoy.

Chapter 1 Understanding Dropshipping

Many people in the online space are talking about dropshipping companies. The idea sounds amazing: you don't carry any inventory and you use a host website (or your own) to earn a major profit. Before you get started, however, it is important that you know as much as possible about what dropshipping is and how it works.

What Is Dropshipping?

Dropshipping is a method of retail fulfillment that takes the requirement of carrying inventory off of the store owner. In traditional stores, even online, retailers are required to carry inventory so that when a sale is made they can ship the product to the purchasing customer. With dropshipping, however, the sale is fulfilled by a warehouse that carries stock for the store owner. Drop shipping warehouses are typically third party companies that are responsible for supplying stock to several different companies.

Because of the setup of a drop shipping store, the merchant is never required to see, touch, or carry inventory for the purpose of business. At most, the merchant may purchase samples to ensure the quality of the products they are selling on their retail store.

How Does It Work?

When a merchant stocks their online store with dropshipping-supplied products, the store is set up identical to any other retail store. You can go on a host website (such as Shopify) or go to the merchant's own web hosted store, which will show off all of the products that are for sale. From there, you decide what you are seeking to purchase and then you put it in your cart. Once you check out, the merchant is paid, and then the merchant automatically pays the drop-shipper for the product. The drop-shipper then ships the product to the paying customer, and the chain is complete. Aside from hosting the actual sales, the merchant is not involved in any of the rest of the process.

Will I Actually Make a Profit?

Due to a lower startup cost, lower overhead, and the ease of setting up a website online, it is actually extremely simple to make a profit from drop shipping companies. You simply create a website, host sales, and get paid every time someone purchases products from your website. You can host as many or as few products as you desire, and you can set the prices to whatever your desired price range is. As a result, you have a large amount of control over how much you will profit from each sale.

What Else Do I Need to Know?

Dropshipping is one of the easiest online businesses to run. You are not required to do a significant amount of work in order to maintain your shop, which means it is a highly passive income stream. Despite this fact, there is still work you will need to put into hosting your website or sales and ensuring that they succeed. Throughout this book, you will learn how you can operate your drop shipping business for the highest benefit. You can either be highly involved or outsource everything and have minimal involvement in the process. Ideally, especially if you are just starting out, you will want to be more involved so that you gain maximum profit. As you grow, then you may consider outsourcing even more of the work.

Dropshipping is a sophisticated opportunity to host an online retail store. It makes shopping online easy for both the merchant and the customer. It is highly cost effective and can be accomplished by virtually anyone who desires to create an online business and start earning money from it. You are not required to have any special talents when it comes to hosting a drop shipping retail store and earning profits from it, you simply need a willingness to learn and a basic understanding of the internet.

Chapter 2 Why Invest in Dropshipping?

Although dropshipping profit margins generally range between 15% and 45%, luxury items and consumer durables like electronics and jewelry may yield 100% profit margins. It all depends on selecting the correct niche and finding the correct supplier for it and making an entry into a market which is not saturated with it already.

Using a manufacturer to supply the goods directly rather than a supplier or vendor can cut out the role of a middleman and thereby ensure higher profit margins.

Once the enterprise gains momentum and establishes itself, it can almost become a money minting machine which does not require much input. The drop shipping business owned by Irwin Dominguez is an outstanding example of an e-commerce enterprise which earned one million US dollars in a very short span of 8 months. It gives an idea of the latent potential of this business.

Is Dropshipping For You?

Dropshipping is a fantastic option for new arrivals in the world of e-commerce. It requires a low-investment and involves less risk. These features can be enchanting and enthralling for the first-timers who are just stepping into the field of online business.

This type of enterprise demands a very small size of capital, so it is an ideal choice for those who already own a store and an inventory as well. They can try out certain goods in the markets and find out how they perform before getting a big stock of those goods.

The people who aspire to get impressive profits right away may not find this model very satisfactory. In case, your main goal is to earn a profit then it is better to associate with the manufacturers directly. But the catch is that the manufacturers do not always provide the facility for dropshipping.

The profit margins in this type of business are relatively lower than the other models of business, like wholesaling and manufacturing. In drop shipping a brand which is a fresh startup may not do well because the final control over customer satisfaction by means of brand experience and branding does not rest with the retailer.

Some facts and figures that show dropshipping is a feasible business model.

- *22% to 33% of retailers who work online have adopted the drop shipping business model.*

- *In 2011, 34% of the goods that were sold through Amazon were dropshipped. That means products worth more than $14 billion were dropshipped from a single online marketplace.*

- *Average profits of manufacturers who dropship their products are calculated to be 18.33% more than that of manufacturers who use the traditional retail business models.*

- *E-commerce sales on a global level were more than $2 trillion. It is anticipated that it will increase further and become nearly four and a half trillion dollars by 2021.*

Google Trends also shows that in the last few years there has been a massive rise in the number of people who are interested in the dropshipping business.

The Entrepreneurs for whom Drop shipping is Suitable

New Entrepreneur

Dropshipping is a chosen model for the people who are just taking the initial steps to sell things online. Basically, selling things online is not a cake walk. It takes time for an average marketer to learn and acquire a knack of driving traffic to his website and things like conversion optimization. This model gives them an inexpensive way to learn all this before making huge investments in the business.

Validating Entrepreneur

The dropshipping model is an amazing way to try out new products and startups. This type of business is perfect for entrepreneurs who need product validation prior to making any investments.

Walmart Entrepreneur

Dropshipping happens to be an ideal enterprise for people who wish to put up a wide assortment of items for sale. In a traditional form of business, it is not possible to sell many different items without spending a huge amount in acquiring an inventory. While this model can be used most suitable for this purpose without purchasing anything upfront.

Budget Entrepreneur

This kind of enterprise involves the least expenditure for selling things online as there is no necessity for purchasing an inventory. Therefore, it is a number one business model for entrepreneurs with a small budget or those who prefer to maintain the startup costs at a minimum level.

The Entrepreneurs for whom the Dropshipping Model is not Appropriate

Brand Oriented Entrepreneur

No doubt, establishing a long-lasting brand is a difficult task, but it is very rewarding. In the drop shipping business, it is even tougher to accomplish this task. The reason is that as a retailer you do not have much control over the factors which influence the customer experience.

For instance, there may be times when your customer purchases a product from which is already sold out by your supplier. You may feel uncomfortable and frustrated in such situations and find it difficult to coordinate the transactions between your supplier and the customer. This may prove to be a very unpleasant experience for the client.

Another way in which you do not hold the reins of your customer's experience is related to packaging. As the delivery part depends on the supplier, he may not put in much effort to please the customer with impressive packaging. Most of the time the items will be received by the customer in some ordinary brown box which is not a very attractive offer.

Moreover, as you do not ship the items yourself if a customer does not get the parcel you have to call the shipping company and settle matters. This may take a long time because you will have to deal with some busy representative of the company. Thus, you may not be able to satisfy the customer and get a good reputation.

An Entrepreneur Who Focuses on Margins

Most probably the most prominent issue associated with dropshipping is that there are very thin margins. Usually, the gross margins, that means the difference between the price at which you sell an item and the money you pay to the drop shipper, for traditional drop shipping goods are between 10% to 20%.

Advantages of Dropshipping

There are several aspects of this type of enterprise which are very advantageous. They are:

1. It can be set up very easily: You do not have to waste time and energy on assembling things and setting up the business. Just a few basic steps have to be taken to become a full-fledged trader. Put your best foot forward and choose a product, find a supplier, create a website for yourself, and sell your goods, that's it! Even a novice who is unfamiliar with the e-commerce enterprises can understand and follow these steps quite easily.

2. The amount of money required for setting up an online business is negligible: The traditional models of business involve a lot of investment to set up and perform the retail functions, for example, purchasing a space and inventory. This step is not necessary for dropshipping. So, the entire cost of setting up a physical business entity is eliminated. At most, you may have to invest money for running the website which includes the cost of hosting, apps, theme and other things.

3. No need to be concerned about huge overhead costs: It goes without saying that the businessman does not have to bear the financial burden of paying the rent,

phone bills, electricity bills pertaining to the office space or warehouse, or on buying stationery. You only need to think about managing the website and its fixed costs.

4. This type of enterprise involves less risk: You are not under any pressure to sell the products. You do not lose anything if your goods are not sold. If you cannot scale the store or earn profits, you can simply back out. So, the drop shipping model is a less risky form of business.

5. It does not depend on a location: You can carry on your business from anywhere. Therefore, you can be free from the hassles of maintaining an office, employees, and a warehouse. Since the business is independent of the location and is not tied to some concrete space, you can sit on a beach, or travel to your favorite resort and still make profits.

6. You can sell a varied assortment of products: It is possible to find a drop shipping supplier for nearly everything that you may wish to sell. There are so many options to choose from. You may rely on a single incredible product, sell different goods at the same time, or mix the popular products with the less popular ones. You are the master of your choice. All

you have to do is select your niche. You will surely find a supplier for it.

7. You have more resources and time to augment your business: Traditional business models of business require more investment of resources and more work to earn more profits. While in drop shipping you just need to send a larger number of orders to the dropship supplier. The supplier will do the rest for you. But all the profits will be credited to your account.

It takes less time to manage a drop shipping business, and it is almost automated. Consequently, you have more time on your hands to make plans and boost your business.

8. There will be less damaged goods and less loss: Goods are shipped directly by the suppliers to the buyers. So fewer shipment steps are involved. This greatly decreases the chances of damaging the goods while moving them from place to place.

9. It is convenient for the retailer and the supplier: The retailer does not have to bear the burden of packaging and shipping the products. The supplier does not have the responsibility of promoting and marketing his products. Both of them gain decent profits in the business. So, the drop shipping model is convenient for both of them.

10. Work with multiple suppliers: It is possible for the drop-shippers to work with a number of wholesalers at the same time.

11. Easy to scale or remodel: They can be scaled easily both vertically and horizontally. Drop shipping stores are totally digital. They do not need a place to keep the stocks. So, it is easy to scale them. Moreover, if one product or niche does not sell well, the retailer can conveniently switch over to some items which sell better.

12. No need for spending on an inventory: The retailer does not have to buy a product until he sells it and is paid for it by the customer.

In fact, the retailer has access to an unlimited inventory. If the supplier has an item, the retailer can easily put it up for selling on his website without spending any extra money.

Disadvantages of Dropshipping

But every coin has two sides. The downside of the drop shipping model of business is:

1. The profit margin is slightly lower compared to those of a wholesaler and manufacturer: According to your requirements, location, or niche, the vendors or suppliers may charge higher rates for drop shipping the goods. This impinges on the profit margin to some extent.

2. The liability for the entire transaction rests on the retailer: The customer purchases the item from the website of the retailer. The goods are sold in his name. So even if the supplier makes a mistake, the retailer is held responsible for it. Therefore, it is extremely important to select the right person as your supplier.

3. The retailer has less control over the packaging: Usually, a customer's satisfaction is linked with the personalized branding and packaging of the goods that are shipped. The small details like the notes and freebies that are given with the order make a lot of difference.

Unfortunately, the retailers do not get a chance to decide the way in which the goods will be presented at the time of delivery. This part of the transaction is mainly dependent on the supplier's choice.

Nevertheless, you can ask your supplier to brand things in a particular way. But you may have to pay some extra money for this service.

4. Some problems may arise because of shipping complications: It is a good idea to sell multiple items to increase sales and thereby boost your profits. But in case, you have a number of suppliers who supply different things this technique may prove to be counter-productive.

Different suppliers charge different rates for shipping according to the location, kind of goods, and some other factors. By chance, if a particular customer orders a number of things which have to be shipped by different suppliers, it will be a difficult task for the retailer. He will be required to calculate and pay the charges for shipping separately to each supplier. If he transfers the various shipping costs to the buyer, it will have a negative impact, and the profit margin may go down.

5. There is a lot of competition: The dropshipping model is very lucrative and popular. So, the number of sellers in every niche and segment is also large. Until a retailer caters to a very specific niche or segment the competition can be detrimental.

6. It can be a tricky affair to manage the inventory: It is almost impossible to keep an account of the supplier's stock. Lack of proper communication or wrong messages could lead to cancellations or delays. Although it is possible to tackle such problems with the help of software, it may increase the overhead costs and prove to be expensive.

Chapter 3 What You Need for a Successful Dropshipping Business

An Online Store

This may seem obvious, but you will need an online store to start your drop shipping business. Of course, you can always use a physical store as well, or maybe you already have one, but an online store is necessary so that people can see all the items you have to order.

I know, I know, for some people that seems like a heck of a lot of work to put into your business, but it's worth it, trust me. You see, this online business gives you the chance to expand beyond your local market.

An online store is not difficult to make, there are plenty of instruction manuals out there to begin with, or you can hire a designer to get you started and teach you how to key in your products. If you already have a physical store then it is an especially great idea to get started in dropshipping, as you won't need to also work on packaging and distributing the products. Seriously, there is no downside to this.

If you are not already the owner of a physical store with an online website to attach to it, then you can make your own online store. But starting a store from scratch can be a complicated business, though there are many sites you can work through that help such as Shopify and blank.

But there is also the possibility of buying an online store that already exists and then expanding from there. This option is really only viable if you happen to have the capital to invest into it, and since one of the appeals of drop shipping is a lower startup cost, then this might not be your number one idea.

When it comes to either designing your new online store or purchasing one, you need to take quite a few things into account.

- Professional look: this is important. You don't want your online store appearing all cluttered and confusing with pop-ups and ads everywhere. That can definitely dissuade people from shopping there. A more clean-cut appearance is desirable, and having your website look like a newbie designed it just won't cut it.
- Ads: Ads are a great way to add in revenue, but make sure it is tasteful and not taking up half the page.
- Mobile site: Most people shop online on their phones these days, so don't skimp when it comes to having a mobile option so people can seriously shop on the go. If the site isn't mobile-friendly then people are more likely to keep scrolling elsewhere.

- Choose Quality Retailers: We will discuss this further on in the chapter, but just know that you need to have reliable retailers. This is because even though you won't be the one shipping things out, the consumer sees you and your website as the responsible party overall, and it will affect them choosing to do business with you.

- Payment Options: It is helpful to have multiple payment options in an online store because then the customer has a quicker and easier experience when checking out. Using sites like Pay-pal or After-pay are a great way to appeal to wider audiences. Amazon also has one-click purchase options once an account has been made with payment info, and that's another possible avenue you can take.

There are many different ways you can set up your online store, and the direction you choose is ultimately up to you. Just make sure you understand what you are really trying to sell with it, and have that brand match it.

With the right amount of dedication and knowledge, you can easily make your online store shine so that consumers find it easy to navigate. Having them want to use your store first is the best goal overall. Don't leave your customers disappointed and you will soon find that your revenue is coming in strong.

A Marketing Plan

This should definitely be a given, but some people don't take into account how necessary a marketing plan is to truly find success. Diving in sometimes feels like the most exciting part of beginning your new business adventure, but it isn't always sparkles and sunshine.

Not to take the wind out of your sales, but it's time to buckle down and get real.

On average, people want to go into business with whatever they are passionate about, be it books or pop culture or maybe even fishing supplies. But sadly that isn't always what will work best. What needs to be taken into account is what is in demand right now, and what you can sell. Focusing on a single passion or niche might not work in your favor because the quantity is chosen over quality these days.

Business and profit mean that you need to be realistic. It is possible to fulfill your passions while also making money, but it takes a good marketing plan to set that into effect.

Choosing what Market you want to focus on makes it easier to design your marketing plan, because once you know what products you know who you are trying to sell to.

Thanks to this beautiful era of the internet, there is so much information available at your fingertips, so utilize that well. There are all sorts of websites out there that talk about product trends, and even list out what is popular and selling well and why. Study up on what you might want to sell, and pay attention to what does sell, and that's the beginning of your marketing plan.

It's great that you may be into, say, cat-themed products, but selling only cat-themed products isn't going to be very original or net you much money. You want to expand your audience to expand your profit margin.

A few great places to check on trends include:

- Find out what the usual volume of the order is for certain products. For example, if a product isn't ordered in a large volume then it's possibly not a product you want available, as it doesn't sell as well as other products. Of course, that can be time-consuming to go through, which is where the next option comes in handy.
- Google Trends can really help you know what is truly taking off in the here and now, and get you started on finding products to pad your online store with. You don't want to pick things based on what you like, which is what a lot of people mistakenly do. Instead, you will focus on the market and what everyone else wants.

- Check out websites that are already popular and see what type of products they have and how they set up their websites. You can definitely follow direction that way without copying word for word. Just get an idea of what appeals to your customer base. You can't ever go wrong with research.

Ultimately, research is what will help you form the best marketing plan directed toward your goals. You can't just jump the gun and think you'll be the next star of the dropshipping world. Take time to properly research the products and the message you are trying to give with your store.

Just remember not to focus too much on the trends themselves, just make sure they are available within your business. This is because trends change, and you won't have the time or revenue to revamp your store when trends change. Just make sure that the niche you focus on is one that has constant trends, and not something is unique jut for now.

Checking out your rivals is another great way to compare how you are doing your work. Your competitors are an important part of your business model because they are who you are actively working to be better than. If you know how your competitors are working and what tools they may be using then you are on the way to knowing how to compete with them.

If you follow these rules then you will be sure that consumers know exactly what they are getting with your business. This will also help make sure that you are not targeting a niche that will lead to failure.

Take a deep breath and start focusing on the plans for your future, because the right plans will always lead you on the path to greatness.

Reliable Suppliers

The next step? You guessed it! Finding reliable suppliers is quite an important part of setting up your drop shipping business. This one really speaks for itself because you don't want to have to worry about whether or not your customers will receive exactly what they believe they are purchasing.

As the online store that they are buying from, they will see your business responsible for any mishaps, even if they understand that they are buying from other retailers. This is because you are the go-between they are depending on, so the retailers you work with should be dependable and trustworthy from the get-go.

When you decide that you are ready to begin choosing suppliers, there is quite a lot that you need to think about. Consider first a suppliers popularity and dependability. There are various websites you can use to see reviews, ratings, and even how long they have been around.

You want to work with someone who is already established and who has a strong history of being reliable so that you don't have to worry about accidentally betraying your customers.

Proper research will always be important on your part and can make or break your business. If you choose suppliers willy-nilly then you are asking for mistakes to be made and money to be lost. Be proactive by doing this the proper way, even if it takes a little more effort.

Once you have a list of potential suppliers that look good, you can dig into the nitty-gritty of it all. That's right, you start asking suppliers the real questions and see what you can afford and what it would be like to work with them.

This means asking them things like shipping times, order minimums, and other business-related dealings, usually involving the money and transactions.

Once you've narrowed it down then it is time to do some practice orders with these suppliers, to see if they practice how they preach. If the order is wrong or doesn't match their claims, then you know they are not the business for you. That should make it easier for you to pick the one or two businesses you will want to start working with first.

It's definitely possible to have multiple retailers to work with but that should be saved for once you have a better handle on your business. Biting off more than you can chew isn't recommended if you are looking for success.

There are many different methods for getting where you want to be with your drop shipping business, you just need to stick with us and read through all the knowledge we have to share. There is no one-step route to this, you need to be ready to put the time and effort into it.

Ecommerce is a fun and competitive market to work in, and you should be excited that you are going about it the right way. Be ready to break into the market and start finding success around each corner, just like you have always dreamed of.

Understanding the Common Pitfalls of a Dropshipping Business

While we would love for the drop shipping business to be a rollercoaster that only goes up, that just isn't the case, and we'd be liars if we avoided discussing the downs of the business. There are quite a few common pitfalls of a drop shipping business that you should be aware of and prepared for.

It's quite common to get too excited and forget the reality of what you are doing, which is: running a business. You need to remember that there will be lots of drops as you go, and it will be a true rollercoaster ride. Here are some of the things to expect from your dropshipping business that are less than stellar:

- Huge competition. That's right, since the internet is infinite that leaves almost an infinite amount of competition, which means it is even more difficult for you to find ways to truly stand out from your competitors. It isn't too difficult to start a drop shipping business and it requires less money than many other types, which makes it appealing to many people who aren't really willing to do their research first. The competition can be killer if you don't prepare for them in whatever type of products you are selling and the prices that you need to match to appeal to the consumer. You are also a small business competing with a large business, who's able to take bigger cuts on profit than you are. That's why it's so important that you choose your market carefully.

- Not as simple as you first believe. Seriously, it seems like the dream idea because you don't have to do the physical work yourself, but there is still plenty that needs to get done. When you don't have a physical inventory it can really complicate things. If a customer orders multiple items from different suppliers, it is then up to you to figure out what that means for them when it comes to calculating shipping, or whether you offer discounts when it comes to that. Some businesses do free shipping if you order a certain amount from the same supplier, so that is a possibility to take into account.

- You haven't experienced the products yourself. Not being able to touch or examine what you are selling can have its downside when it comes to customers who have questions about the product, or even when you are writing up your product descriptions and sales pitches. You need to make sure you know that you can be engaging about a product and also be well informed.

- You aren't in control of the shipping. This is one of the most popular parts of running a drop- shipping business, but this can also be your downfall. This is because your business is the face selling the product, so if something goes wrong or shipping messes up, you can't just throw the blame on the supplier and wipe your hands clean of it. You need to be able to communicate effectively with both the customer and the supplier and know the answers to questions before they are asked. That can take a lot of time and dedication.

- Legal issues. Yes, legal issues definitely can arise when it comes to dropshipping. This is why you always need to have a contract when you strike up a partnership with a supplier. If they are involved in illegal activities or have misrepresented themselves or their products then you are considered complicit as well.

- How much you order is up to you. This isn't always the case, because shops will require a minimum order when it comes to doing business with them, so they can weed out those who could end up wasting their time. You also can realistically only order as much as they happen to have in stock at the time, and they may not give you as much as you want either. You are competing with other businesses out there who are also buying supplies, and they might rather put more of their stock into businesses they know have a good return.

There are many more issues that can arise when it comes to running a dropshipping business, but these are just some of the more common ones we wanted to run over first.

Chapter 4 Three ways to run a functional dropshipping store

There are two main popular ways to run a dropshipping store and one unpopular approach – let's talk about the three of them briefly. The first method or approach is to create a storefront on any of the popular e-commerce platforms. Once you have created the store, you need to research and find hot selling products and then list them on the store. When people order the product, you send their information across to a supplier to fulfill the order for you.

One advantage of having your dropshipping store on already established marketplaces is that you get to leverage the brand image of the e-commerce platform to sell more. Online shoppers already have a good perception of the major online e-commerce marketplaces. So, once you have a store on such marketplaces, the brand image rubs off on you. This means that a buyer would be more than likely to purchase from you.

For instance, Amazon is a well-recognized e-commerce marketplace – the platform is also well known for its customer satisfaction policy. Now, if you create a drop shipping storefront on Amazon, an online shopper will trust your store just for the mere fact that it is on Amazon or that it has Amazon's branding on it.

The role that branding or brand image plays in the success of a business can never be underestimated. So, if your store has a positive brand image as a result of its association with Amazon (associative branding), then you are sure to gain the trust of your potential buyers and record more sales.

Another advantage of having your drop shipping storefront on established e-commerce marketplaces is that you get to enjoy the enormous traffic that gets to such platforms daily. There is no doubt that platforms like Amazon welcome a barrage of human traffic every day. And all those visitors are on the platform for one thing – which is to buy something. If you position your store before such a vast audience, then you are sure to record sales.

With the type of traffic that gets to the platforms, you may not need to spend huge amounts of money on advertising your products or store. Yes, you may still need to pay some money to the different platforms for improved visibility, but that would be significantly lower than the amount you would have spent on PPC (Pay per Click) advertising, for instance, if you were trying to pull your own traffic to the store.

The only disadvantage or rather drawback that comes with selling on popular e-commerce marketplace is that the competition can be stifling. Since it is pretty easy to create a storefront on those platforms, the competition is quite high as there are many vendors jostling for the traffic that comes to the sites.

However, it is essential to note that competition is a normal part of running a business. There is no type of business that does not face competition, but your ability to position yours uniquely is what will differentiate your store from the millions of others that are available.

Another way through which you could run a drop shipping store is to create your own independent online store and then connect it to an order fulfillment platform like Shopify. To go with this approach, you will have to buy a domain name, hosting package, and then design your store from scratch. After designing the store, you will then populate it with products. Some plug-ins allow you to automatically import products from various order fulfillment sites into your own online store. Using such plug-ins or software applications will make the job of populating your store with as many products as possible easy for you.

Note: as a drop-shipper, it is essential for you to add as many products as possible to your store. The more products you add, the more your sales. Remember, we said earlier that drop shipping thrives on volume sales. Since you are not even the person fulfilling the orders, you don't have to bother about the stress of fulfilling many orders at once.

The major advantage of creating your own independent dropshipping store is that you are entirely in charge of your business. If you create a store on a popular marketplace like Amazon or eBay, you could wake up one morning to find that your store has been deleted or restricted. If another company can delete or restrict your business, then it is safe to say that you don't have a business. Running your own independent store puts you in control. You decide the types of products you want to list on your store and those you don't want.

A significant disadvantage of running an independent store is that you would have to do your own branding yourself. Getting prospects to trust your store and leave their money with you can be a hard task. You will work extra hard before you could gain the trust of your audience. This is unlike what happens when you are selling on a popular marketplace – the brand image of the marketplace serves as an umbrella that covers you.

Another disadvantage of running your own independent drop shipping store is that you will have to spend a lot of money on marketing. You will be responsible for driving traffic to your store, and this can often be expensive. Running PPC campaigns all the time can take a huge toll on your income and reduce your profit significantly. And unless your store has become very popular, you will always need to run ads for people to keep coming to your store.

The third, albeit unconventional method to run a drop shipping store, is the social media approach. This involves showcasing high in demand products on social media – when your followers or other social media users like any of the products you have displayed, they would order them. You will then need to source for a supplier who will deliver the product to the online shopper.

This type of dropshipping could best be described as manual drop shipping although some people would choose to call it retail arbitrage. Many drop-shippers usually start their journey on social media and then proceed to build their own platforms or create stores on e-commerce marketplaces.

One major advantage of this dropshipping approach is that it is the least expensive option. You don't pay any money to create a post on social media. It is also easy – you are not required to set up anything. Any regular social media user can create posts and ask people interested in a product to get in touch.

A major disadvantage is that you will have to gain the trust of your followers first before they are willing to do business with you – and this can take time. Also, you will need to grow a large social media following – again; this can take time. If you want to work with social media influencers (people with large social media following), you will have to spend a lot of money.

Another disadvantage is that your business will be at the mercy of the social media platform in question. The social media platform that you are using could decide to restrict the number of your followers who get to see your ad posts. If that happens, you will have to run PPC campaigns, which can be quite expensive.

Often, people who are new to dropshipping do ask, "Which is of the three approaches is best for a newbie?" There is no straightforward answer to that question – some drop-shippers start with social media while others start with e-commerce marketplaces. It depends on you and the level of technical knowledge you have. You could even start with your own independent store if you are sure of what you are doing.

Since we have looked at the different ways of running a drop shipping store, let's proceed to talk about how to actually create and run one. But before then, let's summarize some of the reasons why drop shipping is excellent for every e-commerce entrepreneur.

Why bother about dropshipping?

Here are a few reasons why you should consider starting your own dropshipping business today:

1. It is easy to start

As mentioned earlier, starting a new business used to be hard – however, business models like drop shipping have made owning a business a simple process. As a drop-shipper, you don't need to worry about getting office space; you don't have to worry about hiring and paying staff; at least when you are just starting. You may need to hire virtual assistants to assist in running the business later, but that's when you have grown to a reasonable extent.

Furthermore, you don't have to bother about securing huge startup capital – essentially, you are not using your money to run the business. You are only but a middle man, you take money from an online shopper, pay some of the money to a supplier of a product, and you keep the remaining as your profit. So, you don't need huge funds – if you already have a computer or even a mobile phone and an internet connection, then you could start and grow a drop shipping store.

Since you don't fulfill your own orders yourself, you don't have to worry about product research and development. The product's supplier has already done an excellent job of researching and developing the right product so that the burden is no longer on you. If a product stops selling well, you will only need to research and find other hot-selling products and list them on your store. As you may already know, product research and development is one of the most challenging aspects of running a business. But as a drop-shipper, that aspect is already taken care of. So, you are hugely in luck.

Once you have found a good product that you want to sell, you only need a platform to display them or make them visible to buyers. You could leverage existing and already trusted e-commerce marketplaces to display your products, or you could create your own independent online store. Social media is also a great place for displaying the products you are selling.

2. Easy access to millions of products

As a drop-shipper, you could list thousands of products on your store and make more money. The more products you list, the more your chances of recording sales, which translates to more money for you. Listing as much as a thousand products on your store is practicable since you are not the one developing the products or fulfilling the orders.

You are not restricted to one type of product – you could source for products from different suppliers and list them on your store. Whenever a product is ordered, you simply send the order details to the affected supplier to fulfill the order. To list different products, you just need to create different sections on your store, especially if it is an independent store. For instance, you could list headphones, totem bags, phone cases, belts, shoes, etc. on the same drop shipping store.

3. You can set the price of products

A supplier will often give you products at wholesale or reduced prices – you could then add your own profit to the cost and sell to the buyer. If you desire to make more money, you could raise your prices slightly while ensuring it is still reasonable.

4. Easily scalable

As a drop-shipper, you can easily scale up your business by hiring virtual assistants to assist in the running of the business. You could also create more stores on other marketplaces where you don't have one already. You could research and list more products to increase your profitability.

Downsides

Dropshipping has its own downsides – so, it is essential that we also mention some of them. Without romanticizing everything, here are some of the disadvantages of dropshipping:

1. High competition

If you have a store on any of the popular e-commerce marketplaces, which is what most drop-shippers do, then you will have to deal with stiff competition. Drop shipping has a very low barrier of entry – it is a business which anybody can join – and as expected, the competition is very high. However, you could always overcome competition by developing unique strategies. And you have to understand that there is competition in every business. Even those businesses that have a very high barrier of entry still face competition.

So, you have to see competition as a regular thing in business and work out strategies on how to stand out from the crowd. The best way to beat the competition in drop shipping is to find and sell unique products that many people are not already selling. Most drop-shippers have a herd mentality – once they hear that one item is selling like hotcakes, they will all rush in to sell the same product. Do not be like most drop-shippers; you should be different if you ever want to stand way above the competition.

2. Supplier error

Sometimes, you order a different thing, and the supplier sends an entirely different item to your buyer. This happens more often – and in such situations, the buyer might escalate the situation and hurt your business. Supplier error can make you lose money as you will need to use your money to pay for the actual product that the buyer wanted.

3. Shipping times are usually longer

Most suppliers are based in distant countries like China – as a result, ordered products will often take a longer time to get to the buyer. While many buyers do not care about long shipping times, some others will not take it. Some potential buyers will not purchase from your store if they discover that the shipping time will be longer than necessary – making you lose out on money you would have made.

The above are just some of the downsides of running a dropshipping business. Despite these assume downsides, drop shipping is still a great business model for anyone who wants to become financially independent while keying into new global trends. If you are now convinced that drop- shipping is for you, then read on as the next sections of this guide will take you by the hand and show you how to create and grow your own e-commerce empire.

Chapter 5 How Much Money Will I Need to Start My Business?

This chapter will give you the good, the bad, and the ugly about dropshipping. While dropshipping is an excellent way to make money, there are some difficulties you may face. This chapter will help paint the overall picture to help you understand the drop shipping method more before you dive in. This chapter is especially important to read so you can figure out how to set yourself apart from your competition. This starts with your mindset which will be the subject of the next section.

The Successful Dropshipping Mindset

Sure, having your own business sounds good, but those who want to be successful as an online business owner must have a certain mindset. If you don't have this mindset, then you won't be able to make it. The mindset of a successful online business owner consists of four pillars.

1. The first pillar is that you must be committed to hard work. Some may even call you a workaholic and rightfully so. Business owners will put as much time as they need into their business. Successful business owners put in a lot of work. Sometimes they put in a lot of work before they even see results. This is not normal. Some people are afraid of hard work. They

are always looking for the shortcuts in life to do the least amount of work possible. Business owners do the exact opposite. They understand that hard work is necessary to achieve their dreams. They approach their journey to business ownership with the expectation that they are going to work hard. The hard work does not deter them, but rather the ability to not reach their dreams is more important than hard work. It's this obsessive commitment to hard work that drives business owners, and it is at the core of being one.

2. The next pillar of the business owner's mindset is the willingness to invest money in their business. Business owners know that to make a business run you have to invest money. Oftentimes, with limited resources, they find themselves investing their own money. They know how to save their money to help them make it through the lean times. They have the discipline to put their money back into their business instead of spending it. They use the money that they make to work for them. They are quick to learn and use the info to make more money.

On the other hand, investing money in their business can also be a business owner's downfall. If a business owner is investing too much money into a sinking ship, they are not being smart. However, successful business owners know when it's smart to stop investing their money, but they are not afraid to spend it. Even if they spend too much money into their business, they are able to quickly make adjustments in the best interest of their business.

3. The next important pillar of being a business owner is knowing how to focus their time wisely. Working hard is important, but if you work hard on things that do not matter to your business, then your work is pointless. Successful business owners know how to focus on the most important activities that help their businesses grow. They focus on the task that brings in money and outsource the rest. (More information about outsourcing will be given later in the book.) Once they figure out what activities make the most money for their business, they spend time on those tasks.

Successful business owners are master time management practitioners. It's easy to get sucked into the vortex of trying to do everything for your business. Successful business owners do the opposite. They focus on the most important things so they can have a well-rounded lifestyle. This commitment to focus and to manage their time allows them to stay on the business path longer than those business owners who try to do everything and find themselves being burned out.

4. The last important thing that successful business owners know how to do is be objective. Most people

have a bias to their abilities and their efforts. This blind bias makes them take bad decision after bad decision, especially when it comes to their business babies. Business owners are objective about their expectations and goals when it comes to their business. They are able to see if what they're doing is working and don't get emotional about it. They can handle feedback constructively, but they are their most constructive critic. They take the feelings out of their business and look at the data to see if it supports what they are trying to do. If what they see supports their expectations and goals then they continue to do those actions. However, if their expectations and those are not being met, business owners do not feel bad about taking a new path to reach those goals or modifying their expectations and reality. Unfortunately, many people have certain expectations about their business, but once they start working, they realize that those expectations don't correlate in the real world. People love to think about business but are shocked what happens when they actually do business.

Business owners are not so committed to their ideas that they are not able to change. They understand that the business is constantly changing, and they don't take the changes that their business may show them personally. This ability to be objective helps them find the proper resources that will help their business to succeed. If they feel they are too close to the business, they don't mind asking mentors or hiring business coaches to be objective with them. Successful business owners know that being objective is the only way that their business can survive, and they seek out best information to help them measure their business against so they can survive long-term.

In conclusion, being a business owner is a dream that many have, but not many are willing to work for it. Having a successful business is not just selling your company for millions of bucks. Having a successful business means a commitment to excellence and lots of hard work reeling to meet your business's goals and expectations. In order to be a true business owner, you must have a foundation on a mindset consisting of four pillars. The first is a love for hard work; the second is a commitment to investing money in your business; the third is knowing how to focus on the money-making task of your business, and the fourth pillar is knowing how to be objective.

Business ownership is very rewarding, but there is hard work that goes into it. If you are willing to make the commitment, then you're going to have a lot of fun. If you're not sold on the hard work that it takes to be successful, then stop reading now. However, if you're up to the challenge, keep reading. Because drop shipping has become so popular, you have to brand your business well, which will be the subject of this next section, and one of the best places to begin.

Branding is a big decision. Every drop-shipper has to decide what they want their brand to be. Your brand has to be exciting, unique, and fit into your ideals. Your brand is important because it separates you from other companies. Some people have very strict methodologies about what type of brand name is most successful for a dropshipping company. Some people have a strict list of do's and don'ts. However, I believe the proper branding for your company is whatever you truly feel you want to do. It is not as hard as you think. The branding should speak to the product that you are selling. Many people have ideas for brands, but they are not sure about how to bring the idea to life. If you have purchased this book, then I'm sure you have already thought of an idea for a brand. This chapter will help you refine the branding idea that you already have or help you create a brand if you do not have one already. Initially, you should start off with strong branding because the brand will be associated with your business for a very long time. The branding consists of the physical assets such as the colors and physical imaging of your branding, like your logo. Your brand is also abstract as it is the story behind your company. Two important components help determine what your branding will be. The first component is the brand concept or the idea for your business. The next component important to your brand is going to be your target market.

The idea behind your business is the brand concept. Simply put, the brand concept is about what your brand represents. To help form your brand concept, you should ask yourself a few important questions.

- When people see your brand, what ideas do you want them to associate with your brand? - Do you want them to think of youthfulness or maturity? Do you want them to think of free-spirited people or business-minded people? What other ideas do you want them to think about when they hear your brand's name or see your brand's imaging. There is no right or wrong answer to this. It is simply what you want your brand to be.
- What is your mission statement? - You may think a mission statement is a broad, detailed story, but it is simply what you want your company to do or be. What kind of goals do you want to reach with your company? Do you want to be the top grossing baby line company in the world or would you like to be the most successful luggage company in the world? Do you want to help stop poverty with a portion of your sales? Whatever your goal is for your company that is what your mission statement should be.
- What is your brand story? - Your brand story is different from your mission statement; although they may share some overlap. The brand story talks

about the origins of your company, whereas the mission talks about the goals of your company. You can incorporate your origin story or the initial idea that inspired you to start your company. People connect to a brand story because they are able to see themselves in the brand. Make sure that the brand story is written in a way that's relatable and truthful. It is a foundational aspect of your business.

- What colors do you want to represent your brand question? - Choosing the colors of your brand is very important. If your brand has a calm vibe, then you most likely will want a calm color to represent your brand. A fiery color like orange and red may not be ideal, but a cool color like blue or light green may be more ideal. However, there is no hard-and-fast rule for the colors that you choose. Your brand makes the color. Do not stress if your colors are like another business because there are only so many colors in the world, so a few businesses are bound to use the same kind. However, make sure that your colors represent your brand in a way that it is not used by another brand. That's where your brand story in your mission statement comes into play.
- What logo would you like to represent your brand? - Some people like to just use logos or initials to represent their brand. The type of font used in the

logo is also part of the brand. There are lots of different companies that can help you develop your brand. A popular website to use is fiverr.com. The designers there will ask you questions, and you can brainstorm with them to find your brand for cheap. Other people like to use free logos and add their own fonts with a website like Canva, which is another low-cost option.

Once you have your initial branding down, you will then want to think about your target market. They may influence your branding efforts as well. A great activity to do when trying to figure out who your target market is to create three brand identities of the people who will buy your product. This helps you to learn more about your customers, and find a brand that will appeal to them. It is important to know multiple types of customers you are targeting because different target markets will be attracted to your business for different reasons. Knowing your target audience may help you prevent a no-no. For example, if you have a vegan company, you may not want to have a bloody cow as your logo. Thinking about your customer can help you come up with cool ideas and ways that you can connect to them. When trying to figure out who your target market is going to be, you should do your research. You may realize that your idea may not work after you do research. However, these three brand identities will help you research further and find out more about your customer. It is important to note that when you begin, you will learn more about your customers. As the information comes in about who is buying your product, do not be afraid to adjust some of your branding efforts at the point.

When you think about the brand identities here are a few questions that you can ask.

- Where is your customer from? What country or continent are they from? What city in that country are they from?
- How old is your target demographic? Try to narrow this down as much as possible. Have one major segment and then another major segment for two major target demographics.
- Will your product solve a certain problem for them? Is your target demographic unable to find styles that work for them that your style will address?
- Does your product represent a certain ideal for them? Is your product brand the most expensive form of product that they can ever afford? Is it an urban style?
- Where does your customer stay most of the time when they are on the internet? Are they browsing social media or are they on news websites?
- How do you get your promotion in front of them? Are you going to use advertisements on a search engine or social media websites?

- What are their hobbies? What do they love to do already? What hobbies are they spending money on to do?
- What do they like to read? What genres do they like to read? Do they prefer audiobooks, printed books, magazines, or blogs?
- What do they like to eat? Are they vegan or do they love meat? Do they care about where the animals they eat come from?
- Are they healthy? Do they suffer from chronic illnesses?
- Are they married? Are they divorced? Are they in long-term relationships? Are they in homosexual or heterosexual relationships?
- Do they have children? How many? Are these children that they birthed? Are these children that they adopted? Do they have trouble conceiving?
- Are they homeowners? Or do they rent? What type of homes are they living in? Brownstones? Ranch homes?
- What type of interior décor is their style? Modern? Farmhouse? Contemporary? Chic?
- Do they travel? Do they travel domestically or internationally?
- Are they educated? If so, how much education do they have? What's the highest education they have?

- What do they do for a living? Are they blue-collar or white-collar workers?
- Do they have pets? Do they have dogs or cats? Or fish?
- What type of cars do they drive? Do they love luxury, hybrids, practical?
- What movies do they watch? What're their favorite genres?
- What TV shows do they watch? Are they watching cable or a paid service like Netflix or Hulu?

Forming a detailed profile and multiple profiles will help you to make connections with your target market in ways that you would not have done had you not been as detailed. Be as detailed as possible and look for connections. It will help you market to them as well. This step should not be taken lightly. Take the time to sit and think through this. You can give yourself a few hours in a room with a pen and paper or with your computer to take notes. Do not have any distractions. Do not turn the TV on, and you can even turn your phone off. Having a very focused, niche target demographic can be the difference between success and failure. You can mark it to more than one target demographic. However, you have to start with at least one target demographic first. Build on one target demographic, have success with that target demographic, and then move to the next target demographic. Next thing you know you will be selling to lots of people. Just remember that you have to crawl before you walk.

Ultimately, the brand for your company is something you should not stress about because companies rebrand all the time. Starting the company is more important than letting your brand stop you from getting started. If all else fails, just focus on what products you would buy or products you are interested in and build your business from there. You can then build your brand identities from there. These three brand identities are a great place to start, and it will help you research further and find out more about your customer. If you have the money for it, you can also hire a brand consultant to do the heavy lifting for you. If you have local business accelerators in your city or an SBA office or any nonprofit that helps economic development in the city, they may have workshops for developing your brand. So be sure to take advantage of these free opportunities to get feedback about your business. The next section will focus on answering all the tough questions many people have before they begin dropshipping.

The Downright Ugly

Drop shipping can be competitive, and there a few ugly things you must know before you begin.

- Profits margins can be low. You may think that the best products to sell are the ones that are expensive, but you may be surprised that some of the best products to sell are lower-priced items. This is not a hard and fast rule, but something you should keep in mind. Try to find a drop-shipper that will let you get your product at the lowest price possible.

- Returns are inevitable. Most drop shipping businesses will have to deal with returns, so you have to decide how you are going to handle them. You have to decide if you are going to offer no refunds, or accept returns and handle shipping, or any other policy you would like to create.
- You are not in control of shipping. Because you are not the supplier, you are not in control of shipping as if you were shipping the products yourself. This is something you should be aware and create protections through the shipping policies and return policies of your business. Under promise and over-deliver!
- Shipping can eat your profits, especially if you're doing worldwide shipping. You will want to negotiate and research to find the best deal with shipping. Sometimes using the USPS is the most efficient option, and they have pretty labels, so don't overlook them.
- Failure can be high. If you don't choose the right product, or pick the right website build or the right marketing option or any of the million reasons that must be right for your business to succeed, you will fail. The best way to overcome failure is to do lots of

research before you begin, monitor how much you are spending, and don't be afraid to make adjustments quickly. What you think may not always work, so don't be afraid to pivot if you see that something is not working.

Another Ugly Truth

Initially, you probably won't make much money. The first couple of months might not be profitable. However, if you can survive these first few months and begin to turn a profit, then you will be okay. You should keep detailed notes of your business sales and what you are making. For example, you can use an Excel spreadsheet to track your business expenses. Break down what everything will cost from shipping to what it costs to have your products manufactured to the packaging to the money you spent on advertisements. Keep it in a list. Then keep a daily count of how many sales you are making and what the orders are. That way you can see what products are most popular and reinvest in those products. You can also see if certain products are not making you any money.

Try to be as lean or spend as less as possible, then you can upgrade your business as you go. Try to make it out the first month so you can really start seeing a profit from what your orders are. Again, always reinvest your money back into the business and do things that work. So many people lose their business because they take too much money out.

If you see that you are not making as much money as you want initially, do not give up. Keep going. However, if you are burning through thousands of dollars every month, you may need to come up with a different strategy. And of course, everyone needs to have a point where they say I need to pivot before totally turning in the towel. Determine what the 'throwing in the towel' moment is for you. The most important thing is if something isn't working, learn from it and if you keep doing that you will find the winning strategy.

Answers to The Tough Questions

If I don't have any money, how can I begin a drop shipping business?

The great thing about drop shipping is that you don't have to have any money to get started. You can use a site like Zazzle or Tee-spring or another print-on-demand site and ask your friends and family to purchase a product from you there. Once you have enough money, you can then get fancier tools for your business. If your friends and family members have money, you can ask them for a loan or run a Kick-Starter or Go-Fund-Me for your beginning expenses. Because drop shipping does not cost a lot to get started, you can find someone to help you out.

What common mistakes should I look out for?

Drop shipping can fail because people do not take the time to do the proper research before they get starting. Here are a few things you should do to help your business succeed.

- Take the extra time to look into the competition: Drop shipping has become competitive so make sure you are differentiating yourself from your competition. Looking at what your competitors are doing is a great way to help you figure out how you will be different. Shopify has an entire marketplace you can look at to see what people are selling so you can compare notes.

- Do a test order from a supplier: Doing a test order will help you figure out how your supplier handles their orders. Some people avoid this step and have to pay the cost in the long-run. In the same vein, have a backup supplier that you should order from so you can always have a quality drop-shipper around. Ali-express and Ali-Baba aren't the only places you can find a drop-shipper. Don't skimp on the research state of finding a great drop-shipper or you will pay for it in the long run.

Should I focus on my passion or what will make me money?

This is a great question and one that is always asked no matter what business model someone wants to begin. If you can have a passion that is lucrative, that is ideal. However, this question depends on your long-term goals. If you want to make money, you should focus on a product you know that will sell, and if you want to focus on your passion, find a product that will sell and you enjoy. These techniques will be explored more in

How can I make sure that the quality of my drop shipping product is good?

You need to do a test order from your suppliers. Also, read the comments and look at the pictures that other people post. Having more than one quality drop-shipper is imperative. Again, please do not skip on this step.

What should I be thinking about long-term for my drop shipping business?

One of the best pieces of advice is to think with the end if mind. Do you should-sell your drop shipping business after a while? Do you should-give it to your children? Is this going to be a side business for you? Decide what your end goal is before you start building your drop shipping business so you can reach the goals and always have a big picture of what you need in mind. This will help you stay focused on your goals!

Great job on making it through this chapter! A lot of the principles covered in this chapter will help your drop shipping business start on the right foundation. Now that we have a strong foundation, we will move into the next concept of starting your drop shipping business which is to know about supplying and fulfilling.

Chapter 6 Setting Up Your Dropshipping Business

By now, I am sure that you have a clear understanding of drop shipping and how drop shipping orders are fulfilled. You have also selected a suitable niche, decided which products to carry in your store and identified the suppliers you are going to work with. Now, its time to move on to actually setting up your drop shipping business. However, before I take you through the process of building your business, there are a few things you need to know.

One of the things I have observed with first-time online entrepreneurs is that most of them make the mistake of assuming that building an online business is an easy process. When it comes to building a successful business, you have to adopt a long-term view and have a high level of commitment—regardless of whether it's a brick-and-mortar store or an online business. Because of the thousands of fascinating online business success stories on the internet, most people start an online business with very unrealistic expectations. If you aim to throw up a website, sit back, and expect to get a six-figure income in two months, you are going to be very disappointed. However, if you start with realistic expectations and a clear understanding of the amount of investment it will take to get you there, you will be less likely to quit when things get tough.

During the early stages of building your drop shipping business, you will have to make a major investment, either in time or money.

Investing Your Time

If it is your first time building a drop shipping business, I advise you to invest more time than money. Investing time in this crucial stage of your business will help you learn all the intricacies of business operations and gain a deep understanding of your customers and the market, which will help you make better decisions. On top of that, you will be less likely to waste your money on useless operations that are not critical to the success of your business.

It might be challenging to invest a lot of time in your new business, especially if you are working a 9-5 job and want to build your business on the side. However, the beauty of starting a drop shipping business is that it's easier to run on a part-time basis than running a brick-and-mortar business. All you need are a few hours a day or about 10 to 15 hours a week. During these early days, most of your efforts should be focused on marketing your business. As your business starts growing and the money starts flowing in, you can gradually transition into working on it full-time.

When investing time in your drop shipping business, the other thing you should keep in mind is that in the early days, you may need to put in a lot of effort and see no real results. However, once your store is up and running, you will need significantly less time to maintain it, and you will start making more money while doing less work.

Investing Your Money

If it is impossible for you to dedicate time to your drop shipping business, you may be able to grow your business by investing a bunch of money in it. However, I don't advise that, and I will always insist that if you can, you should always be out there doing most of the work and getting your hands dirty. Without a hands-on approach to the business, you will only end up wasting your money on useless operations that will not drive the overall success of the business. However, it's important to note that even if you decide to work full-time on your new business, you will still need some capital to launch the business and get operational.

Register Your Drop shipping Business

Remember that your business has to be legally registered with proper government agencies before you can start working with drop shipping suppliers. When it comes to registering businesses in the United States, three business structures are commonly used:

Sole proprietorship: This is the simplest structure you can register your business under. It has minimal filings, and your business earnings can simply be reported on your personal taxes. However, this structure offers no liability protection, which means that if your business is sued, your personal assets will also be at risk.

Limited Liability Company (LLC): This structure establishes your business as a separate legal entity, thereby providing more protection for personal assets. While an LLC offers more protection than a sole proprietorship, the protection is not foolproof. An LLC will also come with additional filing requirements.

C Corporation: C Corporations provide the most liability protection. However, registering and incorporating a C Corporation is more expensive than the other two. C Corporations are also subject to double taxation.

As a small entrepreneur, you should probably register your business as a sole proprietorship or an LLC. Personally, I feel that an LLC is the best choice for a drop shipping business. However, I would recommend that you consult with a lawyer before making a final decision on this.

After you register your business, you should then apply for an Employer Identification Number (EIN). This number is like the Social Security Number of your company. You will need to provide this number when applying for a wholesale account with your drop shipping supplier. You will also use it to file your taxes and do other official matters related to your business. You can apply for your business EIN online.

The other thing you need to do is make sure that you keep your business and personal finances separate. Blending your personal and business finances will cause confusion, make accounting a nightmare and may even get you into trouble with the IRS. The best thing is to ensure you keep the two totally separate. To do this, you should set up a separate bank account for your business, get a separate credit card, and create a separate PayPal account for your business.

Chapter 7 The Advantages of Retail Arbitrage

The thresholding for startup costs is quite low in this day and age, unlike any other retail business. And of the great parts about it is that there are companies that support other companies and their selling and drop shipping businesses. It is relatively simple to jump into this stream and sell on sites without even a subscription fee. The companies that support other drop-shippers will receive a cut from the profits but they will be in good standing with these companies, like for example, Amazon. Companies like Amazon help other businesses progress through their business expanding, also considering high web traffic and high buyer rates. The great reputations will be a great base for the distributors with their shops of retail arbitrage flowing and it will also be a great reputation to uphold. Orders are going to be fulfilled properly for every customer and they will have to meet a certain standard to be processed and shipped. We haven't talked about the product yet so we have to consider manufacturers when we consider using these extra sources to help us create product revenue. Retail arbitrage can be easier when used through a system and through a formula.

There have to be healthy ROI rates in order for them to carry over profits for the company. Mind this that ROI and net profit are two different worlds and you cannot call these two the same thing. On FBA sites that assist companies in their dropshipping, duties often have rules and fees. Items that typically sell for anything less than $20 will usually have fees of $4.01, which will also be a package that is under 2 pounds. Then you must add the 15% fee or $3 for the $20 dollar item that is being listed, which if that item cost you only $10 dollars, then through the purchase, the company will have made a margin of 2.99 and the ROI of this would be 30%.

There has to be a reasonable balance between purchases by volume and by margin because there are going to be markets to hold for consistent sales. Some sales are going to be supplied through means of a high volume of buyers visiting the source for many common goods or necessities perhaps, or there is going to be sales driven by marginal profits made to keep sales from wavering and a constant stream of buyer traffic to the shop. The company needs to keep a steady stream of incoming traffic for there to be strong numbers through the profits. The fees will help the profit breakeven for every purchase as long as there is a good price set for the product. There can be a gray zone for the price zone and it can make or break the company's chances of getting the sale over another company that has the same products. This is going to come when the company is deciding on what products to purchase and having a stable sourcing supplier that is going to be dedicated through their selling adventures. Depending on the size and the weight of the product that is being shipped, these FBA policies are going to apply under different rates and charge accordingly on a fixed process. It may be efficient to have a product that is a good proportionate weight to the price point of the product and otherwise will cut into the listing price, which could also result in higher profits earned. This should be strategically handled with a formula that is meant for handling profit revenue and marginal income for the shop. With arbitrage restocking, certain shelves for products is going to come with its setbacks if the company is selling a product that is not popular, but once the company takes a deeper dive into spending more money on better quality items, they are going to find it easier to sell in massive quantities and make consistent sales from selling the same items. There is an important niche to go with the trends at times, but other times it is going to be profitable to sell the same items once the company recognized the impact it is making to their monthly revenue. Find the right product to sell and it will make the fees and regulations easier to abide by with these selling systems. There needs to be an economic standpoint taken when considering what the right product will be when you are selling these items, and that is why companies like Amazon through FBA give lists of several products to choose from. These products range from home décor to auto shop appliances, and there could be many avenues taken as the suppliers are ready to stock by the thousands.

Budget Dynamics

Through basic retail arbitrage, the company will be able to list products at a marked down cost and make a great profit off of distinctive sales made on other platforms through different means. These sale strategies could range anywhere from personal investment sales that could be exclusive or to other distributors or companies that are trying to get a better deal on their bulk buying. There are budget dynamics that need to be made at the beginning of the purchases and all profits need to be formulated before there is a leap of money to be dropped on new inventories. These budget dynamics are going to be formulated depending on the current product that is being distributed and at what rate there will be selling these products. To list more products, it could be an extra charge for the space in the market and this will also have to be a factor to think about if the company is selling one thousand items or even ten thousand items. Keep a good track of every dollar spent and make sure it is going to the right accounts for the right purposes.

Need Low Budget for Starters

There is going to be a great entry budget for selling retail arbitrage considering that you can generate revenue with a good product that can make you consistent income to maintain revenue growth. A company can start gaining profits with a $300 budget and they will be able to make more moves with their startup costs. If the company is purchasing 100 pieces of inventory to flip for their customers, then the profits they receive from these units will be able to generate revenue for the company to then get 150 units for the next quarter. This will increase until the company has reached 1000% capacity of their original inventory plane. Once the company begins to sell 1000 units and then 1500 units of the inventory, the company will begin to receive extra revenues and dividends for the extra inventory that is making its way to racking up on the online shelves. Extra inventory is going to lead to extra sales and special events.

Easy to Get Started

This is an easy process to get going as long as there are an initial money budget and a general focus to where the company's motives are going to be made. The company is going to need to do product research and have a firm grasp of their product market and what crowds are going to be sold to for maximum exposure. The company may have to expand on other products or begin drop shipping other products if there is a change in the trending topics, or if the product takes revenue cuts through production manifesting. There is going to be a lot of hard work initially for these works, and it is necessary to find oneself going the extra miles to satisfy the customers that are being drop-shipped to. Branching out to find new clients is going to be a crucial part of finding a great niche in the scene that has dedicated buyers. Find a great product that isn't going to be falling off of the sales graphs any time soon, and if it is a common good, then there can be a continuous fan base built on the same values. Online shoppers everywhere are looking for fast and convenient shipping which is a great pride Amazon can take part in. Amazon offers a lot of perks to not only their customers but the businesses that are scaling up with them. Through Amazon fulfillment services, companies are able to meet high standards by shipping and handling high product loads for customers that are in need around the world. They take out the huge stress of managing inventory and create simple means to get products to the customers. With these services, it gives everyone a chance to become a part of the revolutionizing change in e-commerce. Anyone can use these services whether they are selling goods every day for a living, or if they are leaving college and trying to get rid of extra things that can be marked down. OA is already going to be marked down so the simplicity of creating profits from sourced items is going to be easy once the right formula for ROI and price count is established.

Easy to Scale-Up

Scaling up with retail arbitrage is going to be determined on the amount of drive and money that is put into the shops reach. There is going to be a possible gate on the amount of inventory that needs to be purchased, but as long as the company scales up with the products and proportions that are manageable to the company, the structure will be figured in a strong manner. There needs to be a threshold made between the number of products that are being purchased and the annual ROI, which can keep good standing with the margins that are earned every quarter. Lower ROI is going to create great progress for any company that is trying to make a set goal of profit in a fixed amount of time. Other processes can be made by purchasing many different products with different ROI's, and this is going to create a more diverse profit field which could be more high-end.

Chapter 8 How to Pick the Right Products

The biggest challenge you'll face when you start out as a retailer considering drop shipping is deciding what niche and products to sell. Not surprising, considering that this decision will be the biggest one you make and can make or break your business.

A lot of people make the most basic mistake while deciding. They go for what they are passionate about or are interested in. This is fine if you're more interested in selling a particular product or catering to a particular niche and profits aren't really a concern. But if you want to turn your business into a profitable enterprise, you'll need to do extensive market research on the viability of selling that product or even discard your personal preferences when making such a decision.

Here are some criteria that you'll need to keep in mind when deciding upon your niche and products.

Questions You Need to Ask Before Choosing Any Product

The wide array of products you will see will be enough to confuse you about everything that you could ever need and what you should purchase. You can make it less complicated by asking yourself the following questions:

How much risk am I willing to take?

Do you want to sell high ticket items? Those that are expensive may be harder to sell because of course, not everyone has the money every day to purchase those items. At the same time, the risk may be greater for you if the product would turn out to be defective or problematic. Just remember that if you do decide to take higher priced items, they can also give higher rewards.

Who is my target market?

Who is the market that you are trying to reach? Are you trying to be appealing to the younger market? Perhaps you would like to sell clothing items and accessories that they will find appealing. Once you get to know your target market, it will be easier to make choices about the items that will appeal to them in general.

Are the products easy to search?

The easier the products are to search, the higher the chances that people are searching for those different products online. Of course, if there are a lot of people searching for those items, this is enough reason for you to start selling those items on your website.

How to Sell Online Successfully

If you want your e-commerce business to thrive, you'll need to take one of the following paths.

Manufacturer – If you make your own product and sell it, you are in control of the distribution, and you may be the only source for that product. The advantage here is that you may not face a lot of competition and you can charge a higher price. However, if you want to go the way of drop shipping, this isn't a viable option.

Get Access to Select Distribution or Pricing – One way you can sell online and make a profit without having to manufacture your own product is by having an arrangement with the manufacturer that either lets you exclusively sell the product or gives you access to select pricing. Such arrangements, however, aren't easy to get into. In addition, there are plenty of other drop ship retailers who'll sell similar products and do so at wholesale prices.

Charges the Lowest Price – The most obvious advantage here is that you'll be able to take business away from a lot of your competitors. The reason that it isn't tried very often is that such a business model almost never works. If a low price is all you have to offer to your customers in terms of value, then you'll start a pricing war that will remove pretty much any profit margin you might have. It's not a good idea to compete with online giants such as Amazon based solely on price.

Adds Additional Value by Offering Information – This is the most effective ways to set you apart from the competition and charge a first-rate price. The whole point of entrepreneurship is that you solve problems that people have. This doesn't change when you decide to go the way of drop shipping. If you want your retail enterprise based on drop shipping to work out, the best way to make sure it does is to offer specialist guidance and advice. So the next question that you'll ask is how you can add value.

How to Add Value in e-Commerce

Now this is a part that's not quite that easy. There are niches and products in which you can add value quite easily. Then there are others that aren't quite as easy to work with. When trying to do this look for some traits that make it easier for you to add value with content that educates and guides. You need to search for niches and products that:

Have a lot of components – This one is actually quite simple when you think about it. If a product has a lot of components, people are going to go online to figure it out. Buying an office chair is less confusing than buying a DSLR camera with the attendant lenses and other components. It's obvious that if a product needs a lot of components and if those components are quite varied, you have a better chance to add value by letting customers know what products are compatible.

Are confusing or customizable – As Similar to the previous criterion, products that can be customized or require plenty of directions are perfect when you want to add value. If you can offer detailed advice on how certain products fit into different situations, which options are best for them and what product suits what customer, you can add tremendous value.

Need Technical Installation or Setup – Products that are complicated in terms of how they are meant to be installed or set up provide excellent opportunities for you to add value. For example, if you're selling music systems for cars, and you also sell a 40 page guide on how to install the system, what mistakes not to make installing it, how to sync it to your cell phone and so on, people are going to buy the guide from you at the same time as they buy the system to avoid the hassle of having to figure the whole thing out for themselves. Once such guides have been made, you don't have to pay anything to provide them to the customers.

Things You Need to Consider When Deciding Upon the Product

The Best Price – When deciding whether to sell lower or higher-priced products, you will want to consider the level of pre-sale service you can provide. If a customer is going to spend around $150 on a product online, he or she is more likely to buy it without needing to talk to someone on the phone about it. However, if the customer is looking a product priced at $1800, especially one that they don't know much about, they're more likely to want to talk to a sales representative so they can ensure that they're buying something that works for them and that the store is genuine.

If you do decide to go the way of high-priced products, you'll need to ensure two things: that you can provide the level of pre-sale services your customers will expect and that providing such service doesn't eat away into your profit margin. It is a good reason to consider products that range between $100 and $200 since they don't require a lot of pre-sale services.

MAP Pricing – There are manufacturers who set a minimum advertised price (MAP) for the goods they manufacture. In such a case, resellers need to price these products at a specific level or above it, as per the manufacturer. This helps to control price wars that can break out for products that are drop shipped easily. In turn, it also ensures that resellers make a decent profit when they sell that manufacturer's products.

Look for a niche where the manufacturer has enforced MAP pricing. This can be to your advantage, especially if you plan to add value to a site that is high-value and has a wealth of information. Since prices won't be very different from the competition, you won't be competing based on price and instead can compete based on your website, which ensures that you don't lose out to the lower-quality but cheaper competition.

Marketing Potential – You need to plan out your marketing before you begin, not once you've started and then realized that you're having trouble getting customers. Is there a way to promote your store by giving out some products for free or getting in touch with online communities that use the product you sell or even writing articles? If not, then don't consider this niche.

Plenty of Accessories – In general, in the world of retail, margins on higher-priced products aren't nearly as high as those on lower-priced products. For example, although a store that sells televisions may only make a 10% margin on the latest smart TV, it will make a margin of about 100% to 200% on the cables that go with it.

Think about it. When you go to purchase a high-priced item, you're much more careful about how much you end up paying for it. You'll probably shop around for the best smart TV at best possible price. But who shops around for the cables? You don't go from store to store trying to find the best price on something that may cost you about $50 to $60 dollars. You'll probably end up buying it from the store that you bought the TV from.

Low Turnover – By now it should be clear that you will get profits if you go for a good quality site that is rich in information. However, if what you've decided to sell is something that changes or gets updated every year, maintaining such a site will mean a lot of work for you. It is better to invest in products that don't get updated frequently or even every year. This means that the time, money and effort you spend on creating a good site lasts much longer.

Not Easily Available Locally – Your chances of success increase if you're able to identify and sell products that aren't easily available locally but don't get too specific with them. If someone needs a hammer or a garden rake, they're going to check out the neighborhood hardware store. But if you're looking for a falcon training kit or a medieval knight's costume, that isn't so easy. Most people go straight to Google and begin searches.

In Most Cases, Smaller is Better – This is the world of free shipping. Because of this, you may find it difficult to sell large and heavy products that are expensive to ship. Smaller items are easy to ship inexpensively.

While these factors are important, there are two other factors that can trump everything on this list.

Product Demand – Your product may qualify at 100% on the traits I've listed, but you still won't make any money or sell anything if there is no demand for it. You're better off trying to fulfill an existing demand than trying to create a new one. Tools such as Google Keyword Tool and Google Trends can help you identify what the demand for your product is based on search volumes, locations, and search volumes over time, most popular search queries, seasonality and geographic concentration of demand.

Competition – This part can be a bit tricky. If you face too much competition in a particular niche, you could get lost in all the noise out there. However, if you have very little competition, it could mean that there isn't much demand for that niche. While some drop shipping stores do rely on paid advertising, most of them depend on free traffic from search engines. That means that when you research your competition, you need to focus on the sites that come up on the first search page of Google and not the paid ones. When doing this, keep these metrics in mind: a number of linking domains, competing for sites' authority, site usefulness and quality and customer loyalty and site reputation.

Should You Sell Something You Genuinely Like?

There are some people who understand that in order for the items to sell, they need to focus on what the customers want but is this truly the case? Are the customers only the ones that need to be considered? You may want to consider what you want too.

You had started this business because you would like to have the opportunity to build a better future for yourself and probably your family but before you started, what were you doing? Do you consider yourself to be passionate about reading? Perhaps you have always considered decorating to be your strongest skill. You will always have some passions that you can easily incorporate into your business.

When you consider your passion, you find other products to sell that you genuinely want people to see. For example, if you have always loved art but lamented the lack of items that can be used by professionals for their artwork, then you can be the first drop shipping company to find suppliers that can give the type of art products that people are searching for. This will help your site become easier to recognize and appreciate by different individuals.

At the same time, this will allow you to see if there is an opportunity that was not explored yet. When you begin to offer something to the public that they have never seen or experienced before, you will be recognized for it. Even if other drop shipping companies start offering what you are selling, you will have an advantage because you were the first one who started selling it.

A Few More Things to Taking into Consideration

- If you are going to sell items that have copyright logos, (shirts, books, and other items) you need to make sure that you have gotten the approval of the company that owns the copyright to these products. A case may be filed against you if you are not an authorized seller. It can even be harder if you are selling fakes so try to stay away from counterfeit items.

- Start small with your product selections. It is okay to be passionate about what you are doing and to wish to compete with big brands someday eventually but if you cannot do it yet, then accept this first. The time will come when you will be one of the most successful ones, but as of now, you can practice humility and stay within your range.

- Items that are fragile are always riskier. Let us say that you have always loved ceramics and you know other people who would appreciate if you would sell ceramics as well, but these products come with a higher risk as compared to plastic products that can be sold easily. Consider the pros and cons of each item before deciding if you would offer that item or not.

Top Products Usually Sold in Dropshipping

In case you are still not sure about the variety of products that you are going to sell, here are just a few things that you can add to your line up. Just remember that you are still encouraged to pick depending on your target market.

1. Beauty Products

You can expect that this is something that people will always need. A lot of women are always on the lookout for beauty products that they can use depending on the occasion. For example, they may need a complete set of eye shadow that will allow them to do a smoky eye makeup. They will purchase different ones available.

2. Clothing

The thing about clothing is that they are always in demand. As long as you would have the right pieces of clothing to sell, you know that you are going to make a profit. Buyers can purchase a single item, but there are times when they would purchase an entire wardrobe from you. This can do a lot of wonders to your sales.

3. Accessories

Accessories are also other things that are always in demand. As long as you have the right accessories to sell depending on the season, you will be able to sell things and make some profit.

4. Smart Phones

Aside from smart phones, you can sell the usual bar phones if people would want something simple. People are always on the lookout for cell phones that do not cost a lot of money and if you can offer that through your website and you can prove that you will be able to provide good quality smartphones then you have nothing to worry about. The best thing about selling cell phones is that you can sell different ones created by various manufacturers. You are not limited to just one brand so let people explore the options you can offer.

5. Books

Although not everyone can appreciate reading, this is one category that is immensely popular with online shoppers. If you want, you have the option also to sell products that are used. You can search for suppliers that can offer titles that are hard to find and for sure, a lot of bookworms will start checking out your site for the newest titles you can offer.

6. Toys

This is once again, another category that is always appreciated. There are a lot of kids who would enjoy getting a toy, especially during special occasions. Having a nice selection of toys will allow buyers to purchase from your drop shipping website. Just make sure that you will double check all of the toys that you sell so they are all safe to use.

7. Furniture

One of the main problems of people, whenever they are purchasing items, is that they have to consider the shipping of the item from the furniture store where they have bought the item. Some people do not like the fact that they have to check the furniture from the actual store and then wait for it to be shipped. Through drop shipping, the item can be picked online, and it will be shipped depending on your rates.

8. Computer Related Accessories

At this day and age, there are still a lot of people who use computers because it cannot be denied that they are still a strong product that is worth having. You know that you need your computer for your business and there is a big possibility that people use computers for their various purposes as well. Selling accessories that will make computers easier to use can be best sellers.

Other Options

Let us say that you do not want to rely too much on suppliers. What can you do then? If this is the case, the best thing that you can do is to sell your own items. Of course, this takes away the element of drop shipping so if you do this, it will be like you are starting your own online business and you are not starting your very own drop shipping business.

Having the Best Customers

Depending on the products that you are going to sell, you are going to have different customers available. Remember that not all customers are the same. There are some who tend to feel entitled because they have purchased something even if it is just a little trinket and even if the item does not have real value at all.

What you should do is make sure that you will sell the right products so you can attract the right customers to check out your drop shipping company's website. Here are some of the customers that you should attract:

1. Other businesses - You can expect that business owners are going to buy a lot of items from your website. If you are able to build your relationship with them and eventually get their trust, you know that you will be able to work with them for quite a long time.
2. Recurring Buyers - You will have some customers who will buy from you often. Whenever they need something, they know that your site is the best option that they have. Having returning customers is always fulfilling because this means that you are slowly

building the number of customers who trust your website and your company.

3. People who have different hobbies - It can be fun to cater to hobbyists because you know that there are always different things that they would like to try and build. You can sell different tools that can cater to various hobbies like woodworking, embroidery, etc.

Chapter 9 Find a supplier

The next step is to find a company with which we can collaborate. What kind of collaboration are we looking for? The company must produce or purchase the goods we want to sell, and send them to our place for those who buy them from us.

Before starting to suggest how and where to look for companies of this type, it is appropriate to make a digression on the importance of the geographical location of this partner with whom we are launching.

It is no secret that a large quantity of products are made in East Asian countries, especially China. I will then refer to a Chinese supplier, but the same reasoning will be applied to any company with warehouses in Asia, America and generally outside the US.

It is definitely easier to find a Chinese supplier for the products we want to sell, and in many cases it is a good solution.

The first point in favor of a collaboration with a Chinese company is therefore the ease in contacting and starting a collaboration. There are portals used for this purpose, which we will discuss later, which simply allow us to search for companies based on the products they sell.

This point is important not only to start our business quickly, but also to ensure continuity in case of problems with a supplier: it will be very easy to find a new supplier in China, while it is much more difficult to find one in the US.

Another advantage of working with a Chinese partner is the price. As you can guess, the Chinese supplier is much closer than a community supplier at the beginning of the distribution chain and can afford to sell at prices that may seem, at first glance, incredibly advantageous.

It is important, in this case, also to consider the costs of managing and shipping orders, but in principle it is correct to say that a Chinese supplier has decidedly costly costs.

The practice of drop shipping from China is very common, so when you talk about drop shipping to your potential supplier, this will probably immediately understand what you mean and what kind of collaboration you are asking. Despite the time zone difference and the language barrier, English is a must, communication is often effective and it is generally easy to maintain good working relationships.

To be taken into consideration are, however, also against the purchase from a Chinese supplier or in general, from an extra-US supplier: the first of all are shipping times.

Economic shipments from China require weeks for delivery, and it is not uncommon for an order made today to be delivered a month or more later. This is a problem because often customers are impatient to receive the products, and a long delivery time will lead to bad moods, as well as considerably increase the number of contacts to customer service, requests that will also be managed. It is imperative to declare in advance what are the shipping times of the goods, but it is not always sufficient to prevent these episodes.

A second disadvantage to consider is customs costs. As the goods arrive directly from the supplier to the consumer, the consumer himself will be responsible for customs duties if these are foreseen. Recall that it is necessary to specify it clearly so that the customer knows, before the purchase, that it could be subject to additional charges. Our business can offer to fully repay these expenses, going to affect our margin. The problem of customs is presented, however, only for objects that have an initial value above a certain community threshold, set at 22 euros.

The drop-shipper, who is then to sell items of value below this threshold, will not have to worry in any way of the customs problem since every single import will be exempt. If, instead, there should be goods of a higher value it is advisable to inform the customer.

If the points in favor of an extra-US supplier win on the other hand, it will only be the entrepreneur who decides it, according to the specific situation.

The search for a Chinese supplier is very simple, thanks to the existence of online portals that act as a showcase.

One of the fastest ways to find a supplier is to search on Ali-Express. Ali-Express is a website very similar to Amazon, where

Chinese sellers can sell their items directly to the end customer. However, it is little known outside of China, so it is a great place to start looking for our suppliers. Once found on Ali-Express, we can agree with the seller to find a way to collaborate; but even if not, we will be able to buy the goods we sell on Ali-Express, to send them directly to our customer!

With Ali-Express it is, therefore, possible to have a large number of automated suppliers, who do not even know how to sell to another company, because they are asked to send directly to our customer.

We could instead consider looking for a fixed supplier with whom to undertake a more stable and lasting working relationship.

Also in this case we can contact our supplier on Ali-Express and explain him our need.

For the direct search for a supplier of this type, the website I recommend is the famous Alibaba, a sort of online showcase of Chinese suppliers, wholesalers and producers.

On Alibaba, it is not obvious that we will find who will accept to ship with the drop shipping method, it will be necessary to do several searches and contact several companies before finding one with which to collaborate. But with greater effort, better results are often obtained, and in fact, a direct partnership with a supplier certainly has several advantages compared to the direct purchase through Ali-Express:

- Prices will be more profitable, especially if we can show the supplier what our sales capabilities are

- It will be possible to personalize the unboxing experience, even if only with business cards with the brand of our store, if we do not want to invest in customized packages or products

- We will always be in contact with an expert supplier in the field, who will have an interest in keeping us updated on new products

Despite these important advantages, the convenience of searching for a product on Ali-Express is not to be underestimated, so much so that in several adventures I started selling products with the Ali-Express method, and then going to a supplier of Alibaba only at a later time.

Other portals to find suppliers using the Ali-Express method, that is, retailers to send directly to our customers, are Deal-Extreme, Light-In-The-Box, Bang-good and Gear-best; as an alternative to Alibaba we find Global-Sources instead.

As we have seen, it is very easy to find suppliers in China. The opposite is unfortunately true for US suppliers.

In fact, despite the advantages in the speed of shipping and communication, it is extremely rare to find a US supplier that accepts drop shipping and at the same time provides convenient prices.

Some of the suppliers I worked with are Big-Buy and Italian WWT, while others can be found through You-Droop and E-sources.

Finally, let's not forget that, as with Ali-Express, we could order products from retailers, the same we can do now. We always look for the product also on Amazon and eBay, and we could find cheap prices!

A last possibility is that of Chinese traders with warehouse in the USA. Some of the websites mentioned above, such as Gear-best or Deal-Extreme, have American stores from which you can order with a minimum surcharge.

Availability is not huge, but if we have the opportunity to sell products in this way, we can combine the advantages of a Chinese supplier with a national shipment!

How to submit orders

In order to optimize our resources as much as possible, it is necessary, as far as possible, to automate the procedure for sending the order from our shop to our supplier.

If we decide to work with Ali-Express, we can use a Shopify application called Oberlo.

Oberlo allows you to connect our products to those in the Ali-Express store, or even to import the products directly from our store.

Finally, Oberlo has an extension of the Google Chrome browser that allows you to automate the procedure of placing orders: simply access the Oberlo orders panel and press the "Fulfill Order" button to watch the extension work in our place!

Other websites, such as Bang-good and Deal-Extreme, offer special discounts and different conditions for partners who sell their products in dropshipping, so I recommend always check directly on the supplier's website for special benefits.

If we find a company with which we can collaborate directly. For example, how we can do on Alibaba, it will be necessary to find an agreement on how to submit the orders. Some ideas can be:

- Export orders in CSV or Excel format from Shopify, and forward these files to the supplier. He will then have to respond by providing the tracking codes of the goods shipped.

- Forward the order confirmation e-mails to the supplier, to every purchase that our store receives. This feature can be set directly on Shopify.

- Provide the supplier with a manager account of our e-commerce, so that he can log in, check the orders and mark them as shipped.

Chapter 10 Contacting Suppliers

This chapter focuses on supplier drop shipping because retail arbitrage, etc., doesn't require any license or anything because you're just a consumer.

Once you've found your suppliers, it's time to contact them. Suppliers usually don't have much time, so you need to have a few things to reassure them that you're not jerking them around, otherwise you're going to be wasting your own time.

The very first thing you should do is get yourself an actual company, whether it be a corporation or limited liability. Name it something appropriate, and apply for it in your state/country. It's very cheap and quick to do this with applications only costing $50 in some states. This is one of the main things that I find people are scared of; just a simple company that will protect you if anything goes wrong, but everyone thinks you need some sort of legal lawyer to file it all for you with heaps of paperwork.

This also means to create a company bank account, because it just makes your life far easier. By that, I mean, with so many incoming and outgoing transactions, using a personal bank account is going to make accounting extremely difficult by any means, so you have to make sure you're organized or you're not going to be an efficient and effective business. This will save you money because your accountant won't need to comb through hours of personal stuff, and only focus on the business stuff.

You also need to think about what you want. If you want couches, you need to make sure you say that. Don't contact a supplier asking them what they sell, because their catalogues are usually huge and they won't bother with you if you haven't already done your homework on them.

Once you are organized, you should contact your supplier either by email, phone or real life. Although I've said trade events and all that aren't useful for me, if you know what you're going after and know what you need from them, they'll be willing to listen. Real life is probably the best, since you're creating a personal and business relationship, so you're doing two things at once. But email and phone aren't bad either, and, if you're one of those introverts who has no confidence on the phone, you're going to have to man up, because a lot of suppliers will follow up via phone to confirm things, such as banking information.

I always recommend emailing, then following up via phone if you get no response. But you should be straight up with the supplier and just ask if they provide to double check. You will then be asked if you're interested in their drop shipping program and fill out a form for your online store. Sometimes, a lot of these suppliers will want proof that you're already bringing in traffic so you're not jerking them around.

When they've verified your store and all that stuff, they'll ask you for your account and other personal details. The process is pretty much self-explanatory. It'll likely take a week to deal with all this, sometimes more if need be, but you don't want to get this part wrong, and neither does your supplier.

Whenever choosing a payment method with your supplier, I prefer to just use an end of month payment method. It's much simpler for accounting purposes, and, if you're a bit OCD, seeing many different transactions makes you a little sick. The other methods are credit card, wire and check (which you'll send at the end of the month).

Overall, contacting suppliers is obviously very important, so get it right. Never ask for their catalogue because they're huge and you don't have the time to waste time. Just re-read this chapter before you actually contact a supplier.

Chapter 11 All about Orders

Orders with drop shipping happen differently from traditional e-Commerce orders because the retailer selling the products has nothing to do with the products themselves. Despite this fact, it is still important that you understand the order process and the role that you play in it, in order that you know how you can contribute to successful ordering experiences for your customers. This will also help you know what to do should any troubles arise, so that you are taking all of the necessary actions to offset these risks and develop your business.

In this chapter, we are going to discuss everything about orders, ranging from how to deal with them and what to do should any troubles arise during the ordering process.

Security

Creating a secure purchasing experience for your customers is crucial for them, as well as for you. In this day and age, people will rarely purchase online unless they feel confident that their purchases are going to be safe and that they are not investing their money into a scam. Improving security with your business by creating a secure checkout process for your customers is vital. The best way that you can improve order security is by using a strong platform like Amazon, Shopify, Big-Commerce, Woo-Commerce, or any other well-known platform that can offer a strong checkout process. Refrain from using any unknown platform or one that seems to lack strong ratings, as this could result in your checkout process not being nearly as secure. Stick to well-known names so that your customers feel confident and safe when purchasing with you.

Fraud Issues

Using a well-known point of sale platform is a great way to eliminate fraud issues within your business. Ideally, you want to use a platform that is going to protect both yourself and your customers from possible fraud so that everyone feels safe as they use the checkout process. One big type of fraud that drop-shippers face is credit card fraud, where people will purchase products through them with a credit card, and then order a chargeback through their credit card company to receive the funds back. This results in them having to pay for the product that the individual received, and the individual receiving a refund for that product. In other words, they end up getting the product for free, and in many cases, they will go on to sell the product so that they can earn the profit from it instead.

Protecting your company from credit card fraud starts with using a company like Amazon or Shopify which has built-in features that are meant to protect merchants like you against this type of fraud. In these cases, certain shipping labels are used, which prove that the product was delivered, making it more challenging for the individual to request a chargeback.

Another thing you can do to look out for possible cases of fraud is to check for common red flags that indicate that fraud could be taking place. For credit card fraud, the common signs include an individual who has different billing and shipping addresses, different names, strange emails that appear to be fake, rush shipping especially on expensive purchases, package re-routing, or unusually large orders. All of these behaviors are common behaviors that take place when credit card fraud is happening, and can massively impact your business. If you notice any suspicious behaviors like this taking place, you can take action to prevent the sale from going through with your company.

One great way that you can minimize fraud and prevent chargebacks is by using a managed services solution, which is a company that pays attention to your incoming orders to prevent the risk of fraud. As your company grows, this may be an ideal opportunity for you to avoid being put at risk of these forms of fraud. A great company to consider should you want to use a service like this is Clear-Sale, which has built-in features that monitor your orders and flag possible fraudulent orders to prevent them from going through.

Product Returns

Strict return policy can prevent you from having to deal with returns or refunds, but it can also drive people away from doing business with you since they cannot effectively test out your products to guarantee that they like them. If your return and refund policy are too strict, customers may not want to purchase from you because they will worry that if they have a problem, they cannot receive any support with the problem they have faced. Instead, they will go elsewhere to another business that has a better return or refund policy to purchase the same products.

Managing product returns and refunds with drop shipping can get messy, especially because the product has already been purchased from the wholesaler, which makes it more challenging for you to manage it. With dropshipping, you are dealing with the wholesaler's return policy, which means that if they have a strict return policy, you may have to refund the product and take it into your own possession, which begs the question: what then?

The best way to create strong return policies for your business is to choose suppliers who also have decent return policies, so that you can return the product directly to the supplier. Alternatively, you can use a company like Amazon FBA who completely manages all returns and refunds for you, and resells returned product to future customers. This way, rather than having returned products sitting in your own possession and with no way of really selling them, other than by selling them privately, they are all dealt with properly.

Shipping Issues

Running into shipping issues when you are a drop-shipper can be challenging. Some suppliers take days or even weeks to work through these problems, which can make it even more challenging for you to deal with them. If you, as a merchant, take too long to deal with shipping issues, it can become a huge problem for your business. The best way to deal with shipping issues is to pick a carrier and then use that same carrier for every single shipment. For example, you could use the U.S. Postal Service, or a shipping company like UPS or FedEx to do all of your shipping through. These services offer small businesses tools that they can use to calculate shipping on products, making it easier for those small businesses to offer consistent shipping rates. Alternatively, you could use Amazon FBA, which has its own shipping service that tends to be cheaper than going through your own private shipping deal with a company.

International Shipments

International shipments can be dealt with in the same way as domestic ones are, however, the pricing will be different. Offering a separate shipping option that provides prices for international customers is ideal to ensure that they are being charged for the entire shipping fee. This also ensures that you are not charging too much for the shipping fee, which could drive international customers away. Ideally, you should use the same carrier for international shipping that you use for domestic shipping, such that your shipping concerns are always easy for you to navigate.

Dealing with Out Of Stock Orders

Most of the suppliers that you work with are going to be supplying multiple drop shipping companies just like yours. This means that accidents can happen where the products they have to go out of stock and, on your website, it shows up as if they are still in stock. Unless you are using a company duo like Oberlo and Shopify, real-time updates are not often available, which implies that you could run into issues around this.

If a customer does order an out-of-stock product, the next best thing you can do is communicate with your supplier to determine when the product is going to be back in stock. If they are in stock quickly, you may be able to just let things go on as usual. Otherwise, it may be ideal to message that customer, offer an apology, and refund that part of their order. You may also consider offering them some form of an added bonus to make up for the inconvenience, such as free shipping on the rest of their order or a discount for their next purchase. In many cases, simply letting them know and offering a solution such as one of the ones previously mentioned will help you navigate these issues relatively seamlessly.

Inventory

While you run your drop shipping company, it is ideal to make sure that you have a system to help you identify how much stock is left in any given product, so that you can feel confident that you have plenty for your customers to order. If you use a simple company like Amazon FBA, this will be easy as Amazon updates your numbers on your dashboard to let you know how much stock you have left. Otherwise, you are going to have to regularly check in with your suppliers to see how inventory levels are going, in order that you know that there is plenty left for your customers to order. If you find that inventory levels with your supplier are low, you can always set a product to "out of stock" even before it officially goes out of stock to avoid running into this problem.

Dealing with orders in a drop shipping business can be somewhat tricky as you are more of a middle man than an actual retailer. Knowing how to manage orders and how to prevent fraudulent purchases, or other troubles from taking place during the ordering process, is important as this helps you prevent any issues from arising in your business. It is important that you educate yourself on all protocol around your orders with every single supplier that you use, in order that you know exactly what you need to do in the event of any form of order trouble. This way, everything can always be dealt with in a timely manner and without causing too significant troubles for you or anyone else involved in the ordering and order fulfillment process.

Chapter 12 Affiliate Marketing

Affiliate marketing is the most popular way of earning passive income. It is a way of earning through a commission by advertising and promoting other companies' (people) products and service.

You promote their products, so others can buy and then you earn a commission (part of the profit) for each sale made on the product resulting from your promotion. There are different ways of earning with affiliate marketing, but the most popular ways are;

- Creating an affiliate store

- Social Media

We will be looking into using Social Media to earn with affiliate marketing. Using Social Media can be one of the most effective ways of earning through affiliate marketing. Before we go into the detailed process of using affiliate marketing on Social Media, remember you will be doing this on your Social Media account, and you have contents that you post originally, DO NOT STRAY FROM THE CONTENT you post on your page. To start with, I'd recommend you partner with a company or brand that offers products or services relating to your businesses. If you have put a lot of effort into amassing active and well-engaged followers, squashing it all because of affiliate marketing is not worth it. I advise making at least 80% of your posts your own content and the remainder can be about promotions.

There are certainly tips that can be used for more effective affiliate marketing on Social Media.

- Excellent content: It might seem as if we have been so concerned about contents but as I said, the influencers say "content is the king". Ordinarily, the sight of anything related to affiliate marketing puts people off. The best and the first way to present it in a friendly way are by writing exceptional contents. You shouldn't depend on the affiliate links to describe the product, let your post do the talking. The power to attract the audience to the link you are pointing at is in your content, the destination link doesn't know your audience, and you know your audience. So only you have the words, skill, knowledge, and language to attract your audience. And don't write unnecessarily long content; keep it brief, concise and detailed.

- Be transparent: Honesty is the most powerful tool to employ in building a healthy, strong and lasting relationship with your audience. It helps them easily build their trust in you. Disclose your affiliation with your audience, when you do this, if they aren't interested, they'll just move on to something of interest to them. That's better than them stumbling on contents that surprisingly ministers disinterest.

- Make use of redirect links: Make use of redirect links: An affiliate link is another thing that put people off by mere seeing. A redirect link will be better, simpler, more friendly and attractive to click.

- Photos: Carefully select the pictures of products you promote, photos draw attention quicker than words. They are can be spotted easier than words or texts contents, when you are on a high-speed scroll; your eyes catch photos easily compared to texts. Use high-quality and attractive photos.

- Quality products: Don't just pick products at random, have a quality test for the products you are putting on your Social Media Page. If your audience is impressed by the quality of the purchase of the products they'll surely spread the word for you. That is better than just choosing products randomly; remember to choose "quality over quantity".

- Relate with other affiliate marketers: Relate with other affiliate marketers: There are different groups and forums of Affiliate Marketers that you can join online. Joining these groups will be very helpful for you, you will get to stay updated about what is trending in the affiliate marketing community as a whole, and you will get useful information that can make you improve your affiliate marketing skill.

- Sound natural: Do not make it sound like you are the salesperson, see and present yourself as someone who is just sharing a product or service that can be helpful to your audience. Keep your promotional tone low. If you want to promote a cloth washing machine, write something like "Do you find washing too much hassle? This washing machine might help." That is better and friendlier.

- Campaign analysis: You shouldn't just keep running your affiliate campaigns, analyze and optimize your campaigns so you'll know areas that need improvement if need be. And if your analysis shows that your campaign is failing, you will know how to quickly deal with the situation

- Research: Carry out good research on all the affiliate programs that you intend to sign up with. Know which one is going to probably work out well for you.

- Consistency: Retain your consistency, do not let affiliate marketing take away your engagement with your audience, and rather let it strengthen the bond. Your followers will ask questions about the products you post on your page, be sure to be available and ready to answer in time. It is still part of your business.

Now that you have known how to make use of your Social Media accounts to earn with affiliate marketing, let's discuss a few affiliate programs.

- Crowd fire: Crowd fire is a Social Media Marketing tool used all around the globe for Social Media management and growth. It can be used with Facebook, Twitter, YouTube, Instagram, pinterest, WordPress, and many other Social Media Platforms. Also, Crowd-fire is one of the biggest affiliate programs worldwide provides an affiliate program. They offer up to 35% commissions which can be as high as $400 per referred customer.

- Sendible: Sendible originally is a Social Media multipurpose tool that allows you to post scheduled updates, reply comments and create reports. They have an affiliate marketing which 30% recurring commission which can be up to $700 per client or customer.

- Social Pilot: Social Pilot is a Social Media automation tool that for automating posts. Their affiliate program yields up to 30% recurring commission.

- Commun.it: Commun.it as a tool is used to track brand mention, followers and lead on Social Media. Besides being a tool, they have a great affiliate marketing program with a 30% commission.

- Bluehost: Bluehost is a web hosting website; it was evaluated by some analytics to be the best web hosting we have today. Bluehost web hosting affiliate program is recorded to be one of the best affiliate programs that we have. They pay up to $60 - $130 per signup.

- Bigcommerce: This is a popular e-commerce platform for developing e-commerce websites. Their affiliate program is quite impressive. They pay a 200% commission depending on the plan which can be $60, 160$, $250 or $1,500 per paying customer.

- Trippayouts: This is a popular travel affiliate program that offers up to 80% commission.

The above are few affiliate programs in different fields that can be promoted through your social Media pages and can easily and passively earn you good income.

Affiliate Marketing is just a very interesting way of monetizing your audience on Social Media. But it is important that you keep your audience as your priority. Do not post anything to make them lose interest in you. Keep your Social Media Analysis tools handy, if you notice a drop in the number of your followers; quickly adjust the content you post. Nothing is worth you losing your followers.

Chapter 13 Running Your Own Dropshipping Business

In this chapter, we will look at some points to remember when running your own dropshipping business. By now, you should have a good idea what is behind running a drop shipping business and be aware of the main points and things you must do to get started. Before you dive straight in and begin dropshipping, it is worth considering a few important points that we will look at here.

It Takes Commitment

Having a dropshipping business can potentially make you a six-figure income; this isn't something rare and there are many success stories that prove this. How do you get this? You may have the most amazing product and incredible looking store, but to really lift this off and make money, you need to commit yourself to it both now, in the short-term future, and in the long-term. If you throw yourself into your business, then it's likely to be a success. If you half-heartedly update the store now and again and spend just a few hours a week on it, then it's unlikely to ever really grow. Remember, as an owner of a drop shipping business, you are a CEO and founder of that business and you have to start seeing yourself like that.

It Takes Time

You need to invest your time into your business to make it grow and this is especially true if you are entering the drop shipping world for the first time. You will have a lot to learn, including managing the store, how your business operates, and how to deal with demand when the business grows. You should take some time to get to know who your audience is and how you can appeal to them.

You may be working full-time right now so in the beginning it may be hard to juggle between the two jobs. But the result will be worth it as your business grows and you are able to be your own boss with control of your schedule and your profits. Even if you can dedicate just 10 or 15 hours a week to your drop shipping business, it is certainly possible to start earning between $1,000 and $2,000 per month after 12 months of being in business. Obviously, that can definitely increase with time if you keep channelling your effort and time into it.

The beauty about a drop shipping business is that after the first few months of dedicating your time and energy, once the business has kicked off, it takes less hours to maintain so eventually you will be earning a great income and working less hours. Not only that, but by building a successful business now, it is an asset for the future that can either continue to provide you an income stream or something you can sell.

It will be hard work in the beginning but the rewards are tremendous. You get to be your own boss, have flexibility over your schedule, can work anywhere in the world, and still earn a decent income. Once you have found success in one niche, you can easily branch out and start serving plenty of other niches and audiences and build your profits even more.

Let's recap over the process of starting you own drop shipping business and how to run it from that point.

The Entire Process of Setting Up And Running A Drop shipping Business

First things first, decide your niche by brainstorming ideas and seeing which one is most popular and profitable by first searching for related keywords in Google Keyword Planner and then checking to real-life popularity by searching the best keywords on platforms such as Amazon. You can also use social media sites such as Facebook, Reddit, and YouTube to see if there is a buzz about these keywords. After all this analysis, you can then decide which niche you want to work with.

Next, after picking products you want to sell in your niche, search for suppliers. You can either do this by searching specifically for drop ship suppliers in your niche and reaching out to them directly or you can use platforms such as Ali-Express, Alibaba, Sale-Hoo, or Doba that give you a whole marketplace of suppliers, manufacturers, and wholesalers.

Then, you want to start thinking about how your customers will know you exist. This is where marketing and branding step in. Think about your brand. What's its concept, what's its story? Develop this on social media, create a platform where your customers can see your product and communicate and interact with you directly. Nowadays, social media is one of the most important ways to reach customers for all businesses. Your brand should include a name (don't overthink this but pick something catchy and that you like), a logo, and a tagline. You can make a logo for just a couple of dollars on places like Fiverr and Up-Work.

Visit: fiverr.com

Visit: upwork.com

Next up is actually opening your store. You can set this up on whichever platform you prefer whether that's an open source platform or a hosted platform.

Then, start listing your products on your store, including images and detailed product descriptions. Now that you have your store, you know your niche, and you understand your brand better, you will have a good idea of what products will be best for you. You will need to speak with your supplier to get the best prices and make sure you understand all the important terms such as additional costs and delivery charges and times.

Make sure your site has product pages for your customers to find your products and also other important pages such as About Us, Contact Us, and FAQs. Having all of this from the beginning means that your site automatically has an air of authority and authenticity, which make help make new customers feel comfortable trusting you and buying from you.

Next, go ahead and start selling! Your site doesn't have to be totally perfect as you can iron out the details after. Just get the site out there so it can start doing its thing and earning you an income.

From then on, you can keep on making your site the way you want it and add more products. Keep your social media pages active and use them as a way of interacting and engaging with customers. How do you get these customers? Start by sharing your page with all your friends and family and encourage them to like and share your page too. Pay for Facebook ads and concentrate on building a blog with value-worthy content and a good SEO strategy to get your content found. Once you have success in one niche, expand to others while continuing to run the first one. Build your business and look for as many opportunities as possible that will help it grow, expand, and become more profitable.

Once your business is growing, you will need to streamline the order process as much as possible and start making your business efficient. Luckily, there are plenty of apps out there that you can use to make the interaction between your customers, your store, and your suppliers much easier and smoother. Some important ones include Oberlo (if you use suppliers through Ali-Express or in China), Klaviyo (an email marketing service, perfect to keep the communication with your customers), and Yotpo (helps add reviews in your store which is great to give customers some indication that they can trust you).

Visit: klaviyo.com

Visit: yotpo.com

These are just a few in a very large ocean of apps so look around and start adding them to your store. It will help make the business more professional and easier to manage.

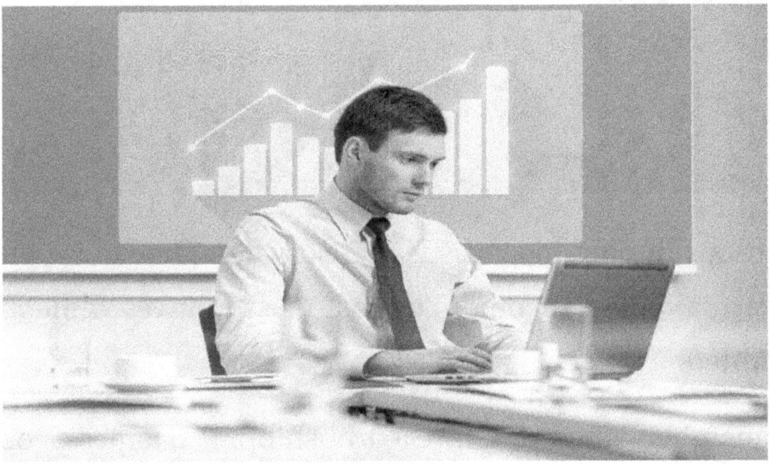

Finally, you need to make sure you are analysing your business and constantly improving it. You need to check performance and enhance the things that are working and eliminate the things that aren't. How can you measure this? Two great tools are Google Analytics and Facebook Pixels which can show you where your customers are coming from, what's driving them to your site, and what's driving them away from your site too. Use this information to your advantage.

Follow these steps and you will have a successful drop shipping business. Thankfully, it's not magic. It's just knowing the right process, having the commitment and effort to make it work, and then actually going out there and doing it.

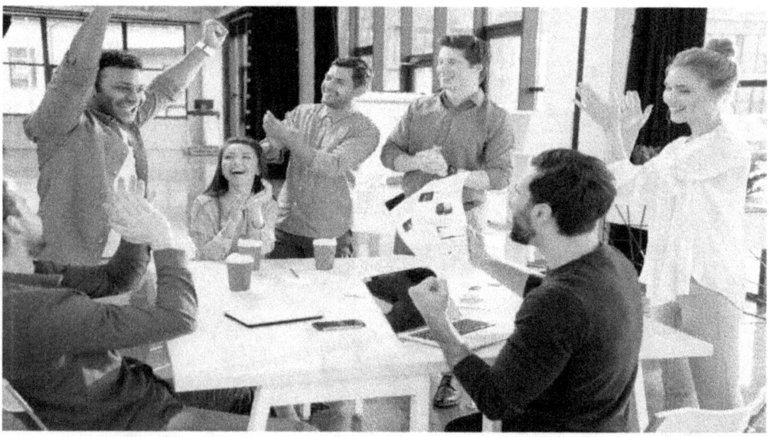

☐ A dropshipping business is a great way to be your own boss and earn a decent income. You just need to invest time and be committed.

☐ Remember, when you have a dropshipping business, consider yourself the CEO or the boss of your company. You are in charge and you can make it grow.

☐ To make and run a successful dropshipping business, you should follow a set of guidelines.

☐ First pick your niche and then find your suppliers. Then start thinking about your brand and once that's decided, open your store and list your products. Develop your site and start selling, all the while looking for ways to reach more customers and grow a larger audience. As your business grows, start streamlining its processes with apps and constantly analyse your data to look for ways to improve it.

Chapter 14 Scaling Up Your FBA Business

Scaling up the Amazon FBA business is not going to be a quick feat. This is not typically the case for businesses that are only making penny profits. There may have to be some product purchasing that gives the company an extra boost for quarterly profits. Usually, the company is going to pick from one to a few products to sell on the site. Purchase a great product that is going to be a money maker for the next coming quarters so that you can begin thinking of the next step. Once there has been enough revenue generation from the product that has been showing promising sales, keep flipping this product until there is a sum of money that is for investing further into the company. Use these gained profits to purchase more of the same product especially at a lower rate if you are purchasing into the next capacity brackets. If you do not want to purchase the same product, use some of the profits to purchase another product and list it to create a greater revenue flow. Now, products that sell are going to be helping each other keep a consistent profit rate.

Once you begin scaling up within Amazon FBA, there are going to be greater benefits with the service providers that are chosen to deal with these shipping deals. Amazon will give percentage points back on money spent on products that Amazon is listing and when the company sells these items, they will get them for a better price when they purchase in bulk. Once the company begins to ramp up, it will be good to optimize the products that are on the market. You can categorize the product differently, or place product ads to make an extended reach to certain buying crowds. Change up the product descriptions a bit to be more poppy for the consumer and watch the variations you make because some of them will bring in more buying traffic all because it is merely being optimized. A brand new look to the site can do some justice if things have been years before seeing a changeup, so don't be afraid to make new changes to the company that can promote new viewers to come. You can scale up the business by changing up the budget balance, and where most of the money made may have been going back into the inventory, we can think about new changes that can make a great difference to the flow. You are owning success in one category on Amazon, but how about creating two different product listings that can account for two different categories which can practically double the profits for the company. These are also going to be new learning curves for the company if they are diving into territory that has not been touched before. Finding great products to resell isn't always the easiest, but once you get the hang of it, you are going to have a hand in a few markets by the time you know it. Product choice is going to evolve as the company gets more exposure and as customers may begin to ask about different product variations, whether it be about other colors or other sizes and makes.

Methods for Obtaining Reviews

Create methods to obtain feedback from the fans and supporters of the e-commerce shop. There are tons of ways to get feedback from great individuals sharing their opinions about the product. Good and bad products alike will end up getting sometimes the truest opinions of the lot. Terrible products make consumers rant and give bad reviews for products, but these are often at times publicity stunts to gain some other type of revenue. Very good quality products are going to have the buyers rave about the purchase online, and this could be by having comments left on the page or by custom pictures being taken and left for others to see, and also judge the product by other visual enhancements. Pictures of the products on social media sites can also obtain reviews just by visual enhancement marketing tactics. Run a page that has your content on it and you will obtain followers. Invest time in a good marketing foundation that could be a separate firm running strong with the company, and they will handle all inbound traffic and possible leads. Reviews are great for those in the community that does not own the product yet. Now, think locally just on your site that means creating a comfortable atmosphere so that the consumers rate your shop good on the e-commerce platforms you decide to sell through.

Move into Wholesale

Merchants typically sell goods that are not purchased or selected in advance and before the products are sent to the consumers.

Good products will bring sales and the customer orders leaving the consumer to price the product as they please. They purchase it at a wholesale value so it can have a high margin as long as you can still balance out a low ROI. Begin making connections with wholesaling companies that have products that are in your field. Pick a good product and the consumer will enjoy the variety when you present them with different costs for different qualities. It is going to be a ramp-up in price so mind that this step is going to require a bigger budget. Save up for this step so that you can purchase your first hundred units or five hundred units. These are stepping stones that are going to teach us the basics of OA. Good suppliers will give great prices when purchasing these quantities and when it gets into the thousands, it can really get to discount season. This is going to lead to a high yield for the consumer to place these new gains aside to save for their new steps. Let the product sell itself if you know it will. When visiting these wholesalers, look at how much they have shipped out before. Ask about their markets and who is typically buying or whatever curiosity you have and get to know your wholesaler.

Move into Private Labeling

Your Own Product

Some companies build revenue to brand their own products and this could be great for the overall marketing of the company. Labeling companies are doing business with thousands of sources right now that have an amazing number of products to choose from. Labeling companies work with any type of labeling designs or artistically enthused branding. When the company starts branding its own product, they will be able to have a customized product that is unlike any other. This product will be able to stand out and they will be able to design it to have a label or a box that shines. Generally, the white-labeled products aren't going to be the most original looking types of things because they are made in mass quantities. So it is necessary to go to external sources for possible artwork handling or logo designing that needs to be taken care of before this phase. Get creative with this step because there are going to be tons of competitors that are using the same methods as you. For all you know in the world of white labeling, the competitors could be using the same company as you for these services. Use this chance to create an unforgetful image for the customer to remember the product by. These private labeled companies are going to make it easy for consumers to diversify the product every quarter. Make ways to keep the product looking interesting even if it means doing some boxing as well the same ways and make it clever and efficient to receive your packages.

Other's Products

When purchasing white-labeled products that are from other sources, the best part about that is going to be the price. There are great prices for locally made things that can be considered common goods and these goods can be purchased as well as wholesale and they can be flipped through OA. Avoid shipping costs to outlets and purchase locally to pick up with a truck or van. With these products, most customers do not know what the product actually is because it tends to be a plain form of a product that they are used to. These products may look like something they may know, but they could have no labels at all and just be a standalone product. This is okay if the product is high-quality, but the customer also relies on visual enhancements as we have spoken about in this book. Sell other products that are white-labeled to exclusive buyers and give good deals so that these buyers come back on a frequent basis. These products are best for buyers who are only looking for quantity and quality is typically the second concern. There are a lot of white-labeled great products out there and the quality just keeps getting better and better as the years of online shopping go on.

Advertise the Products

Marketing Firms

Marketing firms are a great way to get a product or a distributor a proper representation. Marketing firms are masters of the market and they can tap into most streams of public interest. These markets do anything from making phone calls to independent advertising that could be state to state by roadshows or other means of trade traveling. These firms hire good representatives that are well-established in their skills to be able to make online advertisements or ones of that in the retailer or at community areas as spokespeople. These opportunities usually come by advancements into the business markets all around. There can be special events made where companies make appearances by sponsorship and furthermore, these firms are going to be the perfect ones to go for to get it all organized. Marketing firms also generate other high forms of online traffic with their own servers, and this, in turn, is going to give you boosts to your traffic in buyers. A great team of marketers will charge for their services but it is quality effort to make sure that the company is being run to a certain degree of standards which can be designed to the company's needs. Marketing agencies create and establish a strategy which overall can conduct market survey research, and they can also build great relationships with your audience and increase exposure to the company, by engaging with potential customers that may be interested with the product you sell.

Telemarketing companies have a great hand in the marketing world. Companies like these have employees that make outbound phone calls to engage with future prospects and to take orders of any current. This is a vital role for any company that is handling a large quantity of shipments, considering that there is also a need for a customer service helpline established as well.

There are going to be digital marketing agencies that help improve the website, by advising to post or place social media accounts certain ways to market best to the viewers. Digital marketing can engage millions of customers around the world because they most likely are already on their device. Marketing firms tap in at the right time and also do extra promotions through the holiday times when it gets busier to keep up with the higher demand of traffic volumes.

Google Adwords

This tool is going to be vital if you are also using something like Google Ads. Google Adwords is a tool that acts a lot like a thesaurus which is a keyword identifier. Enter in the phrase you think your prospects are searching for in their browsers and Google will tell you similar phrases that may or may not relate. Google will tell the consumer how much a phrase is searched and how popular it will come to be in the end by the time someone buys it up. It is going to be costly for each keyword that is found, but it will really make the campaign boom if done properly with this tool. Use this tool if the company has not been named yet as a way to optimize the amount of traffic that can be earned through a different name.

Pay for Premium Accounts that Host Websites for Advertising

Paying for premium accounts is going to be a step when the company has had its time to adapt to the marketing world. This step is going to take more of the budget and it will be used to optimize more aspects of the online marketing tactics. Some of the optimizations that come with these platforms are unlimited bandwidth, unlimited domains, many different hosting partners like MSSQL and MySQL, more ram space can be purchased, and to even name the servers can be an option. Premium accounts are great for making the most out of the e-commerce platforms that are going to help market the inventory.

Chapter 15 Avoiding Common Dropshipping Mistakes

Once you've decided to start dropshipping, you need to ensure you have a solid business strategy in place, right from the start. This means you should be ready to avoid all these common mistakes. Let's take a look at these now.

Expecting Products to Sell

As previously mentioned, dropshipping (by design) places you in a competitive situation, for the reason that others are marketing precisely the same thing you are. It's all too laid-back an idea to contemplate that you'll be setting up drop shipping for your online store and that you will have an instant money-making scheme on your hands.

The exact opposite is true. With dropshipping, you need to place all of the time which you save on shipping and fulfillment into your marketing and SEO campaigns and efforts.

These are the elements which will drive customer traffic toward your store, and make you sales when you're a merchant who uses dropshipping. Since you can't control any side of the fulfillment or packaging/posting with dropshipping, you should always put a priority-focus on high-quality customer service. Additionally, you should make sure you give customers a positive and lasting experience in the areas of the purchasing process you find that you can control.

Reliant On One Supplier or Not Having a Backup Plan

If you only turn to one supplier without having any back-up, you're leaving yourself with logistical issues further down the line. What happens if your supplier raises prices to where you can't afford them? Or what if they go out of business? They might just decide to no longer work with you anymore, which can happen, too. I'm not big on "what ifs" in my personal life, but professionally I am, to stay ahead of the game.

Even on a less severe note, a supplier could be just out of stock on a product and be unable to answer when they'll have that stock in again, It's crucial to always have a backup supplier that you can turn to if your primary supplier doesn't work out for any particular reason/s.

Each time you start to work with a new supplier, you need to make sure that they perform, and you should place test orders to be sure. Once you get the order, examine it, and consider the packaging, the shipment time, and so on while making sure everything is the quality in which you expect. It is advisable to place test orders on a regular basis, although not detrimental. Fulfillment is as crucially important to any online business though, and you need to catch any dips in quality before they start becoming real issues.

Stressing Over Shipping Rates

Shipping rates can be an aggravation, even when you ship all your products from one location. If you ship from several warehouses or dropship via multiple suppliers, it can be a bit of a nightmare. What if an order draws on two different warehouses, or three different suppliers? Eeek!

Take a step back and take a good look at the bigger picture. What is it you aim to achieve? Is it better shipping rates? Or more sales and content customers who want repeat business? If you waste energy over shipping rates on every single order, that's energy not devoted to: creating better customer shopping experiences, increasing the size of your store, your marketing, and everything else you should focus on in terms of customer happiness, overall.

Take a look at previous orders, and use these to calculate flat shipping rates, or maybe tiered rates based on cart value. Will it slice into your profit margins? Yes, on some fulfilled orders. The difference is, you will come out ahead of others, and if you've set your rates correctly, shipping costs should be even cheaper, over time.

It has also been shown that flat prices and free shipping increases conversion rates. One primary reason that customers abandon their shopping carts is due to high shipping costs. Flat shipping fees remove confusion and superficially "hidden" fees which show up at checkout.

Chapter 16 Tips for Succeeding with Your Online Business

Mostly dropshipping products are sold on the basis of impulse buying. So there is a need to push the items right under the nose of the prospective buyers instead of just waiting for them to visit the dropshipping store.

Promoting the Products on Social Platforms

Social media is one amongst the most powerful means to promote, distribute content, advertise, and to acquire customers. For example, Facebook has more than one and a half billion users with varied backgrounds and lifestyles. So naturally, it is a very attractive platform for digital marketers to promote their products.

You can use these platforms for popularizing your product. But you should remember that content plays a vital role. Even if the platform is big and the product is great if it does not have an impressive content to back it, your efforts will be futile.

It has been tested and confirmed that people purchase drop shipping products from platforms like Facebook, Pinterest, and Instagram.

Influencer Marketing on Instagram

Nowadays, influencer marketing occupies an important place in the customer acquisition plans of online retailers. It is especially very effective for trendy niches. For example, if you want to sell a new type of handbag and you ask a popular figure on Instagram to include your handbag in one of her posts and tag your business, you are sure to win a big batch of new customers.

You can use Instagram influencers to promote your products. These are the people who have a large following on Instagram. They are of three types: celebrities, social influencers, and micro influencers.

- Celebrities: Movie actors, sportspersons, artists, politicians, and social workers belong to this category. They are powerful and generally do not work with small enterprises.

- Social influencers: They have more than ten thousand followers. They do not restrict themselves to one niche alone. They charge high rates for promotion work and usually work with more than one brand at a time.

- Micro influencers: They have five thousand to ten thousand followers. They are confined to a niche. They can be very helpful for promoting the products which belong to only one niche. They charge lower rates for promoting your posts.

If you choose to do influencer marketing pick one niche and select influencers who are more impressive, make sure that their post has a minimum of five hearts or comments.

Start pitching after you have noted down the names of 5 - 10 influencers. You can tell them that they may keep the item if they post its picture in their account on Instagram.

Google Ads and Facebook Ads

Google and Facebook advertising are different in nature. Google shows advertisements which are related to the keywords used for searching by the user. While Facebook Ads function on the basis of user information. The interests of the users are noted which are called data points. It displays ads on the basis of these data points for the users.

Benefits of Google Ads

- You can gain good exposure in the search results.
- They give you a chance to advertise on the world's largest platforms like YouTube, and Google search.
- It is easy to target specific demographics like language, location, and device.
- You can use high volume key phrases or keywords which are related to the niche you are dealing with and maximize exposure.

Benefits of Facebook Ads

- They help you to start your business easily.
- You can control the amount of money you spend every day.
- It is possible for you to target specific demographics like location, and interests.
- You can get quick results.
- They are useful for increasing brand awareness.
- Good ads or boosted posts can become viral.

PPC Advertising

PPC advertising is allowed on many social media platforms. Facebook ads are an example of this. Another platform which is popular for advertising is Google AdWords.

Customer Reviews and Ratings

Customer reviews make a lot of difference in this type of enterprise. Just a few negative reviews can actually ruin the entire business. You can see how people buy products online from eBay and Amazon. The decision to purchase things on the basis of the rating of the product and the comments of the customers about it.

The same thing is applicable to your drop shipping store. A few good reviews can boost the reputation of your website and products. The best way of getting accolades from the customers is to cater to them in the best possible manner.

If you offer high-quality goods, a remarkable customer support service and quick delivery of items, you can surely make your mark and get good feedback from the customers.

This feedback can be utilized as a testimonial for the website and can help to acquire more customers.

Email Marketing

You can use email marketing to inform your clients about the changes in your company. You can inform them about the price changes, and the discounts offered. Emails may be used for conveying content related to the product or the industry.

Mail-Chimp can be very useful for this purpose. It automates some processes, creates and saves templates, and produces analytics and reports.

This type of marketing is more complex and is usually used for the purpose of remarketing. That means after collecting your buyers' emails, you can sell your new products to them by sending the information about the products through email. You can use automation software such as Campaign Monitor, Get-Response, Mail-Chimp, or A-Weber for this purpose.

Customer Support

An efficient customer support service can provide better customer satisfaction and thereby help to boost your business.

You can adopt any of these methods which are generally used by the e-commerce industry. They are:

- Phone support: Phone is a quick and efficient means of connecting with the client directly. It is easier to deal with tricky situations by phone. It also enables you to get quick feedback from your client. Google Voice can be useful for this purpose.

- Email support: You can use email for providing support to your customers. It is a good idea to create emails which bear the name of your domain, for example, hello@domainname.com. This will give it a professional look, and your brand will be impressive for the customers. You can use Help-scout which is a very suitable software for email support.

- Support through social media: Sometimes customers look at the pages of the brands on social media even before they contact a particular brand. The customers can find answers to their questions there as social media which is a forum for the public already has answers for them.

A good representative who provides customer support through social media can help to set up good relations between the brand and the customers.

- Live chat: Many brands incorporate the live chatting facility on the websites to provide customer support. This method has become very popular. It enables customers to get support quickly. It is less intimidating than posting questions on some public forum.

But if your business has not expanded much this type of support is not needed. This option may be suitable after you have scaled your business. Another option is to utilize the facility for direct messages on Twitter and Instagram or use Facebook Messenger.

Other Marketing Methods

There are some marketing strategies which are inexpensive or free of cost but have slow results. Some of them are:

Forum or Blog Marketing

You can look for forums or blogs which are associated with your niche or products and actively participate in the discussions. You can represent your particular niche and include your website's link. In this way, you may increase the traffic and get new customers to your online store.

Growth Hacking

This method is not expensive, and at the same time, it is highly effective to get creative campaigns for marketing online. Retargeting the old campaigns or appearing as guest bloggers for popular websites in your niches are some examples of growth hacking. Essentially it comprises of content marketing.

Content Marketing

This involves a process of creating valuable content to acquire an audience which can be converted into customers. It is not an explicit way of advertising. The content should be about serving the audience than about serving your brand. It can be in the form of a trendy Instagram post, a witty post on Twitter, or a blog.

Conclusion

Starting a dropshipping business is an incredible way to earn yourself a six-figure income. There are many ways to start a dropshipping business, but this streamlined guide will allow you to start one efficiently and reach your six-figure income as quickly as possible. Even though drop shipping is a passive income stream, you should be prepared to put in a fair amount of work to establish your business. Once you establish your business and have regular sales on your website, you can hire assistants and remove yourself from the business, making it an even more passive income source.

I hope that this book was able to clearly guide you through the process of starting your own drop- shipping business. Each chapter was designed to be a clear and concise guide walking you through each step of the business so that you can start with a strong plan. By following this guide, you will certainly be able to start your own business with the potential to earn you a six-figure income.

The next step is for you to start putting these plans into action. If you haven't been working step-by-step throughout the book, then it is time to go back to the beginning and start implementing the strategies to develop your drop shipping business. Make sure that you pay close attention to the common mistakes and tips and tricks that have been outlined in this book as they will provide you with the knowledge you need to strategize and have a strong start in your drop shipping business. That way, you can ensure that you set yourself up for total success.

Thank you, and I wish you the best of luck in creating your six-figure dropshipping business.

Le présent ouvrage a été publié
avec le soutien de
l'Académie Nicaraguayenne de la Langue

ANL

ACADEMIA NICARAGÜENSE DE LA LENGUA
"EN ESPÍRITU UNIDOS - EN ESPÍRITU Y ANSIAS Y LENGUA"
NICARAO
GIL GONZALEZ
1523

"En espíritu unido, en espíritu y ansias y lengua."

La Collection "*Travaux Panofskiens*" est dédiée à l'étude des oeuvres d'art de la période moderne (XIIème-XVIIIème siècles) et de la période contemporaine (XIXème-XXIème siècles), à partir de plusieurs concepts des études de l'École de Warburg, notamment représentés dans les travaux de son principal représentant Erwin Panofsky. Ces concepts sont les suivants:

La transmission des symboles culturels entre les époques, et la permanence de leur représentation;

L'étude des oeuvres d'art comme matériel pour comprendre leur époque et l'histoire des mentalités qui y est liée, c'est-à-dire, inversement, les idées, les pratiques et les moeurs, que révèlent les oeuvres d'art;

En ce sens, l'interaction entre les cosmos de cultures profane et religieuse, d'une part, et populaire, cultivée et savante, d'autre part.

Le principal apport de la présente Collection, ou son principal projet en tous cas, est d'aborder, non seulement les oeuvres de l'époque moderne, champ d'étude particulier de l'École de Warburg et de Panofsky, mais d'amplifier cedit champ à celui de la contemporanéité, en particulier des avant-gardes, afin, non seulement d'appliquer la méthode panofskienne à l'art contemporain, mais encore pour en expérimenter la pertinence dans le cadre visuel de la non figuration et de l'abstraction (soit-elle, celle-ci, thématique ou formelle).

Dr. N.-B. Barbe

Norbert-Bertrand Barbe
Membre Honoraire de
l'Académie Nicaraguayenne de la Langue

De Giotto à Dürer et l'émergence des Renaissances en Europe:

Le cas paradigmatique de la gravure *Der traum des doktors* (1498)

-Une réinterprétation iconologique

ISBN: 978-2-35424-192-6

Collection "*Travaux Panofskiens*"

SOMMAIRE GÉNÉRAL DU VOLUME

AVERTISSEMENT

1. Le *Songe du Docteur*

On connaît le fameux *Songe du Docteur* d'Albert Dürer, étudié abondamment, notamment par Erwin Panofsky.

1.a. L'interprétation classique

L'interprétation classique en fait, sans plus, l'image de l'opposition entre le Songeur et ses mauvais penchants, en tant que représentation de l'*Acédie*, qui, laissée à elle-même, tombe dans les bras libidineux du songe, en écoutant la musique perverse du démon.

1.b. Ses incohérences

Toutefois, il nous semble que ladite prémisse, logique du point de vue de l'idée générale que nous nous faisons de la pensée du Moyen Âge, et que nous confirment nombre de représentations, crée un certain nombre de problèmes d'incohérence iconographique, notamment par rapport au rôle et au statut des trois figures entre elles.

2. Un thème de la Renaissance

Cette marge semble nous autoriser à reprendre l'analyse, en partant d'un postulat partiellement différent: en supposant que la gravure de Dürer ne représente pas tant un thème médiéval, mais s'intègre plutôt au symbolisme de la Renaissance, plus recherché.

2.a. L'abstraction formelle

La première preuve que l'on en aurait est l'abstraction présente dans l'image même, autant par la précision de la définition anatomique des corps, que par leur association hors tout cadre narratif directement compréhensible.

2.b. L'héritage flamand

L'opposition s'y opère un peu comme dans les chapitres 110 à 112[1] de la *Nef des Fous* de Sebastian Brant, non toujours reproduits[2], mais présents dans les éditions latine[3], française[4] et anglaise[5]. En effet, ceux-ci décrivent, respectivement, la "*Concertation de Vertuz avecques Volupté*", "*L'argument du premier acteur: Brant*", "*L'épigramme de l'octer au lecteur du livre*", "*L'objection de Volupté blasman Vertu*" et "*La réponse de Vertuz à Voluptuosité*". On y trouve la représentation, dont nous verrons des modalités au court de la présente étude, d'Hercule[6] endormi ("*Hercule fut jettant en un fort somme de dormir*"), au pied de deux rochers, au sommet de celui de gauche étant une femme nue (Volupté) accompagnée d'un squelette (la Mort), au sommet de celui de droite une figure monastique tenant en main une quenouille (Vertu).

2.c. La question de la tripartition

Notons toutefois que cette opposition présente, d'emblée, une tripartition (Vertu-Volupté-dormeur), inconnue de l'iconographie de l'*Acédie* (même chez Brant[7]), si l'on excepte celle de la roue des *Sept Péchés Capitaux* par Bosch.

---

[1] "*Conflict of Virtue with Pleasure*
The Road of Pleasure
The Road of Virtue" (http://facstaff.bloomu.edu/lspringm/courses/cultciv1/brant_table_of_contents.html)

[2] Notamment dans les éditions allemande (voir par exemple l'édition du texte sur http://gutenberg.spiegel.de/buch/das-narrenschiff-2985/1), et espagnole (http://www.libroesoterico.com/biblioteca/HERMETISMO/La%20Nave%20de%20Los%20Necios%20Sebastian%20Brant.pdf). L'édition de 2010 en Français ne reproduit pas non plus cette partie, voir https://fr.wikipedia.org/wiki/La_Nef_des_fous_(Brant)#cite_note-6

[3] *Stultifera navis*, trad. de Jacobus Locher Philomusus, Strasbourg, Johann Grüninger, 1497, pp. 104ss.

[4] *La gra[n]t nef des folz du mo[n]de*, Paris, Geoffroy de Marnef, 1499, feuillet lxxxi et suivants.

[5] *The ship of fools*, trad. D'Alexander Barclay (1475?-1552), Edinburgh, William Paterson, 1874, T. II, pp. 286ss.

[6] Qui reprend alors ici le symbole de Mars face à Vénus, nous y reviendrons, voir notre ouvrage: *Le Cuirassier blessé, quittant le feu et l'apologie patriotique chez Théodore Géricault*, 2006.

[7] Aux chapitres 4, 20, 32, 33, 44, 49-52, 62 (voir illustrations de la version: http://www.libroesoterico.com/biblioteca/HERMETISMO/La%20Nave%20de%20Los%20Necios%20Sebastian%20Brant.pdf), bien que dans son cas, cet ensemble iconographique, plus qu'à la paresse en soi soit orienté à la question du libertinage, c'est-à-dire de la mollesse morale, illustrée ici par la fidélité matrimoniale et l'attention à soi (Luxure-Orgueil, donc), attention à soi qui provoque l'oubli de Dieu (voir, dans la présente Collection, notre ouvrage sur *La chute d'Icare* de Brueghel l'Ancien).

3. Tripartition et modélisation italienne

Le présent volume partira donc de l'idée que cette tripartition est à rechercher dans le *corpus* italien, dont nous en trouverons l'illustration iconographique dans les enluminures de la *Divine Comédie*. Nous sustanterons cette tripartition dans les représentations des livres d'emblèmes.

Le second point de départ sera alors une comparaison entre le modèle italien de ladite tripartition, que nous rencontrerons dans l'*Allégorie des Vices* du Corrège, et le *Songe du Docteur*.

Une fois tracée cette ligne méthodologique, nous laisserons place à l'analyse.

N.B.B.

4. Complément postérieur à la finalisation de notre étude

Nous ne développerons pas particulièrement ici l'analyse d'images que nous ajoutons au *corpus* du *Songe du Docteur*, parfois parce qu'illustrations de marges, elles sont difficiles d'interpréter au-delà de ce qu'elles montrent, n'ayant aucun élément contextuel (textuel, en particulier) pour les intégrer sémantiquement à une logique de représentation morale, comme c'est le cas des deux images de *The Luttrell Psalter* (British Library Add MS 42130, 1325-1340, f.53r. et 181r.)[8], d'autrefois parce que nous les aborderont avec plus de précision dans notre ouvrage, pendant de celui-ci, également publié dans la présente Collection, sur l'*Allégorie des Vices* de Mantegna (qui étudie, comme celui-ci, la correspondance thématique et idéologique entre l'Italie mantouane et l'Allemagne de Dürer), comme celle de la Bayerische Staatsbibliothek, sur laquelle nous allons revenir à continuation, ou la *Scène allégorique d'ensorcellement* (XVIème siècle), attribuée à Jacopo Ligozzi [9], où un dormeur est harcelé, dans son sommeil, par deux sorcières, sortes d'Érinyes nues aux mains et aux cheveux remplis de serpents, préfiguration masculine du féminin *Cauchemar* de Füssli, et écho direct du dormeur à la femme, également nue, du *Songe du Docteur*. De fait, aussi bien dans le Bodleian Library, MS. Douce 88, f.96r., 96v., 99v., comme dans le manuscrit de la Bibliothèque Nationale de France, lat. 14429, f.110v. [10] (voir aussi le Museum Meermanno, MMW, 10 B 25, f.12v.[11], mais, là, l'humain ayant été avalé, on n'en voit plus que le pied, rendant impossible de savoir s'il était éveillé ou pas lorsqu'il fut ingéré), on trouve une certaine récurrence de personnages endormis avalés par des sauriens (avec une intéressante mise en miroir dudit saurien avec sa femelle et ses petites dans le f.96r. et v. du MS Douce 88).

[8] https://www.pinterest.com/pin/347340189987687749/ et http://discardingimages.tumblr.com/post/63389843781/ram-riding-piggyback-luttrell-psalter-england-ca

[9] https://www.pinterest.com/pin/570198002812038599/

[10] Pour les images ici citées de ces deux manuscrits, cf. http://bestiary.ca/beasts/beastgallery146.htm#

[11] http://bestiary.ca/beasts/beast146.htm

En ce qui concerne l'image du Bayern, reproduisons ce que nous en disons dans notre ouvrage sur Mantegna:

Tout comme, d'ailleurs, l'on retrouve les Juifs, reconnaissables à leurs vêtements et coiffes, vénérant l'Antichrist dans la représentation de "*Sibyllenweissagung. Antichrist*" de la *Weltchronik* (Bayerische Staatsbibliothek - BSB Cgm 426, [S.l.] Bayern, troisième quart du XVème siècle)[12], de triple intérêt iconographique pour nous, puisque l'Antichrist y est assis, comme la figure obèse chez Mantegna, alors que les Juifs y ont les pieds sur le bûcher de leurs péchés, comme le groupe de droite (certes, incluant la figure obèse), pour le spectateur, chez Mantegna. Et, qu'en outre, tenant les *Écritures*, mal interprétées, et surmontées d'un noir démon, cette organisation visuelle confirme, par rapport à l'origine dans l'illustration du Dante, point de départ de notre réflexion sur Dürer, ce que nous affirmions du sens de l'image du *Songe du Docteur* dans l'ouvrage, également publié dans la présente Collection, que nous dédions à cette gravure du Maître allemand, ouvrage pendant, encore une fois, nous l'avons dit dès l'introduction à la présente étude, de celle-ci.

On trouve dans le deuxième volume (le premier étant dédié aux techniques de chasse[13]), de *Le livre du roy Modus et de la royne Racio*

---

[12]http://demonagerie.tumblr.com/post/96934292094/bayerische-staatsbibliothek-weltchronik

[13]Notamment d'appât au filet et à la raquette, qui y dédie une importante partie (cf. l'abondante iconographie d'internet, https://www.pinterest.se/search/pins/?q=roy%20modus&rs=typed&term_meta[]=roy%7Ctyped&term_meta[]=modus%7Ctyped, dans les enluminures et gravures du manuscrit: https://www.pinterest.se/pin/464715255289541789/; https://www.pinterest.se/pin/480266747746044015/; https://www.pinterest.se/pin/369717450644191952/; https://www.pinterest.se/pin/369717450644192773/; https://www.pinterest.se/pin/188306828140833865/; https://www.pinterest.se/pin/464715255289541797/; https://www.pinterest.se/pin/454089574920268897/; https://www.pinterest.se/pin/480055641509966393/; https://www.pinterest.se/pin/846536679797155591/; https://www.pinterest.se/pin/324048135679598943/; https://www.pinterest.se/pin/521713938066999099/; https://www.pinterest.se/pin/150941024982467696/;), Henri de Ferrières, *Le livre du roy Modus et de la royne Racio*, Paris, Elzéar Blaze, 1839, pp. (filet:) 174, 273, 279, 288, et (raquette:) 302, jusque sur la page de titre (*S'ensuyt le livre du Roy Modus et de la Royne Racio qui parle du deduit de la Chasse a toutes bestes sauvaiges comme cerfz, biches, daims, chevreulx, lièvres, sangliers, loups, regnardz et loutres*, Paris, c.1520, s/n [p. 12], http://reader.digitale-sammlungen.de/de/fs1/object/goToPage/bsb10165027.html?pageNo=12), préfigurant ainsi de la *Caza con reclamo* (*Chasse avec un appeau*) de Goya (https://fr.wikipedia.org/wiki/Caza_con_reclamo), qui, sans aucun doute, vu la célébrité du volume (on en connaît encore 36 exemplaires manuscrits, https://www.arlima.net/eh/henri_de_ferrieres.html), s'en inspire, comme aussi Bernard Van Orley dans les douze tapisseries des *Chasses de Maximilien* (1531-1533), Jean Pierre Cotten et André Tosel, *La*

(1354-1377) d'Henri de Ferrières[14], Fausse Amour, tirée de la Tour par la Reine Ratio (Paris, Bibliothèque nationale de France, Arsenal, 3079-3080, XVéme siècle, f.133v.[15]), chevauchant aux côtés du Prince Pathan des Ténèbres (qui est un Diable) et du Prince d'Envie, arrivant chez les bures (f.135r.[16], les religieux, que Pathan incendiera, f.156v., juste avant la fin apologétique de Racio et Modus, f.159r. - à laquelle suite l'apothéose devant Dieu et le diable enchainé, f.163v. -, et malgré ceux-ci).

On note que, dans toutes ces images, de *The Luttrell Psalter*, de la Bibliothèque de Bayern, ou dans celle attribuée à Ligozzi, c'est la question de la Foi qui est en jeu. Dans *The Luttrell Psalter*, le personnage du f.53r. est un pèlerin reconnaissable à son capuchon, à son bâton et à

---

représentation et ses crises, Presses Universitaires de Franche-Comté, 2001, pp. 39-40. Ou l'évocation de la peinture "*Les Chasseurs*" de *Les Images ov Tableavx de platte peinture des deux Philostrates Sophistes Grecs et des Statues De Callistrate. Mis en Francois par Blaise De Vigenere Bourbonnois Enrichis d'Arguments et Annotations Reveus et corrigez sur L'original par un docte perſonnage de ce temps en la langue Grecque et representez en taille douce en cette nouvelle edition Avec des Epigrammes sur chacun diceux par Artus Thomas Sieur D'Embry*, Chez la veufe Abel L'Angelier; Et la veufve M. Gvillemot, 1615, p. 572: "*Il deſcrit icy & depeint fort naifuement une eſpece d'aſſemblée, à l'imitation de la chaſſe des beſtes noires, contenüe dans le premier livre, & au reſte fort plaiſante e recreatiue, ne s'arreſtant pas tant à deduire ce qui concerne l'art & induſtrie de la venerie, & la maniere dont on procede, comme à nous repreſenter le deduit qu'ont accouſtumé de prendre les Chaſſeurs ſoubs leurs ramées & freſcades à l'orée de quelque bois pres d'une fontaine ou ruiſſeau, apres estre de retour de leur chaſſe; banquettans à ſoulas, & faiſant des comptes entre-laſſez de railleries les uns des autres, ſans aucune picque n'aigreur: dont à la uerité ie ne cuide pas qu'il y ait rien de plus ioyeux ny delectable en toutes les occupations, & paſſe-temps de la uie humaine. Ce ſçauent ceux qui aurtresfois s'y ſont exercitez, moy-meſme entre les autres le puis teſmoigner par l'expeerience continuelle que i'en ay faicte plus de uingt ans continuels, auecques feu de bonne memoire, Monſeigneur le Duc de Niuernois gouuerneur de Champaigne & Brie, fort addonée à ce mestier, comme ie l'ay defia dict cy-deuant: & fort fouuent encores ſoubs le Roy Henry ſecond. Surquoy il m'a ſemblé n'estre impertinent d'en amener à ce propos quelques traicts d'un vieil liure de la venerie & faulconnerie, intitulé; "le Roy Modus, & la Reyne ratio, du deſduit des chiens & oyſeaux"; au pattois de ce siecle-là, trop plus trop plus heureux en ſa naifue ſimplicité, bien que non ſi poly & inſtruit en la cognoiſſance des bonnes lettres, comme celuy qui est arrive du depuis; mais en recompenſe trop mieux fortuné, pour n'estre les hommes d'alors ainſi incompatibles, comme nous autres de maintenant; ne ſi infectez, d'ambitions, couoitiſes infatiables, rapines, maſſacres, calomnies, mal-uueillances, partialitez, & diuiſions,qui nous ont finalement amené au dernier but de toute calamité & miſere.*"

[14] "*Les Livres du roy Modus et de la reine Ratio, écrits probablement entre 1354 et 1377, ont connus une fortune considérable puisque ce ne sont pas moins de 32 manuscrits des XVe et XVIe siècle qui nous sont parvenus. Ils font intervenir le roi Modus (la bonne manière) qui avoit le gouvernement sur toute maniere de gent, et son épouse la reine Ratio (la raison), dans deux traités successifs. Le premier, le Livre des deduis, est un manuel de chasse, le second, le Songe de Pestilence, évoque, en un récit allégorique, le combat des Vertus et des Vices.*" (http://www.art-enluminure.com/numero-38/livres-roy-modus-royne-ratio.3395.php)

[15] https://www.pinterest.com/pin/369717450642010356/

[16] https://www.pinterest.se/pin/388224430370136249/

son long chapelet; le démon du f.181r. est un bouc aux yeux aussi ronds que la bouche du personnage barbu qui le porte sur les épaules, lien avec le *Monde à l'envers* autour du motif des humains chevauchés par des animaux. Le démon s'agitant au-dessus des *Écritures* présentées par les Juifs du manuscrit de Bayern est suffisamment clair en soi. Les femmes nues aux allures de Gorgone agissant dans le sommeil du personnage supposément de Ligozzi ne nécessite pas non plus plus d'explication.

Tout aussi important pour ce *corpus* est le démon extrayant du ventre (les envies, la jalousie, les désirs, les péchés) de Judas suicidé le démon de *La pendaison de Judas* de la chapelle Notre-Dame-des-Fontaines dans les Alpes par Giovanni Canavesio (c.1492)[17], Judas étant le traître en tant qu'hérétique[18], et vice-versa.

[17] https://www.flickr.com/photos/geolis06/14959662751

[18] "*Ayant à résoudre la difficulté liée au sens de «Judas», qu'il traduit par «confesseur», Origène rappelle que d'après Luc 6,16 il y a deux Judas parmi les Douze. Il en conclut qu'il existe deux sortes de Chrétiens qui confessent le Christ. «Une partie d'entre eux reste fidèlement auprès du Christ; le symbole en était Judas fils de Jacques. Mais la seconde partie, après avoir cru et avoir confessé la foi dans le Christ, a abandonné le Christ par intérêt; trahissant ainsi la vérité elle-même elle est passée aux hérésies et aux faux prêtres des faux Juifs, c'est-à-dire de ceux qui feignent d'être Chrétiens, et elle leur a livré, autant qu'elle le pouvait, le Christ, c'est-à-dire 'la Parole de vérité' (cf. Ephés. 1,13), pour faire crucifier et tuer par eux 'la Parole de vérité ; le symbole en était 'Judas Iscariothe' qui 'se rendit auprès des prêtres' et traita du prix de la tradition du Christ (cf. Matth. 26,14-16)202 ». Ce passage est celui qui montre le plus clairement que les hétérédoxes sont issus du sein de l'Église, qu'ils ont commencé par être des Chrétiens et par avoir la foi. La trahison de Judas figure leur abandon. Ceux qui se laissent séduire par les hérétiques forment la société des «faux Juifs» s'opposent à «l'Israël véritable» qu'est l'Église*." (*La notion d'hérésie dans la littérature grecque, IIe-IIIe siècles*, Paris, Études augustiniennes, 1985, Vol. 1-2, p. 494) "*A la différence de Dahl, l'A. estime que ce n'est pas l'Eglise que Paul, en Ge. 6, 16, désigne par l'expression «l'Israël de Dieu», mais les Israélites qui accueilleront la bonne nouvelle du Christ. Paul espérait la conversion d'Israël — ce qui explique, selon l'A., qu'il ne pouvait sans plus transférer le titre d'Israël à l'Eglise. Il y aurait place, chez l'Apôtre, pour une distinction entre Juifs et Israël en dehors de l'Eglise. Un affaiblissement de cette espérance se noterait dans les épîtres tardives et les écrits postérieurs, mais il faudrait encore attendre plusieurs années avant que la rupture, achevée par la guerre de 132, puisse conduire, chez Justin, à l'identification de l'Eglise avec l'Israël véritable*." (*Nouvelle revue théologique*, 1973, Vol. 95 à 105, p. 214)

De Giotto à Dürer et l'émergence des Renaissances en Europe: le cas paradigmatique de la gravure *Der traum des doktors* (1498) - Une réinterprétation iconologique

""I'm used to that. It often seems to me that's all detective work is wiping out your false starts and beginning again." "Yes, it is very true, that. And it is just what some people will not do. they conceive a certain theory and everything has to fit into that theory. If one little fact will not fit, they throw it aside. But it is always the facts that will notfit in that are significant. All along I have realised the significance of that pistol being removed from the scene of the crime. I knew that it meant something--but what that something was I only realised one little half-hour ago.""
(Agatha Christie, *Death on the Nile*, 1937, Chapter XXIV)

0. Un problème de méthode

""You think that I am just amusing myself with side issues? And it annoys you?
But is is not that. Once I went professionally to an archaeological expedition and I learnt something there. In the course of an excavation, when something comes up out of the ground, everything is cleared away very carefully all around it. You take away the loose earth, and you scrape here and there with a knife until finally your object is there, all alone, ready to be drawn and photographed with no extraneous matter confusing it. That is what I have been seeking to do clear away the extraneous matter so that we can see the truth---the naked shining truth.""
(*Ibidem*, Chapter XXVIII)

Qu'est-ce que nous dit réellement le *Songe du Docteur*?

Correspond-il à une simple représentation de l'Acédie?

Révisons l'iconographie, en partant de ses motifs, qui seuls pourront nous le dire.

0.1. Le cadre d'interprétation et la méthode iconographique

Tout d'abord, il faudra préciser que, si l'on part de l'idée qu'une oeuvre peut s'interpréter, c'est toujours dans le cadre d'un ensemble plus général de représentations qui l'induisent, et permettent de l'expliquer.

Autrement dit, une seule représentation ne crée pas un thème iconographique.

Pour pouvoir la comprendre, il faut donc la remettre dans le contexte de son époque.

L'autre point, qui en découle, est que, si l'oeuvre se distingue, en ses motifs, du groupe ou *corpus*, elle peut le rénover, certes, mais aussi, simplement, cette différence peut simplement révéler qu'elle n'en fait pas partie.

0.2. L'iconographie de la paresse

"*Power lay in the brown swell of his forearms: authority sat on his shoulder and chattered in his ear like an ape.*"
(Wiliam Golding, *Lord of the Flies*, "*9. A View to a Death*")[1]

0.2.a. L'absence du diable dans les Allégories de la Paresse

Que ce soit dans la crypte de l'église de St-Parize-en-Châtel du diocèse de Nevers et l'église Saint-Sernin de Toulouse[2], le *Miroir historial* de Vincent de Beauvais (Paris, 1463, Traduit par Jean de Vignay, illustré par Maître François, Paris, BNF, département des Manuscrits, Français 50, fol. 25), la *Chanson de la paresse* (1895) des images d'Épinal[3], *l'Almanak voor het schoone en goede...* (Amsterdam 1827), chez Giulio Campagnola (1482-1515), Jacob de Backer (1507-1575), Michel-Ange [4] (1508-1512), Raimondi (1506-1534), Hans Holbein (planche 36 "*Celui qui pense qu'il n'y a pas de bonheur sinon dans le sommeil et la paresse*"[5] de *L'Éloge de la Folie*, 1511-1514), Sigismondo Fanti (*Triompho di Fortuna*, Venise, 1526)[6], Heinrich Aldegrever (1549 et 1552), Giulio Bonasone (Bocchi, *Symbolicarum quaestionum de universo genere*, 1574, Livre I, Symbole XXVI:

"*Intempesta dies, ut nox, est desidioso*") Jacopo Ligozzi (1590), Crispijn de Passe l'Ancien (1590-1637), John Goddard (1ère moitié du XVIIème siècle), Theodor Galle (*Septem Peccata Mortalia*, 1612-1633), Abraham Bloemaert (*Parabole du bon grain et de l'ivraie de l'Évangile selon Saint Matthieu*, 1624), Abraham Bloemart (1624), Rembrandt (1629), George Glover (c.1630), Jan Harmensz (1634), Abraham Boss (1639-1650), Guillaume de Geyn (1640-1641), Nicolaes Maes (*La cuisinière endormie*, 1655), Jacob Gole (*La paresse du toucher*, 1680-1737), Edward Bird (c. 1795-1819), Greuze (1756–1757), Goya (1789-1799), Thomas Couture (1859), Sir William Quiller Orchardson (1872), Félix Vallotton (1890), Lawrence Alma-Tadema (c. 1891), Gaston de La Touche (1893), Pierre Roche (1895), Maude Goodman (1894), Frederic James Shields (1833-1911), Ramon Casas i Carbó (1898-1900), John William Godward (1904), Daniel Hernández Morillo (c. 1906), Walter Richard Sickert (c. 1913), Desislav Gechev (2011)[7], la Paresse n'est jamais accompagnée par un démon.

Ses attributs les plus communs sont l'âne[8], comme chez Bosse, Holbein, Pieter Coecke van Aelst, Ladenspeler, Pencz, Aldegrever ou Lucas Penni, et l'escargot[9], comme chez Jacob Matham (1587 et 1593)[10], bien que le porc[11] chez Ripa ou les boeufs de la Pauvreté, produite par la Paresse, chez Holbein[12] peuvent également lui être associés.

0.2.b. La présence du diable dans les représentations des Sept Péchés Capitaux

Toutefois, on reconnaîtra parfois l'association d'un démon à la Paresse.

Mais cela n'arrive jamais que, soit dans des ensembles plus vastes, qui sont des représentations du châtiment des Péchés aux Enfers, comme au couvent Saint-Grégoire du Mont Athos[13] (où il faut cependant reconnaître que le second moine pécheur de paresse serait accompagné d'"*Un diable* (qui) *lui souffle des rêves épouvantables, des cauchemars*

accablants"[14]), à l'église paroissiale de Saint-Léry (début des années 1480[15]), soit des séries dans lesquelles, comme dans celles du Meister der Coburger Rundblätter (Master of the Drapery Studies, 1490-1497)[16], de Callot (1618-1625) ou de Giuseppe Maria Mitelli (1679)[17], où tous les Péchés sont accompagnés par de petits démons ailés voletant autour de chacun d'eux.

En tant que péché véniel, la Paresse partage, sur l'arbre des Péchés, le même rang que la Luxure et la Gourmandise, comme on le voit sur le E.g. ms. Arsenal 1037 (XIVème siècle, fol. 5r.)[18], ce qui explique pourquoi elle se confond avec celles-ci, comme à Sémelay dans le diocèse de Nevers[19]. Ce sont "*les trois concupiscences*" qui donnent naissance aux autres vices[20].

En effet, la Paresse s'associe aux branches mortes, puisque, comme le représentent les chapiteaux du Palais Ducal de Venise dans leur représentation des Vices et des Vertus, où elle tient dans chaque main un arbre mort[21], son action est négative en tout ("*source de tous les autres* [Vices]*: c'est celui qui fait mourir tout bien dans l'homme et qui appelle la légion de tous les défauts*"[22]), symbole qui, avec les araignées, mais substituant l'escargot par le serpent de la Luxure, se présente autour de l'arbre, de l'emblème de 1627 de Van de Venne[23].

Le XIXème siècle reproduira encore cette opposition morale entre le Vice et la Vertu, entre Travail[24] et Paresse, dans des ouvrages moraux pour la jeunesse[25].

0.3. Dialectisation du *corpus*

0.3.a. La Paresse et l'Industrie

Conformément à l'opposition entre Vices et Vertus[26], les représentations allégoriques opposant *L'Industrie et la Paresse* se multiplient, chez Lorenzo Lotto (1505), Raphaël[27], Bloemaert, Pastorino de' Pastorini[28] (1562), Louis Laguerre (1663-1721), Robert Boissard (4e quart XVIème siècle; 1ère moitié XVIIème siècle), Antoine Couchet

(1630-1678, dans son *Allégorie du Temps*), Philippe Galle (dans ses tailles-douces "*Le paresseux dort au champ et à la maison*" et "*Le paresseux mendie autour de ceux qui ont travaillé*" de la série *La punition du paresseux*, suite de 4 estampes[29]), Hogarth (dans *The Fellow' Practices*)[30], les éditions Pellerin des images d'Épinal dans sa planche sur "*Le travail et la paresse*" (1875)[31], transformant l'*Allégorie de la Paresse et la Luxure,* dont l'unité sémantique apparaît dans les oeuvres de Ripa[32], Jacob de Gheyn II (1596), ou dans les deux *Allégories* de Ligozzi pour les Médicis[33], que l'on peut rapprocher encore de son autre oeuvre intitulée *Le Vice distrayant l'Étude*[34].

La légende de l'illustration de Galle: "*Aussi bien le rouet que la bobine sont tombés de ses doigts inertes; et bientôt elle tirera sa maison négligée à leur côté*" ("*Zowel het spinrokken als de spoel is haar uit de slappe vingers gegleden; weldra zal ook haar verwaarloosde huis in elkaar storten*")[35] reprend l'idée générale, notamment de Lotto, dans laquelle la Paresse abandonne toute activité, laissant mourir autour d'elle tout ce qu'elle ne touche plus (les arbres morts), alors que l'Industrie, représentée chez Lotto par un Cupidon occupé à s'intruire avec les instruments géométriques, s'affaire.

L'image de la Paresse comme maladie de l'âme, qui expliquera les considérations raciales postérieures, de Hegel[36] ou de Tzvetan Todorov dans *La Conquête de l'Amérique: La Question de l'autre* (1982)[37], se transpose souvent dans les illustrations du débarquement de Christophe Colomb sur le sol américain[38], où d'indolents sauvages allongés, voire dans leurs hamacs, le reçoivent sans même se lever (comme par exemple chez Jan van der Straet, c. 1600[39], ou dans la gravure de la Bibliothèque du Congrès[40] et autres illustrations éducatives[41]). Indolence des natifs qui se reproduit dans les représentations du retour de Colomb en Espagne[42], lesquelles font d'ailleurs pendant à celles de l'ennui de la reine comme se l'imagine Emanuel Gottlieb Leutze en 1843[43].

0.3.b. Le feu du foyer et la question du discours religieux

Si l'on retrouve le motif du foyer comme élément d'endormissement pour le paresseux dans les oeuvres citées où n'apparaît pas le diable, la présence d'un diable derrière l'Orgueil, qui précède la Luxure, laquelle à son tour précède l'Acédie dans *Les Sept Péchés Capitaux* (c. 1500) de Bosch, alors que le paresseux ne fait que dormir tranquillement au coin du feu, pourrait être un élément de plus pour voir dans le *Songe du Docteur* de Dürer une projection ou extrapolation des motifs habituels. En effet, si l'on considère le lien Luxure-Gourmandise-Acédie, on peut assumer que les deux péchés, l'un avec le Diable, l'autre avec le coussin et le feu, peuvent s'unifier dans la gravure de Dürer.

Mais il faudrait pour cela faire un lien idéologique entre l'Orgueil au miroir et la Luxure (qui, de fait, chez Bosch, mélange les plaisirs de la chair, du vin et de la ripaille) au prix d'une jonglerie complexe, bien que peut-être pas fausse, entre les motifs, la séquence, les figures et le sens de chaque Vice. En effet, la femme étant la coupable du Péché de Vanité dans l'iconographie médiévale, et aussi de celui de Luxure (en tant que sa beauté attire le regard), les deux Péchés pourraient alors être rapprochés, puis ensuite ceux-ci à celui de Paresse, où, si elle ne joue pas vraiment de rôle, la critique a induit qu'elle s'offrirait en songe au Docteur chez Dürer (la femme nue), et, en général, qu'elle est au centre des tentations des Saints célibes.

Dit autrement, encore une fois, l'image unique ne peut pas faire système. On serait donc bien en peine, pour l'Orgueil de Bosch comme pour le dormeur de Dürer de considérer qu'une seule image, distincte, puisse générer un thème compréhensible à l'analyse.

En outre, le paresseux de Bosch conserve (ou est représenté), autre différence notable, au contraire de celui de Dürer, les pieds au sol.

0.3.c. La religion, la figure féminine et l'Industrie

Par contre, on pourra peut-être sortir certains éléments intéressants du cas de Bosch: non seulement, comme chez Dürer, le dormeur est contrebalancé par une figure féminine: ici une nonne, ce qui laisserait le doute sur le sens négatif de la femme nue chez Dürer; et il nous semble, en outre, qu'on pourrait bien faire correspondre les quatre dernières étapes humaines avec les péchés qui leur font face: l'avarice avec la mort (versus la nécessaire libération des biens terrestres pour "*bien mourir*", selon l'*Ars*); l'Enfer, lieu de toutes les Envies et de tous les péchés; la Gloire au paradis et l'Orgueil comme moment de peser l'âme, le bon et le mauvais, la vaine Vanité versus les actes réalisés (principe de la Renaissance de la gloire après la mort); le Jugement Dernier et la Paresse, mère de tous les péchés, mais aussi contre-partie de l'Orgueil et de la mesure de ce que chacun aura réalisé sur cette terre. La paresse s'intègre ainsi ici à un possible discours d'opposition (comme elle le fera postérieurement par rapport au Travail et à l'Industrie) et à un jeu d'opposition entre l'oubli laïque du livre (éloigné du dormeur, posé sur un banc, versus la religieuse qui lui enseigne le chapelet et, de nouveau, les Écritures).

Ainsi, suivant les préceptes de Bronzino (dans son *Allégorie*[44], c. 1546, étudiée par Erwin Panofsky dans ses *Essais d'iconologie*), Jean François De Troy dans son *Allégorie de la Vérité dévoilée par le Temps* (1733) montre une Vérité dévoilée, nu le sein, comme celle des vers de Boileau[45], ce qui nous induit bien à penser que la nudité n'est pas forcément symbole de péché, même dans le cadre chrétien.

0.3.d. Des démons

On a dit qu'au couvent Saint-Grégoire du Mont Athos un diable s'attache à la Paresse. Il en va de même pour la *Desidia* (Paresse) dans la série de Brueghel l'Ancien (1558), où le premier plan de ce péché nous présente une femme appuyée à un rocher derrière lequel guette un

démon. Toutefois, comme antérieurement, on le voit notamment dans la planche correspondante à l'Avarice (personnage à gauche, entouré de démons qui attirent son attention sur le supplice des ciseaux) ou par la similitude entre celle de la Colère et *Dulle Griet* (1562), les démons s'attaquent à tous les péchés chez Brueghel comme chez Callot. Étant ainsi triplement perdu le sens du démon soufflant à l'oreille[46] de la gravure de Dürer dans celle de Brueghel: d'abord parce que le démon guette mais n'est en rien proche de sa victime, ensuite parce que ce n'est qu'un élément parmi tant d'autres de l'illustration du péché, finalement, on vient de le dire, parce que les représentations des autres péchés également sont remplis de démons.

0.4. Une révision du passage historique de l'iconographie médiévale à la moderne, de ses causes et ses conséquences

On pourra diviser l'iconographie des péchés, ce qui semble n'avoir pas été fait jusqu'à ce jour, en deux grands moments: le médiéval, où ils sont présentés comme des illustrations simples, parlantes, voire comiques, comme le paresseux en moine[47] gras et endormi, des péchés; et le moderne, où, sous l'influence des livres d'emblèmes, l'image se condense et s'allégorise (comme chez Giotto et sa représentation des Vices et des Vertus[48]), de façon à ce que les péchés deviennent de véritables personnifications avec des attributs propres, spécifiques, mais plus symboliques que réellement évocateurs.

Évidemment, l'origine d'un tel mouvement se trouve au Moyen Âge, on le voit par exemple dans les images des évangélistes représentés sur les chapiteaux ou dans les sculptures en général accompagnés de leur animal respectif. Une conséquence visuelle en sera, entre autres, la Galerie Schifanoia et ses illustrations astrologiques.

On retrouvera un mouvement similaire au passage de la modernité à la contemporanéité, lorsque les valeurs absolues d'un monde immuable, qui était celui de l'Ancien Régime, et qui se plaisait à

représenter les Vertus des Grands hommes, notamment du Roi et de sa cour, sera remplacé par une nouveau discours iconographique, dans lequel les hommes du commun (comme Marat) pourront assumer ces mêmes valeurs, mais vues comme représentatives d'une actualité, comme dans le cas du *Radeau de la Méduse* et de ses motifs. L'antichambre de cette nouvelle vision doit se chercher dans la Renaissance elle-même et l'apologie du génie, qui débouchera sur celle de Perrault aux *Grands hommes de ce siècle*, et la conséquence sera la moralisation éducative, que nous avons mentionnée, au travers d'enfants comme les autres, qui remplaceront les *Allégories*, personnifications éternelles de valeurs concrètes. Au fond, en cela, l'époque contemporaine fermera le cercle, et reviendra à une simplicité médiévale, bien que passée au tamis d'un symbolisme moderne (le paresseux ne sera plus le simple dormeur, mais celui dont l'action viendra illustrer la valeur absolue de la Vertu moderne: dit autrement, du péché simple, médiéval, comique ou dramatique, mais proche du réel, se substituent la Vertu et le Vice allégorisés modernes, que substitueront à leur tour la personnification dans l'actualité du moment les actions des grands hommes, d'abord de la monarchie, puis de la Révolution, et finalement des enfants modèles de la littérature éducative du XIXème siècle).

0.5. Les sources

Les ouvrages et articles sur la Paresse (*Sloth, Idleness, Laziness*) comme péché, en effet, n'offrent guère d'indication sur le sujet, puisqu'ils traitent plus de celle-ci comme péché littéraire et théologique[49] que comme objet iconographique, ce qui est, certes, au fond, proche, puisque de la théologie provient l'iconographie, mais n'est, on le vient dans le cas précis, cependant tout à fait la même chose, puisqu'on ne peut étudier les représentations de la Paresse, la Desidia, l'Acédie (Acedia ou Accidia), la Socordia, la Pigritia (ou Pigricia), l'Otiositas, seulement, malheureusement, depuis ces descriptions textuelles.

0.6. Le problème

0.6.a. Le problème du *Songe du Docteur* comme non résolu et complexe

Notre problème reste donc, on le voit, entier:

1. D'un côté, il nous semble avoir démontré que considérer la *Songe du Docteur* comme une simple représentation de l'*Acedia* est faux, puisque ses motifs en sont relativement distincts: le diable dans l'oreille, les pieds au-dessus du sol, bien que cependant certains éléments sont communs à la gravure et à ses antécédents (comme le feu et la femme, du moins celle-ci chez Bosch, mais pas en sens négatif, de Luxure - qui correspondrait bien au processus théologique de dérivation de la Paresse aux autres péchés -, mais comme figure positive, d'inspiration divine);
2. De l'autre, les sources, aussi bien textuelles que visuelles, semblent nous manquer pour avancer en terrain ferme et solide. Il nous faudra donc procéder avec précaution et assumer la complexité du thème, nous y collant au plus près.

0.6.b. Éléments introductifs de rapprochement iconographiques aux motifs de la gravure de Dürer: la question de la présence du démon et sa relation au dormeur

Nous chercherons donc des bases comparatives.

0.6.b.1. Quels personnages sont accompagnés de démons dans les *Allégories* de l'iconographie chrétienne?

L'église St. Moritz de Rottenberg [50] présente une image du paresseux endormi sur la *Bible*. C'est la même configuration que celle que l'on trouve chez Bosch.

À la cathédrale de Metz[51], l'Idôlatrie, représenté par une femme priant un démon (comme le personnage du vitrail correspondant de

Notre-Dame de Paris[52]), se trouve entre l'Orgueil (ce qui renvoie à l'apparition du démon derrière celui-ci, également féminin, chez Bosch) et l'Avarice.

Alors qu'une oeuvre de la Geneva Fine Arts Foundation, qui représente les *Sept Péchés Capitaux*, signée Bosch, reprend le motif présent chez Brueghel de la Paresse assoupie sur un rocher, alors que derrière lui se trouve la Gourmandise avalant écoeuré son plat de bouillie, et brûle prêt du dormeur, ici, non le feu d'un doux foyer, mais celui des Enfers, et prêt d'eux se trouvent une nonne prête à jouer au bonneteau (inversion du modèle boschien classique, puisque dans la roue des *Sept Péchés* la nonne enseigne le même chapelin qu'elle traîne ici devant le bonimenteur, au dormeur, duquel elle s'éloigne dans l'oeuvre du Geneva Fine Arts Foundation, comme rappel de l'ordre du divin), chez Brueghel le Jeune *Les idolâtres* (1592) sont représentés comme des personnages entrant dans le derrière d'un autre en position d'expulsion[53]. Même posture que celle de la femme idolâtre baisant le derrière du diable, version inverse d'autres gravures où les fesses de celui-ci se reflètent dans le miroir de l'Orgueil[54].

0.6.b.2. La dichotomie théologique et la division des symboles: le démon, le miroir, la musique trompeuse

Il faut noter que, comme dans la gravure de Dürer, on y reviendra, mais la simple énumération des personnages et de leur position le montre en première instance, les vitraux et les sculptures de Notre-Dame [55] reproduisent la dichotomie déjà rencontrée pour la Paresse, entre Vices et Vertus, notamment dans les couples: Prudence-Folie et Foi-Idolâtrie [56] (respectivement deuxième et sixième couples de la rose Ouest[57]). Or l'on note dans ces représentations que la Folie[58], dans le vitrail, porte une coquille, et dans la sculpture une trompette, lesquelles elle porte, selon notre lecture, à son oreille, dans le premier cas comme symbole de la musique trompeuse qui l'éloigne de l'écoute divine

(alors que la Prudence porte un serpent enroulé, quand "*Un serpent s'enlace sur un bâton vertical. Nous avons vu au flanc gauche du trumeau central du porche ouest un serpent enroulé autour de la taille de la femme personnifiant la "Dialectique", une des "Voces", les "voix pour dire", du Trivium médiéval. Là, la Dialectique pointe son index droit devant elle. Un serpent s'enroule à sa taille, faisant office de ceinture*"[59]), dans l'autre de l'inutilité de la trompette, écoutée et non jouée, comme l'est, selon ce même principe, son bâton, trop court[60].

On notera ainsi de même que la Folie du bas-relief porte comme second attribut un miroir, qui est celui traditionnel de l'Orgueil.

Les troisième, quatrième et cinquième couples du vitrail sont: Dépouillement-Luxure, Charité-Avarice, Martyr-Apostat. La séquence Folie-Luxure-Avarice-Idôlatrie pouvant nous renvoyer dans le cadre de la correspondance théologique entre ces péchés, et leur lien à la Paresse, qui les génère ("*La Gourmandise est la fille légitime de la Luxure,... l'Envie en serait la grand'mère, et la Paresse la trisaïeule*"[61]), dans l'ordre des péchés charnels ("*fructus carnis*")[62]. En ce sens il est intéressant de noter que la Paresse (en tant, si notre lecture est bonne, qu'éloignement de Dieu) correspond, dans les "*fructus spiritus*", à l'Espoir[63] (Vertu suprême en cela de la Foi). Or, aussi bien dans le vitrail que dans le bas-relief l'Apostat s'éloigne physiquement de l'Église (représenté comme portes d'un édifice)[64], symbole qu'il nous semblera, on le verra, reconnaître dans l'iconographie de la gravure de Dürer, comparée aux enluminures.

0.6.b.3. Origines du thème: de l'idolâtrie biblique à l'opposition du Diable et du Docteur dans l'espace allemand de la Réforme: la Paresse comme éloignement de Dieu

L'iconographie de l'Idolâtrie provient de celle de Salomon (*1 Rois*, 11, 1-13)[65], que la tradition représente agenouillé[66] devant l'autel des dieux païens, accompagné par une ou plusieurs femmes[67], cause(s)

de sa perversion sur ces vieux jours. Cette formule visuelle se dérivent, évidemment, de celle du Veau d'Or[68]. Or les illustrations de Holbein pour *L'Eloge de la Folie* (*Moriae Encomium*) montrent, selon une identique formulation (un personnage agenouillé devant une colonne supportant une figurine), *L'Orgueil du lignage personnel* (planche 30[69], dont Montaigne reprendra le thème de l'idolâtrie des puissants[70]) et l'*Excommunication* (planche 61[71]) comme un personnage entouré de démons[72]. Reproduit la planche 63 de la *Fortune* l'association entre ici un prélat religieux et l'idole qui lui donne l'argent que son Avarice veut[73].

Dans une gravure[74], probablement en référence au songe de Luther s'expliquant face au démon[75], l'on put voir un diable montrant un livre à un personnage couché, et lui disant, comme l'exprime le phylactère "*La messe est une idolâtrie*", de manière très similaire à celle de "*Satan*" face à Luther, lorsque, l'"*éveill*(ant) *en sursaut vers le milieu de la nuit*", "*ouvr*(e) *la discussion*": "*Écoute, me dit-il, Luther, docteur savantissime. Tu sais que, durant quinze années, tu as célébré des Messes privées; que dirais-tu si ces Messes privées étaient une horrible idolâtrie?*"

On retrouve donc bien là la division du *Songe* de Dürer, entre le Diable et le Docteur ("*Luther, docteur savantissime*"), et la situation de songe, lesquels sont substantés par l'idée que l'éloignement de la Vraie Doctrine implique (ou est causée par) une forme d'assoupissement de l'âme. Comme l'écrit Saint Paul (*2 Cor.*, 12, 7-10), en référence, précisément, au péché d'Orgueil:

"*Et pour que je ne sois pas enflé d'orgueil, à cause de l'excellence de ces révélations, il m 'a été mis une écharde dans la chair, un ange de Satan pour me souffleter et m'empêcher de m'enorgueillir. Trois fois j'ai prié le Seigneur de l'éloigner de moi, et il m 'a dit: Ma grâce te suffit, car ma puissance s'accomplit dans la faiblesse. Je me glorifierai donc bien plus volontiers de mes faiblesses, afin que la puissance de Christ repose sur moi. C'est pourquoi je me plais dans les faiblesses, dans les outrages, dans les calamités, dans les persécutions, dans les détresses, pour Christ; car, quand je suis faible, c'est alors que je suis fort.*"[76]

De même:

"Saint Grégoire, il est vrai, parle bien de ces sept sources empoisonnées, desquelles découlent tous les autres Vices, en indiquant, à la place de la Paresse, la Tristesse Tristitia; mais notre grand docteur du XIII". siècle, saint Thomas d'Aquin, refuse formellement, comme nous l'avons vu, d'admettre cette classification; nos iconographes se contentaient comme lui de mettre les Vices en opposition avec les Vertus partagées en différentes catégories."[77]

Ainsi la Paresse s'identifie avec Tarditas[78], Crosnier faisant:

"... remarquer que, sur un des chapiteaux de l'église de Sémelay, diocèse de Nevers, un individu accroupi, qui dévore un fruit avec une bestiale avidité, pourrait représenter ce dernier vice; sur la couverture du livre de la reine Mélisende, dans la partie inférieure, le Vice désigné sous le nom de Tarditas semble se confondre avec la Paresse, Quant à l'Envie, il paraît vraisemblable qu'elle a été représentée à la Charité-sur-Loire, avec la Calomnie, par «un homme entouré d'un serpent qui lui ronge la langue, et auprès, une femme demi-nue, avec deux serpents qui lui «dévorent les seins». Ces deux sinistres tableaux sont mis en regard de Daniel dans la fosse aux lions, comme pour dire que le saint prophète était exposé à l'envie et à la calomnie des grands de Babylone."[79]

"On peut aussi se demander pourquoi, au bas de la tablette ("sur la couverture de livre en ivoire, du même temps environ, que l'on croit avoir appartenu à la reine Melisende, et qui est passée de la bibliothèque de la Grande-Chartreuse au British museum"), entre les deux figures où nous avons soupçonné la représentation des Vices contraires à l'Espérance et à la Charité, nous voyons un Vice qui, lui-même sans adversaire apparent, semblerait se poser en vainqueur; il est nommé TARDITAS. Quelle est cette sorte de paresse, cette lenteur apportée à la lutte contre ses mauvaises inclinations? Ne semble-t-elle pas dire que, lorsqu'on s'y prend trop tard, on court grand risque d'être vaincu?"[80]

Ce que confirme encore le fait que:

"Pour Hugues de Saint Victor, le bien et le mal sont comme deux arbres vigoureux. Le mal (le vieil Adam) a pour tronc l'orgueil et pour branches la vaine gloire, l'envie, la colère, la tristesse, l'avarice, l'intempérance, et la luxure. Chaque branche se ramifie: de la tristesse, par exemple, naissent la crainte et le désespoir. La vertu (nouvel Adam) a pour tronc l'humilité. Ses branches sont les vertus théologales (espérance, foi, charité) et les vertus cardinales (tempérance, force, prudence, justice). Les ramifications de la foi sont la chasteté et l'obéissance; celles de l'espérance sont la patience et la joie..."[81]

0.6.b.4. Tripartition du thème comme opposition morale et théologique: la figure de la Femme comme salvatrice, le dormeur, la Bible et l'Idôlatrie

Les trois moments de l'histoire de Théophile du bas-relief de la rue du Cloitre Notre-Dame (à la naissance de l'arrondi du choeur, dans le prolongement de la nef de la cathédrale Notre-Dame de Paris)[82], pactant d'abord avec le Diable[83], puis demandant à la Vierge de le délivrer, et finalement étant délivré par la Vierge qui vainc le démon, montre bien une tripartition similaire à celle de la gravure de Dürer, dans laquelle la figure féminine apparaît comme bénéfique.

Tripartition que l'on retrouve, associée au songe (ici provoqué par la chute du livre) et à la mort (la mort sainte du souverain anglais par opposition à la paresse papale, éloignée de Dieu pour vivre dans la chair et les biens terrestres), dans un sens politique dans la représentation d'*Edward VI and the Pope: An Allegory of the Reformation* (National Portrait Gallery, Londres), par la transmission du pouvoir par Henri VIII sur son lit de mort à son fils Édouard VI, alors que le Pape est assomé par un livre au slogan "*THE WORDE OF THE LORD ENDURETH FOR EVER*"; les volants de la tiare portent les inscriptions d'"*IDOLATRY*" et "*SUPERSTIC[ION]*", et sur sa poitrine, en référence à *Isaïe*, 40, 6, à propos de l'éphémérité du corps, on lit: "*ALL FLESHE IS GRASSE*"; dans le fond à droite une représentation de l'iconoclasme et de la chute des idoles[84].

0.7. Ce que nous pensons

0.7.a. La position du démon et ce que l'on peut en dire

On nous opposera que le démon des Allégories de l'Hérésie se trouve devant l'hérétique qui le vénère, mais, comme on le verra dans les illustrations de Dante et chez Giotto, le démon des hérésiarques s'y déplace derrière l'infidèle, pour l'inspirer.

Il nous semble ainsi plus facile de concevoir une dérivation iconographique de la position du démon, à l'intérieur d'un même schème, avéré par la tradition, que l'apparition *ex abrupto* d'un nouveau motif, non ou difficilement référenciable ailleurs dans une iconographie particulière (comme le serait l'apparition d'un démon dans l'imagerie de l'Acédie).

0.7.b. De la tripartition

Dans ce sens, la tripartition mentionnée, commune dans les oeuvres de l'époque, en tant que thème récurrent, sur la base de l'opposition psychomachique popularisée par *l'Ars moriendi, se* retrouve, par exemple, comme dans *Sainte Geneviève tenant un livre des clés et un cierge avec ange et démon*[85], *Job, sa femme et le démon* (Valenciennes, BM - ms. 0006 f. 320. Bible, 2ème quart du XVIème siècle)[86], que l'on retrouve à la Sainte-Chapelle de Paris, baie D (48)[87] - même si la femme de Job est bien ici une adjuvante démoniaque en cela qu'elle traite de "*Simplicité*" et de "*Stupidité*" la foi de Job et le presse de mourir[88] -, et dans l'*Allégorie du Temps "qui révèle toute chose" guidant sa fille Vérité loin du démon Hypocrisie* (*Goodly Primer*, 1535) par John Bydell[89].

0.7.c. L'opposition entre le démon et le scribe

Titivillus, encore représenté dans l'iconographie tardive du XIVème siècle face à Saint Bernard (*Livre des Heures de Louis de Savoye*) [90] , est le Démon des Scribes selon le *Tractatus de Penitentia* (c. 1285) de John Galensis[91], dont on trouve, identiquement, des représentations l'opposant au scribe, et le faisant se tromper dans sa copie. Il porte le rouleau où est inscrit les fautes du moribond sur la façade occidentale de l'église San Pietro de Spoleto (c. 1200)[92]. Dans l'enluminure du Musée du Comte de Chantilly (Ms 27, fol. 215v., c. 1320-1330)[93], ce sont deux femmes qui, distraites de la messe, sont surmontées par le diable avec son rouleau, qui y écrit les commentaires

frivoles qu'elles font, alors que Saint Martin dit la messe avec son diacre Saint Brice. Même motif, condensé, des deux femmes et du démon reproduisant sur son parchemin leurs paroles volages dans la nef nord de l'église de Fanefjord (Danemark, c. 1500)[94]. Dürer lui-même a reproduit, dans *La Messe des Anges* (1500), l'opposition entre l'ange et le démon écrivant les actes des mortels. Pendant qu'un adjuvant aide un moribond à lever un cierge, les démons le taquinent et lui montrent, selon le principe de l'*Ars*, la liste de ses péchés, dans le Sanctuaire de Jésus de Nazareth de Guanajuato (Mexique, 1740-1748)[95].

Titivillus se retrouve, associé à la Vierge, qui en protège la famille royale de Trastámara dans un retable de 1485, et Shakespeare, dans *The Merry Wives of Windsor*, le cite encore[96]. Dans le retable cité, l'un des diables qui courent au-dessus du manteau de la Vierge porte un paquet de livres, ce qui tendrait à confirmer le caractère livresque de l'opposition, comme on le voit en rapprochant également la gravure de Dürer de la roue des Péchés de Bosch. De fait, Titivillus (ou Tytinillus, nommé par Shakespeare "*Tilly-vally*") est un personnage aux contours peu clairs, "*no sólo... el artifice del castigo por la ociosidad, la cháchara y chanza innecesarias, o la falta de atención a una tarea dada, sino también como el "protector" de la correcta "reproducción" de una obra escrita*"[97].

"*Un diácono que rompe a reír en la iglesia durante el servicio es reprochado por su sacerdote. El diácono se defiende diciendo que durante el servicio había visto a un demonio escribiendo en un pergamino las palabras ociosas de algunos de los miembros de la congregación. El demonio llenaba rápidamente el pergamino, y para hacer más espacio en él, tiraba de la parte superior con los dientes. Al final el pergamino estaba tan sobrecargado (con tantos palabras ociosas y murmuraciones) que lo arrancó, y el demonio fue lanzado hacia atrás cayendo sobre su espalda y haciendo reír al diácono. El sacerdote, vivamente impresionado por la historia se la transmitió más tarde a la congregación para que se diesen cuenta de que su cháchara durante el servicio sería anotada en contra de ellos para el Día del Juicio Final, porque en algún lugar en medio de ellos está el demonio observando y anotando las oraciones que, por su negligencia, se le roban a Dios*"[98]

"Desde la publicación del trabajo de Margaret Jennings, se acepta generalmente que el origen de la voz Tutivillus se encuentra en la Casina de Plauto, algo que ya senaló Francis Douce en 1807 aunque otros autores posteriores habían mantenido diferentes hipótesis sobre el signiflcado y el origen del nombre.

En efecto, el dramaturgo romano Plauto, conocido en la Edad Media en ambientes escolares, utiliza la voz titivillicium, con el sentido de menudencia o cosa de poca importancia, en un diálogo de su Casina, 2, 5-39:

Non ergo istuc verbum emissim titivillitio
Nam omnes mortales Diis sunt freti: sed tamen
Vidi ego Deis fretos saepe multos decipi.

El nombre haría pues referencia a su papel como recolector de chismes y silabas, pero se han propuesto otras muchas etimologías: Collier deriva el nombre de totus y vilis. Schroeder cree que es simplemente un juego de monjes, un anagrama del diablo; Richard Urquhart piensa que se trata de una latinizacion burlesca del verbo sajon Tutil (tocar el cuerno), otros creen que hace referencia a su actividad como escritor de tituli, y hay también quien afirma, como Sir Thomas Elyot en su Dictionary de 1538, que no significa nada: "Titivillirium (...) sygnifyeth nothynge".

Urquhart señala también que en algunos textos es probable que Tutivillus sea una personficación de los curas y predicadores lolardos, acusados de corromper el latin litúrgico y de cantar en un tono nasal, como un cuerno, de manera que la u/v añadida al nombre seria un elemento burlesco (en el drama del ludicium de Towneley, Tutivillus se presenta como "master Lollar").

Demonio de los errores en las palabras, Tutivillus parece haber hecho honor a su rol confundiendo a los autores medievales, de manera que su nombre aparece en los textos con decenas de variantes y aliteraciones.

Las dos formas más corrientes son Tutivillus y Titivillus, pero podemos encontrar muchas más: Tytinillus, Titytillus, Tithinilus (Mystere L'Assomption de la Vierge, Tintillus; Titelinus (Recull de Eximpsis), Titulinus, Titufullus, Tutenillus, Titinil (Pfarrkircher y Haller Passionsspiele), Tutevillus (Redentintr Osterspiel), Tutivill (ludicium de Towneley), Thittwil (Das Künzelsauer Fronleichnamsspiel), Tituillus (The Major Latin Works of John Gower), Tytyuillys (The Assembly of Gods or the Accord of Reason and Sensuality in the Fear of Death de John Lydgate), Titevullus, Tuevulus, Titinellus (Tractatus ascetici duo.,, de paenitentia... ordinarium vitae religiosae de Juan de Gales), Tutiwillus (en Dinamarca), Titivitilarius, Titifillus, Tibini (en Bohemia)... etc."[99]

Titivillus, on le voit au travers des citations ci-dessus, est un démon qui joue de la corne, lié à la paresse morale, et dont l'action se trouve dans les livres (comme chez Bosch, inversé le motif).

0.7.d. Le couvre-chef du dormeur de Dürer, son lit, et l'iconographie du scribe

D'autre part, si la forme du bonnet rebrassé ou toque, propre de la mode masculine des années 1480-1490[100], ne permet pas de définir précisément la profession du dormeur de Dürer, elle le définit cependant iconographiquement comme un savant chrétien, non juif (par opposition, comme on peut le voir sur la gravure de 1483 de la *Discussion entre Savants chrétiens et juifs* de Johann von Armssheim[101], ou comme dans la représentation d'étudiants par Jacobello Dalle Masegne[102]), les images de supplice des juifs dans un bois de 1475, reproduit par Fernand Nathan éditeur[103], des juifs portant la rouelle et condamnés (1515)[104] ou de *L'empereur Henri VII de Luxembourg remet*(tant) *un privilège aux juifs* (c. 1340, Cologne, Landeshauptarchiv)[105].

Dans l'enluminure de Bruxelles, KB, 9278 (XVème siècle)[106], représentant Jean Méliot[107], le lit du scribe se trouve intégré, derrière lui, au scriptorium, inclus le coffret, le foyer étant face à lui.

0.7.e. La nudité de la Femme et les Allégories de la Vérité

La nommé illustration de Bydell nous reporte au contexte de son titre, puisqu'en effet les Allégories de la Vérité tendent à la présenter dévoilée nue, comme à la cathédrale d'Amiens, sortant d'un puit, image que repris Rabelais, alors que les auteurs avaient cru voir dans l'image d'Amiens le symbole contraire de l'Impiété[108].

Les images de la Vérité nue[109], dévoilée par le Temps, sont nombreuses, la représentant terrassant l'Hérésie[110], et s'identifiant, selon les cas, à l'Amour Divin (dans la tapisserie de 1626-33 par Jan Raes I, Hans Vervoert, et Jacob Fobert, d'après Rubens)[111], ou à la *Vérité Eucharistique vainquant l'Hérésie* (c. 1626, Rubens[112], Prado)[113].

Dans l'*Allégorie* de 1627 de Willem van der Vliet[114], un personnage, probablement un saint, s'affronte à une femme dans un débat théologique, évoqué par leurs mains, le geste de la femme reprenant celui

de la femme de la gravure de Dürer, entourés les personnages de Vliet par une seconde figure quittant son masque derrière l'homme assis, livre en main, et deux personnages masculins à turban derrière la protagoniste du premier plan debout.

La femme du premier plan, qui porte un masque à la main, mais est en conversation avec l'homme assis, semble bien une Vérité traduisant l'Écriture, le lecteur un saint ou scribe étudiant l'Écriture, la femme laide au second plan (parfois vue comme un homme) et qui porte un masque à moustache (pour sa laideur même qui la rend masculine, mais ses habits sont similaires à ceux de la figure de premier plan) et les deux autres personnages masqués d'hommes qui tiennent ce qui pourrait être une grosse bourse, nous rappellent les illustrations du péché, où se confondent l'Avarice, la Paresse et la Luxure comme des péchés charnels (ils renvoient en tous cas au monde musulman par leur turbans, donc à une forme de Fausse Doctrine).

On rencontre bien une gravure de l'Hérésie[115] ainsi divisée, mais représentée par une seule figure, moitié nue (dans la partie basse, des instincts), tenant un livre d'une main, probablement une *Bible*, de l'autre une grosse bourse, et des épaules de laquelle surgissent un serpent et un boeuf (symbole de l'évangéliste, comme on le trouve dans les images et les sculptures en bas-relief des églises médiévales). Équivalente de la sculpture par Francesco Queirolo[116] de la *Libération de la Déception*,[117] du pilastre de arc majeur du mausolée d'Antonio di Sangro de la Chapelle Sansevero à Naples[118], où un homme pris dans des filets[119] sort grâce à l'aide d'un Cupidon ailé armé d'instruments à mi-chemin entre la faucille et les instruments de mesure géométriques, et qui s'élève au-dessus d'un globe, deux éléments, le Cupidon actif et le globe, que l'on retrouve chez Dürer.

De fait, la sculpture de la Chapelle Sansevero, entourée d'autres sculptures, par d'autres sculpteurs, comme le *Christ voilé*, le *Decoro*, *Liberalità, Pudicizia, La Sincerità,* ou encore l'*Amour divin* (anonyme du

XIXème siècle)[120], et trouvant une correspondance iconographique avec les figures citées du Christ et de la Pudeur voilées[121] reprend les attributs de l'*Inganno* chez Ripa, que sont le filet, le serpent (les pieds d'Inganno étant des queues de serpent), et le chien qui se cache la tête entre ses pattes[122].

On verra dans les livres d'emblèmes que le filet est, traditionnellement, celui dans lequel est prise l'âme quand elle est au pouvoir des démons. On le retrouve ainsi dans la *Cena mitológica* ou *Chronos sermonnant Éros en Présence d'Aphrodite et d'Arès* (1498) de Guercino[123], dans laquelle Éros à peine né des amours contradictoires du couple divin aux attributs opposés, sous la forme iconographique classique de l'Enfant Jésus, est pris dans une nacelle (évocation sûrement des péchés et tentations qu'il provoquera en tant que dieu de la force des passions terrestres) est libéré par le geste habituel du Temps découvrant la Vérité. Le Temps, dans son action tempérante, libère donc l'Éros des passions temporelles du filet des tentations et lui indique, comme les bergers pensifs ou les Mages de la Crèche, son destin futur, mais en le lui limitant. C'est le thème du *Débat de Folie et d'Amour* (1555) de Louise Labé.

0.7.f. Le Studiolo d'Isabelle d'Este, l'*Allégorie des Vices* du Corrège et l'organisation visuelle du *Songe du Docteur* comme symbolique

0.7.f.1. L'*Allégorie des Vices*

Le dernier pas de notre chemin, préalable à l'étude du *Songe du Docteur*, sera la réflexion, dans le cadre ainsi établi, autour des *Allégories des Vices*[124] et *des Vertus*[125] (1528-1530) de Corrège pour le Studiolo d'Isabelle d'Este à Mantoue. Notre intention n'est pas d'offrir une étude spécifique de ces deux oeuvres, mais si d'en préciser les principaux éléments qui, pour nous, permettent de connecter l'oeuvre avec la gravure de Dürer, en terminant de l'éclairer iconographiquement, selon la ligne que nous avons suivie.

Il faut replacer ces deux oeuvres du Corrège dans leur relation à celles de Mantegna, notamment *Minerve chassant les Vices du jardin de la vertu* (1500-1502), pour le même Studiolo, et les deux *Allégories du Vice et de la Vertu* (1490, Londres et Paris)[126] sur un thème similaire, dans celle de Londres "*l'Oisiveté tirée par l'Inertie, la Luxure, symbolisée par la Vénus terrestre, qui est postée sur la croupe du centaure, l'Avarice et l'Ingratitude portant l'Ignorance couronnée et la Haine immortelle qui porte les semences du mal*"[127]. On retrouve à l'identique l'Ignorance ivre portée par l'Ingratitude et l'Avarice dans *Minerve chassant les Vices*.

On se souviendra comment Lotto résout et minimalise l'opposition entre Vice et Vertu: un Cupidon versus un satyre.

Chez Mantegna (Londres, 1490), le bruit du syrinx du satyre, la Paresse aux oreilles d'âne, la Luxure, figure féminine qui, ironiquement, reproduit le geste d'Adam pécheur (indiquant la pomme d'Adam) et la cécité combinent en eux les imperfections du dormeur accompagné du démon dans la gravure de Dürer.

Si nous passons à présent au dyptique du Corrège, on se rend compte que ce ne sont pas l'ensemble des Vices ni des Vertus non plus qu'il représente, pas plus que ne le faisait Mantegna.

Il va de soi qu'il faut voir dans le personnage central de l'*Allégorie des Vertus* une Minerve, pour son casque. L'intéressant de sa figure est qu'elle a le pied sur un serpent, forme qui rappelle celle similaire chez Bronzio, dans l'oeuvre déjà citée.

Sans en tirer toutefois de conclusions, n'étant pas ici notre propos, mais nous intéressant à la tripartition de l'*Allégorie* correspondante *des Vices*, on voit que celle-ci présente un satyre attaché et apparemment saoûl, malmené par des ménades. Or celles-ci sont trois, autour de lui, l'une s'attaque à sa jambe, l'autre lui souffle dans l'oreille, la troisième lui approche des serpents près de son bras. Il faut préciser que les trois

ménades ont des serpents dans les cheveux, et que ceux-ci se trouvent un peu partout par terre. La scène se passe au pied d'un arbre.

Il ne fait pas de doute que la ménade qui lui souffle dans l'oreille est celle qui lui inspire le sommeil pernicieux de la saoûlerie[128].

De même, la ménade s'attaquant à la jambe du satyre paresseux rappelle que, dans les identifications médiévales[129] entre les Péchés et les parties du corps (comme, par exemple, au mur Nord de l'église de Little Horwood, dans le Buckinghamshire[130]) de l'homme ou de la femme (comme les "*Works of Mercy*", voire d'un ange ou du Christ lui-même, et, pour les Vices encore, montés sur des animaux)[131], l'Acedia, sans doute en ce qu'elle génère l'ensemble des autres Vices[132] (même si c'est de l'Orgueil, contrairement aux processions classiques[133] d'Évagre, Cassien et Grégoire le Grand[134] pour qui il est la conséquence de tous les autres[135], que les Vices procèdent au mur Nord de l'église de Raunds, Northamptonshire[136]), est associée au pied[137].

L'arbre sous lequel est le satyre peut s'identifier à l'arbre des Péchés médiéval[138] (tel qu'on le voit, par exemple, au mur Nord de la nef de l'église de Crostwight, Norfolk, c. 1360-1380[139]), contre-partie et version négative de celui de Jessé ou de Jacob[140] (et de celle de l'arbre des *Seven Corporal Works of Mercy*, tel qu'il apparaît au mur Nord de l'église d'Edingthorpe, également dans le Norfolk[141]). Cette consubstantiation de l'homme et de l'arbre, et cette dichotomie entre les Arbres des Vices et des Vertus des représentations médiévales, que l'on retrouvent dans l'Adam s'accrochant à la branche de l'arbre du Péché[142], dont l'image réapparaît chez Otto Van Veen[143], peuvent s'expliquer par la dualité de l'Arbre du Péché, dont le bois sera celui de la Croix, selon l'aprocryphe *Évangile de Nicodème*, repris par *La Légende dorée* de Jacques de Voragine[144], symbole de rédemption par la souffrance et la Passion du Christ, l'homme (Adam) étant, par ailleurs, celui qui provoque sa propre disgrâce.

Ainsi, l'insistance sur le lien visuel entre l'arbre où repose le satyre et le pied qu'on lui taquine semble bien renvoyer à une surdétermination de l'Acedia comme mère et origine des Vices.

À présent, nous reportant à la simple qualité de dyptique des deux *Allégories* au Studiolo et à l'association entre Minerve et le serpent, ainsi qu'à la division de l'*Allégorie des Vices* entre les deux ménades de droite et celle de gauche, comme dans la gravure de Dürer, il nous semble encore que, comme on le voit à Notre-Dame, l'association entre Prudence et les serpents est fortement établie, jusque chez César Ripa[145], mais aussi chez Isaia da Pisa à S. Giovanni in Laterano, ou encore Domenico Guidi à San Andrea della Valle et Camillo Rusconi à San Ignazio[146], mais encore à Saint Sulpice et 6 rue de Tournon à l'hôtel particulier qui abrite aujourd'hui la maison Deyrolle[147], raisons pour lesquelles nous nous plaisons à voir, plus qu'une vision opposée à l'*Allégorie des Vertus*, une composition duelle dans l'*Allégorie des Vices*, où une sorte de ménade-Prudence attaque l'oisif satyre avec ses serpents pour le réveiller des assauts de la musique attourdissante et de la Paresse indiquée par l'attachement de la jambe. De fait, n'a jamais été bien décidé si les personnages qui attaquent le silène sont des ménades ou des satyres[148].

Une autre correspondance iconographique: pendant que la Synagogue, comme le Vice de Mantegna (Londres, 1490) et le dormeur de Dürer, a les yeux fermés (bandés, la Fausse Doctrine ne reconnaissant pas le Messie), le sofar ou shofar, corne à vent, est bien attesté dans les célébrations juives, du Nouvel An (Roch Hachana) ou de Pâques (Pesaj)[149]. Ainsi le démon de Dürer et sa victime, par là encore, ont deux caractéristiques traditionnelles de l'Hérésie/Fausse Doctrine médiévale: la surdité à la Vérité et la Foi (ou l'ensommeillement) et le bruit du Démon des Scribes ou de celui des hérésiarques, on va le voir, de Dante.

De fait, l'image est si forte pour la Renaissance, que dans les emblèmes de Ripa, le concept général de *Deformita del peccato* [150]est représenté par une vieille femme laide, marchant sur une instable mer en

mouvement, avec un serpent marin derrière elle, sorte d'hydre à sept têtes qui représentent les péchés capitaux, mais en rappelant la queue serpentine de l'Inganno du même ouvrage, et de Fraude[151], qui possède à la fois le masque de la fausseté (ce qui permet de mieux comprendre l'*Allégorie* de Vliet), et la queue de serpent, apparaissant sous sa jupe, qui est parfois (selon les éditions[152]) terminée en croissant de lune (symbole de paganisme et d'activité nocturne), ce dernier dont l'iconographie (il a en main deux coeurs) s'oppose à celle de Sincerità[153]. Elle tient encore à la main, mais sans la regarder, l'idole qui n'apparaît que comme une ombre (elle obscurcit au lieu d'éclairer l'âme, sa position derrière l'allégorie renforce encore cette idée d'office nocturne et maléfique de l'idole), et est guidée par le cheval des passions, que l'on retrouve du livre d'emblèmes *Pieux Desirs imités des Latins* de Herman Hugo (Paris, Chez Sébastien Cramoisy, 1527, nous y reviendrons) à la frise de la fontaine de l'*Allégorie de l'Amour sacré et de l'Amour profane* (c. 1514) du Titien[154]. De même, *Falsita di amore*[155], comme Inganno et Deformita del peccato, possède, en outre du miroir (qui la renvoie dans la dichotomie Vanité/Prudence), un petit être, sans doute son âme même, à la queue serpentine et à la fausse pudeur (elle se cache les seins nus de la main), qui n'est autre que l'emblème, en petit format, d'Inganno. C'est pourquoi le titre de l'emblème est bien:"*Falsita di amore, ovvero Inganno*".

Ainsi, l'image de Dürer reproduirait les évocations doubles d'une part de l'Hérésie (démon, adoré ou soufflant à l'oreille[156]), de l'autre de la Synagogue ou Fausse Doctrine (cécité, trompette), dans une opposition à la Vérité ou Vraie Foi ou Eucharistie (femme, nue pour la Vérité), qui n'est autre que Béatrice comme dénonciatrice, on le verra, chez Dante.

0.7.f.2. Une théorie des Arts aux XVème-XVIIème siècles

0.7.f.2.a. Dans les oeuvres d'art

Dans son *Allégorie des Quatre Saisons*[157] (c. 1610), Bartolomeo Manfredi présente ceux qui nous semblent être respectivement le Printemps et l'Automne pour leur couronnes, l'une de fleurs, l'autre de vignes, comme des bacchantes s'embrassant, alors que l'Hiver en vieillard, dont le visage ressemble plus à un masque, les observe, et l'Été, jeune femme au regard triste qui se tourne vers le spectateur et sur l'épaule de laquelle l'Automne a déjà posé son bras, tient à la main un miroir, et porte au cheveux l'épis de blé des moissons.

Cette *Allégorie* nous paraît partir du modèle, bien établi iconographiquement, du Temps (remplacé ici par l'Hiver) découvrant la Vérité (ici l'Été, qui conserve les attributs du sein nu de la Vérité découverte par le Temps et du miroir de la Prudence), et de l'opposition, que l'on trouve dans l'*Allégorie des Vices* du Corrège, et également bien établie, entre Églé et les satyres qui embêtent Silène, ou entre les rites sensuels et la chasteté. Ainsi, dans le Château-fort de la Chasteté des Allégories franciscaines de l'Église basse d'Assise par Giotto, où se baptise le catéchumène, les Saints en armes et Pénitence chassent Immondice (Immunditia), à la tête de sanglier, Désir Ardent (Ardor), la tête en flammes, et Amour aux yeux bandés et aux pieds d'oiseau de proie[158].

Le *Combat de l'Amour et de la Chasteté* (1503) du Pérugin, pour le même Studiolo d'Isabelle d'Este, qu'elle lui avait commandé par lettre ("*Le thème poétique que je désire vous voir peindre est le combat de l'Amour et de la Chasteté, Pallas luttant contre Vénus et l'Amour. Il faut que Pallas semble avoir presque vaincu l'Amour*") mais qui ne lui plut pas (en particulier parce qu'il était peint à la tempera, et non à l'huile), ce qui valut qu'elle n'acheta plus aucune toile à l'artiste[159], représente une bataille allégorique, au travers de l'évocation de diverses figures:

"The painting, over a background with gently steeped hills, portrays a fight between the symbolic figures of Love and Chastity. The theme was similar to other commissioned for the studiolo. Among the numerous mythological figures are Minerva, Diana, Venus, Anteros, nymphs, fauns and others. In the background are depicted several mythological episodes showing the victory of Chastity over Carnal Love, such as Apollo and Daphne, Iupiter and Europa, Mercury and Glaucera, Polyphemus and Galatea, Pluto and Proserpina, and Neptune with the nymph transforming into a carrion crow."[160]

Toutefois, aucune interprétation n'a, jusqu'à ce jour, été proposée du groupe du premier plan à droite, dans lequel une "*nymphe*"[161] est tirée par un satyre et des *putti*, alors qu'une autre figure le frappe. L'iconographie nous permet cependant d'y voir l'illustration textuelle du combat entre l'Amour (le satyre), en tant que force féroce, et la Chasteté, nue et sans défense, protégée par l'autre figure qui bat l'Amour, dans *Le châtiment de Cupidon* (1613) de Manfredi[162]. Cette autre figure trouve son sens dans l'*Iconologie* de Ripa, dans la représentation du "*Zèle*":

"Il est icy représenté par vn homme habille en Prestre, qui de la main droite tient vne discipline,& de la gauche vne lampe allumée.
Par le Zèle se doit entendre l'ardent désir qu'a l'homme de bien, que les choses qui appartiennent au culte Divin soient faites comme il faut, & avec autant de sincérité que de diligence.
L'on peut s'acquitter de l'vn & de l'autre, si l'on prend le soin d'instruire les ignorans, & de corriger ceux qui saillent; ce qui nous est déclaré par la lampe, & par la discipline que cette figure tient en main. Nostre Sauveur Jésus-Christ pratiqua parfaitement ces deux choses, lorsqu'il chassa du Temple de Hierusalem ceux qui de ce lieu saint & sacré en faisoient vn marché public; &c qu'en suite de cela il se mit à les instruire doublement, & par ses enseignemens salutaires, & par les miraculeux exemples de sa vie."[163]

Il faut noter que le Zèle (Emblème CLXXIV) partage, sur la même planche, avec la Vigilance (Emblème CLXXI), l'attribut de la lampe:

"Il seroit superflu de décrire & d'expliquer icy cette figure, puisque j'ay fait l'vne & l'autre en la cent cinquante - sixième, qui a pour titre le mot de Soin, où je renvoye le Lecteur pour s'en éclaircir. D'ailleurs, il n'y a celuy qui ne sçache bien, que la lampe, le livre & la gruë sont les vrais symboles de la Vigilance; & d'autant qu'il y en a de plusieurs sortes, & il faut remarquer qu'on en fait aussi divers tableaux; & que celle qui a pour but principal, ou d'attaquer, ou de se

défendre, est représentée avec vn serpent en la main droite, & en la gauche vne flèche, pour montrer par là qu'on s'employe en vain à faire réussir vne affaire, quelque foin qu'on y apporte, si la prudence n'est jointe à l'exécution."[164]

Or Soin (Emblème CLVI) est étroitement lié à la Prudence et ses qualités:

"Bien qu'il fasse ordinairement les personnes vieilles & laides, il ne laisse pas toutefois de paroistre icy également agreable pour fa jeunesse & pour fa beauté; car il ne peut de meilleure grace s'élever en haut avec ses ailles, ny tenir plus adroitement qu'il fait deux horloges de fable, tandis qu'il est animé d'vn costé par le chant du coq qui est à ses pieds, & de l'autre par le Soleil qui fort de l'onde.
Cette figure est peinte belle, parce que le Soin prend l'Occasion par les cheveux, & qu'il la retient avec tout ce qu'elle a de beau & de bon en soy.
Par les ailles est signifiée vne extrême vitesse: A quoy l'on adjoûte deux horloges, & vn Soleil qui ne se lasse point en sa course, pour montrer qu'il ne faut point aller mollement dans le foin des affaires, mais s'y porter de bonne façon, & avec perseverance, si l'on veut haster le succès.
A cette figure ne s'accommodent pas mal les deux suivantes, qui représentent le Soin ou la Vigilance par deux femmes de mesme nature.
La premiere tient vn livre en la main droite, & en la gauche vne houssine & vne lampe allumée, près de laquelle est vne grue qui se soutient sur vn pied.
La Vigilance de l'ame est icy marquee par le livre, parce que par la lecture l'homme se rend vigilant, comme par la houssine le corps le reveille de son assoupissement.
La lampe allumée montre qu'à la Vigilance appartient le temps le plus convenable au repos: à raison dequoy les anciens Romains appelloient veilles certaines heures de la nuit, durant lesquelles les soldats estoient obligez a faire la sentinelle pour la seurete de l'armée. D'ailleurs personne n'ignore que la lampe ne soit entièrement nécessaire à ceux qui veulent donner à l'estude leurs foins & leurs veilles. Nous lisons à ce propos, que Demosthene interroge de ce qu'il avoit fait pour se rendre si excellent Orateur, répondit qu'il avoit vse plus d'huile que de vin; entendant par l'vn la Vigilance attachée aux sciences, & par l'autre l'assoupissement qui naist des délices.
La seconde se tient debout avec vne clochette à la main, & à ses pieds vn lion qui dort les yeux ouverts.
La cloche convient fort bien à la Vigilance, parce qu'elle nous invite à nous lever, afin de vacquer à la Penitence & au Service divin.
Quant au lion, l'on fçait à quel point il est ennemy de là paresse, puisqu'au rapport de Pierius, ses yeux ne font jamais fi bien ouverts que lors qu'il repose."[165]

Les éléments de relations sont donc le livre, la lampe, le main sur le cheveu de l'autre figure, la houssine ou discipline (verge de bois), la

religion (Pénitence, veille, étude), le lion (que l'on retrouve associé à la Prudence dans l'*Allégorie des Vertus* du Corrège[166]), le sommeil par opposition au réveil (la clochette).

Selon ce même jeu de correspondance, Infamie et Jactance portent chacune une corne ou trompette, l'Idolâtrie la cécité (non comme attribut mais dans la description de son "*étrange aveuglement*" par Ripa) et l'encens (parallèle à la lampe allumée des autres allégories), quant à l'Hérésie: "*Par la flamme qui sort de sa bouche, il est démontré qu'elle publie ensemble la fausse doctrine et la sédition, dont elle est le sanglant boute-feu; par les cheveux épars, que les fausses opinions s'épandent de tous côtés*", elle est également nue, symbole ici d'impureté, et du livre qu'elle porte sortent des serpents, symboles "*que les fausses instructions qu'elle donne sont incomparablement plus contagieuses que n'est le venin des aspics*"[167]; au contraire, la Prudence:

"*Elle est représentée par vne femme à deux visages, qui a fur la teste vn heaume doré, environné d'vnc guirlande de feuilles de meurier, vn cerf auprès d'elle, vn miroir en la main gauche, & en la droite vne flèche avec vne remore tout à l'entour.*
La Prudence, selon Aristote est vne habitude active, accompagnée d'vne vraye raison, qui agit sur les choses possibles, pour atteindre à la félicite de la vie, en suivant le bien, & fuyant le mal.
Son heaume doré signifie que l'homme prudent prévoit l'avenir, & se dévelope sagement des embusches de ceux qui luy veulent nuire.
La guirlande de feuilles de meurier, qu'vne personne avisée ne doit jamais faire les choses avant le temps, mais bien les régler en leur saison, & les exécuter auec jugement.
Le cerf qui rumine, qu'il ne faut jamais entreprendre aucune affaire fans y penser, afin que la resolution en soit meilleure, & le succès plus favorable.
Le miroir qu'elle tient en main,qu'il est nécessaire que pour régler ses actions, l'homme prudent examine ses défauts: ce qu'il ne peut faire fans la connoissance de soy-mesme.
Et par la remore qui est au tour d'vne flèche, que nous ne devons point tarder à faire du bien, quand nous en sçavons les moyens, & lorsque le temps nous le permet."[168]

Le modèle n'est pas moins ambigü, puisqu'il reproduit celui de *Caïn tuant Abel* (1610) [169] du même peintre, identiques postures entrelacées de la victime et du bourreau, gestes de force du second et de rétention de la première, la seule différence étant qu'alors que Cupidon

aveugle tourne le dos au spectateur, Caïn est de face. Il est ainsi probable, comparant les éléments iconographiques, que les serpents qui entourent les personnages de l'*Allégorie* de Filippino Lippi (c. 1498)[170] illustrent la devise du tableau, dite par le personnage à terre: "*Nulla deterior pestis q. familiaris inimicus*" ("*Rien n'est plus dangereux qu'un ennemi dans la famille*"), lequel serait Abel, par comparaison avec le tableau de Manfredi (la posture du frère assassiné restant fixe depuis les temps de la sculpture romane), le personnage en rouge, qui porte le foudre, serait Dieu, et celui de pied Caïn. Les serpents représentent la prudence qui doit être le fondement de l'art du roi face aux conseillers trompeurs ("*Unde Boetius. Nulla pestis efficacior ad nocendum, quam familiaris inimicus, nec est deterior hostis, quam fidtus amicus, non odium gravius, quam simulatus amor.*"[171]) et celle des prélats religieux ("*Et cum eo tempore praesata bella exarderent, suspicabantur omnes ab illis toxicatum Pontificem. Auctare enim Boëtio nulla pestis efficacior est ad nocendum quam familiaris inimicus, nec deterior hostis quem fictus amicus, aut odium gravius quam simulatus amor.*"[172]).

Chez Botticelli (1482), c'est Pallas qui tient par les cheveux le Centaure[173].

Tout comme, alors qu'en général Vertu est découverte, voire libérée, par Temps, son père, mais qu'existent des représentations comme le tableau de Pietro Liberi (auteur, par ailleurs, d'un *Temps découvrant la Vérité*, celle-ci tenant l'hostie[174]) où est *Le Temps défait par la Vérité* (c. 1665)[175], les illustrations sont nombreuses dans les *Allégories de la Chasteté*, soit de Cupidon endormi désarmé (comme chez Luca Giordano, 1670-1690), soit à l'inverse de la Chasteté, endormie par la poudre d'Amour par Cupidon, et espionnée par des Satyres (comme chez Lotto, 1505) ou de la *Chasteté découverte par la Volupté*, représentée endormie au côté d'un *putto*, alors que la dévêt un satyre (comme chez Cornelis Van Poelenburch, 1586-1667)[176]. On notera que le jet de Cupidon chez Lotto correspond à celui du démon Hypocrisie chez Bydell

contre Vérité, et au demi-cercle lunaire qui porte Pallas alors que ses aides désarment l'Amour chez Giordano (comme celui-ci désarme Mars oublieux de la guerre par les offices de Vénus, dans les *Allégories de la Paix* notamment[177]). Vénus allaitant de son jet l'enfant Cupidon chez Giordano dans *Vénus, Cupidon et Mars* (1663)[178].

Plusieurs images de Cornelis Anthonisz (XVIème siècle) présentent une figure féminine tenant à la main un serpent: l'*Allégorie de la Fortune*,[179] dans laquelle la Fortune volage est associée à une roue cassée et à des ruines, parfois confondue cette image avec la Paresse, mais le serpent qu'elle tient à la main semble plutôt allégoriser l'évocation traditionnelle depuis le Moyen Âge de la roue tournante de la Fortune, puisqu'il réfère à la prudence nécessaire face à cette divinité, donc la vertu de celle-ci. On relèvera ainsi que, chez Ripa, le Sort ou Destin (Emblème CLVII), proche donc de celui de Soin (qu'il suit directement dans l'*Iconologie*), est représenté avec une corde, dont la forme rappelle un serpent (de là peut-être une confusion iconographique, volontaire ou non, de la part d'Anthonisz), car "*La couronne & la corde sont des enseignes de ce qu'on appelle bon et mauvais Destin*"[180]. L'autre est la représentation, de fait, de *L'homme Sage et la Femme Sage*, l'un armé de la balance et du chien (symbole de fidélité), elle du miroir et du serpent, à la ceinture[181].

Confirmant la confusion entre l'histoire de Mars et Vénus et entre les vertus guerrières de Mars et Pallas dans l'iconographie moderne, on citera:

"*L'encadrement gravé de la page de titre* (de *Les décades qui se trouuent de Tite-Live, Mises en langue françoise par B. de Vigenere*. Paris, Abel L'Angelier, 1606, lequel) *comporte un double portrait mythologique d'Henri IV en Mars tenant la lance, et de Marie de Médicis en allégorie de la Prudence tenant un serpent. Les armoiries de France et de Navarre d'une part, de Médicis d'autre part permettent de les identifier sous leur costume à l'antique.*"[182]

De même, la Vérité de l'*Allégorie de la Vérité* de Pierre Mignard (XVIIème siècle)[183] tient le miroir de la Prudence. Celle de Jean-Charles

Delafosse (1636-1716)[184] tient l'hostie et le calice d'Eucharistie, et la balance de Justice.

Il est intéressant de relever que, comme Églé de l'*Allégorie des Vices* du Corrège ne barbouille pas de mûres Silène, mais tente de le réveiller des piques des serpents qu'elle tient à la main, ce qui modifie le sens général, et comme les mûres sont symboles de Prudence, comme le rappelle Ripa pour cette même allégorie et comme cela a été interprété pour la Sala delle Asse[185], la Minerve de l'*Allégorie des Vertus* a sa lance brisée[186], comme le Cupidon maltraité par Mars chez Manfredi.

Liberi présente une *Allégorie de la Tempérance* tenant le vase[187] qui rappelle l'emblème de Ripa, alors que son *Allégorie des Vices - L'homme pris par le vin, le jeu et la luxure*[188] rappelle celle du Corrège, mais ici l'homme vaincu, qui n'est plus un satyre, l'est par trois figures, un nain tenant un jeu de cartes, une figure féminine reproduisant le geste de celle de la gravure de Dürer, nue, et un troisième personnage, apparemment masculin, également humain, qui lui exprime du raisin non plus sur le visage mais sur le pied, le turban de ce personnage rappelant des serpents. Il nous semble qu'on pourrait voir dans cette oeuvre, plus encore qu'une variante du mythe d'Églé, une inversion du principe de victoire de la Vertu sur le Vice, puisqu'ici le Vice vainqueur non seulement réduit l'homme qui y succombe, et tombe selon une iconographie marquée par celle de Phaëton et d'Icare[189], mais en outre les figures de la Luxure et de l'Ivresse prennent respectivement les emblèmes de la *Venus pudica* (la femme, fâchée, nue et violente, a le temps de cacher son sexe derrière sa gaze) et de Prudence (la couronne du disciple bacchique n'est plus de vigne, puisqu'il la retire, peut-on supposer, pour l'exprimer sur l'homme déchu, mais informe et serpentine).

0.7.f.2.b. Dans les livres d'emblèmes

Révisons à présent les livres d'emblèmes[190].

Il serait impossible de les lire tous, mais leur ensemble, relativement homogène, de la seconde moitié du XVIème siècle à la première moitié du XVIIème siècle, se révèle par l'unité, non seulement thématique qui les définit, mais plus encore de répétition de vignettes.

Amoris diuini et humani effectus (Anvers, Michael Snyders, 1626) est le premier à nous offrir une représentation tripartite, avec l'emblème 27: "*Le diable souillant ceste place/ l'ame la purge et Dieu le chasse*"[191], entre le Diable, l'âme et Dieu (avec une massue et un cierge), comme la légende l'explique.

De même, l'emblème 36: "*Puis que l'Amour seul est ma vie,/ Douce est la mort qui me deslie*"[192] oppose Dieu et la Mort, avec au fond des diables volant sur un spectacle de ruines et d'un moine dans une barque (la vie est une traversée comme est écrit dans l'un des emblèmes de notre présent *corpus*). La même scène, ou similaire, se retrouve déjà dans l'emblème 12[193], où l'âme, tirée par Dieu et faisant face à la Mort fait un geste du doigt indiquant le ciel, classique des Saints et proche de celui de la figure féminine de la gravure de Dürer, comme nous le verrons plus précisément par comparaison avec un autre emblème du *corpus*.

Le pouvoir cosmique de l'Amour sur la sphère de l'univers se présente aussi bien à l'emblème 52 qu'au 50[194], en même temps qu'il indique visuellement le caractère mouvant et instable de la Fortune, en particulier l'emblème 50, où la roue posée sur le globe et soutenant l'Amour est faite tourner par les vents, ce qui nous renvoie à l'illustration de la Fortune par Anthonisz.

L'emblème 15 représente l'Amour, pour qui "*Il n'y a pas de place forte*" se présentant pour libérer l'âme de son cachot tenu par des démons[195], alors que, comme chez Dürer, mais en inversant le sens,

l'emblème 38: "*C'est sans soucy que ie sommeille/ puis que mon bienaymé me veille*"[196] montre un croyant endormi (songe du juste que l'on retrouve, par opposition au songe de la paresse morale, dans les autres livres d'emblèmes, nous y reviendrons), soutenu par la croix comme oreiller, un démon lui mettant son soufflet dans l'oreille, mais l'Église jouant du luth pour s'opposer au souffle démoniaque; les objets autour du dormeur sont ceux de la Passion et les dés (symboles du Destin humain), et se distinguent donc de ceux présents chez Dürer, Dieu et l'Amour s'apprêtant à tirer une flèche sur le dormeur complètent la scène. Encore une fois, nous constatons la permanence du modèle durérien, de tripartition, dans cette iconographie, qui, évidemment, acquiert son plein sens dans le cadre général précédemment évoqué.

Sur le modèle, cette fois, des *Dulle Griet* s'affrontant à Cerbère à l'entrée de l'Enfer de David Teniers le Jeune (c. 1640), beau-fils de Jan Brueghel l'Ancien de Velours, et de David Ryckaert III (1651-1659), reproductions de celle de Brueghel l'Ancien (c. 1562, même si celle-ci, au contraire, se trouve au beau milieu de l'Enfer), l'emblème 41 offre l'image d'une personnification féminine, main tendue vers la Croix dans le Ciel, alors que des mâtins l'attaquent, s'écrie: "*Ces bestes ne me font offence/ quand i'ay la croix pour ma defence*"[197], image qui, en quelque sorte, fait pendant à celle de l'emblème 5: "*Le diable estrangle d'un noeud d'or,/ les Idolatres du Thresor*" [198], laquelle présente l'autre morceau des *Dulle Griet*, attachées apparemment à leur trésor. L'emblème 42: "*Iamais l'Amour n'at esté chiche:/ Plus donnet il, plus il est riche*"[199], où l'Amour et l'âme transvasent leurs biens en or à l'écuelle de mendiants. On retrouvera dans les autres livres d'emblèmes cette préoccupation centrale, qui nous confirmera le sens théologique plus précis de la gravure de Dürer.

La division, dans laquelle l'Église (reconnaissable parce qu'elle porte l'orbe comme coiffe) est l'adjuvante de l'âme dans l'emblème 38, semble s'opposer, comme pouvoir temporel, à celui de Dieu dans le

dernier emblème de l'ouvrage, le 54ème, intitulé "*Cordis Divisio*" et dont la légende est: "*Me tibi cum totum dederim, vanissima, CORDIS,/ Cur mihi, virgo, tui pars aliquanta datur.*" [200] Peut-être cette fonction temporelle, contradictoire, est-elle la cause de l'absence d'explication en français de l'emblème (en tant que pudeur ou précaution de l'auteur), à la différence de l'ensemble des autres dans le recueil.

Le feu comme ardeur de l'Amour aux fourneaux est le thème de deux emblèmes, 24 et 37[201], élément que l'on retrouvera dans les autres livres d'emblèmes, important en cela qu'il dialectise la présence du feu chez Dürer.

Amoris divini et humani antipathia (Anvers, Michael Snyders, 1629) reproduit, comme on pourra s'y attendre beaucoup d'emblèmes de l'ouvrage antérieur [202]. Notamment, en ce qui nous concerne, les emblèmes 15 et 41 de l'ouvrage antérieur[203]. Ce qui n'est pas étonnant, non seulement pour l'identité d'éditeur, mais aussi par l'identité des motifs et leur répétition dans l'époque. Ainsi, de même, *Les Emblemes d'amour divin et humain ensemble* (Paris, Pierre Mariette, 1640) reproduisent à l'identique les emblèmes des ouvrages publiés par Snyders. Cette identité se retrouve, en sens génétique, entre, d'une part, ces trois ouvrages et ceux que nous citeront à continuation, et, de l'autre, l'antérieur (chronologiquement parlant) recueil par Herman Hugo, en particulier sa troisième partie.

L'opposition, dans l'emblème de la page 41 d'*Amoris divini et humani antipathia*, dans lequel apparaissent au fond les diables volant comme dans le 36ème d'*Amoris diuini et humani effectus*, rejoint les images des *Allégories des Vices*, notamment celle de Liberi, puisqu'on retrouve identiquement ici Vénus à gauche (pour le spectateur) et Bacchus à droite, comme symboles de la Luxure et de la Débauche ou de l'Ivresse, tentant l'âme. En ce sens, l'emblème de la page 53 renforce encore la correspondance avec l'*Allégorie* de Liberi, puisque, comme son

nain (on peut donc, par typologie, y reconnaître un laid Éros humain) qui tient à la main un jeu de cartes, ici deux Amours, l'un divin avec une auréole, l'autre humain avec des ailes, sont dits en train de choisir ce qui leur plait plus: "*De ces iolys esprits, l'un cribre et l'autre esvante/ Et chascun d'eux retient ce qui plus le contante*"; or ils choisissent entre des symboles d'amour religieux (comme le rosaire) et d'amour profane (comme le jeu de cartes).

Proprement durérienne est l'image de l'emblème de la page 69, où l'Amour divin, reconnaissable, de nouveau, à son auréole, guide l'âme, alors que Pan est brûlé par ses propres instincts, thème répétitif du précédent. L'emblème expose: "*Ce que tu ne connois d'aymer iamais t'avace,/ Il a pris mal a Pan d'aymer sans connoissance.*" Le thème de cet emblème se développe dans ceux qui suivent, pages 73 et 79. "*Le chien, le ieu, l'Amour, le feu/ Ne sont iamais contents de peu*" dit le second, qui reprend en cela la division que nous rencontrions chez Liberi, de la tripartition des Vices: le Jeu, l'Amour, les désirs, mais ici dans un sens plus lié à celui de l'avarice, que désignent les emblèmes de l'ouvrage antérieur (notamment 5, 41 et 42). Ici la division s'opère cependant en sens duel, entre le vice (le chien, de l'Avarice, on l'a vu dans les représentations par exemple de l'*Allégorie de la Chasteté* de Giotto à l'Église San Francesco d'Assise) et le jeu (que l'on retrouve chez Liberi), et la Vertu (l'Amour et le feu, représentés aussi bien par l'Amour divin qui accompagne l'âme que par l'autre Amour, qui porte un cierge, au second plan). L'emblème de la page 73 renforce et réoriente de nouveau le thème sur l'avarice comme symbole absolu, puisque, nous présentant un avaricieux comptant ses pièces de monnaie, sa légende nous dit: "*L'estime seule fait, qu'un mesme ietton vaille,/ Tantost mille ducats, tantost moins qu'une maille*", étant, ceci dit en passant, pour la meilleure intelligibilité générale du texte, la maille ou le filet le symbole récurrent, on le sait, de l'âme prise dans et par les tentations.

La tripartition dont nous avons abondamment discuté se présente à nouveau dans l'emblème de la page 183, où Jésus et l'âme donnent la mort à Cupidon. Ce qui se traduit, dans le suivant, page 187, par la transformation du poële du paresseux ou de la gravure de Dürer en un alambic alchimique où l'âme inquiète, sous l'oeil de son compagnon Dieu auréolé, voit se transformer le corps percé de flèches de Cupidon en celui d'un fou, à travers la corne de la machine.

De fait, la même structure visuelle se présente déjà dans l'emblème de la page 107, où l'âme repose au-dessus d'un four où se remuent les démons de l'Enfer (dans une relation visuelle proche de celle de la version de Bosch des *Sept Péchés Capitaux* de la Geneva Fine Arts Foundation), au risque d'être attrapé par la maille d'un Amour humain au second plan, alors que l'Amour divin auréolé tente de la réveiller en lui posant la main sur l'épaule, la légende éclairant le sens de l'image: "*Comment, o ame dormez vous?/ Vostre ennemy gist cy dessous.*"

C'est bien cette condition d'emprisonnement de l'âme dans le monde que présente les emblèmes des pages 155: "*Qui chasse au parcq d'Amour a bien dessein de prendre/ Mais las! va prisonnier, sans penser de s'y rendre*" (l'âme s'y voyant reflétée dans la souris prise au piège de l'Amour) et 159: "*En ceste amoureuse chasse,/ Tu es prins, si tu ne passe*" (où l'Amour divin montre à l'âme un mur dont l'espace vide de la fenêtre est rempli de toiles d'araignée). Or l'emblème de la page 103 renforce ce système, présentant comment: "*Le coeur est bien tost captif/ Quand Amour le trouve oisif.*" Là, au pied d'un arbre sur lequel une araignée tisse sa toile, l'âme endormie est la proie d'un Cupidon qui s'apprête à lui tirer une flèche de son arc tendu, alors que, de l'autre côté du tronc, un serpent enroulé renforce l'idée d'inattention de la Prudence, comme on en confirmera ce symbolisme dans d'autres livres d'emblèmes. Le représentation de l'araignée associée à l'âme indolente reprend parfaitement le sens de l'emblème déjà étudié de Van de Venne, en l'éclairant.

L'emblème de la page 255: "*Ainsi s'accroissent nuit et jour/ Les caractheres de l'Amour*" reprend, dans le même sens d'alternance de victoires, la condition nocturne de l'*Allégorie de la Chasteté* de Giordano. Comme, dans ce contexte toujours, les "*deux mamelles/ Sources de douceurs eternelles*" de l'Amour divin auxquelles boit l'âme de l'emblème de la page 337 évoque *Vénus, Cupidon et Mars*, également vu, du même Giordano.

L'Amour instable, et sa relation de pouvoir sur le globe comme Fortune (la roue brisée d'Anthonisz, les échasses, on le précisera au travers d'autres livres d'emblèmes, de la gravure de Dürer) se retrouve, comme dans le recueil précédent, dans les emblèmes des pages 61: "*Des dames la faveur, n'est que fumée et vent;/ De rien, que des vapeurs, donc se nourrit l'Amant*" (sur le mode des pipes à savons, symbole de la futilité [théologique] du monde dans les *Vanités* du XVIIème siècle, un Cupidon ailé, pensif et enchaîné - donc prisonnier - au globe, fume une pipe [dont la fumée s'oppose à celle de son flambeau qu'il tient de l'autre main], alors que d'autres pipes lui sont encore apportées) et 379: "*Si ie sorts de ce lieu caligineux i'espere/ D'adorer le soleil au centre de la sphere*" (un Cupidon ailé et aux yeux bandés et un autre auréolé les mains levées vers le Ciel se divisent l'espace autour d'une sphère-orbe surmontée de la croix, ouverte en deux).

Les mêmes débats que dans le recueil précédent de l'Amour avec sa sphère se retrouve encore ici.

Les emblèmes des pages 277 et 341 reprennent exactement ceux de l'ouvrage antérieur, respectivement 75 et 38, sur la relation entre l'âme et ses deux tensions: vers la Mort et vers Dieu, les diables l'y entourant, comme on l'a vu, en un modèle durérien. Tripartition qui se reproduit dans les emblèmes des pages 387: "*Quels effets differens produisent ces amours,/ L'un guinde vers les cieux, l'autre tout a rebours*" (l'âme, les yeux fermés, a une main élevée par une paire d'ailes que lui accroche au poignet l'Amour divin, alors que l'Amour humain lui enchaîne à l'autre

poignet de lourdes pierres, faisant ainsi baisser son bras) et 375: "*Ainsi que cet Amour est d'une ombre saisie/ Ainsi sont les Amants de quelque ialousie*" (cette fois c'est l'Amour qui a les yeux bandés, et projette une ombre démoniaque que regarde intéressée l'âme).

La force de l'Amour, mais l'imprudence qu'il provoque, comme dans, notamment, l'emblème précédent, se trouve mentionnée par sa victoire sur le lion (animal associé à la Prudence) dont il recouvre la tête d'un voile dans l'emblème de la page 99. Ce qui reprend le thème des emblèmes autour du motif de l'araignée.

De nouveau, les emblèmes des pages 239 et 333 reprennent ceux de l'ouvrage antérieur, sur le four et le feu de l'Amour.

Tout comme ceux des pages 209: "*L'Amour de ses trois doigts tient le monde en balance/ Qui par son mouvement vat roulant en cadance*" et 213: "*C'est un proverbe, aux jeux d'amour,/ Celuy qui perd, gaigne tousiour*"[204] (l'Amour jouant aux boules avec un cerceau, une sphère et l'orbe dans un jardin fermé, sans doute référence à son caractère divin et marial), qui renforcent de nouveau la relation cosmique du dieu Amour avec le monde sur lequel il a un pouvoir sans partage.

Suivant le motif du son auquel l'âme est sensible, que nous trouvons dans le recueil antérieur (reproduit dans les emblèmes des pages 277 et 341, comme nous l'avons dit), ici l'emblème de la page 251: "*L'Amour oracle des Amant,/ Oit, et respond en mesme tamps*" apporte deux relations visuelles: entre l'écho des paroles de l'âme (l'iconographie du personnage l'identifie plus à celle-ci que, précisément, à l'Amour, puisqu'il ne porte ni auréole ni ailes) et de l'amant, et de l'emprisonnement dans la grotte (de l'ignorance) de celui-ci, en tant qu'être secret. On retrouvera, dans un sens ou dans l'autre (positif ou négatif) cette idée dans les recueils que nous étudieront à continuation. La division bipartite entre les mondes (du dehors et du dedans, de la métaphore de la caverne platonicienne) se retrouve donc.

Suivant le même jeu d'oppositions et d'équivalences, la corde qui pend l'âme par le démon dans le recueil antérieur est celle qui l'aide à s'élever dans l'emblème de la page 205: "*Dieu est l'attrait, l'Amour la corde,/ Par qui mon ame au ciel aborde.*"

La lampe des *Allégories de la Vertu* ou de la *Vérité* exprime cette dualité dans l'emblème de la page 297: "*Les fleuves, les deluges, les pluies, ny les eaux,/ Ne peuvent alentir l'ardeur de ces flambeaux*", par la lampe à huile levée et la torche baissée par le personnage, suivant le modèle de l'emblème de la page 387.

Le centre de l'amour (Paris, Chez Cupidon, 1587) est un ouvrage galant, qui s'attarde sur la représentation[205], qui deviendra commune au XVIIème siècle, notamment dans les mondes flamand et allemand, des "*merry companies*"[206], qui, se stabilisant et devenant allégoriques[207], passent de simple iconographie grivoise, notamment de tavernes et de prostitution[208], à des représentations plus nobles[209], qui déboucheront sur d'allègres *Allégories des Cinq Sens*[210], qui, selon notre interprétation[211], seront à l'origine iconographique du *Déjeuner sur l'herbe* (1863) de Manet, ce que confirme encore la comparaison avec la *Merry company in a landscape* de l'École Piémontaise (c. 1700)[212] ou la *Merry Company in the Open Air* (1716-19) de Watteau[213].

De fait, les tableaux d'Esaias van de Velde (*Merry company in the park*, 1614[214]; *Merry Company Banqueting on a Terrace*, 1615[215]) sont très similaires aux illustrations du *Centre de l'amour*.

Le présent recueil rend profane beaucoup des symboles religieux des antérieurs (bien qu'il les précède chonologiquement). Par exemple, les nuées d'objets symboliques[216]. Ainsi en va-t-il de la représentation de la Mort[217], de la bourse[218], du filet[219], voire encore, même si elle n'apparaît pas dans les autres recueils, du personnage, hautement symbolique pour l'époque, de Lucrèce[220], et, dans notre *corpus*, de la charette brisée[221] (symbole de Fortune chez Anthonisz). Dans cette

perspective, également présente chez Boccace et Chaucer, de critique récurrente sur le ton comique à la luxure chez les religieux [222] (notamment dans la représentation de la bourse, associée ici non à l'Hérésie[223], comme on l'a vu, ou à l'avaricieux, mais au moine[224]), et, pour cela, à leur association, également récurrente, au diable[225], s'opère, d'une part, dans le cadre libidineux, l'évocation de la dualité et de l'ironie du jeu amoureux, laïque[226], mais aussi, on l'a dit, religieux[227] (ce qui nous reporte, on le verra, au cadre mobilier de la gravure de Dürer, que nous lirons comme la représentation d'un *scriptorium*), et, d'autre part, dans le motif répété tout au long du volume de la femme au lit découverte, mais ici le satyre est remplacé par le galant[228]. On reviendra sur le système d'opposition physique et morale qui s'opère pour l'époque, de l'*Allégorie des Vices* du Corrège au *Songe de Poliphile*, entre la ménade et le satyre.

Ici, c'est un l'Emblème 32 [229] en particulier qui divise les attentions du galant entre une dame tenant le coeur de Jésus (donc relativement éloignée de la simple marivauderie de la légende) et l'instable Fortune[230].

À son tour l'Emblème 57[231] laïcise les symboles de l'arbre (dont on a dit que chez le Corrège il représente implicitement celui des Vices par opposition à celui de Jacob de l'iconographie parallèle du sommeil au Moyen Âge) et de l'échelle, dans ce projet des autres ouvrages et des échasses dans la gravure de Dürer de référencer la difficulté de l'âme en recherche de son Dieu.

L'âme amante de son Dieu d'Otto Van Veen (1660, traduction de Mme J.M.B. de La Mothe-Guyon, Paris, Chez les Libraires Associés, 1717[232]) reprend, en ses Emblèmes III, XXIV et XXV l'image des deux premiers livres d'emblèmes cités de l'âme mourante allitée, ainsi que, dans cette perspective de la difficulté de l'âme dans son chemin vers Dieu, de la roue réparée (Emblèmes IV et V[233]). littérales répétitions de

ceux des volumes de Snyders sont également les Emblèmes IX, XII, XIV, XV[234], qui opposent les cohortes démoniaques à la justice divine dans la recherche de l'âme ou son emprisonnement sur cette terre.

L'Emblème XV et son texte[235] qui explique l'abandon de l'âme, physiquement malade, languissante (selon l'image[236]), et sa douleur face aux tentations, montre la tripartition entre jour et nuit (dont on a vu chez Snyders la reproduction d'un symbole rencontré premièrement dans notre étude chez Giordano).

Nous trouvons donc bien, on le voit, dans les emblèmes d'*Amoris divini et humani antipathia*, notamment des pages 277 et 341 (emblèmes 38 et 75 du recueil antérieur), la structure visuelle durérienne, ici à l'identique quant au sens (sans les ambiguïtés que l'on peut noter chez le Corrège) du modèle. Mais il s'agit de recueil de la fin du premier quart du XVIIème siècle, ce qui nous éloigne de plus d'un siècle après la réalisation de la gravure objet de notre étude.

Voyons à présent si nous pouvons réduire cet espace temporel, pour en confirmer la pertinence, c'est-à-dire l'inscription de Dürer dans l'esprit de son temps, et non son influence sur celui-ci.

C'est en ouvrant *La doctrine des moeurs* [237] (Paris, Louye Sevestre, 1546[238]) qu'on trouve, dès l'Emblème 6: "*La Vertu présuppose l'Action*", l'opposition en forme de correspondance dialectisée entre Minerve et la Paresse, toutes deux passives, aux yeux du Sage qui les contemple, opposition qui se développe dans l'Emblème 7: "*Qui ne commence iamais, ne scauroit rien achever*"[239] entre la Labeur et la Paresse, conformément aux *Allégories* préalablement vues, notamment de Lotto, ce qui, à l'Emblème 8: "*En courant on arrive au but*"[240] débouche sur une *Allégorie des Vices* à la manière de Liberi, dans laquelle l'âme s'orientant vers l'édifice symbolique de la Trinité échappe au groupe de Bacchus, Vénus et Cupidon.

L'Emblème 9: "*La Vertu fuit les excès*"[241] reproduit la tripartition déjà rencontrée: au centre la Libéralité, qui tient la cornucopée et une carte, entourée par l'Avarice et la Prodigalité, avec au fond l'évocation d'Icare celui qui ne sût pas vivre dans la mesure.

Les Emblèmes suivants[242] insistent ainsi sur la figure du savant, représenté à l'Emblème 12 par Minerve entourée des Vices de l'Envie, de la Luxure et de l'Ivresse, ce qui confirme à l'avance notre conception du dormeur de Dürer.

L'Emblème 15: "*La guérison de l'âme est la plus nécessaire*"[243], qui pourrait nous faire revoir l'interprétation, de nouveau, comme souvent, simplement burlesque et anecdotique de *L'Extraction de la pierre de folie* (c. 1494) de Bosch, où apparaissent un moine saoûl et une nonne symbolique, comme on l'a vu, de l'Hérésie (avec un livre sur la tête - elle ne le lit donc pas - et une bourse au côté), l'emblème 15 représente un malade (l'âme), qui accourt chez le médecin (du corps) alors qu'il devrait chercher Minerve (déesse guerrière de la Sagesse, ironiquement donc déesse antique qui devient paradigmatique pour l'époque du *miles christi*) et le Temps (qui dévoile la Vérité, et pour cela l'accompagne ici - Athéna a un livre ouvert à la main, justifiant son association avec la Vérité et la Sagesse -), de fait, il tente d'échapper au médecin et de se rapprocher de Minerve, alors que dans le fond l'obscurantisme est représenté par des personnages, dont celui de droite porte un chapeau juif, qui posent une tenture devant les fenêtres, en cachant ainsi la lumière, illustration dans leur activité de l'obscurantisme.

À son tour l'Emblème 21: "*L'homme est ne pour aymer*" [244] présente, comme justification de la foi chrétienne et l'affirmation qu'elle n'est pas contraire à la philosophie [245], l'image de deux amis, l'un emmenant l'autre, et le détournant des plaisirs que lui offrent Vénus et Cupidon.

Après cette insistante tripartition du modèle, qui préétablit celui que nous retrouverons plus tard chez Snyders, suit l'illustration

également répétée de l'Impiété[246], chassée par le serpent-fouet (ou fouet en forme de serpents) d'une allégorie, donc, de la Vigilance[247].

César assoupi entre des démons qui l'attaquent et ses gardes qui les combattent[248], combat psychomachique reproduit sous une autre forme, celle de la barque de la vie, à l'emblème suivant[249], symbolisant l'opposition entre les grandeurs terrestres, c'est-à-dire, comme pour Érasme dans *L'Éloge de la Folie*, l'Envie et l'Arrogance humaines[250], par opposition à la Pauvreté[251], tout en révélant l'assoupissement de l'âme dans les ivresses terrrestres (Emblème 35[252], de là la massue et le bouclier au lion, symboles herculéens, tirés par terre, sous la table remplie de mets, à côté du lit où gît l'ivrogne rendu malade, alors que son compagnon, au second plan, est encore actif et au travail), portent l'ouvrage vers la représentation de l'opposition entre Minerve le pied sur le globe, couronnant de Vertu l'âme représentée comme un homme mûr qui pisse au pied des *putti* et leurs armes, et ne prête aucune attention aux offrandes terrenales des représentants du Vieux et du Nouveau Monde (Emblème 40)[253].

De là encore, les emblèmes suivants traitent de la Pauvreté comme Vertu[254], à l'inverse des Vertus, représentées par Minerve et un ange, soumises à la Richesse[255], la même opposition entre l'appétit des biens terrenaux et les vertus de la pauvreté se reproduisent jusqu'à la fin du premier tome[256], se réutilisant, comme dans les recueils antérieurs, la figure de Diogène[257] comme symbole de cette opposition, la chambre[258], comme chez Dürer, étant le lieu de la paresse et de la gourmandise jusqu'à en devenir goutteux. La mort du juste[259] fait contrepoint à cette scène, préfigurant dans sa composition générale celle du père dans le cycle du *Fils prodigue* de Greuze.

Ainsi la tripartition[260], basée sur l'opposition comme chez Érasme entre les grands et les sages[261], entre les biens terrenaux et ceux de l'Esprit[262], qui oppose pour l'âme dans la nuit les Vices et les Vertus, le lit[263] et l'étude[264] en tant que telles étant respectivement le lieu et la

condition du combat psychomachique, en arrive à s'exprimer selon une iconographie[265] proche des *Tentations de Saint Antoine*[266] ou de *Dulle Griet*[267].

L'Emblème 47: "*Si Tersite est riche, on le prend pour Achille*"[268] présente l'opposition par substitution (la tromperie des richesses qui fait d'un quelconque un grand personnage), le roi trompé prenant par la corde du vêtement une figure voilée, possiblement l'Ignorance, si on la compare à la figure similaire chez Mantegna, ou peut-être la Fortune volage, capricieuse et injuste, si on la reporte à l'Emblème 50: "*La Fortune ne fait point le mérite*"[269], où celle-ci apparaît avec les yeux bandés.

L'Emblème 74: "*La bonne conscience est invincible*"[270], dont la légende explique que: "*L'innocence est un mur d'airain*", montre le sage appuyé contre un mur et, en l'indiquant du doigt, niant à la Renommée les trompettes de la gloire qu'elle lui propose. Dans le fond, derrière le mur, des scènes confuses (non décrites), avec la même ruche des emblèmes antérieurs[271] représentant le sage ne tombant pas dans le piège de l'avarice, semblent représenter l'éducation ou l'action secrète du "*Sage*", son "*triomphe secret*", sa "*gloire cachée*"[272]. Cet emblème, on le voit, nous apporte un élément de compréhension discursive de l'appui du dormeur de Dürer, celui-ci non plus, encore une fois, vigilant contre la cornette du démon (ici la trompette de la Renommée, qui réapparaît, avec le même sens, à l'emblème suivant[273]), mais, au contraire, se laissant endormir. On retrouve donc bien là le mur que doit franchir l'âme, ou ici dont le sage doit respecter la solidité morale, de l'emblème de la page 159, déjà étudié, d'*Amoris divini et humani antipathia*.

Les Emblèmes et 80, 81 et 84[274] reproduisent le principe de tripartition, autour de la question (notamment l'Emblème 84) de l'Envie des grands et en général, motif également de ceux qui les entourent[275], en particulier à travers de la soumission (représentée comme dans *Le centre de l'amour* par un religieux) de l'âme aux tentations, représentées sous

les traits d'un cortège bacchique[276], ou bien la figure du dormeur et sa relation/opposition au Temps [277], avec lequel il se confond dans l'Emblème 90[278], série d'emblèmes qui conclut avec l'opposition, autour du thème de l'Hérésie, entre le sacrificateur et la vraie science, qui est celle exclusive de Dieu[279].

Comme dans les autres recueils (Emblème 15 d'*Amoris diuini et humani effectus*), le repos mérité[280] fait contrepoint à celui du songe de l'endormissement de l'âme, alors que, suivant l'ensemble du thème principal du recueil dans ses deux volumes, la Vanité s'associe à la Mort et au Vice[281].

Sans vouloir en tirer de conclusion affirmative, comme dans l'*Allégorie* de Vliet, de nouveau, que nous avons, antérieurement, intégrée à notre *corpus*, les personnifications de l'Emblème 36: "*Qui achette les voluptes, achette un repentir*"[282] semblent plutôt des figures masquées, symbole en ce cas de leur fausseté et de celle de leurs moeurs, ils ne seraient que masque. Si l'image semble claire, le texte[283] ne dit cependant rien à ce sujet.

En réduisant l'écart historique entre la gravure de 1498 et les iconographies correspondantes dans les livres d'emblèmes, nous avons donc pu montrer que Dürer s'intègre à son époque. En effet, il serait plus complexe d'assumer qu'un ensemble large et complexe de références visuelles proviennent de la reprise d'une oeuvre qui crée un nouveau modèle, que de considérer que l'amplitude de la convergence identitaire du thème et de ses motifs entre les différents auteurs, et leurs interprétations respectives de celui-ci, de fait toujours orientées, de manière à la fois congruente et unitaire, vers l'opposition entre les deux états de l'âme face à Dieu (passive ou active) - ce qui a, par ailleurs, bien été noté dans la gravure, par les exégètes antérieurs, au travers de l'idée qu'il s'agissait d'une représentation simple de l'Acédie -, soient

l'expression historique, définie donc par la tradition, d'un schéma élaboré, déjà existant.

Nous permettra de la démontrer l'ouvrage de Georgette de Montenay, intitulé: *Emblemes ou devises chretiennes* (Paris, Jean Marcorelle, 1571), en particulier au travers de la représentation de notre modèle face à celui de l'Idolâtrie priant ses démons (ce qui intégrera les deux parties de notre *corpus*, selon la problématique déjà mentionnée de la position du démon, devant ou derrière le personnage principal).

La figure encapuchée que nous hésitions à reconnaître dans l'Emblème 47 de *La doctrine des moeurs* apparaît ici (avec les mêmes attributs: capuche qui lui couvre le visage, et cordelette pour ceinture) comme une représentation de l'Hypocrisie[284].

Pareillement, le serpent enroulé de l'emblème de la page 103 d'*Amoris divini et humani antipathia* se confirme dans l'ouvrage de Montenay comme symbole de Prudence[285].

La question de l'habit (non l'habit en soi, nous ne sommes pas en train de dire que celui que porte le personnage de l'emblème s'identifie à celui du dormeur de Dürer), sur laquelle nous nous attardons à propos du dormeur de la gravure de Dürer comme "*savant chrétien*", donc lié aux prêtres hypocrites et hérésiarques critiqués par la Béatrice de Dante, devient symbolique de l'hérésie de pensée, par l'apparence et l'arrogance: "*Voici que preud'homme on se pense/ Pour son habit, monstrant simplicité./ Vérité caché, & n'y a apparence/ Qu'en son soleil ait rien d'obscurité./ Ainsi en vain d'avoir Christ s'est vanté/ Tout mal vivant, se nourrissant en vice:/ Christ vray soleiln'est iamais sans clarté./ Où est la la foy, touiours suit la iustice.*"[286]

Suit ainsi, logiquement pour nous, dans l'Emblème 57[287] la tripartition entre les crânes de la mort et Jésus sauveur pour l'âme qui seulement peut être éclairée par le Christ, conformément à l'emblème de la page 375 d'*Amoris divini et humani antipathia*.

Bipartition, comme dans les recueils précédents et leurs équivalents notamment dans les *Allégories des Vices*, qui se retrouve entre, d'une part, le *miles christi*, et, de l'autre, le monde et Satan à la trompette dans l'Emblème 83[288].

La trompette, de la Renommée et la vaine gloire, présente dans le recueil précédent, réapparaît, comme dans *La doctrine des moeurs*, pour s'opposer à la sage Pauvreté dans l'Emblème 90[289].

On comprend comment la bipartition n'est autre qu'une tripartition dans l'Emblème 94[290], où s'opposent, dans leur chemin vers Dieu, le bon et le mauvais chrétien, celui-ci tombant, alors que l'autre marche d'un pas ferme et assuré.

Le symbole du filet se retrouve dans l'Emblème 85[291], alors que l'ouïe, remplie de Dieu ou du diable est le thème trois fois répété des Emblèmes 95, 96 et 99[292].

Alors que le globe est encore associé à l'Amour (comme il le fait tourner de ses trois doigts dans *Amoris divini et humani antipathia*), car "*Par vray amour tout l'Univers est faict*"[293], la roue brisée de l'Emblème 31[294], qui symbolise les efforts du chrétien, a un écho dans l'Emblème 93 [295], où, sur le modèle paganisé que reproduisent les "*merry companies*", mais ici, comme dans l'ouvrage précédent, dans la représentation de l'ivrogne qui s'oublie de Dieu, et selon le principe des nuées de symboles, on voit le paresseux qui "*comme fol s'ayme mieux contenter/ De vivres peincts, plaisants, non profitables*" et qui "*la verite solide* (a) *en mespris*", ce qui, une nouvelle fois, reproduit la tripartition: Dieu/monde ou Diable/âme paresseuse ou agile (industrieuse).

La tripartition, comme on la trouve exactement chez Dürer, s'exprime aux Emblèmes 29: "*Voicy qui fait d'un seul coeur deux offrandes:/ Faisant partage entre Dieu et le Diable*" [296] et, plus intéressant encore, 49, qui, bien que reprenant le modèle de l'antérieur, montre néanmoins un élément plus évident, "*L'homme endury, par son orgueil deceu*"[297], tournant le dos au globe et à Dieu, et s'agenouillant

devant l'autel personnel à sa propre religion, représentée par un bacchant/Bacchus vêtu de pampres, la légende précisant qu'ainsi que le croyant de soi-même: "*Dit que son oeuvre au ciel le iustifie./.../ Car à celuy semblable ie te voy,/ Qui ne croit rien, & à tous certifie/ Le monde avoir esté creé par soy.*"

Reprenant la question du mur, que l'on trouve chez Snyders et dans *La doctrine des moeurs*, le premier Emblème du recueil représente une figure féminine, une "*Reine*", construisant un mur, de l'"*Edifice*" du "*Temple Sainct*", qu'elle indique, comme le fait celle de Dürer pour un espace du poële auquel se chauffe le dormeur, "*pour de toute sa force/ Loger vertu, & dechasser tout vice*"[298].

Ainsi, à l'Emblème 13, au milieu d'une mer agitée, un soldat monte une échelle vers Dieu, "*prest à tumber a bas/ Et se froisser, au moins en apparence,/ Monte touiours, & rasseure son pas,/ Sachant que Dieu le soustient d'asseurance.*"[299]

Comme chez le Corrège, dans l'*Allégorie des Vices*, le fou (au lieu du satyre) tourne (au lieu de gésir) autour d'un arbre dans l'Emblème 17 qui "*monstrer nous voulons/ Combien l'inique est loin de ce qu'il pense. Pour maintenir ce qui farcit sa panse,/ Voudroit troubler tous les quatre elemens/ Encontre Christ*"[300].

Alors que dans le *Triumphus Amoris* (Augsbourg, Joseph Friderich Leopold, 1695[301]) les béquilles de l'Amour conservent le sens que nous lui retrouverons par ailleurs: "*Il sort avec lenteur*", comme dans *Le centre de l'amour*, le sens moral du lit disparaît au profit d'un autre, sensuel: "*Heureux en songe: Malgré les cruautés d'une injuste Maitresse,/ Un songe officieux soulage un pauvre amant*"[302].

Les mysteres de l'amour divin (Paris, Chez Jean Mariette, 1719) représente la corde, comme goupillon ou plomb droit bien tendu car

"*Rien n'arreste un coeur qu'enflamme un Saint amour*"[303], tenu par un Amour et un ange.

Cette association de valeurs positives produit une fausse tripartition dans l'emblème de la page 41[304]: "*Il n'y a veritablement que le divin amour qui recompense & soit liberal envers ses amans. L'amour profane promet ce qu'il ne peut donner*", puisqu'on y voit l'âme entre un ange descendant du ciel avec un rameau, et, derrière elle, un Cupidon, auréolé, rendant ainsi curieuse l'image, qui semble moins d'opposition que de double accompagnement.

Toutefois, cette tripartition réapparaît mais dans un usage beaucoup plus clair, et descriptivement correspondant à celle des autres ouvrages cités, dans un emblème de la fin du volume[305], où l'âme est éloignée, par un ange auréolé des faux biens terrestres, les armes de la gloire guerrière, les coffres de la richesse, et l'autel antique où est posé une idole de pied qui, malgré l'absence de seins, semblerait être une Diane, entourée d'un buste romain (païen) et d'un personnage assis, la tête soutenue sur un poing, symbole probable de la Paresse. On voit comment cette image reproduit le modèle de l'Allégorie de l'Hérésie, mais ici l'idole se trouvant derrière l'idolâtre, alors que chez Montenay, l'hérésiarque faisait face à l'idole de soi-même. L'éloignement de celle-ci dépend donc, si l'on assume que les deux ouvrages reproduisent un dialogue propre du sens que l'époque donne au sens général du contexte (*valga la redundancia*) de notre image, de l'abandon de soi, au lieu de l'abandon de Dieu, donc de la différence entre bon et mauvais endormissement, entre éloignement morbide du monde, pour recherche la rencontre avec Dieu, ou accouplement paresseux avec les biens futiles d'ici-bas, comme le représente encore le "*fol*" de Montenay.

C'est cet "*Aimer ou mourir*"[306] où l'âme endormie sur un crâne (symbole, comme dans la *Crucifixion*, d'Adam pécheur, il suffit pour s'en convaincre de comparer avec la croix de l'Emblème 15 d'*Amoris diuini et humani effectus*) s'oublie de l'Amour divin, prêt à lui décocher sa flèche,

par opposition au "*Sommeil mystique du divin amour*"[307], protégé sous l'égide du symbole de la Trinité (identique à celui de l'Emblème 8 de *La doctrine des moeurs*).

Ce que reproduit encore la tripartition entre l'âme, réceptrice du "*Livre du divin amour*"[308], par opposition, au second plan, à celle qui ne fait que se regarder dans le miroir des apparences mondaines (comme, iconographiquement, la Vanité de la roue des Péchés de Bosch, ou, idéologiquement, l'Orgueil humain de l'Emblème 49 de Montenay) ou l'âme secourue par le Divin Amour "*Tel qu'un arbre ébranlé s'affermit davantage*"[309], qui reproduit un modèle similaire à l'*Allégorie des Vices* du Corrège, bien qu'inverse (l'arbre comme symbole de Vertu, ce qui confirme l'origine que nous trouvons dans la toile de l'arbre comme évocation, à son tour, opposée à celle du songe de Jacob). La "*Constance du divin amour*"[310], avec la même ambiguïté visuelle que le premier emblème évoqué du présent ouvrage, présente l'Amour divin retenant, derrière elle, l'âme tourmentée par le bourreau, lequel, symboliquement croyons-nous, utilisant une fourche (instrument des démons de l'Enfer) a la bouche empêchée par ce qui semble être un couteau, renforçant ainsi, à la fois, son statut violent et le représentant comme privé de voix (ce qui, dans le même sens idéologique, mais en inversant l'iconographie, reprend le motif, que l'on a vu récurrent, de la corne, la trompette, du diable, ou de la Renommée, la surdité de l'âme à Dieu, causée par ces bruits infernaux, ayant ici sa contrepartie: la mudité du Diable dans son office de tourmenteur). Dans cet emblème, l'âme défaillante, reprend le modèle, antérieurement vu, ici dans l'emblème précédent, ou chez Dürer, dont les deux causes, selon l'image ou l'emblème, sont, soit, on vient de le rappeler, le mauvais sommeil qui éloigne de Dieu (comme chez Dürer) de l'âme paresseuse, soit celui tranquille de l'âme qui, morte, repose en Dieu, loin du chaos du monde, tel Saint Antoine, nous l'avons également dit, dans son iconographie qui, très probablement, inspire ces représentations de la constance impavide de l'âme (telle celle du présent

emblème), propre des Saints et des Saintes, des premiers Martyrs chrétiens en général, dans l'art et la littérature (de la sculpture et la peinture à Chaucer), malgré les tentations, l'activité des démons (pour Saint Antoine) ou de celle du monde (dans *La doctrine des moeurs*, par exemple).

Ainsi le confirment bien les emblèmes des pages et 319: "*L'amour ennemie de l'orgueil*"[311], dans lesquels l'âme armée d'une baguette ou d'un fouet et l'Amour Divin de son arc chassent les vices, respectivement, de la Faiblesse (symbolisée ici par un lapin, par ellipse ironique car contradictoire avec le sens originel de la représentation classique de ce Vice dans l'imagerie médiévale, par exemple du vitrail de la rose Ouest de Notre-Dame de Paris[312], par l'image du chasseur qui fuit devant ce petit animal, connu pour n'être pas courageux) et de l'Orgueil, celui-ci, également représenté, conformément à son iconographie classique, par un paôn, dont ils pissent la queue au pied.

Nous rapprochant de nouveau de l'espace temporel plus précis qui nous occupe, nous voyons se répéter les mêmes figures et symboles dans la *Prosopographia, sive Virtutum, Animi, Corporis, Bonorum Externorum, Vitiorum, Et Affectuum Variorum Delineatio* (attribuée à Philippe Galle, 1537-1612, sans références d'édition), qui présente une série d'allégories, Debilitas se tient sur des béquilles[313], alors que la Négligence[314] a abondonné son fuseau qui a la forme d'une ruche, laquelle reproduit celle, dans un sens identique mais attribué à une entité contraire, des emblèmes de *La doctrine des moeurs*.

De même, logiquement, Ratio[315] tient la bride et le fouet, ce dernier également en main de Diligence[316] et, sous la forme d'un rameau de branche, de Pénitence[317].

Le serpent appartient à Sanitas et Concorde[318], alors que l'Expérience porte un voile mais n'a pas le visage caché[319].

Ici c'est cependant l'Impudence qui, comme la figure de Dürer, et accompagnée d'un singe, a la torse nu, mais le sexe caché sous son vêtement[320].

C'est inversement de même le Timor domini [321] qui tient la trompette, symbole alors du bruit de Dieu. De fait, le personnage est une sorte de Moïse qui tient les Tables de la Loi.

Mais, comme dans les autres ouvrages, c'est bien, dès les premiers emblèmes de l'ouvrage, Virtus[322], sous l'apparence armée de la classique Minerve (dont, notons-le, l'armure de poitrine assume la forme des seins comme s'il s'agissait d'un tissu), qui foule aux pieds le démon.

Le déjà cité recueil intitulé *Pieux Desirs imités des Latins* de Herman Hugo (Paris, Chez Sébastien Cramoisy, 1527), dans la même période, présente le lit comme lieu symbolique de l'âme malade[323], que l'on retrouvera à l'identique dans les recueils de Snyders, tout comme, également, l'âme, poursuivie par les démons, et prise entre les filets de la Mort [324] (les identités iconographiques à l'identique entre le présent recueil et ceux de Snyders sont d'ailleurs nombreuses[325]), association, nous le répétons qui reproduit donc bien celle de la gravure de Dürer entre la tentation démoniaque (par l'ouïe) et l'assoupissement de l'âme, ce qui confirme encore l'association des deux emblèmes que nous venons de mentionner. Autrement dit, visuellement, selon le consensus de l'époque, comme on peut l'apprécier pleinement ici, l'endormissement (symbolisé par l'allitement) s'identifie à une forme de mort physique (qui, effectivement, pour être juste, selon l'interprétation classique de la gravure de Dürer, s'assimile bien, par la posture du personnage, visuellement toujours, à une acédie ou, si l'on veut, mélancolie), causée par l'activité des démons autour de l'âme. Ainsi, inversement, comme, de nouveau, chez Snyders, et à l'identique toujours, le choix de l'âme pour se rapprocher de Dieu est l'acceptation de la mort au monde, comme le

représente l'Emblème 16[326] (reproduit dans l'Emblème XIV de *L'âme amante de son Dieu* de Van Veen).

Rien d'étonnant donc si nous retrouvons la tripartition jour-nuit, régie par le Temps, autour de l'âme endormie[327], toujours à l'identique des recueils antérieurs (dans ce cas précis, l'Emblème XV de *L'âme amante de son Dieu* de Van Veen - ce qui, au travers de la proximité séquentielle entre les deux images chez Van Veen, marque bien leur identité idéologique -). En référence, dès le début du volume à *Isaïe*, 26[328].

Cette même tripartition, reprenant celle des *Mysteres de l'amour divin*[329], se retrouve dans l'Emblème 16 (qui ouvre le second tome de l'ouvrage)[330], en référence au *Psaume* 118: "*Mon ame a convoité de desirer tes iustifications*", qui nous explique: "*Deux amours differents de parure & de geste/ Assiegent ma poitrine, & veulent l'enuayr./ L'un est tout terrien, & l'autre est tout celeste;/ Lequel doibs ie chasser? auquel doibs ie obeir?*"[331]

Comme dans *Les Mysteres de l'amour divin*, alors que l'Amour humain se trouve derrière l'âme (comme, également, entre autres, le démon de la gravure de Dürer), et l'Amour divin (tenant les Tables de la Loi, à l'instar du Timor domini de la *Prosopographia*), l'arc pendant négligemment dans sa main, auréolé (selon une formule déjà rencontrée chez Snyders) fait face à l'âme qui, cherchant à s'échapper de l'étreinte de l'Amour humain (principe de fuite ou d'effroi de l'âme face aux démons propre aux et récurrent dans les livres d'emblèmes consultés), s'accroche aux Tables, derrière les personnages, au second plan, le boeuf paisiblement assis dans l'herbe, image-symbole depuis la sculpture et l'enluminure médiévales de l'évangéliste Luc, se trouve associé visuellement à l'Amour divin, puisqu'il est juste derrière lui, à gauche de l'image, alors que le cheval des passions (que l'on retrouvera encore sur la frise de la fontaine de l'*Allégorie de l'Amour sacré et de l'Amour profane* du Titien étudiée par Panofsky) se trouve, agité et qu'un

personnage tente vainement de dompter mais qui lui échappe quand même, derrière l'Amour humain.

Apparaît dès le début le fou opposé à l'ange[332], en référence aux plaintes de Job, et reproduisant le modèle, cette fois sous l'aspect bipartite (nous considérons bipartite l'opposition lorsque seulement deux figures interviennent, et tripartite lorsque trois figures s'y intègrent, sachant qu'il s'agit toujours, d'où le lien, d'un modèle de dualité autour de l'âme, mais le point est important, puisqu'il est opposé à la lecture panofskienne, qui veut que la femme nue de la gravure de Dürer soit la manifestation du rêve du dormeur, faisant ainsi donc doublon avec l'activité soporifique du démon au soufflet, ce qui implique une lecture unitaire du message et des personnages, non opposés mais complémentaires, alors que nous insistons sur le concept d'opposition, donc de bipartition, de la figure féminine et du démon, autour de l'âme, troisième sujet iconographique dans le modèle, dont nous avons, croyons-nous, apporté la preuve historique visuelle dans les livres d'emblèmes), doublement, des recueils antérieurs (l'Emblème 93 de Montenay) et de reproduction du schème du dormeur chez Dürer (celui qui ne veut pas voir, la Fausse Doctrine [pour cela elle-même représentée avec les yeux bandés], ou l'hérétique ou le mauvais prêtre dans les enluminures de Dante, nous le verrons, où l'action du démon, par derrière, comme chez Dürer, implique ce manque d'attention de l'âme, cette paresse, oui, qui permet à l'âme, suivant la métaphore des livres d'emblèmes, de tomber dans les filets démoniaques). Image qui part de l'Emblème 2, initial du premier tome de l'ouvrage: "*O Dieu tu sçais ma folie, & mes pechez ne t'ont point esté cachez*" à partir du *Psaume*, 68[333], et pose une dualité similaire à celle contemporaine de *l'Éloge de la folie* (1509, imprimé en 1511), et de toute évidence inspiratrice, d'Érasme.

La tripartition durérienne s'opère plus clairement ici, et en référence à l'âme aveuglée des emblèmes que nous venons d'évoquer, lorsque l'Amour divin, en citation du *Psaume* 118, invite l'âme à se

détourner de la Vanité, représentée derrière donc, outrageusement ornée (Molière reproduira cette critique à la surcharge vestimentaire) et miroir en main, dans l'Emblème 20[334].

Comme dans les recueils antérieurs, et selon l'identique iconographie, notamment dans les second et troisième tomes du présent ouvrage, le lit[335] et l'âme tirée par terre[336] (confirmant le symbolisme de la corde comme élément de liaison et de relation de force entre l'âme, l'ange et le démon, et de recherche par l'âme pieuse de Dieu[337]) se répètent dans le volume. Ce qui marque surtout c'est, dans cette valeur de recherche active par l'âme, le silence (à l'image païenne du Cupidon de Psyché) du secrétisme de l'Amour divin[338]. En effet, cette vision reproduit, à l'inverse, le principe inactif de l'âme, dans la gravure de Dürer par exemple, oublieuse de Dieu, dont elle est donc l'exact contrepoint, comme le confirme encore l'association entre les trois groupes d'emblèmes représentant: l'Amour se cachant; l'âme ne voulant pas voir; et l'Amour divin aveuglant l'âme pour l'éloigner de la Vanité (un seul emblème). C'est sans doute pourquoi, terminant le second tome de l'ouvrage, marquant ainsi son importance, dans l'Emblème 30[339], en référence au *Psaume* 136, et, nous rappelant les images du *Centre de l'amour*, le couple de l'âme et de l'Amour divin, livre en main et luth sur l'herbe, chantent les louages célestes.

C'est dans ce sens encore que l'Emblème 18[340] présente l'âme s'appuyant sur un déambulateur, face à l'Amour divin auréolé qui la reçoit amicalement mais en geste d'admonestation, s'exclamant, conformément au *Psaume* 16: "*Parfais mes pas en tes sentiers, à fin que les plantes de mes pieds ne glissent point.*" Le déambulateur ici représentant, non plus tant les embûches comme dans les autres recueils ou la Négligence allégorisée comme dans la *Prosopographia*, mais le support de l'âme pour ne pas tomber.

Nous retrouvons ici, en référence au *Psaume* 118, le Timor domini du recueil précédent, illustré ici, dans le second tome de

l'ouvrage[341], entre l'âme et le lion du courage et de la Prudence (comme par exemple dans l'*Allégorie des Vertus* du Corrège) opposé au lapin de la faiblesse d'âme, tel qu'on le trouve de Notre-Dame au *Triumphus Amoris*, et porteur ici, là encore similairement aux Vertus citées de la *Prosopographia*, du fouet sous forme de rameau de branches et du foudre céleste qui foudroie (qui la soumet donc) l'âme (en lieu de bride). Se reproduit à l'Emblème 12[342] la duplication du foudre, tenu en main de l'ange, à gauche, et foudroyant l'âme depuis le nuage divin, à droite. Cet emblème ne faisant d'ailleurs que reproduire les premiers du présent volume, d'Amour forçant le croyant[343].

L'ouvrage de Herman Hugo a un autre intérêt direct pour nous, il confirme notre hypothèse chronologique de la formation d'un modèle vers l'avant, vers nous, non d'une reprise postérieure. Nous voulons dire qu'il appuie l'idée, déjà émise qu'il est plus probable que Dürer s'inscrive dans une tradition déjà organisée, ce qui explique la récurrence entre sa gravure et les livres d'emblèmes consultés, du modèle que nous avons appelé tripartite (dans le sens que nous venons d'expliquer), plus que d'une adéquation de la tradition à un modèle unique (dans ce cas durérien), qui en tous cas ne peut être que considéré comme tardif.

0.7.f.2.c. Interprétation générale de l'*Allégorie des Vices* du Corrège

0.7.f.2.c.1. La question de la figure du satyre

Revenant à présent, à partir de ce détour par les livres d'emblèmes, vers les *Allégories des Vices et des Vertus*, celles de Véronèse: *Le Jeune homme entre la Vertu et le Vice* (c. 1581)[344], qui présente un jeune adolescent (pour la taille) emmené par une femme dont les draperies complexes cachent l'ensemble du corps, et dont le chignon est couronné de lauriers (symbole de Vertu), pour l'éloigner d'une autre, assise indolente, les seins et la cheville (symbole d'impudicité et de jeu érotique, comme dans le soulier volant des *Hasards heureux de*

l'escarpolette, 1767, de Fragonard) découverts, et qui, de la main, appelle le jeune homme, qui, en retour, comme l'âme des livres d'emblèmes, main au coeur, dédie toute son attention à la Vertu, alors que le Vice, la femme assise, repose à côté d'un buste de divinité antique, dont le visage caprin l'identifierait bien, toujours en relation aux images vues dans les livres d'emblèmes, avec une ménade, un satyre ou un faune, et *Honor et Virtus post mortem floret* (1567[345] ou 1580[346] - nous serions plus tentés par cette dernière date pour les similitudes iconographiques avec l'oeuvre antérieurement citée du Véronèse -), également connu comme *Allégorie de la Vertu et du Vice* ou *Allégorie de la Sagesse et de la Force* ou encore *Le choix d'Hercule*[347], oeuvre dans laquelle, cette fois, un homme adulte semble s'éloigner du figure féminine assise, vue de dos, mais dont le siège représente une sphynx dont le sein se dénude, et qui, apeuré, se réfugie dans les juges d'une autre figure féminine, qu'il embrasse, et couronnée, nous voyons clairement, dans ces deux oeuvres, donc, une représentation fidèle au modèle de tripartition des livres d'emblèmes, de l'âme entre les deux types d'Amour, ou bien, plus simplement, entre Dieu et les démons.

C'est encore la même opposition entre le satyre et l'amour autour de Minerve dans *L'Amour et le Vice désarment la Justice* (XVIIème siècle) de Luca Giordano[348], mais cette fois entendu comme un acte unifié et négatif, dont on retrouve le modèle iconographique dans l'Emblème 16[349] du *Centre de l'amour*, dont la devise nous dit: "*Je le retiens le conduis & le guide/ Selon que ma Catin m'en fait commandement/ Quelquefois je le pousse, & l'arreste un moment,/ Et tout d'un coup je luy lache la bride.*"[350]

On retrouve chez Véronèse, dans la Stanza del Lucerna (1560-1561) de la Villa Barbaro à Maser, l'association entre d'une part la Prudence et la Vertu masculine, représentée par un Hercule vieux et chauve, et de l'autre un homme tenant en bride une figure féminine[351], probablement le Vice.

Il ne serait donc pas impensable de lire l'*Allégorie des Vices* du Corrège comme la continuation, c'est là notre propos, d'une autre iconographie, plus ample, celle d'un combat psychomachique, révélé par les légères, mais significatives, modifications que l'artiste fait souffrir à son modèle. Ainsi, s'il est considéré que l'oeuvre s'inspire du thème de *Silène barbouillé de mûres*, tel que le représente, par exemple, Rubens[352], Antoine Coypel (1700)[353] ou Noël Hallé (1771)[354], la figure féminine chez le Corrège ne barbouille absolument pas de mûres le satyre.

L'*Allégorie des vices ou La luxure, la mondanité et l'ignorance détruisent les Arts et les Sciences* d'Alessandro Magnasco (Gênes 1749 - 1667)[355] montre, à gauche du spectateur la luxure (la prostituée allitée) et la mondanité (ses courtisans), et à droite l'ignorance (qui peut se confondre avec la paresse d'Acédie par l'âne, et avec l'Idolâtrie ou l'Hérésie, puisqu'un personnage vénère une statue), dont les effets provoquent la défaite de la Vertu (ou la Vérité), que nous pensons reconnaître dans le personnage du premier plan, qui étire le bras vers le Temps, aux ailes repliées, et qui marche en s'aidant de béquilles, logique en ce qu'il est toujours vieux, mais renvoyant ici, comme son bandeau de militaire blessé autour du crâne, à sa défaite contre les Vices.

Un élément curieux est donc que l'Églé du Corrège soit représentée comme l'un des satyreaux du *Songe de Poliphile* lorsque, inversement, le satyre prétend réveiller la belle Nature endormie:

"*Hora questa spectatissima statua l'artifice tanto definitamente la expresse, che veramente dubitarei tale Praxitele Venere havesse scalpto. La quale Nichomede re degli Gnidii comparandola (come vola, la fama) tutto lo havere dil suo populo expose. Et quanto venustamente bellissima lui la expresse, tanto che gli homini in sacrilega concupiscentia di quella exarsi, il simulachro masturbando stuprorono. Ma quanto valeva aestimare dritamente arbitrai tale imagine mai fusse cusì perfecta di celte, overo di scalpello simulata, che quasi ragionevolmente io suspicavi, in questo loco de viva essere lapidita et cusì petrificata.*

La quale alquanto teniva aperti al respirare gli labri accommodati, ove quasi giù vedevasi nel iugulo excavato et perterebrato. Dalla testa poscia le solute trece sopra il panno soppresso, inundante, la forma rugata, overo complicata dil inglomato panno, gli subtilissimi capegli

aemulavano. Le coxe erano ancora debitamente pulpidule cum gli carnosi genui moderatamente alquanto ad sé ritracti, monstrando gli sui stricti petioli incitanti di ponere la mano et pertrectarli et strengerli. Et il residuo dil formosissimo corpo, provocava chi fortuito simigliante ella ritrovato se fusse.

Uno frondoso di non decidue foglie di Memerylo poscia era retro alla testa degli molli et rotondi Unedi copioso, et di aviculetti, che appariano garrire, et inducere causa di dolce somno. Ad gli pedi stava uno Satyro in lascivia pruriente et tutto commoto, cum gli pedi caprei stante. Cum il buccamento ad naso adhaerito, capreato et Simo, cum la barba nel mento distincta in due irriciature di Caprini Spirili, et cusì ad gli hirti fianchi et per questo pari modo alla testa, cum pilate auricule, et di fronde incoronato, cum effigie tra caprea, et humana adulterata. Excogitai che al suo acutissimo ingegnio il lithoglypho habilissimamente et al libito havesse l'opificio dilla natura praesente nella Idea.

Il dicto Satyro havea l'arboro Arbuto per gli rami cum la sinistra mano violente rapto, et al suo valore sopra la soporata Nympha flectendolo, indicava di farli gratiosa umbra. Et cum l'altro brachio traheva lo extremo di una cortinetta, che era negli rami al tronco proximi innodata. Intra l'arboro comaro, et il Satyro, assidevano dui Satyruli infanti. Uno cum uno vaso nelle mano, et l'altro cum le sue invilupate di dui circumvoluti serpi.

Non potria sufficiente exprimere, quanto delicato, quanto elegante, et perfecto era questo figmento, accedeva et alla venustate il lustro dilla petra quale striso eburo. Mirava summamente ancora l'arte dil optimo et pervio tripanato degli rami et foliatura cedrina, et dille avicule cum gli pediculi sui di tutta exactura et expresso, et per il simigliante dil Satyro. Sotto di questa tale et mirabile scalptura, tra le gulature, et undule, nella piana fascia, vidi inscalpto, questo mysterioso dicto di egregio Charactere Atthico.

PANTON
TOKA
DI."[356]

"Entre l'arbre feuillu et le satyre se trouvaient deux satyreaux enfants. L'un tenait un vase, l'autre des serpents qui s'enroulaient autour de ses mains."[357]

Comme dans l'Emblème 8[358] des *Pieux desirs*, à partir de *Jérém.*, 9: "*Qui donnera eau a mon chef, & à mes yeux une fonteine de larmes, & ie pleureray iour & nuict?*", la fontaine de cette "*mère de tout*"[359] du *Songe de Poliphile* verse de ses seins l'eau qui rafraîchit des enfants.

Le vase du premier satyreau peut ainsi bien être celui de la Tempérance chez Ripa, image déjà vue, alors que les serpents du second représenteraient ceux-là même de l'*Allégorie* du Corrège, avec, pour nous, le même sens de Prudence, par opposition au satyre, dans les deux

cas, car le Faune est symbole de Luxure ou de Paillardise, comme l'expriment l'*Emblema LXXII* d'Alciati[360]. Le satyre est encore présent, en forme schatologique, dans la gravure de 1737 représentant: *A satyr on a pedestal kicks out at a magician while a priestess attempts to insert a clyster-pipe; depicting a play called 'The Golden Rump' satirising King George II with his wife and Sir Robert Walpole*[361], ainsi que dans l'encre représentant *Bacchus reclines while a satyr fills his bowl and Pan adorns his head with grapes* (c. 1600)[362]. Dans celle-ci, les satyres enivrent un Bacchus allongé à même le sol, alors qu'un âne brâme, référence allégorique à l'Acédie, l'attribut venant à représenter l'allégorie.

Chez Cartari[363] (qui en quelque sorte ici préfigure la visite du satyre aux dieux dans *La légende des siècles*), Jupiter ailé, assis au pied d'un arbre, se détourne des incitations d'un Pan qui lui présente sa syrinx, un coquillage redoublant, comme dans les livres d'emblèmes, le symbolisme du bruit odieux du satyre, bien que Marsyas ait gagné face à Apollon, et une tortue, attribut traditionnel de la Prudence[364] (jusque dans les *Fables* de La Fontaine), mais aussi symbole, au contraire, de l'imprévoyance, ou de la Paresse[365] (à l'instar, et dans le même sens, que l'escargot, comme nous l'avons vu).

Le satyre s'oppose ainsi au saint[366], et comme un être bruyant, lié à la syrinx[367], bien sûr, mais aussi à la corne[368].

0.7.f.2.c. 2. Le problème du personnage d'Églé dans la tradition

Ce qui est alors intéressant dans la figure *d'Églé* (1545) de Giraldi Cinzio c'est que, dans son rôle de révélateur des anomalies de la cohorte des satyres et des nymphes, elle a le statut qu'assume la chaste Diane dans l'*Histoire des Satyres et des Nymphes de Diane* ou *Fable du Faux Cuyder* (écrit en 1541 pour le mariage de sa nièce, Marguerite de France, de même prénom donc, avec le duc de Savoie Emmanuel-Philibert, et publié en 1543, 1545 et 1547[369]) de Marguerite de Navarre[370].

Il faut préciser que l'histoire d'Églé et de Silène exprime l'éveil du vieil ivrogne, pour qu'il accepte de chanter les éléments de l'univers comme il avait promis de le faire, selon le récit de Virgile (*Bucoliques*, VI[371]).

Toutefois, cet épisode qui apparaît comme un châtiment est aussi une forme de soin dans *Les Mésaventures de Silène* (1505-1507) de Piero di Cosimo[372].

De fait, Églé, comme on l'a dit d'un point de vue littéraire, peut également iconographiquement être rapprochée dans son action de *Cybèle éveillant le Sommeil* de Toussaint Dubreuil (1572-1602) au Château Neuf de Saint-Germain-en-Laye du cycle illustrant *La Franciade*[373].

Or dans *La chute* d'Altdorfer (1535) "*Adam se trouv*(e) *derrière la Loi de Bacchus et Ève derrière la Loi de Mars*"[374], alors que dans *La chute d'Adam et Ève* de Rembrandt (1638) [375] les Protoplastes, reproduisant la tripartition déjà abondamment rencontrée dans les livres d'emblèmes et chez Dürer selon notre lecture, consécutive, de sa gravure, sont accompagnés du serpent, transformé en dragon, mais aussi de l'éléphant, attribut, chez Ripa, de la Tempérance[376], de la Vergogna honesta[377] et de la Religion[378] (représentée, cette dernière, voilée, comme le Christ et la Pudeur à Sansevero).

Sans doute ainsi le caractère moral de l'allégorie et de la figure d'Églé s'accentue encore si on la compare au thème iconographique parallèle[379] de *Penthée tué par les bacchantes*[380], ou encore[381] de celui de *Roland retrouv*(ant) *la raison*[382].

Ainsi, dans une correspondance iconographique de motifs, la Mort craint la Vie et cherche, avec le Vieillard Temps à en éteindre la mèche, comme le fou qui veut, contre l'ange qui protège la mèche et le monde qu'elle régit, éteindre avec un soufflet le soleil, dans les *Emblemes and Hieroglyphikes of the Life of Man* (1669) de Francis Quarles[383]. Plus claire peut-être en

ce sens est encore la caricature de 1790 contre la noblesse, qui, intitulée "*Les Fripons Craignent les Réverbères*" [384] , présente la bête de l'*Apocalypse* effrayée par la lumière d'une lampe, alors qu'illumine, contradictoirement d'un point de vue purement iconographique, l'image, à droite, la lumière, non plus de Dieu (portant le sigle hébraïque de Yavhé comme dans les livres d'emblèmes) mais la "*Liberté*" (le mot apparaissant au centre des rayons de la sphère solaire invisible). Double origine de la lumière dans une même oeuvre que reprendra Magritte, mais, cette fois, avec une intelligence consciente, dans un sens de dissociation surréaliste dans *L'empire des lumières* (1953-1954)[385].

Daumier, quant à lui, représentant la Paix idyllique (1871) la représente sous la forme de la Mort jouant de la trompette[386].

Les auteurs ont d'ailleurs bien compris ce sens du symbole, tel Juan Luis Vivés dans son *In Bucolica Vergilii interpretatio, potissimum allegorica* (1539):

"6ème emblème: L'abaissement du Savoir.
"Iamque uidente" (v. 21).
Dans son désir de ne laisser aucun détail en dehors de l'exégèse, Vivès reprend la même scène, en mettant cette fois l'accent sur le moment choisi par Eglé pour barbouiller de mûres le visage de Silène. Ce regard du Satyre qui sort de son sommeil devient ainsi le symbole des premières lueurs du Savoir qu'un effort acharné parvient à faire briller. Le geste d'Églé, qui n'a point contribué à cet éveil et ne saurait favoriser le chant tant attendu, ne peut alors que recevoir une signification inverse:
Pueri excitant ut canat; puella iam excitato illudit. Eruditionem quam excellentes animi excudunt, degeneres ad uoluptates et pecuniam conuertunt.
Il semblerait ici que, selon le procédé fréquent de l'emblématique, une même "res" soit chargée de significations différentes d'un emblème à l'autre et que les mûres ne soient plus perçues comme le moyen d'un maculage dégradant mais comme fruit symbole admis du plaisir et du profit. A moins qu'une fois encore (et les deux explications peuvent s'additionner) la Femme vers qui Silène, sous l'effet de cette brusque agression, est obligé de tourner les yeux, ne signifie par elle-même luxure et cupidité. On pourrait poursuivre.
On pourrait continuer ce jeu d'identification des emblèmes dont le commentaire de Vivès est, semble-t-il, constituer. On aimerait en analyser de plus près le fonctionnement symbolique, préciser une typologie. Mais du moment, dans l'histoire du commentaire virgilien, que constitue

cette interpretatio allegorica il ne faudrait pas faire une fin, et un intérêt personnel pour ce mode d'approche ne doit pas nous conduire à fausser les perspectives."[387]

Il est bien certain que Vivés distingue l'activité des satyres et de celle d'Églé face à Silène ("*Pueri ligant et detinent Silenum sed puella illudit et deridendum praebet. Nobilia ingenia cura et labore excolunt ac detinent apud se Musas: uiles homines et animis abiectis deformant ac deshonestant itaque ita tractant ut ad uulgum irridendas exponant.*"[388]):

"Esta égloga trata de asuntos recónditos, como son los comienzos de las cosas y la teología de los paganos, y pone de manifiesto la virtualidad de las Musas, que todo lo conocen, celebran a dioses y héroes y a grandes hombres, como Galo y Varo, y además penetran en lo más íntimo de la naturaleza, por lo que se les ha llamado ¦pÕ toã mñsqai que quiere decir investigar y conocer, puesto que tienen conocimiento de todas las cosas. De ahí que sea ridícula la opinión de los indoctos cuando estiman que las Musas sólo están relacionadas con cantos y cancioncitas, puesto que la experiencia de lo divino y de lo humano es ya una musa, como lo declara también Virgilio en el libro segundo de las Geórgicas [v. 475]: "Antes que nada recíbanme primero dulces las Musas, cuyo culto celebro transido de ingente amor, y muéstrenme ellas las estrellas y sus caminos en el cielo".
Sabemos, además, que hubo dos Silenos: uno, el más antiguo, educador y maestro de Baco y otro mucho más tardío que éste, sabio de tiempos de Ciro, de quien es la sentencia que dijo a Creso, rey de los lidios: "Lo mejor es no nacer, lo más cercano a esto es morir pronto". Baco es el dios de los poetas, como Apolo, y el Parnaso es el monte de las Musas, que tiene dos cumbres, una consagrada a Febo y la otra a Baco; añádase a esto que los poetas se coronaban tanto con hojas de laurel, que era el árbol de Febo, como de hiedra, que lo era de Baco. Por eso, parece apropiado entender en Sileno, maestro de Baco, a la Musa, por la que había sido instruido el dios de los poetas Baco y por eso dicen que también esta égloga se sale de la materia pastoril.
[L. Vives al v. 1]
"...la primera... se ha dignado... de Siracusa...". Estos versos yo los entiendo así: "Nuestra Talía, esto es, la Musa que preside los campos, se ha dignado por primera vez cultivar versos como los de Teócrito y se ha dedicado a cantar asuntos campestres". La llama [Virgilio] "nuestra" porque esta poesía era suya o bien porque él era pastor de origen, o por el argumento de la obra.
[L.Vives al v. 7]
"... Varo... ansien... tus...". Quintilio Varo, jefe del ejército, dispersó varias veces grandes ejércitos de los germanos, pero a la postre le infligió una gran derrota el germano Arminio y en tal ocasión se suicidó [año 9 d. de Cr.], no soportando vivir después de tan gran deshonra; aunque cuando esto sucedió, ya había muerto Virgilio [en el año 19 a. de Cr.].
[L. Vives al v. 10]

"...por amor cautivado los lea...". Con cuánta modestia dice Virgilio de sí mismo: "No porque estos versos merezcan tener un lector, a no ser que se sienta atraído por su benevolencia hacia mí".

"...a ti, Varo,... mis tamarices... ". "Serás celebrado, cuando este poema bucólico alguien lo lea".

[L. Vives al v. 11]

"...que no hay... alguna a Febo más grata...". Para ningún canto inspira Febo su favor, gracia y belleza tanto como para el que se canta en honor de Varo.

[L. Vives al v. 13]

"...Cromas y Mnásilo, etc...": dos jóvenes que [en la alegoría] despiertan a las Musas, las cuales en su época aletargadas dormían.

[L. Vives al v. 15]

"...henchidas con el... de ayer..." Como convenía a un acompañante y educador de Baco [cual era Sileno; véase arriba] y también a aquel gran poeta [Homero], de quien en una sátira de Horacio [más bien en la Epístola I 19, 6] está lo de que "por sus alabanzas del vino se arguye que Homero del vino era aficionado". También lo dice Ennio, entre otros, y el proverbio: "Si agua bebes, buena poesía no harás".

"...de ayer...". "El que cree que Acerra huele al vino de ayer se equivoca: Acerra bebe hasta que se hace de día", lo dice Marcial [Epigramas I 28].

[L. Vives al v. 16]

"...sólo que... las guirnaldas a lo lejos...". En aquella época [de Sileno] no se apreciaban ni el honor que se da a los poetas ni la cultura y no había nadie que deseara recibir una corona. El sentido de este verso es que junto a él [a Sileno] no había nada más que las guirnaldas que le habían resbalado de la cabeza y yacían lejos; y esto se refiere a lo que luego [v. 19] dice: "Con las guirnaldas lo atan", porque no tenían [los dos pastores] otra cosa a mano para atar al viejo.

[L. Vives al v. 18]

"...como el viejo más de una vez... cuando esperaban...". No hay que cejar en adquirir pericia; si el primer intento no tiene éxito, hay que probar otros: "El trabajo ímprobo todo lo vence" [Virgilio, Geórgicas 1, 145].

[L. Vives al v. 19]

"...con las guirnaldas lo atan...". La honra que da la sabiduría cautiva los nobles talentos para que quieran detener junto a sí a las Musas y quieran animarlas: unos llevados por el deseo de gloria, otros más elevados por el deseo de saber, porque las guirnaldas miran más bien al honor que da el saber unas veces por la belleza que brilla en el conocimiento, otras veces por el deseo de destacar.

[L. Vives al v. 20]

"Se les junta, aliada...". Entre aquellos espíritus varoniles se mezclan otros blandos y femeninos [como la náyade Egle] que quieren poseer las ciencias con la mira puesta en las ganancias o en algo semejante.

"...y, asustados como están, los sorprende Egle...". Angustiados y preocupados de que Sileno se les soltara y se marchara.

[L. Vives al v. 21]

"...cuando tenía ya los ojos abiertos...". Los muchachos [Cromis y Mnásilo] despiertan [a Sileno] para que les cante, la muchacha [Egle] se burla de él cuando ya está despierto: el saber que acuñan los espíritus elevados, lo orientan los corrompidos a la consecución de placeres y dinero.
[L. Vives al v. 22]
"...la frente... con moras como la sangre rojas...". Los muchachos atan y retienen a Sileno, pero la muchacha [Egle] se burla de él y lo pone en ridículo. Los espíritus nobles cultivan con diligencia y trabajando y retienen cabe sí a las Musas; los hombres viles y de espíritu abyecto las deforman y deshonran y por el modo de tratarlas las exponen a ser objeto de risa por parte del vulgo.
[L Vives al v. 23]
"Le da risa a él [a Sileno] el engaño...". Muchos se excusan porque la sabiduría es fugaz y no puede ser retenida con facilidad, pero la culpa radica en nosotros, que no queremos ejercitarnos, y no en las cosas, que siempre las tenemos preparadas y puestas a nuestra disposición.
[L. Vives al v. 24]
"...basta, ya se ha visto, que podíais hacerlo...". "Basta con que vosotros hayáis encontrado una vez a las Musas, después ya no huirán más, sino que con facilidad y con gusto se os entregarán".
[L Vives al v. 25]
"...cantos como queréis... "Vosotros, como hombres, recibiréis la sabiduría que elijáis, ésta será la recompensa de vuestro trabajo; pero para los que obran con espíritu femenino, será el dinero la paga de sus cuidados".
[L Vives al v. 27]
"...entonces a compás...". A todos alegra una sabiduría de expresión tan armoniosa como se dice que tenía la lira de Orfeo y a esto asigna la creación de las ciudades Marco Cicerón [De la República II, 42, 69, citado por S. Agustín en La ciudad de Dios 2, 21].
"Habrías visto... a Faunos y fieras ...". Porque los espíritus feroces se apaciguan y amansan con la sabiduría.
[L.Vives al v. 28]
"...o mover sus copas recias encinas...". Alusión a lo que se dice de Orfeo en Cicerón "pro Archia" [8,19]: "Los bosques [en Cicerón: "las rocas»] y los yermos responden a su voz y las bestias salvajes a menudo se doblan con el canto y se detienen".
[L. Vives al v. 29]
"Que no... tanto con Febo...". Febo y Orfeo cantan con mayor dulzura, pero en el canto de Sileno hay mayor sabiduría y conocimiento del mundo y, por eso, produce mayor deleite."[389]

Alors qu' Églé représente pour certains:

"Ces allégories ne doivent être admises que lorsqu'elles s'offrent avec évidence. Dès les temps anciens, certains commentateurs croyaient en voir partout et se livraient aux interprétations les plus forcées et les moins probables. Qu'il me suffise de citer comme un exemple de ces tentatives à condamner, la prétention de ceux qui dans Silène, Chromis et Mnasyllus de la sixième Églogue

veulent reconnaître Syron le philosophe, Virgile et Varus. La nymphe Eglé représente, dans ce système, le plaisir dont ne peuvent se passer les enseignements de la secte épicurienne."[390]

Mais, bien qu'on en veuille, le contexte ne semble pas aussi simple, et il faut le réviser.

En premier lieu, Églé est:

"*une des trois Hespérides. - Il y eut une nymphe de ce nom, fille du Soleil et de Nééra, qui se plaisait à faire des tours de malices aux bergers. Ayant un jour trouvé le vieux Silène ivre, elle se joignit aux deux satyres Chromis et Mnasyle pour lui lier les mains avec des fleurs, et lui barbouiller le visage de jus de mûres.*"[391]

Elle a donc, dès le premier abord, bien des connotations directement solaires, ne serait-ce que par généalogie.

Son caractère est ensuite bien doublement entendu, par la tradition, comme de révélatrice furieuse. Ainsi en est-il bien dans le No 148: "*Il ne faut pus d'omission*"[392] (les No 143 à 149 et 180 à 184, qui les suivent directement dans la publication[393], portant, de fait, tous sur la Vérité et sa nudité, notamment le No 181: "*Faune allégorie*": "*Que d'attributs sont sans fidélité!/ N'est-il pas étonnant de voir la Vérité/ Constamment peinte toute nue,/ Tandis qu'à l'habiller partout on s'évertue?*") du recueil intitulé: "*Quelques chiquenaudes - Recueil de Pensées on quasi-Pensées, Dictons et Boutades mis en rimes*" de J.-B. Millet-Saint-Pierre (1869):

"*Après plusieurs galants écarts*
Eglé se fait dévote et médisante:
Avec une ardeur méprisante,
Elle déchire et cite sans égards.
En voyant sa fureur, les noms qu'elle publie,
Chacun trouve qu'Eglé s'oublie."

Il en est à tel point ainsi que, lorsqu'on l'imagine gaillarde et légère (du moins moralement), elle semble une interprétation trop grossière du modèle, comme l'atteste la critique du Salon de 1845, en outre du fait qu'Églé y est bien considérée comme celle qui finit de réveiller Silène et lui donne la joie et l'envie nécessaire à son chant:

"De Pan, M. Matout a passé à Silène; après le père, le fils, du moins au dire de quelques-uns; car parmi ces dieux aussi la paternité était souvent bien embrouillée. Cette fois, le sujet est emprunté aux Églogues de Virgile. Silène se faisait prier pour chanter, c'est assez habituel aux chanteurs; mais comme les engagements pour le théâtre n'étaient pas encore inventés, on en avait plus facilement raison. Deux bergers le garottent. Eglé se joint à eux, et barbouille avec des mûres le front du vieillard, qui se déride. "A vous les chants, bergers! dit-il... à elle, je réserve une autre récompense!" C'étaient d'assez mauvais sujets, que tous ces dieux là. L'artiste a bien disposé sa scène. Silène a la tournure d'un vieil ivrogne et d'un bon gaillard. Je n'aime pas sa robe jaune sale; à la vérité, elle doit aller souvent chez le teinturier, à cause du vin qu'il y répand. Il fait, en s'adressant à Eglé, un geste assez énergique, qui n'est peut-être pas très pudibond, mais qui prouve que M. Matout comprend son Virgile avec la sagacité d'un commentateur. Eglé est une grosse fille rouge et rousse, aux yeux bleus égrillards. Comme Virgile nous la donne pour la plus jolie des Naïades, elle ne fait pas concevoir une très bonne idée des autres. A droite et à gauche, des bergers et des bergères, les uns rouges, les autres couleur olive, bistre, la plupart avec des cheveux roux. C'est encore ici l'étrangeté du coloris qui nuit au tableau. La composition en est bien entendue, et il s'y trouve çà et là un sentiment antique assez vrai. Si cette peinture, devant laquelle très peu s'arrêtent, était une peinture trouvée à Pompeï, la critique d'un bout à l'autre de l'Europe s'extasierait et serait dans le ravissement; elle pécherait là par exagération, comme elle pèche ici par indifférence. Que l'artiste modifie son coloris, se débarasse de ces tons sales et terreux, et serre de plus près la forme, comme il prouve en plusieurs endroits qu'il est capable de le faire, et il ne peut manquer d'obtenir des succès mérités."[394]

C'est Fray Luis de León qui, dans sa traduction des *Églogues*, insiste sur le caractère moral de l'endormissement de Silène, en rendant explicite notamment par la traduction "*yacer*" du verbe latin "*iacentem*" l'idée de mort, renforcée encore par le concept de "*sepultado*", et c'est lui aussi qui divise les rôles des deux satyres et d'Églé (celle qui le réveille vraiment, raison pour laquelle: "*20. timidit tupervenit Aegle. While they were hesitating from fear, the nymph Aegle, who we may suppose suggested the stratagem, comes to their aid and encourages them. Aegle answers to the Eidothea of the Odyssey, and to the Cyrene of*

Geor. IV. 315, etc."[395], élément que confirme "*Voss* [quand il] *conjectures that this legend* [de Hylas] *was roguishly introduced by Silenus* [réveillé et dans son chant], *ou account of the presence of Aegle*"[396]), explicitant l'original: "*Carmina quae voltis cognoscite; carmina vobis,/ huic aliud mercedis erit*" sur l'"*autre récompense*" d'Églé[397]:

"*Digamos, pues, Pïérides: Un día*
de Cromis y de Mnasilo, fue hallado
Sileno en una cueva, que yacía
en sueño y más en vino sepultado;
las venas hinchadísimas tenía
del vino que bebió el día pasado,
y la guirnalda por el suelo estaba,
mas el barril del asa le colgaba.
Dieron sobre él los mozos, que burlados
del viejo muchas veces, se dolieron
acerca de unos versos; y, llegados,
con su guirnalda misma le prendieron.
Egle, llegando ayuda a los turbados;
Egle, bella entre cuantas ninfas fueron;
y ya despierto, y viéndolo, la frente
con moras le pintaron juntamente.
Entonces él, riendo del engaño:
«¿A qué fin proseguís en más atarme?
Baste el haber podido hacerme daño,
baste el haber podido aprisionarme;
los versos que pedís luego os los taño;
podéis seguro, dice, desatarme;
los versos para vos, que a esa hermosa
yo la satisfaré con otra cosa»."[398]

Pour cela la grosse femme de la *Bacchanale avec Silène* (c. 1470)[399] de Mantegna a pu être interprétée comme Églé transformée en allégorie de la Gourmandise et de la Paresse[400] (ce qui pourrait avoir influencé la version du Salon de 1845).

D'autre part, partant de l'Hérésie envers les faux dieux, dont il cite pour exemple Iamblique, qu'il considère comme démoniaque[401], Pierre Le Loyer écrit:

"Or outre les Theürgies que i'ay dittes, il y en a encore vne autre meslee de Goëtie & euocation des Démons d'Enfer. C'est celle dont les Magiciés s'aydoient appellans & lians les Dieux inférieurs & terrestres, pour paruenir à la connoissance de la lumière céleste & diuine, & voir les Dieux célestes. Ceste Theürgie est si ancienne que Numa Pompilius s'en seroit aydé, ayant appelé Faunus & Picus Dieux terrestres qui luy enseignèrent le moyen d'euocquer Iupiter, comme desia nous auons dit cy-deuant. Ce que Virgile couure sous le voyle d'vne fable rustique par luy inuentee. Car il introduit en ses Bucoliques & vers champestres vne Chromis, Egle, & le Pasteur Mnafyle qui lient Silène Démon infernal, afin de sçauoir de luy les choses diuincs & célestes, la création du monde & des hommes, le larcin de Prométhée, qui est le feu que Prométhée déroba du ciel par sacrifices Theürgiques.
Estant fur ceste fable de Virgile, ie me viens à fouuenir d'vne autre fable & Allégorie de Pan, que le mesme Poète chante auoir attiré la Lune és bois espais & fueillus par vn présent qu'il luy auroit fait d'vne toison de laine blanche. Et pense que sous ceste fable est voilée & comprinse la forme de procéder és opérations de la Goetie Theurgique. Car l'Operateur voulant euocquer la céleste lumière s'en alloit és lieux escartez & és bois où personne n'habitoit, & que les Diables Solaires, du nombre desquels est Pan, ayment à merueilles, ce dit Psellus & en ce lieu se ceignant les reins & les espaules d'vne escharpe, estolle on tresse de laine blanche ou de couleur rouge qui estoit en vsage entre les Magiciens & enchanteurs, comme nous apprenons de Clément Alexandrin & de Properce il apfelloit Pan qui venoit à forcade coniurarions, & Pan en apres guidoit l'Operareur vers la lumiere celeste & ce faisant estoit dit attiter la Lune. Que si on vouloir interpréter Virgile en vn autre sens que ie vay dire, ie ne m'y empescheray point beaucoup. La Lune domine sur les animaux, les plantes, les corps humains, & Pan est terrestre. Afin de connoistre la Lune, c'est à dire la nature de l'vniuers, & ce qui est céleste agissant fur les corps inférieurs, il falloit que le Magicien attirast Pan qui est terrestre par sacrifices terrestres. C'est ce qu'entend Iean Pic de la Mirande en ses positions & Problèmes obscurs tirez de la Magie de Zoroastre & des Chaldeans. Qu'en vain on essayera d'entrer es secrets de nature si on n'attire Pan. Ce Pan seruoit de conducteur és choses sublimes, selon l'opinion des studieux és sciences Chaldaïques, & esleuoir l'esprit iusques à la contemplation de ce qui fembloit diuin fans danger du Magicien. Et suiuant ceste doctrine de Magie la cause pour laquelle Tullus Hostilius fut foudroyé de Iupiter, Demon de feu, fut que de plein faut, sans vouloir vser du moyen des Dieux inférieurs, comme son oncle Numa auoit faict, il euocqua par la Theürgie, celuy qu'il penfoit estre Dieu qui le brûla, n'estant point autre que Démon de la religion du feu. Ce fera assez parlé de la Theurgie des anciens. Car au demeurant ie laisse celle que Pierre d'Abano, Agrippa & autres auroient apprinse de la Caballe des Iuifs. Ceste Magie pour auoir esté renouuellee par des Chrestiens degenerans au Paganisme & superstitions de la Synagogue, ou plustost impietez Iudaïques, ne merite d'estre leue. Leurs autheurs auecques leurs liures doiuent estre confinez és ténèbres perpétuelles. Mais disons maintenant quelque chose de la Nécromancie."[402]

Dans la poésie même, le réveil de Silène se comprend comme un élément d'illumination cosmique, par exemple dans le conte anacréontique "*Bacchus*" de Paul-Philippe Gudin de la Brenellerie (1738-1820):

"Dans son humeur impatiente
Il a devancé le réveil
Et de Silène et des Bacchantes;
Ses mains actives et savantes,
Aux premiers rayons du soleil,
Plaçaient les grappes fleurissantes."[403]

Il fait en outre peu de doute qu'entendu comme "*Epicurean creation*"[404] le sujet d'Églé et de Silène impose une association entre ces mêmes valeurs épicuriennes parfois données (comme en 1845) à Églé comme image du "*plaisir*" épicurien (c'est-à-dire le moyen et la fin ultime du processus d'illumination) et son rôle de moteur du réveil.

Ainsi le comprend Marivaux lorsqu'il utilise le personnage d'Églé dans *La Dispute* (1744) pour représenter la naissance au monde:

"Le personnage d'Eglé dans cette troisième scène nous est présenté comme un enfant qui naît au monde. En effet, Eglé découvre pour la première fois le monde extérieur, le monde qui l'entoure et qu'elle ne connaissait pas encore.
Eglé se trouve donc émerveillée parce nouveau monde, si grand.
Michel Gilot, dans son étude L'esthétique de Marivaux, nous parle des plaisirs qu'éprouve Eglé lors de la découverte du monde et fait également ce parallèle avec lanaissance: «naître à la vie, goûter à l'existence comme à une aventure». Eglé naît au monde avec excitation et envie. Elle est très enthousiaste, comme nous le montre la quantité de points d'exclamation,des propositions exclamatives («Que de pays! Que d'habitations!») et une onomatopée exclamative («Ah!»).
Ainsi, ce nouveau monde est une ouverture, une avancée, une évolution, un plus grandterrain d'aventures."[405]

C'est encore la même caractéristique de finesse et de pureté qui définit la bergère de la troisième entrée Danse des *Fêtes d'Hébé* (1739) de Rameau vu par Paul de Musset (1860)[406]:

"On prit des sièges; la déesse, couchée sur une ottomane, interrogea Pierre, d'un petit air où l'on sentait plus de malice et de vanité qu'elle n'en croyait montrer. Les ricanements apprirent au jeune artiste qu'il n'avait point de quartier à espérer des courtisans, et qu'on s'apprêtait à l'accabler. Il faut savoir que mademoiselle Camargo avait une fort belle voix et assez de musique pour chanter en public. Le rôle d'Églé dans les Talents lyriques, Opéra-ballet de M. Rameau, avait pour but dë faire valoir le double talent de l'actrice. Elle y chantait deux ariettes suivies de danses. Un sot usage, qui n'existe plus aujourd'hui, voulait que les pas les plus graves fussent terminés par un presto et une gargouillade. Dans le personnage d'Églé, mademoiselle Camargo avait osé tempérer le ridicule de cette mode, en remplaçant la gargouilladc par un pas de son invention qu'on appelait le saut de basque, et qui depuis s'est introduit dans la danse classique. Les critiques de Pierre portèrent sur ce point.
— Il ne faut pas oublier, dit-il, qu'Églé est une des trois Grâces, et que, par conséquent, rien de heurté ne doit percer dans ses mouvements. Il ne sied pas à la déesse de la douceur et des bons offices de prendre des airs extravagants dont la majesté des dieux pourrait être scandalisée. Il ne suffit point qu'Églé se joue des difficultés; le spectateur ne doit pas même soupçonner que sa danse est d'une exécution difficile. Le saut de basque n'est, après tout, qu'une gambade piquante que les Nymphes peuvent se permettre, mais dont les Grâces feraient bien de s'abstenir."[407]

Dans le *Thésée* (1675) de Quinault, le personnage d'Églé, inventé pour l'occasion, puisqu'il n'apparaît pas dans le mythe antique de Médée, sert à insister sur la vertu opposée à la menace qui pèse sur elle[408].

C'est donc bien dans le sens de la mise à l'épreuve, imparfaite, par Églé chez Giraldi, et par l'imprudence de leur vertu ingénue mais active, des nymphes que fonctionne *La Dispute* de Marivaux, selon un modèle dont on a vu qu'il permet de faire correspondre, jusque dans l'iconographie, les principes moraux de Silène barbouillé et du Péché originel, et comme les nymphes de Marguerite de Navarre l'Églé de Marivaux a peur de l'homme dès qu'elle le voit:

"Contrairement à la leçon de Chéreau, pour qui le Prince est le bourreau d'Hermiane (de même que les serviteurs seraient les bourreaux des cobayes, nous le verrons) en ce sens qu'il l'oblige à regarder un spectacle déplaisant pour elle, le texte original de Marivaux ne semble pas indiquer qu'il y ait là aucune forme de violence ni de cruauté. De même que les noms des cobayes (Azor, Eglé) rappellent ceux de leurs ancêtres (Adam et Eve), celui d'Hermiane rappelle l'hermine dont la blancheur est symbole de pureté et d'innocence.

Pure, celle-ci l'est vis-à-vis de l'hypocrisie des courtisans. Innocente, elle l'est par sa pudeur qui est, dit-elle, l'apanage des femmes et l'opposé du vice en quoi consiste le libertinage de sentiment. Elle est inquiète lorsque le Prince l'emmène dans ce lieu "solitaire" où elle se retrouve seule avec lui et "sauvage", la scène est à la campagne. (Notons que cette aversion d'Hermiane pour la campagne est un premier indice de ce que, contrairement à ce qu'elle prétend, elle n'est à l'aise que dans le "monde" qu'elle associe pourtant à la " corruption" et qu'elle n'est peut-être pas aussi pure et innocente qu'il n'y paraît.) Hermiane a comme un double dans le personnage d'Eglé qui est aussi prise d'une "peur" pascalienne devant l'immensité du monde qu'elle découvre, d'une "frayeur" en apercevant Azor, "l'homme", pour la première fois.

Mais ce qu'Hermiane (se) cache, et que la figure d'Eglé révèle, c'est que la pudeur soi-disant vertueuse est mêlée de "plaisir", que derrière la prétendue pureté de l'amour on trouve Narcisse, qu'être l'objet du désir de deux hommes "d'un côté (...) fait peine, de l'autre (...) fait plaisir" et que le ressort des comportements féminins est davantage le désir d'être admiré et la concurrence avec les personnes du même sexe que d'authentiques sentiments amoureux.

Le dispositif de La Dispute met donc au jour la vraie nature des sentiments humains, déjoue les apparences de moralité et brouille le partage entre le vice et la vertu. Les jeunes gens expriment ingénument leurs émotions, ainsi Eglé parlant d'Azor qu'elle vient de rencontrer: "J'ai fait l'acquisition d'un objet". Elle dit tout haut ce que d'habitude on tait: la tendance à instrumentaliser, à objectaliser la personne aimée.

Et le rôle des serviteurs est ici prépondérant. Carise contraint Eglé à reconnaître la nature mélangée, impure, de ses sentiments: "Je soupçonne que vous lui cherchez querelle... ce ne peut être son trop d'embarras à vous voir qui lui nuise auprès de vous... vous ne dites pas son véritable tort, encore une fois... votre dégoût pour Azor ne vient pas de tout ce que vous dites là, mais de ce que vous aimez mieux à présent son camarade que lui... avouez que ces raisons-là ne sont point bonnes... vous vous méprenez encore là-dessus: ce n'est pas qu'il vaille mieux, c'est qu'il a l'avantage d'être nouveau venu ".

La question de l'infidélité, dans La Dispute, n'est qu'un argument, un prétexte pour la comédie: la réponse importe peu. D'ailleurs, il s'agit davantage d'une querelle (qui a commencé?) que d'une controverse (sur l'origine de l'inconstance) comme question philosophique du genre de celle que tentera de résoudre Rousseau quelques années plus tard. Surtout, ce n'est pas tant le langage qui occupe le premier rôle chez Marivaux que la langue: une langue datée, usée, vidée, qui n'est plus celle du 17ème siècle.

Faisant parler par de très jeunes gens ignorants des codes mondains la langue du siècle, Marivaux procède donc à un dévoilement de la culture par la nature: il révèle la vacuité de la rhétorique précieuse, la perversion (au sens extra-moral) c'est-à-dire l'affadissement, l'usure, l' " inanité sonore " (comme dirait encore Mallarmé) d'une langue qui ne véhicule plus aucun sens, qui a perdu le sens des mots. Sans doute n'est-ce pas une nouveauté, au 18ème siècle, que les comportements mondains ne sont qu'apparence et tromperie. Molière en avait déjà fait un tableau saisissant. Mais la nouveauté de Marivaux, de ce point de vue, est de remonter à une des origines de l'hypocrisie: le langage lui-même.

D'autre part, il traque l'illusion jusque dans la prétendue innocence juvénile (des cobayes) et la soi-disant pudeur féminine (d'Hermiane). La pureté originelle est un leurre. Les sentiments

humains sont partagés, mélangés. Même et surtout ceux qui se présentent sous les dehors de la vertu.
La réplique solennelle du Prince: "C'est la nature elle-même que nous allons interroger" prend alors une autre tournure. Il ne s'agit pas tant de s'en remettre à la Nature, juge impartial seul en mesure de révéler quel sexe porte en lui un mauvais penchant, que de dévoiler ce qui se cache sous le naturel et le vertueux.
En ce sens, La Dispute montre aux hommes ce qu'ils sont: le théâtre opère non comme un reflet narcissique (principe de plaisir) mais comme un révélateur (principe de réalité). Doublement adressée aux mondains et aux vertueux, la pièce de Marivaux les démasque et montre leur commune hypocrisie. Aussi la jubilation éprouvée par le Prince semble-t-elle chez Marivaux liée au plaisir de faire tomber les apparences, et d'abord la fausse pudeur d'Hermiane ici mise à nu. On ne s'étonne plus trop alors du mauvais sort que le public a réservé à La Dispute: il y a des vérités difficiles à entendre."[409]

Pareillement l'Églé de Quinault est l'antithèse de celle de Giraldi, puisqu'elle représente: "*composé*(e)... *de douceur et d'héroïsme, comme le montre sa résistance aux enchantements (III, 4) et aux fureurs (V, 1) de Médée.*"[410]

Les motifs que l'on trouve dans la littérature des XIVème au XVIIème siècles autour de la figure du satyre, et réapparaissent chez Giraldi comme postérieurement dans l'*Aminta* (1573) du Tasse (la justification du viol par le refus [rendu chez Marguerite de Navarre par la tentation face aux satyres tournés], l'apologie du satyre, sa pauvreté [et/par son association au monde naturel, qui le fera peu à peu se transformer en simple berger, le principe du viol se suavisant vers une allusion plus sentimentale et moins érotique, l'évocation de l'Arcadie comme lieu originel de la mise en place des combats liés à l'apparition d'un passage d'un temps idyllique à un autre contemporain, ce que critique Giraldi, aussi bien que et, en sens violent, la justification du viol par les narrations de la transformation des nymphes mais aussi le *Décaméron*, X-X, qui connut le succès que l'on sait]) sont l'aboutissement d'un complexe palimpseste intertextuel, depuis Virgile et Théocrite[411], jusqu'aux *Salices* (1526) de Sannazar, qui semblerait être à l'origine de la terminaison de l'aventure en la transformation des

nymphes en saules[412]. Il serait long et fastidieux reproduire la liste des oeuvres qui se rapportent à cette tradition littéraire qui prend vie au début du XVIème siècle et se développe jusque dans la première moitié du siècle suivant, en France[413], en Italie (entre les auteurs du genre on trouve, significativement peut-être, à Antonio Marsi, dit l'Épicure Napolitain), en Angleterre[414], en Grèce, aux Pays-Bas et au Portugal, depuis l'Espagne, d'où se génère le motif de l'Arcadie première et pastorale[415].

Au fond, cette image de l'illumination cachée par la fausse pudeur n'est-elle pas récurrente de Marguerite de Navarre[416] à Giraldi[417] (où Eglé s'exclame: "*Bisogna che con senno e con prudenzia/ Voi conduciate queste ninfe a l'amo*", Scène 2 Acte II)[418]?

Est tel le pouvoir bénéfique et "*cognoissans*" d'Églé qu'il ressurgit dans les apologies politiques, comme le "*Sonnet de Monseigneur le Daulphin*" de Mellin de Saint-Gelais (1487-1558)[419] qu'il termine:

"*Vous que second la noble France honore,*
Pouvez cueillir par ces prez florissans
Oeilletz pour vous seul s'espanouyssans,
Escloz ensemble avec la belle Aurore;

Pour vostre front le rosier se colore,
Dont les chappeaux si hault lieu cognoissans,
Forment boutons de honte rougissans,
Sçachant que mieulx vous appartient encore.

Ceincte de liz la blanche Galathee
Ses fruictz vous garde, en deux paniers couvertz,
L'un d'olivier, l'aultre de lauriers vertz.

Ainsy chantoit des Nymphes escoutee
La belle Eglé, dont Pan oyant le son
Du grand Henry l'appella la chanson."

Églé apparaît dans *Silenus and the Nymph Aegle* (1848) de Sir Joseph Noel Paton[420] apparaît bien comme une figure du printemps,

allègre et en mouvement, sous le plein soleil, par opposition aux deux satyres et à Silène, dans l'ombre d'une grotte.

Il suffit, pour s'en convaincre, de la comparer aux *Allégories du Printemps* de erzy Eleuter Szymonowicz Siemiginowski (c. 1680), Bartolomeo Guidobono (c. 1705), Sebastiano Mazzolino (c. 1800), André Charles Voillemot (1823-1893), Eugène Samuel Grasset (c. 1900), Jules Joseph Lefebvre (1836-1911), John Reinhard Weguelin (1849-1927), Jules Scalbert (1851-1928), Cesar Philipp (1859-c. 1930)[421]. Ce qui a un certain sens, puisque, associé au temps de l'Amour, ces enfants, non seulement de Bacchus, mais aussi de Vénus, que sont les suivants du dieu du vin se répandent en fêtes printanières, pour le moins par exemple dans l'oeuvre de Moritz Stifter (1857-1905) et sa *Fête des Faunes et des Nymphes*[422]. On retrouve d'ailleurs aussi bien l'association entre Pomone et le satyre dans le Prologue[423] d'*Églé* de Giraldi ("*Ma Pomona, più saggia, le dicea/ Che se 'ngannava e che non era vero/ Che la madre natura ristringesse/ Punto de la sua ampiezza, e che 'l mutarsi/ Era più tosto al liberal, a l'ampio,/ Ch'al misero, a lo stretto et a l'angusto*", comme symbole de l'Âge d'Or et de l'abondante nature originelle, idéologie qui, à notre sens, vient justifier l'action d'Églé face aux nymphes, pour les faire entrer dans cette originelle bonté sans la violence, qu'elle rejette, des satyres - ce qui est, d'ailleurs, la même raison de retrouvailles[424] avec les sources de la nature pour laquelle s'éloignent, évidemment pour fuir l'épidémie, les personnages du *Décaméron* de la ville, de la surpopulation et de la peste -) que dans la gravure de Philippe et Hélie Poncet (3ème quart du VIIème siècle)[425].

Ces simples éléments iconographiques permettent de définir plusieurs valeurs, en relation au symbolisme, expliqué, du réveil de Silène comme symbole cosmique: d'abord l'origine obscur ("*sommo in antro*" décrit Virgile le Silène), comme dans la métaphore de la caverne de Platon, de la connaissance, dont l'acquisition passe par un processus, ensuite la division iconographique entre la lumineuse Églé et les êtres de

nature, originels, primitifs, obscurs, un peu comme chez Piero di Cosimo (ce n'est sans doute pas pour rien que plusieurs fois, on l'a vu, a été rapproché ou superposé le mythe d'Églé et Silène, au premier abord comique, avec ceux de Numa, qui emprisonne également Silène pour en obtenir une information, et de la découverte du miel, dont on sait que le symbolisme amoureux apparaît originellement dans les pièces pastorales sur l'enlèvement des nymphes[426]).

Notre interprétation du symbolisme proprement dit pastoral du personnage d'Églé chez Giraldi nous est confirmé par la reproduction de ses homonymes dans les pastorales héroïques en un acte entre 1742 et 1752, qui, au nombre de trois seulement (*Ismène, AEglé,* et *Daphnis et Églé*)[427], ont deux d'entre elles en référence pour nous à la nymphe, toutes deux sont des récits d'amour, *Daphnis et Églé* (1753) de Rameau de découverte de celui-ci par la bergère[428], *AEglé* de dispute entre l'inconstante Fortune et AEglé, toutes deux amoureuses d'un même berger, lequel apprend à AEglé l'art du chant, et possède en même temps des vertus, que ne définira pas plus précisément le texte, divines[429], qui laissent clairement supposer ("*J'abandonne pour vous le Séjour du Tonnerre/ J'ai laissé mon rang dans les Cieux*") que les amours ici narrées sont une reprise, dans le cadre pastoral, des amours entre Zeus et Neera, mère de la nymphe Églé, ou bien entre la nymphe Églé et Hélios.

Or l'AEglé de la pastorale héroïque de même nom a des vertus indéniablement contraires aux péchés que prête Vivés à la nymphe. Elle est sans atours, ne connaît pas l'imposture, et n'a d'autre richesse que celle de la Nature et de sa beauté:

"*L'inconstance est votre partage;*
L'amour constant est cdlui d'un Berger.
Pourquoi chercher à m'engager?
LA FORTUNE.
Cette légereté dont ton amour s'offense,
Est un titre nouveau qui te parle pour moi.

Je vois tous les mortels avec indifférence;
Ils éprouvent mon inconstance;
Cœur ingrat! je ne suis constante que pour toi.
Cette légéreté dont ton amour s'offense,
Est un titre nouveau qui te parle pour moi.
MISIS.
Ah! C'est trop feindre; j'aime, & ne dois plus le taire.
Lorsque vous quittez tout pour l'objet de vos feux,
Ne me dites-vous pas ce que mon cœur doit faire?
Ah! consultez les yeux de ma Bergere;
Ils vous le diront encore mieux.
AEglé tient tous ses biens des mains de la Nature;
Sa richesse, c'est la beauté:
L'art ne revele point l'éclat de sa parure:
Des fleurs sont l'ornement de sa simplicité;
Et son coeur, qui jamais ne connut l'imposture,
Que rien encor n'a pû charmer,
Est le prix que l'amour assure
Au Berger trop heureux qui pourra l'enflammer."[430]

Mieux encore, elle-même, à la fin de la pièce, demande à Fortune (contrairement à l'avarice que Vivés voit dans la nymphe):

"*Que nous importent les richesses?*
Les vrais biens sont les plaisirs
Du Dieu qui règne sur nos ames
La gloire est de nous rendre heureux."[431]

Dans ce sens de pureté et de dédication peut-être doit-on lire l'association, que nous allons aborder, à Meudon, du thème d'Églé, puisque le Grand Prêtre dès le début de *Daphnis et Églé* (Scène 3) pose les principes moraux (comme Giraldi dans son Prologue) du sens de l'oeuvre:

"*CHOEUR.*
Qu'une Paix aimable
Regne toujours dans nos Coeurs:
L'Amitié seule a des douceurs,

Dont la source est inépuisable:
LE GRAND PRÊTRE.
Elle partage les malheurs
De l'Infortuné qu'on accable;
De la mort la plus effroyable,
Elle sçait braver les horreurs,

Et ravir aux Enfers un ami veritable;
Hercule en a laissé l'exemple mémorable.
L'Amitié seule a des douceurs,
Dont la source est inépuisable.

Les Bergers par leur danse rendent hommage au Dieu de l'Amitié

LE GRAND PRÊTRE seul.
Fuyez l'Amour, & ses fureurs;
Craignez son pouvoir redoutable;
Il traîne, après lui, des malheurs
Dont l'atteinte est inévitable.
(Avec le Choeur.)
Qu'une Paix aimable
Regne toujours dans nos Coeurs."[432]

Ce à quoi, sur la question de sa fausseté, répondra l'Amour, pour conclure la pièce:

"*Sous le voile favorable*
L'Amour cache ses sentiments:
Auprès d'un objet adorable
Tous les Amis sont des Amants."[433]

La découverte religieuse (historiquement en relation aux thèses épicuriennes) et pieuse par Églé des Vices et des Vertus est l'interprétation donnée à l'églogue virgilienne:

"*La sixème Eclogue est adressée à Quintilius Varus, homme de grande considérarion à la cour d'Auguste, & qui ayant éré Consul l'an de Rome 741. fut dans la fuite défait par Arminius avec trois légions qu'il commandoir dans la Germanie. Il étoit ami de Virgile, avec lequel il avoir étudié les principes d'Epicure sous le Philosophe Syron: ces principes font la matiere de cette*

Eclogue. Silène, nourricier & précepteur de Bacchus, surpris dans une grotte par les bergers Chromis & Mnasyle, & par la Nymphe Eglé, leur explique l'origine du monde suivant la doctrine des Epicuriens; & pour porter ses auditeurs à l'heureuse tranquillité, dans laquelle, selon la même doctrine, consiste le bonheur de l'homme, il leur fait sentir par differens exemples tirés de la fable, les funestes effets des vices & des passions, lorsqu'on s'y abandonne."[434]

L'importance du thème d'Églé se conçoit depuis plusieurs perspectives: tout d'abord, chez Paton, qui y dédia en outre *The song of Silenus* (1848-1858)[435], alors qu'il travailla, parallèlement à son *Silenus and the Nymph AEgle* ses fameuses *Quarrel* and the *Reconciliation of Oberon and Titania* (1847 et 1850 respectivement[436], qui encadrent donc la réalisation de *Silenus and the Nymph AEgle*). Il comprenait ainsi donc bien l'épisode d'Églé comme un moment clé de l'histoire mythologique, comme un thème pastoral (pour l'association chronologique de réalisation parallèlement aux oeuvres inspirées du *Songe d'une nuit d'été*) et comme une question de pureté. Il est difficile de savoir si dans son esprit Églé était l'anti-type de Titania, ou sa parèdre.

D'autre part pour l'apparition, dans le cycle de quatre toiles commandés en 1700 par le Dauphin, et installées en dessus-de-porte de l'antichambre de Monseigneur, dite la Salle à Manger (comme il l'a fait pour le Salon du Billard), au rez-de-chaussée du château vieux de Meudon[437], cycle dont l'ordre est le suivant:

1. *La naissance de Bacchus* de Jean Jouvenet;
2. *Silène barbouillé de mûres par la nymphe Eglé* d'Antoine Coypel;
3. *Le triomphe de Bacchus* par Charles de La Fosse;
4. *Vénus, Bacchus et Cérès* de Bon Boulogne.

S'il est bien vrai que Silène est considéré comme l'éducateur de Bacchus, ce fait ne semble pas justifier à lui seul la présence de l'épisode d'Églé, *a priori* plutôt anecdotique dans un ensemble à l'apologie du jeune futur Roi, Louis de France (1661-1711), dit le Grand Dauphin, fils aîné de Louis XIV et de Marie-Thérèse d'Autriche, dans un cadre autobiographique des plus évidents si l'on y reporte le portrait que fait de lui Saint-Simon:

"*Ce prince, héritier nécessaire puis présomptif de la couronne, naquit terrible et sa première jeunesse fit trembler. Dur et colère jusqu'aux derniers emportements, et jusque contre les choses inanimées; impétueux avec fureur, incapable de souffrir la moindre résistance, même des heures et des éléments, sans entrer dans des fougues à faire craindre que tout ne se rompit dans son corps. [...] Enfin, livré à toutes les passions et transporté de tous les plaisirs; souvent farouche, naturellement porté à la cruauté; barbare en railleries et à produire les ridicules avec une justesse qui assommait. De la hauteur des cieux il ne regardait les hommes que comme des atomes avec qui il n'avait aucune ressemblance, quels qu'ils fussent.*"[438]

Disons-le autrement encore: si l'on prend la suite des épisodes: la naissance du dieu, son triomphe et son association aux déesses de l'amour et de l'abondance, rien ne laisse présager l'intégration, dans l'évocation du dieu des *Bacchantes*, parangon en cela du jeune monarque au caractère volatil, de l'épisode comique d'Églé, à moins qu'il vienne à représenter quelque chose de plus.

Or en réalité:

"*Les quatre tableaux, ci-dessus commandés* (et réglés le 16 mai) *aux quatre peintres les plus renommés de l'époque, sont, je crois, ceux que le Voyage pittoresque des environs de Paris désigne comme décorant de son temps (l'usage de la pièce avait sans doute changé), non plus la salle à manger, mais la salle de billard: «Quatre tableaux ovales placés dans des lambris dorés; savoir: Hercule qui ramène Alceste des enfers; Silène, barbouillé de mures, par la nymphe Eglé, tous deux d'Antoine Coypel; Latone demandant à Jupiter vengeance de l'insulte que lui ont faite les paysans de Lycie, par Jouvenet et gravé par Du Bocq. Le quatrième représente Hercule entre le Vice et la Vertu, et est de La Fosse.»*"[439]

La thématique générale de cette commande: Hercule revenant des Enfers, d'une part, et entre le Vice et la Vertu de l'autre, ainsi que l'épisode moral, qui se développa dans l'iconographie du XVIIème siècle[440], et apparaît jusque dans le Bassin du Dragon, en référence à Anne d'Autriche durant la Fronde[441], durant la minorité de Louis XIV (1643-1661), renvoie bien l'épisode d'Églé dans le cadre d'une opposition entre Vices et Vertu, de pureté, prudence et force (à l'image des Femmes Fortes), de la figure féminine, en référence comparative avec Alceste,

incarnation de l'amour conjugal[442], et de retour des morts (la paresse de Silène, littéralement "*gisant*", qu'Églé doit réveiller).

Le groupe offre un ensemble thématique cohérent, dans lequel les deux représentations d'Hercule évoquent le rôle du souverain (symbolique que l'on retrouve aussi à Versailles[443]) comme force morale (entre le Vice et la Vertu), religieuse et politique (son pouvoir va jusqu'aux Enfers, comme le Christ), sa relation au peuple (Latone) qui doit lui être irrémédiablement soumis, et son statut de guide (Églé). La balance entre les quatre toiles s'affirme encore par l'insistance sur la figure du pouvoir (la force d'Hercule, le héros est deux fois représenté) et les deux équivalences féminines (images de Femmes Fortes). En cela, l'interprétation de l'épisode d'Églé comme celle qui guide et persuade, conformément à l'églogue de virgilienne, reprend (comme l'allégresse qu'elle représente et que lui attribue l'iconographie, notamment chez Paton) son statut de Grâce:

" *Leur nom chez les Grecs était les Charités (χαριτεζ), mot qui enferme le double sens de joie et d'aménité. Ces déités sont vierges, au moins une, dans la théogonie grecque; elles sont filles ou de Jupiter et de la nymphe Eurynome, ou de ce dieu et de Junon, ou du Soleil et d'Églé, ou de Bacchus et de Vénus, ou du Plaisir et de la Beauté. Les poètes les nomment Aglaé ou Églé (la splendeur), Thalie (la floraison), et Euphrosyne (la bonne pensée). Pasithée (la déesse universelle) est le nom qu'Homère et Stace, après lui, donnent à l'une des trois. Les Lacédémoniens, laconiques' même en religion, n'en admettaient que deux. Kleita (l'illustre) et Phaenna (la brillante). Les Athéniens les imitèrent: ils n'en reconnurent que deux aussi, Auxo et Hégémone, appellations d'une signification vague pour nous, et non sans doute à leur égard. La première se traduit par celle qui accroit, et la seconde par celle qui guide. Hésiode, le poète de la raison, adjoint au trio charmant Peitho (la persuasion).*"[444]

On notera que c'est la seconde fois, à Meudon, que l'on retrouve l'épisode d'Églé dans des groupes complexes, commandés par des monarques, on se souviendra du Studiolo d'Isabelle d'Este, origine de notre interrogation.

Il est peu probable de penser que la présence d'Églé dans l'*Allégorie* choisie pour apparaître dans le Studiolo d'Isabelle soit en

relation avec la représentation négative de la femme comme symbole de vice, étant Isabelle une femme de tempérament, comme le confirme sa rupture avec le Pérugin; il est, au contraire, plus probable qu'Églé y symbolise une forme de transcendance, corrélative des figures féminines des Vertus de l'*Allégorie* présidée par Minerve elle-même, la déesse de la Sagesse.

C'est en 1755 que l'on trouve l'organisation actuelle des peintures décrites dans un *Voyage pittoresque des environs de Paris*:

"Un beau vestibule précède l'escalier à deux rampes dont la disposition est très-ingénieuse. L'appartement du Roi est à gauche, au premier étage. La troisième pièce, qui est celle du billard, offre quatre tableaux ovales, placés dans des lambris dorés; savoir, Hercule qui ramène Alceste des enfers, gravé par Desplaces; Diane & Endimion, tous deux d'Antoine Coypel; Latone demandant à Jupiter vengeance de l'insulte que lui ont faite les paysans de Lycie, par Jouvenet, & gravé par du Bocq, Le quatrième représente Hercule entre le vice & la vertu, & il est de la Fosse.
Les plafonds des quatre pièces suivantes font peints en arabesques par Audran.
Dans l'antichambre du Roi, on remarque le Triomphe de Bacchus, Silène barbouillé de mûres par la Nymphe Eglé, Mercure qui remet le jeune Bacchus entre les mains des Nymphes, Bacchus & Ariane.
Plusieurs pièces d'enfilade conduisent à un grand vestibule qui occupe tour le corps de logis du milieu. Ce vestibule orné dans son pourtour de douze gaines, tant de marbre que d'albâtre, est ovale, Se l'architecture est formée par des pilastres ioniques, accouplés & surmontés d'un attique."[445]

D'autre part, l'imagerie d'allégorie printanière que revêt clairement Églé chez Paton provient, revenons-y, de sa figure générale, mère avec Hélios, le dieu du Soleil, des Grâces, selon Pausanias (*Description de la Grèce*, 9, 35, 1). Le *Lexique de Suidas* connu encore comme la *Souda*, quant à lui, fait provenir le Soleil et les Grâces d'Églé. En tous cas, les auteurs concordent pour reconnaître l'étymologie d'Églé comme signifiant "*radieuse, brillante, solaire*"[446].

Qu'avons-nous donc?

Une série de trois indications, congruentes entre elles, qui fait que, dans le domaine espagnol, pour Fray Luis de León, l'activité d'Églé implique une réponse essentiellement coquine de Silène (là où la promesse pourrait tout aussi bien être, par exemple, de punition ou de réprimande), d'où s'ensuit que pour Juan Luis Vivés, celle-ci symbolise la concupiscence, son action étant seulement de moquerie. De là encore, peut-ètre la seule oeuvre pastorale où la coupable, pour ainsi dire, de la transformation des nymphes, est Églé dans la, néanmoins, fondatrice (du point de vue de l'histoire des genres littéraires) *Églé* de Giraldi.

Toutefois, d'un autre côté, on l'a vu:

Églé, nymphe ou non, apparaît chez les différents auteurs comme symbole de pureté, de jeunesse, et de prudence ou de pudeur.

Elle est en général, iconographiquement, reconnue, conformément à Virgile, comme radieuse ("*la plus belle des nymphes*") et printanière[447];

Mais plus important encore, contrairement à ce qu'affirme Vivés, elle est celle dont l'action, face à la timidité de ses deux autres compagnons ("*Églé, la plus belle des nymphes, encourage les timides bergers et leur prête secours*"[448]), permet le réveil de Silène;

Finalement, malgré, là encore, l'interprétation de Vivés, il n'est pas aussi évident que cela non plus d'affirmer que Silène était réveillé lorsqu'Églé intervient, puisqu'en effet, Virgile indique que c'est au moment du réveil que s'opère l'intervention d'Églé, dit par opposition, c'est l'intervention d'Églé qui, spécifiquement, et explicitement, permet le réveil, et c'est, là encore, son insistance, qui indique au Silène son manquement, et lui fait abandonner sa paresse, pour, bien réveillé, par, certes, la beauté, mais aussi l'allégresse apportée par la nymphe, commencer son chant. Églé offre ainsi un témoignage similaire à celui de Vénus qui, née de l'écume des testicules de Chronos (de l'obscurité de la mer), à chaque pas provoque, selon l'interprétation néoplatonique qu'Edgar Wind a démontré des toiles du cycle vénusien de Botticelli, *Le*

Printemps (c. 1482), les motifs et symboles du tableau en étant très clairs, comme de son pendant *La naissance de Vénus* (1484-1486). On ne peut s'y tromper, c'est bien la séquence (trop courte pour prêter à confusion) dite par Virgile, l'intervention d'Églé réveille Silène, non celle des satyres, et c'est encore sa seconde action, pour le débarbouiller de sa paresse, qui l'incite à chanter, juste au réveil:

"Églé survient; Églé, la plus belle des nymphes, encourage les timides bergers et leur prête secours; et, au moment que le vieillard ouvre les yeux, elle lui rougit le front et les tempes du jus sanglant de la mûre. Lui, riant du badinage: "Pourquoi ces noeuds, enfants? leur dit-il. Dégagez-moi; c'est assez d'avoir pu me surprendre. [25] Les chants que vous voulez de moi, vous allez les entendre: à vous mes chants; à celle-ci je réserve une autre récompense." Il dit; il va chanter."[449]

Mais encore, nous dira-t-on, quels sont les éléments dans un sens ou dans l'autre?

Ajoutons-les donc:

Les mûres, dont Églé barbouille Silène, sont, on l'a dit et on l'a vu, symboles de Prudence. Laquelle, idéologiquement, s'oppose, on l'a encore vu, à la Paresse, bien représentée par Silène.

On nous oppose que la noirceur des mûres obscurcit le visage de Silène. Soit. Mais, outre le fait que la tradition, de Platon au travers d'Alcibiade, et de la répétition du trait, de Rabelais à Érasme, au contraire, reconnaît en Silène un être hideux, dont il est préférable d'oublier l'apparence externe pour en apprécier la beauté interne (le Socrate intérieur, que pouvait aimer le bel et jeune éphèbe, non le hideux vieillard), ce qui, au contraire, réellement, tendrait à laisser penser que le symbolisme du geste d'Églé va dans le même sens: cacher la laideur visible de Silène pour révéler les beautés de l'univers par son mélodieux chant (c'est au fond aussi tout le débat avec Syrinx, qui terminera, de fait, étant sa flûte, et du débat, central selon les exégètes, entre le dieu Pan et son panégyrique à soi-même face à la nymphe têtue[450], dans un jeu de correspondance qui rappelle les aventures opposées par Ovide dans *Les*

Métamorphoses de Galatée et de Scylla, fin du Trézième Livre, début du Quatorzième);

Ou même encore, plus simplement, que c'est la Prudence courroucée qui jette sur la Paresse cette opprobre;

Le fait de salir le visage n'a d'ailleurs pas toujours un sens négatif, en religion, puisqu'on sait le sens d'identification avec la divinité que représente l'imposition des cendres sur le front des fidèles lors du Mercredi des Cendres, moment de purification pour l'entrée en Carême[451]; ainsi de même dans la pastorale romaine, le geste d'Églé représente clairement les deux symboles que nous en avons proposés pour la Renaissance: la soumission des forces brutes à la légéreté de l'âme, et l'hommage nécessaire au poète couronné pour (ou incité à) chanter:

"Idas thus seems to have intentionally committed the faux pas of invoking a god unrelated to (pastoral) poetic epiphanies; crucially, Astacus commits exactly the reverse 'error': he appeals to a deity of rather a poetic caliber, the Nymphs,for protection in menial and georgic tasks having nothing to do with poetry. Astacus displays a rather 'georgic outlook' and interests throughout the eclogue: the Italian rustic deities Flora and Pomona sport with him (vv. 32–3) and are combined with the Nymphs, the pastoral goddesses par excellence (cf. also Verg. Ecl. 3.9, 5.74–5) often associated in the pastoral corpus, as already observed elsewhere, pp. 18, 22–3, 69, 104, 112, 157–8, 193, 198, with pastoral song, as a substitute of the Muses in their function as deities of poetic inspiration (cf. Verg. Ecl. 7.21–2, 10.1). However, these deities are regarded by Astacus simply as guarantors of his his orchards (vv. 34 – 5, see also Verg. G. 4.32, 120, 126). The impression of 'pastoral orthodoxy', secured by the appeal to the rustic pantheon, (though significantly not appearing in the Vergilian bucolic oeuvre with the exception of the Nymphs), and by Flora's adorning Astacus' locks with pale green grass, a gesture reminiscent of Aegle in Verg. Ecl. 6.21– 240 painting Silenus' face, is only superficial: the close association of the poetic deities (i.e., the Nymphs) with georgic tasks is to be read as a significant 'generic alteration' from the earlier 'pastoral norm'."[452]

"The readers' expectations for a song of traditional pastoral thematic and Callimachean slenderness are further falsified by Meliboeus' subsequent remarks. His imagery of a Naias, a pastoral Nymph, adorning the bucolic poet88 (vv. 68–9) with red acanthus, a plant also having the sanction of 'traditional pastoral' (cf. Theocr.1.55, Verg. Ecl. 3.45, 4.20, see also Nemes. 2.5), goes back to Verg. Ecl. 6.21– 289, where an- other Nymph, Aegle, v. 21: Naiadum pulcherrima

paints Silenus' face and brows with mulberry crimson. Similarly, the pathetic fallacy motif of the submissive beasts and a halted oak (vv. 66 –7) constitutes a further pastoral 'generic marker'."[453]

Mais, au fond, c'est un autre élément qu'il nous plaît d'ajouter, le fait que ce jus de mûres est décrit par Virgile même, comme "*sanglant*" ("*moris sanguineis*"[454]), ce que respectent l'ensemble des traductions. On y voudra voir une figure littéraire pour exprimer la noirceur du fruit? Soit, une fois encore. Mais cela semble peu probable. La noirceur n'est pas identique à la rougeur de la couleur du sang, pour une part. De l'autre, on relèvera, qu'on le veuille ou non, que l'évocation de Silène réveillé, et de son chant cosmique, est, à la fin de la strophe, comparée explicitement par Virgile à Orphée. Si la tradition a vu dans le chant de Silène un objet cosmique[455], il est probable que la comparaison avec Orphée ne soit pas totalement gratuite. Donc que l'indication du sang jeté sur le Silène ne le soit pas non plus. Nous voulons dire par là, sans entrer dans des débats de théologie comparée, que les mûres qui recouvrent Silène, tirée par cette figure solaire, printanière pour la tradition iconographique, plus qu'une forme régressive face au réveil du laid Silène, doivent plutôt être lues comme l'intégration d'une force de vie dans l'être mort pesamment (par opposition à la légéreté qu'apporte la nymphe à son réveil) au monde, "*jacentem*" pour Virgile, qui "*yacía*" pour Fray Luis de León.

De fait, est confirmée notre interprétation par celle d'Églé dans le Studiolo par le Corrège comme une figure qui ne répand pas le jus des mûres sur Silène, mais qui le pique pour le réveiller. Idée renforcée par la réapparition de la figure serpentine, en correspondance, dans l'oeuvre qui fait pendant, et qui représente l'*Allégorie des Vertus*, par le même peintre. On nous voudra dire que, si l'on acceptait ce sens dichotomique dans l'*Allégorie des Vices*, au contraire celle des Vertus n'intègre aucun personnage dialectique des Vertus, ce n'est pas totalement vrai, puisqu'y apparaît bien le serpent dominé par Minerve. En outre, dans le même

sens, dans les deux *Allégories*, des Vices et des Vertus, une figure féminine, Églé dans celle des Vices, et, sans erreur possible, dans celle des Vertus, la Prudence (sur la tête), portent des serpents.

Les auteurs chrétiens ont ainsi compris Églé, la naïade, comme symbole de Tempérance:

"*Longtemps la Grèce, sévère et morale, voit dans la fable de Bacchus le stygmatc de l'ivrognerie. Dans ses ingénieuses Actions, elle place, auprès de ce dieu du vin, Minerve, déesse de la sagesse, qui doit l'éclairer de ses conseils; une nymphe fluviale l'accompagne aussi: c'est l'emblème de l'eau qui doit tempérer la force du vin. Vient, monté sur un âne et couché sur une outre, le vieux Silène, autrefois philosophe chagrin, maintenant ivrogne dégoûtant: Églé le barbouille de lie, pour qu'il serve de risée; Mythe, son épouse, personnification de l'ivresse, lui fait perdre la mémoire. Tout dans ce tableau est plein de sagesse et de vérité, et doit servir à l'instruction des peuples.*"[456]

À tel point qu'elle[457] apparaît dans la correspondance du Père Marin Mersenne (1588-1648) comme une pythie, dans la liste d'autres noms:

"*Qui leur a enseigné de voiler souz le nom de Sampetho ou Pytho ou Byto le nom de Debore qui se list ez livre des Juges et n'est aultrement que la Propheteresse qui jugea le peuple d'Israël? Qui croirra que de Debora, non plus juifve ains Gailoyse, vient le nom de la ville de Bordeaux, Borde-galla ou Debora-galla, qui est son anagrammatisme? Or dans Servius Maurus, au sixième des Eneades, se list Bigoys, qui est la Sibylle, laquelle a escrit de Fulgetris. Qu'est-ce, de son Albam, que Semna, d'où la ville d'Angolesme a prins son nom d'Egolisemna? Et de Seman est la ville de Maens ou Cenomanum, vulgó Le Mans. Car qu'est-ce que l'anagram de Maens, sinon Semna? Je derive Mantes de mesme nom, comme qui diroit Smantus. Les poètes la dérivent de Mante, fille du devin Tiresie, et Semne, ou Egle de Virgile, est faicte fille d'Esculape. C'est cette Fadata des vieilles médailles d'Ausch en la Novempopulanie, trouvées de nostre temps. A l'un des revers est représenté Esculape avecques le serpent qui est Glauque, et aultrement le mesme Esculape. De ce serpent sort un enfant qui est ceste Nymphe Egle; de ce serpent vomissant un enfant par la bouche, Alciat fera mention en ses Emblèmes Exiliens infans sinuose e partibus anguis.* (Il s'agit du premier vers du premier Emblème, de dédicace de l'ouvrage: "*Quand les enfans aux noix, homes aux dez/ Palient le temps, & chartes de peincture./ I'ay par esbat ces Emblemes forgez*"[458])"[459]

Pour le comprendre pleinement sans doute doit-on, comme a été rapproché typologiquement l'épisode d'Églé par les commentateurs, nous l'avons rappelé, de ceux de Numa (Églé réapparaît encore en 1678 comme personnage principal de la pièce *La nymphe de Chaville* de Santeul[460] comme objet d'encensement, figure-symbole de gloire et de prestige, en correspondance encore avec Numa, dans un cadre où elle rejoue le rôle de révélatrice que lui attribuait Giraldi) et de la découverte du miel, il nous faudra rapprocher l'iconographie habituelle d'Églé et de Silène avec celle de l'Emblème d'Alciati (1584) représentant la *Iusta vindicta*, laquelle, allégorie féminine, et non plus Ulysse, perce l'oeil du Cyclope endormi au pied d'un arbre, la légende de l'image exprimant:

"*LE geant Polypheme estant sur son rocher,*
Comme voulant parler à ses troupeaux & bestes,
Disoit ceste chanson: Petites brebiettes,
Paissez l'herbe bien drue, & moy j'auray la chair
Des Grecs mes prisonniers, & mettray dans ma panse
Utis tout le dernier, ce qu'estant entendu
Par le caut Ulysses, aveugle il l'a rendu.
"Ainsi tombe le mal sur celuy qui mal pense.

NOus avon apprins des lettres sainctes, que celuy tombe en danger qui à autruy procure mal. Mais de cest embleme nous comprenons, que tout le peuple est plein de resjouissance quand ces grands mangeurs de peuples & cruels tyrans meurent, ou tombent en quelque malheur: car alors ils n'ont personne qui les soulage, mais au contraire n'y a celuy qui ne s'en moque. Le narré de cest embleme est dans Homere au 8. de l'Odyssee."[461]

On appréciera l'inversion des motifs, qui rapprochent encore les deux thèmes: le Cyclope chante, alors que Silène s'y refuse; et la moquerie, critiquée par Vivés pour Églé, apparaît, dans la seconde

strophe, comme l'expression de la justice du châtiment. En outre, comme chez Érasme, la question des grands et de la justice s'associe, non plus à celle de Silène, mais à celle d'un autre être bien connu par sa laideur (et que l'on retrouve, pour cela aussi, effrayant le spectateur dans une position particulièrement évidente, de dessus-de-porte, au plafond en trompe-l'oeil sur *Les Amours des Dieux* du Camerino de l'aile Ouest du Palais Farnèse par Annibale Carracci, 1597-1606 [462]): le Cyclope Polyphème (paradigme, par ailleurs, des ogres mangeurs d'homme que se plairont à reproduire les contes de toute la période moderne).

0.7.f.3. Conclusion provisoire sur la gravure de Dürer comparée au tableau du Corrège et le sens de cette comparaison dans le temps chronologique des oeuvres

Si l'on accepte l'indication par nous donnée, le contexte s'éclaire alors, puisque, d'une part, il permet de comprendre, iconographiquement, la question de la dichotomie - ou, comme nous l'avons nommée, tripartition - dans la gravure de Dürer, par comparaison avec le tableau du Corrège, non comme un hasard iconographique, mais avec un sens historique, que confirme la révision des livres d'emblèmes, aussi bien dans la structure générale des oeuvres (leur "tripartition") que dans leur motifs.

Et puisque, d'autre part, il justifie la correspondance, mais en même temps la différence, entre les deux oeuvres, montrant comment, alors que le Corrège aura intégré un discours de la Renaissance, par la dialectisation, pour le moins, de la figure d'Églé, complexifiée à partir des emblèmes et symboles de l'époque, non plus seulement comme moyen, mais comme cause (à l'instar de Giraldi) nécessaire à l'entrée dans le monde de la Connaissance (Dame Sagesse étant, durant toute la période, du bas Moyen Âge et de la Renaissance, jusqu'aux Béatrice de Dante et Polia de Colonna, la qui guidera le héros vers un voyage anagogique de son âme [463]), du réveil de Silène, pour accéder,

théologisant la référence classique et païenne, au monde, non seulement du Savoir, mais de la Vertu en sens chrétien, Dürer, au contraire, intégrant les valeurs également de l'époque, que l'on retrouvera dans les livres d'emblèmes, notamment de la question, reprise par Boccace, Chaucer et Dante, des prédicateurs menteurs, et vendeurs d'indulgences (chez Chaucer, qui y dédie un personnage de sa troupe), représente, selon une iconographie, obligatoirement Renaissance, puisqu'inspirée des (ou parallèle aux) illustrations de Dante, une représentation encore d'origine médiévale, du Vice, entre le démon, figure des tympans et des *Jugements derniers*, et une autre, féminine, qui, qu'elle soit une tentatrice, comme ont voulu la voir les exégète, ou, comme nous le proposons, une image vertueuse (allégorie, certes, mais encore de Vertu), ou même, nous y reviendrons, une possible évocation de sainte, personnage de la femme nue à tel point marqué idéologiquement que, pour preuve, de nouveau, l'interprétation habituelle de la gravure, les commentateurs y ont vu le paradigme de la femme dans le concept médiéval, non moderne, de la nudité, comme expression de la conséquence du Péché originel.

En assumant, au contraire, que notre interprétation du mythe d'Églé soit fausse, reste quand même toujours l'opposition entre les satyres à l'action cosmique et, suivant Vivés, celle d'Églé, vicieuse (avaricieuse et terrestre, de moquerie et de négation - le démon qui voile l'Hérésie -). Le rapprochement entre Dürer et le Corrège nous permet donc toujours de montrer une série de réseaux, ce qui, au fond, nous importe, lesquels sont: le principe de dichotomie ou, encore une fois, tripartition, et la relation entre Vices et Vertus en une forme dialectisée par l'iconographie classique.

0.7.f.4. Dernières évidences pour la compréhension de l'iconographie d'Églé et son sens dans l'époque: Églé face à Silène

0.7.f.4.a. Les Vices, la Vertu et Églé, entre l'iconographie de Bacchus d'après Virgile et celle d'Hercule d'après Prodicus

La dichotomie rencontrée entre les personnages de l'*Allégorie des Vices* du Corrège se présente sous un aspect iconographiquement beaucoup plus clair lorsqu'on se reporte au *Silène ivre et endormi, attaché par la nymphe Eglé et des putti* (c. 1630-1639) de Karel Philips Spierinck[464], oeuvre dans laquelle, non seulement les deux satyres sont en retrait, visuellement dans l'ombre, mais où, autour de Cupidons qui cherchent à entourer, comme chez le Corrège, les jambes de Silène, mais aussi qui, *putti* ou petits satyres (révélés par leurs jambes caprines) à monter à l'arbre (dont on a dit son statut d'arbre du Péché), Églé, en robe bleue (division du groupe qui se conservera chez Van Dyck, avec Églé en bleu[465], ou associée, dans la version de c. 1620[466], à un joueur de flûte[467] vêtu de bleu[468] par opposition à un *putto* qui tente encore de mettre vainement des grappes de raisin dans la main inerte de Silène ivre), digne et sérieuse pose son doigt sur la tempe du vieil ivrogne pour le réveiller.

Nous n'avons certes plus à faire là à une nymphe comique, volage (qu'elle redevient chez Noël Hallé, 3ème quart XVIIIème siècle, mais en conservant la robe bleue[469]), mais bien à une figure sérieuse, pieuse.

Iconographiquement d'ailleurs sa posture rappelle quelque peu celle de *Suzanne et les vieillards* (c. 1650) de Cornelis Schut[470], son geste en particulier du doigt, par opposition à celui, interrogatif et faussement religieux de l'un des deux vieillards.

Les *putti* montant au tronc de l'arbre chez Spierinck trouvent une double correspondance iconographique, tout d'abord avec ceux du décor[471] de plat [472](c. 1597–1600[473]) du *Satyre ivre* ou Tazza Farnese[474] d'Annibale Carracci[475], qui tendent les grappes des vignes grimpantes[476] qu'ils viennent de couper pour aider ou redoubler l'enivrement de Silène

par un jeune et un vieux satyres, l'image devient ainsi évidente chez Spierinck, renforçant le symbolisme négatif et de péché de l'arbre: l'insistance autour du Silène marque son inscription dans le monde des plaisirs, dont ici personne ne le libère. Les *putti* de Spierinck, au contraire, l'enchaînent, précisément, avec les vignes dont il s'enivre.

La seconde correspondance iconographique, plus intéressante encore, est celle entre cet arbre aux *putti* de Spierinck, et la grotte d'où ils semblent tomber dans les emblèmes de Cartari [477]. Or cette chute permanente chez Cartari est celle des âmes dans le temple de Nature, illustrant Boccace, le Temps marquant leur nom, et le Soleil venant leur donner vie[478]:

"A la porte où demeure Nature, maintes ames vöt volans à l'entour, pourautant qu'elles descendent aux corps mortels, d'ou sortans en apres, elles vont au sein de l'Eternité." [479]

L'aspect cosmique de la rencontre de Silène et d'Églé chez Virgile se confirme encore ainsi. Mais plus encore, puisque l'identité visuelle entre les représentations du "*Silène molesté*" et celle d'*Hercule ivre soutenu par un faune et une faunesse* (1613-1614) chez Rubens, commandé au peintre par Vincent de Gonzague à Mantoue en 1601, a été notée par Stéphane Lojkine[480], ainsi que leur lien encore avec, chez le même artiste, *Le triomphe de la Vertu* (1615-1616), pendant d'*Hercule ivre*[481], et *Un héros couronné par la victoire* ou *Le triomphe de la Victoire*[482] (1630-1640), autre modélisation très similaire du *Triomphe de la Vertu*, qui couronne Hercule piétinant Silène chauve et portant à son tour une couronne de pampres.

Or, alors que dans l'*Hercule ivre* une figure féminine au second plan à gauche pour le spectateur et en robe bleue montre du doigt la tête d'Hercule, dans un geste très similaire à celui de la Vertu couronnant les vainqueurs dans les deux autres toiles, rappelons qu'Églé porte une robe également bleue chez Spierinck, qui est celle de la Théorie pour Ripa[483], symbole de "*mesure & justesse*", "*humaine raison*", "*ordre... &*

connaissance des principes", "*qui ne dépendent pas du sens, mais bien de l'entendement*"; "*Sa robe bleue montre, que comme par la lumiere cette couleur met des limites à notre vue: ainsi par le moyen du raisonnement, l'esprit humain n'a point d'autre but que Dieu mesme*"[484].

D'autre part, le dyptique d'*Hercule ivre* et du *Triomphe de la Vertu* ne fait que reprendre le motif commun d'*Hercule entre le Vice et la Vertu*, thème aussi connu comme "*Le choix d'Hercule*" (que l'on retrouve jusque dans le Tarot, avec l'arcane VI[485] de l'Amoureux[486]) provenant du philosophe stoïcien Prodicus[487] (c. 465-c. 395a.C), encore présent chez Annibale Carracci dans *Hercule à la croisée des chemins* (1595), ou *Hercule entre le vice et la vertu* (versions de Turin, 1742, et de Saint-Petersbourg, 1765) de Pompeo Batoni[488]; dans l'ensemble de ces oeuvres, la Vertu, sous les traits militaires de Minerve (la Sagesse) chez Batoni, porte toujours une robe bleue[489] (jusque, encore, dans le Tarot[490], comme la porte aussi le Temps libérant la Vérité dans l'une des deux versions du Prado, c. 1622-1625, de Rubens[491], bien que la robe du Temps devienne rouge dans le contemporain *Triomphe de la Vérité*[492] du Cycle de Marie de Médicis). Chez Carracci, la Vertu, avec le même geste du doigt que la figure féminine derrière *Hercule ivre* et la Vertu des deux *Victoires* chez Rubens, indique à Hercule pensif, assis sur un rocher, Pégase en haut d'un mont, version dominée du cheval des passions, par exemple, chez Le Titien. C'est un temple que montre Minerve à Hercule chez Batoni, alors que la tentation lui frôle doucement le visage d'une fleur, et qu'un *putto*, pour nous convaincre définitivement de l'identité de nature entre les passions du héros de l'image et les actions des *putti* qui la mettent en scène, dans le cas du *Silène ivre*, essaie de lever la massue[493], symbole du pouvoir du demi-dieu (alors que chez Rubens, la peau de lion s'éloigne moqueuse, acquérant vie propre, de son propriétaire dans l'*Hercule ivre*). Dans *Hercule entre le vice et la vertu* (1640-1650) de Jan van de Hoecke[494] c'est, du côté de Minerve, un symbole duel, qui s'associe à la

sagesse, reprenant celui de Carracci, puisque c'est le cheval dompté et bridé, symbole classique de la Paix[495], qui y apparaît.

Girolamo di Benvenuto (fin du XVème siècle) ou Sadeler (fin du XVIème siècle) produisirent également leurs versions du thème d'*Hercule à la croisée des chemins*.

0.7.f.4.b. Silène face à lui-même dans la mythologie, dans l'art et dans la littérature, comme confirmation par opposition du statut d'Églé dans notre lecture du groupe

On trouve une possible origine visuelle d'Églé aux mains avec des serpents dans l'*Allégorie des Vices* du Corrège (1528-1530[496]) dans *Le Songe de Poliphile* (1467[497]):

"*Ce satyre tenait l'arbousier par ses rameaux, avec la main gauche, et, le tirant violemment, l'infléchissait au-dessus de la nymphe assoupie, avec l'intention évidente de lui faire une ombre agréable. De la main droite, il soulevait l'extrémité d'une courtine attachée par l'autre bout aux branches voisines du tronc. Entre l'arbre feuillu et le satyre se trouvaient deux satyreaux enfants. L'un tenait un vase, l'autre des serpents qui s'enroulaient autour de ses mains.*"[498]

Iconographie qui doit, effectivement, se comprendre par rapport à celle de la *Vénus et un satyre, une Allégorie de la Chasteté vaincue* de Cornelis Van Poelenburch, puisqu'en effet, chez Alciati (1584, L6v f102v), le Faune ("*Luxuria. EMBLEMA LXXII.*") est symbole de "*paillardise*":

"*Luxure, ou paillardise.*
Faunus au pied-bouquin, coronné de roquette,
Representé icy, nous montre apparemment
L'acte de Paillardise, où trop desbordement
On se lasche en desir qui n'est bon ny honneste.
Car la Roquette eschauffe, & le Bouc est tousjours
Bruslant du feu villain de ses salles amours:
Les Satyres paillars de mesme tousjours saillent
De grand ardeur qu'ils ont, & les Nymphes travaillent.
Icy sont les vrayes marques de la paillar-

dise. Le Satyre, ou le bouc (qui est un animal fort paillard, & enclin au deduit Venerien) estant coronné de Roquette, herbe de qualité fort chaude (ditte des Latins eruca ab urendo, parce qu'elle brusle) signifie que la paillardise est villainement puante en son act, & eschauffee en son affection & premier mouvement."[499]

Ces "*eruca ab urendo*" peuvent bien nous reporter au feu qui endort l'âme paresseuse chez Bosch ou dans la gravure ici étudiée de Dürer.

En sens comique, la gravure *The Festival of the Golden Rump* ou *A satyr on a pedestal kicks out at a magician while a priest Wellcome* (1737) [500] présente la satyre comme une idole, alors qu'une figure féminine, une prêtresse, essaie de lui mettre un soufflet entre les fesses.

Chez Jusepe de Ribera, qui possède un *Satyre puni par Cupidon*[501] et attaché au tronc d'un arbre (l'Amour, supposons divin ou désintéressé, punissant le corps et libérant l'âme des pulsions les plus basses - de fait, Adam tenant fortement l'arbre du péché d'une main[502] est une image qu'on rencontre bien et peut être lue comme l'attachement entre les amoureux, selon Otto Van Veen[503] -), le *Satyre saoul*, dont il existe plusieurs versions (dont une de 1628 sans les attributs symboliques, mais avec un *putto* mangeant des raisins, également couché par terre[504], et où l'on notera, au fond à gauche pour le spectateur une tête de femme endormie la tête posée sur sa main qui tient une cymbale - peut-être Églé, qui ne peut qu'être, en tant qu'illuminatrice, endormie par l'ivresse de Silène -), au contraire, dans la version de 1626[505] (dont il existe des gravures[506]), alors qu'au-dessus de Silène, dans la partie, cette fois droite en haut, un satyre parle à l'oreille d'une figure féminine expectative, les attributs doivent retenir notre attention: l'âne bramant de Silène, qui renvoie, comme chez Giovanni, à l'épisode de Lotis; le serpent, symbole de luxure (ou, moins probablement, pour le jeu

d'opposition dans l'image, de la prudence); la tortue, symbole de prudence [507] et du traditionnel "*Fetina lente*" ("*Hâte-toi lentement*", devise du duc Côme Ier de Médicis)[508] jusque dans les fables; et le coquillage, associé traditionnellement à Vénus et à la virginité féminine[509].

L'alternance entre le *Silène ivre* (1618), où les personnages, inclus les féminins, ne sont plus que des villageois se moquant de l'ivrogne, trébuchant sur une peau d'animal et soutenu par un noir (référence probable au Bacchus indien) en habit rouge (qui conserve l'emblématique antérieure), et le *Bacchus* (1638-1640), personnage obèse et orgueilleux, qui foule au pied le félin[510] vaincu (autre référence au jeune, viril et victorieux, Bacchus indien, difficile de concevoir sous le poids de toute cette chair molle) et à qui une femme rempli la coupe, perd chez Rubens[511] son contenu symbolique pour se retourner vers des scènes rabaissées, à la manière hollandaise (on pense à Bosch et Brueghel comme modèles du principe), et préfigurant ainsi le XIXème siècle et l'impressionisme, au monde vulgaire du peuple dans le visages, les poses et l'absence de toute référence mythologique autre que pittoresque clairement visible. En effet, seul l'opposition de mouvement des figures évoque leur sens, alors que Silène chancelle tristement vers l'avant, Bacchus bien droit montre ainsi sa souveraineté.

La conclusion du *Faux Cuyder* de Marguerite de Navarre, où les nymphes, abandonnées par les satyres, demandent pardon à Diane, qui les châtie[512], reproduit se statut du satyre comme être luxurieux.

Toutefois, le réveil du satyre n'a pas exactement ce symbolisme. À un niveau des plus basiques, on l'a vu, il représente l'accès à une illumination. Comme le comprendra l'alchimie encore[513].

De même, Jacob Cats par son *Silenus Alcibiadis, sive Proteus* (1618) reproduit cette idée, également alchimique[514], et le titre même, marque l'idée de révélateur de Silène[515]. Ouvrage dont la gravure d'entrée

de la dernière partie[516], qui montre la main de Dieu prenant une grappe de raisins soutenue par deux *putti* confirme encore cette différentiation.

Wendy Beth Hyman[517], rapprochant les conceptions naturelles de Pline à propos du rossignol, et de Nashe, Spenser, Marlowe et Wither sur les oiseaux mécaniques, et le statut du silène, laid dehors mais beau dedans, de Platon à Rabelais, marque encore, bien qu'indirectement, le rôle de Silène, la flûte de Pan, et du rossignol, comme "*mourning Ditty*" en reprise de Diego de San Pedro (c. 1500). Opinion partagée encore par Celeste Marguerite Schenck lorsque, citant Edgar Wind (*Pagan Mysteries in the Renaissance*), elle voit en Silène une figure nettement orphique:

"*Wind reminds us of the conflation in Alcibiades' Symposium speech of the names of Socrates, Silenus (a Bacchic follower), and Marsyas: Orphic initiation is founded upon tearing apart to make whole; laying bare the rough exterior, one reveals the reach inner man.*" [518]

Ce rôle de révélateur, à partir, comme Rabelais, de Platon, Érasme l'affirme encore dans son *Éloge de la Folie* (1511):

"*Si l'expérience équivaut à l'exacte appréciation des réalités, écoutez combien s'en éloignent ceux qui précisément s'en réclament. Il est constant tout d'abord que toutes choses humaines ont, comme les Silènes d'Alcibiade, deux faces fort dissemblables. La face extérieure marque la mort; regardez à l'intérieur, il y a la vie, ou inversement. La beauté recouvre la laideur; la richesse, l'indigence; l'infamie, la gloire; le savoir, l'ignorance. Ce qui semble robustesse est débilité; ce qui semble de bonne race est vil. La joie dissimule le chagrin; la prospérité, le malheur; l'amitié, la haine; le remède, le poison. En somme, ouvrez le Silène, vous rencontrerez le contraire de ce qu'il montre.*"[519]

Même si Silène conserve encore chez lui pourtant toujours de son image de débauche:

"*Depuis qu'ils l'ont chassé, les Dieux s'amusent davantage et beaucoup plus librement. Ils mènent la vie facile, comme dit Homère, et nul ne les censure plus. Comme il leur prête à rire, le Priape de bois de figuier! Comme ils se divertissent aux larcins et aux escamotages de Mercure! Vulcain, à leur banquet, devenu l'habituel bouffon, arrive en claudiquant, débite ses malices et*

ses énormités, et toute la table crève de rire. Puis Silène, barbon lascif, leur danse la cordace avec le lourd Polyphème, tandis que le chœur des Nymphes les régale de la gymnopédie. Des Satyres, aux jambes de bouc, leur jouent des farces atellanes. Avec quelque chanson idiote Pan les fait tous pouffer, et ils préfèrent son chant à celui des Muses, surtout à l'heure où le nectar commence à leur monter à la tête. Comment conter ce que font, après le repas, des dieux qui ont bu consciencieusement? C'est tellement fou que je ne pourrais quelquefois m'empêcher d'en rire. Mais mieux vaut, sur ce point, se taire comme Harpocrate, de peur que quelque dieu Corycéen ne nous écoute révéler des choses que Momus lui-même n'a pu dire impunément."[520]

Ce que les auteurs n'hésitent souvent pas à considérer comme une représentation inversement christique de Silène, bien qu'ils ne semblent pas voir que cette lecture même n'est possible que par opposition.

Même considération par eux pour Rabelais:

"*Arrivant à table, frère Jean réclame de l'eau. Mais très vite, le «bon piot» la supplante. Transformant l'eau en vin, la parole du moine opère un premier miracle, analogue à celui d'une autre parole inspirée: celle du Christ aux noces de Cana. Ce même Christ que le moine aurait, lui, défendu au jardin des Oliviers! Ce rapprochement autorise une autre lecture: loin de ne transcrire que la joie et la liberté du banquet, la parole du moine est porteuse d'un sens caché. Le vin, breuvage «céleste» et «riant», permet de dévoiler l'inspiration divine [Note 14: C'est le sens de la fin du prologue du Gargantua. Voir sur ce point l'ouvrage très éclairant d'Emmanuel Naya, Rabelais: une anthropologie humaniste des passions, Paris, PUF, 1998, p. 87 sq. L'auteur y rapproche le prologue du Gargantua du Problème XXX d'Aristote: «L'inspiration mélancolique qui peut être produite par le vin nécessite un enthousiasme, une union avec la divinité» (p. 88).]. Silène ivre, enchaîné par son froc qu'il refuse de quitter, frère Jean laisse entendre un message insoupçonné. [Note 15: C'est dans la sixième églogue des Bucoliques de Virgile que l'on trouve la fable de Silène. Ivre, enchaîné de fleurs, barbouillé de jus de mûres par la nymphe Eglé, Silène déploie son chant, riche d'un savoir cosmique et mythique tout à coup dévoilé. Pour Erasme («Les silènes d'Alcibiade»), le Christ est aussi un Silène.]*"[521]

Ainsi, on le voit, soit par inversion (Érasme), soit par le recours comique (l'eau substituée par le vin et qui provoque l'éloquence soudaine de l'orateur, la laideur légendaire de Socrate), Silène agit comme un révélateur, du moment qu'il est transporté, surmonté, distingué de lui-même.

C'est, au fait, ce qui confirme encore l'ensemble de notre compréhension visuelle du *corpus*, et du statut d'Églé.

Et c'est ainsi encore chez Érasme que l'on trouve la réaffirmation du symbolisme de purification des mûres:

"*Yet there are plenty of countervailing arguments. Erasmus did declare his love for Thomas Grey, but he also made the nature of that love explicit: "we were brought together not by considerations of advantage or pleasure, or any youthful whim, but by an honorable love for letters and for the studies in which we shared...Since, then it is this kind of love that unites us, you need not fear that our friendship can be threatened by such untoward events as we continually see imperiling friendships of the common sort. The greater your affection for innocence and literature, the dearer you will be to me. For my part, I shall think I reap an ample harvest from my love for you if I observe that the notable disposition to virtue, which I was the first to remark in you, has with my aid fully ripened." And the postscript to this letter reads: "Do not be surprised at the new color of my writing; you should be apprised that lover's letters are written with their blood! For want of ink, I wrote this in mulberry juice.*""[522]

0.7.f.5. Le programme général du Studiolo: vers une compréhension politique et de genre de l'ensemble

0.7.f.5.a. L'ensemble au vu du *Règne de Comus*

L'interprétation commune du cycle complet du Studiolo nous donne raison dans notre analyse. Les oeuvres qui forment le groupe du premier Studiolo étant[523]:

1. *Le Parnasse* et *Minerve chassant les Vices du jardin de la Vertu*, d'Andrea Mantegna;
2. *La Lutte entre l'Amour et Chasteté*, du Pérugin;
3. *L'Allégorie de la cour d'Isabelle* dit aussi *Le Couronnement d'Isabelle d'Este* (1506-1507), et *Le règne de Comus* commencés par Mantegna et terminés par Lorenzo Costa;
4. *L'Allégorie des Vertus* et *l'Allégorie des Vices* du Corrège.

De ces oeuvres, aussi bien *Le Parnasse*[524] (premier tableau commandé pour le premier Studiolo) que dans *L'Allégorie de la cour d'Isabelle*[525] et *Le règne de Comus*[526], qui en serait le pendant probable[527], persiste l'opposition entre Éros et Anthéros[528], que nous

avons vue dans les livres d'emblèmes, et qui resurgit dans l'opposition Silène-Églé.

De fait, le personnage même de Comus, dieu classique de la fête et des abandons nocturnes[529], que ce soit dans la mascarade *Pleasure Reconciled to Virtue* (1618) de Ben Jonson[530] ou l'opéra *Les plaisirs de Versailles* (1682) de Marc-Antoine Charpentier[531], les deux, comme le Studiolo et sa symbolique, dédiés à des monarques[532], représente le Plaisir du vin, et de l'ivrognerie[533], auquel s'opposent les valeurs de mesure et de tempérance[534], opposition qui recouvre donc bien celle de Silène face à Églé dans l'*Allégorie des Vices* du Corrège. La mascarade *Comus* (1738) de Thomas Arne[535], qui fut le principal succès de ce compositeur, reprend l'histoire de celle de Jonson, avec le même rôle pour Comus.

Andrea Bayer[536], dans son étude de Dosso Dossi à Ferrare, considère l'*Allégorie avec Pan*, et ses trois personnages, le satyre, la femme nue et la vieille comme une représentation de cette opposition entre les sens et la vertu, celle-ci symbolisée par la figure féminine contre celle du satyre:

"*Gentili made a serious attempt to account for figures and details not mentioned by Ovid by referring to the allegorical interpretation of the myth in Leone Ebreo's Dialoghi d'Am0re, which was first published in I 5 35 but had already been in circulation much earlier. In Gentili's reading, the pitcher, music, flowers, fruits, and sleeping pose all symbolize voluptas, or the voluptuous love between Pan and Syrinx; the old woman represents the passing of carnal desire with time; and the younger woman, in her protective armor, stands for the careful control of the senses by virtue and reason.A similar but more purely allegorical interpretation, based on the treatise De Natura deAmore by the Mantuan court humanist Mario Equicola (published 1525), was proposed by Del Bravo (1994). According to Del Bravo, the nude stands for innocent Nature, the old woman for Philosophy, the woman in armor for Virtue, and the lascivious faun (not Pan in person) for Vice; the overall message of the picture is that the virtuous life consists a harmonious balance between the soul and body, with the pleasures of the senses not being permitted to dominate.*"[537]

Et, suivant l'interprétation de Luisa Ciammitti[538], elle considère que c'est la même dialectique qui régit *Le règne de Comus*, en particulier dans le couple qui serait celui de Dionysos et de la nymphe Nicaea[539] des *Dionysiaca* de Nonnos:

"*Ciammitti proposed that the picture portrays the story of the nymph Nicaea as recounted in the Dionysiaca by the fifth-century A.D. poet Nonnus of Panopolis. A follower of Artemis (or, Diana), Nicaea was sworn to virginity and in self-defense killed her would-be lover Hymnus.The indignant Eros (Cupid) then enflamed Dionysus (Bacchus) with love for her, and Dionysus, in order to capture her, and Dionysus, in order to capture her, transformed into wine the water of a spring where she was accustomed to drink. But, despite a nuptial bed of fiagrant flowers, and nuptial music played for the couple by a jealous Pan, the unhappy nymph never became resigned to her fate. After giving birth to a daughter, she committed suicide.*"[540]

Ainsi, Vénus déesse de l'Harmonie et des Arts, Minerve chassant les Vices, Isabelle représente toujours la déesse vertueuse, qui découvre les Vices et mène à la Sagesse, comme Églé réveille Silène, permettant ainsi l'apparition de son chant, christique ("*The dualism of Silenus - both drunkard and inspired singer - was celebrated in antiquity, and had recently been the topic of one of the Adagia of Erasmus: the Sileni Alcibiadis, a text certainly known to Mantuan intellectuals*"[541]). C'est sous cette forme avantageuse de protectrice politique des arts et de la culture qu'Equicola peint Isabelle dans son *De mulieribus*:

"*Isabella was obviously more pleased with Equicola's work, and rightly so, since the published text, despite its modest size, eventually disseminated her claims to be a virtuous and prudent ruler in the wider literary scene of Europe. Equicola praised Isabella in terms which suggested that she was capable of being more than her husband's obedient administrator and political instrument: "No-one considers things more deeply than she, acts with greater wisdom or gets out of awkward situations with greater speed. She protects and defends her citizens with shrewd foresight, gives readily, never reproves but spurs on her functionaries to honest and commendable behaviour through example." This was exactly how Isabella liked to project herself and and just as her commissioned paintings portrayed her qualities within the latest classicising allegories, so Equicola's De mulieribus made her the central exemplum in a highly sophisticated and original philosophical demonstration of the social origins of gender construction and the innate equality of women: "just as in war the defeated yield to to the victors, so the feminine nature cedes to the male through force of custom that we know is not founded on natural law but*

rather established through example, through the deprivation of education, on the basis of some chance or opportunity, or through the convergence of all these factors."
Fundamental to Equicola's analysis is the argument that "neither habits, disposition, vices nor virtues are the result of chance or fate but rather of judgement and practice because we are like a tabula rasa on which anything can be inscribed... Things being thus, who can doubt that custom and practice accounts for much, indeed everything?" Isabella was the living proof of women's potential for high achievement and intellectual parity with men, if given access to education and allowed to exercise their minds and demonstrate their abilities. This could only occur if men were willing to share their privileges and Equicola points to marriage as the crucial instrument of female oppression. His conception of marriage as a collaborative partnership of equals was designed to win the approval of Isabella. He was, no doubt, well aware of her sympathy for the idealised version of her dynastic alliance with Francesco represented by Mantegna's Parnassus, already installed in her study in 1497, and which had some basis in her husband's declaration, nine months after his marriage to Isabella, that all was in common between them. Equicola cites an ancient Roman wedding vow to support his argument about a new basis for marriage. According to this classical ritual, the woman declared: "'Where you are Gaius,' I am Gaia, where you are the Lord I am also the Lady; where you are the master I am also the mistress.""[542]

Cette insistance sur la force féminine se ressent d'autant plus si l'on rapproche l'*Allégorie des Vertus*, avec Prudence, du Corrège, de l'emblème de Cartari[543] (*Imagini colla sposizione degli dei degli antichi*, 1556), représentant les trois Vénus, victorieuse (qui tient en main une victoire ailée), armée (et casquée), et du jugement de Pâris, selon Pausanias, avec une pomme dans la main. Chez le Corrège, ces trois Vénus, qui renvoient selon Cartari à la force et la chasteté des femmes, en rappel de la voilée Morpho des Lacédémoniens[544]:

"*Imagini di venere armata, di venere victrice, & di venere in Ceppi dinocante la fermezza che due essere nelli maritati & amanti, dinota ancora questa imagine il valore delle Donne lacedemonie contra mecenie, che andavano a sachegiar la lor citta, da laro valorasamente disesa.*"[545]

Cette tripartition de la figure[546] se présente, antérieurement, dans Cartari, pour Minerve, guerrière, casquée, tenant un coq, symbole de courage, et tissant, car elle produit aussi la paix[547].

Dans l'oeuvre du Corrège, les trois symboles se transforment quelque peu [548] : la pomme de Vénus devient le globe terrestre

transparent, repris de Bosch (volets extérieurs du triptyque du *Jardin des délices*, 1503)[549], la Victoire ailée est substituée par l'épée et le mors de la Prudence, seule reste armée la figure centrale, son pied doré et son casque argenté peuvent se lire comme des évocations du miroir d'argent et des pieds dorés que prête Philostrate selon Cartari[550] à Vénus en tant que mère de la "*tant belle lignée*" des nymphes (autre point qui crée un lien avec l'*Allégorie des Vices* et Églé).

0.7.f.5.b. Une comparaison exotérique de figures: Églé et Silène dans *Les noces de Thétis et Pélée* de Bartolomeo di Giovanni et leurs implications pour notre *corpus*

Les noces de Thétis et de Pélée, auquelles furent invités tous les dieux sauf la Discorde (*Mét.*, 11, 215-265), telle que la raconte Fulgence (*Mythologies*, 3, 7):

"They say that Thetis signifies water, whence the nymph took her name. Jove as God married her to Peleus, and pelos in Greek is lutum, mud, in Latin. Thus they wish to produce a man commingled with water, whereby they say that Jove also wished to lie with Thetis but was prevented by the thought that she would produce one greater than himself who would drive him from his rule; for it fire, that is, Jove, mingles with water, it is put out by the power of the water. So in the union of water and earth, that is, of Thetis and Peleus, discord alone is not invited, for the reason that there must be concord between the two elements for a man to be produced: their coming together shows that Peleus stands for earth, that is, the flesh, and Thetis for water, that is, fluid, and Jove who married the two for fire, that is, the spirit. In the conceiving of man from the blending of the elements three goddesses, as I described above, that is, three lives, are involved in conflict. So too discord is said to have rolled the golden apple, that is, greed, for the reason that there is in a golden apple what you look upon, not what you eat, just as greed can possess but cannot enjoy. Jove is said to have summoned all the gods to the wedding because the heathen believed that in a human being separate gods gained possession of separate parts – for instance, Jove, the head; Minerva, the eyes; Juno, the arms; Neptune, the breast; Mars, the waist; Venus, the kidneys and sex organs; Mercury, the feet; as Dromoclites describes in his physiology; so too Homer says: "His head and eyes like unto Zeus (Jove) whose joy is in thunder, and his waist like unto Ares (Mars), and his breast unto Poseidon (Neptune)." So, too, Tiberianus in his Prometheus says that the gods gave to man his individual traits. Then after Achilles was born his mother dipped him in the waters of the Styx to make him a perfect man, that is, she protected him securely against all trials, but his heel alone she did not dip, as much as to show the physical fact that he veins which are in the heel connect with the faculties of the kidneys, thighs, and sex

organs, and that from them other veins run to the great toe; for doctors treating women for inducing childbirth open the veins in the legs at this same place; the covering plaster, which Africanus the teacher of medicine called stisidem, he taught should be applied to the big toe and heel. Orpheus himself demonstrates that this is the chief seat of lust, and in these same intestinal localities they teach that cauterizing must be effected. Thus he shows that human power, though protected, is subject and open to all the blows of lust. After this Achilles is assigned to the court of Lycomedes as if to the kingdom of lust, for Lycomedes is for the Greek gliconmeden, that is, sweet nothing, since all lust is both sweet and nothing. Then he dies of love for Polynexa and is killed as it were because of his heal. Polynexa in Greek is said to be foreigner to many, either because love causes men's passions to travel far from their minds, or because lust in its wandering state travels about among many peoples."[551]

Fut interprétée, après *The Chess of Love* (557-558), Fraunce (*Countess of Pembrokes Yvychurch*, 5v.), par Sandys:

"*Sandys provides a virtual paraphrase of Fulgentius; but since Sandys prizes clarity rather more highly than does his mythographic predecessor, it might be well to quote at least a few lines from Sandys: "there is no discord betweene Peleus and Thetis, for of the concord of these two elements: of Peleus the flesh, and of Thetis the humors, bothquickned by the soule, or the fire of Jupiter" (Ovid: 526). Thus it was that Renaissance Dutch painters could employ the marriage of Peleus andThetis in wedding paintings (Blankert etal. 1980: 58).*"[552]

Mais cette représentation corrélative de la chair et des humeurs, de l'âme et du corps acquiert un sens directement politique chez Natale Conti (*Mythologiae*, 1567):

"*Cette fable represente proprement la generation des des choses naturelles, car que peuvent signifier les nopces de Pelee & de Thetis, sinon que tous corps naturels s'engendrent du meslange de la terre & de l'eau avec l'aide de la chaleur? Car le mot de pélòs en grec signifie bourbe ou limon; & Thetis, l'eau, comme nous dirons tantost. Tous les dieux se sont trouvez à la mixtion de ces deux là, comme à quelques nopces; d'autant que la seule matiere n'est bastante, si l'ouvrier n'y met la main. Car soit qu'il faille inferer des ames mortelles és corps des bestes brutes; ou des immortelles és corps des hömes, veu qu'elles cömandent & seigneurient aussi en quelque façon les corps des bestes, il est expedient de les extraire de quelque plus noble lieu que ne sont les elemens. Or soit que l'ame humaine soit extraite de l'air, ou du feu elemëtaire, ou des corps celestes, ou de toutes lesdites choses; soit qu'elle soit une harmonie et consonäce provenant d'une egalité de temperamës, ou quelque chose de plus noble que tout cela; ils ont dict que c'estoient les dieux qui tous ensemble là concedoyent au corps, & que de chaque vertu celeste elle en empruntoit quelque particuliere faculté. Voyla comment tous les dieux s'assemblent aux nopces*

de Pelee & de Thetis. De tous les dieux il n'y a que Discorde qui fait defaut; parce que les choses de ce möde ne se peuvent conserver en leur estre que par amitié; & plus les temperamens s'accordent ensemble, plus aussi ont elles de vigueur & de force. Mais quand Discorde, & une inegalité de forces naturelles survient, alors on ne void point de bon mesnage: non seulement le temperament se perd, mais aussi toute la composition se dissout, car tout ainsi que l'amitié est commencement de generation; aussi Discorde & noise sont le principe de corruption. Ie ne voy pas autre chose en cette Fable qui puisse concerner nature, le reste donc se rapportera aux moeurs. Les villes, royaumes & autres estats sont sujets a mesmes inconveniëts que chasque corps en son particulier: car il n'y a rien qui le perde si tost que Discorde. Or entre ces trois Deesses Iunö, Pallas & Venus, Discorde entrevient presque tousiours, parce que c'est une chose de tres-mauvaise digestion, de voir és villes & Estats (comme il advient le plus souvent) des hommes desbordez & de mauvaise vie aux gens de bien, rassiz & attrempez. Car de trouver quelqu'un qui soit tout ensemble sage, moderé, riche, c'est l'une des plus mal-aisées rencontres qu'on puisse faire, que s'il s'en trouvoit beaucoup de tels, personne ne refuseroit d'estre commandé d'eux. Au reste que ce qu'on dit de la sentence de Páris ne soit pas vray, ains chose controuvee, mesmement cette femmelette en Ovide le tesmoigne:

Ie ne scauroit penser que la divine essence
Ai leur beauté sousmise au sort de ta sentence.

Afin doncques d'enflammer ceux qui seroyent eslevez en qualité de dominer sur les autres, à se munir des vertus vrayement dignes d'un Prince, les anciens inventerent cette Fable, par laquelle ils ont voulu donner à entendre, Que celuy qui doibt avoir quelque commandement sur autruy, doibt estre continent, sage, bien conditionné, heureux en ses entreprises: comme ainsi soit que Páris mettant en arriere & la sagesse & les richesses pour prester l'oreille à la lascivité, fut cause de la perte & destruction du royaume de son pere & de sa patrie, qui ne se pouvoit conserver que par l'aide de ces deux Deesses. Car d'autant que chascun a quelque estude & inclination, à laquelle son humeur se plaist plus qu'à toutes autres, quelques-uns appellent du nom de Páris cette concupiscence charnelle. On luy donne la commission de iuger de la beauté de ces trois Deesses, qui toutes trois sembloyent estre bien dignes d'emporter la pomme d'or: & pour obtenir la victoire, Iuno luy promettoit des royaumes, Pallas de la sagesses, Venus une tres-belle femme. Mais qui est celuy qui au lieu de grandeur & puissance, d'honneurs, dignitez & estats vueille choisir une vilaine putain? ou bien qui est l'homme si mol & si lasche qu'au lieu de sagesse, le plus divin & plus excellent bien qui puisse avenir à la nature humaine, il ait le courage (si ce n'est quelque lasche vilain) d'accepter & se tenir à une orde de cupidité? que si quelqu'un est tel, n'est-ce pas un tres-mauvais et tres-dangereux citadin? quel droit d'hospitalité n'entrepend il de violer? Il n'y a certes celuy d'entre nous qui de son iugement ne blasme celuy de Páris, & d'autre-part à peine y a-il celuy qui n'imite un si poltron iugement. Quand les anciens nous ont proposé cette vilainie de Páris, ils nous ont voulu contraindre à condamner nostre folie, car Venus, que Páris a tant prisée, n'est autre chose que folie, cöme mesme son nom Grec, Aphrodite, le signifie, selon le tesmoignage qu'en donne Euripide és Troades, deduisant aussi le nom d'icelle Aphrosyne, signifiant folie & trouble d'esprit. Et de faict nature a fort sagement avisé de n'ordonner qu'une bien petite espace de temps pour l'employer aux plaisirs charnels, car si elle en avoit concedé davantage, nous verrions que les hommes y seroyent sans comparaison

plus aspres, voire plus furieux que les bestes mesmes. Voila Páris despesché: s'ensuyt à clore ce livre par la Fable d'Actaeon."[553]

On note que la dernière fable, qui suit et conclut le livre, est celle de l'opposition par excellence entre la morbosité de l'homme et la pudicité féminine, de la déesse, ce qui n'est pas sans importance.

Or, précisément, c'est le caractère supérieur de la femme, forte, chaste, qui s'impose dans le Studiolo, comme dans les représentations des noces de Thétis et Pélée, pour l'assiette de maïolique réalisée par Nicola da Urbino (c. 1524), conservée au Fitzwilliam Museum, pour le couple d'Isabelle et Gianfrancesco Gonzaga:

"This dish is part of a spectacular dinner service created for Isabella d'Este, Marchesa of Mantua and one of the greatest patrons and collectors of Renaissance Italy.
Twenty similar examples survive, all of them exquisitely decorated with scenes from history, mythology or the Bible. Maiolica - tin glaze earthenware - decorated in this way was called istoriato: literally 'storied.' The colourful decorations, which did not fade with age, greatly increased its value. This, along with their literary subject matter, meant that istoriato wares appealed to wealthy and educated patrons like Isabella in a way that earlier, simpler ceramics never had.
The myth shown here is adapted from Ovid's Metamorphoses. On the left, the Greek hero Peleus stands above the sleeping sea-nymph, Thetis, in an attitude of admiration and surprise.
After he has leapt lustfully upon her, Thetis turns herself first into a swan (detail left) and then into a dragon (right) to shake off his unwanted embrace.
Finally repulsed, Peleus retires to pray at an altar where he receives divine guidance, from a naked goddess.
For the basic elements of his composition, the celebrated painter of maiolica, Nicola da Urbino, has followed a woodcut illustration from a 1497 paraphrase of Ovid's poem. An edition from 1505 in the Fitzwilliam Library, left. shows the debt that the d'Este plate owes to this publication. But Nicola's brilliant use of colour, the fluency of his figures and the beautifully realized landscape against which the episodes take place, transcend this simple book illustration.
As well as providing an attractive and entertaining narrative, the plate also commemorates the union of two powerful Northern Italian dynasties: the marriage of Isabella, daughter of the Duke of Ferrara, to Gianfrancesco Gonzaga, Marquis of Mantua. In the very centre of the plate two putti support a shield which shows the arms of the Gonzaga family 'impaling' those of Este: two halves of each coat of arms are placed side by side, the husband's on the right, the wife's on the left, divided by a thin line, or pale.
Two other devices confirm the identity of the dish's original owner. Isabella, like many aristocrats and intellectuals in the Renaissance, adopted personal imprese - emblems. These were

often accompanied by a motto, expressing a deeply held belief or commemorating an event of significance in the life of the owner. Prominent beneath the central shield here is a painted scroll bearing the Roman numerals XXVII. In Italian the number 27 - vente sette - sounds like vinti sete - 'you are defeated' - a defiant motto that suggests that Isabella had overcome opponents.
On a shield hanging from the tree on the left, a bundle of gold rods are shown standing upright in a crucible, licked by flames. The image was adopted by Gianfancesco Gonzaga in 1495, and was accompanied by the Latin motto 'probasti me domine et cognovisti me' - 'you have tested me, Lord, and you have known me.' It commemorates Gonzaga's being absolved of blame for allowing the French army to escape after their defeat at the Battle of Fornovo in 1495."[554]

La victoire féminine sur l'homme (bien qu'adoptant alors Isabelle le rôle de Pélée), comme dans la tapisserie de *La Dame à la Licorne*, soutenue par la question du choix, du *Marchant de Venise* aux emblèmes de Cartari[555], et l'image de la femme comme guide divin, de Dante à Colonna, s'exprime dans le *motto* choisi par Isabelle: "*vente sette*".

Ainsi, si les ménades sont un motif récurrent dans toute la Renaissance, de *La Fable d'Orphée* (Acte V) écrite pour les Gonzaga de Mantoue à *La mort d'Orphée* de Dürer, chez Ghiberti, Donatello, Filippo Lippi, Botticelli, Mantegna et Bartolomeo di Giovanni[556], symboles de l'ordre féminin, comme le métier du tissage, représentation politique[557], Pan est une représentation claire de l'opposition entre les sens (l'homme: Pélée, Gonzaga) et l'âme (Béatrice, Isabelle, Thétis par Zeus), comme l'évoque, dans son sommeil, Philostrate:

"*Livre II. XI. Pan. Pan, disaient les Nymphes, danse sans aucune grâce; dans ses transports désordonnés il saute et bondit comme les boucs à la joie pétulante; apprenons-lui une autre danse d'un caractère plus aimable. Mais Pan, loin de les écouter, portait la main sur elles, touchait leurs seins (a). Elles l'ont donc surpris, vers le milieu du jour, à l'heure où, dit-on, le dieu s'abandonne au sommeil, après la fatigue de la chasse. Car il dormait autrefois dans une pose indolente, les ailes du nez mollement rabattues, dépouillées par le sommeil de toute marque de colère; aujourd'hui le dieu est outré de fureur; assailli par les nymphes qui lui ont attaché les mains derrière le dos, il craint pour ses jambes qu'elles veulent saisir. Sa barbe, à laquelle il tient tant, est tombée sous le fer du rasoir. Ses ennemies lui disent qu'elles persuaderont à Écho de le mépriser, de ne plus lui parler. Après avoir contemplé d'un seul regard le groupe des Nymphes, examinons-les par tribus: voici les Naïades avec leurs cheveux qui laissent tomber l'eau goutte à goutte; voici les nymphes agrestes, non moins belles avec leur chevelure négligée et aride. En voici d'autres qui ont reçu de la nature une couronne de fleurs, couleur de l'hyacinthe.*"[558]

Symbole traditionnel du mariage, les noces de Thétis et de Pélée, dans le genre du "*Feast of Gods*"[559], proposent dans leur représentation par Bartolomeo di Giovanni (c. 1490[560]), une reproduction et association intéressante des deux variantes que nous avons vu de notre motif: le satyre réveillé (ici, déboublé, Dionysos, et, dans le fond, Silène, avec Églé portant un plat de mûres), et la ménade découverte, ici en reproduction du sacrifice de Lotis pour échapper à Priape[561], comme le prouve l'âne qui se met à bràmer, conformément au récit des *Fastes* (I, 415ss.)[562]:

"On immole aussi un ânon au rigide gardien des champs;
la raison en est peu convenable sans doute, mais bien adaptée à ce dieu.
Tu célébrais, ô Grèce, en l'honneur de Bacchus à la couronne de lierre,
la fête que tous les deux ans l'hiver ramène à sa date habituelle.
Les dieux adorateurs de Lyaeus vinrent aussi à cette fête,
et tous ceux qui ne rechignent point aux jeux et au badinage,
les Pans et les jeunes Satyres, enclins aux plaisirs de Vénus,
et les déesses qui hantent les fleuves et les campagnes solitaires.
Il était venu aussi, le vieux Silène, sur son âne à l'échine courbée,
ainsi que le dieu rouge qui de son membre terrifie les oiseaux apeurés.
Lorsqu'ils eurent trouvé un endroit boisé propice à d'agréables agapes,
ils s'étendirent sur des couchettes garnies de gazon.
Liber fournissait le vin, chacun avait apporté sa propre couronne,
la rivière offrait de l'eau à profusion pour les mélanges.
Les Naïades étaient là, les unes portant leurs cheveux épars, non peignés;
d'autres de leurs mains les avaient habilement arrangés.
Celle-là fait le service, tunique retroussée au-dessus des mollets,
cette autre, le corsage décousu, découvre sa poitrine;
celle-ci dévoile son épaule, celle-là traîne dans l'herbe son vêtement,
nulle sandale n'entrave leurs pieds délicats.
Dès lors, certaines éveillent chez les Satyres de doux incendies,
d'autres t'enflamment toi, aux tempes ornées d'une couronne de pin;
elles t'embrasent toi aussi, Silène, dont le désir est insatiable:

ton goût de la débauche ne te permet pas de vivre en vieillard.
Mais Priape, le dieu rouge, ornement et protection des jardins,
avait, parmi toutes les nymphes, jeté son dévolu sur Lotis.
Il la désire, il l'a choisie, il ne soupire que pour elle;
de la tête, il lui fait des signes et ses gestes la pressent.
La morgue habite les belles, et la beauté engendre la superbe:
la moue de la nymphe manifestait un mépris moqueur.

C'était la nuit, et le vin poussait au sommeil; çà et là,
gisaient les corps vaincus par la torpeur.
Lotis, lassée des jeux, se reposait bien à l'écart,
couchée sur l'herbe, sous les branches d'un érable.
Son amoureux survient qui, retenant son souffle, furtivement,
sur la pointe des pieds, s'avance en silence.
Parvenu à la retraite où couchait la nymphe au teint de neige,
il veille à ce qu'on n'entende pas son propre souffle;
et déjà il s'avançait en se balançant vers la couche de gazon:
elle pendant ce temps était plongée dans un sommeil profond.
Il s'en réjouit, retira le voile qui lui couvrait les pieds,
et déjà il était sur la voie de réaliser ses voeux.
Voici que l'âne, la monture de Silène, se met à braire
d'une voix rauque, émettant des sons malvenus.
La nymphe se redresse effrayée; des mains, elle repousse Priape
et, en fuyant, elle ameute tout le bois. Mais le dieu,
qui physiquement n'était que trop prêt à son acte indécent,
fut la risée de tous, sous l'éclat lumineux de la lune.
L'auteur du cri paya sa faute de la mort,
devenu victime agréable au dieu de l'Hellespont."[563]

On retrouve une identité de nature entre Silène barbouillé du fond et Priape moqué du premier plan, les deux épisodes se répartissant la partie droite du tableau, en un sens anagogique, puisque celui de Silène est au-dessus de celui de Priape. L'action de l'âne de Silène connecte les deux moments, de même que la bataille des Centaures et des Lapithes du

fond à gauche, autre image de la bataille des passions et de la raison[564], renforce l'action de Chiron dans la victoire de Pélée sur la prude Thétis[565].

De fait, alors que les monts des *Noces* de Giovanni reproduisent ceux de son *Rapt des Sabines*, et correspondent donc à ceux de Rome[566], symboles de la grandeur de la construction italienne, la figure qui tient la torche en haut de la montagne, au pied de la grotte où est préparé le lit matrimonial [567], rappelle les allégories avec torche de Cartari [568], notamment Hymen[569]. Le lit même dans la grotte rappelle le temple de la "*demeure de Nature*"[570], et de celui de Vesta gardé par une vierge, qui "*nourrit Jupiter*"[571].

Autre coïncidence iconographique, comme dans *Le règne de Comus*, le tableau des *Noces* par Giovanni est divisé en deux (la partie gauche reprenant le thème du *Cortège de Thétis*, 4ème quart du Vème siècle[572], selon un principe de diptyque que l'on retrouve aussi bien chez Piero di Cosimo étudié par Panofsky que dans le cycle de Vénus par Botticelli), ici par un mont.

On trouve bien chez Cartari l'opposition récurrente entre les sens (un personnage associé d'une figure caprine) et la Vertu comme allégorie féminine[573].

I. L'iconographie générale du *Songe du Docteur* de Dürer et *l'Acedia* comme problème théologique: le Docteur et son démon ailé à l'oreille

> *"For some time now I have known what I may express as the 'first half of the murder. Now I know the 'second half also. The picture is complete. But you understand that although I know what must have happened. I have no proof that it happened. Intellectually the case is satisfying. Actually it is profoundly unsatisfactory. There is only one hope - a confession from the murderer."*
> (Agatha Christie, *Death on the Nile*, Chapter XXVIII)

I.1. Théologie renaissance et symbole de l'hérésie comme forme de surdité à Dieu: de la Béatrice de Dante aux textes de l'époque

I.1.a. Le chaînon manquant dans l'interprétation originale du Maître Panofsky: élément(s) d'iconographie et conséquences

On connaît l'interprétation par Erwin Panofsky du *Songe du Docteur* comme symbole de l'*Acedia*, selon l'iconographie médiévale, toutefois, et reconnaissant que les bases d'une interprétation iconologique furent ainsi, encore une fois, posées par le Maître Panofsky dans sa thèse dédiée à *La vie et l'oeuvre d'Albrecht Dürer* (1943), inspirée en cela de l'iconographie du mélancolique et de la Mélancolie (dont une évolution est celle de Sainte Marie Madeleine) qu'il étudie amplement dans *Saturne et la Mélancolie* (en tant que probable conséquence ou développement partiel de cette énorme, historiquement et documentairement, analyse de la *Melencolia I*, en collaboration avec Fritz Sal, commencée en 1923, et publiée par B.G.Teubner à Leipzig dans les Studien der Bibliothek Warburg, sous le titre *Dürers 'Melencolia. I'. Eine quellen und typengeschichtliche Untersuchung*, puis continuée et augmentée presqu'à l'infini, en collaboration avec Raymond Klibansky, et qui, terminée en 1939 et devant être publiée par une imprimerie de Glückstadt, près de Hambourg, mais dont les épreuves furent détruites, comme on le sut après l'Armistice de 1945, et ne put être publiée qu'en 1964 - retardée encore une fois la publication par le décès

de Saxl en 1948 - sous le célèbre titre de *Saturne et la Mélancolie*; dans leur "*Préface*" à cette édition, Klibansky et Panofsky eux-mêmes rappelèrent d'ailleurs que ce dernier avait utilisé partie de l'information de *Saturne et la Mélancolie* dans son ouvrage sur *Albrecht Dürer*)[574], il nous semble que son analyse manquait de l'élément antérieur, capable de la valider, lequel, pour notre part, nous découvrons dans une oeuvre antérieure, illustrant le "*Paradis*" de Dante.

Pour cette raison, nous proposons doublement, d'une part, de relever, comme nous l'avons fait antérieurement pour le contexte flamand de la révolution Renaissance en reprenant et dialectisant les thèses de Tolnay sur Bosch et Bruegel[575], le sens, plus que populaire et folklorique, de l'oeuvre (que Panofsky étudie, dans le cas de Dürer, à partir d'un conte médiéval), vers son contenu mystique et théologique, et, d'autre part, par conséquent, de montrer comment, plus qu'une représentation d'un contexte médiéval, la gravure de Dürer marque l'entrée de l'Allemagne dans l'idéologie cultivée, précisément, là encore, de la Renaissance, par voie d'intertextualité littéraire et visuelle, selon d'ailleurs la méthode proposée et fondée par Panofsky, qui, plus encore que Warburg lui-même, en fut le théoricien.

En effet, Giovanni di Paolo, qui illustra en 1441 le "*Paradis*" de Dante, y représente littéralement la critique du Chant 29 par Béatrice aux prédicateurs de l'époque[576], par la mise en scène d'une congrégation, dans laquelle le prêcheur est inspiré par un démon ailé qui tire de sa capuche, pour signifier qu'il lui parle à l'oreille:

"Lorsque les deux fils de Latone, couverts du Bélier et de la Balance, se font ensemble de l'horizon une ceinture, autant qu'en équilibre le Zénith les tient de temps, jusqu'à ce que l'un et l'autre, changeant d'hémisphère, hors de cette ceinture se déséquilibrent; autant, avec un visage riant, Béatrice se tut, le regard fixé sur le Point qui m'avait vaincu; puis elle commença: «Je dis, et ne demande pas ce que tu veux ouïr, parce que je le vois dans le Point où aboutit tout ubi et tout quando; non pour qu'il acquière quelque bien, ce qui ne peut être, mais pour que, resplendissant, sa splendeur puisse dire: Je suis, dans son éternité, hors du temps, hors de tout ce qu'un autre peut comprendre, comme il lui plut, en neuf amours s'épanouit l'éternel Amour. Et point ne gît-il auparavant comme engourdi, car ne précéda ni ne suivit le courir de Dieu sur ces

eaux. La forme et la matière unies et pures sortirent par un acte infaillible, comme trois flèches d'un arc à trois cordes: et comme dans le verre, dans l'ambre, ou dans le cristal, un rayon resplendit de telle manière qu'entre le venir et l'être entier, il n'est point d'intervalle, ainsi de son Auteur le triforme effet resplendit à la fois en tout son être, sans distinction dans le commencer. Un ordre, créé en même temps qu'elles, fut établi entre les substances, et celles-là furent la cime du monde, en qui fut produit l'acte pur. La pure puissance occupa la partie la plus basse: au milieu, unit la puissance et l'acte un lien tel que jamais il ne se délie. Jérôme vous dit dans ses écrits que les anges furent créés de longs siècles avant que l'autre monde fût fait: mais ce vrai est écrit en beaucoup d'endroits par les écrivains qu'inspira l'Esprit-Saint; et tu le verras, si bien tu regardes. Le voit aussi un peu la raison qui ne concéderait point que si longtemps aient été les moteurs sans leur perfection. Maintenant tu sais où et quand ces amours furent créés, et comment; de sorte qu'en ton désir déjà sont éteintes trois ardeurs. Mais, en comptant, tu n'arriverais pas à vingt, sitôt qu'une partie des anges troubla le sujet de vos éléments. L'autre demeura, et avec tant de plaisir commença cet art que tu discernes, que jamais elle ne cesse de tourner. La cause de la chute fut l'orgueil maudit de celui que tu as vu étreint sous tous les poids du monde. Ceux que tu vois ici se reconnurent humblement l'œuvre de la Bonté qui les avait faits aptes à tout connaître: ce pourquoi si haut leurs vues ont été élevées par la grâce illuminante et par leur mérite, qu'ils ont une pleine et ferme volonté. Et je ne veux pas que tu doutes, mais que tu sois certain que recevoir la grâce est méritoire, selon qu'à elle s'ouvre l'affection. Maintenant, si mes paroles ont été recueillies, tu peux, sans autre secours, découvrir beaucoup d'autres choses touchant ce consistoire; mais parce que la terre, dans vos écoles, on enseigne que l'angélique nature est telle, qu'elle entend, et se souvient, et veut, je dirai encore, pour que tu voies la vérité pure, qu'en enseignant ainsi on s'embrouille dans des équivoques. Ces substances, dès qu'elles jouirent de la face de Dieu, ne détournèrent plus leurs regards d'elle, à qui rien n'est caché. Ainsi leur voir n'est pas interrompu par un nouvel objet, et ainsi elles n'ont pas besoin de se ressouvenir par concept divisé; de sorte que, parmi vous, non dormant on rêve, croyant et ne croyant pas cet enseignement vrai; mais dans l'un est plus de faute et plus de honte. Vous, en bas, vous ne suivez point le même chemin en philosophant, tant vous emportent l'amour et la pensée de l'apparence. Et encore ici-haut ceci se souffre avec moins de colère, que de mépriser la divine Ecriture ou de la tordre. On ne pense pas là combien il a coûté de sang pour la semer dans le monde, et combien plaît celui qui humblement s'approche d'elle. Chacun pour paraître s'ingénie et s'abandonne à ses inventions, et sur celles-ci s'étendent les prédicateurs, et on se tait de l'Evangile. L'un dit que la lune rétrograda lors de la Passion du Christ, et s'interposa de sorte qu'en bas point ne s'épandît la lumière du soleil; un autre que la lumière se cacha de soi-même; qu'ainsi pour les Espagnols et pour les Indiens, comme pour les Juifs, eut lieu cette éclipse. N'a point Florence autant de Lapi et de Bindi, que chaque année de pareilles fables, d'ici et de là, en chaire on publie: en sorte que les brebis qui point ne savent, reviennent de la pâture repues de vent; et ne les excuse point de ne pas voir leur dommage. Le Christ ne dit point à ses disciples: «Allez et prêchez des sornettes;» mais il leur donna un vrai fondement; et dans leur bouche celui-ci tant résonna, qu'en combattant pour allumer la foi, ils firent de l'Évangile des lances et des boucliers. Maintenant avec des arguties et des bouffonneries on s'en va prêcher, et pourvu seulement que bien on rie, se gonfle le capuce et on ne demande rien de

plus. Mais dans le capuchon se niche un oiseau tel que si le vulgaire le voyait, il ne prendrait point les indulgences auxquelles on se confie; par quoi tant a cru la sottise sur la terre, que, sans la preuve d'aucun témoignage, à toute promesse on se tournerait. De cela s'engraisse le porc de saint Antoine, et beaucoup d'autres pires que des porcs, payant en monnaie falsifiée. Mais nous nous sommes écartés beaucoup; remenons à cette heure les yeux sur le droit chemin, de manière que la route avec le temps s'abrège. De degré en degré cette nature s'élève tellement en nombre, que jamais ne fut langue ni conception mortelle qui aille si loin. Et si tu regardes ce qui est révélé par Daniel, tu verras que sous ces mille se cache un nombre déterminé. La première lumière qui l'illumine toute, d'autant de manières en elle est reçue, qu'il y a de splendeurs auxquelles elle apparaît. D'où, puisque l'affection suit l'acte qui reçoit, l'amour en elle diversement bout et tiédit. Vois maintenant la hauteur et la largeur de l'éternelle Vertu, puisqu'elle s'est fait tant de miroirs où elle se brise demeurant une en soi, comme auparavant."[577]

I.1.b. La tradition et la récurrence morale et théologique de l'idée du diable soufflant dans l'oreille de l'âme endormie

La tradition représente, dès la *Bible* (*2 Timothée*, 4, 1-5[578]), abondamment l'idée de l'endormissement à la Vraie Doctrine, pour tomber dans la fausse, en particulier s'agissant des moines:

"*Ce qui rend l'homme sourd, et l'empêche d'entendre les divines inspirations du Verbe éternel. — Comment il doit prévenir ou combattre cet obstacle. — De l'amour divin. — Des signes auxquels on peut le reconnaître, et comment l'homme doit s'y exercer intérieurement et extérieurement. — Des doigts de Jésus-Christ, qui signifient les sept dons du Saint-Esprit, par lesquels l'homme entend vraiment Dieu quand il lui parle.*
Il a bien t'ait toutes choses.
(5. Marc, ch. vu.)

On lit dans l'évangile de ce jour que notre bon
maître allant d'une contrée dans l'autre, on lui amena .
un homme qui était sourd et muet. Il n'en pouvait être autrement; car quiconque est né sourd doit être muet: n'entendant point, il ne saurait parler. Notre Seigneur mit le doigt dans l'oreille de cet homme, et de sa salive sur la langue, et lui dit: «Ouvre-toi.» Le peuple, voyant les miracles de notre Seigneur, s'écria dans son admiration: «Il a bien fait toutes choses, il a fait entendre les sourds et parler les muets.» '
Voyons ici quelles sont les choses qui rendent l'homme sourd. Depuis que le premier homme a prêté
l'oreille aux suggestions du démon, il est devenu sourd, et nous le sommes devenus tous après lui, de sorte que nous ne pouvons plus ni entendre ni comprendre les douces inspirations du Verbe éternel. Nous savons néanmoins qu'il nous est plus intimement présent dans notre fond que nous-mêmes, plus que notre propre nature, que nos propres pensées, que tout ce que nous pouvons

imaginer; nous savons qu'il nous parle sans relâche; mais nous n'entendons rien de ce qu'il nous dit, à cause de la surdité dont nous sommes possédés. Cette surdité d'où vient-elle? De quelque chose qui nous bouche les oreilles et nous empêche d'entendre ses paroles, de sorte que nous devenons muets et aveugles, et ne nous connaissons plus nousmêmes. Si nous voulons parler de notre intérieur, nous ne le pouvons faire; car nous ne connaissons point notre état, et ne savons pas même ce qui se passe en nous. Le démon nous a soufflé dans l'oreille, nous l'avons écouté, et nous sommes devenus sourds et muets. Ces suggestions pernicieuses du démon, ce sont tous les déréglements qu'il nous inspire, l'amour ou la recherche des créatures, l'amour du monde ou de ce qui tient au monde, l'amour des amis, des parents, des honneurs, de la fortune, de notre propre nature, etc. Car il est toujours près de nous, il remarque de quel côté nous penchons, soit au dedans soit au dehors; puis, profitant de nos affections et de nos désirs, il nous attaque et nous tente par là, s'insinue dans notre cœur; et les images qu'il nous suggère bouchent ainsi les oreilles de notre âme, et nous empêchent d'entendre le Verbe éternel. Si l'homme, dès que la tentation se présente, en détournait ses oreilles et son cœur, la victoire serait facile. Mais si au contraire il prête l'oreille, s'il la regarde avec complaisance et cause avec elle, il est déjà presque vaincu, et lui donne des forces contre lui. Détourne promptement et énergiquement tes oreilles et ton cœur dès que la tentation vient, et tu l'as presque vaincue: tu cesseras d'être sourd, et tu pourras entendre la parole intérieure.

Cette surdité n'attaque pas seulement les hommes du monde, mais encore les ecclésiastiques qui aiment les créatures et en sont possédés. Le démon, connaissant leur état, leur suggère des images conformes aux inclinations de leur âme. Chez quelques-uns la surdité spirituelle vient d'une attache excessive à leurs idées, à leurs œuvres extérieures, et aux formes que leurs sens ont empruntées aux créatures. Tout cela bouche l'oreille du cœur et l'empêche d'entendre le Verbe éternel, et de comprendre ce qu'il dit. L'homme, il est vrai, a besoin de quelques exercices intérieurs, comme la prière ou la méditation, qui réveillent et excitent la nature, élèvent l'esprit, et nous attirent vers Dieu; mais nous ne devons pas nous attacher à ces choses, et notre principal soin doit être d'écouter au fond de notre âfne les inspirations intérieures du Verbe. Nous ne devons pas faire comme ces hommes stériles qui restent jusqu'à la mort esclaves de leurs pratiques extérieures, sans chercher rien au delà. Si

Dieu leur parle, il y a toujours quelque chose qui leur bouche les oreilles et les empêche d'entendre sa parole. O mes enfants, qu'il y a de choses qui s'interposent ainsi entre Dieu et nous! et que d'hommes s'y arrêtent et s'y attachent! ce sera un spectacle lamentable à voir au jour suprême des révélations.

Dieu ne parle qu'à celui qui,l'aime: Si quelqu'un m'aime, lisons-nous dans l'Evangile, il écoutera ma parole. Veux-tu savoir si tu aimes Dieu, nous dit saint Grégoire, examine-toi bien quand tu te sens assailli par le trouble, l'inquiétude et la souffrance, soit qu'elle vienne du dedans, soit qu'elle vienne du dehors; quand ton âme est tellement oppressée que tu ne sais où tu en es, et que tu ne peux aller ni d'un côté ni de l'autre, n'ayant plus de lumière pour te guider. Si, au milieu de cette tempête qui vient fondre inopinément sur ton âme et l'agiter, tu gardes la paix dans ton fond; s'il ne t'échappe ni impatience, ni paroles, ni gestes, ni aucun acte de colère ou de mauvaise humeur, c'est un signe que tu aimes Dieu. L'homme qui a un amour vrai et elfectif ne se laisse ni enfler par la prospérité ni abattre par l'adversité. Qu'on lui ôte ou qu'on lui donne, si

son bien-aimé lui reste, il garde la paix intérieure. L'homme extérieur pleure et se lamente: il faut le laisser pleurer, pourvu que l'homme intérieur reste en paix, et que la volonté de Dieu lui suffise. Si tu ne trouves pas en toi ces dispositions, c'est que tu es vraiment sourd, et que le Verbe éternel ne se fait point entendre chez toi.
Veux-tu savoir si tu aimes vraiment Dieu, vois si tu aimes 'a lui rendre grâces de tout le bien qu'il t'a fait, à toi et à toutes les créatures, au ciel et sur la terre, surtout de celui qu'il t'a fait dans son humanité sainte, et des dons innombrables que reçoivent sans cesse de lui tous les hommes. Tu dois renfermer dans ce saint exercice tous les hommes en général, prêtres, religieux, religieuses, quel que soit leur genre de vie ou leur profession; tu dois les aimer tous d'un amour réel, et ne pas borner ton amour à toi-même et aux tiens. Cet amour sincère et universel est extrêmement avantageux. Le cœur des vrais amis de Dieu se liquéfie d'amour pour tous les hommes, morts ou vivants; et s'il n'y avait dans le monde quelques-unes de ces âmes glorifiées, nous serions bien à plaindre. Ton amour ne doit pas rester renfermé dans ton cœur; mais tu dois le manifester au dehors autant que tu le peux, en aidant ton prochain de tes dons, de tes secours, de tes consolations et de tes conseils. Tu dois, il est vrai, garder pour toi le nécessaire; et si tu ne peux rien faire pour ton prochain, tâche d'exciter au moins en toi le désir de faire quelque chose pour lui. C'est à ces signes que tu reconnaîtras si tu aimes Dieu, et si tu n'es pas affligé de surdité spirituelle."[579]

Ou encore:

"*Et il leur défendait, avec de grandes menaces, de révéler qui il était,» car Dieu dit au pécheur (Ps. Xlix): «Pourquoi oses-tu raconter mes justices?» La prédication de la vérité est donc interdite au pécheur, dans la crainte que ses disciples, en prêtant l'oreille à sa parole, ne le suivent dans ses égarements. Un mauvais maître, en effet, est un démon tentateur, qui, au vrai, mêle le faux, afin de cacher ses menées frauduleuses sous l'apparence de la vérité. Du reste, nonseulement les démons, mais ceux que Jésus-Christ guérissait, les Apôtres eux-mêmes, recevaient l'ordre de taire les miracles qu'il opérait, dans la crainte que la manifestation de sa majesté divine ne retardât l'œuvre salutaire de sa passion.*"[580]

"*Le Prieur. Est ce donc que Dieu n'est pas tout puissant par sa grace?*
Le Docteur. Oui, Dieu est tout-puissant par sa grace; c'est-à-dire qu'il n'y a point de cœur si endurci, que Dieu ne puisse changer, sans en blesser le libre arbitre & qu'il ne change par sa grace, quand il le veut absolument. Dieu est rout-puissant par sa grace; c'est-à dire qu'il n'y a point de grace, avec laquelle Dieu n'opere en moi ce pourquoi il me la donne, si je n'y mets point d'obstacle. Mais il est faux, & c'est une heresie de dire, comme fait le P. Quessnel, que Dieu soit tout puissant par sa grace en ce sens, qu'il opere toujours en moi par la grace ce qu'elle me donne le pouvoir de faire.
C'est ce que S. Augustin explique admirablemen: bien, en disant sur le Pseaume 102. Ce medecin tout puissant ne trouve aucune maladie, qu'il ne puise guérir: souffrez seulement quil vous guériff. Ne rejettez\pas sa main, il sçait bien ce qu'til vous faut... Il vous guérira: mais il faut pour

cela que vous vouliez guérir. Et sur le Psçaume 91, il dit: Si Dieu se taisoit tandis que te Démon parle, vous auriez de quoi vous excuser. Vos oreilles sont maintenant fi nées, entre Dieu qui vous donne de falutaires avertissements, & le Démon qui vous suggere le mal. Pourquoi se tournent-t-elles de ce côté ci, & fe détournent-t-elles de ce côté-là? Le Démon ne vous force pas malgre vous de faire le mal: il est en votre pouvoir de consentir, ou de consentir pas.
La Presidente. S. Augustin auroit il jamais pû s'exprimer de la sorte, s'il n'avoit aecouru des graces auxquelles on resiste?
Le Docteur. Dieu veut guérir le pecheur, le pecheur rejecte sa main, il resiste donc à la grace. Qu'est-ce que resister à la grace, sinon de prêter l'oreille au Démon, tandis que Dieu parle de son côté & qu'on se détourne pour ne l'entendre pas? Ce pecheur qui se rend aux sollicitations du Démon, n'est pas excusable; parce qu'il n'est point forcé à le faire, & qu'il pourrait ne s'y rendre pas. II a donc dans les secours de la grace qui lui sont donnés ou offerts, les sorces nécessaires pour pouvoir se défendre, & il refuse de s'en servir. La grace, selon saint Augustin, n'opere donc pas toujours en vous ce qu'elle nous donne le pouvoir de faire. Dieu donc est tellement tout puissant par sa grace, qu'il se trouve souvent sans effet par la résistance de l'homme, Dieu ne voulant alors cc qu'il donne le pouvoir de faire, qu'avec la coopération libre, de l'homme, & que l'homme refuse."[581]

Dans ce contexte, la figure du Docteur (Jésus face à ceux du Temple chez Dürer, le Docteur théologisant ici) comme contrepartie du débat entre fausse et vraie doctrine (écouter ou non Dieu) ressurgissant, on le voit, systématiquement.

"*Il s'est vu d'autres demons qui on remply le coeur de ceux qu'ils possedoient d'une vanité si ridicule, que quelquefois ils s'élevoient plus haut que leur taille ordinaire, & faisoient en cet etat tous les gestes & toutes les marques exterieures d'un esprit enflé de vanité. D'autrefois ils se rabaissoient & se courboient comme font les personnes civiles & affables, lors qu'elles saluent quelqu'un, & leur parlent avec affection. Ainsi croyant que tout le monde avoit les yeux sur eux, ils vouloient leur faire croire qu'en faisant ces reverences profondes, ils saluoient des Roi ou des Princes, ou que d'autres les saluoient & leur rendoient les plus grands honneurs; & dans cette imagination chimerique, faisoent effectivement au dehors tous les gestes & toutes les postures que font les personnes qui s'entre-saluent, & qui rendent aux autres leurs respects avec soumission, ou qui les reçoivent avec orgueil. Nous en avons veu d'autres avoir inclination non seulement pour le mensonge, mais encore pour le blasphème qu'ils inspiroient aux possedez. Nous sommes témoins de cela nous mêmes; & nous avons ouy de nos oreilles le Démo confesser qu'il s'estoit servy de la bouche d'Arius & d'Eunomius pour publier par eux les impietez & les sacrileges de leur heresie.*
C'est aussi ce qu'un de ces mauvais esprits declare manifestement dans le troisième livre des Rois: Ie m'en va, dit-il, & je ferais un esprit de mensonge dans le bouche de tous les Prophetes d'Acab. Et S. Paul reprenant ceux qui s'en laissent surprendre, leur parle de la sorte: vous

prestez l'oreille à des esprtis seducteurs & aux doctrines des Demons, qui dans leur hypocrisie ne vous disent que des mensonges. L'Evangile nous fait voir encore qu'il y a d'aurres sortes de Demons qui sont sourds & muets. Le Prophète Ozée nous apprend aussi qu'il y en a qui s'appliquent à irriter les concupiscences & l'impureté. L'esprit de fornication les a trompez dit-il, & ils se sont détournés de leur Dieu. L'Ecriture nous apprend de plus, qu'il y a des Demons de jour, de nuit & de midi.

Ce serait une chose infinie que de vouloir expliquer en particulier tous ceux dont il est parlé dans l'Ecriture; qui sont ceux que le Prophete appelle Onocentaures, ou Satires, ou Syrenes, ou Hiboux, ou Autruches, ou Erissons, ou du nom de ces bestes monstrueuses & plus inconnues qu'ils appellent des Lamies, qui sont ceux que David a marquez sous le nom d'Aspics, de Basilics, de Lions et de Dragons, ou l'Evangile sous celui de Scorpion qui est le Demon (Luc. 10), qui s'appelle le Prince de ce monde, ou qui sont ceux de l'Apostre (Ioan. 14) les Puissances de Tenebres & les Esprits de Malice (Ephes. 6)."[582]

I.2. Le démon sur l'épaule, entre Giotto et Dante

I.2.a. L'Enfer et ses représentations

La même structure représentative du démon ailé accroché au dos d'un personnage, mais ici de la femme nue, se rencontre, antérieurement encore, dans le *Jugement dernier* de la chapelle Scrovegni (1306) par Giotto à Padoue, c'est-à-dire à peu près contemporainement au processus d'écriture de la *Divine Comédie* par le Dante.

Sur le portail de Conques (XIIème siècle), on trouve un couple de Luxurieux encordés. Les colériques du Cinquième Cercle des Enfers de Dante, qui se battent entre eux, dans l'Enfer de Giotto pourraient se reconnaître dans les personnages battus par les démons. À Conques toujours, la Médisance ou l'Envie est représentée par un personnage dont un démon tire la langue pour la couper, ce qui correspond bien au personnage pendu par la langue dans la fresque de Giotto. On note dans les fresques de Giotto, comme chez Dante ou Boccace, l'insistance sur le thème de la luxure des religieux. De fait, alors qu'un démon s'apprête, dans l'Enfer de Giotto, à émasculer un religieux, l'un des personnages pendus par les parties sexuelles est encore un religieux. Selon l'établissement iconographique propre de la fin du Moyen Âge, la Gourmandise gâvée peut ici être vue dans le personnage enfilé sur une pique comme un cochon que l'on rôtit. De même, l'Avarice représentée

par un personnage gavé de pièces fondues, peut être identifié dans celui sur le point de recevoir le contenu d'une louche que nous supposons de liquide chauffé.

Alors que les avaricieux occupent la droite de Satan, conjointement avec Judas aux entrailles saillantes, à sa gauche se trouvent les groupes de ce que l'on peut reconnaître comme des luxurieux (pendus par les parties génitales ou émasculés, en général religieux), les envieux (suspendus par la langue ou recevant un liquide dans la bouche, que l'on suppose être un liquide chaud), les colériques (battus par les démons), le gourmand (embroché comme s'il s'agissait d'un cochon de lait). On reconnaît généralement en Satan l'image de l'orgueil (Ange déchu, désobéissant, Lucifer). On aurait ainsi bien représentés, approximativement dans cet ordre (dans une lecture de gauche à droite selon la position du spectateur): l'Avarice, la Gourmandise, l'Envie, la Luxure, et la Colère, autour tous de l'Orgueil.

I.2.b. Les Péchés et l'Acedia chez Jérôme Bosch comme modélisation pour comprendre la gravure de Dürer et sa division tripartite

Il manquerait, selon notre lecture, la Paresse, qui pourrait être au premier plan, comprise comme une relaxation de l'ordre religieux.

De fait, nous y trouvons, au premier plan, ce qui n'est pas peu, un couple[583], ce qui accentue l'interrogation iconographique du curieux, poussés l'un vers l'autre par des diables.

À droite (gauche du spectateur), un homme, dont le dos est labouré par un démon à l'aide d'une sorte de râteau (châtiment pour l'acquisition injuste de biens[584]), et qui tient à la main une bourse; à gauche, une femme, au dos de laquelle est accroché un dragon (l'une des figures du démon, on vient de le voir, et on le reverra dans le cadre de la légende de Sainte Marguerite dans la seconde partie du présent texte), qui, comme la figure féminine de la gravure de Dürer, ouvre la main, mais ici non pour indiquer, sinon pour tenter d'attraper la bourse de

l'homme (geste qui rappelle celui du moine, reconnaissable à son tonsure et à son habit à capuche, qui accompagne une femme vêtue de bleu - dont on a vu que c'était la couleur de la Théorie - qui joue de la cymbale, mais la forme de l'instrument ressemble plus à une coupe vue d'en haut, dans une enluminure du XIIIème siècle[585] représentant la Luxure[586], comme le confirme le démon en action d'onanisme face au Sage présentant un livre ouvert, le couple ici présentant un point de comparaison iconographique pour identifier le geste de l'homme à une relation en sens théologique entre Luxure et Avarice, et en sens de la métaphore physiologique entre la bourse et le sexe féminin, la cymbale-coupe renforçant la relation d'offrande amoureuse, conformément au modèle des *Sept Péchés Capitaux* de Bosch[587], où identiquement la femme du couple du premier plan remplit la coupe que lève l'homme allongé).

Pour Saint Irénée (*Contre les Hérésies*, Livre III, cap. 22, §§ 3-4[588]), c'est la désobéissance d'Ève qui provoque le péché, laquelle correspond à une forme d'hérésie (*ibid.*, Livre V, cap. 19, §§ 1-2[589]).

Pour Ephrem le Syrien (*Commentaire sur la Genèse*, Section II, §§ 15-2, 16, 17-1 & 2[590]), c'est l'avarice d'Adam qui représente le mieux la cause de son action et la raison de son châtiment. Ève est la réelle transgresseuse du commandement divin (*ibid.*, §§ 25-28[591]). De fait, la justification d'Adam d'avoir écouté Ève ("*hw'*") peut aussi bien se rapporter au serpent ("*hwy*")[592].

Supposons que ce couple puisse être le couple protoplastique, l'un au dos labouré, rappelant le travail de la terre marqué sur son propre corps, et l'envie qui a poussé Ève à porter Adam à l'avarice première, hérésie en cela que désobéissance à Dieu[593], la figure d'Ève acquiérerait alors bien le sens que lui donne Ephrem (*ibid.*, § 17-1): "*She was not overcome by the counsel that came into her ear; rather, she succumbed to the avarice that came from within herself.*"

Ève, contrepartie de Marie, chez les Pères de l'Église, est donc celle qui a souffert du murmure à l'oreille du démon. Ce qui expliquerait, non uniquement la centralité de premier plan du couple dans la partie basse (à droite du spectateur, donc le plus à gauche du sens de l'histoire), mais encore certaine similitude entre cette pose expectative, propre de l'Envie qu'a la femme, alors que le dragon dans son dos l'identifierait plutôt à la Luxure.

Au-delà de savoir si la double référence visuelle fut intentionnelle ou simplement propre de l'époque (la gourmandise et la luxure sont des formes d'appétit, produits par l'envie - similitudes promus par le fait qu'Ève est l'"*archétype des deux: l'hérésie et la sexualité illicite*"[594] -), nous voulons mettre l'accent sur la structure visuelle identique entre l'image du "*Paradis*" par Giovanni di Paolo et celle de la fresque de Giotto.

Identité visuelle qui pourrait alors bien représenter une identité de nature, puisque, comme le mauvais prêcheur s'éloigne de Dieu, et devient hérétique, pour avoir écouté (ou s'être laissée bercée par) le serpent (avec lequel elle partage une identité terminologique d'écriture du nom en hébreu), Ève trompa, à son tour, Adam.

On peut donc supposer que, même si les personnages du premier plan de l'Enfer de Giotto ne sont peut-être pas Adam et Ève (bien qu'ils apparaissent aussi dans celui de Dante [Premier Cercle, Chants III et IV[595]], qui visita Giotto à Padoue[596]), ils représentent les Vices qui originèrent l'acte de désobéissance envers Dieu, cause de l'expulsion du Paradis: que sont l'Avarice et l'Envie ou Hérésie.

Il faut alors considérer le Péché originel comme une relation tripartite, entre Adam, le naïf, Ève, tentatrice trompée, et le serpent, démon incarné comme, postérieurement, pour Sainte Marguerite dans son cachot.

Devient ainsi d'urgence pour nous la constatation suivante: cette même structure tripartite est celle qui se retrouve dans *Le Songe du*

Docteur, entre un personnage endormi, dont, pour les preuves iconographiques apportées, notamment l'image en référence au Dante par Giovanni di Paolo, il ne fait plus de doute qu'il s'agit, plus que d'un simple paresseux, d'un Docteur (comme le dit le titre, ce qui renvoie bien à son statut de mauvais moine, puisqu'il souffre d'*Acedia*) endormi théologiquement par la Fausse Doctrine, le démon qui, comme l'oiseau évoqué par Béatrice la lui souffle, et la figure féminine, que nous n'avons pas encore abordée.

Mais, plus encore, cette même structure tripartite est encore celle du *Chevalier, la Mort et le Diable* (*Ritter, Tod und Teufel*, 1513), toujours de Dürer, bien que nous n'entreront pas ici dans l'étude de cette oeuvre, également étudiée par Panofsky dans sa thèse sur Dürer.

Nous préférerons mentionner une autre oeuvre, du domaine flamand, dans laquelle, identiquement à ce qui se produit dans *Le Songe du Docteur*, la tripartition visuelle impose une relation non d'adéquation, mais bien d'opposition entre la femme et le démon. Il s'agit de la partie correspondant, précisément, à l'*Acedia* des *Sept Péchés capitaux et les Quatre Dernières Étapes humaines* (c.1500) de Bosch.

Dans cette partie, il est bien vrai que disparaît le diable, substitué par un autre personnage intéressant, celui du chien (symbole de fidélité, comme le montre Panofsky dans son étude du portrait des *Époux Arnolfini* de 1434 par Jan van Van Eyck), mais ici endormi, comme son maître. C'est donc l'infidélité qu'il représente, sans être partie prenante, il est adjuvant inversé, la mauvaise voie, ici plus qu'induire, comme le diable de Dürer, la mauvaise pratique, il la suit docilement. Or la figure féminine est celle qui, avec le crucifix et le livre, vient tenter de réveiller le personnage masculin de son apathie.

Si le diable n'apparaît pas chez Bosch, il reste présent chez Dürer, et, pour cela sans doute, que, mélangeant les deux images, Anne Larue met l'accent sur cette tripartition:

"C'est la paresse spirituelle qui accable l'homme devant son feu: une religieuse, un diable, un crucifix sont là pour rappeler cette dimension. De plus, loin d'être reproduites à de nombreux exemplaires comme les gravures à grande circulation, ces images sont en majorité des peintures, par définition uniques, et dont les possesseurs ne sont pas le tout-venant: le roi Philippe II d'Espagne possédait l'une d'elle, Les péchés capitaux de Bosch (actuellement au Musée du Prado à Madrid), qu'il avait détournée de son usage premier (la fonction d'un plateau décoratif de table) pour en faire un objet de contrition personnelle: il l'avait accroché comme un tableau dans son appartement à l'Escurial."[597]

On voit ainsi que, par logique de superposition, la figure féminine dans la gravure de Dürer devrait avoir un sens positif et théologique, plus que négatif et luxurieux. Elle représente la contrepartie de l'endormissement généralisé (dans le tableau de Bosch) ou du démon insidieux (chez Dürer). Sa fonction, comme celle de la femem au crucifix dans l'oeuvre de Bosch, face au paresseux, est donc d'éveiller, conformément aux indications de Saint Antoine-Marie Claret (1807-1870):

"*«Je me dis souvent:*
il est de foi qu'il y a un ciel pour les bons et un enfer pour les mauvais;
il est de foi que les peines de l'enfer sont éternelles;
il est de foi qu'il suffit d'un seul péché mortel pour offenser un Dieu infini.
Me rendant compte que ces principes sont très sûrs,
voyant la facilité avec laquelle on pèche - aussi facilement que si l'on buvait un verre d'eau, comme pour rire ou par diversion -
voyant la multitude qui est continuellement en état de péché mortel
et va ainsi à la mort et en enfer,
je ne puis rester en repos, je sens que je dois courir et crier et je me dis:
Si je voyais quelqu'un tomber dans un puits ou dans un brasier, je courrais certainement et je crierais pour l'avertir et l'empêcher de tomber?
Pourquoi n'en ferais-je pas autant pour empêcher quelqu'un de tomber dans le puits et le brasier de l'enfer?
Je ne puis comprendre comment les autres prêtres qui croient aux mêmes vérités que moi - vérités que tous doivent croire - ne font ni prêches ni exhortations pour empêcher les gens de tomber en enfer.
Je m'étonne même que les laïcs, hommes et femmes, qui ont la foi ne crient pas, et je me dis: si une maison se mettait à brûler de nuit, ses habitants et les autres habitants du quartier étant endormis et ne voyant pas le péril, le premier qui s'en apercevrait ne courrait-il pas dans les rues en criant: au feu! au feu! dans telle maison? Alors, pourquoi ne pas crier au feu de l'enfer pour

réveiller tant de dormeurs assoupis dans le sommeil du péché et qui, au réveil, se trouveront dans les ffammes du feu éternel?» Cf. Autobiographia, II, 11, 2-3-4"[598]

II. La figure féminine dans la gravure de Dürer, Sainte Catherine d'Alexandrie et la question de la bague

II.1. La figure féminine dans la gravure de Dürer et ses motifs iconographiques partagés avec Sainte Catherine

Si, à présent, nous faisons un exercice logique, et renvoyons dans l'ordre de la théologie (comme, on l'a dit, nous l'avons fait pour Bruegel ou Bosch) l'ensemble de la gravure de Dürer, et dans un sens de lecture mystique, déjà prévu par Panofsky, lorsqu'il considère *Le Songe du Docteur* comme une représentation de l'*Acedia*, en ne considérant plus, comme le fait Panofsky, le personnage féminin comme une Vénus tentatrice, mais comme une possible évocation de la Foi ou de la Vraie Doctrine, par opposition au songeur, comme mauvais croyant ou croyant paresseux, voire même, comme étaient considérés les Juifs au Moyen Âge, comme l'hérétique aveuglé (au sens littéral) par la Fausse Doctrine (par opposition donc à la Vraie), nous devrons nous poser une question fondamentale: qui est le personnage féminin de l'oeuvre?

Un point encore s'ajoute pour donner raison à cette autre version alternative du problème, que c'est bien Béatrice (symbole de l'amour divin) qui, chez Dante, critique les hérétiques: pourquoi donc ne pas considérer qu'ici pareillement c'est la Vraie Doctrine qui montre du doigt la Paresse? Un autre indice nous pousse dans cette voie: le fait que, si l'on y regarde bien, la figure féminine n'indique pas la pomme (symbole du Péché originel, dont la forme est identique à celle des panneaux d'*Adam et Ève* de 1507 par le même Dürer), mais l'espace au-dessus de celle-ci, son intervention en ce sens, iconographiquement parlant, n'est plus vers une katabase (personnification du rêve luxurieux du songe du Docteur), mais anagogique (nous le redisons de nouveau, pour être bien clair: elle indique un espace au-dessus de la pomme du Péché, donc un espace postérieur, supérieur, de salvation, au-delà du songe et du péché). Dans cette même perspective, elle montre un espace géométrique, lequel est, pour l'époque, comme l'écrit de manière répétée Luca Pacioli dans sa

Divine Proportion[599] comme l'indique le titre et en justification de son propos, l'expression de la Divinité en soi (ce qui explique la répétition systématique par les peintres, inclus Dürer dans sa *Melencolia I*, du symbole du polyèdre).

Or, pour répondre à la question que nous venons de nous poser, la seule sainte que nous connaissons dont on peut évoquer l'association constante à l'anneau matrimonial (symbole iconographique qui fait doublon avec sa roue), de fait pour ses noces avec Jésus, dont elle reprend l'action face aux savants, comme le rappelle le tableau de Gendron pour l'église de Saint-Gervais à Paris, est bien Sainte Catherine d'Alexandrie[600]. Dans cet office d'épouse divine, a parfois été confondue avec elle, ce qui renforce le cadre symbolique de l'importance idéologique de son mariage pour l'époque[601], Sainte Catherine de Sienne[602].

II.2. Sainte Catherine contre les Docteurs et la Fausse Doctrine s'affrontant au Diable, souvenir de ses adjuvantes iconographiques (Sainte Barbe et Sainte Marguerite)

Plusieurs éléments sont alors importants et révélateurs de l'iconographie de celle-ci: tout d'abord, elle est souvent représentée portant l'anneau, mais aussi accompagnée, comme la figure féminine de Dürer, d'anges[603], et il n'est pas inhabituel qu'elle soit représentée nue (ainsi la voit-on dans la représentation de son Martyre, dans les *Belles Heures* des Frères Limbourg (1406-1409, fol. 17r. New York, The Metropolitan Museum of Art, The Cloisters Collection, 54.1.1)[604], dans les oeuvres de Fernando Gallego, c. 1440-1507; Giampetrino, 1495–1549; Gaudenzio Ferrari, 1ère moitié du XVIème siècle; le Tintoret, pour le Cycle de l'Église Sainte Catherine de Venise, 1582-1585, actuellement conservé au Palazzo Patriarcale: on pense à *Sainte Catherine dans le Donjon, Sainte Catherine souffrant le supplice de la Roue,* et *Sainte Catherine flagellée*; Mattia Preti, 1613-1699; Simon Vouet, 1590-1649,

repris par Claude Mellan, 1625; ou encore dans l'école suisse, 1473)[605], comme son modèle Hypatia[606], et, comme celle-ci encore ou Jésus lui-même (son divin époux), elle s'affronte aux docteurs et à l'Hérésie. C'est ainsi d'ailleurs que comprennent sa figure les Espagnols, qui, concrètement l'opposent aux Docteurs, et au Diable lui-même, principe très intéressant pour notre démonstration, puisqu'il en confirme le sens général, en expliquant la possible présence de la Sainte dans l'oeuvre de Dürer:

"*Catherine Docteur (SAINTE), pièce de théâtre espagnole. Les Espagnols, dit La Place dans ses Pièces intéressantes, croient fermement que sainte Catherine a professé la théologie dans l'université d'Alcala, et ils ont fait à ce propos une pièce intitulée: Sainte Catherine Docteur. Le premier acte est rempli par les funérailles d'un professeur d'Alcala; on y voit, entre autres curiosités, un ballet pantomime entre les Vertus et les Vices. Le second acte commence par une scène entre sainte Catherine et le Sauveur du monde. Jésus-Christ paraît dans le cintre avec tous les instruments de sa passion. «**Catherine, lui dit-il, je vous ai choisie pour être un vivant témoignage de ma grandeur; c'est dans la faiblesse même de votre sexe que je veux faire éclater ma puissance.**» Aussitôt, il lui place sur la tête un bonnet qui lui donne la science infuse de la théologie; il la met au fait de toutes les subtilités scolastiques, lui apprend à disputer catégoriquement et lui donne l'assurance qu'elle peut terrasser le docteur le plus subtil et le philosophe le plus opiniâtre, puis il disparaît. Catherine, remplie de courage par ces paroles du divin Maître, va demander la chaire de théologie de la ville. Au dernier acte de la pièce, Catherine est au milieu de son école et dispute vivement avec tous les docteurs, le bonnet a opéré son effet, et il n'est pas un seul argumentateur qui puisse résister à Catherine. Mais un adversaire redoutable s'avance: c'est un vieux docteur, dont le visage pâle et le dos voûté ramènent l'espérance dans le cœur des vaincus. Tous les regards se portent sur le nouvel arrivant, qui n'est autre que le diable, venu exprès pour contrecarrer les desseins de Dieu. Il approche a pas lents, avec d'immenses lunettes sur le nez, témoignage irrécusable de sa grande capacité; il balaye la salle avec une longue robe noire, qui ne peut pourtant dissimuler entièrement la queue énorme qu'il traîne après lui. Tout le monde le reconnaît à ce signe, et l'assemblée attend avec autant d'impatience que de crainte l'issue d'un combat redoutable pour sainte Catherine. Le Malin s'avance; on lui présente la thèse, qui roule sur l'immortalité de l'âme. Il sonde d'abord le terrain par des arguments captieux, et finit par nier formellement que l'âme soit immortelle. Catherine le laisse longtemps dérouler ses preuves, puis elle le terrasse par le raisonnement suivant: "Orphée est descendu aux enfers: ergo, l'âme est immortelle." Le diable est confondu, il s'en va au milieu des huées, tandis que Catherine triomphe et est nommée professeur de théologie a l'université. La pièce se termine par un ballet général des citoyens et des citoyennes d'Alcala.*"[607]

Notre pièce est bien une représentation de la psychomachie entre les Vices et les Vertus, comme s'en souvient Mademoiselle Claude Alexandre De Bonneval dans ses *Mémoires* (1738):

"Extrait d'une Pièce Espagnole.
Les Espagnols croyent fermement que Sainte Catherine a professé la Théologie dans leur Université d'Alcala; & douter d'un fait aussi autentique, c'est s'exposer à se brouiller avec le Saint Office; Tribunal trop éclairé, pour ne pas donner le tort à quiconque auroit la temerité de vouloir en courir les risques. L'on est trop crédule en ce pays-là, pour appeller à la raison des opinions les plus extravagantes, & tout jusqu'à la Legende, y passe pour article de foi. Les Espagnols ont bâti sur le compte de Sainte Catherine une Tragédie charmante (Je parle pour nous, car elle est très édifiante pour eux;) on y voit un mélange de sornettes naïves,& de sentimens Catholiques & Payens, qui font une bigarrure tout-à-fait réjouissante. Le titre, c'est "Sainte Catherine Docteur, Le premier Acte est rempli par les funerailles du défunt Professeur de Théologie. Le pedantesque Corps de l'Université d'Alcala vient donner des témoignages publics de fa douleur; on prononce gravement l'Oraison funebre du défunt; on dit force sottises à ià louange; vient ensuite une cavalcade d'Ecoliers telle qu'on la voit décrite dans les nouvelles Avantures de Dom Quichotte. Ces Ecoliers forment un ballet pantomime, où l'on voit figurer les vertus & les vices. personnifiez. Le Lecteur va rire; mais, me diroit-il, s'il voyoit danser sur les Théâtres d'Espagnes, les douze Pairs de France & le grand Saint Charlemagne, les Cardinaux du Sacré College, & sa sainteté quelquefois. Mais honni soit qui mal y pense. Les Espagnols sont édifiez de ces sortes de farces que l'on donne toujours aux bonnes Fêtes, & d'ailleurs ils sont trop bons Catholiqnes, pour se scandaliser d'y voir jourer les Ministres de la Religion, & qu'étoit-ce que nôtre Théâtre, il n' y a pas deux siècles?
De Pèlerins, dit-on, une Troupe grossiere,
En public a Paris y monta la première,
Et fotement zelée en sa simplicité,
Joua les Saints, la Vierge, & Dieu par piété.
Ainsi trêve de ris; un sujet aussi grave mérite bien qu'on le lise avec gravité. Le second Acte commence par une Scène entre Sainte Catherine & le Sauveur du monde. Jesus-Christ paroît dans le cintre avec toutes les marques de sa Passion, Catherine, dit-il, en adressant la parole à la Sainte; Catherine, ma fille, me reconnoissez-vous? Ah! Seigneur, répond-elle, quand mes yeux pourroient ne vous pas reconnoître, mon cœur ne vous méconnoîtroit pas. Catherine, reprend le Sauveur, je vous ai choisie pour être un témoignage autentique de ma grandeur; c'est dans la foiblesse de vôtre Sexe, que je veux faire éclater ma puissance. Aussi-tôt par la vertu d'un bonnet Divin qu'il lui met sur la tête, il lui infuse la connoissance de la Théologie; il la met au fait de toutes les petites subtilitez scolastiques; lui donne l'art de disputer categoriquement, avec assurance qu'elle va terrasser le Docteur la plus opiniâtre, & le Philosophe le plus subtil. Jesus-Christ disparoit, Catherine pleine du courage que la présence & les discours du Sauveur viennent de verser dans son cœur, & brûlant d'envie de se voir aux prises avec tous les Docteurs de l'Université, va demander la Chaire au Gouverneur. Voilà sans doute des Scenes qui jettent un

interêt merveilleux dans le cœur de l'assistance admirative. Mais comme ce détail pourroit ne pas produire le même effet dans l'esprit d'un Lecteur Français, je passe avec chagrin deux Actes qui répondent parfaitement à ce que l'on a déja vû, pour me trouver plûtôt au dernier. Le lieu de la Scene représente une Ecole; on voit dans le milieu une Chaire de Professeur, où Catherine dispute vivement envers & contre tous. Le bonnet opere; autour d'elle est une bande de Docteurs, dont l'orgueil démontée, fait place avec regret à une admiration jalouse: mais Catherine n'est pas encore au bout. On voit venir un vieux Docteur, dont le visage pâle & le dos voûté, ramènent l'esperance dans le cœur des Docteurs vaincus, & projettent bien du fil à retordre à la sçavante fille. Tous les yeux se fixent sur ce nouveau champion, mais on ne le connoît pas. Quel est il? c'est le Diable? oui le Diable lui-même qui enrage de vouloir contrequarrer en tout les ouvrages du Seigneur, Mais laissons-le venir; il s'en ira bientôt avec sa courte honte. Le malin s'approche en équipage Doctoral; d'immenses lunettes sur le nez, témoignage autentique de sa profonde capacité; il balaye la Salle d'une robe à longs plis, trop courte cependant pour dérober à la vue une queue énorme qu'il affecte de vouloir cacher. On reconnoît le Pelerin, & l'on attend avec impatience l'évenement d'un combat; dont on n' ose se promettre que Catherine sortira à son honneur. Le sournois s'avance, on lui présente une Thèse; la question est sur l'immortalité de l'ame: il fonde d'abord le terrein par des argumens captieux, puis nie formellement que l'ame soit immortelle. Catherine le terrasse bientôt, & voici son argument. Orphée est descendu aux Enfers, donc l'ame est immortelle. Voilà le Diable à quia? Que peut-il répondre à un raisonnement aussi pertinent? Il s'éleve aussitôt de grandes huées de toutes parts; on crie, Il est confondu, il est confondu. Le pauvre Diable honni, vilipendé, berné, a bien de la peine à se sauver des mains d'une populace curieuse, qui le poursuit jusqu'à extinction de forces. On procede aussitôt à l'installation de la triomphante Catherine dans la glorieuse fonction de Professeur en Théologie."[608]

La différence avec la gravure de Dürer, mais par réaffirmation du sens que prête clairement l'iconographie à la *disputatio* de Sainte Catherine, c'est qu'ici les Docteurs sont, non seulement vaincus et confondus par le pouvoir venu du Christ, mais encore que le dernier Docteur est en même temps le Diable lui-même. Alors que dans la gravure de Dürer, le Docteur, en tant qu'idolâtre, n'est qu'induit par le démon à cette passivité propre de ceux-ci, puisqu'ils s'éloignent de Dieu, conformément à ce que nous représente, également, l'iconographie des livres d'emblèmes.

On notera alors deux correspondances iconographiques, entre la gravure de Dürer et la *Sainte Catherine avec deux anges* de Giovanni

Bilivert (Florence 1585-1644): dans les deux oeuvres - et sans prétendre une relation volontaire ou thématique en soi entre les deux oeuvres (mais en cherchant à vérifier la connexion de la figure féminine de la gravure de Dürer dans l'iconographie générale de Sainte Catherine) -, la figure féminine ne cache que sa partie la plus intime, et les anges de Biliver, à l'instar du Cupidon de Dürer, complétement désintéressés du spectateur (auquel le Cupidon de Dürer tourne simplement le dos), sont occupés à des niaiseries avec la Sainte (similaires à celles des enfants de *La Vierge aux rochers* de 1483-1486 de Léonard, qui sans doute l'inspire).

Similairement à notre figure féminine chez Dürer, qui indique au-dessus de la pomme, *Sainte Catherine d'Alexandrie en discussion avec les Docteurs*[609] de Bicci di Lorenzo (1375-1452) indique le Ciel dans un geste propre des Saints et du Christ, évocation ici de son discours sur Dieu comme le sont de l'égalité des forces entre les savants juifs et l'enfant Jésus les doigts entrelacés de ceux-ci dans *Jésus parmi les Docteurs* (1494-1497) chez Dürer.

On peut donc doublement assumer, comme le fait Panofsky pour *L'Amour sacré et l'amour profane* (1514) du Titien, que la nudité de la figure chez Dürer ne fait plus tant référence à l'acte sexuel du péché (suggéré au Docteur comme tout bon saint tenté de l'iconographie basse-médiévale), mais à la pureté non entachée de ce même péché et donc à la virginité, nombre de fois notée, de Sainte Catherine, pour cela iconographiquement souvent associée à la Vierge autant qu'au Christ, accompagné de sa mère en son mariage divin avec la Sainte illuminée.

La présence de la Sainte dans l'oeuvre de Dürer, si notre lecture en est correcte, exprime une valeur identique à celle du contemporain *Ars moriendi* (1415 et 1540), où les Saints viennent aider le chrétien face aux démons. De fait, il est ainsi intéressant de noter que la roue de Sainte Catherine est un objet qui sert de "*watermak*" aux copies Mariette de l'édition allemande de l'*Ars* ainsi que de l'*Apocalypse*[610], ce qui renforce

encore, par conséquent, le sens iconographique de l'intervention de la Sainte dans une représentation théologisée.

Dans le même sens, est notable l'association de Sainte Catherine, dans ses représentations, non seulement avec Sainte Barbe, "*Lys-tres-pur parmi les espines du Paganisme,/... Protectrice des Agonizans,/ Efperance des abandonnez,/ Arc-en-ciel, signe d'un Dieu reconcilié,...*" [611], mais, plus spécifiquement encore, comme dans le tableau d'Alessandro Tiarini de la pinacothèque de Bologne ou celui d'Andréa del Sarto au musée de Dresde[612], avec Sainte Marguerite terrassant le dragon tentateur, qui, selon *La Vie* de la Sainte[613], la harcèle dans sa cellule, alors que, comme Sainte Catherine, ce que raconte *La Légende dorée*[614], dans laquelle n'apparaît pas le monstre, elle s'affronte au paganisme de ses juges.

Confirmant notre interprétation, Giorgione reprend, pour sa *Judith* (1504)[615], le modèle de la figure féminine de la gravure de Dürer:

"Selon Jaynie Anderson, pour le modèle de sa Judith, Giorgione se réfère au répertoire de la statuaire lombarde ou même hellénistique avec la Vénus le pied posé sur une tortue, dite Aphrodite Ourania, de Phidias.
Toutefois, de toute évidence, c'est à Albrecht Dürer et à sa Vénus tentatrice, dans la gravure Le Songe du docteur, que Giorgione emprunte le corps de l'héroïne.
Cette jambe découverte, massive et nue, met en évidence la séduction déployée par Judith à l'égard d'Holopherne afin de rendre possible son meurtre."[616]

Il serait imprudent de considérer cependant cette jambe dénudée comme un symbole de luxure; il suffira, pour s'en convaincre, de reposer l'opposition que décrit Panofsky, comme cas d'école, dans son introduction aux *Essais d'iconologie*, entre l'iconographie de Judith, seule capable de recevoir l'épée, car sainte par excellence, puisqu'elle sauve le peuple juif, et celle de Salomé, qui n'aurait jamais pu se la voir attribuée, pour être le paradigme de la pécheresse, ayant provoqué la mort du plus grand saint, préfigurateur du Christ.

Ainsi, par rebond, pour nous, à choisir, si l'on s'en tient à l'opinion donc de Jan Bialostocki, Giorgione comme modèle féminin de sa Judith la figure de la gravure de Dürer, il en découlera, automatiquement, que celle-ci ne peut pas, pour l'époque, représenter une figure pécheresse. Cela serait idéologiquement illogique avec l'ensemble des procédés formels de la période (nous nous reportons en cela à la magistrale interprétation panofskienne du cas que nous venons de citer).

II.3. La bague: symbole d'union divine ou d'offrande démoniaque?

Pour sa part, le symbole de la bague comme lien divin, plus que comme offrande démoniaque, est bien attesté dans l'histoire du clergé, comme on le voit dans les débats sur l'hérésie des diverses factions qui s'y combattirent toujours:

"Entre lesquels on range mefme le bon fainct Bernard, qui a vescu du temps que l'on faisoir la guerre à ces pauures Albigeois; car bien que comme moine & Abbé de Clervaux, il fust emporté auec les autres à tenir ces pauures gens pour hereriques, puis qu'il recognoissoit le Pape pour chef de l'Eglise, si est-ce que parmi ces espaiffes ténèbres, il ne laissa pas d'enseigner en beaucoup de points la vérité de l'Euangile: si bien qu'il seruit à fon siècle comme d'vne lampe, pour efclairer plusieurs qui aspiroyent à la pasture de la doctrine celeste. Car il ne flatta gueres le Pape &: son clergé,disant, qu'en lieu des Prélats ils eftoyent Pilates, &en lieu de minifires de Chrift,ils feruoyent a l'Antechrift; Et mesmes il efcriuit de la predestination, & de la grace de Iesus Christ, contre les mérites des oeuures & du franc arbitre, non autrement que s'il eust puisé sa doctrine de la source de Luther ou de Caluin: Qui plus est, enfcriuant du sacrement de l'Eucharistie, il ofa dire, que c'est vn signe qui en soi-mesme n'est rien, mais représente le corps de Christ, tout ainsi qu'vne bague qui se donne, non pas au regard de la valeur de la bague en soi-mesine, ains seulement pour gage & tefmoignage de quelque inuestiture, ou autre chose que l'on veut signifier. On y range pareillement Iean de Sarisburi, Anglois, qui vescut enuiron l'an 1157 & efcriuit vn liure nommé Obiurgatorium Clericorum, & vn aurre nommé Polycraticus, efquels il estrille tout le clergé, les appellant Scribes, Pharisiens, faux Docteurs, & disent que le Pape est du tout intolerable. Il est précédé d'Arnould Euefque de Bresse, qui enuiron l'an 1127 auoit galé les prestres & leurs couronnes, disant que le glaiue du Magistrat ne leur appartenoit en façon quelconques bien que le Pape Adrian le chassa de Rome, comme hérétique. Et Pierre de Blois, qui de ce mefme temps descouurit aussi le pot aux roses, escriuant, que Rome estoit la vraye Babylon, de laquelle S. lean auoit prophetizé, que les officiers de la cour Papale n'estoyent que harpies infernales, les prestres veaux de Bethel, prestres de Baal, &: idoles d'Egypte. Ils y adioustent aussi vn Nicolas Gaulois de Narbonne, qui fut quelque

temps moine de l'ordre des Carmelites: pource qu'en fin ayant descouuert les abominations de ces cloistres, il publia à tout le monde leurs feinctetez, escriuant au liure qu'il appelle la Sagette de feu, qu'ils estoyent enfans rcprouuez, citoyens de Sodome, contempteurs du Tcstament, seducteurs:& la queue du dragon mentionné en l'Apocalypse."[617]

Ce qui retombe dans le cadre laïque, auquel le symbolisme associé de la bague et de l'amour se répand:

"*... j'applaudis et je reconnais là la vraie doctrine de Platon transfigurée par le christianisme; et je me souviens de S. Louis disant à propos de sa bague où étaient gravés ces trois mots: Dieu, France et Marguerite: Hors cet annel n'ay point d'amour; et je songe a Ste Elisabeth, trouvant un aliment à ses vertus de sainte dans son ardente tendresse d'épouse pour le bon duc Louis de Thuringe; et je relis le Récit d'une sœur.*"[618]

II.4. Sainte Catherine, parèdre du Christ

Le thème de la *Dispute de Sainte Catherine* (qu'il faut sans doute comprendre comme le pendant de Jésus au Temple, en référence au mariage mystique de la Sainte et donc de son équivalence féminine dans le ministère de son divin époux) est répandu, et son iconographie peut nous donner un élément de vérification de notre proposition.

Dans sa version de 1775, Johann Lucas Kracker [619], deux personnages de premier plan débatent entre eux, l'un étant par terre, et désintéressé, l'autre lui montrant la scène au centre de laquelle Saint Catherine au centre de la lumière, indiquant le ciel, et le visage levé vers les anges, dans son office d'évangélisation.

Une gravure[620] de la *disputatio* de Leipzig[621] reproduit ce schéma, lequel est commun des représentations de celle de Sainte Catherine, et de celle de *La Dispute du Saint-Sacrement* de Raphaël[622] et, en particulier, dans l'Étude par le peintre pour *La Dispute du Saint-Sacrement* (1508-1511)[623].

OEuvre intéressante dans notre *corpus*, car, faisant face à l'*École d'Athènes*, ses deux registres montrent le lien étroit entre l'apologie de la Vraie Église (le Triomphe de la Vérité Eucharistique comme on en a vu

les représentations) et celle de la dispute théologique qui permet de la fonder.

"C'est le peintre Vasari qui donne à cette œuvre son nom, un peu improprement puisque s'il peut être question d'une dispute théologique, c'est-à-dire une intense discussion, dans le registre inférieur, en revanche le registre supérieur fonctionne plus comme une glorification de l'Église céleste triomphante. Le titre de l'œuvre aurait donc tout aussi bien pu être Le Triomphe de l'Église."[624]

Les participants, dans les illustrations de ces disputes, perdus dans leurs fausses croyances, se répandent au sol (presque vaincus par la Vrai Foi) et ouvrent tout grands leurs livres pour voir s'ils y trouvent une réponse à la vérité révélée qui les perturbe.

On notera que, comme souvent[625] Saint Catherine (comme dans les *Heures du Maréchal de Boucicaut* 1410-1415[626]; ou chez Masaccio à la Basilique Saint Clément à Rome, 1425-1431 [627] ; Masolino Da Panicale, 1428-1431, également à Saint Clément[628]; Pinturicchio, 1492-1494, pour l'Appartement Borgia[629]; Raphaël, 1507[630]; le Caravage, 1595-1596[631]), la Vraie Doctrine (Francesco della Rovere duc d'Urbino, qui sera le Pape Sixte IV[632] [neveu de Jules II[633], assassin du Cardinal Francesco Alidosi, après sa rencontre probable avec Érasme à Bologne, en 1507[634]; "*The young man in blue - actually a picture of Francesco Maria della Rovere, a relative of the pope - represents the spirit of of the new, invigorated Catholic Church which Julius II hoped to create. In the distance, we actually see a new church structure rising — a probable reference to the construction of St. Peter's.*"[635]; de fait, Sixte IV "*embellit significativement Rome*"[636]], lequel réapparaît en blanc dans le groupe d'Averroès dans *L'École d'Athènes*[637]), face aux docteurs, dans la partie basse de l'oeuvre de la Salle de la Signature de Raphaël, est vêtue de bleue[638], couleur, on l'a vu de la Théorie.

Toujours Saint Catherine montre le Ciel du doigt.

Le personnage de premier plan chez Kracker devient dans d'autres représentations, soit un personnage de second plan à droite

comme un Roi Mage devant le Christ s'agenouillant en signe de reddition et d'offrande de soi[639], soit chez le Tintoret[640] (Palazzo Patriarcale de Venise, 1585, une des six oeuvres originellement réalisées pour l'Église Sainte Catherine[641]) un personnage renversé sur ses livres au premier plan à droite, répété au second plan.

On notera que ces personnages en poses de renversement se reproduisent, chez le Tintoret dans ses *Cènes* pour la Chiesa di San Polo[642] et pour la Chiesa di San Trovaso[643].

Ils ne laissent pas non plus, dans l'ensemble des oeuvres citées, ou encore chez Pordenone à Plaisance[644] (chez qui la robe de Sainte Catherine est verte, comme chez Francesco Granacci, 1530[645], ou pour celle de la figure du droit chemin du Tarot dans l'Arcane VI), de rappeler le renversement de *La conversion de Saint Paul* ou, du Tintoret *L'enlèvement du corps de saint Marc* (1562)[646]. Ce qui renvoie aussi bien au renversement de l'Hérésie des oeuvres antérieurement présentées qu'au sommeil de la gravure de Dürer, notamment par rapport au symbolisme de celui-ci dans les livres d'emblèmes.

De fait, la *Dispute de Sainte Catherine* par Lodovico Cardi Cigoli (1559-1613)[647] montre bien, au premier plan, l'agenouillement des docteurs devant la Sainte.

Chez Prospero Fontana (1551)[648], le personnage allongé, en pose lascive du premier plan, la main reposant sur le ventre, c'est un type et une position identiques à ceux du pestiféré ou lépreux de la *Tentation de Saint Antoine* du retable d'Isenheim par Grünewald (1512–1516)[649], pestiféré/lépreux qui, tenant, non pas comme les Docteurs de Sainte Catherine, leurs livres inutiles ouverts, mais le Livre dans un sac, représente l'ignorante Fausse Doctrine, ce que sa maladie révèle, en tant que châtiment divin. Gros reprendra le motif dans les *Pestiférés de Jaffa* (1804)[650], cette fois pour évoquer le caractère divin, de curateur, de Napoléon, non pour réfléchir sur le péché.

À présent, on notera que, de même que le programme iconographique du retable d'Isenheim est relativement clair (*l'Annonciation - la Résurrection - l'Incarnation du Fils de Dieu - La visite de saint Antoine à saint Paul l'ermite - la Tentation de saint Antoine - la mise au tombeau - saint Sébastien et saint Antoine*)[651], en particulier dans le sens de parèdre christique du Saint, il en va de même dans le programme des Appartements Borgia au Vatican, peinte par le Pinturicchio (1492-1494), qui représentent: *la Résurrection, l'Arithmétique, la Musique, Susanne et les Vieillards* (dont on a déjà vu dans notre *corpus* qu'en sens moral, son iconographie peut se confondre avec ou déterminer celle d'Églé), *La dispute de Sainte Catherine*[652]. Ici aussi, le programme, par sa condensation, propose une conception typologique, entre la Foi (le Christ, Catherine, Susanne) et l'Impiété (la Crucifixion, les Savants, les Vieillards). Entre le voir (Susanne) et la cécité morale (les Docteurs de Sainte Catherine), le peuple qui participe (en le regardant, mais en ayant son coeur fermé à la vérité de la doctrine) au sacrifice du Christ et en rit, comme chez Bosch, ou plus tard chez James Ensor, étant coupable.

On l'a dit, le mythe de Sainte Catherine reprend celui du Christ, mais en le condensant; comme lui, elle s'affronte aux démons (dans *Sainte Catherine Docteur*, mais aussi par la confusion avec Sainte Catherine de Sienne) et aux savants; comme lui elle s'oppose aux savants et à un interrogatoire, mais les deux épisodes, qui divisent pour Jésus le début et la fin de son ministère humain (au Temple et devant Pilate), n'est qu'un seul moment dans la vie de la Sainte:

"Catherine serait née vers 290 dans une famille noble d'Alexandrie, en Égypte. Elle acquiert rapidement des connaissances qui la placent au niveau des plus grands poètes et philosophes du moment: «Catherine, fille du roi Costus, fut instruite dans tous les arts libéraux» Un jour, elle voit une séance d'apostasie de chrétiens organisée par l'empereur Maxence; elle s'adresse à lui et «dispute longuement avec lui, en utilisant diverses démonstrations des syllogismes, l'allégorie, la métonymie et en parlant de claire et mystique façon». Après un deuxième entretien, où Catherine

tente de convaincre l'empereur de l'existence du dieu unique des chrétiens, celui-ci «constatant qu'il ne pourrait trouver de parade à la sagesse de Catherine,» convoque une assemblée de cinquante doctes grammairiens et rhéteurs, et leur promet d'«immenses récompenses s'ils triomphaient par leurs raisonnement de la vierge argumentatrice».

Les orateurs, amenés de diverses provinces, demandent pourquoi ils avaient été appelés de lieux aussi éloignées.

«L'empereur leur dit: «Il y a auprès de nous une jeune fille incomparable de bon sens et de sagesse, qui réfute tous les savants et affirme que nos dieux sont des démons. Si vous arrivez à l'emporter sur elle, vous rentrerez chez vous avec de grands honneurs.» En entendant cela, l'un d'eux, indigné, répond d'une voix pleine de colère: «Belle décision pour un empereur! Pour un différend avec une seule fille, il fait venir de pays lointains les savants de ce monde, alors qu'un seul de nos jeunes élèves pourrait très certainement la confondre!».»

La vierge, encouragée par un ange du Seigneur lui recommandant de résister avec constance, s'adresse à l'empereur devant les orateurs: «Par quelle décision peux-tu placer une seule jeune fille devant cinquante orateurs à qui, en outre, tu as promis salaire en cas de victoire, alors que tu m'obliges à combattre sans espoir de récompense?». Puis elle réussit à faire taire les orateurs par la pertinence de son argumentation, et à les convertir. L'empereur les fait aussitôt brûler au milieu de la cité.

L'empereur, séduit par sa jeunesse et son «incroyable beauté» s'adresse ensuite à Catherine et lui propose une place dans son palais, en second rang après la reine. Elle répond: «Cesse de tenir de tels propos [...] Je me suis donnée comme épouse au Christ [...] Rien ne pourra m'éloigner de l'amour que j'ai pour lui.». L'empereur la fait alors dévêtir, frapper à coups de croc de fer, et jeter dans une prison obscure sans alimentation pendant douze jours.

L'empereur doit s'absenter. La reine et Porphyre, général des armées, qui est aussi son amant, se rendent dans la prison où ils voient des anges pansant les plaies de la vierge dans une lumière éclatante. Ils sont convertis avec les soldats de leur suite. Pendant les douze jours, le Christ envoie une colombe blanche qui nourrit la prisonnière «d'un aliment céleste». À son retour, l'empereur constate qu'elle est toute florissante, lui propose une nouvelle fois d'être sa compagne, ce qu'elle refuse à nouveau car «Le Christ est mon Dieu, mon amour, mon berger et mon époux unique.»

Un préfet conseille alors au roi un supplice féroce pour la vierge, afin que l'exemple de cette mort effraye les autres chrétiens. Quatre roues entourées de scies de fer et de clous doivent lui déchirer et broyer le corps. Alors la vierge pria le Seigneur de détruire cette machine. «Et voilà qu'un ange du Seigneur frappa et brisa cette meule avec tant de force qu'il tua quatre mille païens.»

La reine, son amant Porphyre, et un nombre important de soldats, ayant avoué leur conversion, sont tous tués. L'empereur propose une dernière fois à Catherine de devenir son épouse, cette fois-ci impératrice. Elle refuse et l'empereur la condamne à être décapitée. Quand elle est conduite au lieu d'exécution, elle prie Dieu et une voix se fait entendre «Viens, ma bien-aimée, ma belle! Voilà: la porte du ciel t'est ouverte». Puis, quand elle est décapitée, du lait jaillit de son cou en guise de sang.

Alors des anges prennent son corps, l'emportent jusqu'au mont Sinaï, à plus de vingt journées de voyage, et l'ensevelissent avec beaucoup d'honneurs. «De ses ossements s'écoule sans cesse de l'huile qui guérit les corps de tous les malades8»."[653]

L'affrontement aux docteurs de la loi rappelle aussi bien Jésus que Moïse face aux prêtres d'Égypte. L'insistance de l'empereur pour en faire son épouse et son rejet pour être celle du Christ l'élèvent au rang d'une Judith, raison pour laquelle elle pourra porter, dans son iconographie, l'épée de la Vertu (et de l'Ange destructeur de la roue de son supplice). Comme par exemple chez Roger van der Weyden (XVème siècle)[654] ou à l'église Notre-Dame de Sournia (Pyrénnées)[655].

Or l'avachissement des docteurs face à Sainte Catherine préfigure celui des bourreaux face à la roue brisée, comme chez Giuliano Burgiardini (1530-1540)[656], Jacopo Bassano (1544)[657], Francisco Ribalta (1600-1602)[658], ou Vincente Castelló (c. 1617)[659].

Est si forte l'influence de l'iconographie de la Sainte face aux docteurs qu'elle resurgit dans ses représentations individuelles, livre en main et lisant (tel son parangon, Saint Jérôme), comme chez Onorio Marinari (1627-1715)[660], ou du *Mariage Mystique*, comme chez Véronèse (c. 1575)[661], où, au premier plan à gauche, deux anges lisent les *Écritures*, comme les Savants leurs livres dans la *Dispute*.

De fait, cette influence est si forte que Saint Jérôme même, dont on a dit qu'il est souvent le compagnon de la Sainte, acquiert la pose lascive des Docteurs dans les représentations de groupe, comme dans le *Mariage Mystique* de Pietro Faccini (1595-1599)[662] ou dans le *Mariage Mystique de Sainte Catherine d'Alexandrie et de Sainte Catherine de Sienne* (1524) de Lorenzo Lotto[663] (on retrouve l'association d'équivalence entre les deux Saintes). La posture de Saint Jérôme est plus évidente chez Faccini.

Cette superposition iconographique ne doit d'ailleurs pas surprendre, dès lors qu'on sait que c'est lors de son interrogatoire et de son supplice que la Sainte rappelle avec insistance son mariage divin.

Un autre élément, pour nous central, puisqu'il explique le final de la trame de *Sainte Catherine Docteur*, du récit de sa dispute avec la Docteurs est que l'empereur les appelle car, dit-il, dans *La Légende Dorée*[664]: "*Il y a auprès de nous une jeune fille incomparable de bon sens et de sagesse, qui réfute tous les savants et affirme que nos dieux sont des démons.*"

Ce caractère d'idolâtrie s'exprime avec une parfaite clarté dans la représentation de la *Dispute* par Federico Zuccaro (c. 1570)[665] où, devant des personnages enchaînés, chrétiens martyrisés ou païens détenus par l'injustice de l'empereur ou la cécité de leur foi (puisqu'un personnage qui semble un rabbin barbu les accompagne), et, conformément aux images similaires des livres d'emblèmes que nous avons précédemment étudiées, Sainte Catherine se présente devant l'empereur, alors que, derrière elle, sur le parterre devant le pronaos du temple où l'empereur s'élève, assis comme un Zeus grec, fait pendant au monarque imbu de lui-même (l'orgueil de la propre généalogie, comme on l'a vu), s'érige une idole sculptée en pied, autour de laquelle jouent des trompettes à la gloire du dirigeant et de son faux dieu (les fausses trompettes de la Renommée des livres d'emblèmes). On se souvient que nous avons rencontré dans les livres d'emblèmes, notamment dans *La doctrine des moeurs*, cette presque exacte mise en page.

Outre dans *La conversion de Saint Paul*, dont celle du Caravage (c. 1604)[666] est la plus belle et la plus nette sans doute, on retrouve l'évanouissement moral des figures de premier plan dans la partie centrale de l'*Autel de la Légende de la Croix* d'Adam Elsheimer (1578 - 1610)[667] et dans *Dispute de Saint Stéphane avec les Juifs* (cercle de Ferrer et Arnau Bassa, c. 1340-1360)[668], avec, le personnage de droite, archétype du rabbin (qui préfigure celui de Zuccaro), assis et en position mélancolique (vaincu par les preuves de la Vraie Foi).

III. Une hypothèse de plus: le cadre architectural et son sens possible, une voie alternative d'analyse

III.1. Le meuble du dormeur

III.1.a. Le meuble comme scriptorium

Partant de l'ensemble des déductions antérieures, un autre élément qui a toujours été évoqué est le meuble où repose le dormeur.

S'il fallait le décrire, on peut en dire qu'il s'agit, *visuellement parlant*, d'une haute chaise à reposoir, en forme de boîte, derrière laquelle (angle droit de la gravure) se trouve un coffret, et qui, sur la partie qui est devant nous comme spectateurs, c'est-à-dire à gauche de la gravure, se termine par une structure fractale cubique, sur laquelle reposent une pomme et un autre objet (un fruit?), indéfini par l'iconographie jusqu'à ce jour.

On a parlé d'un four ou "*poêle*" [669] pour ce meuble, et effectivement il reproduit bien la forme des "*Kachelofen*" de céramique[670] ou "*poêle de masse*", dans lequel "*Toute la quantité de bois nécessaire (de 6 à 40 kg suivant la taille du foyer) pour chauffer l'habitat est brûlée en une seule fois, ce qui induit des températures élevées dans le foyer et permet d'obtenir une combustion complète et peu polluante*"[671], mais il nous semble que, si cela explique la forme du meuble sur la partie gauche[672], cela n'explique pas celle de la structure entière dans laquelle se trouve le personnage du dormeur, c'est-à-dire la partie de la chaise haute et au large dossier de bois, intégrée à une structure surélevée en forme d'estrade.

Or l'on sait que l'iconographie représente souvent les *scriptoria* comme des lieux [673]

L'enluminure[674] représentant *Sedechias avec ses disciples* dans *Les diz moraulx des philosophes* (traduit en français par Messire Guillemme de Tignonville, ca 1418-1420, Atelier du maître de l'Hannibal d'Harvard, USA, Cambridge, Houghton library, Harvard university TYP 207 folio 1) montre parfaitement le scriptorium comme

un meuble long, et d'usage multiple, intégrant, de gauche à droite: un meuble suspendu pour le rangement des livres, avec, au-dessous, une table de rangement des plumes et d'ablutions; la chaise-pupitre, avec son écritoire giratoire; un banc où peuvent s'asseoir plusieurs compagnons de lecture et de débats. On notera que le fond et le carrelage de cette enluminure présente une fractalisation de la forme carrée, qui fait écho à celle de la partie du meuble correspondant à celle de rangement des livres et des plumes.

III.1.b. Du lien traditionnel entre les scriptoria et les pyrales

Or, si notre analyse est correcte, l'on sait la proximité, dans les monastères, entre les scriptoria[675] et les "*hypocaustum conventiale*"[676], comme cela est le cas à Saint-Gall:

"Cet appartement inférieur était aussi appelé pisalis, car sa porte sud est désignée ainsi sur le plan, egressus de pisale. On trouve dans Ducange diverses définitions du mot pisalis, entr'autres celles-ci:
• Conclave vaporario vel fornacula calefuctum (Guerardo in Glossar. Polypt.). - Cœpit unde vir venerabilis Reginboldus cellam ordinare et construere aedificavitque primum dormitorium, subtus autem pisalum, etc. (Acta Morensis Monasterii, p. 9.)
Ces définitions et citations s'appliquent bien au pisalis de notre monastère. C'est un appartement chauffe par un poêle et situé sous le dortoir.
Dans les chroniques de l'abbaye, il est désigné sous le nom de pyrale, et il semble que, sur ce point, la disposition des bâtiments différait de celle qui est indiquée sur le plan, car le scriptorium, le pyrale et le tavatorium étaient contigus les uns aux autres. «Veniunt in pyrale et in eo lavatorium nec non et proximum pyiali scripf torium, et has très regularissimas prœ omnibus quas unquam viderint asserebant esse officinas." (G., p. 92. Ekkehardi Hist. S. Galli, cap. xi.) V. aussi le chap. m de la même Chronique, G., p. 53."[677]

Si le problème de la sexualité s'applique bien à ces lieux d'"*étuves*" médiévaux, pour leur caractère collectif (voir leur représentation, par exemple, dans *Le livre de Valère Maxime*)[678], il se dirige plus concrètement, dans le cadre des monastères, comme le cité Saint-Gall, à l'aspect d'"*endormissement*", dont on retrouve bien en ce sens l'illustration chez Dürer, de l'âme du croyant par "*refroidissement*",

comme l'exprime la prière "*Oratio in Pisle*" du *Libro Sacramentorum Ecclesiae Remensis vetustissimo* (n. 162):

"et hoc pisle etiam legi in Indice, qui Libro praeponitur, Mabillonius testarur. Oratio ipso haec est: Omnipotens, sempiterne Deus, cujus sapientia hominem docuit, ut domus haec careat aliquando frigore a vicinitate ignis, ita nunc quaesumus, ficut omnes habitantes vel convenientes in ea careant in corde infidelitatis frigore a fervore ignis Spiritus Sancti; Per Dom. etc."[679]

III.1.c. De la fractalisation visuelle du polygone dans les représentations des scriptoria

De là, il convient de noter que dans l'enluminure représentant *Vulfage écrivant* de la *Vie de saint Amand* (Abbaye de saint Amand, entre 1066 et 1107, Valenciennes, Bibliothèque municipale 502 folio 117v), le contexte iconographique est ainsi un ensemble d'édifices ou un ensemble architectural complexe, dans lequel s'inscrit le scriptorium du scribe, alors que dans celle de La Haye, KB 76 F2 folio 255, celui de l'apôtre, représenté par son animal (le boeuf), apparaît comme l'anticipation de nos contemporaines modulations de divisions symboliques, comme un cube d'étude, dont les murs et les décors sont marqués par ces formes cubiques.

La même organisation d'accumulation architecturale se répète pour les représentations de *Saint Mathieu* et de *Saint Marc* dans l'exemplaire de 1170-1180, Freising (Tergensee?) de Munich (Bayersches staatsbibliothek Clm 21580 folios 48 et 130), ou dans celle de *Saint Jean* (2e quart du XIIe siècle, Salzburg Oxford, Bodleian library, Canon Bibl. Lat. 60 folio 109v.). Et, pareillement encore, dans celle de *Donatus écrivant sa grammaire* (2ème moitié du XIIe siècle, Allemagne, Londres, British library Arundel 43 folio 80v.). Se divisant parfaitement l'espace du meuble-écritoire et de l'architecture qui lui est adossée comme édifice-tour dans l'enluminure du IXe siècle de Cambrai (bibliothèque municipale 386 folio 40).

Fait intéressant, et iconographiquement révélateur, dans la représentation de *Saint Luc* de Tours (2ème moitié du IXe siècle, Paris BNF latin 269 folio 150v.), la chaire-édifice qui tient lieu d'écritoire au Saint intègre en elle les arcatures dérivées des architectures externes au meuble et qui, au contraire, l'entourent dans les images précédemment citées. Le fronton et les rectangles qui représentent l'élévation architecturale qui enferme l'écritoire de *Saint Luc* dans la *Bible de Souvigny* (Bourbonnais, fin XIIe siècle, Moulins, BM 1 folio 342), dérivent une nouvelle fois le modèle, du dedans (comme élément du meuble) vers l'extérieur (en tant qu'écrin visuel pour le spectateur du scriptorium).

Le scriptorium devient un meuble fermé dans lequel est installé le scribe dans l'enluminure de Jacques de Cessoles (Amberg 1458, Rome, Vatican, Biblioteca apostolica Pal.lat.961 folio 13v.).

Dans l'enluminure de New York, Pierpont Morgan library ms M105 folio 35, alors que l'écritoire se réduit à sa plus simple expression, d'une chaise et un pupitre pour lire, c'est le fond, multicolore, le sol, et le mur de briques qui reproduit la fractalisation architecturale de l'ensemble. Plus symbolique et abstrait est encore le fond bleu de polygones sur lequel se présente l'écritoire de Saint Mathieu ailé dans l'enluminure du XIVe siècle (1332, La Haye, Musée Meermanno, Koninklijke bibliotheek 10 B 21 folio117v), préfigurée à l'identique dans celle du XIIIe siècle (entre 1275 et 1299) représentant *Baruch écrivant* (Paris, bibliothèque Mazarine 29 folio 323). Et qui se répète encore dans celle de Londres (British library, Harley 2897, folio 186v, Paris, 1410-1419). Ou dans celle de *Saint Marc* (Utrecht 1332, La Haye 10B21 folio 117v.). Le motif en est ridiculement simplifié dans l'enluminure de *Saint Luc* (Londres, British library, Harley 2820 folio 120, Cologne, dernier quart du XIe siècle).

III.1.d. Du coffret et de l'usage des arcatures du scriptorium comme dépôts pour les encriers et les autres outils du scribe

La construction des scriptoria, marquée, précisément, par la possibilité de poser les outils du scribe dans les cubes vides du meuble, permet la représentation de cornes-encriers remplies d'encre bleue, verte, rouge et rangées dans l'enluminure de Bern (burgerbibliothek-Mss-hh-I.16 f41 Berne 1484/85).

Les mêmes cornes-encriers remplies d'encre jaune, rouge et verte se retrouvent chez Martin Lefranc (XVe siècle, Collection privée), mais ici avec un élément supplémentaire: le fait que le meuble du scriptorium, qui fait face à une ample fenêtre, s'allonge, vers l'arrière, par un divan, qui s'étend, à son tour, jusqu'à la porte d'entrée de la pièce.

Dans l'enluminure représentant *Saint Jérôme* (Angleterre ou Hollande, 3e quart du XVe siècle, Oxford, Bodleian library, Bodlley Auct.D.inf.2.13 folio 209v.), le meuble-écritoire est accolé à un mur qui s'ouvre sur un meuble de bibliothèque suspendu. Seul le sol de carrelage y évoque, de loin, les répétitions fractales des autres exemplaires cités.

Or ce modèle de *Saint Jérôme*, commun, et qui est aussi celui de *Saint Luc écrivant* (Sud de la Hollande, c.1450, La Haye, KB 76 G 22 folio 8), se reproduit dans l'atelier de Van Eyck, 1442 (Detroit, Institute of Art) où le Saint apparaît le menton posé dans sa main, en attitude pensive.

Dans *Saint Luc peintre* (début XVIe siècle, Ecole de Simon Bening ou suiveur or d'Horenbout travaillant en Angleterre?, British library, Royal 1EV folio 3), le meuble-bibliothèque reste intégré au mur, alors que l'écritoire devient une pièce indépendante, simple pupitre, comme souvent dans les représentations des scribes ou saints peintres (voir, par exemple, le *Saint Luc peignant la Vierge* de Niklaus Manuel, 1515, Kunst museum of Bern, où le carrelage de polygones reproduit l'antérieurement dite figuration fractale déjà rencontrée dans les représentations de *scriptoria*).

Valentin Boltz [680] (Bâle, 1549), dans son réceptaire sur l'enluminure présente identiquement l'image d'un scriptorium-écritoire au centre de la pièce où le peintre grec antique Apelle, maître de l'art pour la Renaissance, est assis, alors que derrière, sur le mur, se trouve le meuble de bois contenant les instruments de l'écrivain, notamment ses pots d'encre.

Quant au scriptorium de la représentation de *Saint Mathieu* des *Heures Rothschild* (*Heures de Jeanne de Castille,* c. 1500, Londres, British library Add 35313 folio 14v de Londres), il présente la répétition de rectangles, aussi bien dans la partie de l'écritoire que dans celle du meuble fermé qui y est joint, ici, à l'inverse de la gravure de Dürer, non pas devant, mais derrière le scribe.

Les objets du scribe, sur un écritoire qui n'est plus qu'une table basse, près d'une chaise à estrade, typique des représentations classiques, mais associé à un lit, indépendant, où repose le dormeur peut se voir dans l'enluminure du *Rêve de l'amant* (entourage de l'enlumineur Jean Semont, Tournai vers 1400, Lot 12 de la vente Christie's qui a eu lieu à Londres le 9 juillet 2001, invendu).

Le scriptorium devient un meuble complexe, s'allongeant, non plus en divan ou en lit, comme on l'a vu, mais en un coffre fermé, comme celui apparaissant derrière le dormeur de Dürer, dans le représentation de *Saint Mathieu* des *Heures à l'usage de Rome* dites *Heures du Maître aux Fleurs* (Maître du livre de prières de Dresde, 4ème quart du XVe siècle, Bruges ou Gand, Maître aux Fleurs, Paris, Arsenal, ms 638). Le coffre, cette fois derrière le Saint, apparaît dans le *Saint Jérôme* d'Antonello de Messine (1474-1475, Londres, National Gallery), et à son côté dans l'enluminure de Savoie (?, 3ème quart du XVe siècle, Dijon, Bibliothèque municipale 8 folio 1v.), dans laquelle le meuble d'écritoire, ajouré dans sa partie basse, sert de reposoir aux instruments de l'écrivain. C'est sur la table de *Saint Luc* (XVe siècle, Briançon) de

l'Église des Cordeliers que repose le coffret qui sert à les ranger. Le coffret est intégré comme partie du siège où s'assoie le *Saint écrivant* dans l'enluminure de Paris de 1410-1419 (British library, Harley 2897 folio 186v.).

Le scriptorium réapparaît clairement comme meuble pour ranger les instruments du scribe dans les représentations de *Saint Marc* et de *Saint Luc* du *Livre de prières d'Alphonse V d'Aragon* (Londres, British library Additionnal 28962, respectivement folios 32r. et 34v.).

Sa partie associée de meuble carré s'ouvrant dans la partie supérieure sert déjà à ranger les parchemins et la corne-encrier, fiché sur la capsa, dans l'enluminure représentant *Saint Marc* de Hidlesheim (970-1030, Hildesheim, Domschatz 34 folio 66v.) ou dans la représentation des *Évangélistes* de la *Bible de Vivien* (Tours, 846, Paris, BNF latin 1 folio 329v.). ou dans celles de *Saint Marc* de Saint-Gall (IXe-Xe siècle, Munich Bayerische staatsbibliothek Clm 22311 folio 97) et des *Evangiles de Loisel* (Reims, 800-850, Paris, BNF latin 17968 folio 55v.). l'antécédent, qui le modélise, de ce coffre - dont la conséquence sera celui derrière le dormeur chez Dürer - se trouve, on ne peut plus clairement, dans le *Portrait de Virgine* (Ve siècle, Rome, Biblioteca Apostolicat Vaticana, Vat. Lat 3867 folio 3v.).

Dans la représentation de *Saint Luc* dudit *Livre de prières d'Alphonse V d'Aragon*, sont conservés dans les arcatures la burette d'encre noire et une pierre ponce servant à la préparation du parchemin pour l'écriture, et, en-dessous, un pot à deux anses, décoré de deux lignes bleues surmontées de points de la même couleur, qui contient des plumes baignant dans un liquide. Or ce même usage des arcatures comme lieu de rangement se rencontre aussi dans la représentation de l'auteur Bruneto Latini en frontispice du *Livre du Trésor* (réalisé à Lille? après 1418, et conservé à Bruxelles, Bibliothèque Albert Ier ms 10386 folio 39).

III.2. Le personnage du dormeur comme religieux

III.2.a. De l'*Acedia* médiévale à l'iconographie de la Renaissance: le dormeur et le Saint, deux images opposées

L'ensemble des éléments antérieurs converge donc, historiquement et iconographiquement, pour nous induire à voir dans le personnage endormi de Dürer, plus qu'un simple paresseux, le religieux, propre d'ailleurs de l'iconographie de l'*Acedia.*

Deux autres éléments nous y incitent: la permanence de l'opposition entre le "*Docteur*" ou savant du *Faust* médiéval à celui de Goethe; et le fait que, conformément à l'iconographie courante du scribe ou du Saint assis à son écritoire (par exemple: *Saint Mathieu*, Saint-Martin de Tours, entre 849 et 851, Paris, BNF latin 266 folio 22v.; *Saint Luc*, fin IXe siècle, Cologne, Historisches Archiv der Stadt, HAStK 7010 147 folio 66v.; *Saint Marc*, Allemagne du nord, Magdeburg?, ca 1100, New York, Pierpont Morgan library M0889 folio 174v., *Saint Luc*, folio 184v., *Saint Jean*, folio 200; *Saint Mathieu*, Bourgogne, Premier tiers du XIIe siècle, Dijon, BM 641 folio 57; etc.), référence directe au statut mystique et divin de son office, le personnage de Dürer n'ait pas les pieds au sol, mais sur l'estrade de sa chaise, dont l'imagerie même (par exemple: *Saint Luc*, Mayence IXe siècle, Munich, Bayerische staatsbibliothek Clm 4451 folio 176; *Salomon écrivant les Proverbes*, Picardie?, vers 1220-1230, Paris, bibliothèque Mazarine 36 folio 240v.; *Bible d'Hambourg*, GKS 4, 2°; *Titus*, Universitäts und Landesbibliothek, Düsseldorf ms A 14 fol 119v.; *Saint Grégoire*, après 1154, Oxford, Bodley, Canon.Liturg. 297 folio 110v.; *Baruch*, Catalogne?, XIIIe siècle, Dijon 3 folio 169; le déjà cité Jacques de Cessoles, Amberg 1458, Rome, Vatican, Biblioteca apostolica Pal.lat.961 folio 13v.; etc.; parfois, comme dans le cas de Cessoles, on l'a vu, et d'autres images encore, le meuble enfermant littéralement le personnage, ce qui n'est autre qu'une variation de l'imagerie d'enfermement architectural originel du scribe et/ou du

scriptorium dans des ensembles plus vastes) renvoie directement à celle des *scriptoria* de l'enluminure médiévale.

Le meilleur exemple du moine - ou du Saint - écrivain dans ce type d'éléments est encore Saint Jérôme[681], dont, non seulement les architectures fractales (les étoiles du *Coelum Stellatum Christianum* avec Saint Jérôme ne laissant pas de rappeler l'image, simplifiée, des fractalisations habituelles, de *Saint Luc*, Londres, British library, Harley 2820 folio 120, Cologne, dernier quart du XIe siècle) et les scriptoria-écritoires-bibliothèques contenant ses livres rapprochent son iconographie de celle plus générale des scribe à leur étude, mais, comme on l'a également vu, comme chez Ghirlandaio (1480), il peut être représenté pensif, la tête appuyé sur sa main ou sur son poing fermé. Ce caractère méditatif du Saint le rapproche sans nul doute du dormeur de Dürer.

Or, fait notable, sont souvent associés Saint Jérôme et Sainte Catherine, comme dans les oeuvres de Girolamo da Treviso, Jacopo d'Antonio Negretti, Orazio Samacchini, Innocenzo Da Imola, le Corrège ou le Maître de la Légende de Sainte Marie Madeleine[682], souvent autout de la Vierge à l'enfant, en tant que "*saint patrons de l'apprentissage théologique*"[683]. Non pas que nous induisions que le dormeur de Dürer soit un Saint Jérôme, loin de là, mais si qu'aussi bien l'association théologique entre les deux figures d'une part, et le format de l'*Acedia* comme phénomène en premier lieu religieux, auquel renvoie la configuration du meuble comme scriptorium tel que le définit l'iconographie classique, notamment en sa partie fractale, par Dürer, sont deux éléments qui ne peuvent plus nous laisser aucun doute sur quant à la personnalité non laïque, mais religieuse, du dormeur de la gravure, nous confirmant, indirectement notre première hypothèse sur l'identité de la femme nue à Sainte Catherine, et la seconde quant à la présence, plus que de la reprise d'une modélisation médiévale, de l'apparition nouvelle

d'un discours de la renaissance, intellectuel, intertextuel et, donc, avant tout littéraire, dans l'oeuvre et la gravure du Maître allemand.

En ce sens, l'identité du dormeur à un religieux, conformément au discours et à et l'iconographie bas-médiévaux, renvoie dans un système d'opposition le Saint, tenté mais impavide (parce qu'en harmonie avec Dieu[684]), et le moine, dormeur (car en absence, ou oublieux de Dieu).

III.2.b. L'encrier, le sceau, la toupie, le ponchon, le second objet dans la gravure, le globe et le monde

Si l'on accepte notre prémisse de rapprochement entre les deux figures saintes dans l'iconographie, et que celle-ci peut avoir influencé Dürer pour sa gravure, il convient alors de constater que, chez Ghirlandaio, Saint Jérôme dans son étude a, autour de lui, entre de nombreux autres objets, les outils du scribe, dont (accroché à une pièce de tissu verte) le sceau pour marquer ses écrits, une toupie (sur la table, à côté des ciseaux), objets dont la forme oblongue, par opposition à celle ronde de la pomme, nous rappelle le second objet, bien que celui-ci soit plus petit, dans la gravure.

L'inscription en latin sur la corniche cannelée: «REDDE NOS CLAROS LAMPAS RADIO(SA)/ SINE QUA TERRA TOTA EST UMBRO[SA]» (*«Éclaire nos lanternes, ô lumière rayonnante/ Sans quoi la terre toute entière est plongée dans l'ombre»*[685] renvoie ainsi au cadre de notre étude: l'opposition entre la conscience et l'absence de Dieu, entre l'ombre et la lumière, entre le songe et la vérité.

Le second objet de la gravure, en outre de la pomme, devient alors un peu plus évident en sa possible définition, puisqu'on voit bien qu'il a une sorte de ficelle double (qui pourrait aussi bien être les poils d'un quelconque fruit) qui s'en décroche: il ne semble cependant pas improbable d'y reconnaître un très petit ponchon de sandaraque, qui s'utilise pour tapoter la surface du parchemin pour que l'encre y pénètre mieux, et que l'on trouve déjà rangé dans les arcatures de l'enluminure

citée représentant *Saint Luc* du *Livre de prières d'Alphonse V d'Aragon*, et qui, cette fois pendue à un fil, se retrouve dans celle de *Saint Mathieu* du même ouvrage[686]. Si cette identification est correcte, elle confirme doublement le statut du dormeur comme religieux, à la fois en tant que scribe (son instrument étant rangé dans l'arcature de son scriptorium), et en tant qu'assis sur ce qui pourrait alors s'interpréter avec toute sûreté comme un poêle certes, mais aux caractéristiques des *scriptoria* de l'iconographie de l'époque: propre à conserver les objets pour l'écriture.

Certes, nous pouvons bien nous tromper, car l'objet au fond est privé de toute spécificité réellement reconnaissable, mais peut-être un point parallèle, reprenant notre analyse par la figure de Saint Jérôme de nouveau, pourrait nous la confirmer, au moins partiellement: le *Saint Jérôme dans son étude* (1541) de Marinus van Reymerswaele[687], dans l'une de ses versions[688], a, posé sur la fenêtre de son scriptorium, une pomme. L'intérêt du fait pour nous peut venir de ce que, dans les autres versions, le Saint désigne invariablement du doigt le crâne qu'il a dans les mains, alors que dans celle-ci, bien que conservant une main sur le crâne, il fait avec l'autre le signe de croix, propre, entre autres, du Christ du *Noli me tangere*, la pomme semblant avoir substitué, par sa présence, la nécessité du geste. Ainsi, le crâne, non seulement du *Memento mori*, de l'iconographie de l'époque, mais, plus spécifiquement encore, d'Adam: dans toutes les variantes le Saint étudie une *Bible* enluminée ouverte à la page du Christ en gloire (donc de Résurrection), qui marque l'éphémérité terrestre et promet la salvation divine, dans cette version spécifique est accentué par la pomme du Péché, comme l'est l'invocation de la femme nue chez Dürer par la présence du même fruit.

À présent, si l'on veut s'y attarder un peu, que la femme nue indique, chez Dürer, le feu (l'"*ignis*" du "*Kachelofen*"), ou la forme cubique du fractal du poêle (le polygone "*qui correspond à Dieu lui-même... et la Sainte Trinité...*" définit par "*quatre correspondances*" selon les termes exacts de Pacioli au début du Chapitre V de son

ouvrage[689], pour qui "*notre sainte proportion confère l'être formel, selon l'ancien Platon dans son Timée, au ciel même, lui attribuant le corps appelé dodécaèdre ou, dit autrement, corps de douze pentagones, lequel, comme sera démontré plus loin, ne peut se former sans notre proportion*" [690]), comme le Saint Jérôme de Reymerswaele dans la version citée, elle ne montre pas la pomme, mais bien, nous l'avons dit dès le début, au-delà d'elle (la salvation, pour celui qui ne se laisse pas refroidir, conformément à la prière du pyrale du *Libro Sacramentorum Ecclesiae Remensis vetustissimo* - au contraire, le feu commode, qui peut devenir, comme dans l'oeuvre signée Bosch de la Geneva Fine Arts Foundation, celui des flammes de l'Enfer pour le dormeur imprudent pécheur de paresse morale -, ou, comme l'époque l'a voulu dans son usage abusif et systématique du polyèdre, notamment dans l'art des intarsia, dont une expression pourrait être la "*Vénérable Mère*", la "*Piété*"[691], mentionnée sur l'inscription du Studiolo de Gubbio de 1479-1482 de Guidobaldo Ier de Montefeltro).

On peut donc dire, sans crainte de se tromper, que la forme carrée fractalisée dans la gravure de Dürer, si on la remet dans l'iconographie de l'époque, moins que proprement dit au meuble qu'il représente (le classique foyer pour le paresseux de l'iconographie médiévale, ici illustré sous la forme allemande du "*Kachelofen*" de céramique), renvoie, en fait, à un exercice de symbolisme visuel autour du polygone, propre de l'art et la pensée de la Renaissance, des intarsia et des trompe-l'oeil où cette forme ressurgit sans cesse, comme représentation d'un principe abscons, dont le sens complet nous est aujourd'hui perdu (pour preuve l'absence d'explication du rocher de la *Melancolia I*), mais est probablement lié à la figure divine.

En ce sens, nous verrons un sens cosmique à l'ensemble de la gravure, par l'association entre l'anneau et le globe (qui, en outre, offre un axe visuel de correspondance avec la pomme), redondant comme le

sont ceux entre l'anneau et la roue pour Sainte Catherine, et entre le globe et l'hostie pour la Foi de l'iconographie et des gravures (chez Vermeer, Moretto da Brescia [Alessandro Bonvicino], Filippo et Filippino Lippi, Ercole Procaccini le Jeune, ou à Notre Dame de Lorette, etc.)[692]. Cette surdétermination est d'autant plus visible chez Vermeer, qui représente la Foi un pied sur le globe terrestre, et regardant le plafond d'où pend un autre globe, transparent, double allusion aux deux Jérusalem, et à l'éphémérité de notre monde comme les bulles de savon des *Vanités* du XVIIème siècle[693].

IV. Cupidon boîteux et les représentations moralisées des vertus de l'Amour

Il serait peu sage, sans aucun doute, d'essayer d'aborder la question de l'iconographie de l'amour à la Renaissance sans prendre en compte à Otto Van Veen (1556-1629).

Dans ses *Emblemata Amatoria* (1683), l'Amour s'appuyant sur un bâton, jouant dans un cercle, représente "*Il sort avec lenteur*":

"*L'Amour comme un éclair pénètre dans un coeur*
Un clin d'oeil un soupir le rend maitre d'une ame,
Mais il faut bien du temps pour éteindre la flamme
Il entre avec vitesse, et sort avec lenteur."[694]

"*L'Amour souple*":

"*Souple comme un osier sous l'oeil de ta maitresse*
Tu dois étudier et suivre les humeurs.
N'épargne ny soupirs, ny larmes, ny langueurs.
L'Amour est tout puissant, conduit par la souplesse."[695]

Dans le même ouvrage, sa relation avec le globe terrestre s'exprime comme celui d'un pouvoir absolu "*Il conserve tout*":

"*L'Amour, par des liens secrets mais tout puissants*
Conserve et réunit la machine du monde.
La discorde, sans lui minant les Elements
Reduiroit au caos les cieux, la terre et l'onde."[696]

Dans *L'ame amante de son Dieu* (1717), l'Amour face à l'âme se soutenant pour avancer, emblème que nous avons déjà vu apparaître, correspondant ici au numéro XVIII représente pour celle-ci la nécessité suivante: "*Affermissez mes pas dans vos sentiers, afin que mes pieds ne soient pas ébranlés*"[697], alors qu'à l'Emblème XXXIX, attaché au globe, l'Amour ailé s'exclame: "*Je me trouve pressé des deux côtés: car je désire d'être dégagé des liens du corps, & d'être avec Jésus-Christ*"[698].

De même que dans l'ouvrage précédent, l'emblème qui ouvre sur "*l'Amour divin*" exprime, par la représentation du globe: "*l'Amour penètre et soutient l'univers*"[699]. Face à la misère en béquilles, "*Il rend très libéral*"[700], et ainsi sous joug est dit doux: "*Qui veut aimer n'est plus libre à sa mode*", dans l'explication de la légende l'âme réduite et soumise paisiblement affirmant: "*Que j'aime vote joug, qu'il est doux & suave,/ Que je le craignois vainement!*"[701]

Pour sa part, l'ouvrage *Les emblemes de l'amour humain* (1667) nous offre les représentations de l'Amour éternel dans le cercle de l'orouboros[702], qui foule au pieds des chiffres dans une marelle car il est fidèle à son unique aimée[703], se supportant l'un l'autre avec ou malgré ses béquilles[704], qui foule au pied les idoles car rien ne l'arrête[705], qui met sous le joug le fort taureau[706], l'instabilité d'Amour sur la roue d'un tambour (le cercle du monde), représente son absence de mesure[707], il supporte le monde, plus fort qu'Atlas [708], il est sourd aux fausses musiques de la populace[709], il se consume par le feu trop entretenu[710] (on pense au foyer de la Paresse dans l'iconographie ou dans la gravure de Dürer), la tortue ici représente l'amour trop tardif et pour cela reproché[711], il chasse l'Envie[712], la Fortune l'aveugle[713], il est lent au départ[714], il fuit le débat avec l'amante[715], le mal d'amour, représenté dans le volume, comme on l'a vu dans les autres livres d'emblèmes, par la récurrente position couchée, marque aussi sa ruse, musique pour l'âme endormie[716]. Une autre étude serait nécessaire pour étudier la récurrence, également dans le volume, de la flagellation de la compagne de l'Amour et de son statut belligérant, représenté par sa bataille, parfois contre un cerf, mais en général contre le médiéval lièvre de la couardise.

On insistera sur les images de l'Amour contre la Renommée[717], de l'amour lent au départ[718], la restructuration de la parabole biblique[719] (*Mat.*, 15,14; *Luc*, 6,39) que l'on retrouve chez Bruegel dans la *Parabole*

des aveugles (1568)[720], et le rôle universel, par rapport au globe, de l'Amour[721].

En résumé, on voit, dans les ouvrages cités, que Cupidon, impossibilité ou joueur, illustre son statut de destin contraire, de pouvoir sur le monde, lié à une activité difficile, complexe, à des revirements (ce n'est pas pour rien si Cupidon, la Fortune[722] et la Mort partagent au Moyen Âge leur iconographie: notamment leur caractère aveugle et variable ou injuste).

Van Veen, dans le dernier volume cité: *Les emblemes de l'amour humain*, offre encore une association répétitive, reproduite aussi par l'opposition entre Hercule et l'Amour[723], conforme au pouvoir de Vénus sur Mars (et en général de la femme sur l'homme, sur le modèle comique bas-médiéval de la *Bataille de la culotte*), et l'identique victoire de Cupidon sur la Colère en armure[724]. Toutefois ici, le choix d'Hercule, que l'on a vu, s'exprime comme la victoire de la Vertu (l'Hercule viril) sur l'amour coquet et variable:

"*Amour source de vertu.*
Les grands faits d'Hercules, que tout le monde admire.
Ne fussent exploitez, s'il n'eut esté nauré
De la flesche d'amour: nul dard bien assuré
Au but de la vertu, sans l'Amour on ne tire."[725]

Voir aussi "*Vertu pour guide*":

"*Hercul guidant amour empesche qu'il ne cloche,*
Mais qu'il va seurement au chemin de vertu,
Et à celuy d'Honneur, au sentier peu batu,
Vertu guidant Amour le rend franc de reproche."[726]

Lucas Cranach (1487-1553) présente des Cupidons sur échasses, alors qu'Albrecht Altdorfer (1511) nous propose, plus clairement, une *Fortune avec un cupidon aveugle sur un globe*. William Strang (c. 1893)

propose une *Danse macabre* sur échasses, comme, en son temps, Maerten van Heemskerck un *Triomphe de Bacchus* (1537-1538)[727], bien que, dans son cas, dans un sens plus d'exotisme ludique que moral. Une gravure de 1530 signée R.B. [728] reproduit le Cupidon sur échasses de Dürer.

Ainsi, dans l'ordre de notre étude, la présence de Cupidon sur les échasses dans la gravure de Dürer illustre (ce qui s'intègre à notre orientation d'analyse, par typologie, encore une fois, avec les livres d'emblèmes, qui éclairent les oeuvres des artistes, en les présentant dans un système idéologique général de l'époque) deux objets: d'une part, la difficulté de l'amour en tant qu'offrande à Dieu, et les dangers de son parcours; et, d'autre part, le caractère versatile de son action et de son intérêt, qui illustre par comparaison l'état de l'âme oublieuse, joueuse ou simplement divertie, qui tombe facilement devant les difficultés du chemin, ce qui vient à s'associer aux images de l'âme prise au piège ou en cage des autres livres d'emblèmes et qui ne sont pas de Van Veen, précédemment étudiés. Accessoirement, il représente aussi, par conséquent, l'installation, à long terme, de l'amour dans le coeur et dans l'esprit, et la difficulté de changer l'âme bien faite (c'est sa lenteur à partir).

Ainsi le représente bien Victor Hugo dans *Hernani* (1830, Acte III, Scène 1):

"*Dérision! que cet amour boiteux,*
Qui nous remet au cœur tant d'ivresse et de flamme,
Ait oublié le corps en rajeunissant l'âme!"[729]

V. Le problème iconographique de l'objet irreconnaissable à côté de la pomme dans la gravure

V.1. L'objet dans ses interprétations habituelles, ou bien comme tache ou comme tampon

Revenons un instant sur le cas de l'objet à côté de la pomme, posé sur le rebord que jouxte celui où est la fruit reconnaissable.

À côté de la pomme, sans problème iconographique, l'objet, dont nous avons proposé qu'il pourrait être un tampon d'écriture propre des *scriptoria*, et que l'on rencontre dans l'iconographie, mais qui pourrait aussi bien être, simplement, une erreur, une tache, que l'artiste n'a pas voulu ou pas pu récupérer, a été, parfois, considéré comme un morceau de friandise sucrée ou "*Zuckerballen*"[730].

V.2. Autres possibles interprétations

V.2.a. Comme figue

Faisons à présent l'exercice d'en proposer d'autre options interprétatives:

Cet objet pourrait aussi bien être, visuellement, d'un commun accord, croyons-nous, une figue, qui alterne dans les représentations du fruit du Péché originel[731], et dont l'iconographie est souvent peu convaincante, car le fruit est petit, et a cette caractéristique ovoïde de l'objet qui nous intéresse dans la gravure durérienne.

Si tel était le cas, le thème du Péché originel serait doublé par les deux motifs.

V.2.b. Comme gousse d'ail

Si, comme la forme l'indique, petite, indéterminée, avec une excroissance qui semble faite de poils ou de queue sèche, il s'agit d'une gousse d'ail non pelée, il pourrait s'agir alors de cet aliment, attribut associé aux Juifs au Moyen Âge[732], comme on le voit sur une aquarelle

du XVIème siècle, représentant un Juif de la ville allemande de Worms[733], lequel apparaît avec la caractéristique rouelle, "*un sac de pièces et de gousses d'ail, autres attributs associés aux Juifs*"[734]. Objet qui nous renverrait alors dans l'ordre de la Fausse Doctrine, que représentent, on l'a dit, les Juifs et la Synagogue pour le bas Moyen Âge et on iconographie, de façon très similaire au symbolisme de l'oignon dans l'Emblème XXVII du *Silenus Alcibiadis*[735]. Ce que confirment encore les Emblèmes IIII (IV) et V du même ouvrage, qui associent l'image de Pan face au feu, et des courges qui croissent[736]. Et l'Emblème X, qui, reprenant la même problématique (l'amour comme dédication[737] - ce qui se conçoit autant d'un point de vue pratique que moral -), représente des pommes tombant de l'arbre.

V.2.c. Comme radis

Il pourrait s'agir d'un petit radis. On sait l'inattendue importance des cucurbitacées à la Loggia (1515-1518) de Cupidon et Psyché (on y induit leur sens amoureux[738] - que l'on retrouve dan *La Nef des Fous*, c. 1500, de Bosch[739] -, puisque l'on sait que "*roots such as turnip and radish are the most frequent of the vegetable (non meat) foods to appear in comic sexual scenes & in the fabliaux*"[740]) par Raphaël (festons peints par Giovanni Martini da Udine) de la Villa Farnésine à Rome[741]. Mais encore:

"During the Middle Ages, the radish had a predominantly negative symbolic meaning as a symbol of quarrel and strife. Because the radish, like the turnip, was said to be related to evil spirits, radishes and turnips were sometimes consecrated, that is, rendered harmless."[742]

C'est ainsi que:

"Another culinary illustration from Jorgi, der Drachentdter allows us to posit a more positive closure to the medieval fairy tale. A bunch of red radishes also features throughout the slim book, drawn as a crest on a knight's helmet. Kept whole until the final illustration, here they are sliced up to add into the meal preparation. It is tempting to see much more than a random piece of

cooking in the choice of this ingredient. In the Middle Ages, the radish apparently had a 'predominantly negative symbolic meaning as a symbol of quarrel and strife. Because the radish [...]was said to be related to evil spirits, radishes [...] were sometimes consecrated, that is, rendered harmless'.28 The radish picture can be read linguistically-etymologically, too, and not just as a visual symbol. The word comes from the Latin, 'radicem' or 'radix', meaning root. The related terms 'eradicate' and 'root out' are entirely relevant to the political message of the book, it would seem, at least to this reader-performer: the radishes have been chopped, xenophobia has been eradicated and radicalism (also related) has been deflected."[743]

De nouveau, le radis est associé aux Juifs, puisqu'il intervient comme symbole de la vie humaine, en recherche de Dieu[744], dans la fable "*Le ver et le radis*" du Rav Yéhouda Ashlag ou Baal HaSoulam (*Introduction au Livre du Zohar*, point 40)[745]:

"*Le même ver qui est né dans le radis, vit et pense que le monte entier n'est qu'amertume, obscurité et petit parce qu'il est né dedans. Cependant dès l'instant où il perse à l'extérieur et regarde ce qui existe en dehors du radis, il s'émerveille et dit: moi qui pensais que le monde était de la taille du radis dans lequel je suis né! Maintenant je vois que le monde est grand, lumineux, fort et beau.*"[746]

V.3. Conclusion sur l'objet irreconnaissable dans la gravure de Dürer

On le voit donc, indéterminés iconographiquement, les aulx, les radis, les figues, les tampons de *scriptorium*, tous nous renvoient, on l'a dit, dans l'ordre de notre interprétation:

1. Le tampon au monde du Docteur, du Savant chrétien;
2. L'ail et le radis aux Juifs, au démon, c'est-à-dire à la Fausse Doctrine, qui nous éloigne de Dieu;
3. La figue au Péché originel, donc, de nouveau, à l'oubli de Dieu, comme le radis encore à la sexualité; par conséquent, les deux en relation dialectique avec la pomme, qui leur fait(/ferait) pendant.

VI. Conclusion générale de méthode

> *"Ils sont du peuple, et pour eux de terribles spéculateurs ont bâti récemment ces palais presque somptueux où le billard au rabais et l'alcool vendu an plus juste prix appellent le pauvre.—Et quand le pauvre, laissant ce rêve de lumière et d'ivresse, rentre dans son taudis sombre où sa famille demande du pain, le drame hurle si épouvantablement que la plume s'arrête et n'ose plus...*
> *Ils sont de la bourgeoisie, qui a d'autres entraînements. Chaque caste, en effet, semble avoir son mirage particulier, sa démence spéciale. Ils laissent chez eux une fraîche et blanche femme, instruite, spirituelle, bonne et jeune, ils franchissent la porte de derrière d'un bas théâtre, et les voilà aux genoux d'une créature vieille, laide, ignorante, grossière et stupide. Là-bas ils sont aimés, ici on se moque d'eux. Et ils jettent à pleines mains l'avenir de leurs enfants dans le giron de cette Armide, qui garde à ses vêtements parfumés l'odeur de pipe empruntée à l'autre amant: l'amant de coeur, celui-là: vilain, sale et qui bat ferme!*
> *Un vainqueur! un héros! une brute!"*
> (Paul Féval, *La vampire*, cap. "*VII - L'affut*"[747])

Nous élaborerons notre conclusion sur le mode d'une révision de notre processus méthodologique, en deux colonnes, l'une où nous nous reposerons les questions fondamentales qui l'on généré, l'autre qui y répondra le plus concisément et clairement possible:

L'Acédie, dans ses représentations, a-t-elle un démon auprès d'elle?	Apparemment, selon notre *corpus*, non.
Qui, au contraire, en a?	L'Hérésie.
Le démon de l'Hérésie apparaît-il devant ou derrière-elle?	Les deux, indifféremment.
La Femme nue est-elle un symbole du Péché à la Renaissance?	Non.
Le dormeur est-il le symbole de l'Acédie?	Oui; mais aussi, plus généralement, de l'oubli ou de l'éloignement de Dieu, dans les livres d'emblèmes.
S'associe-t-il toujours à une femme?	Non, mais chez Bosch il apparaît dans la version la plus connue des *Sept Péchés Capitaux* avec une femme, laquelle, cependant, représente la Foi, puisqu'elle présente la *Bible*; alors que dans la version de Genève, l'Acédie est représentée, comme chez Brueghel, par une femme allongée la tête sur un rocher, avec un démon derrière elle, le four du dormeur étant changé ici, par proximité spatiale dans l'oeuvre, par les flammes de l'Enfer.

Ce premier groupe de considérations nous confirme ce qu'écrit Panofsky dans l'introduction aux *Essais d'Iconologie*, à savoir que les images se modifient selon les textes, mais aussi selon l'évolution iconographique, comme il le montre dans l'étude de l'exemple de Judith et Salomé.

Continuons notre révision:

La figure féminine dans la gravure de Dürer peut-elle être une représentation de la Luxure?	Selon l'iconographie, difficilement.
Avons-nous suffisamment d'images de l'Hérésie se laissant bercer par le faux chant des démons?	Oui, des illustrations de Dante aux livres d'emblèmes.

À l'inverse, nous avons étudié le chant cosmique de Silène. Mais ici c'est Églé, conformément à la représentation des ouvrages de l'époque et de la Femme symbole de la Sagesse divine qui guide le héros (de l'*Anti-Claudianus*: Fronésie ou Prudentia, et la *Divine Comédie*: Béatrice au *Songe de Poliphile*: Polia; en passant par *Della Transmutatione Metallica*: Reale Filosofica; *Le chevalier errant*: Dame Cognoissance et Dame Fortune; *Roland Furieux*: Logistille; ou même *L'île aux esclaves*: Euphrosine), qui réveille l'ivrogne et permet l'émergence du chant.

Ce qui confirme notre opinion de la représentation de la Vérité face à l'hérétique endormi à Dieu (thème central des livres d'emblèmes étudiés), que le Corrège représente pour Isabelle d'Este depuis la mythologie classique, et Dürer depuis la théologie chrétienne basse médiévale.

Le point suivant nous le confirme encore:

Quel est le type du Docteur de Dürer?	Probablement un savant chrétien, pour trois raisons: le titre de la gravure; l'iconographie du personnage (son couvre-chef entre autres, et l'espèce de *scriptorium* où il se repose); la conformité iconographique du type avec celui du moine paresseux et endormi de l'*Acedia* au Moyen Âge. Mais cela n'est donc pas déterminant en soi (ni pour l'interprétation panofskienne, ni pour la nôtre, pour savoir si la gravure représente une simple illustration de la Paresse, ou un objet plus complexe), mais si pour pouvoir sans crainte la considérer comme une illustration théologique qui renvoie aux livres d'emblèmes.
Avons-nous donc une ligne historique d'images ou de textes qui nous présente de manière suffisamment systématique l'image d'une femme combattant l'Hérésie et les démons?	Oui (notamment, pour les deux idées explicitement associées d'hérésie et de diabolisme, dans la narration de la pièce espagnole de *Sainte Catherine Docteur*), et c'est celle de Sainte Catherine, laquelle porte la bague et est une version féminine de Jésus au Temple.
Avons-nous suffisamment d'images de tripartition associées au motif musical pour renforcer notre interprétation de la gravure de Dürer?	Oui, dans les livres d'emblèmes.

Ce dernier élément, une fois de plus, posant leur importance primordiale pour comprendre l'évolution de la pensée moderne.

[1]Wiliam Golding, *Lord of the Flies*, "*9. A View to a Death*", p. 215, http://gv.pl/pdf/lord_of_the_flies.pdf

[2]Augustin-Joseph Crosnier, *Iconographie chrétienne ou étude des sculptures, peintures, etc... qu'on rencontre sur les monuments religieux du Moyen Âge*, Paris, Chez Derache et Chez Victor Didron, 1848, pp. 252, 255.

[3]Série aux armes d'Epinal. N° 165, *Histoires & scènes humoristiques, contes moraux, merveilleux. La chanson de la paresse*, Imagerie Pellerin fondée en 1796 [Epinal, 1894].

[4]Giovanni Careri, "*L'histoire de l'art est une histoire de prophéties*", *Images Re-vues*, hors série 2 | 2010, http://imagesrevues.revues.org/328: "*Cependant, quand on s'intéresse de près à la mélancolie des Ancêtres on ne peut éviter de se poser de façon plus systématique la question warburghienne et panofskyenne des schèmes iconographiques sous-jacents à la construction des images. Un bon point de départ peut être une recherche sur la relation entre les juifs et Saturne, la planète des mélancoliques. Il s'agit d'une histoire aux racines très anciennes puisque déjà Tacite dans ses Historiae signale la coïncidence du Shabbat avec le jour du culte de Saturne. L'historien en tire des conclusions sur la paresse des juifs qui se reposent non seulement un jour par semaine mais aussi un an tout les sept ans. Dans un article déjà ancien sur le juifs et Saturne, Eric Zafran se réfère aux textes de l'astrologue arabe Alcabitius qui au xe siècle attribuait aux juifs tous les traits négatifs induits par l'influence de Saturne: avarice, fatigue, plainte, peur, irascibilité. Mais la tradition textuelle du lien entre Saturne et les juifs est pauvre par rapport à celle qui qu'a produite la «vie des images» de l'Europe germanique. Zafran montre comment la figure de Saturne se judaïse jusqu'à se superposer complètement à celle du juif. Dans ce Prognosticon de 1521, les juifs sont massacrés dès que Saturne cesse de les protéger (fig. 19), les juifs apparaissent régulièrement parmi les enfants de Saturne (fig. 20), alors qu'en Allemagne le juif usurier et le patron des mélancoliques se ressemblent et se superposent (fig. 21). Dans les représentations de la roue de la fortune Saturne assume les traits stéréotypes du Juif (fig. 22). Ce processus culmine pour Zafran dans une gravure qui montre un Saturne Kronos avec lesignum (fig. 23).*"

[5]"*L'un aime éperdûment une femmeltte, & moins il en est aimé, plus la fureur de l'amour le tourment. L'autre épouse la dot, & non pas la fille. Celiu-là prostitue son épouse. Celiu-ci, possedé de Démon de la jalousie, veille en Argus sur la conduit de sa moitié. Quelles sottises ne dit-on point, ne fait-on point, dans le deuil, jusqu'à payer des Pleureurs mercenaires, qui sont comme les Acteurs de la Farce? Beaucoup de joye dans le cœur, grande affliction sur le visage; c'est pleurer sur le tombeau de sa bell-mere. L'un, ramassant tout ce qui lui appartient, en fait présent à son estomac, au risque de mourir de faim après s'être contenté. L'autre met tout son bonheur, à dormir & à ne rien faire. Il y en a qui, toujours en action pour les affaires de autres, négligent leurs propres affaires. Il en est qui empruntent pour s'acquitter, & qui, lorsqu'ils se croyoient en fortune, se trouvent abîmez de dettes. Ce pauvre ne conçoit pas un plus grand bonheur, que d'enrichir son héritier. Cet affamé de biens court les mers, pour un profit leger & incertain, abandonnant aux vagues & aux vents, une vie qu'il ne peut racheter de tout l'argent de Monde. Cet amateur du sang, qui pourroit jouïr chez lui d'un sûr & agréable loisir, aim mieux chercher la fortune à travers les dangers & les horreurs de la Guerre. On se flate d'une grosse succession, si on peu s'emparer de l'esprit de ce Vieillard qui va mourir sans héritiers, ou si on a l'adresse de gagner les bonnes graces de cette riche Vieille: mais que les Dieux rient de bon cœur, quand ces Pêchers d'argent se prennent dans leus propres filets!*" (texte de l'édition d'Amsterdam, François L'Honoré, 1728, reproduit sur le site http://spiritoftheages.com/Plate%2036%20(Moriae%20Encomium%20[In%20Praise%20of%20Folly])%20-%20illustrated%20by%20Hans%20Holbein.htm)

[6]http://warburg.sas.ac.uk/vpc/VPC_search/record.php?record=9507

[7] http://upload.wikimedia.org/wikipedia/commons/4/46/Aldegrever%2C_Heinrich_%E2%80%94_Socordia_%E2%80%94_1549.jpg, http://www.spamula.net/blog/2004/07/campagnola.html, http://desogexlibris.blogspot.com/p/opus-list_7726.html, http://www.dbnl.org/tekst/jong076totl01_01/jong076totl01_01_0037.php, http://www.stufftoblowyourmind.com/podcasts/tag/seven-deadly-sins/, http://fr.muzeo.com/reproduction-oeuvre/all%C3%A9gorie-de-la-paresse/ligozzi-jacopo, https://2009sediments.wordpress.com/tag/musee-du-luxembourg/, http://ec-belabre.tice.ac-orleans-tours.fr/dotclear/index.php?/page/3, http://www.zazzle.com/regalos?lang=es, http://scriptoriumdelascinco.blogspot.com/2011/12/bestiario-manuscritos-medievales.html, http://www.pinterest.com/mnemoticum/homo-bulla-est-quis-evadet/, http://www.penccil.com/gallery.php?p=793961723650, http://arts-graphiques.louvre.fr/detail/oeuvres/0/7362-

Allegorie-de-la-Paresse, http://arts-graphiques.louvre.fr/detail/oeuvres/4/572594-La-Paresse-max, http://arts-graphiques.louvre.fr/detail/oeuvres/5/572616-La-Paresse-max, http://gallica.bnf.fr/ark:/12148/btv1b6953356k.r=paresse.langES, http://gallica.bnf.fr/ark:/12148/btv1b6938878w.r=paresse.langES, http://gallica.bnf.fr/ark:/12148/btv1b8403648w.r=paresse.langES, http://gallica.bnf.fr/ark:/12148/btv1b8403648w.r=paresse.langES, http://gallica.bnf.fr/ark:/12148/btv1b10500428z.r=paresse.langES, http://gallica.bnf.fr/ark:/12148/btv1b8451883s.r=paresse.langES, http://www.penccil.com/gallery.php?p=793961723650, http://www.similart.fr/node/4440, http://www.rembrandtpainting.net/complete_catalogue/storia_b/idleness.htm, http://www.art.com/gallery/id--a242120/frederic-james-shields-posters.htm, http://www.pinterest.com/pin/315181673895509246/, http://commons.wikimedia.org/wiki/File:Abraham_Bloemaert_-_Parable_of_the_Wheat_and_the_Tares_-_Walters_372505.jpg?uselang=fr, http://teylers.adlibhosting.com/internetserver/Details/kunst/22585#; https://www.pinterest.com/pin/4503668354548408/

[8]Guy de Tervarent, *Attributs et symboles dans l'art profane: dictionnaire d'un langage perdu (1450-1600)*, Paris, Droz, 1997, art. "*Âne*", pp. 49-50, et "*Escargot*", p. 197; voir aussi pp. 30, 66, 86, 168, 175, 210, 367, 380; le boeuf est mentionné pp. 71, 115; et la tortue, p. 28.

[9]*Ibid.*, pp. 197, 380.

[10]http://pre-gebelin.blogspot.com/2009/04/witless-warrior.html

[11]Tervarent, p. 367.

[12]*Ibid.*, p. 72.

[13]Denys de Fourna, *Manuel d'iconographie chrétienne grecque et latine*, trad. Paul Durand, Paris, Imprimerie Royale, 1845, note pp. 276-277.

[14]*Ibid.*, suite de la note p. 277.

[15]Laurent Guitton, "*Les sept péchés de Saint-Léry - Allégorie infernale et conflits de pouvoir dans la Bretagne ducale au xve siècle*", *Annales de Bretagne et des pays de l'Ouest*, 2011/1, No 118-1, pp. 7-43.

[16]http://warburg.sas.ac.uk/vpc/VPC_search/record.php?record=32425

[17]http://lj.rossia.org/users/marinni/361549.html?thread=4599629

[18]http://en.wikipedia.org/wiki/Tree_of_virtues_and_tree_of_vices

[19]Crosnier, p. 259.

[20]Comte Grimoüard de Saint-Laurent, *Guide de l'Art chrétien, études d'est hétique et d'Iconographie*, Paris, Didron, et Poitiers, Henri Oudin, 1873, T. III, pp. 474-475.

[21]William Bruges et Didron Aîné, *Venise: iconographie des chapiteaux du Palais Ducal*, Paris, Victor Didron, 1857, pp. 17 et 33.

[22]*Ibid.*, pp. 33-34:"*ACCIDIA ME STRIGIT. Jeune fille assise dans la campagne, tenant de chaque main une branche d'arbrisseau sans feuille et comme mort.Ce Vice de la Paresse est ici, sur ce chapiteau et dans cette vie si active de Venise, la source de tous les autres: c'est celui qui fait mourir tout bien dans l'homme et qui appelle la légion de tous les défauts.-VANITAS IN ME ABVDAT. Jeune fille assise, couronnée en reine; elle tient, de la main gauche et horizontalement, un miroir rond où elle perd tout son temps, puisqu'elle est fille de laParesse, à se regarder. - IVIDIA ME COBVRIT. Jeune femme assise; coiffée de deux serpents, elle tient sur ses genoux un dragon auquel, de l'index de la main droite, elle montre un objet, sa voisine la Vanité, sans doute,à dévorer. L'Envie peut encore avoir la Paresse pour mère, tandis que le travailleur n'a peur de rien et ne porte envie à personne. D'ailleurs cette Envie n'a pas le courage d'exercer elle-même sa méchanceté; cette paresseuse charge de cet office un dragon, un étranger, un «condottiere» animal. - LVXVRIA SV STERCV INFERI. Jeune femme assise, comme la Paresse sa mère, tête nue, cordelette au front. Elle tient de la main gauche un miroir circulaire. Cette Luxure est trop semblable à la Vanité; quand on n'a que huit places à donner sur un chapiteau, il ne faudrait pas en gratifier des variétés à peine sensibles, surtout en figures. Quoi qu'il en soit, selon les Vénitiens, l'enfer est jonché, est pavé de luxurieux. - GVLA SINE ORDINE SVM. Jeune femme tenant à pleine main droite un gobelet de vin de Chypre probablement, et, de la main gauche, une cuisse d'oiseau qu'elle mange ou plutôt qu'elle dévore avec gloutonnerie. La Gourmandise est la fille légitime de la Luxure, mais je ne vois pas trop pourquoi l'Envie en serait la grand'mère, et la Paresse la trisaïeule. De la Gourmandise à l'Orgueil, de l'homme plein de vin et de bonne chère à l'orgueilleux, il n'y a peut-être pas bien loin, et je comprends la place du Vice qui suit. - SVPERBIA PREESSE VOLO. C'est un jeune soldat*

cuirassé, protégé d'un casque à deux cornes. A la main droite, épée levée;à la main gauche, bouclier où s'enlève en relief une tête de lion, le plus orgueilleux des animaux. - IRA CRVDELIS E IN ME. L'orgueilleux tombe dans la colère tout naturellement et par une pente insensible. La Colère est une vieille femme décharnée, cheveux au vent; elle arrache les vêtements qui lui couvrent la poitrine, cette partie qu'une femme calme cache avec tant de soin. - AVARICIA ANPLECTOR. Vieille femme en religieuse peut-être, voile sur la tête; elle tient serrée fortement de chaque main une bourse pleine d'argent et dont elle ne lâchera pas une obole, on peut en être sûr. Les Vénitiens ont ajouté un huitième Vice aux sept péchés capitaux, et ce nouveau péché capital est la Vanité, qui double ainsi la Luxure. A Venise, ville de luxe, de parade, d'ostentation, de richesse réelle assurément, mais aussi et souvent de richesse simulée, la Vanité est parfaitement chez elle. Au chapiteau xxvII, l'ordre n'est plus le même qu'au chapiteau vII, et surtout n'est pas le même que dans la théologie, que dans notre catéchisme. En voici les trois dispositions; nous les mettons en regard pour aider aux réflexions que cette différence peut provoquer:

CHAPITEAU VII.	*CATÉCHISME.*	*CHAPITEAU XXVII.*
Paresse	*Luxure*	*Orgueil*
Vanité	*Gourmandise*	*Avarice*
Envie	*Orgueil*	*Luxure*
Luxure	*Colère*	*Envie*
Gourmandise	*Avarice*	*Gourmandise*
Orgueil	*Paresse*	*Colère*
Colère	*Vanité*	*Paresse*

Avarice Envie.

Sur la Piazzetta, au chapiteau VII, la Paresse est le point de départ et la mère de tous les vices; le dernier rejeton en est l'Avarice. Sur le quai des Esclavons, c'est de la Luxure que tous les vices débordent, et les voyageurs savent, aujourd'hui encore, que ce quai n'est pas un modèle de pureté. Dans le catéchisme, c'est l'Orgueil, le Vice de la tête principalement, qui est la source de tout le mal.Je le répète, je ne fais qu'indiquer certaines remarques; mais que de réflexions. que d'enseignements à tirer d'un tableau général et synoptique des vices et des Vertus comme toutes les religions, tous les siècles et tous les peuples les ont compris!Je suis tenté de dresser un jour, dans les «Annales», une pareille perspective sur une double ligne, l'une pour les Vertus, l'autre pour les Vices."

[23]Voir aussi Jacob Cats, *Silenus Alcibiadis, sive Proteus, humanae vitae ideam, emblemate trifariam variatio, oculis subjeciens. Iconibus artificiose in aes incisis, ac trium linguarum explicatione eleganter elustratus*, Middelburgi, Ex officina typographica Iohannis Hellenij, 1618, pp. 73 et 79 de la Ière Partie, Emblèmes XXXVI et XXXIX.

[24]Jusque dans le cadre domestique: "*The Good House-Wife. Woman, when Virtuous, free from Sloth & Vice, / Greater by far, than Rubies in her price. / Heaven crowns her Labour with a plenteous Store, / To feed her Household, and relieve the Poor.*", http://www.pinterest.com/pandora678/18th-and-19th-c-dress-servants-and-the-underclass/

[25]Mme Manceau, *Les deux Jumeaux ou Travail et Paresse*, "*Bibliothèque de la Jeunesse Chrétienne*", Paris, Alfred Mame et Fils, 1864. Cette dualité morale sera reprise par la Comtesse de Ségur dans *Jean qui grogne et Jean qui rit* (1865). Alors qu'Eugène Sue fera une série de romans sociaux intitulée *Les Sept Péchés capitaux.*

[26]Grimoüard, p. 472.

[27]*La Vertu entre l'Activité et la Paresse*, oeuvre attribuée à Raphaël, voir Tervarent, p. 261.

[28]"*Cast bronze medal; inscription obverse: ALBERTVS LOLLIVS; signed on truncation, incised: .P. 1562; on reverse Fortune, standing on a globe, moving to left away from a seated draped woman who may represent Sloth; inscription: OBVII VLNIS*" (http://warburg.sas.ac.uk/vpc/VPC_search/record.php?record=31339)

[29]http://sged.bm-lyon.fr/Edip.BML/(vci3b5jnv55bsc45h2okde45)/Pages/Redirector.aspx?Page=MainFrame et http://sged.bm-lyon.fr/Edip.BML/(3cqyglvyiqtbhxjouvuutwus)/Pages/Redirector.aspx?Page=MainFrame

[30] http://www.1st-art-gallery.com/Louis-Laguerre/Allegory-Of-Industry-And-Idleness.html, http://www.onepeterfive.com/seven-deadly-sins-remedies/, http://labourpartisan.blogspot.com/2011/12/marks-of-weakness-marks-of-woe-chav-as.html, http://educators.mfa.org/prints-drawings-and-photographs/prodigal-son-allegory-idleness-and-luxury-712,

http://arts-graphiques.louvre.fr/detail/oeuvres/10/7357-Allegorie-de-la-luxure-max, http://www.culture.gouv.fr/Wave/image/joconde/0684/m021102_0009182_p.jpg, http://marinni.dreamwidth.org/582902.html?thread=12721142, http://www.ebay.com/itm/1726-1627-EMBLEM-PRINT-Van-de-Venne-Cats-IDLENESS-ALLEGORY-Spider-Snake-/261241761804, http://www.wga.hu/html_m/m/mei/allegory.html, http://www.imagiva.com/bellini-giovanni/four-allegories-perseverance-and-fortune.html, http://lmaclean.ca/LisaMacLean/nfblog/category/the-classical-world-redux/, http://www.teeuwisse.de/catalogues/selected-prints-vii/tempus-the-allegory-of-time.html, http://warburg.sas.ac.uk/vpc/VPC_search/record.php?record=2391, http://warburg.sas.ac.uk/vpc/VPC_search/record.php?record=9507, http://warburg.sas.ac.uk/vpc/VPC_search/record.php?record=32425, http://warburg.sas.ac.uk/vpc/VPC_search/record.php?record=31339

[31]http://gallica.bnf.fr/ark:/12148/btv1b69385175.r=paresse.langES

[32]"*Le porc est l'animal le plus incapable d'être dressé, comme le paresseux, qui n'attache de prix à aucun exercice dont on puisse tirer louange et ne peut apprendre ce qui demande de la discipline. Semblable à cet animal qui ne cherche qu'à satisfaire ses appétits de la bouche et de Vénus, l'homme dominé par la paresse s'abandonne tout entier à la satisfaction des sens, consommant la perte de sa propre renommée*", cité *in ibid.*, p. 367.

[33]"*Une petite exposition surprenante* (*Jacopo Ligozzi, un dessinateur à la cour des Médicis*, Exposition au Musée du Louvre du 27 janvier au 25 avril 2005) *ne manquera pas d'étonner les visiteurs qui s'aventureront dans l'Aile Denon du Louvre, puisqu'une cinquantaine de planches pour le moins fascinantes les y attendent jusqu'au 25 avril. Celles-ci présentent, sur une période d' environ un demi-siècle, des oeuvres significatives de celui qui fut le maître à dessin de Marie de Médicis: Jacopo Ligozzi (vers 1550-1627). Beaucoup de ces représentations de la mort s'appuient sur un «intertexte» biblique. Ainsi, deux allégories issues de la série dite des Sept Péchés capitaux, celle de la paresse et celle de la luxure, mettent en scène, non sans érotisme, les tentations d'une «mort spirituelle» qui fait fi de la «Loi» divine.*", http://nerial.free.fr/artelio/artelio/art_431.html

[34]L'*Allégorie de la Fortune* (1660s.) par Bernardino Mei, qui reprend les deux éléments de celles de la *Persévérance* et de la *Fortune* (c. 1490) par Bellini, la figure féminine en équilibre instable, et l'offrande de fruits par Bacchus sur un char à un guerrier, reproduit, en sens positif, les valeurs de dualité de l'*Allégorie de l'Industrie et la Paresse*.

[35]http://www.dbnl.org/tekst/jong076totl01_01/jong076totl01_01_0037.php

[36]"*The World is divided into Old and New; the name of New having originated in the fact that America and Australia have only lately became known to us. But these parts of the world are not only relatively new, but intrinsically so in respect of their entire physical and psychical constitution. Their geological antiquity we have nothing to do with. I will not deny the New World the honour of having emerged from the sea at the world's formation contemporaneously with the old: yet the Archipelago between South America and Asia shews a physical immaturity. The greater part of the islands are so constituted, that they are, as it were, only,a superficial deposit of earth over rocks, which shoot up from the fathomless deep, and bear the character of novel origination. New Holland shews a not less immature geographical character; for in penetrating from the settlements of the English farther into the country, we discover immense streams, which have not yet developed themselves to such a degree as to dig a channel for themselves, but lose themselves in marshes. Of America and its grade of civilization, especially in Mexico and Peru, we have information, but it imports nothing more than that this culture was an entirely national one, which must expire as soon as Spirit approached it. America has always shewn itself physically and psychically powerless, and still shews itself so. For the aborigines, after the landing of the Europeans in America, gradually vanished at the breath of European activity. In the United States of North America all the citizens are of European descent, with whom the old inhabitants could not amalgamate, but were driven back. The aborigines have certainly adopted some arts and usages from the Europeans, among others that of brandy-drinking, which has operated with deadly effect. In the South the natives were treated with much greater violence, and employed in hard labours to which their strength was by no means competent. A mild and passionless disposition, want of spirit, and a crouching submissiveness towards a Creole, and still more towards a European, are the chief characteristics of the native Americans; and it will be long before the Europeans succeed in producing any independence of feeling in them. The inferiority of these individuals in all respects, even in regard to size, is very manifest;*

only the quite southern races in Patagonia are more vigorous natures, but still abiding in their natural condition of rudeness and barbarism. When the Jesuits and the Catholic clergy proposed to accustom the Indians to European culture and manners (they have, as is well known, founded a state in Paraguay and convents in Mexico and California), they commenced a close intimacy with them, and prescribed for them the duties of the day, which, slothful though their disposition was, they complied. with under the authority of the Friars. These prescripts, (at midnight a bell had to remind them even of their matrimonial duties,) were j first, and very wisely, directed to the creation of wants—the / springs of human activity generally. The weakness of the American physique was a chief reason for bringing the negroes to America, to employ their labour in the work that had to be done in the New World; for the negroes are far more susceptible of European culture than the Indians, and an English traveller has adduced instances of negroes having become competent clergymen, medical men, &c. (a negro first discovered the use of the Peruvian bark), while only a single native was known to him whose intellect was sufficiently developed to enable him to study, but who had died soon after beginning, through excessive brandy-drinking; The weakness of the human physique of America has been aggravated by a deficiency in the mere tools and appliances of progress,—the want of horses and iron, the chief instruments by which they were subdued.
The original nation having vanished or nearly so, the effective population comes for the most part from Europe; and what takes place in America, is but an emanation from Europe." (Hegel, *Lectures on the philosophy of history*, trad. de J. Sibree, Londres, Henry G. Bohn, 1861, pp. 85-86)

[37]"... *le caractère hésitant de l'empereur aztèque Moctezuma... (La conquête de l'Amérique, Les raisons de la victoire.) Or l'idée de devoir négocier avec des Dieux tétanise Moctezuma au point de précipiter sa perte et celle de son empire (La conquête de l'Amérique, Moctzema et les signes.).*" Alors qu'au comportement passif (face aux dieux supposés) de Moctezuma, "... *comportement sémiotique de Moctézuma focalisé sur l'intégration au sein de la communauté, Todorov oppose celui de Cortès tourné vers la manipulation d'autrui. Lorsqu'il quitte Cuba, Cortés est comparable aux autres Conquistadores avides de richesses mais dès qu'il apprend l'existence du royaume aztèque, il décide de mettre tout en œuvre pour en devenir le maître. À cette fin, il met au point une tactique de guerre particulièrement habile, s'informant sur Moctézuma, décryptant, notamment grâce à la Malinche, les réactions des Amérindiens, instrumentalisant le conflit opposant les Tlaxcaltèques aux Aztèques et utilisant à son profit le mythe du retour de Quetzalcóatl. Pour Todorov, c'est en maitrisant la «communication inter-humaine» que Cortés s'empare de l'empire aztèque (La conquête de l'Amérique, Cortés et les signes).*" (http://fr.wikipedia.org/wiki/La_Conqu%C3%AAte_de_l'Am%C3%A9rique_:_La_Question_de_l'autre#cite_note-Cort.C3.A9s-8)

[38]La langueur tropicale du noir haïtien, mollement affalé, est un motif repris par Paul Féval dans *La vampire*, Paris, E. Dentu, 1891, p. 69, au début du chapitre "*VIII. Le narcotique*": "*Dans la serre, à travers les carreaux, il aperçut le nègre—le nègre géant—qui fumait une paille de maïs bourrée de tabac, couché tout de son long qu'il était sous un latanier en fleurs.*"

[39] http://www.1st-art-gallery.com/(after)-Straet,-Jan-Van-Der-(giovanni-Stradano)/Columbus-Discovering-America,-Plate-2-From-Nova-Reperta-New-Discoveries-Engraved-By-Theodor-Galle-1571-1633-C.1600.html

[40]http://www.loc.gov/pictures/resource/pga.02023/

[41] Voir ainsi aussi l'image http://www.proyectosalonhogar.com/Enciclopedia_Ilustrada/Edad_Moderna/indios.jpg du site http://www.proyectosalonhogar.com/Enciclopedia_Ilustrada/Edad_Moderna/Cristobal_Colon.htm, ou celle http://media.irishcentral.com/images/MI+Before_Columbus.jpg de http://www.irishcentral.com/roots/history/old-spanish-document-suggests-irish-were-in-america-before-columbus-190817901-237769001.html

[42] http://www.sonofthesouth.net/revolutionary-war/lithographs/columbus-retun-spain.jpg de http://theageofdiscovery.wikispaces.com/Christopher+Columbus'+first+voyage

[43]http://en.wikipedia.org/wiki/File:Emanuel_Gottlieb_Leutze_-_Columbus_Before_the_Queen.JPG

[44]http://en.wikipedia.org/wiki/Venus,_Cupid,_Folly_and_Time

[45]"*ais-tu pourquoi mes vers sont lus dans les provinces,*
Sont recherchés du peuple, et reçus chez les princes?
Ce n'est pas que leurs sons, agréables, nombreux,

Soient toujours à l'oreille également heureux;
Qu'en plus d'un lieu le sens n'y gêne la mesure,
Et qu'un mot quelquefois n'y brave la césure:
Mais c'est qu'en eux le vrai, du mensonge vainqueur,
Partout se montre aux yeux et va saisir le cœur;
Que le bien et le mal y sont prisés au juste;
Quejamais un faquin n'y tint un rang auguste;
Et que mon cœur, toujours conduisant mon esprit,
Ne dit rien aux lecteurs qu'à soi-même il n'ait dit.
Ma pensée au grand jour partout s'offre et s'expose,
Et mon vers, bien ou mal, dit toujours quelque chose." (Boileau, *Épître IX*, 1695), cité en regard du tableau de Troy sur le site http://harpers.org/blog/2008/07/boileau-nothing-is-beautiful-but-the-true/

[46]Inversion morale du principe dans lequel: "... *since medieval Catholic legend has it that "at the Conception the Word of God penetrated the Virgin Mary's ear" (Colin MacCabe, James Joyce and the Revolution of the Word [London, 1979], pp. 125-126, n. 2).*" (Robert M. Polhemus, *Erotic Faith: Being in Love from Jane Austen to D. H. Lawrence*, University of Chicago Press, 1990, note 8 p. 329). Ce qui pourrait d'ailleurs s'expliquer, ce qui est commun dans le monde judéo-chrétien, en référence à la transformation chrétienne par démonisation d'un rituel prophylactique antérieur, dans ce cas celte: "*L'auriculaire est gouverné par la voyelle I de la mort dans les mythes de la mort dans les mythes postérieurs à - 1000. I symbolise l'intelligence, la science et la sagesse ou clairvoyance parce que le meilleur moyen de connaître les choses cachées est d'interroger les morts. Porter le petit doigt à l'oreille était un geste druidique pour rappeler que c'était là le téléphone des morts grâce auquel il était possible de rendre des oracles.*" (Guy Trévoux, *Lettres, chiffres et dieux*, Paris, Éditions du Rocher, 1979, p. 33).

[47]L'"*hypothétique moine*" de Bénédicte de Nursia, "*accidiosus*" pour avoir succombé à l'"*otiositas*", James B. Williams, "*Working for Reform: Acedia, Benedict of Aniane and the Transformation of Working Culture in Carolingian Monasticism*", *Sin in Medieval and Early Modern Culture: The Tradition of the Seven Deadly Sins*, Centre for Medieval Studies, University of York, et Woodbridge, Boydell & Brewer Ltd, 2012, pp. 30-36.

[48]http://infogiotto.blogspot.com/2007/03/giotto-chapelle-scrovegni-padoue-les.html

[49]Siegried Wenzel, *The sin of sloth: Acedia in Medieval Thought and Literature*, Chapter Hill, University of North Carolina Press, 1967; Guillaumont Antoine, "*Siegfried Wenzel. The Sin of Sloth: Acedia in Medieval Thought and Literature*", *Revue de l'histoire des religions*, Tome 175, No 1, 1969, pp. 91-93; Bruno Bernard, "*Loisir, paresse, oisiveté: débats idéologiques autour de ces notions (XVIIe-XIXe siècles)*", *Revue belge de philologie et d'histoire. Tome 79 fasc. 2, 2001. Histoire medievale, moderne et contemporaine - Middeleeuwse, moderne en hedendaagse geschiedenis*, pp. 523-532; Vincent-Cassy Mireille, "*Les animaux et les péchés capitaux: de la symbolique à l'emblématique*", *Actes des congrès de la Société des historiens médiévistes de l'enseignement supérieur public*, 15e congrès, Toulouse, 1984. *Le monde animal et ses représentations au moyen-âge (XIe - XVe siècles)*, pp. 121-132; Jonathan Alexander, "*Labeur and Paresse: Ideological Representations of Medieval Peasant Labor*", *The Art Bulletin*, Vol. 72, No 3, Sept. 1990, pp. 436-452; André Rauch, *Paresse - Histoire d'un péché capital*, Paris, Armand Colin, 2013; Benjamin Bokobza, "*La paresse chez les moralistes du XVIIe siècle*", Mémoire de master 1/ 2010-2011, sous la direction de M. Gérard Ferreyrolles, Université Sorbonne Paris-IV; http://www.simmers1.webspace.virginmedia.com/87ed.htm

[50]http://www.newgre.org/author/calvin/

[51]http://www.yvesago.net/pourquoi/2010/09/cathedrale-de-metz-7-peches-capitaux.html

[52]http://cathedrale.gothique.free.fr/Notre-Dame_de_Paris_Rose_Ouest_Vices_Vertus.htm

[53]Ces deux oeuvres sont reproduites sur le site http://lepetitrenaudon.blogspot.com/2013/04/les-brueghel-au-cloitre-de-bramante.html

[54] Images sur le site http://witchbustersvanguard.wordpress.com/2012/03/11/pourquoi-la-femme-est-elle-forcement-une-sorciere-a-partir-du-xiiieme-siecle/

[55]http://cathedrale.gothique.free.fr/Notre-Dame_de_Paris_Rose_Ouest_Vices_Vertus.htm

[56]http://architecture.relig.free.fr/male13e.htm

[57]http://cathedrale.gothique.free.fr/Notre-Dame_de_Paris_Rose_Ouest_Vices_Vertus.htm

[58]Cette opposition morale trouvera dans la période baroque un développement laïque, avec les versions, de La Fontaine, http://www.la-fontaine-ch-thierry.net/amourfol.htm, Louise Labé, *OEuvres*, Lyon, Durand et Perrin, 1824, pp. 7-72, ou du Père Commire, cf. Jean-Pierre Collinet, *La Fontaine et quelques autres*, Paris, Droz, 1992, p. 36, du débat entre l'Amour et la Folie, dont les illustrations montrent l'opposition entre l'Amour, rendu aveugle, et la Folie qui le guide, avec en main sa marotte (qui remplace l'idole de l'Idolâtrie, ou le miroir de la Folie, médiévales, bien qu'elle se rapproche iconographiquement plus de la forme svelte et allongée d'une idole de main; de fait, le terme: "*Apparait avec le sens de «image de la vierge Marie». Diminutif de Marie → voir mariole./ Le sens de «sceptre grotesque» pourrait provenir de mérotte («petite mère, petite poupée») ou de mariotte, marie («poupée»), de Marie («statuette de la vierge Marie»), et donne par extension le sens de «marionnette sur un baton»./ Le sens de «tête en bois pour modistes» est présent dans le Larousse illustré de 1902, par extension du sens de «buste en carton pour dresser les coiffes» (1765), probablement par extension du sens de «poupée, marionnette»./ Le sceptre grotesque étant l'attribut du fou du roi, la marotte (par extension figurée) prends aussi le sens de «objet d'une passion folle», attesté en 1618 et 1639*", http://fr.wiktionary.org/wiki/marotte). Et leurs illustrations, cf. https://www.google.com.ni/search?q=l%27amour+et+la+folie&biw=992&bih=640&source=lnms&tbm=isch&sa=X&ei=cel0VMmQHISZgwTp3oKICw&sqi=2&ved=0CAYQ_AUoAQ

[59]http://cathedrale.gothique.free.fr/Notre-Dame_de_Paris_Rose_Ouest_Vices_Vertus.htm

[60]"*Tout voyageur doit se munir d'un bâton qui sert d'appui, d'arme, d'outil tout au long de son voyage. Le bâton de notre homme est trop court, ainsi il devient inutile. La forme tenue dans la main droite, imprécise, ne peut s'identifier. Le bas-relief de la façade ouest vient à notre secours.*
Sur celui-ci un homme marche pieds nus dans la campagne. Il avance en se retournant, ne regardant ni son chemin, ni où ses pieds le porte. Folie! Assurément il va chuter rapidement. Sa main droite enserre un bâton court terminé par un renflement. La forme désigne une marotte, le sceptre du bouffon, de la folie. Sa main droite porte comme une corne ou un gros coquillage. Le porte-t-il à sa bouche, à son oreille?" (*Ibid.*)

[61]Burges et Didron, p. 34.

[62]http://en.wikipedia.org/wiki/Tree_of_virtues_and_tree_of_vices

[63]*Ibid.*

[64]http://cathedrale.gothique.free.fr/Notre-Dame_de_Paris_Rose_Ouest_Vices_Vertus.htm

[65]"*Le roi Salomon aima beaucoup de femmes étrangères, en plus de la fille du pharaon: des Moabites, des Ammonites, des Edomites, des Sidoniennes, des Hittites. 2 Elles appartenaient aux nations à propos desquelles l'Eternel avait dit aux Israélites: «Vous n'irez pas chez elles et elles ne viendront pas chez vous. Elles entraîneraient certainement votre coeur à suivre leurs dieux.» Ce fut à ces nations que Salomon s'attacha, par amour pour ces femmes.*
3 Il eut 700 princesses pour femmes ainsi que 300 concubines, et ses femmes détournèrent son coeur. 4 A l'époque de la vieillesse de Salomon, ses femmes entraînèrent son coeur à suivre d'autres dieux et il ne s'attacha pas sans réserve à l'Eternel, son Dieu, comme l'avait fait son père David.
5 Il suivit Astarté, la divinité des Sidoniens, et Milcom, l'abominable dieu des Ammonites.
6 Salomon fit ce qui est mal aux yeux de l'Eternel et il ne le suivit pas pleinement, contrairement à son père David.
7 Ce fut alors qu'il construisit, sur la montagne qui se trouve en face de Jérusalem, un haut lieu pour Kemosh, l'abominable dieu de Moab, et pour Moloc, l'abominable dieu des Ammonites.
8 Il agit de cette manière à l'intention de toutes ses femmes étrangères pour qu'elles puissent offrir des parfums et des sacrifices à leurs dieux.
9 L'Eternel fut irrité contre Salomon, parce qu'il avait détourné son coeur de lui, le Dieu d'Israël, qui lui était apparu deux fois.
10 Il lui avait pourtant expressément défendu de suivre d'autres dieux, mais Salomon ne respecta pas ce commandement de l'Eternel.
11 L'Eternel dit alors à Salomon: «Puisque tu as agi de cette manière et que tu n'as pas respecté mon alliance ni les prescriptions que je t'avais données, je vais t'arracher la royauté et la donner à ton serviteur.
12 Toutefois, je ne le ferai pas pendant ta vie à cause de ton père David. C'est de la main de ton fils que je l'arracherai.

---

13 Je n'arracherai cependant pas tout le royaume à ton fils: je lui laisserai une tribu à cause de mon serviteur David et de Jérusalem, la ville que j'ai choisie.»" (http://www.universdelabible.net/lire-la-segond-21-en-ligne/1-rois/11.1-13/)

[66]Dont une variante est Nabuchonodosor réduit à manger des herbes, l'idolâtre à quatre pattes, comme dans l'église de Borug-Argental, http://www.forez-info.com/encyclopedie/memoire-et-patrimoine/19-une-petite-lecture-du-portail-de-leglise-de-bourg-argental.html

[67]Les images en sont nombreuses, si le lecteur veut s'y reporter, nous le renvoyons à la recherche: https://www.google.com.ni/search?q=solomon+idolatry&biw=992&bih=640&source=lnms&tbm=isch&sa=X&ei=XLp0VN3FK4qpNpqwhIAO&ved=0CAYQ_AUoAQ

[68] Même considération qu'antérieurement sur l'amplitude de cette iconographie: https://www.google.com.ni/search?q=golden+calf+idolatry&biw=992&bih=640&source=lnms&tbm=isch&sa=X&ei=Cbx0VNzuJcapgwSbhoGoDg&ved=0CAYQ_AUoAQ

[69]"*Quoique mon suject ne soit que trop fécond, quoique je sois obligé de couler legerement sur ma matiere, je ne passerai pas néanmoins sous silence ces grands Estimateurs, ces fiers Appréciations de la Noblesse. On en voit très souvent qui, avec une ame de boue, avec des inclinations de la derniere canaille, vous étourdissent à force de repéter, je suis Gentilhomme. Faut-il prouver l'ancienneté de sa race? L'un se fait descendre du pieux Enée; l'autre remonte jusqu'au roi Artus. Ils vour étalent les portraits & les figures de leurs Ancêstres: toujours sur les Ayeuls, sur les Basayeuls, toujours sur les Lignes directes & collaterales de leur Arbre Généalogique, citant à tout moment les nomas & les surnoms usez de leurs Peres, pourris depuis plusieurs siecles. Examinez bien cet homme-là, avec ses Titres enfumez, rongez, déchirez; il est lui-même comme une idole, & ne vaut gueres mieux que ces figures dont il fait tant de parade. Ce Fat ne laisse pas d'avoir une haute idée de sa personne; & toujours rempli du souvenir stérile de sa naissance, il se repait de cette chimere, il vit contant. Ce qui contribue aussi à lui faire aimer son beau Fantôme, c'est qu'il trouve des gens aussi sots que lui, qui respectent ce genre de bêtes, ces Nobles sans mérite, comme s'il étoient des Dieux.*" (http://spiritoftheages.com/Plate%2030%20(Moriae%20Encomium%20[In%20Praise%20of%20Folly])%20-%20illustrated%20by%20Hans%20Holbein.htm)

[70]"*Ce passage développe une argumentation critique qui fait appel à la fois à l'observation du lecteur («il ne faut que voir», l. 1) du lecteur, c'est-à-dire à sa propre expérience et à son bon sens, et à des exemples empruntés aux auteurs antiques.*

Montaigne, dans le passage précédent, vient de montrer que ce n'est pas le mérite qui accorde la grandeur, mais la «fortune», c'est-à-dire le hasard, la chance. C'est cette idée que le texte développe.

La notion de «fortune» (la «roue de fortune») est apparue au XII° siècle, avec la fin du monde féodal, stable et strictement hiérarchisé, remplacé par une économie marchande, où l'argent joue un plus grand rôle, permettant toutes les ascensions sociales, mais aussi des chutes spectaculaires. L'image s'est ensuite développée au fur et à mesure que se réalisaient les nouvelles découvertes, qui ôtent à l'univers son image invariable, puis les multiples conflits, notamment religieux. C'est cette conception d'un monde instable, où le destin peut tout changer d'un instant à l'autre, qui fonde le raisonnement de Montaigne au début du premier paragraphe, avec l'inversion de l'exemple qu'il met en place, celui d'«un homme élevé en dignité». Déjà le participe passé, «élevé», suggère une passivité, comme si cette élévation ne venait pas de lui. Cela est confirmé par l'indice temporel qui marque l'antithèse, «trois jours auparavant, homme de peu», qui donne l'impression que l'élévation est le fruit du hasard. Ensuite, Montaigne inverse la situation par hypothèse: «Que la chance tourne aussi, qu'il retombe et se mêle à la foule». Ainsi la grandeur semble bien fragile, et très éphémère, à l'image de cette fin de siècle troublée, comme le signale la conclusion de Montaigne: «C'est une chose que j'ai vue souvent de mon temps». On comprend alors la comparaison aux pions d'un jeu: «à la mode des jetons».

La logique voudrait que la cause de la grandeur soit le mérite, et que ce soit ce mérite qui entraîne le respect. Or Montaigne va montrer l'inverse par son hypothèse antithétique: la grandeur se suffit à elle-même, c'est le rang accordé qui devient la cause et accorde le mérite. Dans un premier temps, l'élévation est présentée, c'est l'hypothèse positive. Elle est mise en valeur par l'antithèse entre «homme de peu» et le redoublement lexical, «une image de grandeur, de suffisance», pour traduire sa fierté, sa prétention. Cela se trouve renforcé par un parallélisme, toujours avec un redoublement lexical, entre «croissant de train et de crédit», qui évoquent la suite de personnes qui l'accompagnent et l'influence qu'il exerce, et «il a crû en mérite».

Puis l'hypothèse devient négative. Par le recours au discours rapporté direct, Montaigne démythifie plaisamment cette grandeur en mettant en évidence l'étonnement public («l'admiration») par les trois questions du peuple, aux lignes 6 et 7, en gradation rythmique. Elles conduisent à un jugement ironique, par antiphrase: «nous étions vraiment en de bonnes mains».

Montaigne renforce son analyse par l'anecdote empruntée à l'auteur latin, Diogène Laërce, qui rapporte les propos du philosophe Antisthène. Cette anecdote est plaisante, par l'animalisation des puissants en «ânes», animal connu pour sa bêtise. Cette anecdote reprend l'inversion de la cause et de la conséquence avec l'antithèse entre le redoublement de l'hyperbole, «les plus ignorants et incapables hommes» (l. 19) et «très dignes . L'organisation syntaxique pose la conséquence comme immédiate, «en devenir incontinent très dignes», tandis que la cause est donnée ensuite: «parce que vous les y employez».

On constate donc dans ce texte à la fois la critique des puissants, montrés comme peu aptes à gérer les affaires qui leur sont confiées, et de ceux qui leur permettent d'accéder au pouvoir, montrés, eux, comme naïfs et dépourvus de jugement.

L'IDOLÂTRIE DES PUISSANTS

La critique se déplace, en effet, contre ceux qui se laissent tromper par cette grandeur sans mérite.

L'excès d'adoration, la vénération de cette grandeur illusoire se fait presqu'à l'insu des gens: «il coule insensiblement en nos opinions une image de grandeur, de suffisance». Le monde finit ainsi par ressembler à une sorte de théâtre, où se joue une comédie qui abuse le public: «Voire et le masque des grandeurs, qu'on représente aux comédies, nous touche aucunement et nous pipe». Montaigne s'implique directement dans cette critique, lui qui a fréquenté les puissants, comme le montrent le pronom «je», et le redoublement lexical qui élève les rois à une dignité divine: «Ce que j'adore moi-même aux Rois, c'est la foule de leurs adorateurs.» N'oublions pas que le XVI° siècle est l'époque où s'affirme peu à peu la monarchie absolue, dite «de droit divin», qui cherche à étaler son luxe et met en place une stricte étiquette.
Par prudence, le dernier paragraphe, qui pousse à l'extrême cette idée, est déplacé dans l'espace, puisqu'il s'agit du peuple «de Mexico» avec son «Roi». L'on y retrouve le champ lexical du divin: ««canonisent le Roi», «adorent», «déifié». Montaigne procède alors par énumération. Une première, à la ligne 26, rappelle les valeurs qui devaient être, par tradition, celles du roi de France; la seconde, des lignes 27 à 29, en revanche, traduit l'excès, puisque cela place le roi au-dessus des éléments naturels, célestes («le soleil», «les nuées») comme terrestres: «le cours des rivières», «la terre».

Cela conduit à démythifier les honneurs rendus aux puissants, notamment aux rois. Montaigne n'en conclut pas pour autant au rejet de tout signe de respect. Il demande seulement plus de sagesse, une juste mesure, exprimée par un chiasme syntaxique entre «Toute inclination et soumission leur est due, sauf celle del'entendement» et «Ma raison n'est pas formée à se courber et fléchir». Il s'agit donc, pour Montaigne, de distinguer ce qui relève d'une simple convention, d'une gestuelle («mes genoux»), de ce qui implique un jugement de valeur, une estime accordée au mérite.
Ce désir de distinguer l'apparence de la vérité est soutenu par l'exemple de Melanthius, emprunté à Plutarque. Lui aussi distinguait, dans sa réponse le sens de la tragédie, le fond, ici «point entendu», c'est-à-dire pas compris, et l'apparence, la forme, le style, décrit par des termes péjoratifs: «offusqué de gravité, de grandeur, de majesté».:

Montaigne invite donc son lecteur à ne pas se laisse duper par les apparences, qui ne sont qu'un «masque», comme au théâtre.

CONCLUSION

Ce texte propose une satire très liée au contexte, en un siècle de troubles politiques et religieux, où le pouvoir royal essaie de fixer sa puissance. Derrière l'ironie de Montaigne et les anecdotes plaisantes qu'il utilise pour soutenir sa propre opinion, on sent le désir de préserver sa propre liberté. N'oublions pas non plus que lui-même a exercé un pouvoir, en tant que Maire de Bordeaux, puis des missions diplomatiques, ce qui lui a donné l'occasion de voir l'envers du décor, les coulisses de ce théâtre qu'est le monde.

Nous observons aussi le pessimisme de Montaigne vieillissant, que reflète d'ailleurs la dernière phrase du chapitre VIII: «Tous jugements en gros sont lâches [= faibles] et imparfaits». Cettereprésentation de la faiblesse de l'homme contraste avec l'élan enthousiaste des débuts de l'humanisme: l'homme est dupé par ses sens, et par son mimétisme naturel, sa volonté de faire comme les autres."

Alors que chez Érasme ("*Le sermon de la folie, Chap. XL*"):

"Le ton se fait plus indigné dans le dernier paragraphe, où Érasme élargit la critique en montrant que «chaque pays réclame pour son usage un saint particulier». Les saints n'ont donc plus rien à voir avec Dieu, ils ne sont que les créations des hommes, pour les besoins des hommes: «Il lui confère des attributions propres, établit ses rites distincts». «L'énumération n'en finirait pas», conclut-il, après avoir cité des exemples, tous plus dérisoires les uns que les autres." (http://cotentinghislaine.unblog.fr/2013/11/02/)

[71] *"Ce n'est plus le tems de faire des Miracles: ensigner le Peuple, c'est une grande fatigue; expliquer l'Ecriture Sainte, cela put la crasse de l'Ecole; prier, il faudroit avoir du tems de reste; pleurer, cela ne convient qu'aux femmes; être pauvre, oh la vilaine chose! se laisser vaincre? il feroit beau le voir, d'un homme qui croit accorder une grande faveur aux plus puissans Monarques, lorsqu'il leur permet de lui baiser le pied; enfin, mourir, c'est la chose de monde la plus desagréable; & être attaché à une croix, il y a de l'infamie. Il ne reste donc aux Papes pour toutes armes, que ces douces bénédictions dont parle Saint Paul, (& je vous répons qu'ils n'en sont pas avares,) que les interdits, les suspensions, les aggravations, les anathemes, les peintures vangeresses, & cette foudre terrible par laquelle un Saint Pere, quand il lui plait, livre les ames à tous les Diables, & leur fait faire un saut si rapide, qu'elles vont même quelquefois par-delà l'Enfer."* (http://spiritoftheages.com/Plate%2061%20(Moriae%20Encomium%20[In%20Praise%20of%20Folly])%20-%20illustrated%20by%20Hans%20Holbein.htm)

[72] http://spiritoftheages.com/Moriae%20Encomium%20(In%20Praise%20of%20Folly)%20-%20illustrated%20by%20Hans%20Holbein.htm

[73] *"Mais jusqu'où la matiere ne m'a-t-elle pas emporté? Après tout, il n'est point de mon sujet, d'examiner à sond la vie des Prélats & des Prêtres: j'ai pour but de faire mon éloge, & non de satiriser les autres. Par les louanges, qu'en qualité de la Folie, je donne aux mauvais Princes, vous croiriez peut-être que je veux censurer les bons. Je ne vous aid done donné une idée superficielle de chaque condition, qu'afin de montrer évidemment, qu'aucun homme ne peut vivre heureux, s'il n'est initié à mes mysteres, & s'il ne participe à mes faveurs. J'en prens la Fortune à témoin. Cette Déesse du bonheur & du malheur, toute capricieuse qu'elle est, prend plaisir à seconder mes intention. N'est-elle pas, aussi bien que moi, l'ennemi mortelle des Sages? Et pour ce qui est des Fous, la Fortune leur prodigue ses graces, & vient même souvent les trouver dans leur lit."* (http://spiritoftheages.com/Plate%2063%20(Moriae%20Encomium%20[In%20Praise%20of%20Folly])%20-%20illustrated%20by%20Hans%20Holbein.htm)

[74] http://mammon02.skyrock.com/352995219-Demon-des-enfers-Serie-A.html

[75] Songe et texte reproduit sur le site http://prophetesetmystiques.blogspot.com/2011/02/luther-et-le-diable.html: *"Feuillet 228 du tome 7 des Œuvres de LUTHER, imprimées à Wittemberg en 1558. Ce n'était pas un songe, puisque LUTHER assure qu'il était bien éveillé lorsqu'il eut cette conférence avec le démon."*

[76] http://docteurangelique.forumactif.com/t9797-echarde-de-saint-paul-soufflet-de-demon *"La présence de cette écharde dans la chair est associée à "un démon de Satan": doit-on croire que Paul était possédé à titre préventif: pour qu'il ne soit pas enflé d'orgueil? Que dit le grec original?*

Le mot Écharde = "Skolops" n'est présent qu'une seule fois dans le Nouveau Testament écrit en grec. L'anglais a traduit par ÉPINE. Dans les Saintes Écritures, ÉPINE est toujours le symbole de la présence indésirée d'individus ennemis (Nombres 33:55; Josué 23:13; 2 Samuel 23:6). Ainsi l'écharde de Paul n'est pas une possession dont il serait victime dans son corps, mais la présence à ses côtés d'un esprit impur qui provoque l'hostilité des païens contre lui. L'apôtre prie pour qu'il soit "ÉLOIGNE de lui" (non pas "chassé hors de lui").

Le terme Souffleter = Kolaphizo utilisé par Paul veut dire: donner un coup de poing, traiter avec violence. On retrouve ce terme grec dans Marc 14:65; 1 Corinthiens 4:11; 1 Pierre 2:20. Après avoir évoqué cette présence infernale qui lui est hostile et qui lui inflige des mauvais traitements, Paul finit par dire qu'il se plait dans les faiblesses, à cause de Christ..." (*Ibid.*)

[77] Crosnier, p. 257.

[78] De là que la Paresse ou Acédie devient la tristesse de l'âme, qui, mélancolique, est du domaine de Saturne, cf. Par ex. Jean-Nicolas Despland, *"La tristesse en présence de Dieu: de l'acédie à la mélancolie"*, *Psychothérapies*, 2013/2, Vol. 33, pp. 71-80. On le voit, par exemple, dans l'oeuvre de Giulio Campagnola, http://www.spamula.net/blog/2004/07/campagnola.html

[79] Grimoüard, pp. 473-4774.

[80]*Ibid.*, p. 427.
[81]http://architecture.relig.free.fr/male13e.htm
[82]http://hermetism.free.fr/Fulcanelli%20taille%20pierre%20angulaire.htm
[83]Sens du démon comme personnification de l'opposition à Dieu, logique dans la théologie, renforcée par la dérivation iconographique médiévale de l'image de l'idole en celle d'un démon cornu, et logique dans le cadre de la gravure de Dürer, si on rapproche ce démon au soufflet de: "*XAPHAN. — Démon du second ordre. Quand Satan et ses anges se révoltèrent contre Dieu, Xaphan se joignit aux mécontens: et il en fut bien reçu, car il avait l'esprit inventif. Il proposa aux rebelles de mettre le feu dans le ciel; mais il fut précipité avec les autres, au fond de l'abîme, où il est continuellement occupé à souffler la braise des fourneaux, avec sa bouche et ses mains./ On voit aisément que Xaphan n'est autre crue Phacton, un peu défigure.*" (Collin de Plancy, *Dictionnaire infernal*, Paris, P. Mongie aine, 1818, T. II, p. 396)
[84]http://commons.wikimedia.org/wiki/File:Ed_and_pope.png
[85] http://www-bsg.univ-paris1.fr/wp-content/gallery/le-miracle-du-cierge/sainte-genevieve-tenant-un-livre-des-cles-et-un-cierge-avec-ange-et-demon.jpg
[86]https://www.pinterest.com/MedievalMusic/medieval-bestiary/
[87]http://www.regards.monuments-nationaux.fr/fr/feature/118
[88]*Job traduit en francois, avec une explication du sens litteral et spirituel tiree des Saints Peres, et des Auteurs Ecclesiastiques. Par Monsr. le Maistre de Sacy*, Paris, chez Eugene Henry, 1713, pp. 36-37.
[89]http://su.wikipedia.org/wiki/Gambar:John_Bydell_-_Engraving_from_the_Goodly_Primer.png
[90]"*Titivillus is often referred to with the title of "The Patron Demon of Scribes". As with all of us, minds can wander from time to time and the monks were no exception. When this happened, errors would be introduced into the text. No one likes to take credit for his own mistakes, and true to human nature the monks invented Titivillus. He was invented somewhat in jest by them, both to take the blame for their mistakes and as a warning to the hapless monk whose mind strayed from the task.*" (*Ibid.*)
[91]http://es.wikipedia.org/wiki/Titivillus
[92]http://tutivillus.teatroengalicia.es/romanico.htm
[93]http://tutivillus.teatroengalicia.es/gotico.htm
[94]http://tutivillus.teatroengalicia.es/iconografia.htm
[95]http://tutivillus.teatroengalicia.es/barroco.htm
[96]"*Grabado en madera alemán del siglo XVII que representa al demonio Tytinillus, con aspecto de sátiro clásico, transportando a sus espaldas un gran esportillo lleno de libros con los pecados de la humanidad, a los cuales se laude en las filacterias que salen del cesto.*
A principios del siglo XVI, Titivillus, aparecía en obras dramáticas como un demonio entre muchos. Adquirió un amplio papel como figura subversiva en la comedia, mediante comentarios satíricos sobre las vanidades humanas y entreactos de misterio de finales del medievo inglés, en el que podría interpretarse como una personificación de los curas y predicadores lolardos, acusados de corromper el latín litúrgico y de cantar en tono nasal (como un cuerno). Así en el Iudicium de Towneley se presenta a Titivillus como "master Lollar".
Y para cuando Shakespeare lo mencionó, era casi desconocido: su nombre se había convertido en un simple término general de burla (según Margaret Jennins). Aparece una vez en la obra "Noche de Reyes" (II, III, 75), cuando Sir Toby Belch exclama: "Tilly-vally, señora", después de que el siervo de María Olivia se quejase de sus "maullidos" (palabrería) con otros dos personajes a los pies de las ventanas de Olivia a altas horas de la noche. Incluso algunos escritores opinan que el público no sabría a qué quería hacer referencia el genial Shakespeare. En "Enrique IV" (Segunda Parte), la señora Quickly mantiene un diálogo con Sir John Falstaff en respuesta a su deseo de llevar la pistola en su posada como invitado, en el que al final le responde: "Tilly-fally, Sir John, nunca me dicen: su antigua pistola swaggerer no entra en mis puertas".
En el Monasterio de las Huelgas de Burgos, existe una tabla de alrededor del año 1485, atribuida a Diego de la Cruz, donde sobre el manto protector de la Virgen de la Misericordia aparecen dos diablos, uno de los cuales lleva un hatillo de libros a la espalda, que para el historiador de arte y Catedrático de la Universidad Autónoma de Barcelona, profesor Joaquín Yarza Luaces, representaría a Titivillus. (Esperanza Aragonés Estella, 2006, "Visiones de tres diablos medievales", De Arte 5: pp. 15–27).
Titivillus o Tutivillus era pues un personaje escurridizo y confuso desde el principio, con un carácter más que ambiguo, pero que puede llegar a interpretarse no solo como el artífice del castigo por la ociosidad, la cháchara y chanza innecesarias, o la falta de atención a una tarea dada, sino también como el "protector"

de la correcta "reproducción" de una obra escrita. Tal vez podamos considerarle el Patrón de la SGAE, o de la marca registrada y los derechos de autor." (https://almaleonor.wordpress.com/2014/03/15/titivillus/)

[97]*Ibid.*

[98]Margaret Jennings, "*Tutivillus: The Literary Career of the Recording Demon*", *Estudios de Filología* 74, No 5, décembre 1977, pp. 4-45, citée *in ibid.*

[99]"*Tutivillus y sus alter ego*", http://tutivillus.teatroengalicia.es/nombre.htm

[100]http://lecostume.canalblog.com/archives/2013/06/12/27130893.html

[101] Soncino Blaetter, Berlin, 1929, Jerusalem, B.N. Ansbacher Collection, reproduit sur le site http://www.relmin.eu/index.php/fr/bibliographiegenerale

[102]http://www.feelbyte.com/Jacobello-Dalle-Masegne/Students-153444.html

[103] http://www.ebay.com/itm/JUDAICA-JEWISH-ANTI-SEMITIC-CARD-MEDIEVAL-TORTURE-OF-THE-JEWS-SUPPLICE-DE-JUIFS-/330836189474

[104]Angebliches Martyrium Ludwigs und Feuertod der Ravensburger Juden, jedoch irrig nach Augsburg und ins Jahr 1422 verlegt; in der Luzerner Bildchronik des Diebold Schilling (Beschreibung nach der Bildunterschrift in http://www.boehlau-verlag.com/download/162877/978-3-205-78755-6_OpenAccess.pdf, S. 93), reproduit sur http://commons.wikimedia.org/wiki/File:Medieval_manuscript-Jews_identified_by_rouelle_are_being_burned_at_stake.jpg?uselang=fr

[105]http://labodessavoirs.fr/chroniques-et-reportages/situation-du-judaisme-medieval/

[106] http://medievalbooks.nl/category/medieval-scribes/; l'image est également reproduite sur http://commons.wikimedia.org/wiki/File:Titivillus.jpg et dans http://tutivillus.teatroengalicia.es/iconografia.htm

[107] http://en.wikipedia.org/wiki/Jean_Mi%C3%A9lot et http://en.wikipedia.org/wiki/File:Jean_Mi%C3%A9lot,_Brussels.jpg

[108]http://www.jcbourdais.net/journal/18avr08.php, qui développe une étude de la riche iconographie du thème de la Vérité nue sortant du puit, jusque dans le tableau de 1898 d'Édouard Debat-Ponsan.

[109] Voir la recherche https://www.google.com.ni/search?q=prelats+medieval&biw=992&bih=640&source=lnms&tbm=isch&sa=X&ei=c8l4VJrLJce0sAS2roHYCg&ved=0CAYQ_AUoAQ#tbm=isch&q=allegory+truth

[110]https://www.google.com.ni/search?q=prelats+medieval&biw=992&bih=640&source=lnms&tbm=isch&sa=X&ei=c8l4VJrLJce0sAS2roHYCg&ved=0CAYQ_AUoAQ#tbm=isch&q=allegory+truth

[111]http://www.getty.edu/art/exhibitions/spectacular_rubens/

[112]Qui a dédié de nombreuses oeuvres à ce thème, Alain.R.Truong, "*The Victory of Truth over Heresy - Exhibition at the Getty explores one of Peter Paul Rubens's greatest achievements*", https://alaintruong2014.wordpress.com/tag/the-victory-of-truth-over-heresy/

[113]http://commons.wikimedia.org/wiki/Peter_Paul_Rubens/Religious_allegories

[114]http://www.lib-art.com/artgallery/42454-an-allegory-vliet-willem-van-der.html

[115]http://against-heresies.blogspot.com/2006_08_01_archive.html

[116]http://lunettesrouges.blog.lemonde.fr/2009/01/23/pudeur-et-desillusion/

[117]http://photos1.blogger.com/blogger/6475/2530/1600/Release%20from%20deception.jpg

[118]Oderisio De Sangro, *Raimondo de Sangro e la Cappella Sansevero*, Rome, Bulzoni, 1991, p. 169.

[119]L'inscription en est:
"*ANTONIO SANGRIO/ DUCI TURRIS MAIORIS/ PAULI SANSEVERI PRINCIPIS FILIO/ ELOQUENTIA INGENIO/ VARIAQ. FORTUNA ADMIRABILI/ QUI QUUM UXORE/ IN ADOLESCENTIA AMISSA/ CAELEBS DEIN/ IUVENILIBUS CUPIDITATIBUS/ SATIS SUPERQ. PARUISSET/ PROPTEREAQUE/ PATRIA PROCUL EUROPAM OMNEM/ PERAGRASSET/ IDEMQ. COGNITIS/ TANDEM ERRORIBUS/ REDUX SACERDOS/ HUIUSQ. TEMPLI ABBAS/ SANCTITATE MORUM INSIGNIS/ VI. ID. SEPT. AN. MDCCLVII/ AET SUAE LXXII OBIISSET DOCUIT/ NON DATUM ESSE HUMANAE IMBECILLITATI/ UT MAGN/E SINE VITIIS VIRTUTES/ EXISTANT/ RAYMUNDUS SANSEVERI/ PRINCEPS FILIUS/ NE QUID PATRI NE QUID VERITATI/ DENEGARET/ EIUSMODI ELOGIUM/ INSCRIBENDUM PONENDUMQUE/ CURAVIT*", Stanislao D'Aloe, *Tesoro lapidario napoletano*, Naples, Stamperia reale, 1835, p. 334.

[120]http://fr.wikipedia.org/wiki/Chapelle_Sansevero

[121] http://www.rpgcodex.net/forums/index.php?threads/artist-by-artist-raimodo-di-sangro-principe-di-san-severo.74004/page-2 et http://lunettesrouges.blog.lemonde.fr/2009/01/23/pudeur-et-desillusion/

[122] http://www.rpgcodex.net/forums/index.php?threads/artist-by-artist-raimodo-di-sangro-principe-di-san-severo.74004/page-2

[123] http://commons.wikimedia.org/wiki/File:Guercino_-_cena_mitologica_(venus,_marte,_cupido_e_o_tempo),_c.1624-27.jpg

[124] http://mini-site.louvre.fr/mantegna/acc/xmlfr/section_8_5.html et http://mini-site.louvre.fr/mantegna/images/section8/zoom/08_10.jpg

[125] http://mini-site.louvre.fr/mantegna/acc/xmlfr/section_8_6.html et http://mini-site.louvre.fr/mantegna/images/section8/zoom/08_11.jpg

[126]http://mantegnaminerve.wordpress.com/

[127]*Ibid.*

[128]Toutefois, Sade explique, dans l'introduction des *Cent Vingt Journées de Sodome* (écrit à la Bastille en 1785, et publié par Iwan Bloch en 1904 seulement): "*Il est reçu, parmi les véritables libertins, que les sensations communiquées par l'organe de l'ouïe sont celles qui flattent davantage et dont les impressions sont les plus vives. En conséquence, nos quatre scélérats, qui voulaient que la volupté s'imprégnât dans leur coeur aussi avant et aussi profondément qu'elle y pouvait pénétrer, avaient à ce dessein imaginé une chose assez singulière. Il s'agissait, après s'être entouré de tout ce qui pouvait le mieux satisfaire les autres sens par la lubricité, de se faire en cette situation raconter avec les plus grands détails, et par ordre, tous les différents écarts de cette débauche, toutes ses branches, toutes ses attenances, ce qu'on appelle en un mot, en langue de libertinage, toutes les passions.*" (pour cette citation, on consultera indifféremment les sites: http://fr.wikisource.org/wiki/Les_Cent_Vingt_Journ%C3%A9es_de_Sodome_-_I, http://www.sade-ecrivain.com/journees/01.html, ou http://www.rodoni.ch/busoni/sade/journees.pdf)

[129]"*Voyez aussi d'Herbelot à l'article de Gehennem dans la Bibliothèque Orientale, touchant les sept portes de l'Enfer dont il est parlé dans le Ch. 15 de l'Alcoran, & les supplices qui sont destinés à sept ordres différens de pécheurs. On y trouve aussi que les Mahométans raisonnables croyent que ces sept portes représentent allégoriquement les sept péchés capitaux & sept parties du corps humain, qui sont les principaux instrumens de ces péchés.*" (*Cérémonies et coutumes religieuses de tous les peuples du monde, représentées par des figures dessinées de la main de Bernard Picart: avec une explication historique, & quelques dissertations curieuses: Tome Cinquième qui contient les Cérémonies des mahometans &c.*, Amsterdam, J.F. Bernard, 1737, p. 166)

Ainsi "*it is in Ulrich of Lilienfeld's Concordantiae Caritatis, where the various sins were systematically connected with parts of the human body (Plates XLI— XLII, figs. 9-10).*" (*Monsters and Demons in the Ancient and Medieval Worlds: Papers Presented in Honor of Edith Porada*, Mainz am Rhein, P. von Zabern, 1987, p. 106)

"*Depuis un siècle et demi cette sculpture a été régulièrement mentionnée par divers auteurs. Jean Delumeau l'évoque en ces termes: «Un bas-relief en granit du XVIe siècle à Saint-Léry (Morbihan) représente un homme attaqué par sept animaux dans la partie du corps plus spécialement destinée à commettre chacun des péchés, l'orgueil mord la tête, l'envie l'épaule droite, la luxure le sexe, l'homme étant représenté nu car la nudité rappelle la faute originelle.»*" (Laurent Guitton, "*Les sept péchés de Saint-Léry - Allégorie infernale et conflits de pouvoir dans la Bretagne ducale au xve siècle*", *Annales de Bretagne et des pays de l'Ouest*, 2011/1, No 118-1, p. 7)

[130]http://www.le.ac.uk/arthistory/seedcorn/images/littlehorwood7deadly.gif

[131]"*Seven Deadly Sins proceeding from a Naked Man*
Rather than using an abstract mnemonic scaffold, such as a wheel or tree, this diagram links the Sins to the appropriate limbs of a naked body. The connection of Pride, the chief of sins, with the head is obvious and the appropriate positions of Gluttony and Lust are also clear, but the associations of the parts of the body with Sins are more arbitrary. This schema can be found in Danish wall painting, for example, in the painting of post 1500 at Kongens Lyngby.
Of the corpus of paintings in the database, this schema is found at Arundel and Trotton, both in West Sussex. Further examples survive, mostly notably the fifteenth-century painting at Little Horwood in Buckinghamshire.

The exact origins of this diagram are uncertain. Its use of a central male figure may relate to the naked figure of Old Adam displayed at the top of trees of the Seven Deadly Sins in twelfth-century manuscripts (Katzenellenbogen (1939), 67). Alternatively, the practice may relate to the tradition of reading the limbs and wounds of the Crucified Christ as a guard against the Seven Deadly Sins (See, for example, Barnum (1976), 83-4).

Seven Corporal Works of Mercy arranged around Christ

This schema is found in a painting of c1420-40 at Linkinhorne in Cornwall (Lindley (1953), 112-5). It focuses on an image of Christ, stripped to his loin cloth and with his hands raised to show his wounds. This central image is similar to the standing figure of the wounded Christ found in British art from the fourteenth century (Sekules (1991), 176). The raised hands of Christ are reminiscent of His depiction in the Last Judgement (with which Works of Mercy were closely connected). The composition of the image resembles the display of the Seven Sacraments around a central figure of Christ found in fifteenth-century stained glass in England (Marks (1993), 79).

Seven Deadly Sins proceeding from a Woman (speared by Death)

This image is not clearly present in the corpus included in this database, although the image of a queenly figure described at Ruabon may have been part of such a presentation of the Seven Deadly Sins. However, a distinct group of images using this schema survive from the fourteenth century: Alveley in Shropshire, Little Hampden in Buckinghamshire, Padbury in Buckinghamshire and Raunds in Northamptonshire and Wotton Wawen in Warwickshire. All these show Pride as a regal female with the six Sins proceeding from her. These may ultimately derive from Gregory the Great's description of Pride as the Queen of the Vices (Rehm (1994), 79). This tradition may be evident in the images of Pride as a queen at the foot of the Tree of Sin in twelfth-century manuscripts (Rehm (1994), 79). The focus seems to be on the idea of Pride as a mother and generator of sin, rather than the more mnemonic presentation of the Sins proceeding from different limbs of the naked man.

This image is usually accompanied by additional figures: trumpeters, a tabor player and a figure of Death (a skeleton or a naked man) who pierces Pride. The consistency of these additional figures suggests a common model. The direct source of this image has not been identified, but several of the elements resemble a more complex image of the Tree of Sins found in the Spiritual Encyclopaedia Verger de Soulas (Porcher (1955), 35: Kosmer (1975), 3). This shows a female figure of Pride twice: once at the top of a tree of sin accompanied by minstrels and menaced by a figure of Death and a second time, as the root of the Tree with the Sins proceeding from her. This form of Tree closely resembles the composition at Ruislip, except that the figure of Pride at the top of the Tree is male. A female figure is also portrayed with the Sins linked to her torso in a late thirteenth-century illumination based on the medieval mnemonic acrostic for the sins 'SALIGIA' (Superbia, Avaritia, Luxuria, Ira, Gula, Invidia, Accedia) (Watson (1947), 149). Since she seems to be presented as a 'good figure' to whom a kneeling layman is praying, it is unlikely that the British paintings derived from this sort of image.

Seven Corporal Works of Mercy around a Woman

In British wall paintings, this schema is found only at Potter Heigham in Norfolk (mid fourteenth-century). The nimbed female figure is shown holding what appears to be a lodge or hermitage containing a male figure of a hermit or porter. The same female figure is shown performing the Works. The closest visual parallel is a fresco of c1352 in the loggia of the Bigallo Foundling Hospital in Florence, which shows the Works displayed around a nimbed figure, reminiscent of the Madonna of Mercy (Paatz (1955), I, 384, 390). This composition may relate to that in the Floreffe Bible (c1150) where the Works are displayed around the Theological Virtues (Faith, Hope and Charity) (Kirschbaum (1968), I, 246). The exact significance of the central figure is uncertain. She may represent the Virgin herself. Alternatively, she may be intended to personify the quality of Mercy or Charity (Tristram (1955), 100).

Seven Deadly Sins around a Clothed Man

At Oddington the sins are displayed around the figure of a clothed man. This central figure is shown in lavish and fashionable clothing, holding a sceptre. Like the female figure of Pride at Raunds, he is shown being crowned by demons.

A clothed man seems to have been part of the Tree-like presentation of the Sins at Quatt. Some Sins appear to have been shown proceeding from his mouth, but this does not seem to have followed the pattern of associating Sins with appropriate limbs found in images of the naked man.

Works of Mercy round a Good Man
This schema is used at Oddington and Trotton. At Oddington the Works are then performed by angels. At Trotton they are performed by a variety of men and women. It is possible that this schema relates to the display of the Works around a Good Woman.
Frau Welt (Female allegory of the Seven Deadly Sins)
A single painting based on this schema is recorded among the paintings of after 1496 in the Chapel of the Guild of the Holy Cross in Stratford upon Avon (Davidson (1988), pl. 16). Previously identified as the Whore of Babylon, the female figure in this painting is in fact a debased version of Frau Welt. This is an allegorical female figure with animal attributes and motifs and is intended to represent the Seven Deadly Sins. It constitutes a more caricatured and dramatic rendition of the ideas inherent in the image of the naked man with the Sins proceeding from appropriate limbs. Frau Welt seems to have been developed in Central Europe in the mid fourteenth century (Schmidt (1956), 25-6: Stammler (1959), 58, 62-3).
Works of Mercy round an Angel
It appears that an angel is the focus of the scheme at Dalham in Suffolk. This detail may relate to the association of the Cherubim with the Wheel of the Seven Corporal Works of Mercy or to the general association of angels with the Works, evident in their frequent inclusion as additional motifs.
Seven Deadly Sins riding on Animals
This schema is found only in the paintings at Hardwick in Cambridgeshire and at Llangar in North Wales (Yates (1993), 38-9). However, it seems to have been the preferred schema for the presentation of the Sins in fifteenth-century English manuscripts, of which the most sophisticated is The Mirroure of the Worlde (Scott (1996), II, 144-5). This schema is also used in late medieval misericords at Norwich (Remmant (1969), xxxix). The image of the sins mounted on appropriate animals first appears in a didactic work, Lumen Animae, compiled in Austria by Godfrey of Vorau sometime before 1332 and it was subsequently distributed with a popular didactic text known as the Etymachia (Norman (1988), 198-9). In the course of the fourteenth and fifteenth centuries a wide variety of different animals was suggested as appropriate for each sin (Bloomfield (1976), 245-9). This schema is also found in literature. The order of the Sins at Hardwick is the same as that in The Assembly of the Gods, attributed to Lydgate, although only four of the animals seem to match (lion, boar, goat and ass) (Triggs (1896), 19).
Cycle of Sins mounted on animals in The Mirroure of the Worlde

Pride	*Lion*	*(fol.17*	*Pl. XI)*
Envy	*Dog (with bone and 2nd dog)*	*(fol.38v*	*Pl. XII)*
Anger	*Lion*	*(fol.42*	*Pl. XIII)*
Sloth	*Ass*	*(fol.48v*	*Pl. XIV)*
Avarice	*Man sitting at desk counting from money box*	*(fol.59*	*Pl. XV)*
Lechery	*Ram (woman with mirror)*	*(fol.67v*	*Pl. XVI)*
Gluttony	*Sow (eating joint of meat, flask at waist)*	*(fol.72v*	*Pl.XVII)*

(Scott (1980), 14)." (http://www.le.ac.uk/arthistory/seedcorn/schema.html)

[132] Henry Cochin, *Le Frère de Pétrarque Et Le Livre Du Repos Des Religieux*, 1903, Genève, Slatkine Reprints, 1975, note 1 p. 207: "*la mélancolie est comptée par les plus anciens spirituels, entre les sept ou huit sources de tous les péchés, comme la gourmandise et l'impureté.*"
Kierkegaard écriradans son *Journal*: "*La mélancolie est un péché, c'est le péché de ne pas vouloir profondément et sincèrement et c'est donc la mère de tous les péchés.*" (cité dans Jean-François Marquet, "*Kierkegaard et les miroirs de la mélancolie*", *Bulletin de l'Association Guillaume Budé: Lettres d'humanité*, No 41, décembre 1982, p. 407), ce qui est encore logique par rapport au concept médiéval: "*L'acédie désigne un état d'apathie, la lassitude du moine, l'inquiétude du cénobite face à l'apparente inutilité de sa vocation. Elle est donc d'abord un vice monastique. Cassien lie l'acédie à la tristesse qui empêche toute contemplation. Ce vice offre de multiples rejetons: l'oisiveté, la somnolence, l'inquiétude, le vagabondage de l'esprit, la verbosité et la curiosité. L'instrument de lutte contre ce vice est donc le travail manuel. Vice instable, absorbé par la tristesse dans les réflexions théologiques, elle apparaît vite comme obsolète pour Grégoire le Grand, mais les écrits monastiques perpétuent sa présence comme «rébellion du corps aux contraintes auxquelles il est soumis à l'intérieur du monastère» (Pierre Damien). Faiblesse du corps pour les uns, elle est faiblesse de l'esprit pour d'autres comme Bernard de Clairvaux et Adam Scot qui la comprennent comme «une interruption du chemin de perfection sur lequel s'est engagé le moine» (p. 135). Thomas d'Aquin pose les*

enjeux de manière efficace en posant la question des causes: l'acédie est à envisager différemment selon que son origine est louable (s'attrister de ses péchés) ou blâmable (convoiter un bien impossible). Dès le XIII° siècle l'acédie devient un vice commun et non plus spécifiquement monastique. L'acédie laïque est différente de la monastique: oisiveté, indolence, paresse, sont plus visibles et plus blâmables que la tristesse du moine. Les textes pastoraux, sermons d'éducation, prédications, utilisent ce thème aux XIV°-XV° siècles, jusqu'à son entrée dans les textes laïcs où elle est vue en termes de langueur, amertume et ennui: son entrée dans le cercle laïc modifie l'acédie en mélancolie. Paresse chez les moines, mélancolie chez les laïcs: ce vice, considéré comme trop instable, est écarté de la classification à la fin du Moyen Age." (http://clio-cr.clionautes.org/histoire-des-peches-capitaux-au-moyen-age.html#.VKmPQtKG_Jk)

"*Ces fantasmes remettent le travail en question et, du même coup, l'un des sept péchés capitaux, à savoir la paresse (acedia). A l'origine, acedia était le péché de négligence ou même de manquement aux devoirs religieux, un péché auquel succombait surtout les moines et autres ecclésiastiques. Au Moyen Âge, il faisait bien plus impression qu'aujourd'hui. Ce péché un peu tombé dans l'oubli, occupait alors une place de choix parmi d'autres péchés capitaux apparemment plus spectaculaires. Il frappait surtout les religieux qui succombaient au sommeil ou la somnolence pendant les longues prières, l'étude et la contemplation. Si cela se répétait, on risquait de devenir mélancolique. Le diable, à l'affût, n'attendait que cela car il lui était alors facile d'entraîner l'homme à commettre l'ultime péché.*" (Herman Pleu, "*Représentation du travail dans la littérature néerlandaise*", *Le verbe, l'image et les représentations de la société urbaine au Moyen Age: actes du colloque international tenu à Marche-en-Famenne du 24 au 27 octobre 2001*, Anvers/Apeldoorn, Garant, 2002, p. 242)

Ainsi, Saint Thomas écrit: "*Il faut répondre que le mot capital vient du mot captif (tête). Or, la tête à proprement parler est le membre de l'animal qui en est le principe et qui le dirige tout entier. C'est pourquoi on donne métaphoriquement le nom de tête à tout principe, à toute cause dirigeante. Ainsi on dit que les hommes qui dirigentlesautres et qui les gouvernent sont leur tête. On appelle donc vice capital, du mot caput (tête) pris dans son sens propre, celui qui mène à des fautes quisont punies de la peine capitale. Mais ce n'est pas le sens que nous attachons à cette expression quand nous parlons des péchés capitaux. Nous désignons par là, métaphoriquement, toutpéchéquiestle principe des autres ou qui les dirige. Par conséquent nous donnons le nom de vice capital à celui qui est la source d'autres vices, surtout quand ils naissent de lui, selon l'origine de la cause finale qui est l'origine formelle, comme nous l'avons dit (quest. Xviii, art. 6, et quest. Lxxh, art. 6, et Lxxv, art. \). C'est pourquoi le vice capital n'est pas seulement le principe des autres, mais il en est encore le directeur et pour ainsi dire le guide. Car l'art ou l'habitude à laquelle la fin appartient, régit et commande tous les moyens qui s'y rapportent. C'est ce qui fait que saint Grégoire (Mor. lib. XXXI, cap. 17) compare ces vices capitaux à des chefs d'armées.*

Il faut répondre au premier argument, que le mot capital vient, par dérivation ou par participation, du mot caput, et qu'il s'applique à ce qui a quelqu'une des propriétés de la tête et non à la tête exclusivement. C'est pourquoi on appelle capitaux, non-seulement les vices qui sont l'origine première de tous les maux, comme l'avarice qui est appelée la racine et l'orgueil qu'on nomme le commencement de tout péché; mais encore ceux qui sont l'origine prochaine de plusieurs autres péchés.

Il faut répondre au second, que le péché, considéré relativement à l'éloignement de Dieu, n'a pas d'ordre, parce que sous ce rapport il a la nature du mal, et que le mal, comme le dit saint Augustin (Lib. denat. boni, cap. 4), est la privation du mode, de l'espèce et de l'ordre; mais si on le considère relativement à l'attachement du pécheur pour la créature, il a pour objet un certain bien; c'est pourquoi sous ce rapport on dit qu'il est ordonné (d).

Il faut répondre au troisième, que ce raisonnement porte sur le péché capital qui est puni par une peine capitale, mais ce n'est pas de ce péché que nous parlons ici.

ARTICLE IV. — A-T-ON RAISON DE DISTINGUER SEPT VICES CAPITAUX?

1. Il semble qu'on ne doive pas dire qu'il y a sept vices capitaux: la vaine gloire, l'envie, la colère, l'avarice, la tristesse, la gourmandise et la luxure. Car les péchés sont opposés aux vertus. Or, il n'y a que quatre vertus principales, comme nous l'avons dit (quest. LXI, art. 2). Donc il n'y a non plus que quatre vices principaux ou capitaux.

2. Les passions de l'âme sont des causes du péché, comme nous l'avons dit (quest. LXXVII). Or, il y a quatre principales passions de l'âme; il y en a deux dont il n'est pas fait mention parmi les péchés qu'on vient d'énumérer, ce sont l'espérance et la crainte. Mais on a énuméré des vices qui se rapportent à une même

passion. Car la délectation comprend la gourmandise et la luxure, et la tristesse embrasse la paresse et l'envie. Donc les péchés principaux sont mal énumérés.
3. La colère n'est pas une passion principale. On n'aurait donc pas dû la ranger parmi les vices principaux.
4. Comme la cupidité ou l'avarice est la racine du péché, de même l'orgueil en est le commencement, comme nous l'avons dit (art. d et 2 huj. quaest.). Or, on fait de l'avarice un des sept péchés capitaux; on aurait donc dû compter aussi l'orgueil.
5. On commet des péchés qui ne peuvent venir d'aucun de ceux qu'on a énumérés; comme quand on erre par ignorance, ou quand on commet une faute par suite d'une bonne intention, comme celui qui vole pour faire l'aumône. Donc les vices capitaux n'ont pas été suffisamment énumérés.
Mais c'est le contraire. L'autorité de saint Grégoire est positive à cet égard (Mor. lib. xxxi, cap. 17)." (*La somme théologique de Saint Thomas*, Paris, E. Belin, 1853, T. VI, pp. 9-11)
Et encore, plus clairement peut-être: "*Il faut répondre au second, que la crainte et l'espérance sont des passions de l'irascible, que toutes les passions de l'irascible viennent de celles du concupiscible, et que toutes les passions du concupiscible se rapportent d'une certaine manière à la délectation et à la tristesse. C'est pourquoi on place principalement parmi les péchés capitaux la délectation et la tristesse, comme étant les passions principalissimes, ainsi que nous l'avons dit (quest. XXV, art. 4).*" (*Ibid.*, p. 15)
Ce qui, à la fois, confirme, pour nous, l'importance de l'Acédie, mais aussi qu'il s'agit d'une complexion plus ample, non réduite à elle-même, qui permet, chez Dürer ou dans les livres d'emblèmes par exemple, aux auteurs de comprendre comme un objet plus grand le concept d'"*éloignement de Dieu*", puisqu'on le voit bien chez Saint Thomas d'Aquin, cette notion renvoie à l'ensemble des péchés "*capitaux*". Comme la représentation de la bataille entre la Vérité et l'Hérésie remplit une fonction théologique dans l'iconographie moderne plus moralement générale que la représentation, dont elle s'inspire et qui l'implique cependant, nous en sommes d'accord, de l'*Acedia* ou de la mélancolie (celle-ci sortant déjà du cadre fermé de l'imagerie de la Paresse, comme le prouve son élévation baroque comme forme, parallèle de celle des *Vanités* - ce qui est important - auxquelles elle s'intègre directement ou indirectement, selon les cas [la littérature à ce propos abonde], de représentation de la dichotomie morale de Sainte Marie Madeleine).
"*Quels rapports y a-t-il entre les péchés, surtout les péchés capitaux, et ce paysage affectif si bigarré? Même si on peut remarquer, dans la table rupéllienne des passions, la présence de termes qui se réfèrent aux péchés capitaux traditionnels (acédie, envie, orgueil, colère), les passions ne s'identifient pas pour autant avec eux: comme Jean l'a montré très clairement dans sa 'Summa de vitiis', la passion est différente du péché, et le cadre psychologique qu'il va construire avec méticulosité se situe en dehors de la réflexion morale proprement dite. Cependant, le fondement même des passions, c'est-à-dire la passibilitas de l'âme, plonge ses racines dans le péché; les passions sont le signe de la nécessitas qui atteint désormais l'homme, tantôt dans l'âme, tantôt dans le corps; elles constituent la peine qui frappe l'âme ë cause de son union avec un corps infirme et corrompu.*
Le rapport passions-péchés peut donc être abordé abordé à différents niveaux: sur un plan général, il concerne la structure psychologique de l'homme; au niveau de la taxonomie des péchés, il illustre l'origine affective de plusieurs d'entre eux. Ce qui s'avère néanmoins impossible, c'est d'identifier tout court les passions avec les péchés et surtout d'établir une correspondance précise et complète entre la table des passions et le système des sept vices. Sur ce dernier point, tous les théologiensfranciscains sont très nets: la 'Summa Halensis', dont le traité sur le péché a été écrit en grande partie par Jean de la Rochelle lui-même, aborde la question de façon explicite: il est incontestable que le septénaire ne saurait trouver un fondement dans les diverses facultés de l'âme, ni une correspondance avec les passions. Après une longue discussion sur la sufficientia du septénaire, saint Bonaventure lui-même rejette la correspondance entre péchés capitaux et puissances de l'âme;" il y a, bien sûr, des passions qui sont en même temps des péchés, à savoir l'envie et la colère, mais leur culpabilité ne vient pas de leur nature passionnelle même; les passions peuvent être soit justes et méritoires, soit mauvaises et coupables: tout dépend de la volonté qui les fait surgir." (Silvana Vecchio, "*Passions de l'âme et péchés capitaux*", *Laster im Mittelalter / Vices in the Middle Ages*, Berlin, Walter de Gruyter, 2009, pp. 58-59)
[133]Toutefois, renouvelant avec cette primauté de l'Orgueil sur les autres Vices: "***En mars 2009, l'Association des géographes américains a présenté un travail intitulé One nation, seven sins (Une nation, 7 péchés), à ses près de 6 000 auditeurs lors de son assemblée annuelle. Il s'agissait d'un rendu, sous forme de cartographie SIG, d'une étude des zones géographiques (par comtés) les plus touchées par les «7 péchés capitaux» aux***

États-Unis. Ces «péchés» ont été évalués selon des indices calculés d'après les statistiques nationales officielles disponibles.
La cupidité a été évaluée par les statistiques d'inégalités de revenu par habitant d'une région par rapport au nombre d'habitants vivant sous le seuil de pauvreté. Un indice d'envie a été calculé sur la base du nombre de vols (dont cambriolage, larcin et vols de véhicule à moteur) par habitant. La colère a été évaluée via le nombre de meurtres, agressions et viols par habitant (données probablement sous-estimées, par sous déclaration dans certaines populations vulnérables et victimes). Le nombre de restaurants, service de livraison ou restauration rapide disponibles par tête d'habitant a servi à évaluer la gourmandise. La luxure a été évaluée par la prévalence des chlamydioses et gonorrhées, de la syphilis et du VIH/SIDA dans chaque comté (indices particulièrement discutables car notamment influencés par les conditions d'hygiène, la pauvreté, la culture, le risque de viol, la drogue et les pratiques sexuelles... mais la prostitution ou le commerce du sexe restent des sujets souvent pudiquement traités et culturellement difficiles aux États-Unis). La paresse a été évaluée en comparant les dépenses faites par individu (pour les arts, spectacles et loisirs) avec le taux d'emploi. L'orgueil, en tant que racine de tous les péchés, a été calculé et cartographié en agrégeant les indices précédent. La part du sérieux statistique, de l'arbitraire dénoncé, et de l'humour ou de l'«amusement érudit» de cette approche a été laissée à l'appréciation des utilisateurs de ces statistiques. Ce travail a été présenté devant une assemblée d'environ 6 000 géographes venant traiter de questions lourdes. C'est une «cartographie rigoureuse de données ridicules» a commenté Abigail Goldman dans le journal16. Les auteurs, qui ont aussi classé les grands casinos des États-Unis au regard de ces critères, disent y avoir pris tant de plaisir, qu'ils envisagent de poursuivre cette approche." (http://fr.wikipedia.org/wiki/P%C3%A9ch%C3%A9_capital)

[134]"*«Les pensées génériques provenant de la partie concupiscible sont trois: celle de gourmandise, celle d'avarice et celle de vaine gloire, car on désire soit des nourritures, soit de l'argent, soit la gloire; mais la cupidité, la vaine gloire et les autres pensées de la partie concupiscible sont précédées par l'égoïsme (philautia). Seule la pensée de tristesse ne comporte pas de plaisir. Celle de l'orgueil est sans matières. À celles de rancune (μνησικακία / mnêsikakía) et de colère est liée la tristesse. Toutes aboutissent à celle d'orgueil, mais se ramènent à celle d'égoïsme. Celui donc qui n'est pas égoïste est forcément aussi ennemi du plaisir, car devenu maître de lui, il les a évidemment toutes maîtrisées.»*
— Chapitres des disciples d'Évagre, ch. 69 (Géhin, p. 166-168)
Cette liste a été revue par Jean Cassien au ve siècle, puis par le pape Grégoire le Grand (590-604). Grégoire le Grand, dans les Moralia, supprime l'acédie qu'il remplace par l'envie, et déclare l'orgueil roi des vices et le sort de la liste, ramenant ainsi les passions capitales à sept. La liste est définitivement fixée au quatrième concile du Latran en 1215 et consignée par Thomas d'Aquin au xiiie siècle dans sa Somme théologique. La liste de «sept péchés capitaux» sera répandue par la Contre-Réforme (xvie siècle)." (*Ibid.*)

[135]De toute façon: "*Dans la religion catholique, les péchés capitaux correspondent aux péchés dont découlent tous les autres1. Ainsi, le mot capital n'est pas en rapport avec la gravité (par exemple, le meurtre n'y figure pas; le blasphème non plus). Il vient du latin caput («tête»), par comparaison à cette partie du corps qui dirige l'ensemble: le péché capital conduit à d'autres péchés.*" (*Ibid.*)

[136]http://www.le.ac.uk/arthistory/seedcorn/images/raunds7deadly.gif

[137]Dans la "*Representation of the inner State of a man who is a Servant of Sin, and suffers the Devil to reign within him," from The Heart of Man Either a Temple of God or a Habitation of Satan, by Johannes Gossner (Reading, Pa., 1822). Translated from Gossner's Herz des Menschen, ein Tempel Gottes, oder eine Werkstätte des Satans (1812)*", http://www.common-place.org/vol-06/no-04/tales/, ("*Johannes Gossner's The Heart of Man, was published in Pennsylvania in 1822, translated from Gossner's original German text first published in 1812. Gossner had been a Catholic priest who converted to Lutheranism and became an advocate of missions. His Heart book drew from Catholic as well as Protestant sources; in fact, he derived the illustrations from an eighteenth-century Catholic work entitled Spiritual Mirror of Morality (1732).*"), reproduite sur http://media-cache-ec0.pinimg.com/736x/33/fb/1a/33fb1a096dac2838d9e09a76be867941.jpg, la tortue (l'escargot[137] dans la gravure de 1558 de Brueghel[137] pour la "*Desidia*" allongée la tête sur un rocher), qui symbolise l'"*Indolence*", se trouve en bas de l'image. On retrouve la même représentation chez Jacques Chiquet, *Mirror of the Sinful*, XVIIIème siècle, https://s-media-cache-

ak0.pinimg.com/236x/f7/27/5e/f7275e9cdd5e5287c649c4eaf657e1c7.jpg L'image a souvent été reproduite, voir aussi http://en.wikipedia.org/wiki/File:Tableau_de_mission_-Fran%C3%A7ois-Marie_Balanant_tableau_1-.jpg et http://en.wikipedia.org/wiki/Seven_deadly_sins: "*An allegorical image depicting the human heart subject to the seven deadly sins, each represented by an animal (clockwise: toad = avarice; snake = envy; lion = wrath; snail = sloth; pig = gluttony; goat = lust; peacock = pride).*" (http://en.wikipedia.org/wiki/Seven_deadly_sins), et http://media-cache-ak0.pinimg.com/236x/36/e7/0e/36e70e5756111fdf8030ff77c00913f2.jpg, et encore "*"Heart ruled by the seven deadly sins," from Man's Heart, Reverend David Asante, trans., printed for the Basel Missionary Society (Basel, 1874)*" et " *""Heart ruled by the seven deadly sins," from Book of the Heart, printed for Tellicherry Mission Press (Tellicherry, India, 1848)*", http://www.common-place.org/vol-06/no-04/tales/

C'est l'"*excremental body*" du corps terrenal, selon Saint Thomas, par opposition au corps sans corruption du Christ, Martha Bayless, *Sin and Filth in Medieval Culture: The Devil in the Latrine*, Abington et New York, Routledge, 2012, cap. "*4. The Realm of Corruption*".

"*For Calvinists, behaviour is at best an indicator of the inner state of a man or woman. But it may, much more dangerously, mask an inner state, beguiling others into erroneously perceiving an individual as godly, or worse, misleading the individual himself or herself into a false sense of assurance of his or her own godliness.* Hypocrisy, the technical *term for a mismatch between an apparently righteous 'outer man' but a sinful 'inner man', was a constantly feared condition. The tendency of Calvinists is, then, towards particularly intense introspection as the believer attempts to monitor the* rightness of an inner core of self. *Calvinist writing is characterised by the presentation of a deeply in- teriorised, spiritual notion* constructed in complex relation to *a watchful, interpreting self. It is a selfhood riven by paradox: constructed as singular (alone and often* lonely and isolated) but relational, *since it is established in relation to God, God's word and other individuals who mark positions of greater or lesser spirituality;* unchangeable (since predetermined*) yet responsible for responding to God's calling and thus for its own salvation;* passively dependent on God's will, *but always actively self-scrutinising and self-creating through the advised practices of journal-keeping and self-confession.*" (Helen Wilcox, *Women and Literature in Britain, 1500-1700*, Cambridge University Press, 1996, p. 214)

[138]Que l'on trouve aux murs Nord des nef de Crostwight, Norfolk (c.1360-80) et d'Edingthorpe, Norfolk, http://www.le.ac.uk/arthistory/seedcorn/schema.html

[139]http://www.le.ac.uk/arthistory/seedcorn/schema.html

[140]Souvent reproduit au Moyen Âge, cf. Pierre Sorlin et Myriam Tsikounas, "*Entre Dieu et Satan, ambiguïtés du rêve médiéval - Entretien avec Jean-Claude Schmitt*", *Sociétés & Représentations*, 2007/1, No 23, pp. 67-82.

[141]http://www.le.ac.uk/arthistory/seedcorn/schema.html

[142] https://web.stanford.edu/class/history13/earlysciencelab/body/femalebodypages/malegenat17cent.gif reproduit sur le site https://web.stanford.edu/class/history13/earlysciencelab/body/femalebodypages/genitalia.html

[143]Otto Van Veen, *Les emblemes de l'amour humain*, Bruxelles, François Foppens, 1667, p. 4.

[144]"*De nombreuses légendes ont été diffusées sur l'origine du bois de la Croix.*

Selon une première tradition, elle aurait été faite de quatre bois différents (car il faut compter le montant transversal - le patibulum, le vertical - le stipes, la tablette portant l'inscription - le titulus, et la traverse pour les pieds du Christ - le suppedaneum): bois d'olivier (symbole de la réconciliation), de cèdre (symbole de l'immortalité et l'incorruptibilité), de cyprès et de palmier.

Une autre tradition médiévale, remontant à l'Évangile apocryphe de Nicodème, est reprise au xiiie siècle dans la Légende Dorée du dominicain Jacques de Voragine. La Croix du rédempteur fut taillée dans le bois de l'arbre ayant poussé sur la tombe d'Adam, traditionnellement localisée à Jérusalem, sur l'emplacement même de la crucifixion. Or, cet arbre n'est autre que celui qui a poussé à partir d'une graine de l'Arbre de la Vie, semée dans la bouche d'Adam après sa mort par son fils Seth. C'est l'archange Michel qui l'a apportée à Seth depuis le paradis terrestre afin de permettre à terme le rachat du péché originel. En effet, le Christ est

également désigné comme le «nouvel Adam» par saint Paul, qui rachète le péché introduit dans le monde par le premier homme.
L'arbre ayant poussé sur le tombeau d'Adam est alors abattu sur ordre du roi Salomon pour servir de bois d'œuvre. Destiné d'abord à la construction du Temple, il est finalement affecté à celle d'un pont, celui de Siloé. La reine de Saba, rendant visite à Salomon, s'agenouille devant cette poutre de bois, avec la prémonition qu'il servira à fabriquer la croix de la passion de Jésus.
Selon une autre version, la reine aurait écrit à Salomon pour lui dire qu'à ce bois serait un jour attaché l'homme dont la mort mettrait fin au royaume des Juifs. Touché par cette prémonition, Salomon ordonne alors aux ouvriers de retirer le bois sacré du pont sur le Siloé et de l'enfouir profondément sous terre. Et, à l'endroit où l'arbre était enfoui, se forma plus tard la piscine probatique: si bien que l'eau guérissait les malades. Cette version est illustrée par exemple par les fresques de Piero della Francesca à Arezzo." (http://fr.wikipedia.org/wiki/Vraie_Croix)
[145]http://figuresambigues.free.fr/ArticlesImage/doubleface.html
[146]http://www.romeartlover.it/Iconography2.html
[147]http://www.romeartlover.it/Iconography2.html
[148]http://www.insecula.com/oeuvre/O0017126.html
[149] http://www.playclicks.com/playforos/index.php?topic=41103.135 et http://annepaingault.over-blog.com/tag/culture%20g/3
[150]http://www.labirintoermetico.com/04Iconologia/iconologia_ripa_immagini/imagepages/image127.html
[151]http://www.labirintoermetico.com/04Iconologia/iconologia_ripa_immagini/imagepages/image188.html
[152]http://www.cultura-barocca.com/imperia/molon10002.htm
[153]http://www.labirintoermetico.com/04Iconologia/iconologia_ripa_immagini/imagepages/image338.html
[154] http://en.wikipedia.org/wiki/Sacred_and_Profane_Love et http://en.wikipedia.org/wiki/File:Tiziano_-_Amor_Sacro_y_Amor_Profano_(Galer%C3%ADa_Borghese,_Roma,_1514).jpg
[155]http://www.labirintoermetico.com/04Iconologia/iconologia_ripa_immagini/imagepages/image168.html
[156]Sans doute pour la raison théologique suivante de métonymie entre les maux: "*Son Évangile était pour tous et non pour une classe privilégiée seulement; le fait même qu'il était goûté des pauvres et des simples, l'éloignait de l'horizon des sages de ce monde (Matth. XI. 25), et leur métaphysique nébuleuse n'était point ce qui pouvait donner la vue aux aveugles et ouvrir les oreilles aux sourds (v.5).*" (Eduard Wilhelm Eugen Reuss, *Histoire de la théologie chrétienne au siècle apostolique*, Strasbourg et Paris, Treuttel & Wurtz, 1852, T. I, p. 173)
[157] http://www.listology.com/nance/list/my-favorite-paintings-top-1000 et http://www.wga.hu/art/m/manfredi/4seasons.jpg
[158]"*On the other side the extremely vivid and bizarre figures of demons are being cast into the abyss. They are Unchasteness (Immunditia) with the boar's head, Burning Desire (Ardor) with the flaming head, and Love (Amor) with the clawed feet and the hearts tied around him. The round is completed by the spider-legged, devilish Death (Mors).*" (http://www.wga.hu/html_m/g/giotto/assisi/lower/crossing/40allego.html)
[159]http://fr.wikipedia.org/wiki/Le_Combat_de_l%27Amour_et_de_la_Chastet%C3%A9
[160]http://en.wikipedia.org/wiki/Combat_of_Love_and_Chastity
[161]Stephen John Campbell, *The Cabinet of Eros: Renaissance Mythological Painting and the Studiolo of Isabella D'Este*, Yale University Press, 2004, p. 171; et Jacob Burckhardt, *Italian Renaissance Painting According to Genres*, Los Angeles, Getty Publications, 2005, p. 76.
[162]https://crabbish.wordpress.com/2011/04/03/mars-chastising-cupid-by-bartolomeo-manfredi-circa/
[163] Cesare Ripa, *Iconologie ou nouvelle explication de plusieurs images, emblèmes et autres figures hiérogliphiques des vertus, des vices, des arts, des sciences*, Paris, Billaine, 1677, T. I, Emblème XLXXIV, p. 257.
[164]*Ibid.*, Emblème CLXXI, p. 255.
[165]*Ibid.*, Emblème CLVI, pp. 232-233.
[166]"*La femme assise au premier plan à gauche, tenant une épée et une peau de lion (le lion de Némée, trophée d'Hercule), symbolise les quatre vertus cardinales: la force d'Hercule, dont elle possède le trophée, la prudence du serpent, qui la couronne, la justice de l'épée qu'elle tient dans sa main droite et le mors de la tempérance qu'elle tient dans sa main gauche.*" (http://sites.univ-provence.fr/pictura/GenerateurNotice.php?numnotice=A4466)

[167]Ripa, T. II, pp. 207-211.
[168]*Ibid.*, T. I, pp. 206-207.
[169]http://www.1st-art-gallery.com/Bartolomeo-Manfredi/Cain-Murdering-Abel-1610.html
[170]http://en.wikipedia.org/wiki/Allegory_(Filippino_Lippi)
[171]Alonso IX et Alonso Díaz de Montalvo, *El Fuero Real de España*, Madrid, En la oficina de Pantaleon Aznar, 1781, T. I, p. 11.
[172]*Stephani Baluzii ... Miscellanea novo ordine digesta et non paucis ineditis monumentis opportunisque animadversionibus aucta. Opera ac studio Joannis Dominici Mansi*, Lucques, Apud Vincentium Junctinium, 1761, T. I, p. 387.
[173]http://forum.artinvestment.ru/blog.php?b=99357&langid=5
[174] http://media.mutualart.com/Images/2012_09/14/18/184819764/39bec2a1-a015-43b4-a788-d53cb508282a.Jpeg
[175] http://upload.wikimedia.org/wikipedia/commons/b/bd/Pietro_Liberi_-_Time_Being_Overcome_by_Truth_-_WGA12980.jpg
[176] http://www.bbc.co.uk/arts/yourpaintings/paintings/the-disarming-of-cupid-an-allegory-of-chastity-49754, http://www.wikiart.org/en/lorenzo-lotto/allegory-of-chastity-1505,
http://www.wikigallery.org/wiki/painting_391250/Cornelis-Van-Poelenburch/Venus-And-A-Satyr-An-Allegory-Of-Chastity-Overcome-By-Lust,
http://media.mutualart.com/Images/2009_07/25/0298/675282/3b597897-19c5-44ba-93d0-c76bdcd9418e_g.Jpeg
[177]Voir notre ouvrage *"Le cuirassier blessé quittant le feu" et l'apologie patriotique chez Théodore Géricault*, 2006.
[178]http://commons.wikimedia.org/wiki/File:Luca_Giordano_-_Venus,_Cupid_and_Mars.jpg
[179] http://www.artfund.org/supporting-museums/art-weve-helped-buy/artwork/351/allegory-of-ill-fortune-cornelis-anthonisz
[180]Ripa, p. 233.
[181] Edwin Hall, *The Arnolfini Betrothal: Medieval Marriage and the Enigma of Van Eyck's Double Portrait.* Berkeley, University of California Press, 1994, p. 123 fig. 60.
[182]*Exposition Henri IV (1610-2010) - IVe centenaire de la mort d'Henri IV*, Exposition de gravures, du 20 septembre au 23 octobre 2010, À l'occasion du colloque du 8 octobre 14 h 30, Bibliothèque de Bordeaux, http://estampeaquitaine.canalblog.com/archives/2010/09/26/19163614.html
[183] http://www.thierry-guinhut-litteratures.com/article-verite-d-islam-et-verites-liberales-philippe-d-iribarne-elisabeth-schemla-thilo-sarrazin-119079836.html
[184]http://www.contrepoints.org/2011/09/08/44830-de-la-liberte-de-vivre-dans-la-verite
[185]"*Pietro C. Marani a proposé de voir dans la Sala delle Asse une allusion à la Prudence du duc 19. Le mûrier est en effet, à la Renaissance, l'un des attributs de cette vertu. Cette tradition remonte à Pline, selon lequel il y a des arbres qui "... fleurissent après un bourgeonnement tardif et mûrissent vite, comme le mûrier, le dernier à bourgeonner des arbres civilisés, et seulement les froids passés, ce qui l'a fait nommer le plus sage des arbres. Mais, une fois commencé, son bourgeonnement se déploie tout entier, au point de s'accomplir en une seule nuit et même avec bruit" (Naturalis Historia, XVI, 25, 102). Dans son recueil d'emblèmes, Andrea Alciati reprend l'image de Pline, en décrivant le mûrier comme le plus sage des arbres, puisque il fructifie tard, après la fin de l'hiver 21. Le mûrier devient ainsi l'un des symboles de la Prudence chez Valeriano Pierio (1477-1560ca) 22 et une guirlande de cet arbre orne l'heaume doré de la Prudence chez Cesare Ripa.*
Toutefois, ce n'est qu'au XVIe siècle que cette symbolique est, pour la première fois, mise en relation avec Ludovic Sforza. Dans son Dialogo dell'imprese militari e amorose (1551), Paolo Giovio justifie en effet par l'allusion à la Prudence l'adoption par le More de la devise du mûrier: "Pour l'opinion que lon avoit de sa prudence, [Ludovic Sforza] fut tenu un temps comme arbitre de la paix et de la guerre, en Italie: et pour cela porta il l'arbre du Meurier blanc pour devise: laquelle plante (comme dit Pline) est reputée sapientissima omnium arborum, d'autant qu'elle fleurit tard, pour fuyr le glas et les gelees: et fait tost fruit: entendant dire qu'auec sa sagesse il cognoissoit les temps à venir".
Les allégories du mûrier diffusées à la cour de Milan ne semblent pas autoriser l'explication proposée a par Giovio: évoqué par son allusion au nom du duc, l'arbre n'est loué que par son ombre ou ses fruits. Jamais il

n'est mis en rapport avec la Prudence." (Pier Luigi Mulas, "*La Sala delle Asse: une allégorie de la Prudence à la cour de Ludovic le More?*", *Chroniques italiennes*, No 60, 4/1999, pp. 123-124)

[186]"*Le personnage couronné au centre est Minerve, déesse de la raison, représentée en armes. Elle tient le sceptre et le globe, symboles du pouvoir temporel. Son bouclier, orné de la Méduse, est à ses pieds, écrasant le monstre du vice, à tête de loup et queue de serpent. Mais pourquoi sa lance est-elle rompue?*" (http://sites.univ-provence.fr/pictura/GenerateurNotice.php?numnotice=A4466)

[187] http://upload.wikimedia.org/wikipedia/commons/7/76/Pietro_Liberi_-_Allegory_of_Temperance_-_WGA12976.jpg

[188]http://www.wga.hu/html_m/l/liberi/pietro/allegorx.html

[189]Voir notre ouvrage *Brueghel l'Ancien-Jérôme Bosch*, 2004

[190]L'ensemble des livres d'emblèmes cités ayant été consultés dans leurs versions digitales en PDF, que le lecteur pourra retrouver sur le site www.archive.org, la numérotation que nous en donnons doit se comprendre à partir de celles-ci, qui ont l'avantage de produire une numérotation continue, ce que ne font pas tous les volumes.

[191]*Amoris diuini et humani effectus*, Anvers, Michael Snyder, 1626, p. 57.

[192]*Ibid.*, p. 75.

[193]*Ibid.*, p. 24.

[194]*Ibid.*, pp. 103 et 107.

[195]*Ibid.*, p. 33.

[196]*Ibid.*, p. 79.

[197]*Ibid.*, p. 85.

[198]*Ibid.*, p. 13.

[199]*Ibid.*, p. 87.

[200]*Ibid.*, p. 111.

[201]*Ibid.*, pp.
feu 51 et 77.

[202]Voir par exemple *Amoris divini et humani antipathia* (Anvers, Michael Snyders, 1629, pp. 57, 111, 119, 123,131, 135, 139, 147, 163, 167, 193, 201, 223, 227, 259, 273, 281, 285, 293, 305, 317, 325, 329, 345, 349. Identiquement l'emblème de la p. 45 reproduit l'emblème p. 5 de l'ouvrage antérieur; celui de la p. 87 reproduit celui de *Amoris divini et humani*, p. 13, et celui de la p. 95 reproduit dans l'ouvrage antérieur celui qui s'y trouve à la p. 75. Celui de la p. 313 reproduit l'emblème p. 63 de l'ouvrage antérieur.

[203]*Ibid.*, l'emblème de la p. 115 reproduit l'emblème de la p. 85 de l'ouvrage antérieur, et celui de la p. 143 l'emblème de la p. 33 de l'ouvrage antérieur.

[204]Page 67 d'*Amoris diuini et humani effectus.*

[205]*Le centre de l'amour*, Paris, Chez Cupidon, 1587, pp. 25, 27, 55, 73, 81, 85.

[206]http://en.wikipedia.org/wiki/Merry_company

[207] Jan van Hemessen, *The Prodigal Son*, 1536, http://en.wikipedia.org/wiki/File:Jan_van_Hemessen_-_The_Prodigal_Son_-_WGA11358.jpg; Jacob Ochtervelt, *Musical Company in an Interior*, c. 1670, http://en.wikipedia.org/wiki/File:Jacob_Ochtervelt_-_Musical_Company_in_an_Interior_-_WGA16621.jpg

[208] Simon de Vos, *Merrymakers in an Inn*, 1630s, http://en.wikipedia.org/wiki/File:Simon_de_Vos_-_Merrymakers_in_an_Inn_-_Walters_371741.jpg; according to the owning museum "*Well-bred young ladies did not join parties in public inns; these smiling women are prostitutes*", http://en.wikipedia.org/wiki/Merry_company; Gerard van Honthorst, *Merry Company*, 1623, http://en.wikipedia.org/wiki/File:Honthorst,_Gerard_van_-_Merry_Company_-_1623.jpg: "*Prostitution is clearly indicated in this scene by Gerard van Honthorst of 1623, complete with aged procuress, low cleavage, and a feathered headdress on the second girl*", http://en.wikipedia.org/wiki/Merry_company

[209] Peter Paul Rubens, *Garden of Love*, 1630–35, http://en.wikipedia.org/wiki/File:El_Jard%C3%ADn_del_Amor_(Rubens)_(alta_resoluci%C3%B3n).jpg, "*the apotheosis of the outdoor courtly company*", http://en.wikipedia.org/wiki/Merry_company

[210] Simon de Vos, *An Allegory of the Five Senses A merry company in an interior*, c. 1640, http://commons.wikimedia.org/wiki/File:Simon_de_Vos_An_Allegory_of_the_Five_Senses_A_merry_company_in_an_interior.jpeg; Anthonie Palamedesz, *A musical party with an allegory of the Five Senses*, 1649, http://www.richardgreen.com/Anthonie-Palamedesz-musical-party-with-allegory-the-Five-Senses-

---

DesktopDefault.aspx?tabid=6&tabindex=5&objectid=640740&categoryid=9735: "*The theme of the 'merry company' developed in Dutch and Flemish art in the late sixteenth century. In its earliest manifestations in prints and paintings it had moralistic overtones, censuring idleness, gambling, smoking and luxury. Anthonie Palamedesz. probably studied in Delft with the Court portrait painter Michiel van Mierevelt (1567-1641) and the genre painter Hendrik Pot (1585-1657), who was in the city in 1620. Around 1625 he began painting merry companies influenced by the Hague artist Esaias van de Velde (1587-1630), and remained Delft's chief specialist in that genre until he turned seriously to portraiture in the 1650s.*

Palamedesz.'s merry companies are refined, high-life scenes depicting youthful gentlemen and ladies in congenial gatherings. The present painting shows a musical party with a man seen from behind playing the bass viol, a lady with a lute and singers. They are set in a shadowy, richly furnished room, typical of Palamedesz.'s later paintings, with a baroque brass chandelier, Spanish gilded leather hangings, a lavishly adorned four-poster bed and an oriental table carpet. The air of playful wealth is reinforced by the exotic dress of the figures. Whereas the women wear jewel-bright, fashionable dress, with gold embroidery and fine lace, the men wear elements of exotic dress commonly found in the history paintings of Rembrandt and his followers. The bass viol player is a swaggering officer in clothes trimmed with silver, a red sash and plumed hat. The singer by the central lady in white has a Hungarian or Turkish air with his trimmed jacket and jewelled plume. The man behind him, holding a magnifying glass, sports an oriental turban and cloak. The fancy dress atmosphere adds to the sense of gaiety and theatricality.

By the mid-seventeenth century few merry companies had an allegorical aspect, but here Palamedesz. has incorporated the Five Senses into his composition. The musicians (and the servant peering round the door) represent Hearing; the man with the magnifying glass, who looks straight at us, Sight. At the far right, a lady smells a pink rose. Taste is represented by the dog gnawing a bone on the floor and Touch by the monkey purloining a bunch of grapes from the table. The monkey's unchecked actions attest to the free-and-easy atmosphere of the company, but the painting's viewpoint is indulgent rather than censorious.

Palamedesz. was masterly in creating a sense of depth in his compositions. The eye roams from the strongly-lit lady in the cobalt blue dress in the foreground, to the singers and monkey in the middleground, to the servant framed in the doorway in the background. The bass viol player, depicted from the back, provides a strong repoussoir which enhances the feeling of depth and space. Figures seen from the back were another motif favoured by Palamedesz. which add to the liveliness and complexity of his richly-coloured merry companies."

[211]Voir notre ouvrage *"Le Déjeuner sur l'herbe" de Manet et les "Enfants de Venus": une allégorie de l'art du peintre*, 2010; ce que confirme l'oeuvre citée ci-dessus d'Anthonie Palamedesz, *A musical party with an allegory of the Five Senses.*

[212] http://www.google.com.ni/imgres?imgurl=http%3A%2F%2Fwww.christies.com%2Flotfinderimages%2Fd49838%2Fd4983804r.jpg&imgrefurl=http%3A%2F%2Fwww.christies.com%2Flotfinder%2Fpaintings%2Fpiedmontese-school-c1700-merry-company-in-a-4983804-details.aspx&h=226&w=384&tbnid=c4ctdTWMO_ZRiM%3A&zoom=1&docid=fRR4OS8jMygYJM&itg=1&ei=d2OAVPe2McmdNvqGgfgC&tbm=isch&ved=0CB4QMygEMAQ&iact=rc&uact=3&dur=633&page=1&start=0&ndsp=12

[213]http://www.jean-antoine-watteau.org/Merry-Company-in-the-Open-Air-1716-19.html

[214]http://www.wikiart.org/en/esaias-van-de-velde/merry-company-in-the-park-1614

[215]http://www.friendsofart.net/en/art/esaias-van-de-velde/merry-company-banqueting-on-a-terrace

[216]*Amoris diuini et humani effectus*, pp. 101, 105.

[217]Associée à la mentionnée nuée, *Le centre de l'amour*, p. 119.

[218]Associé à la laïcisation du religieux, *ibid.*, p. 113.

[219]*Ibid.*, pp. 121 et 127.

[220]*Ibid.*, p. 129.

[221]*Ibid.*, p. 193.

[222]*Le centre de l'amour*, pp. 195, 199.

[223]http://against-heresies.blogspot.com/2006_08_01_archive.html

[224]*Le centre de l'amour*, p. 113.

[225]*Ibid.*, pp. 191, 197.

[226]*Ibid.*, pp. 87, 89, 91, 99, 147, 181, 171, 183, 201.

[227]*Ibid.*, pp. 187, 189.
[228]*Ibid.*, pp. 99, 105, 121, 139, 161, 165, 167, 169.
[229]*Ibid.*, p. 83.
[230]Complexifiant le cadre général de l'image, cependant, le pli du vêtement de la Fortune qu'elle tient dans la main droite reproduit la forme d'un coeur, et de la gauche elle indique le Ciel, ainsi reste l'ambivalence du choix pour le galant. Qui des deux femmes est l'Élue, des sentiments mais aussi de l'âme, du corps mais aussi de l'Esprit et du chemin vers Dieu?
[231]*Le centre de l'amour*, p. 133.
[232]*L'âme amante de son Dieu* d'Otto Van Veen, 1660, traduction de Mme J.M.B. de La Mothe-Guyon, Paris, Chez les Libraires Associés, 1717, pp. 33 et 67.
[233]*Ibid.*, p. 37.
[234]*Ibid.*, pp. 43 et 49.
[235]*Ibid.*, p. 53.
[236]*Ibid.*, p. 49.
[237]Nous utilisons la version digitale du site https://archive.org/details/ladoctrinedesmoe00gomb, qui référence mal la date de l'ouvrage, et l'attribue à Marin Le roy, Sieur de Gomberville. Les deux tomes y étant présentés en un seul volume, la numérotation des pages que nous donnons correspond à cette version, le second volume y commence à la page 139.
[238]*La doctrine des moeurs*, Paris, Louye Sevestre, 1546, p. 45.
[239]*Ibid.*, p. 47.
[240]*Ibid.*, p. 49.
[241]*Ibid.*, p. 51.
[242]*Ibid.*, pp. 53, 55, 57.
[243]*Ibid.*, p. 59.
[244]*Ibid.*, p. 67.
[245]*Ibid.*, p. 66.
[246]*Ibid.*, pp. 61, 63.
[247]*Ibid.*, p. 65.
[248]*Ibid.*, p. 101.
[249]*Ibid.*, p. 103.
[250]*Ibid.*, pp. 83 et 85.
[251]*Ibid.*, p. 85.
[252]*Ibid.*, p. 87.
[253]*Ibid.*, p. 97.
[254]*Ibid.*, pp. 105 et 107.
[255]*Ibid.*, p. 109.
[256]*Ibid.*, pp. 111-137.
[257]*Ibid.*, p. 121.
[258]*Ibid.*, p. 125.
[259]*Ibid.*, p. 137.
[260]*Ibid.*, pp. 153 et 155.
[261]*Ibid.*, p. 151.
[262]*Ibid.*, p. 135.
[263]*Ibid.*, p. 153.
[264]*Ibid.*, p. 151.
[265]*Ibid.*, pp. 157, 159.
[266]Sur celles-ci, voir notre Maîtrise, *Les Tentations de Saint Antoine aux XIVème-XVIème siècles*, Paris X-Nanterre, 1991.
[267]*La doctrine des moeurs*, p. 161.
[268]*Ibid.*, p. 111.
[269]*Ibid.*, p. 117.
[270]*Ibid.*, p. 165.
[271]*Ibid.*, p. 135.

[272]*Ibid.*, p. 164.
[273]*Ibid.*, p. 167.
[274]*Ibid.*, pp. 177, 179, 185.
[275]*Ibid.*, pp. 183, 187, et suivants (cf. par ex. p. 199 et notes suivantes).
[276]*Ibid.*, p. 189.
[277]*Ibid.*, pp. 191, 193, 195, 197, 199, 201.
[278]*Ibid.*, p. 195.
[279]*Ibid.*, p. 203.
[280]*Ibid.*, p. 175.
[281]*Ibid.*, pp. 205, 207, 211, 213, 225.
[282]*Ibid.*, p. 89.
[283]*Ibid.*, p. 88.
[284]Georgette de Montenay, *Emblemes ou devises chretiennes*, Paris, Jean Marcorelle, 1571, p. 69.
[285]*Ibid.*, p. 115.
[286]*Ibid.*, p. 129.
[287]*Ibid.*, p. 133.
[288]*Ibid.*, p. 177.
[289]*Ibid.*, p. 191.
[290]*Ibid.*, p. 199.
[291]*Ibid.*, p. 181.
[292] *Ibid.*, pp. 201, 203, 209.
[293]*Ibid.*, p. 107.
[294]*Ibid.*, p. 81.
[295]*Ibid.*, p. 93.
[296]*Ibid.*, p. 77.
[297]*Ibid.*, p. 117.
[298]*Ibid.*, p. 21.
[299]*Ibid.*, p. 45.
[300]*Ibid.*, p. 53.
[301]*Triumphus Amoris*, Augsbourg, Joseph Friderich Leopold, 1695, p. 53.
[302]*Ibid.*, p. 41.
[303]*Les mysteres de l'amour divin*, Paris, Chez Jean Mariette, 1719, p. 60.
[304]*Ibid.*, p. 84.
[305]*Ibid.*, p. 396.
[306]*Ibid.*, p. 470.
[307]*Ibid.*, p. 514.
[308]*Ibid.*, p. 462.
[309]*Ibid.*, p. 372.
[310]*Ibid.*, p. 308.
[311]*Ibid.*, pp. 428 et 454.
[312]http://cathedrale.gothique.free.fr/Notre-Dame_de_Paris_Rose_Ouest_Vices_Vertus_2.htm
[313]*Prosopographia, sive Virtutum, Animi, Corporis, Bonorum Externorum, Vitiorum, Et Affectuum Variorum Delineatio*, attribuée à Philippe Galle, 1537-1612, sans références d'édition, p. 63.
[314]*Ibid.*, p. 67.
[315]*Ibid.*, p. 57.
[316]*Ibid.*, p. 49.
[317]*Ibid.*, p. 41.
[318]*Ibid.*, respectivement pp. 27 et 33.
[319]*Ibid.*, p. 25.
[320]*Ibid.*, p. 85.
[321]*Ibid.*, p. 37.
[322]*Ibid.*, p. 11.

[323]Herman Hugo, *Pieux Desirs imités des Latins*, Paris, Chez Sébastien Cramoisy, 1527, p. 56. Comme pour *La doctrine des moeurs*, nous utilisons la version du site https://archive.org/details/pievxdesirsimite03hugo, les trois tomes y étant présentés en un seul volume, la numérotation des pages que nous donnons correspond à cette version, le second volume y commence à la page 253, et le troisième p. 503.
[324]*Ibid.*, p. 142.
[325]*Ibid.*, par ex. pp. 12, 78, 96, 112, 188, 216, etc.
[326]*Ibid.*, p. 216.
[327]*Ibid.*, p. 236.
[328]*Ibid.*, p. 20.
[329]*Les mysteres de l'amour divin*, p. 84.
[330]*Pieux Desirs imités des Latins*, p. 254.
[331]*Ibid.*, p. 255.
[332]*Ibid.*, p. 122.
[333]*Ibid.*, p. 34.
[334]*Ibid.*, p. 316.
[335]*Ibid.*, pp. 398, 702.
[336]*Ibid.*, p. 364.
[337]*Ibid.*, pp. 364, 420, 702, 760.
[338]*Ibid.*, notamment p. 702, où il apparaît derrière le rideau, le doigt sur la bouche, invitant le spectateur à garder le silence.
[339]*Ibid.*, p. 484.
[340]*Ibid.*, p. 284.
[341]*Ibid.*, p. 302.
[342]*Ibid.*, p. 188.
[343]*Ibid.*, p. 78, 96, 112, 142, 158, pour l'aider: pp. 132, 174, et la guider, p. 122.
[344]http://commons.wikimedia.org/wiki/File:Allegory_of_Virtue_and_Vice_(Veronese).jpg
[345]http://en.wikipedia.org/wiki/File:Paolo_Veronese_036.jpg
[346]http://en.wikipedia.org/wiki/Allegory_of_Virtue_and_Vice_(Veronese)
[347]*Ibid.*
[348]http://necspenecmetu.tumblr.com/post/30062129473/luca-giordano-fa-pesto-love-and-vice-disarm
[349]*Le centre de l'amour*, p. 51.
[350]*Ibid.*, p. 50.
[351]http://hoocher.com/Paolo_Veronese/Paolo_Veronese.htm
[352]http://sites.univ-provence.fr/pictura/GenerateurNotice.php?numnotice=A0135
[353]http://sites.univ-provence.fr/pictura/GenerateurNotice.php?numnotice=A4464
[354]http://sites.univ-provence.fr/pictura/GenerateurNotice.php?numnotice=A0357
[355] http://www.canesso.com/Alessandro-Magnasco-Genoa-1749-1667-Allegory-the-Vices-Luxury-Worldliness-and-Ignorance-Destroing-the-Arts-and-Sciences-DesktopDefault.aspx?tabid=6&tabindex=5&objectid=16693&categoryid=1659&lg=fr
[356]Francesco Colonna, *Hypnerotomachia Poliphili*, Venise, Aldo Manuzio, 1499, pp. 71-72; illustration p. 73.
[357]Francesco Colonna, *Le songe de Poliphile, ou, Hypnérotomachie*, trad. De Claudius Popelin, Paris, Isidore Liseux, 1883, T. I, p. 112.
[358]*Les pieux desirs imites des latins*, p. 132.
[359]Colonna-Liseux, note 1 p. 112.
[360]"*Aunus au pied-bouquin, coronné de roquette,*
Representé icy, nous montre apparemment
L'acte de Paillardise, où trop desbordement
On se lasche en desir qui n'est bon ny honneste.
Car la Roquette eschauffe, & le Bouc est tousjours
Bruslant du feu villain de ses salles amours:
Les Satyres paillars de mesme tousjours saillent
De grand ardeur qu'ils ont, & les Nymphes travaillent.
Icy sont les vrayes marques de la paillar-

dise. Le Satyre, ou le bouc (qui est un animal fort paillard, & enclin au deduit Venerien) estant coronné de Roquette, herbe de qualité fort chaude (ditte des Latins eruca ab urendo, parce qu'elle brusle) signifie que la paillardise est villainement puante en son act, & eschauffee en son affection & premier mouvement." (Devise de l'Emblème "*Luxure, ou paillardise*" des *Emblemata*, 1584, d'Alciati, http://www.emblems.arts.gla.ac.uk/french/emblem.php?id=FALc072)

[361] http://commons.wikimedia.org/wiki/File:A_satyr_on_a_pedestal_kicks_out_at_a_magician_while_a_priest_Wellcome_V0011280.jpg

[362] http://commons.wikimedia.org/wiki/File:Bacchus_reclines_while_a_satyr_fills_his_bowl_and_Pan_adorns_Wellcome_V0019444.jpg

[363]http://www.symbolforschung.ch/node/432

[364]http://fr.wikipedia.org/wiki/Festina_lente et http://fr.wikipedia.org/wiki/Tortue_dans_la_culture

[365]http://artifexinopere.com/?m=201411 et *Les mysteres de l'amour divin*, p. 276: "*Dans le chemin du ciel il faut toujours courir;/ Qui s'arreste un moment, est tout prest à perir*", l'âme avec un fouet et Cupidon pourchassant la tortue.

[366]Chez Pierre Boaistuau, *Histoires prodigieuses*, édition de 1561, http://www.symbolforschung.ch/node/432

[367]Ripa, *Iconologia,* 1593, *in ibid.*

[368]*Vlyssis Aldrovandi Patricii Bononiniensis Monstrorvm Historia. Cvm Paralipomensis Historiæ Omnivm Animalivm Bartholomaeus Ambrosinvs [...]* Bononiae, Marco Antonio Bernia, 1642, pp. 23-26, *in ibid.*

[369]Marguerite de Navarre, *Selected Writings: A Bilingual Edition*, University of Chicago Press, 2008, p. 233.

[370] *The Pleasure of Discernment: Marguerite de Navarre as Theologian: Marguerite de Navarre as Theologian*, Oxford University Press, 2000, p. 51.

[371]"*[1] Ma muse la première a daigné redire, en se jouant, les vers du poète de Syracuse, et n'a pas rougi d'habiter les forêts. J'allais chanter les rois et les combats, quand Apollon, me tirant l'oreille, me dit: "Tityre, un berger [5] doit faire paître ses grasses brebis, et chanter de petits airs champêtres." Je vais donc, puisque assez d'autres, ô Varus, diront à l'envi tes louanges et peindront les tristes guerres, je vais essayer un air champêtre sur mon chalumeau léger: un dieu me l'ordonne ainsi. Mais ces humbles vers, ô Varus, [10] si quelqu'un les lit et qu'ils le charment, il entendra nos bruyères, il entendra nos bois résonner de ton nom. Est-il rien de si agréable à Phébus, que la page qui s'est décorée du nom de Varus?*

Muses, continuez. Chromis et Mnasyle, deux bergers, deux enfants, trouvèrent un jour Silène endormi dans un antre. [15] Il avait, comme toujours, les veines enflées du vin de la veille. Sa couronne tombée de sa tête était loin de lui, et de sa main, qui en avait usé l'anse, pendait encore un vase pesant. Souvent le vieillard leur avait fait espérer ses chants; toujours il les avait trompés: ils se jettent sur lui, et le lient avec ses propres guirlandes. [20] Églé survient; Églé, la plus belle des nymphes, encourage les timides bergers et leur prête secours; et, au moment que le vieillard ouvre les yeux, elle lui rougit le front et les tempes du jus sanglant de la mûre. Lui, riant du badinage: "Pourquoi ces noeuds, enfants? leur dit-il. Dégagez-moi; c'est assez d'avoir pu me surprendre. [25] Les chants que vous voulez de moi, vous allez les entendre: à vous mes chants; à celle-ci je réserve une autre récompense." Il dit; il va chanter. Alors vous eussiez vu les Faunes et les bêtes sauvages accourir en cadence et se jouer autour de lui, et les chênes eux-mêmes balancer leurs cimes émues. Les rochers du Parnasse ne se réjouissent pas autant des accents d'Apollon; [30] le Rhodope et l'Ismare n'admirent pas autantOrphée.

Silène chanta comment s'étaient pressés, confondus dans le vide immense, les éléments de la terre, de l'air, de la mer, et du feu liquide; comment ils donnèrent naissance à toute chose, comment le monde encore tendre se forma de ces germes féconds; [35] comment le sol commença à durcir, et à se séparer des eaux reçues dans le sein des mers; comment la matière revêtit peu à peu des formes diverses. Il dit les premiers feux du soleil, et la terre étonnée de le voir luire; les nuages montant au plus haut des airs et retombant en pluies, les jeunes forêts levant leurs fronts sauvages, [40] et les animaux errant en petit nombre sur les monts inconnus.

Il dit les pierres jetées par Pyrrha, le règne de Saturne, les vautours du Caucase, et le vol de Prométhée; Hylas perdu sous l'onde, et qu'appelaient en vain ses compagnons; Hylas, Hylas, que redemandait au loin la rive. [45] Heureuse, hélas! s'il n'y eût jamais eu de troupeaux, Pasiphaé, il plaint ton déplorable amour pour

un taureau blanc comme la neige. Ah! vierge infortunée, quel délire t'a emportée! Les Proétides remplirent les campagnes de faux beuglements; mais aucune d'elles ne s'abandonna [50] aux honteux hyménées des troupeaux, quoiqu'elles craignissent le joug pour leur tête, et que souvent elles cherchassent des cornes sur leur front uni. Ah! malheureuse amante, tu erres maintenant sur les montagnes; et lui, couché sur la molle hyacinthe, où s'étale la blancheur de ses flancs, il rumine de vertes herbes sous l'ombre noire d'une yeuse, [55] ou poursuit quelque génisse dans un grand troupeau. Fermez, nymphes de Crète, fermez les issues des forêts! peut-être s'offriront à mes yeux les traces vagabondes du taureau que j'aime; peut-être aussi que, charmé par les verts pâturages, ou que suivant un troupeau, [60] quelque génisse l'attire vers les étables de Gortyne. Alors il chante la jeune fille éblouie des pommes d'or du jardin des Hespérides; il enveloppe d'une écorce amère et moussue les soeurs de Phaéton, s'élevant de la terre dans les airs en hauts peupliers.
Il chante Gallus, errant sur les bords du Permesse: [65] il dit comment une des neuf soeurs le conduisit sur le sommet de l'Hélicon, et comment devant lui se leva tout le choeur d'Apollon; comment le berger Linus, le front couronné de fleurs et d'ache amère, lui dit d'une voix divine: "Reçois des mains des Muses ces chalumeaux, [70] qu'elles donnèrent autrefois au vieillard d'Ascra; quand il en tirait des accords, les ormes émus, descendaient des montagnes. Dis-nous sur ces chalumeaux les origines de la forêt de Grynée; et que, chanté par toi, il n'y ait aucun bois sacré dont Apollon se glorifie davantage."
Que ne chanta pas Silène? Il dit les fureurs de Scylla, fille de Nisus; [75] les monstres aboyants qui entouraient ses flancs d'albâtre d'une horrible ceinture; comment elle tourmenta les vaisseaux d'Ulysse, précipita ses compagnons tremblants dans l'abîme profond des mers, hélas! et les livra à la dent dévorante de ses chiens. Il dit Térée et sa triste métamorphose, quels funestes mets lui prépara Philomèle; [80] comment, nouvel oiseau, il s'enfuit dans les déserts; comment, avant de fuir, le malheureux voltigea au-dessus de son palais.
Enfin, tous les beaux chants d'Apollon qu'écouta jadis l'Eurotas ravi, et qu'il fit retenir à ses lauriers, Silène les redit; et les échos des vallons les renvoient jusqu'aux astres. [85] Mais Vesper, se levant, ordonne aux deux bergers de pousser vers l'étable leurs brebis rassemblées, et de les compter, et l'Olympe voit à regret s'avancer la nuit." (Trad. de la collection M. Nisard, Paris, 1850, http://bcs.fltr.ucl.ac.be/Virg/buc/buc06.html)

[372]"*Au centre, Silène tente, sans descendre de son âne, de se fournir en miel dans un arbre creux. Il est alors attaqué par des abeilles. A gauche, il est soigné avec du jus de mûres. A droite, il est péniblement remis sur pieds*" (http://sites.univ-provence.fr/pictura/GenerateurNotice.php?numnotice=A1184)

[373]"*1. Inscriptions, signatures. 2. Historique, auteur, fabrication, commanditaires. 3. Variantes, œuvres en rapport:*
2. Fait pour le Château Neuf de Saint-Germain-en-Laye. Appartient à un cycle décoratif illustrant la Franciade, dont on a conservé en plus de celui-ci trois autres tableaux: Dicé offrant un banquet à Francus (Louvre), Le Lever et la toilette de Hyante et de Climène (Louvre), Hyante saluée par Francus (Fontainebleau, fgt). 3. Le Sommeil ne fait-il pas songer aux représentations traditionnelles de Saturne mélancolique, par exemple à la gravure de Giulio Campagnola évoquée par Panofsky (Saturne et la mélancolie, n°45, p. 336).
Analyse de l'image:
Franciade, livre II. Cybèle, protectrice des Troyens (voile en arrière de la tête en signe de fécondité, couronne bastillée, char traîné par des lions), va trouver dans sa grotte le Sommeil et le réveille. Elle lui demande d'envoyer un rêve à Dicé, roi de Crète, à ses deux filles, à Francus et aux autres Troyens rescapés. Ce rêve permettra à Francus d'obtenir l'hospitalité de Dicé. Dubreuil a pu s'inspirer également, dans les Métamorphoses d'Ovide, du passage où Iris vient trouver le Sommeil (XI, 583-709): comme chez Ovide, la déesse éloigne de sa main droite les songes aux ailes de chauve-souris, et sa robe claire illumine la grotte sombre. C'est à Ovide également que Dubreuil emprunte les enfants de Sommeil, Morphée de dos repoussant les songes, Phobétor (derrière Cybèle, presque dans son voile) et Phantasos, dont le corps se confond avec la terre, au fond. La chouette et les masques symbolisent la Nuit." (http://sites.univ-provence.fr/pictura/GenerateurNotice.php?numnotice=A0425)

[374]"*L'actuelle disposition des trois panneaux n'est pas la disposition originale de l'œuvre. Le panneau central était divisé en deux, Adam se trouvant derrière la Loi de Bacchus et Ève derrière la Loi de Mars. L'œuvre constituait donc un diptyque, qui fut transformé en triptyque dans les années 1950.*" (http://sites.univ-provence.fr/pictura/GenerateurNotice.php?numnotice=A1583)

[375]http://sites.univ-provence.fr/pictura/GenerateurNotice.php?numnotice=A0261

[376]"*Rembrandt a représenté le serpent à la manière d'un dragon, avec des pattes, contrairement à la tradition iconographique, mais conformément au texte biblique: c'est après le péché original que le serpent fut condamné à ramper. Contrairement à la tradition, toujours, Adam et Ève sont laids: la déchéance du corps sera la conséquence du péché originel. (Rembrandt procède au même renversement de la tradition iconographique en représentant Ganymède enlevé comme un bambin braillard et non comme un merveilleux jeune homme. Voir lien.) Adam, de sa main droite levée, signifie l'interdit que la scène transgresse. C'est de la main gauche (la main maudite) qu'il arrache la pomme des mains d'Ève. Celle-ci s'apprêtait à la manger et s'en fait voler la primeur: pour Rembrandt, là encore contrairement à la tradition qui représente Ève proposant la pomme à son compagnon, la faute revient donc d'abord à Adam! La scène est prise entre deux spectateurs animaux: le serpent au premier plan, et l'éléphant au fond, symbole de la tempérance qui fit défaut au premier couple... (voir Temperanza dans l'Iconologie de Ripa).*" (*Ibid.*) Voir l'emblème de Ripa sur la page http://sites.univ-provence.fr/pictura/GenerateurNotice.php?numnotice=A1556

[377]http://sites.univ-provence.fr/pictura/GenerateurNotice.php?numnotice=A1557

[378] http://sites.univ-provence.fr/pictura/GenerateurNotice.php?numnotice=A0473 et http://sites.univ-provence.fr/pictura/GenerateurNotice.php?numnotice=B0274

[379]Selon une séquence référencielle de "*Comparaison avec d'autres notices*" sur le site Utpictura18, entre: http://sites.univ-provence.fr/pictura/GenerateurNotice.php?numnotice=A4465, http://sites.univ-provence.fr/pictura/GenerateurNotice.php?numnotice=A4464, http://sites.univ-provence.fr/pictura/GenerateurNotice.php?numnotice=A0357, http://sites.univ-provence.fr/pictura/GenerateurNotice.php?numnotice=A1349, http://sites.univ-provence.fr/pictura/GenerateurNotice.php?numnotice=A0135, http://sites.univ-provence.fr/pictura/GenerateurNotice.php?numnotice=A2009

[380]http://sites.univ-provence.fr/pictura/GenerateurNotice.php?numnotice=A2009

[381]"*Comparaison avec d'autres notices: Roland retrouve la raison (Rol. furieux Brunet 1776, ch39) - Cochin // Astolphe rend à Roland sa raison (Roland furieux Anvers 1558, ch39) // La Chute - Altdorfer // Penthée tué par les bacchantes (Métamorphose Lyon 1557) - Bernard Salomon // Pan puni par les nymphes - Jordaens*" (http://sites.univ-provence.fr/pictura/GenerateurNotice.php?numnotice=A0135)

[382]http://sites.univ-provence.fr/pictura/GenerateurNotice.php?numnotice=A1349: "*Dans le camp d'Astolphe en Afrique, près de Biserte assiégée, un forcené nu est maîtrisé et lié aux mains et aux pieds. C'est Roland. Astolphe lui fait boire la fiole de bon sens qu'il a récupérée sur la lune. A gauche, on distingue Fleur-de-lis, qui vient de retrouver son Brandimart.*"

[383]http://hailetravel.blogspot.com/2006/09/jumble.html

[384]*Ibid.*

[385]http://www.guggenheim.org/new-york/collections/collection-online/artwork/2594

[386]http://hailetravel.blogspot.com/2006/09/jumble.html

[387]*Hommages à Henry Bardon: Publiés sous les auspices de l'Institut de Latin de l'Université de Poitiers par Marcel Renard et Pierre Laurens*, Louvain, Peeters, 1985, p. 32.

[388]Cité *in ibid.*

[389]http://bivaldi.gva.es/corpus/unidad.cmd?idCorpus=1&idUnidad=10141&posicion=1

[390]*Les Oeuvres de Virgile: Text latin publié d'après les travaux les plus récents de la philologie avec un commentaire critique et explicatif, une introduction et une notice par E. Benoist*, Paris, Hachette, 1867, T. I, p. LIV.

[391]Pierre Chompré et Charles Eugène Honoré Richomme, *Dictionnaire abrégé de la fable, des poètes, des tableaux et des statues, pour l'intelligence dont les sujets sont tirés de l'histoire poétique*, Paris, Jules Delalain et Fils, 1865, art. "*Églé*", p. 95.

[392]Société havraise d'études diverses, Recueil des publications de la 35ème année 1868, Le Havre, Imprimerie Le Pelletier, 1869, p. 445.

[393]*Ibid*, pp. 444-446.

[394]*L'Illustration - Journal Universel*, Paris, J.-J. Dubochet, T. V, mars-août 1865, p. 122.

[395]Thomas Keightley, *Notes on the Bucolics and Georgics of Virgili with excursus, terms of husbandry, and a flora virgiliana*, Londres, Whittaker and Co., 1846, p. 79. Voir aussi p. 88.

[396]*Ibid.*, p. 83.

[397]David Jonathan Hildner, *Poetry and Truth in the Spanish Works of Fray Luis de León*, Londres, Tamesis Books, 1992, pp. 119-120.
[398] http://www.poesiacastellana.es/poema.php?id=%C9gloga+VI.+Prima+Siracusio&poeta=Fray+Luis+de+Le%F3n
[399]http://www.metmuseum.org/toah/works-of-art/29.44.15
[400]John Varriano, *Wine: A Cultural History*, Londres, Reaktion Books, 2011, p. 115.
[401]Pierre Le Loyer, *Discours et histoires des spectres, visions et apparitions des esprits, anges, démons... divisez en huict livres*, Paris, Chez Nicolas Buon, 1605, pp. 725-726.
[402]*Ibid.*, pp. 727-728.
[403]*Contes de Paul-Philippe Gudin: précédés de recherches sur l'origine des contes, pour servir a l'histoire de la poésie et des ouvrages d'imagination*, Chez P. Mongie, 1806, T. II, p. 61.
[404]Hildner, p. 3.
[405]http://www.etudier.com/dissertations/Sc%C3%A8ne-3-De-La-Dispute-De/210790.html
[406]Paul de Musset, *Le maître inconnu*, Paris, A. Bourdilliat et Cie., 1860, pp. 193-194.
[407]Le texte se trouve originellement dans la *Revue de Paris*, Nouvelle Série - Année 1851, T. III "*Mars*", Bruxelles, Méline, Cans et Compagnie, 1851, p. 74.
[408]Buford Norman, *Quinault, librettiste de Lully: le poète des grâces*, Wavre, Editions Mardaga, 2009, pp. 151-152.
[409]http://attheatrehanoi.skyrock.com/1658048488-La-dispute-de-Marivaux-Informations-Cyrielle.html
[410]Cuthbert Morton Girdlestone, *La tragédie en musique (1673-1750) considérée comme genre littéraire*, Paris, Droz, 1972, p. 71.
[411]Françoise Lavocat, "*Les métamorphoses du monstre. Le satyre dans l'Aminta et ses traductions françaises jusqu'au milieu du dix-septième siècle*", *Études Epistémè*, No 6, 2004, pp. 59-61ss.
[412]Françoise Lavocat, *La syrinx au bûcher: Pan et les satyres à la Renaissance et à l'âge baroque*, Paris, Droz, 2005, p. 337.
[413]*Ibid.*, pp. 337-349ss.
[414]*The Cambridge History of Italian Literature*, Cambridge University Press, 1999, pp. 292-296; et *A History of Italian Theatre*, Cambridge University Press, 2006, pp. 86-90.
[415]*L'Époque de la Renaissance (1400 1600): Tome IV: Crises et essors nouveaux (1560 1610)*, Amsterdam et Philadelphie, John Benjamins Publishing, 2000, pp. 529-534ss.
[416]"*Dire pouuons,Cuyder nous feit pretendre*
Chaffe honorable, & fur le poinct de prendre
Corps, corne, pied, dens, ongle, chair, & peau,
Biens nauons eu que ce poure chapeau:
Ceft tout le bien qu'auons peu acquerir,
Du fol Cuyder qui nous ha fait querir,
L'amour du cœur par tourmenter le corps:
Mais ceft amour qui ne gift qu'au dehors,
Auons fi mal requife & pourchaffee,
Veu quelle eftoit par Diane enchaffee,
En corps mortel fi pleins d'honneteté,
Que nous n'auons d'elles rien conquefté
Fors temps perdu, & rigoureux reffuz
Parquoy portons ainfi que gens confuz
Ces chapeaux verds, dont a iamais prendront
Noftre facondes amans qui perdront
Soit par courroux,par mariage ou mort
Leur belle amye,ou à droit,ou à tort." (Marguerite de Navarre, *La Fable du Faux Cuyder*, Lyon, Jean de Tournes, 1547, p. 35)
[417]"*Questa corona di silvestri fiori,*
Colti con rozza man nel più selvaggio
Luoco d'Arcadia, appendo a questo faggio,
Ad onor de le ninfe e d'i pastori."

[418]Voir aussi son monologue Acte II Scène 1:
"*Più volte e più m'ha detto il mio Sileno,*
Narrandomi i principii de le cose,
Che 'l piacere introdotto fu nel mondo
Perché 'l mondo per lui si conservasse,
E che non solo queste mortai cose
Vivono pel piacer, ma i Dei medesmi,
E che, tolto il piacer fuori del cielo,
Si leveranno col piacere i Dei.
Anzi più detto m'ha: che così intenti
Sono al diletto i Dei, che 'n ozio eterno
Si giaccion senza aver cura di nulla
Perché, s'avesser cura de le cose,
Si turberebbe ogni riposo loro
E di non esser Dei verriano a rischio.
Perch'ei non pensa ch'altro sia il piacere
Ch'una requie lontana da ogni cura
Ch'abbia sempre il gioir fido compagno;
E tante volte e tante espressamente
Toccare ei lo mi ha fatto con le mani,
Che quanto i' miro più, più chiaro i' veggio
Ch'al mondo non è ben senza diletto,
E che solo il piacere è che condisce
Di dolcezza ogni amar di questa vita;
Tal che la vita istessa che viviamo
Saria una morte espressa, se privata
Fosse di quel piacer che la conserva;
Ond'io conchiudo che di ciò che vive
Il diletto sia fine e tra i diletti
Quel di Venere e Bacco il maggior sia.
E a chi nol crede i' ne fo certa fede:
Che mentre in compagnia fui di Diana,
Fu sempre il viver mio senza una gioia.
E che gioia tra donne aver poteva
Giamai giovane donna? Il cacciar belve,
Il lavarsi ne' fonti, il bever l'acque
Non empiono i diletti de le donne,
Ma sol Venere gli empie e gli empie Bacco,
Questi facendo noi vivaci e deste,
Quella compiendo ogni imperfetto nostro;
E però l'un e l'altro i maggior Dei
Sono del mondo, appo chi scorge il vero,
E chi a lor serve, veramente serve
Al diletto immortale. Il che sapendo
Questi Dei de le selve, tosto ch'essi
Avranno l'imbasciata che Sileno
Per me gli manda, col piacer di Bacco
Giungeran quel di Venere, cercando
Per ogni via goder di quello amore
Che gli può far sentir compiuta gioia.
Ma veggo fuor del bosco uscir coloro
Ch'attendono risposta da Sileno."

[419] http://poesie.webnet.fr/lesgrandsclassiques/poemes/mellin_de_saint_gelais/sonnet_de_monseigneur_le_dau lphin.html

[420]http://www.christies.com/lotfinderimages/d45917/d4591782x.jpg

[421] http://necspenecmetu.tumblr.com/post/19223703745/bartolomeo-guidobono-il-prete-di-savona, http://commons.wikimedia.org/wiki/File:Jerzy_Eleuter_Szymonowicz_Siemiginowski_-_Allegory_of_Spring_-_Google_Art_Project.jpg, http://paintingsofspring.blogspot.com/2014_01_01_archive.html, http://www.fineartlib.info/gallery/p17_sectionid/64/p17_imageid/2627, https://conchigliadivenere.wordpress.com/2013/12/28/cesar-philipp-1859-1930-ca-german/, http://www.art-prints-on-demand.com/a/grasset-eugene-samuel/allegory-of-spring-1.html, https://conchigliadivenere.files.wordpress.com/2012/09/gladsome-spring.jpg, https://conchigliadivenere.files.wordpress.com/2012/09/the-spring-dance.jpg, http://www.allpaintings.org/v/Academic+Art/Jules+Joseph+Lefebvre/Jules+Joseph+Lefebvre+-+Allegory+of+Spring.jpg.html

[422] https://conchigliadivenere.wordpress.com/2012/09/page/3/ et https://conchigliadivenere.files.wordpress.com/2012/09/feast-of-fauns-and-nymphs.jpg

[423]"*Spettatori, parravvi forse strano*
Che 'n questo luoco, in cui veder solete
Città grandi e reali, ora veggiate
Sol boschi e selve. E certo avea 'l poeta,
Per non uscir del suo primo costume,
Seco pensato d'apportarvi cosa,
Che già a l'ordine avea, di real grado;
Ma cosa a lo 'mproviso sovraggiunta
Dal suo primo pensier l'ha distornato.
Ch'essendosi egli da la cara patria
Per molte miglia dilungato e molte
E andando per le selve de l'Arcadia
(Forse per ricrear la stanca mente,
Lontan dal vulgo e da la gente sciocca),
Avenne che trovò Pale e Pomona
Ch'avean tenzon d'una gran cosa insieme,
Ciò è de la natura. E dicea Pale
Che la natura venia meno, e meno
Venian le cose naturali in essa.
Ma Pomona, più saggia, le dicea
Che se 'ngannava e che non era vero
Che la madre natura ristringesse
Punto de la sua ampiezza, e che 'l mutarsi
Era più tosto al liberal, a l'ampio,
Ch'al misero, a lo stretto et a l'angusto.
E che fé ne farebbe il Dio de gli orti,
Molto pratico in lei, chi gliel chiedesse.
Or, mentre avean tra lor simil sermoni,
S'avider che, gran pezza, dietro a un faggio
Il poeta s'avea preso piacere
Di veder la natura di nascosto
D'ambedue loro, al gareggiar sì pronta.
Dunque, poi che di lui si foro accorte,
Voller saper di che oppenione ei fosse;
E promiser di stare al suo giudizio,
Come già stetter ne la valle Idea
A la sentenzia del pastor Troiano

Le tre più belle Dee ch'avesse 'l cielo.
Et aprendo ambedue le sue ragioni
Inanzi a gli occhi del poeta, Pale
Molte ne disse a suo favor, che lungo
Ora sarebbe a raccontarle tutte;
E tra le molte si fermò su questa:
Ch'al mancar de gli effetti si vedea
Che d'essi anco mancavan le cagioni
E che per ciò, mancata essendo al mondo.
La stirpe de' Silvan, Satiri e Fauni,
Dei vermigli nel viso, ispidi et irti
Et avezzi a cacciar pe' densi boschi
De la natura, ella tenea per certo
Che mancata di lei fosse gran parte.
Alor Pomona, tra le sue ragioni,
Come per più possente addusse questa:
Che veggendosi ciò per chiara prova
Che quanto ella di sé più dava, tanto
Si faceva atta a più poterne dare,
Creder deveasi che fosse infinita
L'ampiezza natural ch'ella avea seco;
E ch'ella avea questa ragion per vera
Che, come se mancasse il caldo al fuoco
Più fuoco non saria, così, togliendo
L'ampiezza a la natura, mancherebbe
D'esser natura. Or, poi ch'ebbe il poeta
De l'una e l'altra le ragioni aperte,
Riverente a Pomona si rivolse
E le disse: Alma Dea, voi per natura
Possente a far de la natura fede,
Avete aperta al natural la via.
Però chi è quel, che savio sia, che pensi
Che la natura, per natura larga,
Si debba giamai dir manca né mozza?
E poi rivolto a la Dea Pale disse:
Non son (come voi dite) unqua venuti
Ne la natura men Satiri e Fauni,
Anzi ella ne produce ogni dì molti;
Ma avenuto è, per lor natural uso,
Che 'n una gran caverna, che prodotta
La natura gli avea, son stati in gioia
Il tempo che veduti non gli avete.
E quando gli voleste ne le parti
Vostre raccòr, ve n'av[e]reste molti,
Con gran piacer de la natura istessa.
Et in fede di questo, i' n'ho veduti,
Venendo qui, gran copia. E questo detto,
Additò lor l'ampio e capace luoco
Ov'ascosi facean que' Dei soggiorno,
Qualor con lor piacer volean celarsi.
Veduto adunque Pale che Pomona
La sentenzia avea avuta in suo favore,
Le cesse tutta vergognosa in viso.

Pomona alor, voltatasi al poeta,
Il rengraziò de la sentenza data,
Poi disse: Perch'io so che sono in questa
Sentenzia molti in che dianzi era Pale,
I' voglio che 'n onor de la natura
Viva non lasci tal sentenzia al mondo
E facci fede a ogniun d'aver veduti,
Al venir qui in Arcadia, gli Egipani,
Dei de le selve, dopo tanti lustri.
E perché ogniun creder tel possa, e possi
Farlo toccare, a chi vorrà, con mano,
Per tòr tal biasmo a la natura, ovunque
Uopo sarà la sua larghezza aprire,
Farò venir con le sue selve Arcadia,
Co i Dei e co le Dee che le fian dentro;
I quali (come già) di quelle istesse
Fiamme d'amor si troveranno accesi
Che per le vaghe e boscareccie ninfe
L'arsero il cor, et averan quel fine
Del loro ardente amor ch'ebbero allora:
Il che potrà mostrar che pur non manca
De l'ampiezza natia l'alma natura,
Ma che, dopo un voltar lungo de' cieli,
Vengon da lei quelli medesmi effetti
Ch'ella aveva altra volta anco prodotti.
A la madre Pomona allor promise
Il poeta di farlo. Ella di pome
Copia l'offerse e gli soggiunse poi
Ch'egli di ciò maggior mercede avria,
Ch'avendo i Dei maggior tal cosa a grado,
Allargheriano anch'essi a lui la mano
E mai noi lascierian sentire inopia.
E dopo, avendo scorto che 'l poeta
Di ritornare al suo natio paese
Facea tra sé pensiero, in uno istante
Ha fatto qui venir tutta l'Arcadia.
Queste sono le selve e quei là i monti,
I fiumi e le città ch'ella in sé tiene
Occupati vi son da queste selve.
Trovando adunque ora il poeta nostro
Circondato da boschi quel paese
Ove vedeste già Susa e Damasco,
E sé condotto, fuor d'ogni pensiero,
Qui in un momento, con la grande Arcadia,
Lasciato quel proposto ch'egli avea
De lo rappresentar cose reali,
Le ha differite a miglior tempo, et ora
Deliberato ha di servire al luoco
E servare a Pomona la promessa.
Dunque, per farvi fede oggi per sempre
Che de la sua abbondanzia mai non scema
La liberal natura alcuna parte,
Ora i Satir venir vi farà inanzi,

Ch'accolti sono in un drappel nel bosco.
Ma costui che di qua viene palese
Farà de l'apparir lor la cagione;
Et i caprigni Dei, ch'uscir vedrete,
Vi faran manifesto di che sorte
Di favole sia questa. Or, spettatori,
Se vi sia sempre la natura amica,
Né buon natural manchi a chi n'have uopo,
State cheti et attenti; e se vi fia
Grato veder di novo questa gente
Di cui credeasi il seme esser già spento,
Fate che sì il poeta se n'aveggia
Che sia costretto anco altra volta darvi,
Per la benignità vostra, piacere."
(http://ww2.bibliotecaitaliana.it/xtf/view?docId=bibit001234/bibit001234.xml&chunk.id=d6091e308&toc.depth=1&toc.id=&brand=bibit)

[424]«— *Mes chères dames, vous pouvez, ainsi que moi, avoir souvent ouï dire que celui qui use honnêtement de son droit n'a jamais fait tort à personne. Or, c'est un droit naturel à quiconque naît ici-bas, que de conserver et défendre sa vie tant qu'il peut. Ce droit est si bien reconnu, qu'il est déjà advenu plus d'une fois que, pour le sauvegarder, des hommes ont été tués sans qu'il y eût crime aucun. Et si cela est permis par les lois à la protection desquelles tout mortel doit de vivre en sécurité, combien plus nous est-il permis, à nous et à tous autres, de prendre pour la conservation de notre vie les précautions que nous pouvons? Quand je viens à songer à ce que nous avons fait ce matin et les jours passés; quand je pense à l'entretien que nous avons en ce moment, je comprends, et vous pouvez semblablement comprendre, que chacune de nous doit être remplie de crainte pour elle-même. De cela je ne m'étonne point; mais je m'étonne de ce que, avec notre jugement de femme, nous ne prenions aucune précaution contre ce que chacune de nous craint justement. Nous restons ici, à mon avis, non autrement que si nous voulions ou devions constater combien de corps morts ont été ensevelis, ou bien écouter si les moines de là dedans, dont le nombre est réduit à presque rien, chantent leurs offices à l'heure voulue, ou bien encore montrer par nos vêtements, à tous ceux qui nous voient, la nature et l'étendue de nos misères. Si nous sortons d'ici, nous voyons les morts ou les malades transportés de toutes parts; nous voyons ceux que, pour leurs méfaits, l'autorité des lois publiques a jadis condamnés à l'exil, se rire de ces lois, pour ce qu'ils sentent que les exécuteurs sont morts ou malades, et courir par la ville où ils commettent toutes sortes de violences et de crimes; nous voyons la lie de notre cité, engraissée de notre sang, et, sous le nom de fossoyeurs, s'en aller, à notre grand dommage, chevauchant et courant de tous côtés et nous reprochant nos malheurs dans des chants déshonnêtes. Nous n'entendons que ceci: tels sont morts et tels autres vont mourir! Et s'il y avait encore des gens pour les pousser, nous entendrions s'élever de partout de douloureuses plaintes. Je ne sais s'il vous advient à vous comme à moi; mais quand je rentre dans ma demeure, et que je ne retrouve, de toute ma nombreuse famille, que ma servante, j'ai peur et je sens comme si tous mes cheveux se dressaient sur ma tête. Il me semble en quelque endroit de ma maison que j'aille ou que je m'arrête, voir les ombres de ceux qui sont trépassés, non avec les visages que j'avais coutume de leur voir, mais sous un aspect horrible qui leur est venu tout nouvellement je ne sais d'où et qui m'épouvante. Toutes ces choses font qu'ici, hors d'ici et dans ma propre maison, il me semble être mal, d'autant plus que je crois que de tous ceux qui avait comme nous la possibilité d'aller quelque part, nous sommes les seules qui soyons restées. Et s'il en est resté quelques-uns, j'ai entendu dire que, sans faire aucune distinction entre les choses honnêtes et celles qui ne le sont pas, poussés seulement par l'instinct, seuls ou en compagnie, ils faisaient ce qui leur plaisait le plus. Et ce n'est pas seulement les personnes libres qui agissent ainsi; celles qui sont enfermées dans les monastères, s'imaginant que cela leur est permis et n'est défendu qu'aux autres, rompant les lois de l'obéissance, s'adonnent aux plaisirs charnels, croyant ainsi échapper à la contagion, et sont devenues lascives et dissolues. S'il en est ainsi — ce qui se voit manifestement — que faisons-nous ici? Qu'attendons-nous? À quoi songeons-nous? Pourquoi sommes-nous plus paresseuses, plus lentes pour notre salut que le reste des habitants de la cité? Nous estimons-nous moins précieuses que les autres, ou croyons-nous que notre vie est liée à notre corps par une chaîne plus forte que chez les autres, et qu'ainsi nous ne devions rien redouter qui soit capable de la briser? Combien nous nous trompons! Combien nous sommes*

trompées! quelle sottise est la nôtre si nous pensons ainsi! Toutes les fois que nous voudrons nous rappeler le nombre et la qualité des jeunes hommes et des femmes vaincues par cette cruelle pestilence, nous en verrons ouvertement les raisons. C'est pourquoi, afin que, par délicatesse ou par indolence, nous ne tombions pas dans ce péril auquel nous pourrions échapper si nous le voulions, — je ne sais s'il vous semble comme il me semble à moi-même — je pense qu'il serait très bon, ainsi que beaucoup d'autres ont fait avant nous et font encore, que nous sortions de cette cité, et, fuyant comme la mort les exemples déshonnêtes des autres, nous allions nous revêtir honnêtement dans nos maisons de campagne, dont chacune de nous possède un grand nombre, pour nous y livrer à toute allégresse, à tout le plaisir que nous pourrons prendre, sans dépasser en rien les bornes de la raison. Là, on entend les petits oiseaux chanter; on voit verdoyer les collines et les plaines, et ondoyer les champs de blés non autrement que la mer; on voit plus de mille espèces d'arbres, et l'on aperçoit plus librement le ciel qui, tout courroucé qu'il soit, ne nous refuse pas ses beautés éternelles, bien plus belles à contempler que les murs vides de notre cité. Là aussi, outre l'air qui est beaucoup plus pur, nous trouverons en bien plus grand nombre les choses qui sont nécessaires à la vie en ces temps malsains, tandis que les ennuis y seront bien moindres. Bien que les laboureurs y meurent comme font ici les citadins, le fléau y est d'autant moins fort, que les maisons et les habitants sont plus rares que dans la cité. D'un autre côté, si je vois bien, nous n'abandonnons ici personne. Nous pouvons dire, au contraire, que nous sommes plutôt abandonnées, puisque les nôtres, en mourant ou en fuyant la mort, comme si nous ne leur appartenions pas, nous ont laissées au milieu d'une telle affliction. Aucun reproche ne peut donc nous atteindre, pour avoir suivi un semblable conseil; douleur et ennui, peut-être la mort, pourraient, si nous ne le suivions pas, nous advenir. C'est pourquoi, s'il vous en semble, je crois que nous ferons bien de prendre nos servantes, et, nous faisant suivre d'elles avec tout ce qui est nécessaire, aujourd'hui dans un endroit, demain dans un autre, nous nous livrerons aux plaisirs que la saison peut donner. Nous resterons ainsi jusqu'à ce que nous voyions — si auparavant nous ne sommes pas atteints par la mort — que le ciel ait mis fin à ces tristes choses. Et souvenez-vous qu'il ne s'oppose pas plus à ce départ honnête de notre part, qu'il ne s'oppose à ce que la plupart des autres restent pour vivre malhonnêtement. —» (Boccace, *Le Décaméron*, trad. de Francisque Reynard, Paris, G. Charpentier et Cie, Éditeurs, 1884, "*Première Journée*", pp. 14-16) On notera que l'érotisme latent et l'élection honnête se joignent, ici comme dans les pastorales, à l'évocation de la nature, en tant que lieu de liberté sans restriction (par opposition à la ville et la société humaine).

[425]http://art.thewalters.org/detail/2210/allegory-of-spring-2/

[426]"*Le monologue* (du satyre dans *l'Aminta*) *commence par une variation à partir du topos de la comparaison entre la piqûre de l'abeille et la blessure de l'amour. Il a pour origine la neuvième églogue de Théocrite, où l'Amour se plaint à sa mère d'avoir été piqué par une abeille: Vénus répond qu'il fait encore plus mal avec les pointes de ses flèches. Les Emblèmes d'Alciat avaient en outre popularisé l'association d'Amour, de Vénus et des abeilles (illustration 1). Pan est depuis très longtemps associé aux abeilles, comme symbole des muses et de l'inspiration; mais ici la mise en relation des abeilles, de Cupidon et du satyre confère au discours amoureux de celui-ci une portée générale et universelle. La meilleure preuve en est que la gravure de l'édition Aldine de 1585, qui illustre le chœur des bergers qui clôt l'acte II ("amor in quel scuola, da qual maestro s'apprende, la tua sì lunga e dubbia arte d'amare..." v. 417) représente justement une ruche, et les bergers au milieu d'un essaim d'abeilles (illustration 2). L'image des abeilles confère au discours du satyre sur l'amour une valeur emblématique. L'allusion à l'emblème gomme l'altérité du monstre. D'ailleurs l'image de l'abeille disparaît avec la dégradation de la figure du satyre: elle n'apparaît pas, par exemple, dans le monologue du satyre du Pastor fido.*" (Lavocat, "*Les métamorphoses du monstre*", pp. 59-60)

[427]David Charlton, *Opera in the Age of Rousseau: Music, Confrontation, Realism*, Cambridge University Press, 2012, "*The reality of pastoral, 1742-1752*", p. 96.

[428]http://en.wikipedia.org/wiki/Daphnis_et_Egl%C3%A9

[429]"*Paisibles bois, Vergers délicieux,*
J'abandonne pour vous le Séjour du Tonnerre;
J'ai laissé mon rang dans les Cieux;
Tous mes plaisirs sont sur la Terre.

AEglé me croit Berger; que mon coeur est flatté!
Mon rang est un secret qu'il faut que je lui cèle,
Même après ma félicité.

Comme Berger, je goûterai près d'elle
Les plaisirs de l'amour et de l'égalité,
Et si je me souviens de ma Divinité,
Ce sera pour brûler d'une ardeur éternelle.

Paisibles bois, Vergers délicieux,
J'abandonne pour vous le Séjour du Tonnerre;
J'ai laissé mon rang dans les Cieux;
Tous mes plaisirs sont sur la Terre." (*Aeglé, pastorale heroique*... Paroles de Laujon, musique de La Garde, danses de Dehesse, Imprimée par exprés Commandement de Sa Majesté, 1748, Scène 4, p. 12)

[430] *Ibid.*, pp. 10-11.

[431] *Ibid.*, pp. 23-24.

[432] *Daphnis et Eglé, pastorale heroïque, en un acte*, Paroles de Collé, musique de Rameau, ballets de Laval, Paris, Ballard, par exprès commandement de Sa Majesté, 1753, pp. 8-9.

[433] *Ibid.*, p. 17.

[434] Virgile, *Oeuvres, en latin et en françois*, Paris, Chez Desaint & Saillant, 1751, T. I, pp. 56-57.

[435] http://farm5.static.flickr.com/4079/5409886023_d67bbc4659.jpg

[436] http://www.christies.com/LotFinder/LotDetailsPrintable.aspx?intObjectID=4591782

[437] http://chateau-meudon.wifeo.com/le-rez-de-chaussee-du-chateau-vieux.php

[438] http://fr.wikipedia.org/wiki/Louis_de_France_(1661-1711)#cite_ref-2

[439] "*Travaux à Meudon - en 1700 - Pièce documenté par M. le comte Hor. de Viel-Castel*", *Archives de l'Art Français - Recueil de documents inédits relatifs à l'histoire des Arts en France,* Paris, J.-B. Dumoulin, 1853-1855, p. 48.

[440] Lucia Impelluso, *Gods and Heroes in Art*, Los Angeles, Getty Publications, 2003, p.145.

[441] Michel Baridon, *A History of the Gardens of Versailles*, University of Pennsylvania Press, 2008, p. 50.

[442] http://mythologica.fr/grec/admete.htm

[443] "*Le salon d'Hercule est un salon du Grand appartement du Roi dans le château de Versailles.../... En 1710, on posa un plancher pour créer le salon. Robert de Cotte fut chargé de la décoration, qu'il commença en 1712. On interrompit les travaux à la mort de Louis XIV en 1715 et ils ne furent repris qu'en 1725.*" (http://fr.wikipedia.org/wiki/Salon_d'Hercule) Le symbolisme mythologique ou religieux des personnages royaux se confirmant dans *Madame de Maintenon avec Vexin et Maine* (les enfants de Louis XIV) par Pierre Mignard (1685), http://commons.wikimedia.org/wiki/File:Madame_de_Maintenon_avec_Vexin_et_Maine,_Mignard.jpg, où les deux enfants apparaissent sous la forme de Jésus et Saint Jean-Baptiste et Madame de Maintenon sous celle de la Vierge, selon le modèle de dualité et de correspondance très clairement repris de *La Vierge aux rochers* (1484 et 1507-1508) de Léonard, http://fr.wikipedia.org/wiki/La_Vierge_aux_rochers.

[444] "*GRÂCES. Ainsi s'appelaient trois déités écloses de la riante imagination des Hellènes, et qui n'avaient point d'analogue dans la théogonie des peuples de l'Orient. Toutes trois furent non moins célèbres que Vénus elle-même, dont elles étaient les compagnes, et dont elles atfachaient la merveilleuse ceinture. Leur nom chez les Grecs était les Charités (χαριτεζ), mot qui enferme le double sens de joie et d'aménité. Ces déités sont vierges, au moins une, dans la théogonie grecque; elles sont filles ou de Jupiter et de la nymphe Eurynome, ou de ce dieu et de Junon, ou du Soleil et d'Églé, ou de Bacchus et de Vénus, ou du Plaisir et de la Beauté. Les poètes les nomment Aglaé ou Églé (la splendeur), Thalie (la floraison), et Euphrosyne (la bonne pensée). Pasithée (la déesse universelle) est le nom qu'Homère et Stace, après lui, donnent à l'une des trois. Les Lacédémoniens, laconiques' même en religion, n'en admettaient que deux. Kleita (l'illustre) et Phaenna (la brillante). Les Athéniens les imitèrent: ils n'en reconnurent que deux aussi, Auxo et Hégémone, appellations d'une signification vague pour nous, et non sans doute à leur égard. La première se traduit par celle qui accroit, et la seconde par celle qui guide. Hésiode, le poète de la raison, adjoint au trio charmant Peitho (la persuasion). Au nombre de quatre, on les prenait pour les Saisons, comme elles filles de la Nature. Homère osa marier deux de ces vierges: il donna l'une à Vulcain, l'autre au Sommeil. Toujours unies, riantes, se tenant par la main, elles dansent en cercle.*
Etéocle, roi d'Orchomène, la ville de la danse, fut, dit-on, le premier qui leur éleva un temple; mais les Spartiates revendiquaient cet honneur: ils l'attribuaient à Lacédémon, leur quatrième roi. On n'entrait dans

leurs sanctuaires que couronné de fleurs: le Printemps leur était consacré. Ces déesses avaient des temples à Élis, à Delphes, à Perge, à Périnthe, à Byzance, et un autel particulier à Paros, dont le marbre blanc et pur était si digne d'elles. Les durs Spartiates sacrifiaient à l'Amour et aux Grâces avant de combattre; ils demandaient à celles-ci d'adoucir la première furie
du vainqueur, quel qu'il fut, et à l'autre, de remplacer pu sa vertu fécondante les braves tombés sur le champ du carnage. De ces scènes de mort, on les appelait aux banquets, où trois coupes couronnées de roses étaient vidées en leur honneur, comme filles de Bacchus et comme modératrices des plaisirs. Là, ainsi que dans les temples, on leur associait les Muses. Parmi les images des Grâces, on citait entre les plus célèbres leurs statues en or par Bupalus, celles de Socrate, (ils de Sophronisque, et les beaux tableaux d'Apelles et de Pythagore. Dans les premiers temps, ces déesses furent représentées vêtues, mais légèrement. Leurs statues étaient de bois avec des mains, des pieds de marbre, et des robes dorées; dans la suite, elles furent toujours reproduites nues. L'une tenait une rose, l'autre un dé à jouer, la troisième une branche de myrte, trois emblèmes de plaisir et de joie. La Grèce fut la patrie des Grâces; elles s'y sont tenues cachées pour toujours; elles eurent à peine des autels dans cette Rome, qui ne pouvait oublier que son fondateur suça l'âpre mamelle d'une louve. Elles permirent au seul Horace de délier leurs ceintures. Dans une villa d'Italie, il y a un groupe antique et charmant des Grâces, modèle et désespoir de nos peintres et sculpteurs. Ces déesses sont nues et se tiennent par la main; une simple bandelette trèsétroite retient leurs cheveux: à deux de ces figures ils sont rassemblés en un nœud derrière le cou. Un air de satisfaction, une douce sérénité, sont répandus sur leurs traits et sur leurs lèvres. Denne-bafon." (William Duckett, *Dictionnaire de la conversation et de la lecture: inventaire raisonné des notions générales les plus indispendables à tous*, Paris, Firmin Didot, 1868, T. X, p. 420)

[445]Antoine-Nicolas Dézallier d'Argenville, *Voyage pittoresque des environs de Paris: ou description des maisons royales, chateaux et autres lieux de plaisance situés à 15 lieues aux environs de cette ville*, Paris, Chez Debure l'aîné, 1755, 4ème édition, 1779, pp. 30-31.

[446]http://www.theoi.com/Nymphe/NympheAigle.html:

"Greek Name	*Transliteration*	*Latin Spelling*	*Translation*
Αιγλη	*Aiglê*	*Aegle*	*Shining, Radiant, Sunlight (aiglê)*

AIGLE (or Aegle) was a Naiad or Okeanid nymph, the mother of the Kharites (Graces) by the sun-god Helios.
It should be noted, however, that the Kharites were usually described as daughters of Zeus and Eurynome.
PARENTS
ZEUS & NEIARA (Servius on Virgil Eclogues 6.20?)
OFFSPRING
THE KHARITES (by Helios) (Antimachus Frag, Pausanias 9.35.1, Suidas s.v. Aigles Kharites)
ENCYCLOPEDIA
AEGLE (Aiglê), The most beautiful of the Naiads, daughter of Zeus and Neaera (Virg. Eclog. vi. 20), by whom Helios begot the Charites. (Paus. ix. 35. § 1.)
Source: Dictionary of Greek and Roman Biography and Mythology.
Pausanias, Description of Greece 9. 35. 1 (trans. Jones) (Greek travelogue C2nd A.D.):
"Antimakhos [of Kolophon, epic poet C5th B.C.], while giving neither the number of the Kharites (Graces) nor their names, says that they are daughters of Aigle (Aegle) and Helios (the Sun)."
Suidas s.v. Aigles Kharites (trans. Suda On Line) (Byzantine Greek lexicon C10th A.D.):
"Aigles Kharites (Radiant Graces): They have plausibly traced the lineage of the Kharites (Graces). Helios (the Sun) is also from Aigle (Aegle), since, it seems, the Kharites are radiant."
Virgil, Georgics 6. 13 ff (trans. Fairclough) (Roman bucolic C1st B.C.):
"The lads Chromis and Mnasyllos saw Silenus lying asleep in a cave, his veins swollen, as ever, with the wine of yesterday. Hard by lay the garlands, just fallen from his head, and his heavy tankard was hanging by its well-worn handle. Falling on him--for oft the aged one had cheated both of a promised song--they cast him

into fetters made from his own garlands. Aegle joins their company and seconds the timid pair--Aegle, fairest of the Naiades--and, as now his eyes open, paints his face and brows with crimson mulberries."

[447]D'où le caractère folâtre, sur lequel insiste J. Delille, *Les Bucoliques, en vers Francais, précédées de la vie du poète latin, et accompagnées de remarques sur le texte; pour compléter les oeuvres de Virgile*, Paris, Giguet et Michaud, 1806, p. 219: "*Virgile, après avoir peint le repos du sommeil, termine cette peinture par un contraste ingénieux.Il oppose au tableau de Silène endormi celui de deux bergers qui accourent pour accabler le dieu sous des liens de fleurs: pour achever ce contraste aimable, il fait arriver Églé, nymphe jeune et folâtre. Addit se sociam, placé au commencement de la phrase, fait voir d'avance l'intention de lajeune nymphe qui ne demande que l'occasion de folâtrer, et qui a déjà pris part à l'espiéglerie des bergers avant même que d'être arrivée auprès deux. Églé anime ce groupe joyeux; c'est elle qui en fait le charme.Aussi le poète semble-t-il se plaire à nous la montrer. Il se contente de désigner les bergers par leurs noms; quand il vient à Églé, il la nomme deux fois, et il la désigne comme la plus belle des Naïades: Egle, Naiadum pulcherrima. Le tour qu'elle joue à Silène en lui barbouillant le visage de mûre, suffit pour peindre l'enjoûment d'une nymphe.*" On relève cependant, dans l'interprétation de Delille, comme chez Fray Luis de León aussi, l'idée de l'opposition virgilienne entre les deux états contraires, et c'est bien, en cela, Églé qui participe le plus, pour Delille ("*le repos du sommeil*", "*L'épithète gravis peint la première qualité de la coupe d'un buveur qui doit être large et profonde. Le mot pendebat exprime heureusement l'abandon, la langueur de l'ivresse et du sommeil. Le mot (attritâ rappelle ces vers si connus de Lafontaine:/ Beaucis en égala les appuis chancelants,/ Des débris d'un vieux vase, autre injure des ans*", *ibid.*), dans le réveil de Silène.

[448]http://bcs.fltr.ucl.ac.be/Virg/buc/buc06.html

[449]*Ibid.*

[450]Faouzia Demnati, "*La métamorphose de Syrinx, dans Egle de Giraldi Cinzio: signe de désespoir ou sublimation?*", *Réforme, Humanisme, Renaissance*, No 67, 2008, pp. 99-122.

[451]"*Le terme pénitence peut se résumer en trois actions: la prière, l'aumône et le jeûne. Le but essentiel est de se préparer à la fête de Pâques, résurrection du Christ. C'est une manière concrète pour le chrétien de s'unir à Jésus Christ, qui lui-même a jeûné quarante jours dans le désert pour se préparer à sa mission, celle de sa mort et de sa résurrection. C'est aussi l'occasion de se détacher de tout ce qui éloigne de Dieu, c'est pourquoi le jeûne ne prend pas toujours la forme de «privation de nourriture», mais peut être plus large.*" Ainsi "*Dans l'église catholique, les fidèles se rendent à l'église pour assister à une célébration, où le prêtre après la proclamation de l'Évangile et de l'homélie leur trace une croix sur le front avec de la cendre, en prononçant ce verset de la Genèse (3, 19): «Homme, souviens-toi que tu es poussière et que tu retourneras en poussière.» (en latin, Memento, homo, quod pulvis es, et in pulverem reverteris). La formule «Convertis-toi, crois en l'Évangile» est aussi utilisée. Cette cérémonie fut instituée par Grégoire Ier aux alentours de l'an 591. L'imposition de cendres au front du pénitent est une évocation symbolique de la mort. Ces cendres sont obtenues en brûlant les rameaux bénis l'année précédente le Dimanche des Rameaux. Les cendres sont elles-mêmes bénies solennellement pendant la célébration.*
Les fidèles d'obédience catholique-romaine sont tenus à l'abstinence et au jeûne le Mercredi des Cendres (canons 1249 à 1251 du Code de Droit Canonique) sauf cas particuliers (jeunes enfants, personnes malades, personnes âgées, personnes ayant un métier physiquement difficile)."
(http://fr.wikipedia.org/wiki/Mercredi_des_Cendres)

[452]Evangelos Karakasis, *Song Exchange in Roman Pastoral*, Berlin & New York, Walter de Gruyter, 2011, pp. 222-223.

[453]*Ibid.*, p. 257.

[454]http://juxtas.pagesperso-orange.fr/virgile/bucol06.pdf

[455]"*Fable de la formation de l'Univers, par l'assemblage fortuit des Atomes*" selon la doctrine épicurienne racontée par le "*Pere nourricier de Bacchus*", "*Ce qui est à peu près de la mesme force que la Fable de l'Asne d'or chez Apulée, & l'Histoire de Psiché de la vieille du mesme Autheur.*" Fable comparée à la Sybille Cumée (ce qui rapproche l'activité d'Églé avec Silène de celle de pythie, comme nous le rappelons par la citation postérieure du Père Marin Mersenne), Charles Cotin, *La Pastorale sacrée, ou Paraphrase du Cantique des Cantiques selon la lettre, avec plusieurs discours et observations*, Chez Pierre Le Petit, 1662, pp. 214-216. Le sens religieux et moral, puisqu'utilisé par rapport au *Cantique des Cantiques*, de l'épisode d'Églé ne laisse donc plus de doute.

[456]Paul Belouino, *Des passions dans leurs rapports avec la religion, la philosophie, la physiologie et la médecine légale*, Paris, Chez Waille, 1844, T. I, p. 128 sur l'"*Intempérance*".

[457]Notons ici que la confusion entre les deux Églé: fille d'AESculape et de Zeus (celle-ci mère des Grâces), http://es.wikipedia.org/wiki/Egle_(desambiguaci%C3%B3n), comme nous l'avons étudié dans notre ouvrage sur Blanche-Neige et les Femmes Fortes, se résout, ce qui est la base même, ainsi que nous l'avons démontré, de la mythologie, par une équivalence mythographique des figures homonymes. Ainsi: "*En la mitología griega Egle (en griego antiguo Αἴγλη Aïglê, 'brillo' o 'esplendor') era una de las hijas de Asclepio con Lampetia, la hija de Helios (el Sol), según Hermipo, o con Epione, según la Suda (Plinio, Naturalis Historia xxxv.40.31; Hermipo, ap. Schol. in Aristoph. Plut. 701; Suda s. v. Ἠπιόνη). Se decía que su nombre procedía de la belleza del cuerpo humano cuando tenía buena salud, o de los honorarios pagados a los médicos (Johann Heinrich Meibom, Comentarios sobre Hipócrates, 4° c.6 §7, p.55).*" (http://es.wikipedia.org/wiki/Egle) Mais plus encore, dans la description de la "*Liste des divinités de la mythologie grecque*": "*Églé (Αἴγλη, Aíglē): Déesse de la Bonne santé radieuse*" (http://fr.wikipedia.org/wiki/Liste_des_divinit%C3%A9s_de_la_mythologie_grecque) Ainsi, comme Églé la nymhpe, Églé la déesse guérisseuse l'est pour (son étymologie de) "*radieuse*".

[458]*Emblemes d'Alciat en latin et francois vers povr vers Augmentez de plusieurs emblemes en latin dudict autheur, traduictz nouuellement en Françoys; Ordonnez par lieux communs, auec briefues expositiõs, & enrichis de plusieurs figures non encores imprimées par cy deuant; Auec la table d'iceux mise à la fin,* De l'imprimerie de Hierosme de Marnes, et Guillaume Cauellat au mont S. Hilaire à l'enseigne du Pelican in A Paris, 1574, "*Preface de Noble Seigneur André Alciat, Sur les Emblemes. A Chonrad Pevtinger d'Ausbourg*", p. 4.

[459]*Correspondance du P. Marin Mersenne, religieux minime*, Paris, Presses Universitaires de France, 1945, p. 558.

[460]"*A la même époque, 1673, il faisait deux odes qu'il adressait à Amédée Pelletier ex-prévôt des marchands, pour les embellissemens faits dans Paris (n, 109).*
En 1678, Santeul compose une pièce de vers pour louer Michel Le Tellier, chancelier de France, et son fils, le marquis de Louvois, et son autre fils Charles-Maurice, archevêque de Reims. Il y raconte la vie de ce magistrat, ses luttes, son exil, ses vertus, en des termes tels que la langue latine seule peut les faire supporter: c'est une immense gloire, fruit d'immenses mérites; c'est un astre unique brillant de sa propre lumière; il est plus saint que les saints, etc. Tu famam ingentem meritis ingentibus œquas; Exteruœ nil lucis egens, tu lutnine fulges. Purius ipse tuo; tu sanctis sanctior ipse Surgis in exemplum patribus.... (i, 20.) Pour tout dire, en un mot, il le met au-dessus de Solon, de Numa, de Lycurgue:*
iËquabis gravitate fercntem jura Solonem,
Romanumque Numara, Laccdeinoniumque Lycurgum (/t.).
Il faut avouer cependant une chose, c'est quelle que fût l'exagération des éloges, cependant Santeuil, dans toute cette pièce, n'a pas parlé une fois des nymphes ni des divinités païennes. Aussi ne manque-t-il pas de s'en prévaloir et de s'en applaudir avec complaisance, auprès du P. de Monchij de l'Oratoire, à qui il l'envoya; les oratoriens en effet, comme nous le verrons dans la suite, un peu par raison et beaucoup par opposition aux jésuites, condamnaient l'emploi des divinités païennes, dans les compositions chrétiennes. Aussi Santeuil, dans une pièce qui accompagne son envoi, ne manque pas de se donner l'éloge mérité d'avoir été fidèle à sa promesse. Il faut lire ces lignes, car nous allons voir ce volage chanoine revenir immédiatement au milieu de ses nymphes aimées:
«Vous, dit-il au P. de Monchy, qui m'avertissiez de consacrer» ma Muse à la louange des saints, faites-moi compliment, j'ai» tenu ma promesse:
Tu mihi, qui Superis musam sacrare monebas-
Plaude, fidem exsolvi.... (h, 185.)
» J'ai abjuré Phébus en paroles solennelles devant les saints au» tels. J'ai renoncé aux Divinités impies des poètes et aux vains» artifices employés pour la louange:
Phœbum ejuravimus aras
Ante ipsas Terbis solemnibus, impia Vatum Numina, laudandi et vanas desuevimus artes (/&.).» En ce moment un Dieu meilleur (!!) m'anime, je m'élève» plus haut, et je me promène dans les cieux en méprisant la» terre:
Jam plénum meliore Deo juvat ire per alta

Et coelum peragrare, humilesque relinquere terras.
» Si vous en doutez, lisez les vers que je vous envoie; jamais» semblable éloge n'avait été rendu à une vertu mortelle.»
Si dubitas, nostros quos mitto, perlege versus.
Non ea mortali virtuti, reddita laus est. (Ib.)
Sans parler de ce coup d'encensoir qu'il se donne à lui-même dans les derniers vers, on va voir comment Santeul a tenu sa promesse, cette promesse jurée devant les autels. Lisez la pièce suivante adressée à ce même Le Tellier, et écrite à peu près dans le même tems.
Elle a pour titre: Cavillœi ruris Nimpha, c'est-à-dire la Nimphe de Chaville, où le chancelier avait sa maison de campagne. Il faut noter que c'est à cette époque même (1678) qu'il composait ses hymnes qui parurent deux ans plus tard dans le Bréviaire de Harlai.
La nymphe Eglê, la plus célèbre des nymphes de Chaville, tout en prenant ses ébats sur les douces prairies de ce jardin, avait appris que Le Tellier était arrivé au faîte des honneurs. Elle en avait conclu que son Chaville et elle-même en recevraient une plus grande gloire. De là des airs d'orgueil vis-à-vis de ses compagnes:
Major visa sibi, et fortunée oblita prioris
Tum socias ccepit paulatim temnere Nymphas (I, 205).
Elle s'en allait par monts et par vaux, annonçant à pleine bouche que le grand Le Tellier devait venir prendre du repos à Chavillle, et que Ton y verrait avec lui, la foule des sénateurs, des laquais portant flambeaux, puis, des casques, des boucliers, même des cardinaux de la sainte Église romaine,
Et quas tingit honos sacrato murice vestes (206). et qu'enfin jamais les Nymphes n'auraient vu un si beau spectacle: Hac non visa tenus rudibus spectacula Nymphis (Ib.). Telles étaient les pensées et les paroles de mademoiselle la nymphe Eglé. Ce n'est pas tout, elle ajoutait encore par-ci et par-là, que le roi avait cédé au magistrat ses droits royaux, ses prérogatives et même les rayons qui couronnaient sa tête; qu'aussi de son sacré visage sortaient continuellement des foudres, qui, s'il ne les eût tempérées par la douce sérénité de son regard, auraient mis en fuite toutes les nymphes épouvantées:
Suos et frontis honores,
Et capitis radios. Hinc sacro erumpere vultu
Fulgura, etc ... (Ib.)
Il n'en fallait pas tant. Les nymphes se le tinrent pour dit, et malgré la promesse de la douce sérénité du - visage, elles prennent peur et se sauvent toutes dans leurs antres, leurs cavernes, leurs étangs, etc.:
Illae autem trepidare, iterum petere antra, recessusque
Umbriferos, vallesque cavas, et stagna profunda (Ib.).
Cependant le héros arrive; mais on ne voit ni gardes, ni faste, ni appareil. Alors une Dryade se met à le regarder à travers le tronc d'un vieux chêne, et ayant aperçu Le Tellier en bonhomme, elle en fait part à ses compagnes. Alors accourent Gàlatée, la belle Lycoris, la blonde Thoë, la brune Éphyre, Ligea portant carquois et la candide Nina, pleine d'une pudeur couleur de rose, que la Seine achèterait au prix de toutes ses eaux, si ces dons pouvaient toucher son cœur virginal:
Hue Galatea venit, hic formosa Lycoris
Flava Thoe, subfusca Ephyre, pharetrata Ligea,
Ambae sequanides, rosei quoque plena pudoris
Candida Nina, emeret totis quain uxorius undis
Sequana, \irgineum pectus si dona moverent (207).
Ce n'est pas tout, elles appellent les nymphes de Versailles, de Saint-Cloud, et de plus Algon et Lycidas, et Ilax, et Alphésibée la terreur des loups, et Menalcas, et le petit Corylas, et le gros Palemon... et puis tous ensemble de loin regardent Le Tellier avec stupéfaction (stupuere).—La morale de la pièce, c'est que la nymphe du lieu, mademoiselle Eglé, en rougit et apprit à ne pas afficher ses grands airs:
Nympha loci erubuit, tanto praesente magistro.
Dedidicit primos jam non temeraria fastus (208).
C'est là ce qu'écrivait un religieux, âgé alors de 54 ans, pour un vieillard qui en comptait 75, et c'est au conteur de ces gaudrioles, que quelques humanistes allèrent demander des paroles pour chanter Jésus-Christ et les saints dans les églises, à la place des vieux et pieux cantiques de saint Ambroise, de saint Grégoire, d'Augustin, etc." (A. Bonnetty, "*Étude sur la vie et les ouvrages de Santeul*", *Annales de philosophie chrétienne*, 25ème année, 4ème série, T. X, 49ème Volume de la Série, Paris, 1854, pp. 157-160)

[461]http://www.emblems.arts.gla.ac.uk/french/emblem.php?id=FALc171#N2FALc171
[462]http://www.fresques.net/amour-des-dieux.html
[463]Voir, en cela, notre travail sur "*"À mon seul désir": Un voyage dans la pensée médiévale et le thème des Femmes Fortes*".
[464] http://www.fine-arts-museum.be/fr/la-collection/karel-philips-spierinck-silene-ivre-et-endormi-attache-par-la-nymphe-egle-et-des-putti
[465]http://commons.wikimedia.org/wiki/File:Anthonis_van_Dyck_055.jpg
[466]http://commons.wikimedia.org/wiki/File:Anthonis_van_Dyck_054.jpg
[467]"*The iconographic fusion of satyrs with other half-man, half-beast figures (such as Faun, Silenus, Bacchus, Pan, and Marsyas) goes hand in hand with the increasing association of satyrs with bestial behavior and monstrosity that begins only in the middle of the sixteenth century. In one of the most influential editions of Andrea Alciati's Liber Emblemata, published as Emblèmes d'Alciat by Macé Bonhomme (Lyon 1548) and reedited thirty-five times, Pan appears in three emblems: one preserves an earlier motto of obscure significance (that had first appeared in a 1534 Parisian edition), and the two others exalt the figure's negative and positive aspects. The image that presents Pan's negative side as an emblem of Luxure shows him blowing into an oversized wind instrument; the image appeared originally in the 1534 edition under a different motto, which demonstrates how printed illustrations were continuously adapted to the shifting meanings in their corresponding texts.*
The image of Pan blowing into the wind instrument (traditionally perceived as of an inferior hierarchy to string instruments), with its allusion to 'luxure' in the 1548 Alciati edition, offers a clue to the possible significance of the satyrs in Clouet's original version of the Bath of Diana, in which the satyrs hold similar wind instruments. At the same time, the instrument held by the satyr closest to the picture plane is practically identical to the horn carried by the horse rider in the middle ground, both of which are recognizable as the type of horn used by hunters. The horns then supply a hunting context to the painting (thus furthering the reference to Actaeon), yet recall the lustful overtones of wind-playing satyrs as presented in Alciati's emblem and in Marguerite's narrative. While Marguerite's poem would have been well known at the French court, emblem books such as Alciati's probably provided an important iconographic and symbolic source for artists. In light of the general pictorial associations of satyrs as the incarnation of desire, and the more specific connections in Alciati's emblem and Marguerite's text, it seems reasonable to assume that the presence of the satyrs in the Bath of Diana corresponds to such associations when considered in conjunction with the body language of the satyrs and women in the painting." (Patricia Zalamea, *Subject to Diana: picturing desire in french Renaissance courtly aesthetics*, Graduate School, New Brunswick, Rutgers, The State University of New Jersey, 2007, inédit, pp. 240-241) Voir sur la flûte versus Dieu Cats, pp. 83 et 93 de la Ière Partie, Emblèmes XLI (les singes qui dansent abrutis devant une sorte de joueur de flûte de Hamelin, alors que la main divine répartit des mânnes qu'ils ne savent voir) et XLVI.
[468]Le son de sa flûte, reprenant, bien sûr, celui des sons maléfiques de l'invitation au péché des livres d'emblèmes, n'en tient alors pas moins un rôle dichotomique, ne serait-ce que par l'affrontement visuel féroce du joueur avec le spectateur, de dénonciation de l'action qui se joue devant nos yeux. On notera qu'alors Églé porte une robe rose, de son activité printanière, que l'on a vue, mais en référence aussi à celle, par opposition rouge du vin du vêtement du troisième accompagnant à côté des satyres de l'autre toile, où elle est vêtue, au contraire, on l'a dit, de bleu. Deux interprétations s'offrent alors à nous, soit elle redevient l'image de la déchéance allègre (comme la tentatrice du choix d'Hercule lui frôlant le visage avec une fleur), soit le ton rosé, et non rouge, dichotomiquement défini, et associé au rouge, ici oublié, du vêtement du troisième accompagnant, des passions, certes, mais aussi de leur abandon, le rose détendant le rouge, et d'éveil (le rose de l'aurore, chez Bonaventure des Périers, cité dans Claude-Gilbert Dubois, *La poésie du XVIe siècle*, Presses Universitaires de Bordeaux, 1999, p. 162, mais aussi, avant tout, chez Henri Estienne dans ses *Odes anachréontiques* de 1554, cité *in ibid.*, p. 161: "*Au printemps couronné de fleurs, je veux associer la délicate rose, en un chant harmonieux. La rose est l'haleine des Dieux, la joie des mortels, l'ornement des grâces, en la saison fleurie des amours. Elle est le divertissement d'Aphrodite, le sujet des fables poétiques, la plante favorisée des Muses. Elle est douce à qui la veut cueillir sur l'épine en un sentier écarté [. . .]. De rose l'Aurore a les doigts, de rose les nymphes ont les bras, de rose Vénus a le teint.*") dans son symbolisme étymologique et mythologique de donneuse de lumière (ce que confirme le symbolisme printanier et de vie de la rose dans l'Emblème XXXII "*Turpe Senilis Amor*" de Cats, p. 65 de la Ière Partie). Par opposition, encore

une fois, chez Spierinck ou Van Dyck, et dans l'ensemble des autres oeuvres, à l'obscurité dans laquelle se maintiennent les satyres, pour deux deux raisons: d'une part, on l'a dit, l'activité principale d'Églé dans le réveil de Silène, contrairement à la lecture que propose Vivés de Virgile, et, d'autre part, parce que ce réveil correspond à la découverte, la description, et donc la contemplation de l'origine de l'univers, selon l'interprétation traditionnelle de la teneur des événements relatés dans son chant par Silène réveillé. Ainsi, dit autrement, là où les satyres sont encore dans l'ordre du péché (comme chez Spierinck ou la Tazza Farnese) et de l'obscurité (dans l'ensemble du *corpus*, conformément à l'églogue virgilienne), Églé apporte vie et lumière, raison et science, révélées ici par la couleur de sa robe, par opposition à celle du groupe des satyres, notamment dans la première oeuvre évoquée, qui correspond alors plus eactement au code vestimentaire de la Vertu-Minerve-Églé de notre actuel groupe étudié. En cela, encore une fois, Églé devient l'une des figures récurrentes du bas Moyen Âge jusqu'aux Femmes Fortes, Sapientia, Sagesse, Béatrice, etc., de l'*Anti-Claudianus* (Fronésie ou Prudentia) au *Songe de Poliphile* (Polia) en passant par *Della Transmutatione Metallica* (Reale Filosofica), *Le chevalier errant* (Dame Cognoissance et Dame Fortune), *Roland Furieux* (Logistille), ou même *L'île aux esclaves* (Euphrosine), voir notre travail sur ""*À mon seul désir": Un voyage dans la pensée médiévale et le thème des Femmes Fortes*".

[469] http://www.culture.gouv.fr/Wave/image/joconde/0368/m062904_97-019970_p.jpg La présence du digne bélier (qui est pour nous una variante visuelle de l'autoritaire joueur de flûte de Van Dyck) avec lequel s'amusent les *putti* et auquel il essaient de donner à manger des feuilles de vignes et des grappes de raisins (apparemment avec succès, ce que l'on peut comprendre comme une défaite face à la tentation, ou, au contraire, comme la capacité de discernement, par opposition, cette fois, au Silène tellement ivre de Van Dyck, dans la version de c. 1620, qu'il n'arrive même pas à attraper les raisins offerts par le *putto*), *Notice historique sur les manufactures impériales de tapisseries des Gobelins et de Tapis de la Savonnerie, précédée d'un catalogue des Tapisseries qui y sont eposées*, Paris, Manufacture des Gobelins, 1864, p. 10, No 28 (tapisserie, c. 1775, par l'entrepreneur Cozette, d'après Hallé), pourrait bien représenter la caractère solaire, par opposition à la grotte de Silène.

[470] http://www.codart.nl/ul/cms/events/2838/large/1.jpg

[471] Dont les ébauches sont conservées sur une feuille de The Regenstein Collection, 1989.188R, http://www.artic.edu/aic/collections/artwork/113969

[472] "*engraving printed from a silver plate*", http://www.christies.com/lotfinder/prints-multiples/annibale-carracci-the-drunken-silenus-4958452-details.aspx

[473] *Museo di Capodimonte*, Milan, Touring Editore, 2002, p. 99; ou c. 1599, Helene E. Roberts, *Encyclopedia of Comparative Iconography: Themes Depicted in Works of Art*, New York & Abingdon, Routledge, 2013, p. 270.

[474] Le nom et le thème (mais sans que les auteurs justifient ce point de vue) seraient, selon le cité *Museo di Capodimonte*, p. 99, inspirés du camée antique de même nom, au décor externe de méduse, http://en.wikipedia.org/wiki/Farnese_Cup

[475] http://www.metmuseum.org/toah/works-of-art/27.78.1.150

[476] Il ne fait ainsi aucun doute qu'ils reproduisent l'image mythologique, ici culinaire et sans complexe (rappelons qu'il s'agit du décor d'un saucier pour le cardinal Odoardo Farnese, *Museo di Capodimonte*, p. 99), du péché d'Ampélos (en grec ancien Ἄμπελος, "*vigne*"), le jeune satyre, http://fr.wikipedia.org/wiki/Amp%C3%A9los, puni par le destin pour ne pas tenir compte des avertissements de son amant Bacchus, http://www.theoi.com/Georgikos/SatyrosAmpelos.html, souvent représenté auprès du dieu, notamment dans la statuaire, à la galerie Uffizi de Florence, http://en.wikipedia.org/wiki/File:Sommer,_Giorgio_(1834-1914)_-_n._1806_-_Bacco_e_Ampelo_(Firenze).jpg, ou chez Pierre-Étienne Monnot (1657-1733), https://www.pinterest.com/jeanpaoletti/pierre-%C3%A9tienne-monnot/ et http://vinogruin.blogspot.com/2011/07/bacchus-ampelos-og-vinens-opprinnelse.html Confirme cette idée l'indétermination des jambes du *putto* de dos à gauche pour le spectateur chez Spierinck.

[477] Cartari-Lyon, p. 31.

[478] *Ibid.*, pp. 30-32.

[479] *Ibid.*, p. 31.

[480]Stéphane Lojkine, "*Bacchanale et rire des dieux dans la peinture de Rubens: à propos d'un dessin de Silène et Églé*", *Rire des dieux*, CRLMC, Presses universitaires Blaise-Pascal, Clermont-Ferrand, 2000, pp. 151-161, reproduit sur le site http://sites.univ-provence.fr/pictura/Fiction/Rubens.php

[481]"*Cette position avachie en arrière du Silène de Londres, entre homme et femme, reprend le dispositif d'un tableau de jeunesse du peintre représentant Hercule ivre soutenu par un faune et par une faunesse. Ce tableau actuellement conservé au musée de Dresde avait été commandé à Rubens par le duc Vincent de Gonzague lors du séjour du jeune homme à Mantoue (à partir de 1601). Hercule y apparaît titubant, soutenu par un faune et par une faunesse et figure allégoriquement le héros succombant à ses mauvaises passions, l'intempérance et la volupté. Or l'Hercule ivre fut peint avec un pendant, également conservé à Dresde, représentant la Vertu triomphante. Le demi-dieu y écrase victorieusement Silène ivre tandis qu'une Victoire ailée, à gauche, le couronne. A droite, Vénus contemple maussade le triomphe de sa rivale assise de dos. Appuyé à elle, Cupidon joue les enfants mécontents. Au dessus des deux, l'Envie, sur le modèle de celle de Giotto, avale un serpent. Les deux Hercules peints pour le duc de Mantoue désignaient-ils déjà, derrière les deux figures du père, les deux modalités du féminin et les deux instances symboliques?*" (*Ibid.*)

[482]http://utpictura18.univ-montp3.fr/GenerateurNotice.php?numnotice=A0937

[483]Ripa, *Iconologie*, Paris, Chez Lauren d'Houry, 1681, I. Partie, "*Theorie. CLXI*", p. 239.

[484]*Ibid.*, pp. 239-240.

[485] Selon Vincent Beckers, "*Symbolique de la carte du tarot l'Amoureux*", http://www.cours-de-tarot.net/tarologie_fr/page/symbolique_carte_tarot_amoureux#.VKYPPdKG_Jk; voir aussi l'interprétation, parallèle, ésotérique, de "*L'AMOUREUX (Arcane 6)*" dans http://secretsdutarot.blogspot.com/2012/09/lamoureux-arcane-6.html

[486] http://3.bp.blogspot.com/-kraSZP3JM6E/UQhGRrvuBpI/AAAAAAAAADE/XVZJreIpNE0/s1600/6Amoureux.tif

[487]"*Voici le texte du philosophe Prodicus, qui nous raconte le choix d'Hercule à la croisée des chemins...*

A peine sorti de l'enfance, à cet âge où les jeunes gens, devenus maîtres d'eux-mêmes, font déjà voir s'ils suivront, pendant leur vie, le chemin de la vertu ou celui du vice, Hercule s'assit dans un lieu solitaire, ne sachant laquelle choisir des deux routes qui s'offraient à lui.

Soudain il voit s'avancer deux femmes d'une taille majestueuse. L'une, joignant la noblesse à la beauté, n'avait d'ornements que ceux de la nature; dans ses yeux régnait la pudeur; dans tout son air la modestie; elle était vêtue de blanc. L'autre avait cet embonpoint qui accompagne la mollesse, et, sur son visage apprêté, la céruse et le fard altéraient les couleurs naturelles; la démarche altière et superbe, les regards effrontés; parée de manière à laisser entrevoir tous ses charmes, elle se considérait sans cesse elle-même, et ses yeux cherchaient des admirateurs; que dis-je? elle se plaisait à regarder son ombre. Lorsqu'elles furent toutes deux plus près d'Hercule, la première vint à lui sans hâter le pas; mais l'autre, voulant la prévenir accourut vers lui.

«Hercule, lui dit-elle, je vois que tu ne sais quel chemin tu dois prendre. Si tu me fais ton amie, je te conduirai par la route la plus douce et la plus facile; aucun plaisir ne te sera refusé; aucune peine n'affligera ta vie. D'abord tu n'auras à redouter ni la guerre, ni les vains soucis: ta seule occupation sera de trouver les boissons et les mets qui pourront te plaire, ce qui flattera le mieux, à ton avis, les yeux et les oreilles, l'odorat et le toucher; les amours avec toute leur ivresse; le sommeil avec toute sa douceur; et tu ne songeras qu'au moyen le plus court d'être heureux. Et, si tu crains de manquer jamais des trésors qui achètent les Plaisirs, rassure-toi, je t'en comblerai, sans prescrire jamais à ton corps ni à ton esprit des travaux pénibles: tu jouiras des travaux des autres; tout, pour t'enrichir, te sera légitime je donne à ceux qui me suivent le droit de tout sacrifier au bonheur. — Et vous que je viens d'entendre, répondit Hercule, quel est votre nom? — Mes amis, dit-elle, me nomment la Félicité; mes ennemis, mes calomniateurs, m'ont appelée la Volupté.»

Cependant l'autre femme s'était avancée. Elle parle en ces mots: «Et moi aussi, Hercule, je parais devant toi, c'est que je n'ignore pas de qui tu tiens le jour, c'est que ton éducation m'a révélé ton caractère. J'espère donc, si tu choisis ma route que tu vas briller entre les grands hommes par tes exploits et tes vertus, et donner ainsi un nouvel éclat à mon nom, un nouveau prix à mes bienfaits. Je ne t'abuserai pas en te promettant les plaisirs; j'ose t'apprendre avec franchise les décrets des dieux sur les hommes. Ce n'est qu'au prix des soins et des travaux qu'ils répandent le bonheur et l'éclat sur votre vie. Si lu désires que les dieux te soient propices, rends hommage aux dieux; si tu prétends être chéri de tes amis, que ton amitié soit généreuse; si tu ambitionnes les honneurs dans un état, sois utile aux citoyens; s'il te paraît beau de voir tous les Grecs

applaudir à ta vertu, cherche à servir la Grèce entière; veux-tu que la terre te produise des fruits abondants? Tu dois la cultiver; que tes troupeaux t'enrichissent? Veille sur tes troupeaux; aspires-tu à dominer par la guerre, à rendre tes amis libres et tes ennemis esclaves? Apprends des guerriers habiles l'art des combats et que l'expérience t'enseigne à le pratiquer, veux-tu enfin que ton corps devienne robuste et vigoureux? Souviens-toi de t'accoutumer à l'empire de l'âme, et de l'exercer au milieu des fatigues et des sueurs.»
Sa rivale l'interrompit: «Ne vois-tu pas, Hercule, les obstacles et la longueur de cette route qui mène, dit-on, au bonheur? Moi je t'y conduirai par un chemin court et fleuri.»
«Malheureuse, reprends la Vertu, de quel bonheur viens-tu parler? Quels plaisirs connais-tu, toi qui ne veux rien faire pour en mériter, toi qui préviens tous les besoins qu'il est doux de satisfaire et jouis sans avoir désiré; toi qui manges avant la faim, qui bois avant la soif; qui, pour assaisonner les mets délicats, emploies les mains les plus savantes; qui pour boire avec plus de charme, amasses des vins somptueux et court çà et là chercher de la neige en été; qui pour dormir plus doucement, imagines de fins tissus, de riches tapis étendus sous des lits superbes? Tu cherches le sommeil, non par besoin du repos mais par oisiveté. Dans l'amour, tu préviens et tu outrages la nature; et tes amis, instruits par tes leçons, passent la nuit en plaisirs coupables, et la plus utile partie du jour dans une lâche inaction. Quel homme voudrait te croire quand tu lui parles, te secourir quand tu l'implores? Quel homme sensé oserait se mêler à tes vils adorateurs? Jeunes, ils traînent un corps languissant; plus âgés leur raison s'égare; aux brillants plaisirs d'une jeunesse oisive, succèdent les ennuis d'une laborieuse vieillesse; honteux de ce qu'ils ont fait, accablés de ce qu'ils font, ils ont couru, dans leur premier âge, de délices en délices, et réservé tous les maux pour leur déclin. Moi, je suis la compagne des dieux, la compagne des mortels irréprochables; sans moi, rien de sublime parmi les dieux ni sur la terre. Je reçois les plus grands honneurs, et des puissances divines; et de ceux d'entre ceux d'entre les hommes qui ont le droit de m'honorer. L'artisan n'a personne qui le soulage plus que moi dans ses peines; le chef de famille n'a pas d'économe plus fidèle; l'esclave, d'asile plus assuré; les travaux pacifiques, d'encouragement plus efficace; les exploits militaires, de meilleur garant de triomphe; l'amitié, de nœud plus sacré. Ceux qui me chérissent trouvent dans le boire et le manger un plaisir qu'ils n'achètent pas; ils attendent seulement que le besoin leur ait commandé. Le sommeil leur est plus agréable qu'aux riches indolents; mais ils se réveillent sans chagrin, et jamais l'heure du repos n'a pris sur celle du devoir. Jeunes, ils ont le plaisir d'entendre les éloges des vieillards; vieux, ils aiment à recueillir les respects de la jeunesse. C'est avec soin qu'ils se rappellent leurs actions passées; ils font avec joie ce qui leur reste à faire; et c'est moi qui leur concilie la faveur des Dieux, l'affection de leurs amis, les hommages de leurs concitoyens. Quand le terme fatal arrive, l'oubli du tombeau ne les ensevelit pas tout entiers, mais leur mémoire, toujours florissante, vit dans un long avenir. Imite leur grande âme, ô jeune héros! sois digne du sang généreux qui t'a fait naître je te promets le bonheur et la gloire.»" (http://tirages-de-tarot.over-blog.com/article-l-amoureux-ou-le-choix-d-hercule-75715485.html)

488 http://utpictura18.univ-montp3.fr/GenerateurNotice.php?numnotice=A0646, http://utpictura18.univ-montp3.fr/GenerateurNotice.php?numnotice=A3679, http://utpictura18.univ-montp3.fr/GenerateurNotice.php?numnotice=A1794

489 Sans doute cette dualité de figures entre la Vertu et le Vice, propre du discours, comme on le voit, de l'ambiance de Mantoue, agit comme une représentation, dans le cas de l'Églé de Spierinck, de l'âme lavée (qui se "*purge avec le van*", p. 497) par l'action bacchique, comme la décrit Cartari-Lyon, pp. 495-497, et comme l'illustre la figure féminine, vertueuse, qui, dans l'édition ici citée, se détache du groupe en le dirigeant et est abordée par un satyre avec syrinx, mais dans d'autres versions (comme celle de 1647, http://lh6.ggpht.com/_5e7P4Y3Wo3w/Ssqe4mhtC3I/AAAAAAAAARA/rTbbN_u5ajk/05CartaridrunkDionA.jpg), au contraire, se détache derrière la procession, en indiquant du doigt, comme l'ensemble des figures du groupe ici présentées, Vertu ou Églé, la tête de Bacchus levé comme dans son iconographie ivre.

490 Voir les images de http://secretsdutarot.blogspot.com/2012/09/lamoureux-arcane-6.html, le personnage de droite (pour le spectateur) s'habillant en général de bleu ("*Tout comme dans la parabole d'Hercule au carrefour, il a à choisir entre le vice et la vertu, entre la route gauche qui mène aux enfers et la route de droite qui mène aux champs de bienheureux.*", *ibid.*), alors que, conformément à l'alternance que nous retrouvons dans l'iconographie d'Églé, celui de gauche se vêt en prédominance de rouge (couleur de la passion); pour compliquer le choix de l'Amoureux, arcane également nommée Hésitation, les deux figures, cependant, arborent des habits qui combinent ces deux couleurs (ou ont une forte composante bleue, ou bien verte), la différence devenant parfois compliquée de remarquer.

[491] http://lh4.ggpht.com/-oJ2uxiJd1KA/TDk5iU01ixI/AAAAAAAAE2o/hWsg2W4lopA/s800/1626%252520%252520Rubens%252520La%252520Victoire%252520de%252520la%252520V%2525C3%2525A9rit%2525C3%2525A9%252520de%252520l%252527Eucharistie%252520sur%252520l%252527H%2525C3%2525A9r%2525C3%2525A9sie%252520The%252520Victoire%252520of%252520the%252520Truth%252520of%252520Eucharistie%252520on%252520the%252520Heresy%252520.jpg

[492]http://commons.wikimedia.org/wiki/File:Rubens_medici_cycle_triump_of_truth.jpg?uselang=fr

[493]Reprise inverse du thème et de son sens classique: "*As to Hercules's amours, and his weaknesses for women: it was a very common subject among the antient artists, to make Cupids taking away his club; or to represent him (like the vast St. Christophers of the modern statuaries,) bending under a little boy. This was to shew that he, who conquered all other difficulties, was a slave to love and that Cupid disarmed him of all his force.*" (Spence, *Polymetis: or, An Enquiry concerning the Agreement Between the Works or the Roman Poets, and the Remains of the Antient Artists. Being An Attempt to illustrate them mutually from one another*, Londres, J. Dodsley, 1755, "*Dialogue the ninth*", pp. 126-127) Lequel rejoint en cela celui de Mars et Vénus, voir notre ouvrage *"Le cuirassier blessé quittant le feu" et l'apologie patriotique chez Théodore Géricault*, ce qui explique peut-être la confusion iconographique de motifs, entre celle du cheval des passions vaincu et celle de la Paix chez Jan van de Hoecke, comme nous allons le voir.

[494]http://sites.univ-provence.fr/pictura/GenerateurNotice.php?numnotice=A5225

[495]Voir notre ouvrage *"Le cuirassier blessé quittant le feu" et l'apologie patriotique chez Théodore Géricault.*

[496]http://mini-site.louvre.fr/mantegna/acc/xmlfr/section_8_5.html

[497]http://fr.wikipedia.org/wiki/Hypnerotomachia_Poliphili

[498]Francesco Colonna, *Le songe de Poliphile, ou, Hypnérotomachie*, Paris, Isidore Liseux, 1883, Genève, Slatkine, 1994, p. 112.

[499]http://www.emblems.arts.gla.ac.uk/french/emblem.php?id=FALc072

[500]"*A satyr on a pedestal kicks out at a magician while a priestess attempts to insert a clyster-pipe; depicting a play called 'The Golden Rump' satirising King George II with his wife and Sir Robert Walpole. Engraving, 1737.*
Iconographic Collections
English: A satirical lithographic print which illustrates the plot of The Golden Rump, a farcical play of unknown authorship (though often ascribed to Henry Fielding) said to have been written in 1737. The play has never been performed on stage or published in print, and since no manuscript survives there is doubt over whether it ever existed in full. The play was first mentioned in an anonymous allegory called A Vision of the Golden Rump published in two parts in the Opposition journal Common Sense on 19 and 26 March 1737. According to an article in The Rambler's Magazine (1787), pp. 484–485, The Golden Rump was allegedly written at Robert Walpole's instigation to encourage King George II to bring in the Licensing Act 1737 which empowered the Lord Chamberlain to approve all theatre plays before they were staged." (http://commons.wikimedia.org/wiki/File:A_satyr_on_a_pedestal_kicks_out_at_a_magician_while_a_priest_Wellcome_V0011280.jpg)

[501]http://www.artic.edu/aic/collections/artwork/76133

[502] https://web.stanford.edu/class/history13/earlysciencelab/body/femalebodypages/malegenat17cent.gif reproduit sur le site https://web.stanford.edu/class/history13/earlysciencelab/body/femalebodypages/genitalia.html

[503] Van Veen, *Les emblemes de l'amour humain*, p. 4.

[504] http://webcache.googleusercontent.com/search?q=cache:Amm1cBOOkXAJ:www.metmuseum.org/collection/the-collection-online/search/650859+&cd=2&hl=en&ct=clnk&gl=ni

[505] http://3.bp.blogspot.com/-0UYa67_1UgI/T9_7nQgVPII/AAAAAAAAA68/zbzk3w1Gp6s/s640/598px-Ribera_Drunken+Silenus.jpg

[506] http://commons.wikimedia.org/wiki/File:Bacchus_reclines_while_a_satyr_fills_his_bowl_and_Pan_adorns_Wellcome_V0019444.jpg

[507]On l'a déjà vu; voir encore Cats, pp. 29 et 95 de la Ière Partie, Emblèmes XIIII (XIV) et XLVII.

[508]Guy de Tervarent, *Attributs et symboles dans l'art profane: dictionnaire d'un langage perdu (1450-1600)*, Paris, Droz, 1997, art. "*Tortue*", p. 444.

[509]Isabelle Beccia, *Vanités "Divertir l'oeil sans égarer l'esprit"*, Musée des Beaux-Arts de Bordeaux, pp. 11, 16, 18 (religieux: "*Il faut rechercher l'origine de la croyance dans le symbolisme féminin de la coquille, déjà présent dans la légende de l'huître perlière rapportée par Pline l'Ancien et reprise dans les textes exégétiques du Moyen Âge et de la Renaissance: la fécondation se produirait en effet grâce à la rosée qui pénètre entre les valves ouvertes à certaines périodes de l'année. L'exégèse biblique, relevant la nature anthropomorphique de cette légende, voit une similitude entre la fécondation de l'huître et celle de la Vierge par l'opération de l'Esprit Saint, et elle suggère que la coquille doit être interprétée comme un symbole de Marie*"), https://www.google.com.ni/url?sa=t&rct=j&q=&esrc=s&source=web&cd=1&cad=rja&uact=8&ved=0CB8QFjAA&url=http%3A%2F%2Fwww.musba-bordeaux.fr%2Fsites%2Fmusba-bordeaux.fr%2Ffiles%2Fimages%2Farticle%2Fvanites.pdf&ei=VfSiVMCBK4GKNqOwhNgN&usg=AFQjCNHaZSr8O6Ss1vd6-LbzYEKrD6jaYQ&bvm=bv.82001339,d.eXY

[510]Pour une analyse des motifs de l'oeuvre, voir http://utocat.fr/silene.html

[511]http://hoocher.com/Peter_Paul_Rubens/Peter_Paul_Rubens.htm

[512] *The Pleasure of Discernment: Marguerite de Navarre as Theologian: Marguerite de Navarre as Theologian*, Oxford University Press, 2000, p. 51.

[513]Associant dans leur croyance deux éléments vus chez Van Dyck: la rosée (ou urine) et le satyre: "*Amatus Lusitanus est un des premiers qui aient parlé de Yhomunculus. 11 assure avoir vu, dans une fiole, un petit homme long d'un pouce que Julius Camillus avait fabriqué par les procédés alchimiques. Paracelse (de Naturâ rerum) soutient que les pygmées, les faunes, les nymphes et les satyres ont été engendrés par la chimie. Il rapporte le procédé qui permet de préparer l'homunculus, et de s'ériger ainsi à peu de frais en nouveau Prométhée*. Cependant les alchimistes eux-mêmes ont combattu cette extravagance. La fabrication de l'homunculus est rangée par Kunckel parmi les non entia chimica: «Homo, secretâ ratione, in vitro, vel ampullâ chimicâ, arte fahricatus, est non ens,» nous dit-il dans son Laboratorium chymicum. Ce qui n'empêchait pas les imposteurs et les alchimistes ambulants de mettre l'idée à profit. Ils assuraient que l'homunculus se forme dans l'urine des enfants; qu'il est d'abord invisible et se nourrit alors de vin et d'eau de roses; un petit cri annonce sa naissance. On montrait même publiquement la formation de l'homunculus. Le procédé consistait à glisser dans le vase quelques osselets d'ivoire; on les présentait ensuite aux spectateurs en disant que c'était le squelette de l'homunculus, mort faute de soins*." (Louis Figuier, *L'alchimie et les alchimistes ou essai historique et critique sur la philosophie hermétique*, Paris, Victor Lecou, 1854, p. 66)

[514]Voir les modifications apportées par Van Vreeswijck à l'ouvrage de Cats (Alison Adams et Stanton J. Linden, *Emblems and Alchemy*, Paris, Droz, 1998, p.6).

[515]C'est le Pan initial, le dieu-monde de l'antiquité, "*the nebulous impure ether, with a duplicate real, and promise of a more perfect life to come. The same in Silenus is satirically personified the most venerable preceptor of the God of Wine; and this is Pan, and the foundation of the great Saturnian Monarchy of the Freed Will, which was once circumscribed in Intellect, for the manifestation of its Light.*" (Mary Anne Atwood, *Hermetic Philosophy and Alchemy (The Sacred Books),* sans lieu d'édition http://jazzybee-verlag.de/, Jazzybee Verlag, 2012, sans numéro de pages)

[516]Cats, p. 394 de l'ouvrage sur le site https://archive.org/details/silenusalcibiadi00cats

[517]Wendy Beth Hyman, *The Automaton in English Renaissance Literature*, Farnham, Ashgate Publishing, 2013, pp. 159-160.

[518]Celeste Marguerite Schenck, *Mourning and Panegyric: The Poetics of Pastoral Ceremony*, Penn State Press, 1988, p. 58.

[519] Érasme, *Éloge de la Folie*, p. 50, http://classiques.uqac.ca/classiques/erasme/eloge_de_la_folie/erasme_folie_fig.pdf

[520]*Ibid.*, pp. 34-35.

[521] Christiane Deloince-Louette, "*Frère Jean des Entommeures: chasseur et cynique*", *Revue d'histoire littéraire de la France*, 2001/1, Vol. 101, pp. 3-20, http://www.cairn.info/zen.php?ID_ARTICLE=RHLF_011_0003#pa26

[522] http://www.erasmatazz.com/library/erasmus-the-hero/erasmus-was-not-gay/the-thomas-grey-affair.html Lettre de conclusion d'évidence qui a cependant, incompréhensiblement (même si cette interprétation confirme l'association entre les mûres et l'austérité), été comprise dans un sens économique, par Robert

Blackley Drummond, *Erasmus, his life and character as shown in his correspondence and works*, Londres, Smith Elder & Co, 1873, T. I, p. 42.

Dans un sens similaire, voir la chanson de Barbara, "*Les Rapaces*":

"*M'ont tous connue, connue avant,*
Ils s'en rappellent,
Au temps de l'eau et du pain noir,
Sans mirabelle.
Ils ont tout partagé:
Leurs tartines beurrées,
Ont couché dans leur lit" (http://www.paroles-musique.com/paroles-Barbara-Les_Rapaces-lyrics,p6735)

Voir aussi, en ce même sens: "*"Morian" could be used in the period for "Moor," "Ethiope," or "man of ynde." The morus that meant "black" as well as "fool" was thus available for a range of associations, just as the Geneva Bible rendered the Vulgate's Aethiops (of Jeremiah 13:23) as "Can the blacke More change his skin or the leopard his spottes". The association with maurus or "black" that allowed Erasmus to refer to More by the code-name Niger is hinted at by More himself when he consoled Erasmus for the attack on the Encomium Moriae by Jean Briselot, a former Carmelite (or Whitefriar) turned Benedictine (or black-monk), in lines on this "black White-friar" ("Niger ille Carmelita") that evoke the black-white motley of the morus / fool: "Sed in Moriam quod invehitur, id vero vix credi potest, homo totus ex Moria conflates" ("How can that black White-friar possibly attack Folly, being himself wholly compact of folly?"). Erasmus dwells on the whiteness of More's skin as as stark a contrast to the "blackness" of his name as Moria or "folly" is to his friend's wisdom.38 The link between blackness and the Moria belied by this English "Moore" also enable the interlocking puns of Stapleton's poem on More: ""More, nec es Maurus, quod vox sonat Anglica Mori, / Nec fatuus, quod vox Attica, moros, habet. / Scilicet infausti correxit nominis omen / Et vigor & candor maximus ingenii" ["More, you are neither a Moor, as your English name suggests, / Nor are you silly because the Greek for it is ...moron.' / The vigor and candor (or "white") of your genius / Has corrected the omen of a bad-omened name.]*

The other influential part of this network was the further meaning of Latin morus as "mulberry tree," whose fruit (mora) were famously turned from white to dark by Pyramus's blood. The morus was rendered by Wycliff as the "more" or "moore" tree; while mulberries (from what Caxton termed "Morbery trees" in his 1480 translation of Metamorphoses XIVv) appear as "morberries" (or "moor-berries," the sounding that also rendered More as Moore) in Caxton's Dialogues (1483) listing "cherys, sloes, morberies, strawberries" (13) or Turner's description of "a litle blacke bery lyke a blacke morbery" in his Names of Herbes (1548).[Note 40: See OED "mulberry, sb. (and a.)" and "more, sb.2" ("mulberry tree). Barthelemy noting that "the ethnic term Maurus has been semantically influenced by the greek words 'amauros' and "mauros' meaning 'dark,' also mentions the "latin adjective morus which designates the blackberry," in a passage that exemplifies the confusion between mulberry and blackberry that can be found throughout the tradition, perhaps because the morus that meant "mulberry" could also mean "black" as the popular form of maurus, noted above (1985: 9):] Archbishop Morton, in whose house More served, had for his emblem a "more-tree" or mulberry issuing from a barrel or "ton," enacting the link between the "Mor-" of his name and the arbor morus. More himself is said to have planted at his Chelsea residence a mulberry emblematic of his name. The association of More with the mulberry or "moor-tree" was also a familiar part of tributes that exploited the link between the morus or mulberry and his martyr's death or mors. Ludovicus Rumetius writes of the "blood not of the mulberry but of Thomas More" ("non mori sanguine, sed Thomae Mori"), evoking death along with the genitive of both morus and More.

Association with the mulberry also brought with it links with the silk production for which it was famous. Domenico Regi ends his Vita di Tomaso Moro with "Mori folio utilia & dulces fructus," evoking the dulcis et utile of this "Moro" whose name in Italian meant "mulberry tree" as well as Moor. The mania for mulberry-growing for profit in Italy and France was reflected in England both before and after James I mandated the planting of mulberry trees for silk cultivation in 1609, in Moffet's The Silkwormes and their Flies (1599), whose "bottoms" of silk and Pyramus and Thisbe once made it a suspected source for A Midsummer Night's Dream, characters such as the courtier of Jonson's The Magnetic Lady who "feeds on mulbery leaves, like a true Silkeworme," and a portrait of a woman of high rank (possibly Queen Anne) whose dress is decorated with silkworms and mulberry leaves.

More's own mulberry at Chelsea (like Milton's mulberry) has been linked to this contemporary interest. Perhaps the most intriguing association with More himself is a portrait that makes him into a silk-producing alba morus (or "white mulberry"), in the 1689 reprint at Graz of Stapleton's Tres Thomae, which pictures More surrounded by mulberry leaves on which silkworms are feeding, with female figures detaching cocoons and spinning silk thread and an inscription dense with puns on the morus or mulberry, morals or mores and mori, to die: "Dat fructus homini, Bombyci serica morus. / Virtuti, et Sophiae MORUS utrumque dabit / Moribus e MORI texes tibi serica morum. / Si MORI Bombyx sedule, Lector, eris" [The mulberry tree [morus] gives fruit to man, silk to the silkworm. / More [Morus] will give both to virtue and wisdom. / From the morals [mores] of More [Mori] you will weave for yourself silken garments of character [mores] / If you, Reader, will be an attentive silkworm of this Morus or More.]" (Patricia Parker, "*What's in a Name: and More*", *Sederi*, No 11, 2002, pp. 108-110)

[523]"*Augmentées des suivantes pour le second*
les portes de marbre sculpté,
les marqueteries des frères Mola,
les grotesques de Lorenzo Leonbruno,
les réductions de statues antiques célèbres de Pier Jacopo Alari Bonacolsi dit l'Antico (env. 1460 – 1528), comme la Venus Felix4 (conservée aujourd'hui au Kunsthistorisches Museum de Vienne).
ses collections de monnaies, de bas-reliefs et de bustes antiques" (http://fr.wikipedia.org/wiki/Studiolo_d%27Isabelle_d%27Este)

[524]"*L'interpretazione tradizionale si basa su un poemetto di Battista Fiera della fine del XV secolo, dove si identificava il quadro come una rappresentazione del Parnaso, culminante nell'allegoria di Isabella come Venere e suo marito Francesco Gonzaga come Marte, sotto il cui regno fioriscono le arti simboleggiate da Apollo e le Muse.*

In generale l'opera mostra l'amore adulterino tra Venere e Marte, rappresentati su un arco naturale di roccia davanti a un letto simbolico, sullo sfondo la vegetazione ha molti frutti nella parte sinistra (maschile) e uno solo nella parte destra (femminile), simboleggiando la fecondazione. La posa di Venere è ripresa dalla statuaria antica, ma in generale essa appare come una donna reale, in tutta la sua voluttuosa bellezza: la candida pelle della sua nudità risalta specialmente dall'accostamento all'armatura di Marte. Assieme a loro sta Anteros o l'Amore celeste, che benedice la loro unione. Venere tiene in mano la freccia d'oro di Cupido disarmato, con la quale genera amore. Si tratta di un'esaltazione dell'amore divino, opposto a quello carnale, che genera Armonia. Quest'ultimo, con in mano ancora l'arco, ha una lunga cerbottana con la quale mira ai genitali di Vulcano, marito di Venere, che è raffigurato nella sua fucina nella grotta, intento a forgiare nuove frecce. Alle sue spalle si trova dell'uva, simbolo forse dell'intemperanza degli ubriachi.

Nella radura sotto l'arco Apollo (a sinistra, già scambiato per Orfeo nell'inventario del 1542) suona la cetra e le nove Muse danzano beatamente simboleggiando l'armonia universale: notevole fu la capacità di Mantegna nell'orchestrare i movimenti del nutrito gruppo danzante, i cui abiti fluenti creano un ritmo lineare di grande raffinatezza. Secondo la mitologia il canto delle nove sorelle provocava eruzioni vulcaniche e altri cataclismi, simboleggiati nelle montagne crollanti in alto a sinistra. A tali disastri poneva rimedio Pegaso battendo il proprio zoccolo: esso si trova infatti raffigurato in primo piano a destra, di dimensioni quindi leggermente maggiori, ingioiellato e nell'atto di alzare la zampa. Il suo tocco di zoccolo fece anche scaturire la fonte Ippocrene che alimentava le cascate del monte Elicona, visibili sullo sfondo: le Muse danzavano proprio in un boschetto di questo monte, per cui la titolazione tradizionale come "Parnaso" sarebbe incorretta.

Accanto a lui si trova Mercurio colto in posa contemplativa e vestito dei suoi tipici attributi quali il cappello alato, il caduceo (bastone con le serpi intrecciate) e i calzari da messaggero degli dei. La sua presenza era dovuta alla protezione che assicurò alla coppia adultera." (http://it.wikipedia.org/wiki/Parnaso_(Mantegna))

"*Thème*
Le thème mythologique du Parnasse, lieu des amours adultères de Mars et Vénus, serait celui de l'épanouissement des arts représenté par Apollon et les Muses sous la bienveillance de Vénus (Isabelle d'Este) et de Francesco Gonzague (Mars).
Composition
Mars et Vénus placés au-dessus d'un arc de pierre, devant un lit et fond de verdure, sont côtoyés à gauche par Anthéros, signe de l'Amour céleste, qui décoche une flèche sur l'entrejambe de Vulcain.

Les neuf muses sur le devant du tableau dansent, Apollon jouant de la lyre assis à gauche.
À la droite du tableau Mercure est accompagné de Pégase; derrière eux tombent les cascades de l'Hélicon.
Une ville est visible dans la trouée de l'arc de pierre." (http://fr.wikipedia.org/wiki/Le_Parnasse_(Mantegna))
"*History*
The Parnassus was the first picture painted by Mantegna for Isabella d'Este's studiolo (cabinet) in the Ducal Palace of Mantua. The shipping of the paint used by Mantegna for the work is documented in 1497; there is also a letter to Isabella (who was at Ferrara) informing her that once back she would find the work completed.
The theme was suggested by the court poet Paride da Ceresara. After Mantegna's death in 1506, the work was partially repainted to update it to the oil technique which had become predominant. The intervention was due perhaps to Lorenzo Leonbruno, and regarded the heads of the Muses, of Apollo, Venus and the landscape.
Together with the other paintings in the studiolo, it was given to Cardinal Richelieu by Duke Charles I of Mantua in 1627, entering the royal collections with Louis XIV of France. Later it became part of the Louvre Museum.
Description
The Traditional interpretation of the work is based on a late 15th century poem by Battista Fiera, which identified it as a representation of Mount Parnassus, culminating in the allegory of Isabella as Venus and Francesco II Gonzaga as Mars.
The two gods are shown on a natural arch of rocks in front a symbolic bed; in the background the vegetation has many fruits in the right part (the male one) and only one in the left (female) part, symbolizing the fecundation. The posture of Venus derives from the ancient sculpture. They are accompanied by Anteros (the heavenly love), opposed to the carnal one. The latter is still holding the arch, and has a blowpipe which aims at the genitals of Vulcan, Venus' husband, portrayed in his workshop in a grotto. Behind him is the grape, perhaps a symbol of the drunk's intemperance.
In a clearing under the arch is Apollo playing a lyre. Nine Muses are dancing, in an allegory of universal harmony. According to ancient mythology, her chant could generate earthquakes and other catastrophes, symbolized by the crumbling mountains in the upper left. Such disasters could be cared by Pegasus' hoof: the horse indeed appears in the right foreground. The touch of his hoof could also generate the spring which fed the falls of Mount Helicon, which can be seen in the background. The Muses danced traditionally in wood of this mount, and thus the traditional naming of Mount Parnassus is wrong.
Near Pegasus is Mercury, with his traditional winged hat, caduceus (the winged staff with entwined snakes), and messenger shoes. He is present to protect the two adulterers." (http://en.wikipedia.org/wiki/Parnassus_(Mantegna))
[525]"*L'interpretazione più accettata del complesso dipinto allegorico/mitologico è legata a un'esaltazione di Isabella d'Este, del suo governo e della sua protezione delle arti, che genera armonia.*
Isabella sarebbe la figura femminile al centro, incoronata d'alloro da Anteros, retto dalla madre Venere vestita, simboleggianti l'amore celeste e virtuoso, in contrapposizione a quello terrestre e carnale. La scena sarebbe ambientata nel giardino dell'Armonia, dove è possibile coltivare serenamente la Musica, le Arti e la Poesia, alle quali si riferiscono i personaggi in cerchio attorno all'incoronazione. In primo piano, oltre i confini del giardino, si trovano Diana (a destra), simbolo di castità, e Cadmo (a sinistra), protettori delle arti al pari di Mercurio. la sua identificazione è facilitata dalla scena di battaglia che si svolge dietro di lui, nella parte sinistra del dipinto. Egli infatti vinse il serpente generato da Marte e ne seppellì i denti dai quali si originò una stirpe che immediatamente intraprese una guerra civile. Le due figure femminili sedute in terra rappresenterebbero infine due Virtù che sorvegliano il mondo di Isabella, vegliando l'ingresso del giardino: quella che incorona il bue sarebbe la Perseveranza e quella che incorona l'agnello la Purezza o Innocenza.
Un'interpretazione diversa è data da Campbell (2004), che basandosi sul testo greco della Tabula Cebetis, in voga nel Rinascimento, vi ha letto una rappresentazione dei diversi generi della poesia, tra i quali primeggia quella lirica, rappresentata dalla Venere al centro che farebbe incoronare dall'Amore la poetessa Saffo, mentre tutt'intorno si troverebbero le personificazioni dei primi esponenti di questo genere poetico: Callimaco, Properzio, Ovidio e Tibullo." (http://it.wikipedia.org/wiki/Isabella_d%27Este_nel_regno_di_Armonia)

"The most accepted interpretation of the painting is an exaltation of Isabella d'Este, her rule and her role as patron of the arts, which generates harmony. She would be the figure in the center, crowned with laurel by Anteros, who is held by his mother, Venus: the two mythological figures would symoblize the heavenly and virtuous love, compared to the earthly and carnal one.
The scene would be in the garden of Harmony, where it is possible to freely practice Music, Arts and Poetry, which are referred to by the characters surrounding the coronation. In the foreground, behind the garden's boundaries, are Diana, symbol of chastity, and Cadmus (on the left), protectors of the arts such as Mercury, identified by the scene of battle behind him on the painting's left. The two female characters sitting on the ground are identifiable with the Virtues who watch over Isabella's world: the one crowning the ox would be Perseverance, the one crowning the lamb would be Purity or Innocence.
Another interpretation is that based on the Tabula Cebetis: the painting would represent the different genres of poetry, the foremost of which is lyrics, portrayed by Venus in the center. The character being crowned would be Sappho, and the personifications around her would be outstanding early lyricists such as Callimachus, Propertius, Ovid and Tibullus." (http://en.wikipedia.org/wiki/Allegory_of_Isabella_d%27Este%27s_Coronation)
[526]Malgré l'opinion de Richard Förster (cité par Heidi Marek, *Le mythe antique dans l'œuvre de Pontus de Tyard*, Paris, Honoré Champion, 2006, p. 259), on voit que l'influence de Philostrate sur le Corrège est plus que lointaine:
"*II. CÔMOS. Cômos, ce génie qui préside aux promenades nocturnes des joyeux convives, se tient sur le seuil d'une chambre aux portes dorées; dorées elles me semblent en effet, bien que l'oeil soit lent à les discerner dans l'ombre de la nuit. La nuit n'est point personnifiée, mais elle se reconnaît à ses effets (a). Le vestibule (b), digne d'un temple, atteste l'opulence des jeunes mariés, qui reposent sur la couche nuptiale. Cômos est venu, dieu jeune, vers des jeunes gens; il a encore toutes les grâces tendres de l'enfance; les fumées du vin ont coloré son visage; debout, il cède cependant au sommeil de l'ivresse; oui, il dort la tête penchée sur la poitrine; la main gauche posée sur un épieu (c) qu'elle croit tenir se détend et s'abandonne, comme il arrive quand les premières caresses du sommeil engourdissent notre mémoire et notre esprit (d); le flambeau que tient la main droite semble aussi échapper, par l'effet de la même cause, à ses doigts alanguis. Craignant que le feu n'approche de sa jambe, Cômos porte la cuisse gauche sur la droite et son flambeau du côté gauche, de manière à écarter la main et la flamme du genou qui fait saillie. Les peintres doivent traiter avec soin la figure des personnages qui ont 205 toute la vivacité de la jeunesse, s'ils ne veulent pas que leurs peintures soient mornes, comme le visage d'un aveugle (e); mais pour Cômos, dont la tête penchée projette une ombre sur les traits, la figure a peu d'importance. L'artiste, j'imagine, recommande ainsi à ceux qui ont l'âge de Cômos, de ne pas fêter le dieu sans prendre le masque (f). Le reste du corps atteste une observation minutieuse de tous les détails, et le flambeau qui enveloppe le dieu de sa lumière fait ressortir toutes ses perfections. Admirons aussi la couronne de roses, non pour être fidèlement peinte, car représenter les fleurs avec des couleurs, avec le rouge (g) ou le bleu, suivant le besoin, ce n'est point là un grand mérite, mais ce qu'il faut louer, c'est combien la couronne semble souple et délicate, c'est aussi combien les roses semblent fraîches; j'ose le dire, elles ont le parfum de vraies roses. Après avoir parlé de Cômos, il nous reste à parler de ceux qui le célèbrent (h). N'entends-tu pas les crotales, les sons de la flûte, un murmure confus? Des flambeaux, épars çà et là, permettent à nos joyeux compagnons de voir devant eux et à nous de les voir (i). C'est une foule variée et remuante d'hommes et de femmes, chaussés sans distinction de sexe (j), vêtus d'une façon extraordinaire, car Cômos permet à la femme de se donner les airs d'un homme et à l'homme de revêtir la robe des femmes, de prendre une démarche féminine. Mais les couronnes de fleurs n'ont plus leur premier éclat, c'est que, pour ne point les perdre en courant, ils les ont tous fixées à leur tête: or la fleur, jalouse de sa liberté, craint le contact de la main qui la flétrit avant le temps. Enfin le peintre a encore représenté le battement des mains qui plaît surtout à Cômos (k); la main droite frappe avec les doigts repliés dans la paume de la main gauche, et toutes les mains s'entre-choquant à la manière des cymbales, rendent le même son.*" (http://remacle.org/bloodwolf/erudits/philostrate/tableaux.htm#f2)
[527]"*Anche questo dipinto, come il precedente di Costa, raffigura, secondo una complessa allegoria di personaggi mitologici, il regno ideale di Isabella d'Este, paragonato a quello del dio Como, protettore dell'allegria e delle feste.*
Tra le figure simboliche del regno si trovano l'amore voluttuoso, rappresentato da Dionisio e Nikaia e da Leda e il cigno, e quello celeste delle due Veneri (vestita e ignuda), raffigurate accanto a Como.

A destra un maestoso portale classicheggiante simboleggia l'ingresso del Regno, sorvegliato da Giano e Mercurio, che scacciano i Vizi." (http://it.wikipedia.org/wiki/Regno_di_Como)

[528]"*Le premier tableau commandé par la marquise à Mantegna et livré en 1497, contient déjà en germe des thèmes qui seront aussi développés dans les autres tableaux, à savoir le triomphe de l'amour spirituel sur l'amour terrestre et la célébration des arts à la cour de Mantoue. L'évocation des amours de Mars et Vénus pouvait être perçue comme une allusion au couple formé par François II et Isabelle, mécène et protectrice des muses.*

La présence dans Minerve chassant les Vices du jardin de la Vertu, la seconde peinture, achevée en 1502, d'idées et de motifs qui obsèdent l'artiste depuis ses débuts, laisserait néanmoins penser que celui-ci a joué un rôle déterminant dans sa conception: thème de l'Ignorance comme ennemi de la Vertu, nombreuses inscriptions en divers alphabets, nuages et arbre anthropomorphes ou personnifications grotesques des Vices chassés par la déesse guerrière, à l'allure énergique et majestueuse." (http://mini-site.louvre.fr/mantegna/acc/xmlfr/section_8_4.html)

Et du *Règne de Comus*: "*Ce tableau, commandé par Isabelle d'Este à Mantegna, devait être la quatrième allégorie décorant son studiolo. Il fut réalisé par Lorenzo Costa, après la mort de Mantegna, en respectant la composition prévue par celui-ci. Le tableau met en scène Comus, dieu des fêtes joyeuses issu des Imagines de Philostrate: du côté gauche du tableau, les plaisirs permis, séparés des plaisirs interdits, au fond à droite par un arc de triomphe placé de biais. Le premier plan représenterait un épisode de la vie amoureuse de Dionysos raconté par Nonnos dans ses Dionysiaca (livres 15 et 16): l'amour de Dionysos et de la naïade phrygienne Nikaia. Dionysos y apparaît comme un amant tendre, le même qui a recueilli Ariane à Naxos. Nikaia est d'ailleurs présentée comme endormie, ce qui est un lieu commun pour les représentations de Dionysos recueillant Ariane.*" (http://www.cndp.fr/archive-musagora/dionysos/dionysosfr/icomoderne.htm)

[529]http://en.wikipedia.org/wiki/Comus

[530]"*Jonson's text for the masque was dominated by the usual figures of classical mythology — in this case, Hercules faces a conflict between the competing demands of duty and pleasure; under the guidance of Mercury, a mean between the two is found in the person of Daedalus. The appearance of Comus, the Bacchus-like god of festivity and mockery, at the start of the masque may have later inspired John Milton to make the figure a central focus of his own masque Comus in 1634. Jones's set for the masque featured a large mountain meant to represent Mount Atlas; the mountain's peak was shaped like a human head that moved its eyes and changed expression. The anti-masque featured a dozen followers of Comus, men dressed in barrels, and a dozen boys costumed as frogs. A second anti-masque featured a dance of pygmies.*

Busino's eyewitness account of the masque's initial performance helps to explain its failure. Busino wrote that toward the end of the masque the performers' energies flagged:

Finally they danced the Spanish dance once more with their ladies and because they were tired began to lag; and the King, who is by nature choleric, grew impatient and shouted loudly, "Why don't they dance? What did you make me come here for? Devil take all of you, dance!" At once the Marquis of Buckingham, his majesty's favorite minion, sprang forward, and danced a number of high and very tiny capers with such grace and lightness that he made everyone love him, and also managed to calm the rage of his angry lord.

The Marquis of Buckingham mentioned by Busino was George Villiers, who was the successor of John Ramsay and Robert Carr as the King's "favorite minion." In one interpretation, the masque may have failed with James because it was too obviously critical of the King's personal vices — "his excessive fondness for Buckingham, upon whom he lavished titles, wealth and sexual favours; his frequent inebriation; and his squandering of court revenues on over-lavish banqueting and drink."" (http://en.wikipedia.org/wiki/Pleasure_Reconciled_to_Virtue)

[531] "*Most of the characters represent the pleasures enjoyed at Versailles: La Musique (Music), La Conversation (Conversation), Le Jeu (Gambling), Comus and Un plaisir (A Pleasure). The cast of the first performance is unknown but Charpentier himself may have sung Le Jeu. La Musique sings until she is interrupted by the babble of la Conversation. Comus arrives and tries to reconcile the two by offering chocolate, wines and confectionery. Le Jeu suggests they gamble, but la Musique only wants to sing and la Conversation only wants to drink chocolate. The two finally agree to settle their differences so they can both help King Louis to relax after fighting his wars.*" (http://en.wikipedia.org/wiki/Les_plaisirs_de_Versailles)

[532]"*The masque marked the début of the young Prince Charles, the future King Charles I, in the public life of the Stuart Court. Upon the death of his older brother Prince Henry in 1612, Charles had become the heir to*

the throne of his father, James I; but his youth and relatively poor health (he'd suffered from rickets as a child) kept Charles from assuming the kind of public prominence that Henry had earlier enjoyed. Dancing a role in Pleasure Reconciled to Virtue marked a sort of "coming out" for Charles, just as Henry's appearance in the Jonson/Jones masque Oberon, the Faery Prince (1611) had been significant in his career. Orazio Busino, the chaplain to the Venetian ambassador to London and a member of the audience, described Charles as "an agile youth, handsome and very graceful."" (http://en.wikipedia.org/wiki/Pleasure_Reconciled_to_Virtue)

"*Les plaisirs de Versailles (English: The Pleasures of Versailles) is a short opera (or divertissement) by the French composer Marc-Antoine Charpentier. It was intended for performance at the new courtly entertainment known as les appartements du roi ("the king's receptions") devised by King Louis XIV and held in his own apartments at the palace of Versailles in 1682. At the time, Charpentier was composer for Louis, le Grand Dauphin, the king's son. The librettist is unknown.*" (http://en.wikipedia.org/wiki/Les_plaisirs_de_Versailles)

[533]Sur la permanence de sa représentation comme figure-symbole de la débauche, voir la référence qui y est faite par Charles Augustus Murray dans *Travels in North America during the years 1834,1835 and 1836*, Londres, Richard Bentley, 1854, T. II, p. 259: "*On the two evenings before alluded to were masked halls, which I attended. They were much the same as those in New Orleans, or in London: they amuse a stranger for half an hour, and then become exceedingly tiresome; hut to one who knows a lovely face hidden behind an ugly mask, and a full, fair figure, beneath the uncouth bundle of clothes before him, there is, doubtless, much pleasure and excitement to be found, especially as chaperons and duennas are exposed to constant ambushes, and words may be exchanged which would die on the lips were the mutual faces unmasked. Nevertheless, it appears to me that the reign of Comus over the civilised world is nearly at an end.*"

[534]Aglaé apparaît à l'Acte I et Comus à l'Acte II des *Fêtes de Paphos* (1758) de Mondonville, dont les trois actes reproduisent la même opposition de valeurs, http://en.wikipedia.org/wiki/Les_f%C3%AAtes_de_Paphos.

[535]"*A lady is lost in the forest where the magician Comus dwels; masquerading as a shepherd he entices her to his palace. A spirit warns the lady's two brothers that their sister is in Comus's control. They are waylayed by Comus's stooges. The spirit supplies the brothers with an enchanted potion to help them thwart Comus's spell over the lady. A banquet is organized in Comus's palace and the lady, succumbed to the power of the spell, is diverted by the songs and dances of the festivities. Comus forcefully encourages her to drink from his cup but the brothers dash in just in time, putting Comus to flight. The nymph Sabrina frees the lady from the magician's spell and all rejoice the triumph of virtue in the masque's final chorus.*" (http://en.wikipedia.org/wiki/Comus_(Arne))

[536]Andrea Bayer, *Dosso Dossi: Court Painter in Renaissance Ferrara*, Metropolitan Museum of Art, 1998.

[537]*Ibid.*, p. 204.

[538]Luisa Ciammitti, "*Dosso as a Storyteller: Reflections on His Mythological Paintings*", *Dosso's Fate: Painting and Court Culture in Renaissance Italy*, Los Angeles, The Getty Research Institute for the History of Art and the Humanities, 1998, pp. 83-112.

[539]http://www.cndp.fr/archive-musagora/dionysos/dionysosen/rcomus3.htm

[540]Bayer, p. 206.

[541]Stephen John Campbell, *The Cabinet of Eros: Renaissance Mythological Painting and the Studiolo of Isabella D'Este*, Yale University Press, 2004, p. 232.

[542]Carolyn James, "*Machiavelli in skirts*", *Virtue, Liberty, and Toleration: Political Ideas of European Women, 1400-1800*, Dordrecht, Springer Science & Business Media, 2007, pp. 67-68.

[543]Vincenzo Cartari, L*e imagini dei degli antichi*, Padoue, Pietro Paulo Tozzi, 1608, p. 493.

[544]Cartari, *Les images des dievx des anciens: contenans les idoles, covstvmes, ceremonies, & autres choses appartenans à la religion des payens*, Lyon, E. Michel, 1581, pp. 616-618.

[545]Cartari-Padoue, p. 493.

[546]Que l'on retrouve d'ailleurs, comme formule d'associer les diverses représentations d'un même dieu en une même image, pour AEsculape, Diane ou Junon, respectivement Cartari-Lyon, pp. 89, 110, 233. L'ange au-dessus de la tête de l'allégorie, *ibid.*, p. 217, reproduit à l'identique, pour les représentations de Junon, la structure de l'*Allégorie des Vertus* du Corrège.

[547]Cartari-Padoue, p. 336; Cartari-Lyon, pp. 429-431.

[548]Pour que le lien entre Comus et Éros ne fasse plus de doute, donc la superposition entre Minerve et Vénus chez le Corrège, et encore le symbole protecteur, productif, maternel et féminin d'Isabelle, en outre de Femme Forte, citons: "*Pour qu'il ne reste aucun doute sur les progrès accomplis depuis Otfried Muller dans la science des littératures, j'appellerai encore l'attention du lecteur sur les origines du drame. Le drame fut la gloire de la Grèce comme l'hymne fut celle de l'Inde; la gloire de l'épopée leur est commune. Or le drame, né en Grèce dans les temps historiques, a suivi dans sa marche la loi la plus simple et la plus facile à saisir. Ses deux élémens constitutifs sont le chœur et le dialogue, c'est-à-dire l'orchestre et la scène. Chez les modernes et chez les Latins, le chœur ne paraît que par imitation dans un très petit nombre de drames. Chez les Grecs, il a disparu de la comédie dès l'époque d'Aristophane au commencement du iv«siècle; mais la tragédie l'a gardé jusqu'à la fin. Seulement, à mesure que l'on remonte vers le passé, on voit le dialogue occuper une place de moins en moins grande et l'étendue des chœurs augmenter. Dans certaines pièces d'Eschyle, le chœur forme presque toute la pièce, et nous savons que peu de temps avant ce poète la fonction de l'acteur se réduisait à un simple récit. Enfin, au-delà de cette époque primitive, il n'y a même plus d'acteur, le chœur est tout. On peut donc énoncer ainsi la loi: dans le drame, le chœur et le dialogue se sont développés en raison inverse l'un de l'autre. Le problème des origines se réduit à savoir ce que c'était que ce chœur et comment il a pu engendrer les deux formes du drame. La philologie comparée répand sur ce sujet le jour le plus vif et résout les difficultés qui arrêtaient encore Otfried Muller; mais, pour rendre compte de ces solutions, j'ai besoin de dire quelque chose du culte de Bacchus, d'où les deux formes du drame sont issues. Bacchus, comme on le voit dans le sixième fragment homérique, n'est pas le vin, mais la force vivante et divine qui réside dans la liqueur sacrée; cette liqueur était en Orient le suc de l'asclépias acide, le sôma; dans l'Occident, dont la flore n'offre pas cette plante, ce fut et c'est encore le vin. Bacchus est présent dans cette liqueur de vie, la plus alcoolique des liqueurs, et celle qui est la plus capable de nourrir le feu, d'échauffer celui qui la boit, d'exalter son cœur et sa pensée. L'histoire de Bacchus est celle du vin. Né des feux du soleil, il a pour père Jupiter, qui le fait naître d'un coup de foudre du sein mort et flétri de Sémélé; cette blonde Sémélé, dont le nom n'est pas grec, n'est autre que la Sômalatà des hymnes indiens, la plante sarmenteuse qui engendre le sôma; c'est donc la grappe de raisin considérée comme mère de la liqueur sacrée. Quant à ses nourrices tour à tour vieilles et rajeunies par Médée, elles ne sont autre chose que les sarmens de la vigne, qui vieillissent chaque année et que le vigneron par son intelligence renouvelle en les coupant. Cette théorie de Bacchus ne se présente en Grèce que sous la forme d'un mythe dont les détails n'ont pour la plupart qu'une signification obscure. Ce manque de clarté tient à deux causes qui se retrouvent dans presque toute la mythologie des Grecs: les noms des personnages, de leurs attributs et des objets de leur culte sont en général des mots étrangers dont la langue grecque ne donne ni le sens, ni l'étymologie; en second lieu, les théories primordiales ont engendré des légendes, les idées abstraites ont pris corps, et les forces de la nature conçues par l'esprit sont devenues des divinités. Le temps ayant marché, les peuples dans leurs déplacemens ont oublié la théorie pour ne conserver que la légende, supprimé la métaphysique et gardé les symboles religieux. Ceux-ci à leur tour, ayant perdu leur sens, n'ont plus satisfait des esprits que la civilisation éclairait de plus en plus et n'ont plus été que des objets d'art; mais aujourd'hui que nous possédons dans le Vêda un monument fort antique, où la période des légendes est commencée, mais où celle de la métaphysique dure encore, nous y retrouvons l'explication de presque tous les mythes de la Grèce et des autres pays âryens. En réunissant tout ce qui, dans les hymnes du Vêda, concerne la liqueur sacrée, la plante qui la fournit, la préparation, les usages, les effets du sôma, et en substituant au végétal d'Asie la vigne qui l'a remplacé en Occident, on obtient la théorie de Bacchus telle que l'écriture sainte des Aryens nous la donne. Tout le reste s'ensuit: il n'est pas un seul détail soit du mythe, soit de la fête de ce dieu, qui ne tire de là son interprétation naturelle. La fête, qui est celle des vendanges, se compose nécessairement de deux parties, l'une religieuse, mystique et grave, l'autre populaire, enthousiaste et grotesque. La cérémonie liturgique est un sacrifice sur l'autel, où le double corps de l'offrande est le vin et le bouc, et où l'hymne porta le nom de dithyrambe; le vin était le dieu s'offrant lui-même et montrant son énergie vitale par l'activité qu'il donnait à la flamme du foyer sacré où il était répandu; le bouc était immolé par cette raison bien simple que pour faire une outre il faut un bouc. Or le meurtre d'un être vivant étant un acte anti-religieux pour les Aryas primitifs, auteurs des sacrifices, le péché de tuer un grand nombre de ces animaux pour recevoir le vin des vendanges ne pouvait être effacé que par l'offrande qu'on en faisait à Bacchus. C'est une erreur théorique de l'école allemande de voir dans le sacrifice du bouc un acte de vengeance contre un animal qui ronge les vignes. D'abord la vigne est une plante des coteaux, la chèvre est un animal des montagnes; ils ne se rencontrent guère l'un près de l'autre, et les*

troupeaux ont leurs pasteurs. De plus, jamais une cérémonie religieuse n'est issue d'un sentiment de vengeance, au moins dans notre race. Nos religions sont des théories métaphysiques inspirées par une grande conception de la nature, et nos rites sont des actes de grâce et d'amour; c'est l'adoration qui les anime. Au moment où le prêtre en adorant Bacchus lui offrait ranimai immolé, les chantres entonnaient l'hymne qui prenait le nom de chant du bouc, de tragédie. La fête populaire des vendanges représentait avec les costumes appropriés le cortège complet de Bacchus. Il descendait le soir des coteaux par les sentiers des vignes, riant, chantant et gambadant, et formait le thiase le plus bruyant et le plus grotesque. En tête s'avançait sur un âne Silène, l'outre obèse, ventru et gorgé de vin nouveau, ou bien c'était Bacchus lui-même avec sa couronne de pampre et sa robe couleur de raisin doré; puis venaient les satyres, chevriers des montagnes descendus pour la fête, les pans (en sanscrit pâna), pileurs de raisin et buveurs de moût, Cômos personnifiant les désirs qu'engendre l'ivresse, les ménades vendangeuses, qui représentent dans la mystique sacrée les bouillons du vin, enfin les centaures (les gandharvas des hymnes), êtres symboliques dont le Vêda nous donne la signification, et en qui se résument tous les parfums nés du soleil et qui s'exhalent de la terre. Le cortège était suivi par une foule tumultueuse de gens en délire. Souvent les peintures antiques et les bas-reliefs nous représentent à part Cômos escorté par des jeunes gens couronnés de pampre et portant des flambeaux, par des joueurs de flûte marchant en cadence ou dansant, par des bouffons en robes et culottes jaunes. Une gaîté folâtre anime tous ces personnages; ils chantent, et cela s'appelle le chant de Cômos, la comédie. J'omets les autres détails énumérés par Otfried Muller dans son Archéologie de l'art. Quant à Cômos, il est souvent accompagné d'Érôs, l'Amour; ils s'avancent ensemble bras dessus bras dessous et comme deux bons compagnons. Quelquefois Érôs est substitué à Cômos, ce qui nous donne la signification exacte de ce dernier nom, qui n'est pas un mot grec. Les Doriens le nommaient Kâmos; or Kâma, personnification de la joie et des désirs, a toujours été dans l'Inde l'objet d'une fête champêtre, brillante et fleurie, qui offre avec celle de Bacchus les analogies les plus frappantes." (Émile Burnouf, "*Origines de la poésie hellénique*", *Revue des deux mondes*, XXXVIème année, II Période, T. LV, 1866, pp. 739-742)

[549]http://www.cosmovisions.com/cosmographieMAChrono.htm; le même motif se retrouve chez Bosch aussi bien dans les *Sept Péchés* de la Geneva Fine Arts Foundation dont le titre serait *Les sept Péchés capitaux dans une pelure de globe terrestre*, http://commons.wikimedia.org/wiki/File:Follower_of_Jheronimus_Bosch_015.jpg, et dans le tableau *L'ascension à l'Empyrée*, partie du triptyque des *Visions de l'Au-delà*, 1500-1504, conservé au Palais Ducal de Venise, http://www.30giorni.it/articoli_id_1558_l4.htm Toutefois cette vision immatérielle et sphérique du monde, fragile bulle de verre, symbole de fausseté pour la Renaissance, deviendra, récurrente, dans les illustrations de Gustave Doré du *Paradis*, symbole céleste, d'un Au-delà anagogique, http://cmi.research.yale.edu/dante/paradiso/images/General/Dore/GN_do_003C.jpg, http://www.worldofdante.org/media/images/purg/full/ParadiseCantoXXVIII.jpg, https://s-media-cache-ak0.pinimg.com/236x/32/b5/58/32b5583f780ad5100f50ef6d1ab672fc.jpg, https://lh6.googleusercontent.com/sTs4Q_iJVYFoNpEIaaU2loZ3279HQjSzaTRZFtrmyH5DvngDwiEGHob OpzC4XT-gNZ_DWwAodPjKCwCpxC9wqxAXa0sJGa3fFpjL5Y-BUgxYLF3dDfI, http://leedsdantediaries.files.wordpress.com/2011/11/gustave_dore_dante_the_empyrean.jpg

[550]Cartari-Lyon, p. 626.

[551]http://www.theoi.com/Text/FulgentiusMythologies2.html

[552]H. David Brumble, *Classical Myths and Legends in the Middle Ages and Renaissance: A Dictionary of Allegorical Meanings*, New York, Routledge, 2013, art. "*Peleus and Thetis*", sans numéro de page.

[553]*Mythologie c'est à dire, explication des Fables, cotenant les génealogies des Dieux, les cerémonies de leurs sacrifices; Leurs gestes, adventures; amours; Et presque tous les preceptes de la Philosophie naturelle & morale, Extraite du Latin de Noel Le Comte, & augmentée de plusieurs choses qui facilitent l'intelligence du Sujet, par I.D.M.*, Lyon, Chez Paul Frelon, 1600, pp. 679-681.

[554] http://www.fitzmuseum.cam.ac.uk/pharos/collection_pages/italy_pages/EC_30_1938/FRM_TXT_SE-EC_30_1938.html

[555]Cartari-Lyon, p. 86.

[556]Mara R. Wade, *Gender Matters: Discourses of Violence in Early Modern Literature and the Arts*, Amsterdam & New York, Rodopi, 2013, pp. 68-69.

[557]"*If in the sixteenth century, the needle was primarily a woman's tool for composing narratives in fabrics, needlework being a sign of aesthetic virtuosity and even a way of making political statements, the shuttle*

---

belonged to the male world of industrial production in tapestry workshops (Jones and Stallybrass 2000, 148–71, 94). Yet the eclogue's weaver nymphs, who "write" their stories with shuttles, belong to a literary tradition, a product of an ancient textual memory. They find precedents in the lovely Virgilian naiads of Georgics 4, who appear "spinning fleeces of Miletus, dyed with rich glassy hue" (1999, 1:4. 334– 5). Filódoce [Phyllodoce] and Climene [Clymene] are cited here by name (1:4. 336, 345). Ovid's Metamorphoses, a popular exemplar for literature and textiles in the sixteenth century, offers even closer antecedents, Philomela and Arachne, who "write" their stories with the shuttle as pen. The Ovidian tales, like those told by the eclogue's nymphs, are violent narratives, and distinctive in that the mythological weavers, like the naiads, are eminently skilled. Philomela is raped by her brother-in-law, the Thracian king Tereus, who cuts off her tongue with his sword to silence her. Her tongue "faintly murmuring" on the dark earth (1984, 6.558) signals her alienation from speech. Weaving a tapestry for her sister Procne to read, a victim becoming a master in her telling, she chooses materials that represent the brutality of her rapist and her bloody mutilation: "She hangs a Thracian web [barbarica tela] on her loom, and skillfully weaving purple marks [purpureas notas] on a white background, she thus tells the story of her wrongs" (1984, 6.576–8; my emphasis).15 Lydian Arachne, for her part, after challenging Pallas Athena to a contest, weaves tales of deceit and seduction committed by the gods against mortals. Like the goddess, she works warp and weft with "well-trained hands" (6.60), deftly blending threads of gold (6.68) and yrian purple with lighter colours (6.61—2), details that resonate in the fabrics of the eclogue's nymphs. Arachne's tapestry is "flawless," but she is punished for her presumption. Pallas strikes her with a shuttle and then, in pity, transforms her into a spider, the very emblem of her delicate art (6.129-45). Like Ovid's ekphrases of Philomela and Arachne's tapestries, Garcilaso's verbal representations of his nymphs' tapestries are not "finished products" but "ekphrases in the making." In contrast to Sannazaro's Eurydice tapestry in the Arcadia 12 (1966, 135–6) or the tapestry celebrating Hippolytus d'Este's deeds in Ariosto's Orlando furioso (2008, Book 46), Garcilaso presents the nymphs in the very act of weaving their cloths, bringing the stories alive for his spectator, the vicereine of Naples." (Mary E. Barnard, *Garcilaso de la Vega and the Material Culture of Renaissance Europe*, University of Toronto Press, 2014, pp. 26-27)

[558]http://remacle.org/bloodwolf/erudits/philostrate/tableaux2.htm#XI

[559]"*Feast of the Gods (art)*

The Golden Apple of Discord at the wedding of Peleus and Thetis, Jacob Jordaens, 1633, 181 cm × 288 cm (71 in × 113 in), oil on canvas

The Feast of the Gods or Banquet of the Gods as a subject in art has a long history going back into antiquity. It enjoyed a revival in popularity in the Italian Renaissance, and then in the Low Countries during the 16th century, when it was popular with Northern Mannerist painters, at least partly as an opportunity to show copious amounts of nudity.[1]

Often the occasion shown was specifically either the wedding of Cupid and Psyche or that of Peleus and Thetis, but other works show other occasions, especially the Feast of Bacchus, or a generalized feast. While the wedding of Cupid and Psyche is just the happy ending of Psyche's story, the wedding of Peleus and Thetis is part of the grand narrative of Greek mythology. The feast was interrupted by Eris, goddess of discord, who threw the golden Apple of Discord inscribed "for the most beautiful" into the company, provoking the argument that led to the Judgement of Paris, and ultimately to the Trojan War. Eris is sometimes shown in the air with the apple, or the apple with the diners, and sometimes the feast forms a background scene to a painting of the Judgement, or vice versa.[2] This wedding was also used as a political symbol around the time of the marriage of the Dutch leader William the Silent to Charlotte of Bourbon in 1575.[3]

Generally, despite Thetis being a sea-nymph, depictions of her wedding have the same inland setting as other scenes. A depiction by Hans Rottenhammer (1600, Hermitage Museum) probably of the wedding of Neptune and Amphitrite is set in a beach-side pavilion, with the sea full of an unruly crowd of marine mythological creatures. The Feast of Achelous is derived from Ovid in his Metamorphoses, who describes how Theseus is entertained by the river god in a damp grotto, while waiting for the river's raging flood to subside: "He entered the dark building, made of spongy pumice, and rough tuff. The floor was moist with soft moss, and the ceiling banded with freshwater mussel and oyster shells."[4] The subject was painted a number of times, with Rubens producing an early version with Jan Brueghel the Elder,[5] and a later picture attributed to his "school", and Hendrick van Balen collaborating with Jan Brueghel the Younger. All show much smaller and more decorously behaved groups than the wedding parties.

Italian Renaissance

One of the earliest depictions is a cassone panel by Bartolomeo di Giovanni from the 1490s (Louvre, illustrated); this is paired with a panel of the Procession of Thetis, another common way of depicting a wedding; artists were unsure what form an actual Olympian wedding ceremony might have taken. A more sophisticated but similar depiction of a rustic picnic eaten on the ground, is The Feast of the Gods by Giovanni Bellini (1514), later changed by Titian (to 1529), a large and important painting; both show the story of Priapus and Lotis.[6]

Two major frescos from the end of the High Renaissance showed the wedding banquet of Cupid and Psyche: Raphael's central panel in the "Loggia of Psyche" at the Villa Farnesina in Rome, and Giulio Romano's wall panel in the Palazzo Te in Mantua. Both of these became very well-known through print versions, often freely adapting the compositions, and inspired a wide range of versions in drawings and media of the decorative arts such as majolica, painted Limoges enamel and pastiglia. Giulio's version seems to show the preparations rather than the feast itself, and only a few of the invited gods have so far arrived. But it is highly atmospheric and its dispersal of the figures across a large setting was to recur in many later depictions.[6] Both frescos showed a good proportion of the participants nude, or almost so, reflecting the practice of recent decades in mythological paintings. The Fête champêtre of Titian (or Giorgione) may represent a mythological subject, if not a feast then at least a picnic of the gods.

Around the mid-century Taddeo Zuccari did the Wedding of Bacchus and Ariadne in fresco in the Villa Giulia, Rome,[7] and in northern Europe Francesco Primaticcio painted that of Peleus and Thetis in a mythological series in the ballroom of the Palace of Fontainebleau.[8] Frans Floris painted a monumental feast in oil (c. 1550, Antwerp),[9] nearly two metres across, as well as a Feast of the Seagods (1561, Stockholm).

Northern Mannerism

The revival of interest in the subject some decades later in Northern Mannerism seems to spring from a large engraving of 1587 by Hendrik Goltzius in Haarlem of a drawing by Bartholomeus Spranger (now Rijksmuseum) that Karel van Mander had brought back from Prague, where Spranger was court painter to Rudolf II. The Feast of the Gods at the Marriage of Cupid and Psyche was so large, at 16 7/8 x 33 5/8 in. (43 x 85.4 cm), that it was printed from three different plates. Over 80 figures are shown, placed up in the clouds over a world landscape that can be glimpsed below. The composition borrows from both Raphael and Giulio Romano's versions.[10]

Over the next thirty years or so a number of Netherlandish artists painted the subject, usually in small cabinet paintings, often on copper, although The Wedding of Peleus and Thetis by Cornelis Cornelisz. van Haarlem was enormous at over four metres wide, a commission in 1593 from the Stadtholder Maurice, Prince of Orange for his palace, and Jacob Jordaens' The Golden Apple of Discord (1633, from an oil sketch by Rubens) also a monumental treatment. Painters who returned to the subject several times include in particular Hendrick van Balen, who was known above all for these subjects, and also Joachim Wtewael, Cornelis van Haarlem, Cornelis van Poelenburch, and Abraham Bloemaert.[11]

Context

The earlier paintings may owe something to entertainments alla antica such as those of the Compagnia della Cassuola ("Company of the Shovel") mentioned by Vasari, where a social confraternity in Florence including artists such as Giovanni Francesco Rustici and Andrea del Sarto held elaborate dinners which might include the attendees dressing as classical gods and re-enacting episodes from mythology. [12] Raphael and Giulio's frescos decorated spaces used for lavish entertaining that might bear comparison with Olympian hospitality; the previous century Marsilio Ficino had written a thank-you letter to Lorenzo de' Medici that made just that comparison.[6]

The later paintings can also be seen in the context of the wider interest in "company scenes" of social occasions in Netherlandish art at the start of the 17th century, expressed in the new genre subject of the merry company, and its "gallant" and "elegant" variations,[13] as well as the continuation of Pieter Bruegel the Elder's scenes of peasant life by his son Jan and others. The feasts formed a division of the class of small-scale mythological paintings, in which the interest of the figures is very often shared with landscape or still life elements.[14] Both of these figure in many feasts, but the emphasis is on a generous range of nude figures, displaying a variety of complicated poses that display the artist's virtuosity.[15]

Small groups of non-divine revellers in similar arcadian landscape settings are called bacchanals, and are even more common in art. Other subjects that were popular at the same period showed the entertainment of classical gods by humans, in the story of Baucis and Philemon and other tales. The Triumph of Bacchus (Los Baracchos, 1628) by Diego Velázquez, in the Museo del Prado, is a famous example of the subject of Bacchus drinking with humans.
Later works
The New Palace at Potsdam in Berlin has a ceiling painting in the Marmorsaal ("Marble Hall") depicting the Feast of the Gods on Olympus (1769) by the Neoclassical painter Amédée van Loo. Romantic Nationalism extended the range of gods that might be depicted to the Norse gods. In 1863 the Peredvizhniki ("Wanderers") group of progressive artists was founded after several left the Imperial Academy of Arts in Saint Petersburg in disgust after the subject set for the annual Gold Medal contest (the Russian equivalent of the Prix de Rome) was "The Feast of Odin in Valhalla", which they thought both un-Russian and of no social relevance.[16] Later painting, particularly in England, sometimes depicted fairy scenes of a somewhat similar types, such as The Quarrel of Oberon and Titania (1849) and its matching Reconciliation, by Sir Joseph Noel Paton." (http://en.wikipedia.org/wiki/Feast_of_the_Gods_(art))

[560] http://commons.wikimedia.org/wiki/Category:Marriage_of_Peleus_and_Thetis_by_Bartolomeo_di_Giovanni

[561] http://en.wikipedia.org/wiki/Feast_of_the_Gods_(art)

[562] http://fr.wikipedia.org/wiki/Lotis_(mythologie)

[563] http://bcs.fltr.ucl.ac.be/FASTAM/F1-295-460.html

[564] "*Le livre d'heures de Charles d'Angoulême est l'un des plus étonnants de la fin du quinzième siècle. Tout d'abord parce que les miniatures sont ici de véritables tableaux en pleine page. Ensuite parce que de nombreux dessins sont entièrement profanes, ce qui étonne dans un livre d'heures. Enfin, parce que certains dessins sont manifestement empruntés à des graveurs allemands sur cuivre soit une innovation, tout au moins pour les artistes de l'ouest de la France du XVème siècle.*
Le Livre d'Heures de Charles d'Angoulême: la Mort du Centaure Nous allons nous pencher sur le livre d'heures de Charles d'Angoulême et nous contenterons aujourd'hui d'examiner l'énigmatique miniature 41v qui représente la Mort du centaure. Cet article résulte du remarquable travail d'Ahuva Belkin[i], qui, à mon sens, a poussé plus loin que tout autre chercheur, l'explication de cette miniature.
Tout d'abord, il convient de noter que la miniature figure au début de l'Office des morts. Le contenu d'un livre d'heures varie considérablement d'un ouvrage à l'autre, tant au texte que dans son illustration car il n'est pas contrôlé par des règles liturgiques rigides. L'office des morts contient habituellement des scènes de la bible, telles que la résurrection de Lazare, le jugement dernier et la libération des âmes sortant des bouches de l'enfer. Mais il comporte également des scènes réalistes comme la préparation du corps des défunts, le cortège funèbre autour du cercueil, les processions funéraires, la messe de requiem, ou encore les leçons de morale, telles que la danse macabre. C'est à cette dernière catégorie que l'auteur attribue cette miniature.
La mort du Centaure: une danse macabre?
L'auteur plante ainsi le décor, sans préciser du reste pourquoi il s'agit d'une danse macabre ni le sens de cette dernière, supposé possédé par le lecteur.
La danse macabre «naît du Dit des trois morts et des trois vifs, un poème anonyme du XIIIe siècle: la Mort, un squelette plus ou moins revêtu de chair, incite trois jeunes nobles à renoncer aux vanités terrestres. Au XIVe siècle, marqué par les épidémies, les famines et la guerre de Cent Ans, la perception d'une vie humaine en sursis ne cesse de croître, au point de perdurer une fois
la prospérité revenue. Cela explique que le poème soit toujours recopié. En 1485, une ultime version est publiée par le libraire parisien Guyot (Guy) Marchant. Le ton est satirique et chacun peut se retrouver dans la trentaine de personnages dialoguant avec une Mort en veine de raillerie. C'est un formidable succès d'édition (au moins seize éditions de Danses macabres sont répertoriées jusqu'en 1500), qui inspire d'autres peintres, des illustrateurs, des sculpteurs ou des écrivains»[ii].
Les cinq poèmes des «trois morts et des trois vifs»[iii] racontent tous, à quelques variantes près la même histoire de trois squelettes à moitié revêtus de chair qui rencontrent trois damoiseaux ou trois rois. La façon d'aborder le thème de la mort, par un cadavre décharné est nouvelle au XIIIème siècle. Elle va rapidement connaître au XIVème siècle une grande vogue parmi les artistes. La parenté frappante existant entre le thème

de ces poèmes et celui de la Danse macabre, née en 1424, est la réunion de squelettes décharnés avec des personnages vivants. La danse macabre illustre la fragilité de la vie et la fin, assignée par le destin à tous les hommes.

Mais la matière de la Danse macabre est plus riche que celle des «Trois dits...»: dans la Danse macabre figurent tous les âges et toutes les classes de la société alors que dans les «Trois dits...», ne sont présents que trois damoiseaux ou trois rois. En revanche, «les poèmes renferment une plus grande variété d'idées: on y trouve des réflexions sur la vie et la destinée humaine, une satire de l'aveuglement des hommes et une exhortation chaleureuse à faire le bien et à fuir le péché. A la veille de la Renaissance, ces idées changent: la poésie macabre du Moyen Age laisse le pas à une poésie nouvelle: la mort reste le grand sujet de l'inspiration poétique mais des accents personnels et une mélancolique émotion prennent le pas sur la prédication religieuse: c'est ce qui transparaît dans les poésies de François Villon»[iv].

On considère[v] la danse macabre du Cimetière des Innocents, peinte à Paris en 1424, comme le point de départ de cette tradition. «Sur ces fresques, un cadavre décharné ou un squelette est couplé avec un représentant d'une certaine classe sociale. Le nombre des personnages et la composition de la danse dépendent du lieu de création. La danse macabre prend le plus souvent la forme d'une farandole. En-dessous ou au-dessus de l'illustration sont peints des vers par lesquels la Mort s'adresse à sa victime, souvent d'un ton menaçant et accusateur, parfois sarcastique et empreint de cynisme. Puis suit la supplique de l'Homme, pleine de remords et de désespoir, mendiant la pitié. Mais la Mort entraîne tout le monde dans la danse de l'ensemble de la hiérarchie cléricale comme le pape, les cardinaux, évêques, abbés, chanoines, prêtres, des représentants du monde laïque, les empereurs, rois, ducs, comtes, chevaliers, médecins, marchands, usuriers, voleurs, paysans et jusqu'à l'enfant innocent. La Mort ne regarde ni le rang, ni les richesses, ni le sexe, ni l'âge de ceux qu'elle fait entrer dans sa danse».

Inspiration mythologique ou allégorique?

Revenons maintenant à notre miniature 41v. Certains auteurs ont voulu voir dans cette œuvre un sujet mythologique. Ahuva Belkin nous fait d'abord remarquer que si l'artiste avait voulu centrer l'attention autour du centaure, il n'aurait pas peint une femme sauvage sur son dos. Ce qui fait la caractéristique de cette œuvre, c'est la présence, outre les trois personnages du centaure et de ses deux agresseurs, de la femme sur son dos et de la mort qui l'attaque. Il ne s'agit pas, à l'évidence d'un sujet mythologique. Il peut s'agir en revanche d'une miniature allégorique.

Dans ce cas, quelle est la signification du centaure portant une femme sur son dos? Et quel sens faut-il donner à la Mort qui vient frapper le centaure?

Tout d'abord, le centaure: c'est un sujet mythologique qui exprime d'habitude la lutte des Centaures et des Lapithes. Chiron, le Centaure est un ami d'Hercule qui se blesse accidentellement d'une flèche empoisonnée.

Le sujet de cette œuvre provient d'un texte d'Ovide qui raconte comment Chiron le Centaure se blessa accidentellement et mortellement avec les flèches d'Hercule enduites du poison de l'Hydre de Lerne.

Ce sujet mythologique n'est manifestement pas celui de la miniature car dans cette dernière, le centaure se défend contre l'agression de deux hommes. Il convient donc d'examiner d'autres occurrences iconographiques.

Dans cette peinture de Piero di Cosimo, le combat des centaures est présenté dans le cadre d'une opposition classique entre la tribu des centaures et celle des Lapithes à l'occasion du mariage de Pirithoüs et Hippodamie. Il n'y a pas de femme sauvage dans cette lutte.

Les trois personnages du centaure et de ses deux agresseurs ont été empruntés à une gravure de IAM de Zwolle «La mort du centaure» qui est clairement un sujet mythologique. Le fait d'y ajouter des éléments supplémentaires montre la volonté de déborder et déformer le sujet initial.

Le centaure dans l'imaginaire chrétien médiéval Force est donc d'examiner la représentation du centaure dans l'imaginaire médiéval chrétien. C'est un monstre mi-homme mi-cheval: c'est une allégorie de la «bête». Mais que fait donc cette scène de combat dans l'Office des morts d'un livre d'heures?

D'après Ahuva Belkin, il s'agit probablement d'une illustration du thème plus général de la lutte de l'homme contre la bête, de l'homme contre les forces obscures. Il est de fait que l'usage de la mythologie pour

représenter d'autres sentiments, s'est répandu dans l'art aux XIVème et XVème siècles à une époque où les allégories étaient à la mode.

A la fin du XVème siècle, on puise abondamment dans les métamorphoses d'Ovide pour trouver de nouvelles allégories. Plusieurs textes latins et français présentaient du reste Ovide comme un moraliste c'est-à-dire non seulement un poète moral, mais «quelqu'un par qui on pouvait apprendre des leçons de morale.»

Erwin Panovski[vi] a placé le personnage d'Hercule gravé par Albrecht Dürer dans un tableau allégorique de la vertu qui lutte contre le vice. C'est la vertu descendue de son château qui attaque la femme nue dans les bras du satyre, qui représente la volupté. La présence d'Hercule dans ce tableau, semble du côté du vice car il fait mine de parer avec son bâton les coups vengeurs de la Vertu.

Ici se trouve associée une femme nue, comme dans notre miniature, mais avec un satyre, non un centaure! Ahuva Belkin s'efforce alors de démontrer que satyres et centaures représentent deux termes distincts d'un même concept de la bête.

Elle note que dans son esquisse préliminaire de sa gravure d'une famille de satyres (1505), Dürer avait mis un centaure à la place du satyre: le Satyre comme le centaure étaient en effet considérés, du point de vue chrétien, comme des démons. Dante compte du reste le centaure parmi les terreurs de l'enfer.

Elle souligne enfin que le thème de la lutte contre la bête, comme incarnation du mal, est illustré par nombre d'œuvres de la Renaissance.

D'après elle, la miniature 41v évoque donc la lutte de l'homme contre le vice dans une conception médiévale de la psychomachie [vii]. Le centaure et le satyre sont en effet des créatures interchangeables pour l'homme du moyen-âge.

A l'appui de cette déduction, elle cite un dernier exemple, celui du Tableau de Mantegna au Louvre: «L'expulsion des vices du Bosquet». Minerve avec son casque représente probablement la Prudence, rendue plus forte par les célestes apparitions de la Justice, de la Force d'Ame et de la Tempérance, se précipite pour libérer le bosquet de l'invasion des vices qui s'enfuient en désordre.

L'arbre est entouré d'une banderole sur laquelle on peut lire en latin, en grec et en hébreu, «En Avant divers compagnons des vertus, qui nous reviennent de haut, rejetez de nos mers ces monstres affreux des vices». Bien en vue parmi les vices apparaît le centaure avec une femme sur son dos!

On pourra noter que la représentation du monstre marin par Durer présente également une femme sur son dos: il s'agit probablement d'une variante iconographique de la représentation du vice.

Ahuva Belkin estime donc que le centaure mourant, dans l'allégorie de la miniature 41 v représente l'image du vice. Mais que fait la femme sur son dos?

Le sens de l'allégorie

On remarque tout d'abord que cette femme est couverte d'une fourrure: c'est donc une femme sauvage. L'auteur nous fait observer que dans la tradition littéraire médiévale, les sauvages sont de même nature ainsi que le déclarait Isidore de Séville: «les faunes, les hommes sauvages et les satyres sont identiques entre eux et ils sont même identiques aux centaures».

L'ensemble du paysage de la miniature est fondamentalement symétrique. Du côté gauche, opposé au château de vertu, il y a le pays inculte soit le symbole du chaos. C'est une forêt épaisse avec des animaux sauvages: un lion apparaît à l'orée de la forêt.

Ainsi, on peut supposer que le centaure et la femme sur son dos ne font qu'un: la personnification du vice. Le Centaure et la femme sauvage sur son dos ont la même nature et représentent le mal dans l'allégorie chrétienne.

Que la Mort ait choisi comme victime une créature mythologique du paganisme ne surprend pas Ahuva Belkin. Selon elle, la présence de la mort s'explique car dans les livres d'heures, la danse macabre apparaît dans l'Office des Morts.

Dans beaucoup de livres d'heures, la mort apparaît entourée d'un drap blanc et menaçant sa victime d'une lance.

C'est le cas dans la miniature suivante où la mort vient frapper toutes les classes de la société: c'est donc clairement une variante de la danse macabre.

Mais l'auteur de dit pas ce qui, dans la miniature des heures d'Angoulême, lui fait penser à une danse macabre car la mort frappe le centaure un personnage mythique et non un personnage vivant! En dehors de l'association entre la Mort et des personnages vivants, rien dans la miniature ne fait penser à une farandole!

En interprétant la miniature comme une allégorie traitant du mal, du plaisir et du désir, en présence de la Mort, Ahuva Belkin dit suivre une longue tradition.
Ce qui paraît partiellement exact: en effet, quand la mort est associée à la femme, l'allégorie n'a pas le même sens. L'allégorie de la jeune fille et la mort n'a rien à voir avec la danse macabre mais davantage avec le plaisir et le désir.
La jeune fille et la mort est un thème récurrent chez les artistes allemands de la Renaissance: il met en relief le lien entre la sexualité et la mort. «Dans ce type d'iconographie, la demoiselle n'est plus entraînée dans la danse mais dans un échange sensuel qui s'érotise avec le temps. Malgré la sensualité, on n'oublie pas la morale: le caractère éphémère de la vie et de la beauté»[viii].
Mais il ne paraît pas possible de relier ce thème à la miniature car la Mort n'est pas en relation avec la jeune fille mais avec le centaure.
Peut-être l'auteur s'est-elle rendue compte que ses explications tombaient un peu court car elle s'est demandée qui sont les vices représentés par le centaure et la femme sauvage? Elle pousse alors l'argument un peu loin en avançant qu'il s'agit peut-être de Louis XI et Anne de Beaujeu.
Il paraît difficile de la suivre dans cette voie. Même si Charles d'Angoulême avait des raisons de s'opposer politiquement à Anne de Beaujeu, il n'aurait jamais représenté le roi et sa fille dans un tableau symbolique de la mise à mort du vice!
Il faut penser je crois que le mystère de la miniature reste entier. L'auteur a centré toute son analyse sur la mort du Centaure et de la femme sauvage. A aucun moment, elle n'analyse le rôle des deux tueurs et leur symbolique dans l'allégorie.
Si l'on admet qu'il s'agit d'une danse macabre, alors le sens de l'allégorie peut être celui de la lutte des hommes contre le vice, au terme de laquelle, la Mort se présente, inéluctable. Il faut donc travailler aujourd'hui à faire le bien.
Mais si ce n'est pas une danse macabre? Alors l'allégorie reste une énigme.
Une solution de l'énigme?
J'émets personnellement une hypothèse qui vaut ce qu'elle vaut car elle demande à être étayée.
Cette hypothèse part de la question suivante: par suite de quels hasards ces gravures de Israhel Van Meckenem et de IAM de Zwolle sont-elles tombées entre les mains de Robinet Testard?
Beaucoup de chercheurs estiment que la réutilisation de ces dessins dans les Heures de Charles d'Angoulême, prouve l'existence d'une relation entre l'art graphique allemand et les miniaturistes français. C'est la question de l'œuf et de la poule: qui a influencé qui et comment?
Mais ce qui est étonnant c'est que l'on ne retrouve pas, ultérieurement, dans l'œuvre de Robinet Testard la réutilisation de ce procédé. C'eût été facile pourtant pour le peintre enlumineur, d'appliquer la même technique à d'autres dessins!
Il y a à mon avis un nom qui aurait pu compter pour beaucoup dans cette relation: Anthoine Vérard, l'imprimeur du Comte d'Angoulême[ix]. Dès 1484, Vérard se spécialise en effet sur un nouveau créneau d'activité: la gravure sur bois enluminée (une technique qui vise à colorier des gravures sur bois pour donner l'illusion de l'enluminure) qui lui permet d'accélérer la vitesse de conception et de réalisation de ses éditions.
Il est donc très probable que, à l'occasion de sa recherche de gravures sur bois, il ait également collecté des gravures sur métal, dont un autre des contemporains de Robinet Testard, Israhel Van Meckenem inondait alors l'Europe. Que le comte d'Angoulême, en relation très étroite avec Anthoine Vérard, ait récupéré directement chez l'imprimeur ces gravures, qui lui plaisaient très certainement, pour les remettre à son peintre enlumineur, est une probabilité.
A .Matthews qui a examiné en détail les «Heures de Charles d'Angoulême» [x] a noté la probabilité d'une parfaite entente entre Robinet Testard et son commanditaire. Il est possible que Testard, dont il s'agissait là de la première œuvre d'importance, ait cherché avant tout à faire plaisir ou flatter le comte d'Angoulême en réutilisant des gravures que ce dernier lui aurait présentées.
D'autant que le travail à réaliser était extrêmement important et que le principe de la participation d'autres peintres (Bourdichon et son atelier) à la conception de cette œuvre, semble avoir été prévue depuis le départ.
Si tel est le cas, Testard serait parti de la gravure de IAM de Zwolle qu'il aurait transformée et non d'une allégorie qu'il aurait cherché à illustrer.
Si cette interprétation est fondée, peut-être ne faut-il pas trop s'attacher au sens exact de l'allégorie et y voir simplement comme le suggère du reste Ahouda Belkin, une rencontre à caractère général, du vice, du plaisir

et du désir face à la Mort?" (http://autourdelombreduconnetable.com/la-mort-du-centaure-par-robinet-testard-un-mystere-eclairci-ou-epaissi/)

Nous ajouterons que l'association entre le Centaure et la danse macabre représente son caractère de vide mondain, comme la sphère de l'*Allégorie des Vertus*, dont l'âme doit sortir pour se libérer.

Dejà chez Lucien, le banquet des Lapithes évoque cette bataille entre le Vice et la Vertu:

"*LXXI.LE BANQUET OU LES LAPITHES. 14. Toutefois, en se démenant pour prendre sa nourriture, il ne laisse pas de disserter sur la vertu et sur le vice et de tourner en ridicule l'or et l'argent. Il va jusqu'à demander à Aristénète de quoi peuvent lui servir tant et de si grandes coupes, lorsqu'il y en a d'argile qui tiennent autant. Mais Aristénète fait cesser pour un moment son importunité, en donnant ordre à l'échanson de lui présenter une large coupe et de lui verser rasade. Il croyait avoir découvert un excellent moyen, et il ne prévoyait pas de quels maux ce verre allait être la cause. Alcidamas, prenant la coupe, se tait quelques instants; puis, se jetant à demi nu sur le plancher, il s'y couche, comme il en avait menacé, la tête sur le coude, le verre à la main droite, tel que les peintres représentent Hercule chez Pholus (07).*

15. Déjà la coupe avait à plusieurs reprises circulé parmi les convives; les santés allaient leur train, ainsi que les conversations, et l'on apportait les lumières. En ce moment, voyant que l'esclave placé près de Cléodème, qui était un joli échanson, se mettait à sourire, circonstance accessoire du festin que je crois devoir noter parmi les épisodes plaisants j'observe avec attention quelle en peut être la cause. Un instant après, il s'approche de Cléodème, comme pour recevoir la coupe de sa main: celui-ci lui serre le doigt, et lui glisse deux drachmes, je crois, avec la coupe. L'esclave sourit de nouveau en se sentant serrer le doigt, mais il ne voit pas, sans doute, la monnaie; car, au lieu de la recevoir, il la laisse tomber sur la terre, où elle produit un bruit qui fait rougir l'esclave et Cléodème d'une manière fort significative. Les voisins se demandent à qui ces pièces peuvent appartenir; l'esclave nie qu'elles se soient échappées de sa main, et Cléodème, près de qui le bruit s'est fait, prétend n'avoir rien laissé tomber: l'incident n'a pas de suite et l'on n'y songe plus, peu de personnes l'ayant vu, sauf Aristénète, comme je pus m'en convaincre. Au bout de quelques instants, il ordonne au jeune esclave d'aller ailleurs, et il fait signe de placer auprès de Cléodème un échanson âgé, une sorte de gaillard robuste comme un muletier ou un palefrenier. De la sorte, l'affaire n'alla pas plus loin; mais quelle honte pour Cléodème, si le bruit s'en fût répandu parmi les convives, et s'il n'eût pas été étouffé sur-le-champ par l'adresse d'Aristénète à dissimuler ce libertinage d'ivrogne!

16. Sur ces entrefaites, le cynique Alcidamas, qui avait largement bu, ayant demandé le nom de la jeune mariée, réclame le silence d'une voix de tonnerre et regardant du côté des femmes: "Je bois, dit-il, à votre santé, Cléanthis, la coupe d'Hercule, notre chef et notre maître." Tout le monde s'étant mis à rire: "Comment! vous riez, gredins, s'écrie-t-il, de ce que je bois à la mariée, en invoquant Hercule notre dieu! Eh bien, sachez que, si elle ne reçoit pas la coupe de ma main, il ne lui naîtra jamais de fils de ma trempe, d'une vigueur à l'épreuve, libre d'esprit et solide de corps. " En disant ces mots, il se découvre de manière à blesser la pudeur. Les convives ne font que rire de plus belle; alors Alcidamas se lève furieux, et nous lance un regard farouche et terrible, où l'on peut lire qu'il ne va pas demeurer en repos; peut-être même allait-il frapper quelqu'un de son bâton, lorsque l'on apporte, fort à propos, un énorme gâteau: à cette vue il se radoucit, sa colère se calme, et il se met à suivre le gâteau pour s'en bourrer.

17. Déjà la plupart des conviés sont ivres; les cris retentis sent par tout le banquet. Le rhéteur Dionysodore débite quelques-uns de ses discours, qu'applaudissent les servants debout derrière lui. Le grammairien Histiée, assis à la dernière place, se met à coudre des lambeaux de Pindare, d'Homère et d'Anacréon, pour en faire une ode ridicule, où il dit, comme par un pressentiment de ce qui allait avoir lieu:

Les boucliers se heurtent (08)

et

Ce ne sont que soupirs, que clameurs des guerriers (09),

Zénothémis, de son côté, lit un petit ouvrage d'une écriture très fine que lui remet son esclave.

18. Ceux, qui apportaient les plats ayant, suivant l'usage, interrompu quelques instants le service, Aristénète, qui avait pris ses mesures pour que cet intervalle ne fut pas vide et sans agrément, introduit un bouffon, avec ordre de dire ou de faire tout ce qu'il croirait capable d'exciter l'hilarité des convives. On voit donc paraître un petit homme fort laid, la tête rase, sauf quelques poils qui se hérissent sur le sommet: il danse en se disloquant et en se tortillant de manière à paraître plus ridicule, récite avec l'accent égyptien des anapestes, dont il bat la mesure, et finit par railler les assistants." (http://remacle.org/bloodwolf/philosophes/Lucien/lapithes.htm)

Dans un sens politique, l'événement représente une morale, ainsi on utilisera "*Pour une Victoire, le Combat des Centaures & des Lapithes. Les Travaux d'Hercule & le Triomphe de Mars.*" (*Les Reiouissances de la Paix, faites dans la Ville de Lyon le 20. Mars 1660*, Lyon, Guillaume Barbier, 1660, p. 41)

Par négation encore est confirmée l'identité morale du combat entre les Centaures et les Lapithes: "*On m'a reproché souvent d'exalter l'art chrétien aux dépens de l'art païen et même de l'art grec. Mais vraiment ce n'est pas ma faute si, du temple antique à la cathédrale gothique, si du Parthénon à la cathédrale de Reims, il y a la distance d'une biographie à une grande histoire, d'un conte à une épopée. Ce n'est pas en architecture seulement, mais en sculpture et en peinture, que cette distance existe. J'ai cherché si dans l'antiquité je trouverais un édifice où, soit en statuaire, soit en peinture, s'offrirait un sujet plus ou moins analogue à ceux qui remplissent nos porches et nos voussures, nos fenêtres et nos rosaces. J'ai bien songé à la naissance de Minerve et à la naissance d'Athènes, au combat des Centaures et des Lapithes, et à la procession des Panathénées qui décorent les frontons et les frises du Parthénon. Mais, en vérité, que sont ces sujets, fort beaux du reste, en regard des sculptures de la cathédrale de Chartres. Chartres, ce n'est pas la naissance d'une déesse et d'une ville, mais la génération éternelle de Dieu et la création du monde. Ce n'est pas la bataille de deux races d'hommes, mais celle de l'humanité: de l'âme contre le péché, des Vertus contre les Vices. Ce n'est pas l'histoire locale d'un petit pays, de l'Attique, ni la fête d'Athènes, mais l'histoire de l'univers depuis le premier jusqu'au dernier jour, et la fête de l'Église catholique dans celle de Tous-les-Saints.*" (Didron Aîné, "*La divine liturgie*", *Annales archéologiques*, Paris, Librairie Archéologique de Didron, 1850, T. X, p. 9)

Dans le cadre des programmes symboliques des Gonzaga, on rappellera qu'en ce qui concerne la *Bataille des Centaures* ou *Rapt de Déjanire* de Michel Ange (c. 1492), "*La première fois qu'il est fait mention de la Bataille des Centaures c'est dans une lettre écrite en 1527 par Giovanni Borromeo représentant de la maison Gonzague à Florence à Frédéric marquis de Mantoue, qui «voulait une œuvre de Michel-Ange à tout prix»4. La Bataille des Centaures est la deuxième pièce en bas-relief connue sculptée par Michel-Ange. Elle a été ciselée dans du marbre de Carrare pour Laurent de Médicis et était inachevé à la mort du prince. Selon le biographe de Michel-Ange Ascanio Condivi, le sujet lui aurait été suggéré par le poète Angelo Poliziano.*" (http://fr.wikipedia.org/wiki/Bataille_des_Centaures_(Michel-Ange))

[565]Le motif matrimonial de l'enlèvement se représente aussi bien par Thétis que par Europe, entre autre dans le groupe ici étudié de Giovanni:

"*Le mythe d'Europe est souvent choisi pour décorer les coffres de mariage.*

La composition linéaire, qui se lit de droite à gauche, s'inscrit dans la tradition narrative de l'époque médiévale:

- la scène de la séduction (Europe, entourée de ses compagnes, monte sur le taureau);

- la scène de l'enlèvement: Europe, assise en amazone, s'agrippe des deux mains aux cornes du taureau; elle se tourne avec nostalgie vers ses compagnes restées sur le rivage. Elle glisse légèrement sur sa monture et ses pieds effleurent l'eau.

- La dernière scène représentée est celle de l'arrivée en Crète et montre Jupiter ayant repris une forme humaine.

Un motif pictural

Europe fait partie des petites scènes mythologiques qui figurent en arrière-plan de tableaux à sujet mythologique ou religieux.

Dans Le Combat de l'Amour et de la Chasteté de Pérugin (1503), destiné à décorer le studio d'Isabelle d'Este à Mantoue, le groupe Europe et le taureau se distingue à l'arrière-plan de la scène consacrée aux amours de Psyché. Là aussi, Europe est à califourchon sur le taureau qui va aborder le rivage où l'attend Apollon.

Actualisation du mythe

Rembrandt choisit la scène privilégiée des graveurs, celle de l'enlèvement. La lumière met en valeur les deux groupes séparés: Europe, regardant en arrière vers ses compagnes restées sur le rivage, la main droite tenant l'une des cornes du taureau, la main gauche posée sur l'encolure. Un autre coup de lumière est porté sur les compagnes éplorées, l'une vue de face, les bras dressés en l'air, comme tombée de frayeur sur son séant.

Mais la mer est calme et Europe ne montre aucune trace d'effroi, effroi que Rembrandt a exprimé dans d'autres scènes d'enlèvement comme celui de Proserpine (1631), par exemple.

Des détails canoniques pour l'histoire d'Europe sont délaissés: la prairie fleurie, le troupeau d'Agénor, Mercure qui pousse le troupeau vers l'eau, la couronne de fleurs qui orne le taureau, etc. Mais Rembrandt place dans le décor un char princier à parasol tiré par des chevaux, comme dans Ulysse et Nausicaa de son maître Pieter Lastman. Le paysage en arrière plan, urbain et monumental, où se détache une grue, évoque plus un port hollandais que la Crète.
La toile est conservée au "Getty Museum" de Malibu (États-Unis) qui en propose une reproduction.
Deux interprétations majeures du mythe: Titien et Véronèse
Deux tableaux sont particulièrement célèbres et déterminants pour la représentation du mythe par les peintres européens jusqu'à la fin du XVIIIe siècle: ils appartiennent à l'école vénitienne, datent du XVIe siècle et sont l'œuvre des deux maîtres les plus connus à cette époque: Tiziano Vecellio dit Titien et Paolo Caliari dit Véronèse. Ils ont pu contribuer à fixer deux moments distincts de l'histoire d'Europe, celui de l'enlèvement proprement dit et celui de ses préparatifs.
Titien, L'enlèvement d'Europe, Isabella Stewart Gardner MuseumTiziano Vecellio, dit Titien, L'enlèvement d'Europe, 1559-1562 (huile sur toile, 58x96 cm) - Isabella Stewart Gardner Museum, Boston
Cette toile fait partie d'un ensemble de six grandes toiles presque carrées, composé pour l'infant Philippe, fils de l'empereur Charles Quint, et destiné à décorer un camerino privé du roi. Titien met l'accent sur le moment du rapt. Son héroïne se débat, couchée sur le dos, repliant ses jambes avec effroi, s'efforçant de retenir son voile.
Titien propose une interprétation à la fois dramatique et dynamique du mythe avec le mouvement ample qui traverse la composition selon une diagonale ascendante. Le ciel plombé est parcouru d'inquiétantes nuées roses et violettes, la mer irisée vire du verdâtre au bleu de plus en plus profond, le rivage montagneux varie du brun au bleu, au voile rouge d'Europe font écho d'autres taches rouges dans le tableau. La lumière tend à dissoudre les formes, comme celles des compagnes d'Europe, minuscules figurines lointaines.
Une copie de ce tableau par Rubens est conservée au Musée du Prado à Madrid.
Paul Véronèse, L'enlèvement d'Europe, 15880, Palais duccal, Venise Paul Véronèse,
A l'explosion passionnée du Titien, Véronèse substitue une sentimentalité plus sereine.
Véronèse propose une image simultanée comme dans l'Ovidio Volgare: l'action est décomposée en plusieurs temps sur la même image dans un procédé archaïsant. Trois épisodes sont représentés: la séduction, la promenade, l'enlèvement.
- A l'avant-scène, le peintre insiste sur le premier moment de la narration: les suivantes s'affairent autour de la princesse s'asseyant sans méfiance et en amazone sur la bête immaculée tandis que des amours font pleuvoir des fleurs et des fruits. Europe porte une riche parure de soie et de perles aux tons nacrés. Son sein est dénudé dans la tradition des allégories vénitiennes du mariage.
- Au second plan, Europe, promenée sur la bête et vue de dos, esquisse vaguement un geste d'inquiètude lorsque sa monture presse le pas vers la rive.
- Enfin dans un troisième temps l'enlèvement proprement dit est représenté par une petite vignette au fond de la composition.
"The Web Gallery of Art" en propose une reproduction.
C'est l'interprétation de Véronèse qui a connu la plus grande fortune, avant même son exposition à la vue de tous au Palais des Doges: on en connaît à toutes les époques des répliques, des copies. Elle devient un modèle incontournable.
Guido Reni (1575-1642) a produit trois versions de L'enlèvement d'Europe dont l'une plus inspirée par le tableau de Véronèse, mais sans plus aucune allusion à la traversée. La version conservée à la Galerie nationale du Canada est particulièrement remarquable par les couleurs diaphanes, l'élégance de la pose et des draperies, l'équilibre entre mouvement et repos.
Jacob Jordaens, L'enlèvement d'Europe, 1643, Musée de LilleJacob Jordaens, dans L'enlèvement d'Europe (1643), retient, comme Véronèse, le moment préliminaire au rapt: Europe est assise sur le taureau couché qui lui lèche amoureusement le pied. Elle est nue, parée d'une draperie rouge, couronnée de perles. Deux servantes s'affairent autour d'elle; tout autour de nombreuses figures féminines nues, dans des poses très expressives; non loin de là, une couronne de fleurs et une corbeille toute prêtes.
Mercure est vu de dos, le troupeau d'Agénor autour de lui, proche du taureau blanc et le regardant.
Éros, sur l'aigle de Jupiter, domine toute la scène.

Le groupe formé par Europe et le taureau, au premier plan, paraît très petit, immobile, disproportionné par rapport à l'ensemble. C'est l'agitation vraie et intense, la profonde animation des corps, la variété et la théâtralité des poses, qui évoquent la dynamique et l'aspect tragique du rapt.
La base Joconde (RMN) donne les références de ce tableau, conservé au Musée de Lille, et en propose une reproduction.
Adressse: http://www.culture.fr/public/mistral/joconde_fr
L'évolution qui se poursuit au XVIIIe siècle, avec Watteau et François Boucher, fait perdre au mythe son aspect tragique." (http://www.cndp.fr/archive-musagora/europe/europefr/peinture.htm)
[566]Caroline Vout, *The Hills of Rome: Signature of an Eternal City*, Cambridge University Press, 2012, pp. 51-55.
[567]http://www.cndp.fr/archive-musagora/dionysos/dionysosen/rbartolo5.htm
[568]Cartari-Lyon, pp. 100 et 110 (Diane).
[569]*Ibid.*, p. 242.
[570]*Ibid.*, p. 31.
[571]*Ibid.*, p. 268.
[572] http://www.culture.gouv.fr/public/mistral/joconde_fr?ACTION=CHERCHER&FIELD_1=REF&VALUE_1=000PE024745
[573]Cartari-Lyon, pp. 100, 175. Voir aussi les deux Jupiter, p. 199, ou la figure p. 272.
[574] Raymond Klibansky, Erwin Panofsky et Fritz Saxl, *Saturn and Melancholy - Studies in the History of Natural Philosophy Religion and Art*, Nendeln/Lichtenstein, Kraus Reprint - Kraus-Thomson Organization Limited, 1979, p. V.
[575]Voir *Brueghel l'Ancien-Jérôme Bosch*.
[576]L'oeuvre est reproduite aussi bien dans Robert Bartlett, *Panorama medieval*, Barcelone, Blume, 2002, p. 90, que sur le site http://en.wikipedia.org/wiki/File:Divine_Comedy._Dante.jpg
[577]Dante, *La Divine Comédie*, trad. de Félicité Robert de Lamennais, Paris, Didier et Cie, 1863, T. II, pp. 490-496.

"*Quando ambedue li figli di Latona,*
coperti del Montone e de la Libra,
fanno de l'orizzonte insieme zona, 3

quant' è dal punto che 'l cenìt inlibra
infin che l'uno e l'altro da quel cinto,
cambiando l'emisperio, si dilibra, 6

tanto, col volto di riso dipinto,
si tacque Bëatrice, riguardando
fiso nel punto che m'avëa vinto. 9

Poi cominciò: «Io dico, e non dimando,
quel che tu vuoli udir, perch' io l'ho visto
là 've s'appunta ogne ubi e ogne quando. 12

Non per aver a sé di bene acquisto,
ch'esser non può, ma perché suo splendore
potesse, risplendendo, dir "Subsisto", 15

in sua etternità di tempo fore,
fuor d'ogne altro comprender, come i piacque,
s'aperse in nuovi amor l'etterno amore. 18

Né prima quasi torpente si giacque;
ché né prima né poscia procedette
lo discorrer di Dio sovra quest' acque. 21

Forma e materia, congiunte e purette,
usciro ad esser che non avia fallo,
come d'arco tricordo tre saette.

E come in vetro, in ambra o in cristallo
raggio resplende sì, che dal venire
a l'esser tutto non è intervallo,

così 'l triforme effetto del suo sire
ne l'esser suo raggiò insieme tutto
sanza distinzïone in essordire.

Concreato fu ordine e costrutto
a le sustanze; e quelle furon cima
nel mondo in che puro atto fu produtto;

pura potenza tenne la parte ima;
nel mezzo strinse potenza con atto
tal vime, che già mai non si divima.

Ieronimo vi scrisse lungo tratto
di secoli de li angeli creati
anzi che l'altro mondo fosse fatto;

ma questo vero è scritto in molti lati
da li scrittor de lo Spirito Santo,
e tu te n'avvedrai se bene agguati;

e anche la ragione il vede alquanto,
che non concederebbe che ' motori
sanza sua perfezion fosser cotanto.

Or sai tu dove e quando questi amori
furon creati e come: sì che spenti
nel tuo disïo già son tre ardori.

Né giugneriesi, numerando, al venti
sì tosto, come de li angeli parte
turbò il suggetto d'i vostri alimenti.

L'altra rimase, e cominciò quest' arte
che tu discerni, con tanto diletto,
che mai da circüir non si diparte.

Principio del cader fu il maladetto
superbir di colui che tu vedesti
da tutti i pesi del mondo costretto.

Quelli che vedi qui furon modesti
a riconoscer sé da la bontate
che li avea fatti a tanto intender presti:

per che le viste lor furo essaltate
con grazia illuminante e con lor merto,
sì c'hanno ferma e piena volontate;

e non voglio che dubbi, ma sia certo,
che ricever la grazia è meritorio
secondo che l'affetto l'è aperto.

Omai dintorno a questo consistorio
puoi contemplare assai, se le parole
mie son ricolte, sanz' altro aiutorio.

Ma perché 'n terra per le vostre scole
si legge che l'angelica natura
è tal, che 'ntende e si ricorda e vole,

ancor dirò, perché tu veggi pura
la verità che là giù si confonde,
equivocando in sì fatta lettura.

Queste sustanze, poi che fur gioconde
de la faccia di Dio, non volser viso
da essa, da cui nulla si nasconde:

però non hanno vedere interciso
da novo obietto, e però non bisogna
rememorar per concetto diviso;

sì che là giù, non dormendo, si sogna,
credendo e non credendo dicer vero;
ma ne l'uno è più colpa e più vergogna.

Voi non andate giù per un sentiero
filosofando: tanto vi trasporta
l'amor de l'apparenza e 'l suo pensiero!

E ancor questo qua sù si comporta
con men disdegno che quando è posposta
la divina Scrittura o quando è torta.

Non vi si pensa quanto sangue costa
seminarla nel mondo e quanto piace
chi umilmente con essa s'accosta.

Per apparer ciascun s'ingegna e face
sue invenzioni; e quelle son trascorse
da' predicanti e 'l Vangelio si tace.

Un dice che la luna si ritorse
ne la passion di Cristo e s'interpuose,
per che 'l lume del sol giù non si porse;

e mente, ché la luce si nascose

da sé: però a li Spani e a l'Indi
come a' Giudei tale eclissi rispuose.

Non ha Fiorenza tanti Lapi e Bindi
quante sì fatte favole per anno
in pergamo si gridan quinci e quindi:

sì che le pecorelle, che non sanno,
tornan del pasco pasciute di vento,
e non le scusa non veder lo danno.

Non disse Cristo al suo primo convento:
'Andate, e predicate al mondo ciance';
ma diede lor verace fondamento;

e quel tanto sonò ne le sue guance,
sì ch'a pugnar per accender la fede
de l'Evangelio fero scudo e lance.

Ora si va con motti e con iscede
a predicare, e pur che ben si rida,
gonfia il cappuccio e più non si richiede.

Ma tale uccel nel becchetto s'annida,
che se 'l vulgo il vedesse, vederebbe
la perdonanza di ch'el si confida:

per cui tanta stoltezza in terra crebbe,
che, sanza prova d'alcun testimonio,
ad ogne promession si correrebbe.

Di questo ingrassa il porco sant' Antonio,
e altri assai che sono ancor più porci,
pagando di moneta sanza conio.

Ma perché siam digressi assai, ritorci
li occhi oramai verso la dritta strada,
sì che la via col tempo si raccorci.

Questa natura sì oltre s'ingrada
in numero, che mai non fu loquela
né concetto mortal che tanto vada;

e se tu guardi quel che si revela
per Danïel, vedrai che 'n sue migliaia
determinato numero si cela.

La prima luce, che tutta la raia,
per tanti modi in essa si recepe,
quanti son li splendori a chi s'appaia.

Onde, però che a l'atto che concepe
segue l'affetto, d'amar la dolcezza

diversamente in essa ferve e tepe. 141

Vedi l'eccelso omai e la larghezza
de l'etterno valor, poscia che tanti
speculi fatti s'ha in che si spezza, 144

uno manendo in sé come davanti»."

[578]"*4.1 Je t'en conjure devant Dieu et devant Jésus Christ, qui doit juger les vivants et les morts, et au nom de son apparition et de son royaume,*
4.2 prêche la parole, insiste en toute occasion, favorable ou non, reprends, censure, exhorte, avec toute douceur et en instruisant.
4.3 Car il viendra un temps où les hommes ne supporteront pas la saine doctrine; mais, ayant la démangeaison d'entendre des choses agréables, ils se donneront une foule de docteurs selon leurs propres désires,
4.4 détourneront l'oreille de la vérité, et se tourneront vers les fables.
4.5 Mais toi, sois sobre en toutes choses, supporte les souffrances, fais l'oeuvre d'un évangéliste, remplis bien ton ministère."

[579]Charles Sainte-Foi, *Sermons de Jean Tauler, le docteur illuminé: Dimanches et fêtes de l'année*, Paris, Poussielgue-Rusand, 1855, pp. 329-333.

[580]Saint Thomas d'Aquin, *Explication suivie des quatre Évangiles, par le Docteur angélique, saint Thomas d'Aquin, composée de manière à ne former qu'un seul texte appelé la Chaîne d'or*, Paris, L. Vivès, 1869, p. 78.

[581]Jacques Philippe Lallemant, *Entretiens du Docteur, au sujet des affaires présentes par rapport de la religion*, 1738, pp 171-173.

[582]Cassien, *Les Conferences de Cassien, traduites en françois par le sieur de Saligny, docteur en theologie [N. Fontaine]*, Lyon, Chez Jean-Mathieu Martin, et V. Carteron, 1687, pp. 296-298.

[583]http://www.beyond-the-pale.org.uk/Scrovegni2.jpg

[584]Louis Markos, *Heaven and Hell: Visions of the Afterlife in the Western Poetic Tradition*, Eugene (Orégon), Wipf and Stock Publishers, 2013, p. 84.

[585] http://en.wikipedia.org/wiki/File:Daemon.jpg

[586]http://en.wikipedia.org/wiki/Lust

[587]http://en.wikipedia.org/wiki/File:Jheronimus_Bosch_Table_of_the_Mortal_Sins_(Luxuria).jpg

[588]"*3. Wherefore Luke points out that the pedigree which traces the generation of our Lord back to Adam contains seventy-two generations, connecting the end with the beginning, and implying that it is He who has summed up in Himself all nations dispersed from Adam downwards, and all languages and generations of men, together with Adam himself. Hence also was Adam himself termed by Paul the figure of Him that was to come, Romans 5:14 because the Word, the Maker of all things, had formed beforehand for Himself the future dispensation of the human race, connected with the Son of God; God having predestined that the first man should be of an animal nature, with this view, that he might be saved by the spiritual One. For inasmuch as He had a pre-existence as a saving Being, it was necessary that what might be saved should also be called into existence, in order that the Being who saves should not exist in vain.*
4. In accordance with this design, Mary the Virgin is found obedient, saying, Behold the handmaid of the Lord; be it unto me according to your word. Luke 1:38 But Eve was disobedient; for she did not obey when as yet she was a virgin. And even as she, having indeed a husband, Adam, but being nevertheless as yet a virgin (for in Paradise they were both naked, and were not ashamed, Genesis 2:25 inasmuch as they, having been created a short time previously, had no understanding of the procreation of children: for it was necessary that they should first come to adult age, and then multiply from that time onward), having become disobedient, was made the cause of death, both to herself and to the entire human race; so also did Mary, having a man betrothed [to her], and being nevertheless a virgin, by yielding obedience, become the cause of salvation, both to herself and the whole human race. And on this account does the law term a woman betrothed to a man, the wife of him who had betrothed her, although she was as yet a virgin; thus indicating the back-reference from Mary to Eve, because what is joined together could not otherwise be put asunder than by inversion of the process by which these bonds of union had arisen; so that the former ties be

cancelled by the latter, that the latter may set the former again at liberty. And it has, in fact, happened that the first compact looses from the second tie, but that the second tie takes the position of the first which has been cancelled. For this reason did the Lord declare that the first should in truth be last, and the last first. Matthew 19:30, Matthew 20:16 And the prophet, too, indicates the same, saying, instead of fathers, children have been born unto you. For the Lord, having been born the First-begotten of the dead, Revelation 1:5 and receiving into His bosom the ancient fathers, has regenerated them into the life of God, He having been made Himself the beginning of those that live, as Adam became the beginning of those who die. 1 Corinthians 15:20-22 Wherefore also Luke, commencing the genealogy with the Lord, carried it back to Adam, indicating that it was He who regenerated them into the Gospel of life, and not they Him. And thus also it was that the knot of Eve's disobedience was loosed by the obedience of Mary. For what the virgin Eve had bound fast through unbelief, this did the virgin Mary set free through faith." (http://www.newadvent.org/fathers/0103322.htm)

[589]"*1. That the Lord then was manifestly coming to His own things, and was sustaining them by means of that creation which is supported by Himself, and was making a recapitulation of that disobedience which had occurred in connection with a tree, through the obedience which was [exhibited by Himself when He hung] upon a tree, [the effects] also of that deception being done away with, by which that virgin Eve, who was already espoused to a man, was unhappily misled—was happily announced, through means of the truth [spoken] by the angel to the Virgin Mary, who was [also espoused] to a man. For just as the former was led astray by the word of an angel, so that she fled from God when she had transgressed His word; so did the latter, by an angelic communication, receive the glad tidings that she should sustain (portaret) God, being obedient to His word. And if the former did disobey God, yet the latter was persuaded to be obedient to God, in order that the Virgin Mary might become the patroness (advocata) of the virgin Eve. And thus, as the human race fell into bondage to death by means of a virgin, so is it rescued by a virgin; virginal disobedience having been balanced in the opposite scale by virginal obedience. For in the same way the sin of the first created man (protoplasti) receives amendment by the correction of the First-begotten, and the coming of the serpent is conquered by the harmlessness of the dove, those bonds being unloosed by which we had been fast bound to death.*

2. The heretics being all unlearned and ignorant of God's arrangements, and not acquainted with that dispensation by which He took upon Him human nature (inscii ejus quæ; est secundum hominem dispensationis), inasmuch as they blind themselves with regard to the truth, do in fact speak against their own salvation. Some of them introduce another Father besides the Creator; some, again, say that the world and its substance was made by certain angels; certain others [maintain] that it was widely separated by Horos from him whom they represent as being the Father— that it sprang forth (floruisse) of itself, and from itself was born. Then, again, others [of them assert] that it obtained substance in those things which are contained by the Father, from defect and ignorance; others still, despise the advent of the Lord manifest [to the senses], for they do not admit His incarnation; while others, ignoring the arrangement [that He should be born] of a virgin, maintain that He was begotten by Joseph. And still further, some affirm that neither their soul nor their body can receive eternal life, but merely the inner man. Moreover, they will have it that this [inner man] is that which is the understanding (sensum) in them, and which they decree as being the only thing to ascend to the perfect. Others [maintain], as I have said in the first book, that while the soul is saved, their body does not participate in the salvation which comes from God; in which [book] I have also set forward the hypotheses of all these men, and in the second have pointed out their weakness and inconsistency." (http://www.newadvent.org/fathers/0103519.htm)

[590]"*(2) Adam, who was set up as ruler and governor over all the animals, was wiser than all the animals. He who set down names for them all is more clever than any of them. Just as Israel, without a veil, was unable to look upon the lace of Moses, neither were the animals able to look upon the splendor of Adam and Eve; when thc beasts passed before Adam and they received their names from him, they would cast their eyes downwards, for their eyes could not endure Adam's glory. Although the serpent was more clever than all the animals, before Adam and Eve, who were the rulers over the animals, it was a fool.*

16. After he spoke of the cleverness of the serpent, Moses turned to write about how that deceitful one came to Eve, saying, the serpent said to se woman, "Did God truly say, 'You shall not eat of any of the trees of Paradise?" As for the serpent's speech, either Adam understood the serpent's own mode of communication, or Satan spoke through it, or the serpent posed the question in his mind and speech was given to it, or Satan

sought from God that speech be given to the serpent for a short time. The words of the tempter would not have caused those two to be tempted to sin if their avarice had not been so helpful to the tempter. Even if the tempter had not come, the tree itself, by its beauty, would have caused them a great struggle due to their avarice. Their avarice then was the reason that they followed the counsel of the serpent. The avarice of Adam and Eve was far more injurious to them than the counsel of the serpent.

17. For [Moses] said, when the woman saw that the tree was good to eat and that it was a delight to the eyes, and that the tree was desirable to look at, she look of its fruit and she ate. Indeed, she was overcome by the beauty of the tree and by desire for its fruit. She was not overcome by the counsel that came into her ear; rather, she succumbed to the avarice that came from within herself.

(2) Because a commandment had been set down for those who were to he tempted, it was litting that the tempter come along soon after. Because God, in his goodness, had given Adam all that was in Paradise and all that was outside of Paradise, demanding nothing of him, either by reason of his being created or because of the glory with which God had clothed him." (Saint Ephrem the Syrian, *Selected Prose Works: Commentary on Genesis, Commentary on Exodus, Homily on Our Lord, Letter to Publius (The Fathers of the Church, Volume 91)*, Washington, The Catholic University of America Press CUA Press, 1994, pp. 107-109)

[591]*Ibid.*, pp. 116-119.

[592]*Ibid.*, p. 117 et le débat correspondant dans les notes 179-180 p. 117.

[593]Alors qu'Ève fut trompée par le serpent, Adam l'est par Ève, voir notre précédente, et Olympia Morata, *The Complete Writings of an Italian Heretic*, University of Chicago Press, 2007, p. XVI, la Renaissance identifie, notamment dans la lecture de Ludovico à Paramo, l'acte de désobéissance d'Adam et Ève et leur nudité consécutive avec une forme explicite d'hérésie, A.S. Turberville, *Medieval Heresy and the Inquisition*, Bangor, Indo-European Publishing, 2014, p. 107.

[594]Vita Daphna Arbel, *Forming Femininity in Antiquity: Eve, Gender, and Ideologies in the Greek Life of Adam and Eve*, Oxford University Press, 2012, p. 48. La traduction de la phrase est nôtre.

[595]Même s'il est sauvé par le sacrifice divin ("*Enfer*", Chant IV «- *Dis-moi, mon Maître, dis-moi, Seigneur, commençai-je, voulant être certain de cette foi qui vainc toute erreur: aucun jamais, par ses mérites ou les mérites d'autrui, sortit-il d'ici pour être heureux ensuite? Et lui, qui comprit mon parler couvert, répondit: «J'étais nouveau en ce lieu, lorsque j'y vis venir un Puissant, couronné du signe de la victoire. Il en tira l'ombre du premier père, d'Abel son fils, celle de Noé et celle de Moïse, législateur et obéissant; Le patriarche Abraham et le roi David; Israël, et son père et ses enfants, et Rachel pour qui tant il fit; Et beaucoup d'autres, et les fit heureux; et je veux que tu saches qu'auparavant les âmes humaines n'étaient pas sauvées.»»*), son Péché reste, évidemment, central: voir les Chants du "*Paradis*":

Chant VII «En né supportant pas que, pour son bien, la vertu qui veut, eût un frein, cet homme qui point ne naquit, se perdant, perdit toute sa race: d'où infirme l'humaine espèce demeurera, durant beaucoup de siècles, gisante dans une grande erreur, jusqu'à ce qu'il plut au Verbe de Dieu de descendre, il unit à soi personnellement la nature qui de son Créateur s'était éloignée par l'acte seul de son éternel amour.»

Chant XIII «*Tu crois que, dans la poitrine d'où fut tirée la côte pour former la belle bouche dont le palais au monde entier coûta si cher, et dans celle qui, percée de la lance, et avant et après tant satisfit,que dans la balance elle pesa plus qu'aucune faute, tout ce qu'à l'humaine nature il est permis de posséder de lumière, fut infus par cette puissance qui forma l'une et l'autre; [...].*»

Chant XXVI «*[...] plein d'étonnement, je demandai ce qu'était une quatrième lumière que je vis avec nous. Et ma Dame: «Au dedans de ces rayons contemple avec amour son créateur la première âme que créa jamais la première vertu.»*»

Chant XXVII «*Devant mes yeux se tenaient les quatre flambeaux allumés, et celui qui le premier était venu commença à se faire plus brillant; et en sa semblance il devint tel que deviendrait Jupiter, si lui et Mars étaient des oiseaux, et qu'ils échangeassent leurs pennes.*»

Chant XXXII «*[...] près de l'autre, ce chef sous qui vécut de manne le peuplé ingrat, mobile et contredisant. Devant Pierre vois Anne assise, si heureuse de contempler sa fille qu'elle ne meut pas les yeux pour chanter hosanna. Et, devant l'antique père de famille, est assise Lucia, que mut ta Dame, quand pour descendre tu abaissas les yeux.*»

[596]Pietro Selvatico, "*Visita di Dante a Giotto nell'Oratorio degli Scrovegni*", *Dante e Padova, studj storico-critici*, Padoue, Saccheto, 1865, pp. 101-192.

[597] Anne Larue, "*A rebours, roman de la chute acédiaste?*", *Joris-Karl Huysmans - CRIN 42-2003*, Amsterdam, 2003, Rodopi, p. 43.

[598]http://jesusmarie.free.fr/elus_f_x_godts.html

[599]Voir Luca Pacioli, *La divina proporción*, Madrid, AKAL, 1991.

[600] ""*Catherine d'Alexandrie (SAINTE), tableau de B. Luini, à la pinacothèque de Munich. La sainte, représentée de face, à mi-corps, accoudée sur la roue, instrument de son martyre, est richement costumée à la mode milanaise du XVIe siècle. Son visage charmant, qu'anime un délicieux sourire dont Luini semble avoir dérobé le secret à la Joconde de Léonard de Vinci, est encadré par une chevelure soyeuse, divisée en boucles légères dont deux se joignent et se nouent sous le menton.* ***Sa robe, décolletée et échancrée sur la poitrine****, est bordée, autour du col et aux manches, de perles et de pierreries. Sa main droite tient une palme;* ***la gauche est levée et montre le ciel****. Cette gracieuse figure se détache sur un fond de paysage accidenté où l'on distingue quelques fabriques. Le tableau, peint sur bois, a été lithograpnié dans la Galerie de Munich publiée pur M. Piloty.*

Calherine d'Alexandrie (REPRÉSENTATIONS DIVERSES DU MARIAGE DE SAINTE). Il est peu de sujets qui aient eu plus souvent les honneurs de la peinture que les noces mystiques de sainte Catherine avec l'Enfant Jésus. Sainte Catherine d'Alexandrie pouvant prétendre, par sa naissance, au plus brillant mariage, ne voulut avoir d'autre époux que le Sauveur. ***Plusieurs peintres ont cru que la légende se rapportait à sainte Catherine de Sienne, et bien des biographes sont de leur avis****, affirmant que la sainte se vanta d'être en commerce direct avec Jésus. C'est sainte Catherine de Sienne que Fra Bartolommeo a placée dans son beau tableau du Louvre, que nous décrivons ci-après; l'artiste, qui était dominicain, devait naturellement préférer l'opinion qui attribuait a une religieuse de son ordre l'honneur d'avoir épousé mystiquemeut le Christ, Le Corrége et la plupart des autres peintres ont pris soin de désigner la fiancée de Jésus par les attributs de son martyre: la roue brisée, l'épée et la palme. Le Calabrese n'a pas manqué de représenter ces fiançailles mystiques dans la série de tableaux qu'il a consacrés à peindre la Vie de sainte Catherine d'Alexandrie, dans l'église de San-Pietro-a-Majella, à Naples. Parmi les innombrables compositions que ce gracieux sujet a inspirées aux artistes des diverses écoles, nous nous contenterons de citer les suivantes:*

Tableaux du Corrége, de Huns Memling, de Paul Véronèse, du Pordenone, de C. Maratte (v. la description ci-après). — Tableau d'Orazio di Domenico Alfani, au Louvre: sainte Catherine d'Alexandrie, appuyée sur un fragment de roue et tenant une palme, est agenouillée au pied du trône occupé par la Vierge et le Bambino. Saint Antoine de Padoue, tenant une branche de lis d'une main et un cœur de l'autre, et saint François d'Assise, portant un livre et un crucifix, sont debout de chaque côté du trône. — Tableau d'Alexandre Véronèse, au Louvre: la sainte, debout et vue de profil, appuie une main sur la roue et présente l'autre à l'Enfant. Cet ouvrage, qui a fait partie de la collection de Mazarin, a été gravé par Scotin. — Tableau d'un artiste inconnu de l'école siennoîse (XIVe siècle), au musée Napoléon III (numéro 51): des anges et des saints entourent le trône de la Vierge; la sainte est agenouillée devant l'Enfant Jésus, ***qui lui met l'anneau au doigt****. - Autre tableau du même musée (numéro 55) et de la même école:* ***la Madone tient la main de sainte Catherine et la rapproche de celle de Jésus****; plusieurs anges entourent la composition. - Plat en faïence du musée de Cluny, fabriqué à Fuenza, au XVIe siècle: la fiancée est sainte Catherine d'Alexandrie.*

Tableau d'Alessandro Tiarini, à la pinacothèque de Bologne: ***le Bambino montre l'anneau à sa mère****; celle-ci prend la main de la mariée, qui semble fort timide. Le fragment de roue que porte un ange ne laisse pas de doute sur le nom de la sainte. Un autre ange porte la tour de sainte Barbe,* ***et un troisième tire par une chaîne le monstre dompté par sainte Marguerite****; on ne voit de ces deux saintes que les têtes dans l'ombre. Saint Joseph est assis au pied du trône de la Madone, dans une attitude méditative. Au fond, une arcade s'ouvre sur un paysage. - Tableau de Pompeo Battoni, au Quirinal: figures très gracieuses. - Tableau de Scipione Pulzone, au palais Doria, à Rome. - Tableau de Beltrafilo. au musée de Turin: têtes charmantes; joli effet de lumière. - Tableau de Filippino Lippi, dans l'église de Saint-Dominique, à Bologne: auprès de la sainte, on voit saint Paul, saint Sébastien, saint Jean-Baptiste et un autre saint. Cette peinture, qui, au dire de Vasarî, mérite les plus grands éloges, porte l'inscription suivante:*

OPVS PHILIPPINI FLOR. ICT. A. D. MCCCCI.

Elle a été restaurée avec soin, il y a quelques années. - Tableau de Giovanni Manozzi, au musée des Offices: il n'y a ici que trois personnages, la Vierge, le Bambino et sainte Catherine.

Tableau d'Abraham van Diepenbeck, au musée de Berlin: Jésus, debout sur sa mère, ***met l'anneau au doigt de sainte Catherine****, agenouillée; saint Joseph, saint François et le petit saint Jean, avec son agneau, sont les témoins du mariage mystique. Ce tableau, exécuté dans le style de Rubens, offre une belle lumière et une grande fraîcheur de coloris; les enfants sont bien modelés; les deux femmes sont des Flamandes. Bonnes draperies; fond d'architecture. - Tableau de Dietrich, au musée de Berlin: près du groupe formé par la Madone, le Bambino et la sainte,* ***un ange tient le glaive et la roue****, instrument du martyre de Catherine d'Alexandrie,* ***et deux autres anges*** *répandent des fleurs. Peinture médiocre. - Tableau de Girolamo Mazzuola, au musée de Berlin: le petit saint Jean, saint Paul,* ***sainte Barbe*** *et un saint évêque assistent au mariage;* ***dans le fond, trois anges soulèvent un rideau****. - Tableau de Thomas Willebords, au musée de Berlin: la sainte a un vêtement de couleur très-sombre. Fond d'architecture, avec échappée sur la campagne. "Bonne peinture, dit M. Waagen." -Tableau de Lorenzo Lotto, au musée de Munich: La Vierge, de face, la tête baissée, nous offre un visage insignifiant, dit M. Lavice; sainte Catherine, à genoux, n'est pas plus attrayante avec ses deux mentons et le profil coupé en deux par les cordons de su ferronnière; Jésus, debout sur sa mère, se levé d'une façon peu gracieuse* ***pour poser la bague****; saint Joseph regarde cette scène avec un mouvement de bouche dédaigneux. Coloris vif, dessin sec. M. Viardot dit de cette peinture qu'elle est "très-finement touchée, mais dure et ferme pour un Vénitien," et qu'on y reconnaît le style de Bellini, dont Lotto fut l'élève plutôt que celui du Giorgione, dont il se fit plus tard l'imitateur. - Tableau de Van Dyck, vendu 2,000 livres à la vente de la collection de Vauge, en 1784. - Tableau du Cortone, au Belvédère, à Vienne: trois figures seulement, vues jusqu'aux genoux; la meilleure est celle de l'Enfant Jésus; les têtes des femmes sont rondes et sans caractère. Fond de paysage. - Tableau de Lucas Cranach, au Belvédère: la Vierge, assise sous un arbre, tient sur ses genoux* ***le Bambino, qui met l'anneau au doigt de la sainte****, assise devant lui. A côté de la Madone est sainte Rosalie, qui embrasse affectueusement Jésus et lui présente une petite corbeille pleine de roses. Derrière elle se tiennent deux autres saintes: l'une, priant;* ***l'autre, offrant à l'Enfant une grappe de raisin rouge sur un linge blanc****. On aperçoit dans le lointain des rochers escarpés et de hautes montagnes, sur l'une desquelles* ***est un château fort****. Les figures, vues jusqu'aux genoux, sont d'un style peu élégant; mais elles ont des expressions naïves et vraies. - Tableau de Domenico Feti, au Belvédère: le mariage a lieu en présence de saint Pierre le dominicain, et de saint Dominique, tenant un lis; tous deux debout. Figures de grandeur naturelle, peintes avec beaucoup de vigueur, dans le style du Caravage. - Petit tableau sur cuivre de Mathieu Gondolach (1614), au Belvédère: la Vierge, assise sur un trône élevé, tient sur ses genoux le Bambino,* ***qui montre une bague d'or à sainte Catherine****, agenouillée devant lui, et prête à lui baiser le pied. De chaque coté du trône sont: saint Mathias, ayant un livre à la main, et sainte Hélène, portant une croix; ce sont les portraits de l'empereur Mathias et de l'impératrice Anne, sa femme. En arrière, d'autres saints sont debout; au ciel est une gloire d'anges. La peinture a poussé au noir. - Tableau de Giovanni-Giacomo Sepoenti, au Belvédère: Marie tient par les épaules la sainte, agenouillée, derrière laquelle un grand séraphin est debout. De jolis petits anges regardent la scène du haut du ciel. Le profil de la fiancée est charmant. -Tableau de Giulio Cesare Procaccini, galerie Lichtenstein, à Vienne: la sainte, fort jolie, baisse la tête en souriant;* ***deux grands anges assistent au mariage****.*

Tableau du Parmesan, dans la galerie de lord Stafford, à Londres: ***la sainte présente une de ses mains à l'Enfant, qui lui met au doigt l'anneau nuptial****, et elle appuie l'autre sur une table, près de laquelle est la roue garnie de dents de fer, instrument de son supplice. Saint Joseph est placé près de la Vierge. Ce tableau, qui a fait partie de la galerie Borghèse, a été gravé par Agar, dans le recueil intitulé: British Gallery. Il existe des compositions semblables du Parmesan, dans la galerie de lord Grosvenor, à Londres, et au musée de l'Ermitage, à Saint-Pétersbourg. Le Louvre en a une qui a été attribuée a Niccolo dell Abate, mais que M. Villot croit être une copie du Parmesan exécutée par un élève de ce maître. - Tableau de l'Ortolano, au musée de Dresde: les personnages sont les mêmes que dans la composition du Parmesan. - Tableau de Polydore Lanzani, au musée de Dresde: la sainte s'approche du petit Jésus,* ***qui lui tend une couronne de mariée****; derrière le trône de la Vierge, un ange soulève un rideau. Fond de paysage. Saint Joseph présente à Jésus un enfant que tient un personnage agenouillé, sans doute le donateur du tableau. - Tableau d'Andréa del Sarto, au musée de Dresde: les témoins du mariage mystique sont* ***sainte Marguerite, qui a pour attribut le monstre qu'elle a subjugué****, et* ***le petit saint Jean****, tenant son agneau par le cou.*

Tableau de Murillo placé au-dessus du maître-autel de l'église des Capucins, à Cadix: sainte Catherine d'Alexandrie, ayant derrière elle deux grands anges, est agenouillée devant le divin Bambino, qui s apprête à

lui ***mettre au doigt l'anneau nuptial. Trois autres séraphins*** *se tiennent derrière la Madone, qui se penche un peu en avant pour regarder la jolie fiancée.* ***Deux chérubins folâtrent au pied du trône; deux autres, dans les airs,*** *tiennent l'un la couronne, l'autre la palme du martyre de la sainte. "Cette grande toile serait d'un magnifique effet, dit M. Lavice, si le temps ne lui avait point enlevé une partie de son coloris. Ainsi, une place plus blanche sur le front de Marie détruit l'illusion qu'a dû produire son beau visage." - Tableau de Matteo Cerezo, au musée de Madrid: les figures, au nombre desquelles se trouve* ***le petit saint Jean****, avec son mouton, manquent de noblesse. - Tableau de Coello, au musée de Madrid: Jésus, debout sur les genoux de sa mère, se penche vers sainte Catherine, qui lui baise un pied; la Madone porte une grande couronne d'or;* ***les anges qui assistent à l'union mystique*** *ressemblent à de jeunes filles. Cette peinture est exécutée sur liège. - Tableau de Jordaens, au musée de Madrid: la tête de la sainte est magnifique. - Tableau de Palma le jeune, même musée: la scène se passe dans un riant paysage, sous un arbre. Jésus, appuyé sur l'épaule* ***du petit saint Jean****, se tourne en souriant vers sainte Catherine et* ***lui tend l'anneau mystique****; son corps est gracieusement posé et bien modelé; sa tête, offrant un léger raccourci, est délicieuse. La Madone et la sainte sont de jolies blondes, dont la fraîcheur et la jeunesse ont pour contraste la figure décrépite de sainte Elisabeth. A droite, saint Joseph regarde la belle fiancée. - Tableau de Sébastien Bourdon, au musée d'Amsterdam. - Compositions diverses, gravées par Daniel Hopfer, par Badalocchio; par Michel-Ange del Moro, d'après le Parmesan; par Michel Natalis et par Sandrardt, d'après Séb. Bourdon; par Pierre de Jode, d'après le Titien; par Ang. Kauffmann, d'après le Corrège; par Lasinio, d'après Simone Pignone: par H.-S. Lautensack; par Robert Nanteuil et N. Regnesson; par Michel Corneille, d'après Louis Carrache; par Cornelis Cort, d'après le Corrège; par le Biscaino, etc.*

Catherine d'Alexandrie (MARIAGE MYSTIQUE DE SAINTE), chef-d'œuvre du CorrÈge; musée du Louvre. La sainte, les yeux timidement baissés, s'appuie de la main gauche sur la roue brisée, dans laquelle est passée une épée, et ***elle tend la main droite à l'Enfant Jésus****. Celui-ci, assis sur les genoux de sa mère et* ***tenant l'anneau mystique****, touche et examine avec une attention naïve le doigt que lui présente sa fiancée. La Vierge, aussi jeune et aussi jolie que Catherine, prend la main de cette dernière et semble diriger l'action de son fils. Debout derrière Catherine, saint Sébastien, une flèche a la main, contemple d'un air de joie et de complaisance les divines fiançailles. Dans le fond se déroule un vaste paysage: a gauche, près d'un édifice antique, saint Sébastien est percé de flèches par des soldats; plus loin, à droite, sainte Catherine est agenouillée à côté d'un bûcher. On ne sait ce qu'il faut le plus admirer, dans ce tableau, de la grâce exquise des figures, de la suavité de l'expression, de la richesse et de l'harmonie de la couleur. On croit que c'est de ce chef-d'œuvre que parle Vasari dons la Vie de Girolamo Carpi; «Ce dernier, dit-il, étant arrivé à Modène, resta émerveillé a la vue des tableaux du Corrège: l'un d'eux surtout le frappa; ce fut ce grand tableau, ouvrage divin, qui représente la Vierge avec l'Enfant Jésus s'unissant à sainte Catherine, saint Sébastien et d'autres figures avec des airs de tète si admirables qu'elles semblent faites dans le paradis. Il est impossible de voir de plus beaux cheveux, de plus belles mains et un coloris plus charmant, plus naturel. Ce tableau était en la possession du docteur Grilenzoni, grand ami du Corrège. Girolamo Carpi, ayant obtenu la permission de le copier, s'acquitta de cette tâche avec tout le soin et toute l'habileté possibles.» L'ouvrage passa ensuite, par l'entremise du cardinal Luigi d'Esté, des mains de Grilenzoni dans celles de la comtesse Santa-Fiora, qui le laissa a sa famille. En 1614, il se trouvait chez le cardinal Sforza, à Rome, comme nous l'apprend une note marginale de l'exemplaire de Vasari qui est dans la bibliothèque Corsini. Vers 1650, il fut apporté en France par le cardinal Antonio Barberini, qui le donna à Mazarin. Il figure sur l'inventaire de ce dernier avec l'estimation de 15,000 livres, et il fut acquis des héritiers par Louis XIV. Il existe, d'ailleurs, plusieurs répétitions ou copies de cette peinture. Une des plus célèbres, que quelques connaisseurs considèrent même comme l'œuvre originale, se voit au musée de Naples: la composition offre toutefois de notables différences; on n'y retrouve pas la figure de saint Sébastien; la sainte a pour attribut la palme, outre la roue brisée et l'épée; le Bambino, au Lieu d'examiner la main de sa fiancée, lève ses yeux vers la Madone, comme pour lui demander son adhésion. L'exécution vaut, d'ailleurs, celle du tableau du Louvre. On cite encore un Mariage de sainte Catherine, du Corrège, au musée de l'Ermitage; un autre au palais de Buckingham, à Londres, provenant de la collection de Charles Ier. Il est question dans Lanzi de deux compositions entièrement conformes sur le même sujet, dont l'une se trouvait, du temps de cet écrivain, à Capomonte (Italie), et l'autre dans la collection du comte de Brulh: Lanzi ajoute qu'on lisait sur ce dernier ouvrage la date de 1517. Il a été fait, du reste, d'innombrables copies du tableau de Naples et de celui du Louvre; celui-*

ci a été gravé plusieurs fois, notamment par Etienne Picart, par Giovanni Folo, dans le Musée royal, par Lorichon. et tout récemment, d'une façon très-remarquable, par M. Henriquel-Dupont.
Catherine (LE MARIAGE DE SAINTE), tableau de Paul Véronèse, au musée du Belvédère, à Vienne. Paul Véronèse a traité plusieurs fois ce sujet mystique. La composition du Belvédère représente la Vierge assise sur un trône, tenant l'Enfant Jésus, ***qui met l'anneau nuptial au doigt de sainte Catherine*** *agenouillée devant lui. L'ange Gabriel, un lis à la main, soutient la sainte par le bras. A gauche, sainte Agnès à genoux tient une branche de palmier; son agneau est couché près d'elle. Cette toile, qui n a pas plus de 0m.80 de largeur sur 0m.70 environ de hauteur, est peinte avec beaucoup de vigueur; les draperies sont fort belles; quelques parties ont malheureusement noirci. La galerie Lichtenstein, à Vienne, possède aussi un Mariage de sainte Catherine, peint en petites proportions par le Véronèse: Jésus et la sainte se penchent l'un vers l'autre de façon que leurs bouches se touchent presque. "Le visage levé de l'Enfant, dit M. Lavice, et celui baissé et à demi éclairé de la Vierge sont charmants." Sainte Anne et saint Joseph se tiennent par derrière dans l'ombre. A gauche, une gloire d'anges se détache sur un tond jaune. - Une jolie petite esquisse du musée de Francfort nous montre la Vierge et l'Enfant sur un trône élevé, adossé à une colonne; neuf grands anges les entourent, et d'autres plus petits volent dans l'espace. La sainte a son costume de reine. La galerie Durazzo, à Gênes, et la National Gallery de Londres possèdent des compositions analogues à celles que nous venons de décrire. Un chef-d'œuvre du Véronèse est le tableau du musée des Offices (Florence): il représente la sainte debout, regardant avec amour celui à qui elle vient de s'unir par un mariage mystique, ce qu'indique l'anneau passé à son doigt. Le petit saint Jean baise un pied du Bambino, qui est placé sur les genoux de Marie. Saint Joseph est à gauche dans l'ombre; on ne distingue plus que sa tète chauve.*
Catherine d'Alexandrie (LE MARIAGE MYSTIQUE De SAINTE), chef-d'œuvre de Memling; à l'hôpital Saint-Jean, à Bruges. Ce tableau est en forme de triptyque. Dans la composition centrale, la Vierge, tenant dans ses bras l'Enfant Jésus, est assise sous un dais orné d'une riche tapisserie. Deux anges soutiennent gracieusement une couronne au-dessus de sa tête. A droite, sainte Catherine, en costume de princesse, est agenouillée: son visage, d'une douceur infinie, a une admirable expression de chasteté et d'humilité. L'Enfant Jésus se penche vers elle et ***lui met au doigt l'anneau nuptial****. Derrière la sainte,* ***un ange, d'une physionomie charmante****, touche de 1'orgue et célèbre les fiançailles par des chants de joie; plus loin se tient saint Jean-Baptiste avec son agneau. A la gauche de la Vierge, sainte Barbe est à genoux,* ***lisant avec une grande attention; derrière elle, un ange tient un livre ouvert****; plus au fond, on voit saint Jean l'Evangéliste, jeune et d'une physionomie douce et pensive. A travers les arcades ogivales qui s'ouvrent aux deux côtés du trône, on découvre un ravissant paysage où s'élèvent plusieurs édifices, parmi lesquels un amphithéâtre, et où sont représentées d'une façon très-pittoresque quelques scènes de la vie des deux saints Jean. Memling a fait figurer deux fois dans ce tableau son ami le frère Jean Floreins, jaugeur public de Bruges, qui, à ce que l'on croit, lui avait commandé cet ouvrage; il nous le montre une première fois, dans son costume de frère, derrière sainte Barbe, et il l'a représenté un peu plus loin la jauge à la main, entouré de tonneaux, près d'une grue qui a servi à les décharger. Le volet de droite représente divers épisodes de la vie de saint Jean-Baptiste: la prédication dans le désert, la décollation, Salomé recevant la tête du saint dans un plat, le festin d'Hérode et d'Hérodiade, etc. Dans le volet de gauche sont retracées les principales scènes de la vie de saint Jean l'Evangéliste: la vision dans l'île de Pathmos, le martyre, etc.; toute cette composition est merveilleuse, autant par la délicatesse de l'exécution que par la grandeur et la poésie fantastique du sujet. A l'extérieur des volets sont peints les portraits de Jacques de Keuninck et d'Antoine Seghers, l'un maître directeur, l'autre boursier de l'hospice, contemplant leurs patrons respectifs, saint Jacques de Compostelle et saint Antoine l'Ermite. On y voit aussi les portraits d'Agnès Cazembrood, supérieure, et de Claire van Hultem, avec leurs patronnes, sainte Agnès et sainte Claire; ces figures de religieux et de religieuses, peintes avec une naïveté exquise, respirent la ferveur, la piété la plus tendre, et contrastent par leur réalité avec les figures idéales des saints patrons. D'après la place qu'elles occupent dans le triptyque, il y a tout lieu de croire que Memling peignit ce chef-d'œuvre à la demande de la communauté entière de l'hospice, et non pas seulement, comme on l'a dit, pour le frère Floreins. Le tableau est signé: Opus Johannis Memling anno MCCCCLXXIX; mais cette signature est apocryphe. M. Waagen pense que l'ouvrage a dû être exécuté vers 1486. Voici, sur ce chef-d'œuvre, le jugement porté par MM. Crowe et Cavalcaselle (les Anciens peintres flamands): "Le Mariage mystique a peut-être le défaut d'être trop symétrique. Le groupe de la Vierge et de l'Enfant est ravissant, et la figure de Jésus la plus belle qu'ait jamais peinte Memling. La douce résignation des deux saints Jean contribue à donner au tableau tout entier un effet vraiment admirable.*

Cependant, on ne peut s'empêcher de remarquer la forme trop allongée du col et du visage de la Vierge et des saints qui l'entourent, ainsi qu'une sorte de roideur dans quelques-unes des figures. Il est a regretter que l'ange jouant de l'orgue ait été retouché, depuis l'époque de Memling, car si l'on n'y apercevait quelques fautes modernes, on pourrait dire que cette figure atteint la perfection, tant les traits en sont expressifs et extraordinairement beaux. La magnifique tête de saint Jean-Baptiste est un exemple de l'attention et du soin que mettait le peintre à suivre la nature. Il est fâcheux cependant que l'effet général de son attitude grave et pensive soit un peu gâté par les épisodes nombreux qui remplissent l'espace derrière lui. Néanmoins, si l'on examine ces sujets isolément, ils prouvent combien le peintre était habile et heureux dans le fini qu'il savait donner aux petites figures. Hérodias, dansant devant Hérode, l'un de ces épisodes, est un charmant tableau par lui-même; mais, à l'endroit qu'il occupe, il nuit a l'intérêt général et fatigue l'œil. Dans le volet sur lequel est représentée la Vision de Pathmos, la faute dont nous parlons est moins sensible, mais de maladroites restaurations ont détruit l'avant-plan, l'eau et une partie du ciel. Les peintres d'aujourd'hui pourraient étudier avec avantage le ton harmonieux, doux et vrai que Memling a su donner à son coloris. On oublie presque le défaut inhérent au maître, le manque de clair-obscur et le trop peu d'épaisseur de la couleur." Les réparations faites a la surface intérieure de ce tableau ne sont rien en comparaison de ce qu'a souffert l'extérieur. Non seulement le cadre a été repeint en noir, avec addition d'une signature apocryphe, mais les figures des donateurs et de leurs saints patrons ont été nettoyées et retouchées d'une manière déplorable.

Catherine d'Alexandrie (LE MARIAGE DE SAINTE), tableau de Memling, collection de M. Gatteaux (Paris). La Vierge, vêtue de bleu, cheveux blonds flottant sur le cou, tient sur ses genoux le Bambino, entièrement nu, qui passe un anneau au doigt de sainte Catherine. Celle-ci a un costume de la plus grande richesse, comme il convient à la fiancée mystique d'un Dieu: corsage rouge fourré d'hermine, jupe de brocart jaune a grands ramages noirs. Cinq autres saintes entourent la Madone: à gauche, derrière sainte Catherine, sainte Agnès avec son agneau et sainte Cécile jouant de la harpe; à droite, sainte Barbe tenant un livre ouvert, sainte Marguerite avec le dragon et sainte Agathe ayant à la main un bassin où sont les seins que lui ont arrachés les bourreaux. Trois anges contemplent, du haut du ciel, la sainte assemblée, derrière laquelle s'étend un riant paysage terminé par des montagnes bleuâtres. "Toute cette œuvre, d'une délicatesse d'exécution et d'une vigueur de coloris extraordinaires, respire une poésie profonde, a dit M. Chaumelin (Revue moderne); les figures ont une noblesse et une grâce exquises." Ce délicieux petit tableau, dont quelques connaisseurs contestent l'attribution à Memling, a figuré à l'exposition rétrospective de 1866, au palais de l'Industrie.

Catherine (LE MARIAGE DE SAINTE), tableau de Carie Maratte, au Louvre. La sainte, vue de profil, richement parée et la tête coiffée d'une couronne royale, est agenouillée sur les nuages; elle présente sa main au divin Bambino, qui se dispose ***à lui mettre au doigt l'anneau nuptial*** *et qui la regarde avec un charmant sourire. La Vierge, par un mouvement plein de grâce, appuie sa main sur l'épaule de sainte Catherine, qu'elle semble vouloir encourager à s'approcher de son époux mystique.* ***Deux anges et deux chérubins*** *contemplent joyeusement cette scène. Ce tableau, qui de la collection du prince de Carignan est passé dans celle de Louis XV, a été gravé par Vendrami dans le Musée français et par M. Pirodon dans L'Histoire des peintres; il a été reproduit également dans les ouvrages de Landon et de Filhol.*

Catherine (LE MARIAGE DE SAINTE), fresque du Pordenone, dans l'église de Santa-Maria di Campagna, à Plaisance. L'Enfant Jésus se penche vers la sainte, avec une grâce inexprimable, ***pour lui offrir d'une main l'anneau nuptial et la ceinture dorée****, tandis que de l'autre main il semble se retenir à un voile qui tombe des épaules de sa mère. Saint Pierre et saint Paul sont les témoins de l'union mystique. Au bas du tableau sont groupés trois enfants qui soutiennent un violoncelle. "Toutes ces figures, dit M. Charles Blanc, s'enlèvent sur le fond d'une manière si prestigieuse qu'elles semblent ne pas tenir à la muraille. Le temps a respecté cette peinture digne des grands maîtres. Malheureusement, il a été permis à un vandale de mutiler une des figures pour faire place à une pierre sépulcrale." Le Pordenone exécuta cette belle fresque en 1519; on croit qu'il a peint le portrait de sa seconde femme dans la personne de la Vierge, et qu'il s'est peint lui-même sous les traits de saint Paul. Canova, dit-on, ne pouvait se lasser de contempler le Mariage de sainte Catherine, quand il venait à Plaisance.*

Catherine d'Alexandrie confessant la foi chrétienne *(SAINTE), tableau de M. Gendron; église de Saint-Gervais, à Paris. La scène se passe dans un temple de Jupiter.* ***La sainte, vêtue de blanc et ayant à la main une croix qu'elle montre à ses juges, se tient debout à l'extrémité d'une table autour de laquelle sont réunis les philosophes ou docteurs païens****. L'empereur Maximin, assis à gauche, préside à l'interrogatoire;*

près de lui est nonchalamment étendu à terre un jeune nègre agitant un éventail de plumes. Le jour vient d'en haut. On aperçoit, dans le fond du temple, la statue du dieu, à demi cachée par une barrière. Les différents personnages sont habilement groupés, et il y a de la vérité dans leurs attitudes. ***Les philosophes écoutent avec recueillement la jeune vierge****. Celle-ci parle avec une noble assurance, et elle a dans sa tournure la grâce et la simplicité d'une statue. La peinture est sobre de détails, largement et vigoureusement accusée. C'est une des meilleures productions de M. Gendron.*

Catherine (LE MARTYRE DE SAINTE), tableau de Gaudenzio Ferrari, au musée Brera, à Milan. La sainte est nue jusqu'à la ceinture; ses longs cheveux couvrent en partie sa poitrine, et un manteau rouge cache le bas de son corps. Les yeux levés vers le ciel, les mains tendues dans l'attitude de la prière, elle est agenouillée entre deux roues armées de pointes, que deux bourreaux s'apprêtent à faire mouvoir au moyen d'une manivelle. D'autres bourreaux et des soldats sont placés au deuxième plan, au bas d'une estrade sur laquelle siège le proconsul, entouré de ses officiers et de ses licteurs. Ces divers personnages regardent avec stupeur un ange qui se précipite du haut du ciel, un glaive à la main, pour dégager la sainte. Les bourreaux sont saisis d'effroi, et deux soldats lèvent leur bouclier au-dessus de leur tête pour se protéger contre les coups du glaive. Tout à fait au fond, trois charmantes femmes, placées dans une espèce de tribune supportée par des colonnes, se penchent pour voir le supplice. "Tout ce tableau, dit M. Charles Blanc, est d'une étonnante exécution; c'est une peinture serrée, précise, violente: une fanfare de tons éclatants. Pas de perspective: les fonds sont aussi faits que les devants. Le tableau semble peint d'hier, et peint à l'emporte-pièce. Gaudenzio a fait de la couleur à outrance: si c'était un chanteur, on dirait qu'il a donné son ut de poitrine." Selon M. Lavice [Musées d'Italie), "il y aurait bien quelque chose à dire quant a la disposition trop symétrique des acteurs et a la surélévation des derniers plans; mais si l'ensemble laisse à désirer, chaque figure, prise isolément, est bien traitée. La sainte à genoux, l'ange et le magistrat romain sont surtout fort beaux et bien éclairés." Cette composition, qui est certainement une des meilleures de Gaudenzio Ferrari, a été gravée par M. Delangle dans L'Histoire des peintres de toutes les écoles." (Pierre Larousse, *Grand dictionnaire universel du XIXe siècle*, 1867, T. III, pp. 584-585) Les gras sont nôtres.

[601]Jeanne d'Arc elle-même, dans ses visions mystique, verra, à côté des archanges Gabriel et Michel, qu'elle portera comme étendards, Sainte Catherine, confirmant, par là même, encore son importance pour l'époque. "*Le 27 février 1430 (traduction du latin): "Interrogée si, lorsqu'elle vint à Orléans, elle avait une enseigne, en français estandard ou bannière, et de quelle couleur il était, elle répond qu'elle avait une enseigne dont le champ était semé de lys, et il y avait là le monde figuré et deux anges sur les côtés, et il était de couleur blanche, de toile blanche ou boucassin, et étaient là ces devises: Jhésus Maria, ainsi qu'il lui semble, et les franges étaient de soie".-Le 17 mars, dans l'après-midi (minute en français): "Interroguee se ses deux angelz qui estoyent painctz en son estandard representoyent sainct Michiel et sainct Gabriel: respond qu'ils n'y estoient fors seulement pour l'onneur de Nostre Seigneur, qui estoit figuré tenant le monde. Interroguee se ces deux angles, qui estoient figurés en l'estaindart estoient les deux angles qui gardent le monde, et pourquoy il n'y en avoit plus, veu qu'il luy estoit commandé par Nostre Seigneur qu'elle painst cel estaindard: respond tout l'estaindard estoit commandé par Nostre Seigneur, par les voix de sainctes Katherine et Marguerite qui luy dirent: pren l'estaindart de par le roy du Ciel, et pour ce qu'ilz luy dirent: pren l'estaindard de par le roy du Ciel elle y fist faire celle figure de nostre Seigneur et de deux angles et de couleur et tout le fist par leur commandement".*" (http://fr.wikipedia.org/wiki/Jeanne_d'Arc, note 70) De fait: "*She identified these visions as St. Catherine [of Alexandria], St. Margaret [of Antioch], the Archangel Michael, occasionally Gabriel, and large groups of angels on some occasions. Various authors have speculated on the significance of these personages. The only one with a definite relevance to the military situation would be the Archangel Michael, who had been chosen in 1422 as one of the patron saints of the French Royal army (with Saint Denis) and had long served as patron of the fortified island of Mont-Saint-Michel, which had withstood an ongoing siege or blockade since 1418 and would successfully resist continued English efforts until the truce of 1444 finally brought a respite.*" (http://archive.joan-of-arc.org/joanofarc_short_biography.html)

[602]Voir la note antérieure, et encore: "*Elle* (Ste Catherine de Sienne) *guérit une prostituée atteinte d'une maladie honteuse (fœdo apostemate seu cancro laborantem); 15° Le Christ, son époux, lui apparaît, l'embrasse et lui présente son flanc ouvert pour qu'elle s'y désaltère (virginem complexus labi aperto laterisuo amabiliter admovet...); 16° Le Christ lui retire le vieux cœur qu'elle a dans la poitrine et lui en remet un neuf (divellit ab ejus pectore cor vetus novumque restituit); 17° Le Christ lui offre deux couronnes, une d'or, une d'épines; elle choisit celle-ci; il lui donne les deux; 18° Justement affligée de songer que sa mère était morte dans l'impénitence, elle la ressuscite pour lui donner le loisir de se repentir; 19° Elle rend visite aux reliques de la bienheureuse Agnès de Montepulciano, religieuse dominicaine, morte depuis longtemps déjà; pour faire honneur à la visiteuse, Agnès ne trouve rien de mieux que de remuer un pied et de l'élever vers Catherine (a virgine pedem elevante mirabiliter honoratur)!... Le légendaire ajoute: «On conserve encore dans un petit vase une partie de la manne qui tomba du ciel à ce moment et couvrit les deux saintes.» Qu'est devenue cette précieuse relique?... 20° Catherine guérit une femme à demi écrasée par la chute d'un édifice; 21° Elle accompagne en esprit deux brigands au supplice et obtient de son divin époux qu'il leur apparaisse et les encourage a bien mourir; 22° Elle guérit une possédée; 23° Après avoir communié, elle tombe en extase, selon sa coutume (de more in extasim rapta), et reçoit les stigmates; 24° Elle réconcilie les Florentins avec Grégoire XI; 25° Le B. Raymond étant un peu trop lent a dire sa messe, le Christ descend du ciel, prend un morceau de l'hostie et le donne à son épouse affamée (sponsæ esurienti); 26° Catherine décide Nicolas de Pérouse à se convertir, au moment où il va avoir la téte tranchée par le bourreau; 27° Elle est couchée et gravement malade; elle en profite pour faire à son confesseur Raymond des révélations surnaturelles que celui-ci a l'audace de n'accepter qu'avec réserve; elle prend alors la figure d'un homme barbu et répond a Raymond, qui lui demande avec effroi a qui il a affaire: "Je suis celui qui est." 28° Les Romains se révoltent contre le pape; Catherine s'offre à Dieu comme victime expiatoire. Le Christ lui prend alors le cœur, le presse comme une éponge au-dessus de la cité rebelle et se calme, après en avoir exprimé le sang le plus pur (Christus purissimo sanguine e corde virginis expresso Bornant adspergens justissimum furorem ponit); 29° Par ses mérites et par ses prières, elle aide le pape Urbain VI à reconquérir le fort Saint-Ange; 30° En un temps de disette, la Vierge Marie vient trouver Catherine, et, aidée par deux anges, fait avec de la farine gâtée du pain excellent que la sainte distribue aux pauvres; 31° Catherine meurt; 32° et 33° Une pieuse veuve de Sienne et Th. Penna, protonotaire apostolique, voient la sainte enlevée au ciel par des anges et reçue dans l'empyrée par le Christ et par Marie.*

Afin qu'on ne puisse pas croire que nous avions exagéré à plaisir les bizarreries de cette légende, nous avons cité, pour les passages les plus délicats, le texte même de l'hagiographe latin. Les trentre-trois compositions, avec le frontispice que nous venons de décrire, ont été gravées en 34 planches petit in-4°, par Cornelis Galle et publiées à Anvers par J. Boel, en 1628, sous le titre de: B. Catharinæ Senensis virginis SS. ordinis prædicatorum vita ac miracula selectiora, etc. M. Charles Le Blanc mentionne un autre recueil, comprennant également 34 planches, édité, en 1603, par Philippe Galle. - Une grande estampe, publiée à Rome en 1601, par Dionysius de Cavaleriis, représente le portrait en pied de la sainte entouré de treize petites scènes où sont reproduits dix des sujets traités dans les compositions précédemment décrites (n° 2, 3, 4, 5, 6, 7, 12, 15, 23, 25); voici les sujets des trois autres scènes: Catherine donne à un pauvre une croix d'argent, le seul objet qu'elle ait eu sa possession; la Vierge Marie lui apparaît et lui permet de boire à la mamelle qui a nourri l'Enfant Jésus; après sa mort, la sainte est portée dans l'église de Saint-Dominique, où elle opère de nombreux miracles. Cette église, une des plus remarquables de Sienne, renferme plusieurs belles peintures consacrées à sainte Catherine, entre autres: l'Extase, un Miracle et l'Evanouissement de la sainte, par le Sodoma, chefs-d'œuvre d'un sentiment raphaélesque; le portrait déjà cité, par Andréa di Vanni, artiste du XIVe siècle; Sainte Catherine recevant la communion des mains du Christ, tableau de Fr. Brizzio, gravé parTraballesi, etc. L'oratoire, construit a Sienne sur l'emplacement de la maison où naquit sainte Catherine et de la boutique de teinturier de son père, est orné de fresques exécutées par le Pacchiaroto et représentant divers épisodes de la vie de la sainte, notamment son Pèlerinage au tombeau de sainte Agnès de Montepulciano. On voit dans ce même oratoire une peinture de Ventura Salimbeni, dont le sujet est: Sainte Catherine persécutée par les Florentins et une Sainte Catherine recevant les stigmates, du Sodoma. Un tableau d'Alexandre Tiarini, qui est à la pinacothèque de Bologne, nous fait voir la sainte en extase, assistée par deux anges; elle tend les bras vers un crucifix posé sur une table d'autel et qui représente

le Christ en chair et comme vivant, quoique de petite dimension. Nous retrouvons encore l'Extase ou l'Evanouissement mystique de sainte Catherine dans un tableau de Tiepolo, du musée de Vienne; dans une composition de Francesco Vanni, gravée par Th. Thomas; dans une estampe d'Alberti (1574), etc. Un tableau de l'école italienne de la fin du XVe siècle, appartenant au musée Napoléon III, représente la sainte agenouillée devant un crucifix qui s'incline pour lui parler. Elle figure avec saint François d'Assise et présente des pénitents à la Vierge, sur une grande bannière, du même musée, peinte par Niccolo Alunno. Pietro Sorri a peint Sainte Catherine délivrant une possédée, le Christ prenant le coeur de sainte Catherine et la Canonisation de sainte Catherine. Une peinture sur bois, du musée Napoléon III, exécutée par un anonyme italien du XVe siècle, représente la Mort de sainte Catherine; la sainte est étendue sur un lit qu'entourent plusieurs personnages éplorés; son âme, sous la forme d'une petite figure environnée d'une auréole, monte au ciel. Quant au Mariage mystique de sainte Catherine de Sienne, il a été retracé conformément à la légende, par Sallaerts, dans une grande composition gravée par P. de Bailliu (cette pièce, assez rare, se voit au cabinet des estampes, à la Bibliothèque impériale); la sainte est agenouillée devant le Christ assis sur les nuages avec la Vierge, les anges, saint Paul, saint Jean l'Evangéliste, saint Dominique, le roi David, qui joue de la harpe, etc. Quelques artistes, confondant la légende de sainte Catherine de Sienne avec celle de sainte Catherine d'Alexandrie, ***ont représenté la première de ces saintes s'unissant mystiquement avec l'Enfant Jésus, au lieu d'épouser le Christ devenu homme****; cette erreur a été commise par Fra Bartolommeo. - D'ordinaire, lorsque les artistes représentent sainte Catherine de Sienne isolément, ils nous la montrent en costume de dominicaine, le front ceint d'une couronne d'épines, les mains décorées des stigmates et tenant un crucifix, le visage amaigri, les yeux noyés dans l'extase. Elle a été figurée à peu près ainsi par Ghirlandaïo (volet d'un triptyque, au musée de Munich); par Annihal Carrache (gravé par Bartsch); par Fra Bartolomineo et le Sodoma (tableaux de l'Institut des beaux-arts, à Sienne); par N. Bazin, d'après Elisabeth Sirani; par Théodore von Merlen (1651); par Luca Bertelii, d'apn s Fr. Vanni; par Jean Boulanger; par T. Lobeck, d'après Baumgartner; par F. Jollain; par Coflaert, d'après N. de Vos; par P. de Bailliu, d'après Diepenbeek; par Sadeler; par Bolswert, etc.*

Catherine de Sienne (LE MARIAGE DE SAINTE), *tableau de Fra Bartolommeo, au Louvre. La madone est assise sur un trône placé dans une vaste niche, dont les rideaux sont relevés* ***par trois charmants petits anges****; elle tient, de la main gauche, un livre fermé et appuie la main droite sur le front du divin Bambino, debout devant elle. Celui-ci* ***présente l'anneau des fiançailles mystiques*** *à sainte Catherine, vêtue du costume des dominicaines, agenouillée à gauche, au pied du trône, et dont on ne voit que le profil perdu. Huit saints assistent à la cérémonie: à gauche, saint Pierre et deux saints martyrs tenant des palmes à la main; à droite, saint Barthélémy, saint Vincent, une jeune et jolie sainte qui n'est désignée par aucun attribut, et, tout à fait au fond, derrière la Vierge, saint Dominique et saint François d'Assise, qui s'embrassent. "On retrouve dans ce tableau, dit M. Paul Mantz, cette symétrie savante et libre, ce balancement des groupes, cette ampleur dans les draperies, cette recherche du type généralisé et aussi, mais dans certaines parties seulement, cette richesse de coloration qui sont les caractères principaux du peintre dominicain. La grandeur sereine des attitudes et le bon goût du dessin montrent à quel point le Frate avait été touché du génie de Raphaël, ou plutôt quelle étroite parenté les unissait dans la recherche de l'idéal; mais, dois-je le dire? la partie faible dans ce tableau, si puissant d'ailleurs, c'est L'émotion. Comparé a une œuvre d'André del Sarto, le Mariage de sainte Catherine paraîtrait froid. Faut-il croire que le cœur était demeuré moins ardent chez le moine enfermé dans son cloître silencieux, et qu'il avait au contraire gardé la poésie et le don des larmes chez le grand artiste qui, mêlé aux agitations du monde, savait, pour les avoir éprouvées, toutes les tristesses de la vie?" M. Viardot, de son côté, comparant le tableau de Fra Bartolommeo à celui que le Corrège a fait sur le même sujet, s'est exprimé ainsi: "Pour rester chrétien, le Frate reste austère; pour sa faire gracieux, Corrège se fait presque païen. Dans l'un, l'action est grave et solennelle;* ***c'est bien l'union mystique****. Dans l'autre, tout sourit, tout émeut, tout charme; c'est vraiment l'amour." Un ancien catalogue des ouvrages de Fra Bartolommeo, rédigé par le syndic du couvent de San-Marco et qui a été publié par le F. Marchese, nous fournit, au sujet du Mariage de sainte Catherine les indications suivantes: "Item, un tableau de quatre brasses et demie environ de hauteur (la hauteur exacte est de 2m.57 sur 2m.28 de large), où sont représentés la Vierge, sainte Catherine de Sienne et beaucoup d'autres saints. La seigneurie de Florence en fit présent à l'ambassadeur français appelé monseigneur de Otton (sic)..., évèque de..., an mois d'avril 1512; et la seigneurie donna pour prix de ce tableau deux cents grands ducats d'or, bien qu'il valût davantage, ainsi qu'il*

est constaté sur le livre des débiteurs et des créanciers du couvent, à la page 123, et sur le livre de Fra Bartolommeo." Ce monseigneur de Otton n'était autre que l'évêque d'Autun, Jacques Hurault, que Louis XII avait envoyé en ambassade à Florence. Avant d'être placé au Louvre, le tableau figura dans la sacristie d'Autun, et la bordure du cadre portait l'inscription suivante, rapportée par les auteurs du Voyage littéraire: "Jacobo Huraldo Heduorum episcopo, Ludovici XII Francorum régis legato fidissimo senatus populus que Florentinus dono dedit anno MDXII." Ces documents authentiques montrent que Vasari s'est trompé en disant que le tableau, exécuté pour l'église San-Marco, n'y resta exposé que quelques mois avant d'être envoyé au roi de France, Louis XII. Nous ne savons à quelle époque cette belle peinture quitta la cathédrale d'Autun; d'après le catalogue du Louvre, elle aurait fait partie de la collection de François 1er. Elle a été gravée dans l'Histoire de toutes les écoles et, au trait, dans l'ouvrage de Landon.

Catherine de Sienne (LE MARIAGE DE SAINTE), *tableau de Gherardo le miniaturiste, artiste du XVe siècle, à la pinacothèque de Bologne: la sainte représentée ici a un costume de religieuse et paraît être sainte Catherine de Sienne; elle est agenouillée et baisse modestement les yeux, en tendant la main à Jésus, qui lui présente la bague. Parmi les personnages qui assistent au mariage mystique, on distingue le roi David et saint Dominique Gusman. Les figures sont généralement belles. Jésus, vêtu d'un manteau rouge et tenant une longue croix, est le personnage le moins réussi. Peinture d'autant plus précieuse, que les œuvres de Gherardo sont fort rares*." (*Ibid.*, pp. 586-587)

[603]Se reporter aux deux notes antérieures.

[604]Hall, p. 107, fig. 49.

[605] http://commons.wikimedia.org/wiki/File:Gaudenzio_Ferrari_-_The_Martyrdom_of_St_Catherine_of_Alexandria_-_WGA7813.jpg, http://commons.wikimedia.org/wiki/File:Mattia_Preti_-_Martyrdom_of_St_Catherine_of_Alexandria.jpg, http://imgc.artprintimages.com/images/art-print/the-martyrdom-of-saint-catherine-swiss-school-1473_i-G-14-1423-177R000Z.jpg, http://www.1st-art-gallery.com/thumbnail/89288/1/The-Martyrdom-Of-Saint-Catherine.jpg, http://www.metmuseum.org/collection/the-collection-online/search/393754, http://www.the-great-masters.com/km/file/press/the_martyrdom_of_saint_catherine.jpg, http://publishing.cdlib.org/ucpressebooks/data/13030/d9/ft1d5nb0d9/figures/ft1d5nb0d9_00048.jpg, http://www.myartprints.co.uk/kunst/jacopo_robusti/saint_catherine_alexandria_wh_hi.jpg, http://www.jacopotintoretto.org/St.-Catherine-endures-the-torture-of-the-wheel.jpg, http://www.repro-tableaux.com/kunst/noartist/t/tintorettost_catherine_in_the.jpg

[606]Par Giampietrino (1495-1540), https://conchigliadivenere.wordpress.com/category/giampietrino/; Giovanni Bilivert, *Saint Catherine d'Alexandria avec deux anges* (Galerie Canesso, Paris, 2002, https://artsy.net/artwork/giovanni-bilivert-saint-catherine-of-alexandria-with-two-angels); Scènes de la Vie de Sainte Catherine d'Alexandrie (ca. 1430-1450), http://andrewhopkinsart.blogspot.com/2012/04/walters-art-museum-gothic-byzantine.html; ce qui n'est pas illogique, si l'on considère que l'histoire de Sainte Catherine serait la christianisation de celle d'Hypatia (Christine Walsh, *The Cult of St Katherine of Alexandria in Early Medieval Europe*, Burlington, Ashgate Publishing,, 2007, p. 10; Margaret Parker, *The Story of a Story Across Cultures: The Case of the Doncella Teodor*, Londres, Tamesis, 1996, p. 106, thèse soutenue dès 1926 par Vasilios Myrslides, http://www.johnsanidopoulos.com/2012/11/was-saint-katherine-really-hypatia-of.html), telle que la décrira Charles Kingsley, *Hypatia: or, new foes with an old face,* Boston, Crosby, Nichols and Company, 1857, p. 455: "*She shook herself free from her tormentors, and springing back, rose for one moment to her full height, naked, snow-white against the dusky mass around—shame and indignation in those wide clear eyes, but not a stain of fear. With one hand she clasped her golden locks around her; the other long white arm was stretched upward toward the great still Christ appealing—and who dare say in vain?—from man to God*", et que la représenteront Charles William Mitchell en 1885 en peinture ou Francis John Williamson (1833-1920) en sculpture, http://www.victorianweb.org/sculpture/williamson/8.html.

[607]Larousse, pp. 585-586. Les gras son nôtres.

[608]*Memoires De Mademoiselle De Bonneval*, Paris, Chez Ganneur, 1738,pp. 132-137; passage qui sera intégralement reproduit dans *L'esprit des journaux français et étrangers*, de Mai 1786, Société de gens de lettres, Paris, Chez la veuve Valade, T. V, Quinzième année, pp. 33-36.

[609]http://www.reprodart.com/a/di-lorenzo-bicci/stcatherineofalexandriain.html

[610]Samuel Leigh Sotheby, *Principia Typographica: Paper-marks*, Londres, Imprimerie Walter McDowald pour S.L. Sotheby, T. III, p. 81.

[611]Selon ses épiclèses, voir l'*Abrégé de la vie et miracles de Sainte Barbe, vierge et martyre: pour être préservé de la mort subite et imprévue*, Douai, Chez Jacques-François Willervai, 1725, p. 20.

[612]Cités par Larousse, voir notes ci-dessus.

[613]"*Sa priere ne fut pas achevée, qu'un horrible dragon se presenta à Marguerite, qui vòuloit l'engloutir tout d'un coup, mais en s'estant armée du signe de la Croix elle en fut délivrée & ce dragon creva devant ses yeux.*
Elle aperceut en suite en un des coins de ce cachot un autre monstre qui portoit la figure d'un homme fort affreux. Marguerite pleine de courage se doutant bien que c'estoit le Demon, le prit par les cheveux, le jetta contre terre, luy mit le pied fur la teste,& l'obligea de dire qui il était.
Ce monstre confessa qu'il estoit l'un de ces esprits malheureux quiavoiét esté foudroies dans le fonds des Enfers; que c'estoit luy qui faisoit tourmenter tous les pauures Chrestiens, &: qu'il necesseroit jamais par l'envie qu'il avoit du bonheur des hommes, de les tenter & les porter au mal, afin de les damner. A ces paroles la sainte Vierge Marguerite le frappa, & en levant le pied ce monstre disparut.
A ce moment cet horrible cachot fut remply d'une lumiere celeste, qui luy sit voir une croix miraculeuse où l'on voyoit une colombe plus blanche que la neige, Symbole du S. Esprit qui consoloit la sainte Vierge, & qui l'encourageoit au martyre." (, *La vie de sainte Marguerite vierge et martyre, et des reflexions morales sur sa vie*, Paris, Chez Pierre de Bresche, 1672, pp. 12-14)

[614]Jacques de Voragine, *La Légende dorée*, Paris, Perrin et Cie, 1910, pp. 334-337.

[615]http://commons.wikimedia.org/wiki/File:Giorgione_-_Judith.jpg?uselang=fr

[616]Selon Jan Bialostocki, "*La gamba sinistra della Giuditta: Il quadro di Giorgione nella storia del tema*", *Giorgione e l'umanesimo veneziano*, **Florence, Leo S. Olschki,** 1981, cité dans http://fr.wikipedia.org/wiki/Judith_(Giorgione)

[617]Jean Crespin, *Histoire des martyrs persécutez et mis à mort pour la vérité de l'Evanghelie depuis le temps des Apotres jusqu'à présent*, Genève, Pierre Aubert, 1619, p. 24.

[618]M.A. Mézière, "*Pétrarque*", "*Revue Littéraire*" dans *Le Contemporain - Revue d'économie chrétienne*, Nlle Série - Neuvième Année, T. XIV, Paris, Adrien Leclere et Cie, 1868, p. 361. Voir aussi, à mi-chemin entre les deux options, religieuse et laïque, de la question: "*Arnold, appelle par aucuns Reinolde, tenoit tousjours bon pour les puritains, disant perpétuellement que cest ordre papistique faisoit déchoir de la grâce, et sur cela on tomba au propos de la prédestination; mais l'evesque de Londres résista, et demonstra que la vraye doctrine de prédestination estoit ascendendo, et non pas descendendo, qu'il exposa en cette manière: «Je vis en l'obeyssance de Dieu, en amour avec mon prochain, je suis ma vocation, partant je crois que Dieu m'a esleu.» Mais non pas au contraire: «Dieu m'a prédestiné; partant, quoy que je pèche, je serai sauvé.» Le Roy approuva le dire de l'evesque.*
Arnold se debatit fort et ferme là dessus, alléguant qu'il n'entendoit pas approuver l'authorité du Pape; à quoy le Roy respondit: Cela n'est à propos, et vous me faites voir que le dire de Bather de Cambrige est véritable, à scavoir «qu'un puritain est un protestant sans cervelle.»
Il fut aussi question de certaines assertions de Cambrige, que le Roy rejetta comme inutiles en ce faict.
La plainte du catéchisme fut faicte, à ce qu'il fust tout général et uniforme, ce que le Roy leur accorda.
Pour la profanation du sabbath, fut aussi ordonné qu'on ferait les remonstrances nécessaires.
Pour la Bible et versions d'icelle, le Roy déclara que la pire version estoit celle de Genève, et ordonna qu'il en fust faict une bien correcte au jugement de tous, et condamna apertement les notes marginales et dit qu'elles estoient fort partiales, faulses, séditieuses et ressentant par trop les desseins d'une âme dangereuse et très perverse, comme [disoit-il], par exemple, Exod. 1, 19, la note marginale approuve la désobéissance aux roys; et 2, Cor. 15, 16, la note taxe seulement Asa d'avoir déposé sa mère.
Il fut parlé de garder l'ordre des magistrats et n'aller pas incontinent faire leurs plaintes au Roy.
Il fut encore debatu du bonnet carré: les puritains dirent qu'ils n'en vouloient point user. Le Roy déclara qu'ils le porteraient.
Les chanceliers laïcs qu'ils ont en Angleterre furent interdicts des censures ecclésiastiques; surquoy le Roy déclara que le desordre d'Escosse, selon leur puritain estat, n'avoit non plus de rapport avec la monarchie que le diable avec Dieu. Il fit récit des fraudes que John Knox avoit faictes à la Royne régente sa grand'mere,

et déplora en cest article de sa propre mère, disant: «Geste pauvre dame ma mère, chacun le sait, et m'en ressouvient avec ennuy.» C'est le sommaire de la seconde journée.
La troisiesme journée il fut fort debatu de la forme des censures; surquoy le Roy ordonna que ce fust sans aucun scandale et non comme les ministres d'Escosse, lesquels il condamnoit. Surquoy l'archevesque de Cantorbery dit tout haut que le Roy parloit par inspiration divine, et l'evesque de Londres, se mettant de genoux, en rendit grâces à Dieu.
Il se trouva finalement que les puritains, se trouvants perplex, dirent qu'au mariage c'estoit mal faict de dire:de mon corps je l'honore, en baillant une bague ou anneau; le Roy résolut cela, disant que saint Pierre déclare qu'il faut honorer celle qui a la puissance sur le corps de l'homme." (Joseph Fr. Michaud et Jean-Joseph-François Poujoulat, *Nouvelle Collection Des Mémoires Pour Servir À L'histoire de France: Depuis Le XIIIe Siècle Jusqu'à la Fin Du XVIIIe; Précédés de Notices Pour Caractériser Chaque Auteur Des Mémoires Et Son Époque; Suivi de L'analyse Des Documents Historiques Qui S'y Rapportent*, Lyon & Paris, Guyot Frères, 1853, "*Première Partie du Tome Douxième. Chronologie Novenaire, contenant L'Histoire de la Guerre sous le Règne du Très-Chrétien Roy de France et de Navarre Henry IV*" par Pierre-Victor Cayet, p. 304)

[619]https://www.artrenewal.org/pages/artwork.php?artworkid=24464&size=large
[620]http://upload.wikimedia.org/wikipedia/commons/4/4f/Leipziger_Disputation.jpg
[621]http://fr.wikipedia.org/wiki/Disputatio_de_Leipzig
[622]http://upload.wikimedia.org/wikipedia/commons/6/61/Disputa_del_Sacramento_%28Rafael%29.jpg
[623] http://www.artliste.com/raphael/etude-dispute-saint-sacrement-477.html et http://jocondelab.iri-research.org/jocondelab/notice/122256/
[624]http://fr.wikipedia.org/wiki/La_Dispute_du_Saint-Sacrement
[625]Voir https://www.pinterest.com/ataraxia2501/st-catherine-of-alexandria/
[626]http://upload.wikimedia.org/wikipedia/commons/thumb/2/2a/Meister_des_Mar%C3%A9chal_de_Boucicaut_002.jpg/250px-Meister_des_Mar%C3%A9chal_de_Boucicaut_002.jpg
[627]http://www.wga.hu/art/m/masolino/clemente/05clemen.jpg
[628] http://www.gettyimages.com/detail/photo/dispute-of-st-catherine-1428-1431-detail-high-res-stock-photography/159618175 et http://imgc.allpostersimages.com/images/P-473-488-90/74/7409/2TNP100Z/posters/tommaso-masolino-da-panicale-the-dispute-of-saint-catherine.jpg
[629]http://upload.wikimedia.org/wikipedia/commons/e/e9/Borgia_Apartment_002.jpeg
[630]http://www.nationalgallery.org.uk/paintings/raphael-saint-catherine-of-alexandria
[631]http://commons.wikimedia.org/wiki/File:Michelangelo_Caravaggio_060.jpg
[632]http://fr.wikipedia.org/wiki/La_Dispute_du_Saint-Sacrement#Le_registre_terrestre
[633]*Le magasin pittoresque*, 1839, p. 177.
[634]*Erasmus: Letters 142-297 (1501-1514),* University of Toronto Press, 1974, note 109 p. 297.
[635]Bard Thompson, Humanists and Reformers: A History of the Renaissance and Reformation, Cambridge, Wm. B. Eerdmans Publishing,1996, p. 270.
[636]http://fr.wikipedia.org/wiki/La_Dispute_du_Saint-Sacrement
[637]"*Platon a les traits de Léonard, Heraclite ceux de Michel-Ange, Euclide ceux de Bramante, l'enfant derrière Epicure est Federico Gonzagua, le jeune homme vêtu de blanc est Francesco della Rovere, Zozoatre est peut-être Pietro Bombo. Raphaël lui-même s'est représenté à côté de Sodoma dans le jeune homme au béret noir à l'extrême droite.*" (http://www.cineclubdecaen.com/peinture/peintres/raphael/ecoledathenes.htm)
[638]http://www.raphaelsanzio.org/Disputation-of-the-Holy-Sacrament-(La-Disputa)-[detail--10a].html
[639] OEuvre sans référence sur le site http://www.enricodavenezia.it/Mazzorbo/paginemazzorbo/SantaCaterinaBIS.htm
[640] http://www.patriarcatovenezia.it/s2ewdiocesivenezia/allegati/1128/S.%20Caterina%20la%20disputa%20con%20i%20dottori-MEDIA.jpg
[641]http://it.wikipedia.org/wiki/Storie_di_santa_Caterina
[642]http://www.arte.it/guida-arte/venezia/da-vedere/opera/ultima-cena-1042
[643]http://www.arte.it/guida-arte/venezia/da-vedere/opera/ultima-cena-1054
[644]http://www.atlantedellarteitaliana.it/immagine/00022/15033OP558AU24051.jpg
[645]http://www.polomuseale.firenze.it/inv1890/scheda.asp?position=1&ninv=8691

[646] http://www.lib-art.com/artgallery/17364-the-stealing-of-the-dead-body-of-st-tintoretto.html et http://www.lapanse.com/venise/peintures/peintres/le_tintoret/le_tintoret_enlevement_du_corps_de_saint_marc.jpg

[647] http://www.feelbyte.com/Lodovico-Cardi-Cigoli/The-Dispute-Of-Saint-Catherine-With-Emperor-Maxentius-136703.html

[648] http://commons.wikimedia.org/wiki/File:Prospero_Fontana_-_The_Dispute_of_Saint_Catherine_-_Google_Art_Project.jpg

[649] http://www.encyclopedie.bseditions.fr/image/article/vignette/ALLRENPEIGRUN0101.jpg et http://herve.delboy.perso.sfr.fr/st_antoine.JPG

[650] http://upload.wikimedia.org/wikipedia/commons/1/19/Antoine-Jean_Gros_-_Bonaparte_visitant_les_pestif%C3%A9r%C3%A9s_de_Jaffa.jpg

[651] http://herve.delboy.perso.sfr.fr/retable_baroque.html#FIGURE%20I et http://fr.wikipedia.org/wiki/Retable_d'Issenheim#L.E2.80.99.C5.93uvre_dans_toutes_ses_configurations

[652] http://www.wga.hu/frames-e.html?/html/p/pinturic/vatican/index.html

[653] http://fr.wikipedia.org/wiki/Catherine_d'Alexandrie

[654] http://i73.servimg.com/u/f73/11/53/59/59/sainte23.jpg

[655] http://www.cg66.fr/uploads/Image/53/25228_862_Sournia-Ste-Catherine.jpg

[656] https://www.tumblr.com/search/giuliano%20bugiardini

[657] https://www.tumblr.com/search/giuliano%20bugiardini

[658] http://commons.wikimedia.org/wiki/File:Francisco_Ribalta_-_Martyrdom_of_St_Catherine_-_WGA19351.jpg

[659] http://www.wga.hu/art/c/castell/martyrdo.jpg

[660] http://www.wikigallery.org/wiki/painting_255803/Onorio-Marinari/St-Catherine-of-Alexandria

[661] http://www.wga.hu/art/v/veronese/04_1570s/4cather2.jpg

[662] http://commons.wikimedia.org/wiki/File:Pietro_Faccini_-_Mystic_marriage_of_Saint_Catherine_-_Google_Art_Project.jpg

[663] http://www.wikiart.org/en/lorenzo-lotto/mystic-marriage-of-saint-catherine-of-alexandria-and-saint-catherine-of-siena-1524

[664] Jacques de Voragine, *La Légende Dorée*, Paris, Gallimard, 2004, p. 978.

[665] https://artsy.net/artwork/federico-zuccaro-disputation-of-saint-catherine-of-alexandria

[666] Par exemple http://www.devoir-de-philosophie.com/images_dissertations/178707.jpg

[667] http://www.myartprints.co.uk/kunst/adam_elsheimer_750/hausaltar_kreuzlegende_mittel_hi.jpg

[668] http://commons.wikimedia.org/wiki/File:Circle_of_Ferrer_and_Arnau_Bassa_-_Saint_Stephen's_Dispute_with_the_Jews_-_Google_Art_Project.jpg

[669] http://www.culture.gouv.fr/public/mistral/joconde_fr?ACTION=RETROUVER&FIELD_3=AUTR&VALUE_3=DURER%20ALBRECHT&FIELD_8=LOCA&VALUE_8=STRASBOURG&FIELD_9=DMIS&VALUE_9=2013%2F06%2F10&NUMBER=69&GRP=0&REQ=((DURER%20ALBRECHT)%20%3AAUTR%20%20ET%20%20((STRASBOURG)%20%3ALOCA%20%20ET%20%20((2013%2F06%2F10)%20%3ADMIS%20)))&USRNAME=nobody&USRPWD=4%24%2534P&SPEC=5&SYN=1&IMLY=&MAX1=1&MAX2=1&MAX3=100&DOM=All: "*assoupi à la douce chaleur d'un Kachelofen, le traditionnel poêle en céramique des pays germaniques... Déjà suggérées en filigrane par la pomme sur le poêle*".

[670] En particulier, par exemple, de ceux, exactement aux typiques décors fractals cubiques, reproduits sur les sites http://smallhousesister.wordpress.com/kachelofen/, http://www.hark.de/produkte/kacheloefen.html, ou http://www.leutschacher.de/

[671] Voir http://fr.wikipedia.org/wiki/Po%C3%AAle_de_masse et http://de.wikipedia.org/wiki/Kachelofen; "*During the Renaissance period, the builders of kachelofens were part of a distinct trade and were called hafnermeisters. A kachelofen uses a maze-like passage created out of firebrick to release gases and smoke from the wood fire slowly, allowing the firebrick to retain as much heat as possible from the gases and smoke. The ceramic tile surrounding the kachelofen also acts as insulation to retain heat. Kachelofens were carefully designed so that the minimum amount of heat would escape, only as much as needed to warm the flue to maintain a proper air draught. The firebrick used in kachelofen construction holds 80% more heat than ferrous metals such as cast iron, while its heat conductivity is 1/45 that of iron or steel. A kachelofen is*

efficient enough to warm a house for up to 6 to 12 hours after the fire has stopped burning", http://en.wikipedia.org/wiki/Masonry_heater

[672] Dont on trouve encore l'image dans l'iconographie du XIXème siècle, voir la gravure "*Das Bratwurstglöckle" in Nürnberg*" de 1878 par Georg Nestel, reproduite sur le site http://de.wikisource.org/wiki/Das_Bratwurstgl%C3%B6ckle_in_N%C3%BCrnberg

[673] http://www.livebinders.com/play/play?id=1229198, http://www.chrisnoessel.com/freerangelearning/whenmobile.htm, http://www.encyclopedie-universelle.com/abbaye-scriptorium.html, http://mediaevalmusings.wordpress.com/2012/05/19/hands-in-the-service-of-god-life-in-a-monastic-scriptorium/, http://en.wikipedia.org/wiki/Scriptorium,http://commons.wikimedia.org/wiki/File:Master_of_Parral_-_St_Jerome_in_the_scriptorium_-_Google_Art_Project.jpg, http://www.allposters.com/-sp/Abelard-and-Heloise-French-Scholar-and-Nun-Embracing-in-the-Scriptorium-Posters_i1861451_.htm, http://www.lioba.com/?attachment_id=885, http://mesnie-enguerran.forumprod.com/mobilier-de-scriptorium-armarium-etc-t70.html, http://fumettisto.deviantart.com/art/Scriptorium-200776992, http://www.1st-art-gallery.com/Jean-I-Le-Tavernier/The-Copyist-Jean-Mielot-Fl.1448-68-Working-In-His-Scriptorium.html, http://www.google.com.ni/imgres?imgurl=http%3A%2F%2Fbopressminiaturebooks.com%2Fblog%2Fwp-content%2Fuploads%2F2012%2F10%2Fthree5.jpg&imgrefurl=http%3A%2F%2Fbopressminiaturebooks.com%2Fblog%2F2012%2F10%2F25%2Fa-medieval-library-desk%2F&h=1000&w=986&tbnid=U3JvBC7wR5RUEM%3A&zoom=1&docid=Q9mB19w4X5xAqM&ei=3GhuVPnHI4epgwTiiIPABw&tbm=isch&ved=0CCMQMygHMAc&iact=rc&uact=3&dur=312&page=1&start=0&ndsp=16, http://www.google.com.ni/imgres?imgurl=http%3A%2F%2Fbopressminiaturebooks.com%2Fblog%2Fwp-content%2Fuploads%2F2013%2F09%2Fvictorian-books-and-desk.jpg&imgrefurl=http%3A%2F%2Fbopressminiaturebooks.com%2Fblog%2Fcategory%2Fbo-press-in-the-news%2F&h=746&w=1000&tbnid=JYPdVod94kec7M%3A&zoom=1&docid=945KQbMYWB9XyM&ei=3GhuVPnHI4epgwTiiIPABw&tbm=isch&ved=0CCIQMygGMAY&iact=rc&uact=3&dur=368&page=1&start=0&ndsp=16, http://www.encyclopedie-universelle.com/abbaye-scriptorium5.html, http://voyageurs-du-temps.fr/location-monastere-chapelle-prieure-couvent-avec-scriptorium-bibliotheque-pharmacopee-medievale_344.html, http://www.pinterest.com/corgizoogirl/medieval-tables/, http://www.pinterest.com/pin/428616089510792194/, http://www.pinterest.com/ccolivet/scriptorium-xv/, http://jfbradu.free.fr/mosaiques/germigny/09manuscrits.htm, http://atelierdecatherine.over-blog.com/article-13388610.html, http://lewebpedagogique.com/musicarte/2012/04/03/5eme-le-moyen-age-dans-les-arts/, http://www.encyclopedie-universelle.com/abbaye-scriptorium2.html, http://blog.pecia.fr/page/24, http://www.zazzle.com/interior_de_un_scriptorium_escuela_de_segovia_tarjeta_postal-239211619920089574?lang=es

[674]L'ensemble des exemples d'enluminures cités à continuation, dans cette partie III.1 sont consultables sur le site http://arhpee.typepad.com/

[675]"*«Pyrale» (par C. du Cange, 1678), dans du Cange, et al., Glossarium mediae et infimae latinitatis, éd. augm., Niort: L. Favre, 1883-1887, t. 6, col. 579b.*

PYRALE, Hypocaustum conventuale, Estuve, in quo Capitulum celebrabatur: unde flagellum disciplinarum in eo appensum observat Eckehardus junior de Casibus S. Galli cap. 3:Rapto flagello fratrum, quod pendet in Pyrali, deforis accurre.

Cap. 10:Quidam ipsorum re agnita, rapto de Pyrali flagello, scelestum illum incurrens, clamitat, et nisi animis saniores ei erecto ad istum brachio occurrissent, grandes incussisset.

Cap. 11:Veniunt in Pyrale, et inde in lavatorium, nec non et proximum Pyrali scriptorium: et has tres regularissimas præ omnibus, quas unquam viderint, asserebant esse officinas.

Cap. 16:Ille ad columnam Pyralis ligatus acerrime virgis cæditur." (http://ducange.enc.sorbonne.fr/PYRALE)

[676]"*Stupa) Stuba Germ. Stube, Sax. Stuve, Ital. Stufa, Gall. êtuve, hypocaustum. Vide Glossogaphos.*

Birle) vox corrupta ex pyrale, hypocaustum conventuale, gynecaeum, vaporarium, calefactorium. Radix ejus est Graecum πύς, ignis. A medii aevi auctoribus deinde corrupte scripta est pysale, pisèle, pisle. In Libro Sacramentorum Ecclesiae Remensis vetustissimo n. 162, repetito Oratio in Pisle; et hoc pisle etiam legi in

Indice, qui Libro praeponitur, Mabillonius testarur. Oratio ipso haec est: Omnipotens, sempiterne Deus, cujus sapientia hominem docuit, ut domus haec careat aliquando frigore a vicinitate ignis, ita nunc quaesumus, ficut omnes habitantes vel convenientes in ea careant in corde infidelitatis frigore a fervore ignis Spiritus Sancti; Per Dom. etc. Adalardus Lib. II. Statutor. Corbejens. c.6. Haec inter pluxima caetera, quae in dormitorio servanta sunt, breveter dicta,... in piselo vero, tempore quando illo uti necesse est, eadem pene in omnibus, excepto quod ad dormiendum pertinet, cautela et honesta servanda est, etc. Apud Ughellum in Episc. Veronensibus in Charta anni 803. legitur: De vestimentis quae de pisle veniunt vel gynecio, decimam partem. Acta Monasterii Murensis p.9. Aedificavit primum dormitorium, subtus autem pisalem, congruaque alia habitacula fratribus confluxit. Edictum Rotharis Tit. LXXXVIII. leg. II. de libera muliere fervo nupta punienda: Tunc, inquit, liceat Gastaldium aut Sculdahis Regis ipsam in curtes Regis ducere et in pisèle inter ancillas statuere; ut nempe ibi pro Rege pensa expediat. Kilianus in Dictionario Belgico notat, pÿsel Frisiis culinam, et pÿleel Zelandis vestiarium dici. Galli ex pisle tandem poisle et poëlle, pro calefactorio et vaporario, secerunt. Neque inem haec vox ex pensile, ut Cangius et Menagius putant, fed ex pisle, pirle, pyrale corrupta est.
Birle, pheral) Theotiscum pheral etiam ex pyrale depravatum esse videns est." (Ioanne Georgio Eckhart, *Commentarii de Rebvs Franciae Orientalis et Episcopatvs Vvircebvrgensis*, Wurzburg, Heinrich Engmann, 1729, T. I, pp. 858-859)

[677]"*Description d'un ancien plan du monastère de St-Gall, au IXe siècle par M****", *Bulletin monumental*, Société française d'archéologie, Musée des monuments français, 1868, 4e Séire T. 4 Vol.34, note 2 p. 384.

[678] Reproduit *in* http://bibliodyssey.blogspot.com/2006/10/cooking-books.html. Voir aussi: "*Mais il serait injuste d'attribuer aux mœurs du Moyen Âge l'abandon de la baignoire! Les gens allaient souvent aux étuves pour prendre des bains publics et ce n'est que par la suite que ces endroits sont devenus des lieux de débauche et de pauvres.*", http://dona-rodrigue.eklablog.net/accueil-c737478

[679]Eckhart, p. 858.

[680]*Illuminier Buoch, wie man allerley farben bereitten, mischen, schattieren unnd ufftragen soll: Allen jungen angehnden Molern unnd Illuministen, nutzlich und fürderlich: Mit flysz und arbeit ersuocht, geuebt und zuosammen bracht* / Durch Valentinum Boltz von Ruffach, Gott zuo Ehren, und dem nechsten menschen nutzlich. Gedruckt zuo Basel: by Jacob Kündig, Jm jar 1549, p. 129.

[681] Par exemple dans les reproductions: http://en.wikipedia.org/wiki/Saint_Jerome_in_His_Study_(after_van_Eyck), http://www.pinterest.com/julienjoly/st-jerome-in-his-study/, http://commons.wikimedia.org/wiki/File:Saint-jerome-in-his-study-910.jpg, http://commons.wikimedia.org/wiki/File:Reymerswale_(workshop)_Saint_Jerome_in_his_study.jpg, http://www.lexscripta.com/links/cultural/jerome.html, http://www.robots.ox.ac.uk/~vgg/projects/SingleView/example_sjerome.html, http://www.poderesantapia.com/art/antonellodamessina/saintjerome.htm, http://www.wikigallery.org/wiki/painting_265974/Hendrick-Van-Steenwijck-II/Saint-Jerome-in-his-study, http://hoocher.com/Domenico_Ghirlandaio/Domenico_Ghirlandaio.htm, http://www.wga.hu/html_m/c/cranach/lucas_e/03/, https://www.flickr.com/photos/medmss/7166591489/?rb=1, http://academic.evergreen.edu/archives/wikis/digmovements/index-63047.php.html, http://commons.wikimedia.org/wiki/File:Jaume_Ferrer_-_Saint_Jerome_in_his_Study_-_Google_Art_Project.jpg, http://commons.wikimedia.org/wiki/Category:Saint_Jerome, https://whitemarkarts.wordpress.com/2012/03/06/railing-against-it-waiting-at-the-station-home-and-st-jerome/, http://rijksmuseumamsterdam.blogspot.com/2010/10/marinus-van-reymerswale-attributed.html, http://pennrare.wordpress.com/2012/11/19/for-the-love-of-reading-st-jerome-in-his-study/, https://www.flickr.com/photos/28433765@N07/sets/72157622796000541/, http://en.wikipedia.org/wiki/Jerome, http://www.thebigidea.co.nz/news/whats-on-show-reviews/2010/jan/63628-bringing-modernism-home, http://alphaom.tripod.com/tmp/imagesJ.htm

[682] http://www.1st-art-gallery.com/Jacopo-D'antonio-Negretti-(see-Palma-Giovane)/Virgin-And-Child-Surrounded-By-Saints-Jerome,-Elizabeth,-John-The-Baptist,-Francis-And-Catherine.html, http://www.wikigallery.org/wiki/painting_267982/(after)-Orazio-Samacchini/Madonna-and-Child-with-Saint-Jerome-and-Saint-Catherine, http://www.arcadja.com/auctions/en/innocenzo_da_imola/artist/44300/, http://www.christies.com/lotfinder/paintings/the-master-of-the-legend-of-saint-5460715-details.aspx, http://berkshirereview.net/drawn-to-excellence-renaissance-romantic-drawings-private-collection-smith-college-museum-of-art/, http://www.catholictradition.org/Saints/saints11-16.htm

[683]"*The Virgin, with St. Jerome and St. Catherine, the patron saints of theological learning, is a frequent group in all monasteries,but particularly in the churches and houses of the Jeronimites.*" (Mrs. Anna Jameson, *Legends of the Madonna: as represented in the fine arts. Forming the third series of Sacred and legendary art*, Londres, Longman, Brown, Green, and Longmans, & Roberts, 1857, p. 88)

[684]Voir notre thèse de Maîtrise: *Les Tentations de Saint Antoine aux XIVème-XVIème siècles*, Paris X-Nanterre, 1991, et notre premier article, qui en découla: "*Introduction à l'étude des "Tentations de Saint Antoine"*", *Revue de la Bibliothèque Nationale de France*, No 4, Hiver 1994, pp. 10-15.

[685] http://fr.wikipedia.org/wiki/Saint_J%C3%A9r%C3%B4me_dans_son_%C3%A9tude_(Domenico_Ghirlandaio)

[686]http://arhpee.typepad.com/

[687]http://commons.wikimedia.org/wiki/File:Reymerswale_(workshop)_Saint_Jerome_in_his_study.jpg

[688]Les autres sont: http://www.1st-art-gallery.com/(after)-Marinus-Van-Reymerswaele/Saint-Jerome-In-His-Studio.html, https://www.flickr.com/photos/magika2000/6488401355/, http://blogs.artinfo.com/secrethistoryofart/2011/02/01/inside-the-masterpiece-marinus-van-reymerswaeles-saint-jerome-in-his-study/

[689]Pacioli, p. 41.

[690]*Ibid.*, p. 42.

[691]Vincenzo Ambrogi et Filippo Mario Stirati, "*The Federico Montefeltro Studiolo replica in the Ducal Palace at Gubbio*", Associazione Maggio Eugubino, p. 12, www.farneti.it/Studiolo_ENG.pdf

[692] http://www.picturalissime.com/g/vermeer_foi_1.htm, https://reproarte.com/fr/peintures/allegorie-de-la-foi-detail, http://elogedelart.canalblog.com/archives/2009/03/24/13101330.html, http://fr.wahooart.com/@@/8XZTXG-Ercole-Procaccini-The-Younger-(Il-Giovane)-All%C3%A9gorie-de-la-Foi, http://vatican2-50ans.fr/page/19/, http://monsieurboudon.blogspot.com/2012/10/le-11-octobre-prochain-ouverture.html

[693]http://enigm-art.blogspot.com/2011/09/vanites-et-bulles-de-savon-dans-la.html et

"*Rejetons la vanité qui éloigne de la vérité et nous fait ressembler à une bulle de savon.*" (Pape François, http://fr.radiovaticana.va/news/2014/09/25/%C2%AB_les_chr%C3%A9tiens_vaniteux_sont_comme_une_bulle_de_savon_%C2%BB_/1107285)

Voir aussi "*La vanité, comme objet, est la bulle de savon: à nos yeux, c'est un corps enrichi des couleurs les plus brillantes; sous nos doigts, ce n'est rien.*

La vanité, comme sentiment, est celui qu'éprouve l'enfant, soit lorsque son souffle enfle cette bulle, soit lorsque,de ce même souffle, il la force à s'élever si haut, c'est-à-dire au-dessus de sa tête, c'est-à-dire à quatre pieds deterre.

C'est une singulière passion que cette vanité! elle semble n'avoir que la grandeur pour objet, et cependant elle rapetisse tout, même ce qui est petit." (Antoine-Vincent Arnault, *OEuvres*, Paris, A. Bossange, T. I "*Critiques philosophiques et littéraires*", p. 5)

[694]Otto Van Veen, *Emblems of love - Embleme d'amore - Emblemes d'amour: in four languages, dedicated to the ladys*, Londres, R. Bently, 1683, pp. 98-99.

[695]*Ibid.*, pp. 130-131.

[696]*Ibid.*, pp. 138-139.

[697]*L'ame amante de son Dieu, representée dans les emblèmes de Hermannus Hugo sur ses pieux desirs: & dans ceux d'Othon Vaenius sur l'amour divin*, 1717, pp. 90-91.

[698]*Ibid.*, pp. 152-153.

[699]*Ibid.*, pp. 178-179.

[700]*Ibid.*, pp. 52-53.

[701]*Ibid.*, pp. 300-301.

[702]Van Veen, *Les emblemes de l'amour humain*, p. 1.
[703]*Ibid.*, p. 3.
[704]*Ibid.*, p. 15.
[705]*Ibid.*, p. 19. Voir aussi "*Amour sur tout*", p. 65.
[706]*Ibid.*, p. 27.
[707]*Ibid.*, pp. 31-32.
[708]*Ibid.*, pp. 34-37.
[709]*Ibid.*, p. 27.
[710]*Ibid.*, p. 97.
[711]*Ibid.*, p. 91.
[712]*Ibid.*, p. 107.
[713]*Ibid.*, p. 157.
[714]*Ibid.*, p. 165.
[715]*Ibid.*, p.185.Voir aussi p. 181, Hercule contre la Mélancolie.
[716]*Ibid.*, p. 239.
[717]*Ibid.*, p. 47.
[718]*Ibid.*, p. 144.
[719]*Ibid.*, p. 15.
[720]http://commons.wikimedia.org/wiki/File:Pieter_Bruegel_d._%C3%84._025.jpg?uselang=fr
[721]Van Veen, *Les emblemes de l'amour humain*, p. 34-37.
[722]Sur le lien entre Fortune et l'Amour, voir encore celui-ci prenant l'Opportunité par son unique cheveu *in ibid.*, p. 175.
[723]*Ibid.*, 181.
[724]*Ibid.*, p. 209.
[725]*Ibid.*, pp. 32-33.
[726]*Ibid.*, p. 66-67.
[727]Pour l'ensemble de ces oeuvres, voir http://lj.rossia.org/users/marinni/317969.html
[728] http://www.britishmuseum.org/research/collection_online/collection_object_details.aspx?objectId=1460297&partId=1
[729]*OEuvres illustrées de Victor Hugo - Lucrèce Borgia - Marion Délorme - Marie Tudor - La Esmeralda - Ruy Blas - Hernani - Le roi s'amuse - Les Burgraves - Angelo*, Paris, J. Hetzel, 1855, p. 15.
[730]"*Der Apfel zwar, auf den sie zu zeigen scheint, ist ihrer Hand entglitten und schmort in labiler Position über einer Abschrägung des Ofens, in der Nähe und in gleicher Höhe mit einem kümmerlichen Gebilde, vielleicht einer Frucht oder einem Zuckerballen.*" (http://www.museen-sh.de/Objekt/DE-MUS-076017/lido/1947-SHKV+16)
[731]Hilário Franco Júnior, "*Entre la figue et la pomme: l'iconographie romane du fruit défendu*", *Revue de l'histoire des religions,* 1, 2006, "*Varia*", pp. 29-70.
[732]http://fr.wikipedia.org/wiki/Rouelle_(Moyen_%C3%82ge)
[733]http://commons.wikimedia.org/wiki/File:Jewish_man_-_worms_-_16th_century.jpg?uselang=fr
[734]http://fr.wikipedia.org/wiki/Rouelle_(Moyen_%C3%82ge)
[735]*Silenus Alcibiadis*, pp. 54-55 de la 1ère Partie: "*Qui me despouille, pleurant se mouille.*
Manie tes amours en chaste reverence,
Si tu ne veux languir de longue repentence.
Tu pourras, sans douleur, tenir en main l'oignon,
Mais, pleureras, si veus oster son cotillon."
Ce qui, en amours, représente les pleurs du pelage, en religion représente, peut-on penser, l'âcreté de la fausse nouvelle, la bouche puante, et son amertume.
De fait, l'association du Juif à l'ail ne peut être que morale, puisque, d'un point de vue culinaire, chez les Juifs de Salonique: "*Les légumes accommodaient tous les plats, tout particulièrement l'oignon; l'ail était a contrario peu utilisé et de ce fait la synagogue des ashkénazes qui en étaient eux de grands consommateurs était surnommée El kal del ajo, «la synagogue de l'ail».*" (http://fr.wikipedia.org/wiki/Histoire_des_Juifs_%C3%A0_Salonique)
"*La couleur de la peau*

En dehors des traits du visage et du corps, la couleur de la peau a été révélée comme signe distinctif. On a dit du Juif que sa peau est noire, donc qu'il est laid. Or, si «en grec et en latin, le noir [...] a suggéré une souillure aussi bien morale que physique [qu'il] a été opposé au blanc, signe lumineux, symbole de la candeur [et] de l'innocence» (Bonniol, 1995, p. 189), malgré tout, cette approche n'a pas été partagée par toutes les cultures. On sait par exemple qu'en Égypte cette couleur a été le signe de la fécondité et que, dans la religion juive, le noir a parfois été associé à la beauté. Néanmoins, comme le montre A. Gott dans son Étude sur les couleurs en vieux français, le noir a été assimilé à ce qui est laid, épouvantable, méchant, coupable, malfaisant (Gott, 1977, p. 19). Un lien a donc été tissé entre la couleur noire, la peau noire et le mal. Prenant appui sur ce symbolisme, Buffon a défendu que l'homme blanc vivant sous un climat tempéré est l'homme le plus beau. On retrouve ce même discours chez Maupertuis, Daubenton, et Cuvier, pour qui «la race blanche [...] nous paraît la plus belle de toutes» (Maupertuis, 1756, p. 98). Si le blanc a été interprété comme signe de beauté, par contre l'homme blanc a voulu en faire le signe de sa beauté, de son intelligence, et même de sa propreté (Bancel, 2008, p. 78). L'homme blanc a voulu être l'incarnation des valeurs positives. Comme si dire «je suis blanc [suffisait à signifier que] j'ai pour moi la beauté et la vertu» (Fanon, 1971, p. 36). Une des injures esthétiques a alors été: «ta peau est noire», donc «tu es laid», donc «tu es mauvais». Ainsi, pour «l'opinion majoritaire dans le monde savant des XVIIIe et XIXe siècles [...] la noirceur du Juif [...] [a exprimé] à la fois une infériorité raciale» et une nature corrompue (Taguieff, 2008, p. 195). De même, par opposition à «l'aryen dont la peau est pure et blanche, et dont le visage aérien semble refléter les harmonies d'une âme qui ne connaît pas le mal» (Pierrard, 1998, p. 30), il a été affirmé que la pigmentation des Juifs, noire ou du moins noiraude, est relative au fait qu'ils ont transgressé les frontières raciales (Gilman, 1996, p. 207). Houston Stewart Chamberlain a même parlé de «race bâtarde» (Chamberlain, 1913, p. 389). Quant à Louis-Ferdinand Céline, il a énoncé que le Juif est «le bâtard, l'hybride le plus répugnant du monde» (Céline, 1938, p. 222), il est «le produit d'un croisement de nègres et de barbares asiates» (Céline, 1937, pp. 191-192). Ainsi, de par ce type de propos et avec la caution de la communauté scientifique, «les prédicats noir, juif, vicié et laid [...] [ont été confondus] inexorablement dans les mentalités» (Gilman, 1996, p. 207).

L'odeur juive

À cette prétendue laideur de la peau ont également été ajoutées l'odeur nauséabonde et la saleté. Les cinq sens ont ainsi servi «l'objet d'un discours de dénigrement où l'autre a toujours été une offense à la vue, à l'odeur, à l'ouïe, au toucher» (Le Breton, 2008, p. 41). Comme l'écrit Taguieff, «l'opposition du beau et du laid [...] [a recouvert] celle du propre et du sale – dont l'un des indices est la mauvaise odeur» (Taguieff, 2008, p. 233). Les propos de Banazzini, dans son Traité des Artisans, ont traduit cette idée en attribuant «la puanteur des Juifs à leur malpropreté et à leur goût immodéré pour la chair de bouc et la chair de l'oie». D'autres auteurs ont fait référence à une consommation excessive d'ail (Drumont, 1886, p. 57). Un lien évident a alors été fabriqué entre la laideur et la mauvaise odeur. Lien que l'on retrouve d'ailleurs dans la langue espagnole, si l'on en juge par le fait que «sentir mauvais» se dit oler féo, mais que féo caractérise le laid et fealdad la laideur. Toutefois, cette association entre la laideur et la mauvaise odeur n'a pas été le fait d'une particularité propre à une personne dont l'apparence est inesthétique et l'hygiène douteuse. Chez un grand nombre d'auteurs comme Schopenhauer, la «foetor judaicus» a été considérée comme une spécificité de la communauté juive (Schopenhauer, 1929, p. 222). Dans cette approche, «le couple parfum/puanteur [...] [a donc tendu] à se superposer aux couples d'opposition pur/impur, propre/sale, sain/délétère» (Albert, 2007, p. 80). Notons d'ailleurs qu'au Moyen Âge on a opposé la bonne odeur du corps parfumé du Christ à la mauvaise odeur du corps de Judas. Au XXe siècle, Ernest Desjardins, Radu Rosetti ou Drumont, pour ne citer qu'eux, ont scandé comme une évidence que le Juif sent mauvais. Ainsi la «puanteur juive» est devenue un des signes de l'identité de la «race juive» au même titre que le «nez crochu». D'ailleurs, «en 1930, le raciologue Hans F. K. Günther a donné l'odor Judaeus pour un caractère héréditaire du peuple juif» (Taguieff, 2008, p. 213). On a assisté là au passage d'une origine religieuse à une origine biologique, et certains travaux de médecins ont même été jusqu'à prétendre que le Juif produit peu de cholestérine et que «le chimisme des glandes sudoripares [...] [est] particulier chez le Juif, car les cas où ce dernier dégage une odeur rance, qui nous est désagréable, sont trop fréquents pour ne pas représenter autre chose que des circonstances individuelles. [...] Peut-être l'odeur juive est-elle à mettre en relation avec les anciennes connexions négroïdes de la race», ajoute-t-il (Montandon, 1940, pp. 25-26). En définitive, ce que l'on retient de ces analyses, c'est que «le Juif est laid et répand une odeur qu'aucun parfum ne peut extirper» (Philippe,

1997, p. 226), comme l'illustre d'ailleurs un dessin paru dans le journal Der Stürmer. Le Juif y est caricaturé en gousse d'ail. La légende qui y est associée est ainsi rédigée: «L'ail: tout le monde ne l'apprécie pas, car celui qui l'apprécie, il en dégage l'odeur. [Il pue]» (Keysers, 2012, p. 59).

La corpulence juive

Il faut également noter que, dans de nombreux dessins ou textes, le Juif est dépeint en homme obèse. L'antisémitisme de Céline, par exemple, «se déploie sur le registre esthétique où le Juif apparaît comme l'exact contraire de la danseuse, incarnation de la grâce et de la beauté. Le Juif comme contretype incarne ici à la fois la laideur et la lourdeur, sa figure est celle d'une apparence repoussante, voire répugnante» (Taguieff, 2008, p. 217). De même, dans une des caricatures parues dans L'Assiette au beurre, signée Gabriele Galantara, est exhibé un homme hideux qui se sert de sang pour arroser un arbre dont les feuilles sont des pièces de monnaie. Au bas de l'affiche, on peut lire la phrase suivante: «Il faut quelquefois du sang pour arroser la plante de l'or» (Kotek, 2005, p. 20). La laideur de l'homme est à la fois relative à sa corpulence excessive, à son rire empli de malice et à son regard maléfique. Dans une seconde caricature du même auteur titrée «Le capitalisme juif», un homme obèse au visage extrêmement laid serre contre sa joue des sacs remplis d'or. On retrouve là encore un certain nombre de signes de laideur: de petits yeux, de grandes dents traduisant l'avidité et l'appât du gain, des mains potelées et des pieds effilés. Les teintes de ces deux caricatures sont saturées de noir et de rouge, ce qui en renforce l'aspect alarmant, inquiétant et oppressant. Plus proche du monstre, de l'ogre que de l'humain, la caricature se veut choquante et violente en même temps. De manière analogue, dans la carte postale de Thomas David intitulée «La déchristianisation de la France», une femme obèse et hideuse, au nez proéminent, agite une étoile de David. Dans cette «carte postale antisémite [...] la modernité républicaine est présentée ici comme une invention juive: c'est un Juif vampire qui domine une France enjuivée» (Kotek, 2005, p. 35). Dans un autre dessin intitulé «Viande kasher... qui rapporte gros et ne coûte pas cher», de Ralph Soupault, paru dans Le Pilori le 27 septembre 1940, le Juif est représenté en boucher pansu (Kotek, 2005, p. 40). Dans celui intitulé «Le gouvernement invisible», paru en Espagne en 1930, le visage et le corps du Juif traduisent une corpulence certaine. De manière similaire, dans la vignette intitulée «Traverso delle idee», parue le 15 mai 1938, le Juif assis sur un banc est difforme. Quant au livre d'école d'Elvira Bauer Trau keinem Fuchs auf grüner Heid und keinem Jüd auf seinem Eid, paru en 1935-1936 édité à 100 000 exemplaires par la maison d'édition de Julius Streicher (directeur du journal antisémite Der Stürmer de 1923 à 1945), il présente la juxtaposition de deux paradigmes. L'un montre un Allemand blond doté d'un corps apollinien, svelte et tout en muscle, l'autre un Juif, petit et gras. Figurer le Juif en personne obèse n'est pas anodin si on en juge par le fait que, dès le début du XXe siècle, la beauté idéale a été incarnée par un homme jeune, mince et musclé. Comme Georges Vigarello l'a analysé dans son ouvrage Les Métamorphoses du gras, du Moyen Âge à la Renaissance, l'excès de poids n'a pas été un critère inesthétique, par contre à partir du XVIe siècle, «la critique du gros [a] changé» (Vigarello, 2010, p. 59). «La grosseur physique [est devenue] lourdeur globale. Le gros [...] [a commencé] à être assimilé à un "maladroit", un "incapable", un "paresseux", un "fainéant"» (Vigarello, 2010, pp. 62-63). Plus explicitement encore, à l'époque moderne, le vocabulaire s'est modifié, «les lourds en taille» sont devenus «les grossiers», les «sans malice» ou «sans discernement» (Vigarello, 2010, p. 63). Le gros s'est transformé en «lourdaud», «grosse boule», «énorme masse de chair», «gras comme du beurre», «vraie tonne», «aimable ballon», «vieux paillard», «vieux pourceau» (Vigarello, 2010, p. 66). Mais c'est surtout au XIXe siècle que l'homme gros a été appréhendé en tant qu'homme «laid» (Vigarello, 2010, p. 232). Derrière la critique du pansu s'est également profilée une critique sociale, le gros a incarné le nanti, le fortuné, associé à celui qui «s'engraisse de la substance de la veuve et de l'orphelin» (Vigarello, 2010, p. 150), il a matérialisé la laideur morale par son refus du partage et de la redistribution.

L'antisémitisme a récupéré cette critique du bourgeois en l'attribuant au Juif censé incarner le profiteur, l'usurpateur et le tricheur. La représentation de l'embonpoint du Juif a également servi à l'opposer à l'image de l'Allemand mince et musclé. On sait que la sculpture nazie a repris «à son compte les canons esthétiques de l'antiquité [...] [pour traduire] la beauté et l'harmonie du corps» afin «d'exalter les valeurs raciales du nouveau régime» (Guyot & Restellini, 1996, p. 137). C'est sous cet angle qu'Arno Breker, sculpteur officiel du Reich a magnifié dans ses œuvres «la beauté physique, la perfection corporelle, l'athlète et le sport» (Guyot & Restellini, 1996, p. 155). L'homme blond, svelte, athlétique s'est imposé comme l'antithèse même de l'homme adipeux, bedonnant, lourdaud, tout comme de l'homme maigre, chétif, malade. Ainsi donc, «l'esthétique de la laideur [...] [s'est établie] par défaut: la laideur s'est incarnée dans l'exclu en tout point

opposé à l'homme idéal» (Barthe-Deloizy, 2003, p. 54). Le corps nu, beau, musclé, a ainsi modelé l'étalon de la nouvelle race d'homme. Une race différente de celle censée symboliser la laideur, la puanteur, la saleté et la vermine. On peut dire que la figuration du Juif a puisé dans tous les types possibles de hideur, sans oublier qu'en tant que critère médical, cette laideur supposée est devenue «le signe d'un état pathologique permanent [...] relevant de la dégénérescence» (Taguieff, 2008, p. 196). Dans cet ordre, «l'image très négative des Juifs, construite à travers leur corps [...] [a été] intimement liée à la triade impureté-maculation-contamination» (Florin-Platon, 2006, p. 3). C'est en ce sens même que l'expression «sale Juif» a acquis «un triple sens à la fois somatique et éthique: laideur, maladie et corruption morale» (ibid.).
L'ensemble de ces conceptions ont trouvé leur illustration dans des dessins de presse. Telle la couverture du numéro La défense de la race (1941) qui arbore des Juifs en vampires assoiffés de sang (Kotek, 2005, p. 30). On y retrouve toujours les mêmes stigmates: nez proéminents, barbe, visage sombre. La laideur de l'individu symbolisant le Juif contraste avec la pureté du visage de l'enfant allemand dont seules les lignes essentielles sont dessinées. Dans le dessin titré «Le livre de Juda», paru en 1936 dans Der Stürmer, le Juif est représenté de manière caricaturale toujours affublé des mêmes stéréotypes, petits yeux, nez imposant, lèvres charnues. L'association entre le diable et Juda est explicite. Dans tous les dessins, le Juif est brossé comme «un homme immonde». L'édition espagnole du Protocole, intitulée Le gouvernement mondial invisible des Juifs ou le programme juif pour dominer le monde, parue en 1930, n'en donne pas une autre image (Kotek, 2005, p. 36). Le Juif est rouge de visage, rouge comme le sang qui dégouline du globe qu'il tient entre ses mains." (Claudine Sagaert, "*L'utilisation des préjuges esthétiques comme redoutable outil de stigmatisation du juif - La question de l'apparence dans les écrits antisémites du XIXe siècle à la première moitié du XXe siècle*", *Revue d'anthropologie des connaissances*, 2013/4, Vol. 7, No 4, pp. 980-984)

[736]*Silenus Alcibiadis*, pp. 8-11 de la 1ère Partie; avec les respectives légendes:
"*Qui en haste se marie, a loisir se repent.*
Ce, que tu ne cognois, aymer iamais t'avance:
Il a pris mal a Pan d'aymer sans connoissance.
Qui ose son bouillon humer hastivement,
Sans doubte, il bruslera sa bouche bien souvent."
Et:
"*Quand il est creu, je le vois, Comment il croit, je n'appercois.*
Retournant au Tillet, ou tu estois escrite,
Ma douce Margotton, la lettre n'est petite
Comme un peu cy devant: le passager la voit,
L'Amour s'augmente, helas! sans qu'on s'en appercoit."
Ainsi, dans l'Emblème IIII comme dans l'Emblème XXVII, la hâte d'amour est mauvaise, alors que l'Emblème V traite de sa diffusion et croissance. Rappelons, encore une fois, que l'ensemble des allégories amoureuses des livres d'emblèmes parlent autant de l'amour humain (charnel et passionnel) que divin (comme on le voit plus clairement, on l'a dit, chez Otto Van Veen). Raison pour laquelle les motifs et attributs de ces allégories peuvent nous servir à comprendre celle de l'association morale entre l'ail et le Juif. Intéressant pour nous, en cela, est la répétition thématique, dans une certaine séquence, qui associe, bien qu'implicitement, et non directement (vingt emblèmes séparent les deux groupes), l'évocation des cucurbitacées et de l'oignon ("*L'oignon, ou ognon (Allium cepa)*", http://fr.wikipedia.org/wiki/Oignon) qui n'est qu'un espèce d'ail ("*L'ail, ail commun ou ail cultivé (Allium sativum)*", http://fr.wikipedia.org/wiki/Ail_cultiv%C3%A9).

[737]*Silenus Alcibiadis*, pp. 20-21 de la 1ère Partie; avec la légende: "*Fruict verdelet, aisement ne chet.*
Amant, si tu ne veus languir de longue flame,
Addresse tes amours a quelque meure Dame.
Ne voit on au vergers que meur fruict suit la main?
Et qu'au trop verdelet souvent on tire en vain?"

[738]L'utilisation du radis comme instrument de punition phallique perdure de l'ancienne Grèce, Eva C. Keuls, *The Reign of the Phallus: Sexual Politics in Ancient Athens*, University of California Press, 1993, p. 291, jusque dans la société zouloue, Terri Hamilton, *Skin Flutes & Velvet Gloves: A Collection of Facts and Fancies, Legends and Oddities About the Body's Private Parts*, Londres, Macmillan, 2007, p. 315, et son

---

symbolisme génératif s'exprime dans la mexicaine Noche de Rábanos (23 décembre) d'Oaxaca (née au XIXème siècle), http://es.wikipedia.org/wiki/Noche_de_r%C3%A1banos

[739]"*La planche posée entre les deux religieux porte une assiette garnie de quelques fruits rouges, cerises, fraises ou radis - fruits printaniers mais aussi symboles erotiques? La planche et les fruits rappellent les tables qui séparent les couples dans les cuves des étuves telles qu'on en voit sur certaines miniatures.*" (Roger Van Schoute et Monique Verboomen, *Jérôme Bosch*, Renaissance Du Livre, 2003, p. 35)

[740]Sarah Gordon, "*Sausages, Nuts, and Eggs*", *Sexuality in the Middle Ages and Early Modern Times: New Approaches to a Fundamental Cultural-Historical and Literary-Anthropological Theme*, Berlin, Walter de Gruyter, 2008, p. 514.

[741]Jules Janick et Harry S. Paris, "*The Cucurbit Images (1515–1518) of the Villa Farnesina, Rome*", *Annals of Botany*, Oxford University Press, 2005, http://aob.oxfordjournals.org/, 12 pp.

[742]Udo Becker, *The Element Encyclopedia of Symbols*, sans lieu d'édition, Element, 1994, art. "*Radish*", p. 243.

[743]Allison Fiddler, "*A political 'Brief'*", *Aesthetics and Politics in Modern German Culture: Festschrift in Honour of Rhys W. Williams*, Bern, Peter Lang, 2010, p. 190.

[744]Symbolisme qui se retrouve encore dans l'oeuvre, pour la ville de Rennes, intitulée *Nos Racines* d'Ar Furlukin ("*Radis géant de trois mètres de haut et six mètres de diamètre avec des fanes qui se dressent vers le ciel, allant jusqu'à six mètres de haut*"), http://arfurlukin.fr/content/media/agendas/racines.pdf, ou dan l'interprétation des rêves, http://www.dictionnaire-reve.com/interpretation-reve/1512/reve-de-radis.html

[745]Rav Michael Laitman, *La Kabbale en toute Simplicité*, New York, Laitman Kabbalah Publishers, 2008, "*Le sens des fêtes d'après la Kabbale*", pp. 90-92.

[746]*Ibid.*, pp. 90-91.

[747]Féval, p. 63.

PLANCHES

Planche d'images sur *La gra[n]t nef des folz du mo[n]de* de Sebastian Brant (Paris, Geoffroy de Marnef, 1499, feuillet lxxxi et suivants)

Illustrations des chapitres 110 à 112 de Sebastian Brant, *La gra[n]t nef des folz du mo[n]de, "Premiereme[n]t co[m]posee en aleman par maistre Sebastien Brant ... Consecutiuement daleman en latin redigee par maistre Jacques Locher. Reueue [et] ornee de plusieurs belles concordances et additions par ledit Brant. Et de nouuel translatee de latin en fra[n]coys ...* « , 1499, traduction et images reprises de *Stultifera nauis*, Bâle, 1497, édition elle-même traduite de: *Das narrenschiff*, Bâle, 1494

Orgueil de soi et Luxure comme oubli de Dieu: illustrations des chapitres 4, 20, 32, 33, 44, 49-52, 62.

¶ Pourtant que par les satyres precedentes toute lintentio de lacteur a este de louer Vertu & de blasmer Volupte extoller les saiges deprimer les folz & reprendre les vicieux icy apres il fait une cocertation ou debat ptiulier de Volupte & de Vertu Et cotient quatre petites pties Premierement largument ou intention de lacteur Brant. Secondement lepigrame de locher en quoy il inuite les lecteurs de ce liure a la consideration de ce debat Tiercemet met lobiection de Volupte Et quartemet la responce de Vertu Et aisi comence largument.

¶ Largument du pmier acteur Brant

Homme mortel a qui dieu a done sens & entendemet regarde icy & considere le coflict & debat de Vertu auecqs la petulque et sauterelle folle Volupte Et puis de rechief voy les iopes vaines delle si sauras & cognoistras lequel che min est le meilleur de Vertu ou de Volupte Nous lisons q alchides cestassauoir de hercules ainsi nome pour le nom de son ayeul nome alceus Que coe une foys cestuy hercules fust gesant en ung fort somme de dormir Par somniation il vit diuerses voyes ambigues & difficilles Et scrutat enquerat considerant & voyant lestat/la foy/la vie/& la maniere des deux gmeca entre la voye de Vertu come la plus couenable & laissa celle de Volupte perilleuse & damnable.

Aspice conflictu Virtutis &c.

¶ Lepigrame de locher au lecteur du liure.

¶ O tu lecteur q honores les sacrez enseignemes de Vertu regarde voy & considere les modulatios metriqs q nous faisons sur

Virtutis q cliqz colis.

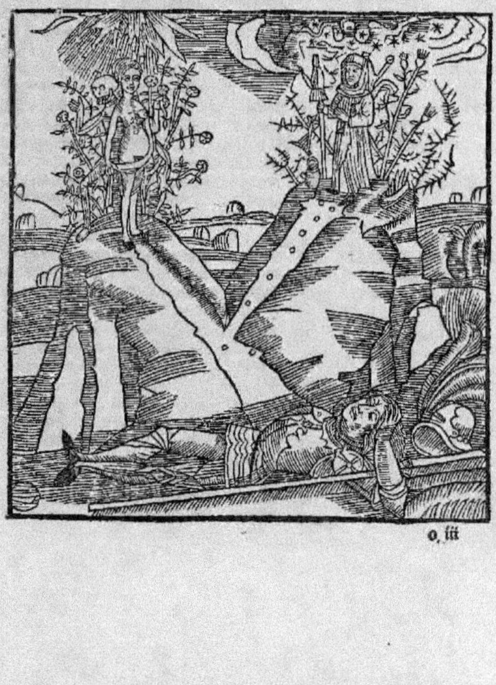

le conflict dicelle/toutessfoys oste ⁊ depose tout fier regard/car no⁹ donrons ⁊ si ce mādōs pō aux escriptures Si aisi est q̄ nostre pagine peche en ses nōbres ⁊ q̄ la chose soit iuuenilemēt faicte ou d̄ trop sim ple esprit:toutessfoys icy p̄ pur dicte ⁊ me/ tre est froissee blande ⁊ molle Volupte et gisent marcides ⁊ seiches les chasteaulx pōpes ⁊ haultesses de spurque vilaine et orde luxure Mais Vertu pēd ses glaiues fors ⁊ Victorieux en triūphe blāc ⁊ niueal ⁊ beatifie soy ⁊ les siens ou ciel Et pour tant ayme la le ieune hōme sans barbe Et la maine sa maistresse de vie affin q̄ p̄ don eternel il forme son oeuure Et qui/ conq̄s voulдra suyure la voye de Vertu fuye les illecebres pōpes ordures ⁊ volu/ ptuositez q̄ ꝑmet vaine libidinosite/Car elle froisse les couraiges ⁊ foulle les cha/ stes poytrines Elle fede enordist souille ⁊ gaste les cultiuemēs de lengin ⁊ de lesprit de lhōme Elle destruit les sens pudiq̄s ⁊ chastes Et tousiours vomist ⁊ gecte blā dicieux ⁊ deceptifz venins En cecy doncq̄s vo⁹ vaillās ieunes hōmes regardez q̄ peut candide ⁊ clere vertu les biens quelle fait les graces quelle dōne Et cōbien au contraire nuyst la luxurieuse Venus dame de toute Volupte ⁊ source de tous maulx.

¶ Lobiection de Volupte blasmant le Vertu.

Auerte pe/ dem tuū a malo ⁊c.

¶ Lescripture summaire prinse a ce ꝑpos dit ainsi Tourne ton pied arriere du mal car nostreseigneur a congneu les voyes q̄ sont aux dextres et bōnes parties ⁊ descla/ re q̄ puerses sont celles qui vont aux sene/ stres lesquelles tient Volupte q̄ dit Jay vou lu querir mes plaisances ⁊ nay poit deffendu mon corps quil ne vsast de toute Volupte ⁊ quil ne se oblectast en toutes choses qui se estoient preparees Qui est doncq̄s qui aisi deuorera affluera ⁊ habōdera en delices cō me moy Et pourtant vo⁹ humains venez mon chemin Et vsons des biens qui sont preparez a lhomme Et vsons hastiuemēt de la creature ainsi q̄ en ieunesse Car les cielz ne sont faitz que pour nous.

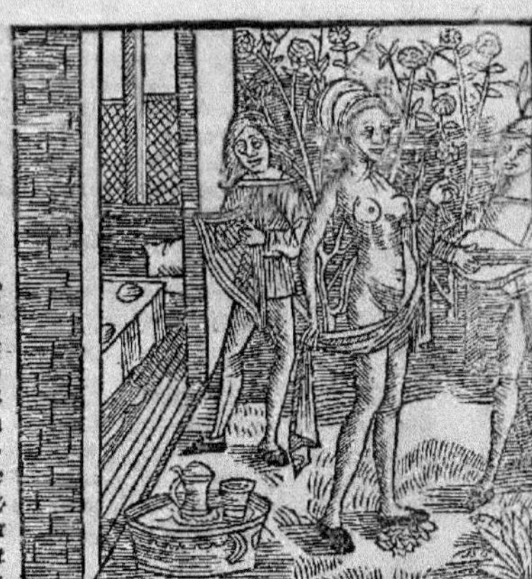

Cy est dame Volupte en vng iardin de plaisance entre son neurs et dan seurs cōme vne belle ieune femme toute nue tenante vng pepl e ou guim/ ple en ses mais Locil esueille / le pied legier la contenance hau ⁊e couronnee dung cha/ peau de rozier cōme vne dame forte et victo rieuse qui retourne en triumphe de bataille ⁊ dit aisi Je Volupte ennemye a pure ⁊ sin cere Vertu suis icy en p̄sence couronnee ⁊ aui ronnee de laurier victorieux Et par tout le monde les signes d̄ mon triumphe suffistz de chasteaulx resplendissent Tousiours aspirent mes temps fleurs achemeniennes Et sent violettes nouuelles la fascie ⁊ cou/ uerture de ma cheuelure cueillie Jay cou/ stume de porter quāt il me plaist manches grādes ⁊ larges en mes costez plus blācs q̄ neige Mes bras fulgens ⁊ resplendissans cueurent vestemēs d̄ tyrie en la facon de la terre du tyr Ma face est tresfascue ⁊ ioyeu/ se Mes yeulx et regardz trop plus enuieux que ieux / Car ie les monstre petulans et sans arrest tant que ilz froissent molle et tendre ieunesse Je respandz mes delices et douleeurs par le monde affin que mes

Ego sin cere Virtuti ⁊c.

¶ La responce de Vertuz a Voluptuosite.

¶ Apres que Volupte a fait sa description et conuocque tous hommes a ses delices blasme la voye de Vertu et fait du pire quel le a peu vient la bonne dame Vertu pour faire sa saige respōce: abillee en estat de simple et vielle femme ayante sa quenouille au coste solicite de son estat pesāte a son affaire regardante a la fin et non curieuse de folles et vaines voluptez. Et considere ce que dit lescripture icy prinse a propos qui met. De la terre a dieu cree lhomme et fait a son ymaige. La vestu selon soy de Vertu. Luy a donne temps et nombre de iours auecques puissance sur toutes choses qui sont sur la terre. Mais cest pour en vser selon raison et doctrine de sapience. Parquoy Vertu qui a ouy toutes les vaines parolles de Volupte et a souffert finir son inutile propos respond: et dit en chant elegiaque. Deus creauit de terra hoīem. ⁊c.

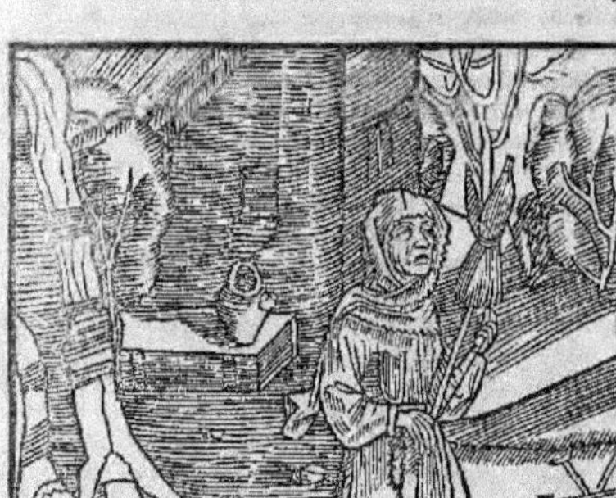

Folle Volupte mal saine de vouloir de pēsee et de entēdement: pourquoy me blesses tu: ou vituperes comme il te semble par ton dictie et chant plain de bauerie/de faulsete / et de vaines parolles. Et auecques ta poictrine qui est imbellique et sans quelque deffence appareilles batailles cōtre moy. Respons et dy fallacieuse et tresmauluaise: pourquoy decoys tu ainsi par art et abusion les simples cueurs et miserables. Pourquoy trebusche chacun iour le monde par tes ordures et illecebres. Pourquoy loues tu tes villenies ordes/tes luxures/ tes gloutonnies. Car en tes blandices il nya quelq̄ gloire. Ebriete/yurongnerie/est ta feable compaignie. Infamie auecques ses pennes et grandes aelles volite au tour de toy. Et souille tes chasteaulx. Je cōfesse que tu es tousiours lasse dung beau chevestre. Tes peulx sōt molz et tendres. Ton frōt trespetulque et non rassis. En ta teste tu as splendeur refulgente assez noble. Tu as redimicules et ioyaulx precieux. Tu as chapeaulx de rosier ou de quelque couleur purpuree. Les manteaulx de tyrie te couurent. Les baltees se pourpre taint en couleur syndonique. Mais tu ne portes point armee forte ne vertueux heaumes: ains auecques ton corps nud et deceptif alliciss et attraitz a toy les hōmes imbelles qui sont effeminez qui nont ne courage ne Vertu ne quelque affectiō dhōneur. Volupte toy sont les artz et saigectez de Venus et de cupido sō enfant qui est aueugle. Ta dextre tient vng mirouer ouquel resplendist la tourbe des mauluais. Ta senestre tient les luxuriositez et tout genre de mal. En tō front il nya quelq̄ candeur: ou quelq̄ blācheur virginale. Mais vne luxure et ordure de libidinosite. En tes parolles nya aucune hōtestete toute paillardise. En toy nya aucune noble icunaie de toute infamie/cautelle/et deception. Par toy ou monde sont traictees les faulses et doubles amours. Et p toy. ducteure de tout mal languissent les fors membres des ducz et capitaines de guerre que tu affe/ Carmine nugoso. ⁊c. Es fateor pulchro sep laqata capistro. ⁊c.

nelles coustumes. Pourtant q̃ les hommes de maĩtenãt sont tant abonnez aux Varietez et changemens de habiz q̃l nya quelque arrest. Et pourtant les appelle folz et les compare a vng ieune coquart qui maine vng fol par la main et le tire apres soy. Ainsi font les folz qui sont effemmez et ne scauẽt en quel estat se mettre Car par leur fol exemple ilz attirent a faire comme eulx les aultres folz qui sont de legiere voulẽte. Et dit ainsi. Anõ

Rasit anon dimidiã p/tem. ꝛc.

a rez la moitie de leur barbe et trenchie la moitie de leurs vestemens tant quilz sont descouuers iusques aux fesses. Car certainement les hõmes estoyent tresiustement cõfus. Et dit cecy lacteur pour les aĩnans par expres aulqlz estoit hõneur porter longue barbe ꝛ longz vestemens. Mais par vne nouuelle coustume les folz faisoyent faire la moitie de leur barbe. Et couper leurs vestemẽs par le costant q̃ on leur veoit la moitie du dos Pareillemẽt du coste de lestomac : qui est vne grant follie de les faire trop cours aussi tant pour la sante naturelle q̃ pour la maniere de faire. Et dieu scait se les frãcoys qui laissent venir leurs barbes pour faire des loricars et ne scauẽt en q̃l estat se mettre ont point part en ceste satyre. Dit apres lacteur. Malediction soit au monde ou il ya scãdale. Car vous ieunes hõmes portez courages de femme. Car la ou vous deussiez estre hommes vertueux vo9 estes tous effeminez. Et la vierge porte courage de homme. Car la ou les pucelles principallemẽt : ꝛ les femmes deussent estre humbles ꝛ simples: elles sont pl9 bau des ꝛ plus effrenees que les hõmes ne sont dont met le prouerbe. Quicõques ayme porter et faindre coustumes vaines par celle nouueaulte instruĩt a sa follie les peuples Cestuy dõne plusieurs mauuais subtilites et mocqueries a ieunesse cupide ꝛ appetitiue de nouueaultez Et cestuy qui est le plus fol tire laultre fol par la main.

De mundo a scandalo ꝛc.

Quisquis amat ritus pferre. ꝛc.

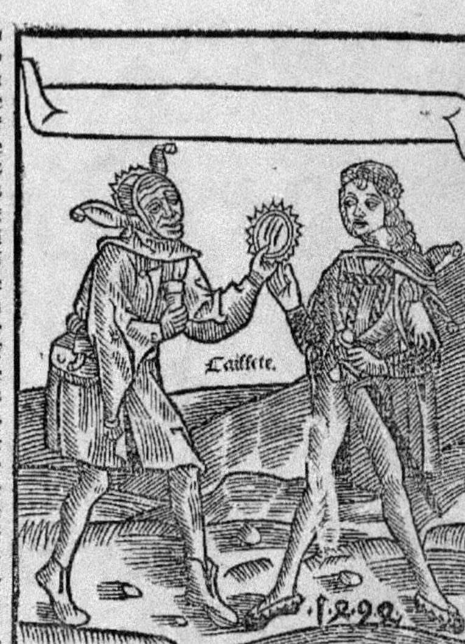

Ces choses qui auoyent este ignominieuses vilaines hõteuses ꝛ moult scelestres sont maintenãt louees ꝛ prisees de plusieurs et sont les nouuelles coustumes gardees en honneur. Jadis estoit de louenge les peres estre barbuz ꝛ porter longue sourcille auecques menton chaste et pudique. Et a lexemple du sage Socrates auoyent coustume de nourrir leurs barbes les cultiueurs qui honnoroyẽt sapience desquelz la sagesse a delaisse le monde et a monte aux souueraines haultesses de iupiter. Mais maintenant est venue en bruit vne corruption pue volupte de meurs et a decouru p tout pechie et le faulx visage de vie. Car on voit plusieurs qui ont honte de nourrir barbe de sage homme : mais arrachent tous les peulx de leur corps affin quilz pussẽt garder leur cuyrie tẽdre ꝛ fresche ꝛ le corps re

Tẽpore q̃ fuerant. ꝛc.

Laudis erat quõdã

Sed nunc irrepsit morum. ꝛc.

Absit i ore plu miseris &c. — la pie caqueteresse qui par sa garrulite frequente monstre ou enseigne ses petis et par son trop grant cry et clameur fait aller a leur nid. Ainsi chose plus seure & meilleure est parler pou de choses & garder les silences de la langue chaste & nette. Car qui labeure respondre a tous aucunesfoys encourt dommaige moleste & perilleux. Et ainsi est a noter pour conclusion de satyre et derision des folz habondans en langaige que petite parolle respandue en temps modere plaist. Et que une noble vertu est garder sa bouche seure. Car droit est et honneur de parler par ordre & bonne maniere ce que la bonne langue enseigne: non aultrement.

Serio placet modic⁹. &c.

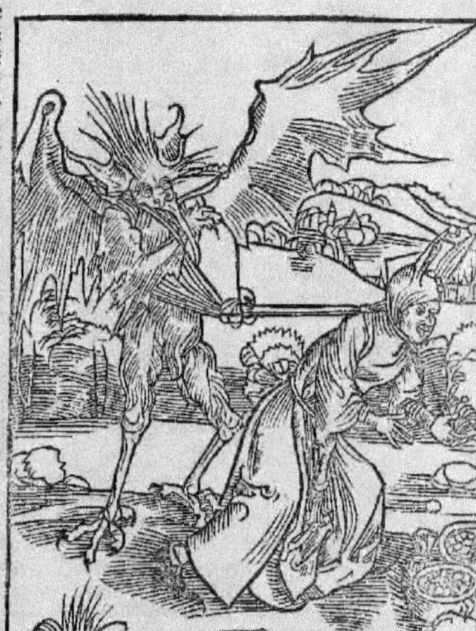

¶ Laultruy trouver & ne le rendre.

¶ Aultre satyre en laquelle sont reprins aucuns folz qui par cas fortuit treuvent des biens de aultruy lesquelz par une espece de avarice ilz attribuent a eulx sans les rendre. Pourquoy lacteur en son prolude dit. Celluy qui treuve aucune chose quil garde en ses propres usaiges: & repute ceste chose trouvee estre sienne ainsi que se la iuste volunte de dieu luy laissast & permist retenir: congnoisse que le diable denser nomme mammon le decoit le fait fol et le lie pour mener avecques luy finablement aux enfers. Et a ce propos allegue nostre acteur lescripture qui dit. Se tu as trouve aucune chose que tu nas pas rendue: tu las ravie et emblee: et as fait ce que tu as peu. Car si plus eusses trouve plus eusse prins. Car chacun doit scavoir que ce qui nest point a luy appartient a aultruy.

Inveniens aliquid pro prios &c.

Si quid invenisti & nō reddidisti rapuisti &c.

La ferveur et ardeur de avarice dit le compositeur de ce livre ne seuffre point tousiours taire mes chans & ditiez: mais estendre par tout ma satyre. Pourtant par merite nous dirons les folz iniers et mauvais qui ne tiennent pas seulement leurs choses mais celles daultruy. Car aucuns treuvent tresors cachiez et choses estranges lesquelles ilz reservent & gardent a leurs usaiges. Et tellement fermēt leurs cueurs par tenebres obscures quilz croyēt les dieux leur avoir donne icelles choses trouvees et quilz ne offensent poit de les retenir. Et ne regardēt point auquel seigneur appartiēt la chose perdue: mais tousiours tiennent & gardent ce que fortune legiere leur a offert. Escoute fol que cupidite de avoir tire par si grant impiete: et ne refuse point ces enseignemens ie te prie. Se tu treuves de adventure aucunes choses estranges iamais ne croy quelles soyent a toy. Mais pour certain tien que ce sont les biens de aultruy. Et ie te demande si tu as aucun sens en ta poictrine povre fol avaricieux que tu ce que tu te conseilles et soyes iuge de toy mesmes a scavoir & cōsiderer se tu peulx regulierement & selon coustume raisonnable retenir les biens qui ne sont pas a toy. Homme ny a de entendemēt qui ne iugeast cela

Fervor avaricie mea nō finit. &c.

Audi quez tāta trahit &c.

lup forte serrure ⁊ gardes pour la garder. Mais q̃ est ce qui gardera iceulx gardes. Car la femme est subtile et caute : et se elle veult faire aucune finesse tout son commẽcement sera de ceulx qui lauront a garder.

Stultior at qz magis, ⁊c.

Celluy est plus fol et plus incēse que le furieux horrestes qui courut les champs incēse et le veye lesprit zelotipe ⁊ de ialousie qui porte la cure de sa femme et la vaine garde: car il tremble iours et nuitz sans auoir repos. O fol feru de ceste erreur pour nient tu seuffres angoisse. Pour nient tu recois labeurs et en vain te tue ta folle curiosite. Met serrures en ta maison: cohibe ⁊ deffendz les pas delle que point ne parte ⁊ ne face aucuns saulx: et que en ta maison y ait vng chien vigilant qui par tout abaye se aucun souruient. Et que vng fort varrouf confere et

Pone seras cohibe. ⁊c.

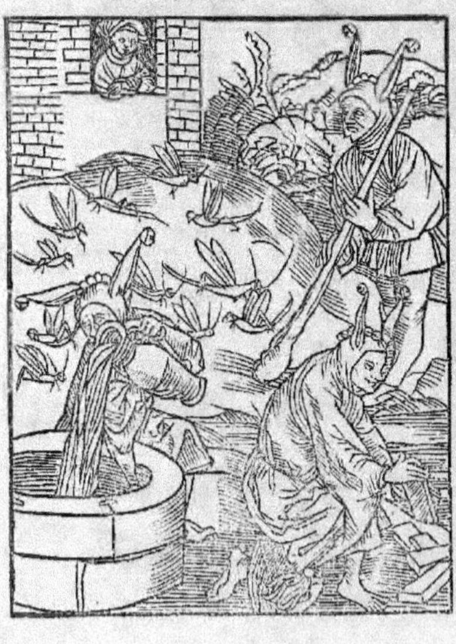

ferme les maisons ait la maison haulte ses custodes et gardes. Toutesfoys entretāt qui est ce qui gardera iceulx custodes se la femme veult estre peace et mauuaise tousiours te fauldroit garde sur garde: ⁊ seroit proces infini. Car certainemēt la femme q̃ nature na point produicte chaste de soy a tart est fait quelle garde chaste les liēs de mariage. Mais la femme q̃ veult garder sa tēdre pudeur et honte: le gaige de sa chābre et la foy de mariage ne doit estre contraincte par aucune coustume de fer. Car il ne fault point que structure griefue et rude foule les huis qui sont chastes de soy. Et ō ce baille Ouide ou quart de methamorfose mōstrant que tour ou forteresse ne peult garder la honte de danes. Car en stupre ⁊ luxure elle perdit les dōs de chastete. Car Jupiter conuerti en pluye dor cheut ⁊ courut ou geron de la vierge et ainsi adultaire estoit. Penelope pareillemēt auoit este lōg temps franche et exempte de ce mal retenante et gardante a son mary ses membres chastes: combien q̃ au tour delle souuent vinsist et visitast la tourbe des demandeurs qui la vouloyēt douer ⁊ prendre a femme: estimās que son mary fust mort. Toutesfoys quelque ferme ppos quelle eust finablement fut cōuaincue et corrumpit son mariage. Oultre plus dit Ouide que la garde ⁊ custode met aucunesfoys les femmes et contrainct an peschie deffendu. Et puent les dommaiges de la honte deffendue. Pource veste vne femme ioyeuses meurs et vie honneste: affin que de ce elle cōpare a elle ⁊ acquiere bōne renōmee. Et fuye les cōpaignies des hōmes ⁊ des vielles macquerelles, pcaces. Fuye aussi les blandissemens du subtil requerant. Car si iamais helaine neust leu les lettres de paris le troyen iamais mal neust este rauie. Pourquoy fēme qui ayme honneur ne doit babitart escouter: aultrement elle fait follie.

Femina p ducit qua non, ⁊c.

Exemple. Non turr danaes. ⁊c.

Exemple. Libera pe nelope fue rat ⁊c.

In vetitu plerūqz ne phas ⁊c.

Si nō legi set helene ⁊c.

De adultaire.

En ensuyuant la matiere des folz mariez icy met lacteur vne aultre satyre de

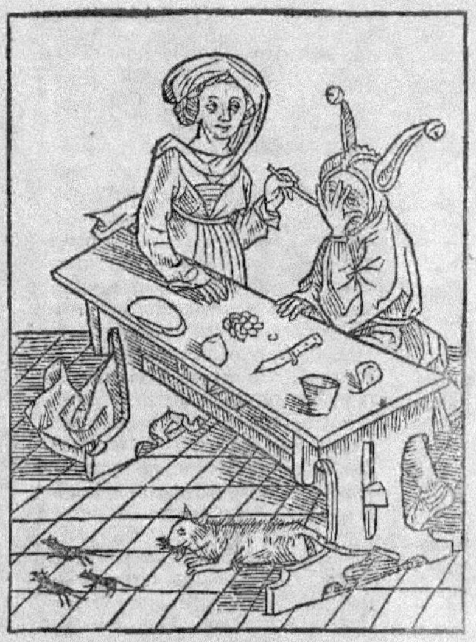

Une vilaine follie q̃ ce cõmet en mariage Cest quant le mary est consentãt ⁊ seuffre le vice de sa femme ⁊ mouche son nez ou met la main devant ses yeulx de peur quil nen voye rien. Et luy suffist que sa femme luy mette loz en la bouche et le repaisse de bons morseaulx. Et pource dit le prolude de ceste presente satyre. Celluy est fol q̃ scait moucher son nez: tousiours couvrir sa face de ses dois ⁊ p̃met sa femme estre subigee et supposee dung aultre Et oyt les illecebres ⁊ vilaines parolles que on luy dit cõbien q̃ ce soit en termes couvers: mais en riant et en bourdãt souventesfoys fait on a bon. Et quãt la chatte subtille et traitresse cest assez iouee d̃ la souriz elle la mengeut. La femme mauvaise aussi quant elle a bien mis loz en la bouche de son mary: et quil est aveuglie elle peult faire son plaisir. Pource dit lescripture prinse a ce ppos. Celluy est biẽ patron de turpitude qui voluntairement seuffre et celle le crime de sa fẽme. Et est consige de la peine de adultaire qui seuffre sa femme deffaillir contẽne et despuse: et ne desdaigne point la contaminatiõ et la honte. Mais il fault que en tel cas le fol mary soit enseigne de regarder la couverture de sa maison et d̃ mouchier son nez veillant sans plus au calice et a regarder sil ya plus que boire aux potz pendant que sa femme se esbat.

[margin:] …st fatu⁹ …i scit vi… …anti. ⁊c.

[margin:] …atronus …t turpitu… …mus. ⁊c.

Certainemẽt ou mõde court maintenãt une chose moult miserable et digne de la censure ⁊ iudication du saige caton qui fut ung grant et parfaict iusticier. Cest q̃ personne ne veult tenir la foy de mariage Maintenant nulle na honte de adultaire: ⁊ de villener les bõs droitz. Car la bonne loy que Jules cesar donna contre les adultaires est abolie ⁊ la peine antique se taist Et ainsi ne femme ne homme nont plus coustume de conserver les federatiõs et pmesses du lit sacre. Par ce gist y tout le paillart. Et semble veritablement a plusieurs chose digne de louẽge conculter le lit et la chambre daultruy: ⁊ violer son mariage. Et nest plus aucune honte. Car homme ne craint lespee dont on punissoit les hommes anciennement: ne les roches dont on lapidoit les femmes quant ilz rompopent leur mariage. Et aussi iugement leur pardõne. Et la peine remise on nen lapide plus. Helas lancienne loy iulie contre les mechateurs et rompeurs de mariages elle dort maintenant. Ha cesar ie te prie vien des fontaines elisiennes pour ceste loy renouveller Car la plus laide chose de iamais est q̃ aucuns vilains folz maris sont apris et enseignez de regarder la couverture de la maison: affin q̃ le ribault passe plus seuremẽt pour aller avecqs leurs fẽmes et font semblãt de nen veoir rien tant sont folz et vilains q̃lz mettent les dois devant leurs yeulx q̃ sont ouvers. Et permettent les chiers gaiges du lit de mariage estre subigez ⁊ honniz. Et tu fol mary ne oses pas regarder le hõteux peche de ta fẽme ne oses pas blasmer les choses iḡanes

[margin:] …ce mise… …da quid …nsura di… …ma catho… …is ⁊c.

[margin:] Heu vet⁹ in merhos. ⁊c.

¶ Par la satyre ensuyuante sont redarguez les folz qui sont tumultes et confabulations en leglise de dieu: comme femmes qui quaquettent ensemble quant on dit le seruice. Folz oultrecuidez qui se pourmainent par leglise auecques pantousses ou patins faisans noise: font signes et regardz ipudiques: et perturbās la deuotiō du peuple et aultres: parquoy ilz sont comparez a cellup fol qui durāt le seruice entre leglise auecqs chiens oyseau sur le poing chargie de sonnettes et la folle femme qui se arreste a le regarder: non pas lautel. Dont dit le prolude. Le fol portant vng esprenier par les relieux lieux et temples des dieux et que la tourbe des chiens suit: fait tarder les hōmes deuotz a les deues oraisons. Dont il est appelle fol semblable au coucou qui ne scait aultre chanson. Ainsi ne scait tel fol aultre contenance que porter par tout sa follie en ses mais: ce qui est moult desplaise. Car es lieux sainctz et eglises il cōpete et appartient les deux estre celebrez auecques paix et repos. Et a la maison du seigneur est deue saincteté. Et pourtant en icelles cessent les conseilz/parlemens/choses vaines: et par plus forte raison ordes et puantes parolles et langaiges. Et finablement toutes choses q̄ peuēt perturber le diuin seruice ou offenser les yeulx de la diuine maieste.

Accipitrez testas p re ligiosa. ⁊c.

In sacrosā ct ecclesiis ⁊c.

Vūt quos ntratu trepitu. ⁊c.

Aucuns folz sont q̄ nōt poīt de honte de contaminer les saictes maisons par abayement strepit et vilaines clameurs. Et a lheure que le prestre chante loffice traicte les choses deues au sacremēt: et quād deux et prieres a dieu. Quant le chant de la diuine loy court au peuple: et que le bon office de leglise en melodie est demonstre il entre vng fol engante ayant sur son poing vng esprenier tiercelet ou aultre oyseau de proye. Et vueilles ou non vague le coucou et volle auecques grāt son et clangeur par les sainctes maisons et lieux sacrifiques. Les chiens aussi entrans maine le fol auec

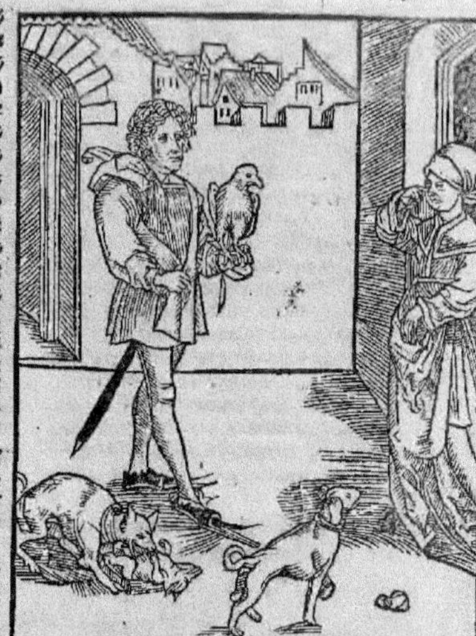

ques soy remplās tout de abayement et de noise tant que en leur strepit et torment la compaignie benigne de ceulx qui sont en deuotion se taist. Car lune foys sonnēt les clochettes: laultre resōne labayement aux oreilles. Les aultres sonnēt des piedz: les aultres strepissent des mains: ou font aultre tourment qui empesche le seruice diuin. Ainsi nya quelque repos entour telz folz plains dorgueil et de pompe. Et qui plus detestable chose est aux eglises de dieu pendant le diuin seruice sont traictees les causes/les marchiez/ou commerces des choses/les complaintes: tous contractz et losficeodu marchie. Oultre des folz ainsi pturbans loffice de leglise en se demenant lung regarde a ses yeulx les matrones/ laultre les pucelles. Et laultre traicte aucune chose ou il nya point de preudhommie. Aucūs folz aussi font noises en leglise par leurs

Nulla des penes hos. ⁊c.

Conspicit ocul. ⁊c.

aucun honneur / aucune beaulte ou splen/ deur de noble clarte. Et ainsi les enfans ne appre[n]nent point les bonnes meurs La fe[m]me ne garde point les signes de chastete et toutes choses laides sonnent Car la fem/ me prent les mauvais signes de son fol mary et ensuyt celle signee son pere par meurs et par conditions Ainsi le fol pere na point enseigne son enfant a bien viure Et pour tant selon droit lenfant sera semblable en meurs. Et si les peres sontioueurs aussi et les nepueux ont acoustume en ces petites choses se assimiler et faire co[m]me eulx. Pour tant dient les co[m]muns prouerbes des ancie[n]s Souuent par coustume est le filz sembla/ ble au mauvais pere Parquoy les moy/ nes repitent a droit iouer quant ilz voyent leur abbe qui remet les dez ou tablier et di/ sent quilz peuuent aussi bien iouer comme luy. O meurs miserables O te[m]ps plains de fureur et de follie vous souffrira tous/ iours dieu Maintenant en folie se rend le filz fol semblable au pere et la fille a la me re et le droit est que a grant peine de folz pa rens pourroyent estre saigement nourriz e[n]fans Car iamais loup nengendra ouaille ne iamais naistre ne peult dung tigre qui est beste cruelle veau ou aigneau. Ysopet dit en ses appologies q[ue] lescreuisse grauist a reculons et va en arriere comme son pere Et aussi les enfans ensuyuent les mauvais signes de leurs parens Touteffoys nest il pas dit que ceste reigle tie[n]ne par tout / car il est possible q[ue] vng mauvais pere engendre ra vng enfant qui sera bon en suyua[n]t lexe[m] ple des saiges et laissant celle du pere Et peult on veoir par le filz aucunement quel fut le pere Ainsi Dyogenes le grant ora/ teur cyniq qui veit vng enfant themulent cestassauoir chancelant pour auoir trop beu il luy dist Filz ie voy icy que vng pere yurogne ta engendre. Et pourtant chascu[n] en ses propres maisons viue si honnesteme[n]t quil ne donne point a ses enfans ou fa/ miliers mauvais enseignemens.

Non pueri mores &c.

Trita qui vetera &c.

More p[at]ris cancer &c.

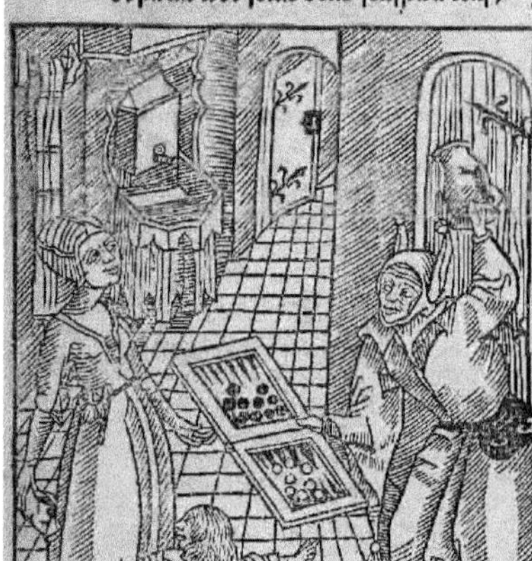

De volupt[u]osite corporelle.

Ensuyt vne autre satyre touchant les folz que volupte corporelle attire a soy. et les co[m]pare aux ouailles que le bouchier tient par le licol pour les mener la ou il veult sans que la poure beste saiche sil la maine a la pasture ou a loccision Et sentent ceste volupte de toutes autres abusions mondaines Mais pourtant q[ue] labusion de luxure et de volupte char/ nelle est maintenant plus diuulguee que les autres voluptez et folles plaisances entre les simples et rudes icy la prent no stre acteur pour exemple / et dit. La fe[m]me qui est parree en abit de meretrice et folle fe[m]me a deceuoir les ames a irretyr et enla ce par plusieurs parolles le fol q[ue]lle a renco[n] tre et tellement par persuasions de langaige la mis en ses liens q[ue] inco[n]tinent il la suyt ainsi q[ue] vng beuf mene a loccision ou au sa crifice ou ainsi que laigneau saillant et ioyeulx q[ui] ne scait ou il va / ou ainsi q[ue] loy/ seau qui se haste dentrer dedens les las et

Mulier or/ natu mere/ tricio &c.

Simplici- ne scait pas q̄ on traicte de sa mort Pour-
tate rudes. ce dit le prolude. Aucunesfoys lascive Volu
&c. pte tire a soy et alleiche les rudes par sim-
plesse Et les tue en maniere douailles. De
tient aussi aucuns gros et rudes cōme tho
reaulx auecq̄s son ferme croq. Les autres
prent a la chasse et les lie de sa corde a loy-
seau. Parquoy saige est qui la scait euiter.

Equipa- D E soy mesme se equippare
rat sese me lascive Volupte a vne mere-
retrici &c. trice laquelle paree et fardee
se siet en la place publicque
les mammelles toutes nues
les cheueulx pignez et marchande son orde et spurque amour Pellice et attire a soy
les molz et tendres et incontinent leurs eu
ure le lit souef prenant gaing vil et oit salaire de son pechie Et prie que chascun lui-
te auecques elle en ces iniques delices et pa
reillemēt se oblecte p̄ faulse amour Et aīsi
les folz sans moderation courent et p̄siliēt
ou sain delle ainsi q̄ le beuf lie va et passe ou
laigneau au cousteau du tōdeur ou du bou
chier et expose sa gorge aux coups. O fol
prens ie te prie cōbien Volupte soit a fouyr. Accipe stul
Elle dāne lame et la plōge dedēs les eaues te precor q̄
stygiales Elle lacere et corrompt les sens. sit &c.
Confont les semences de la pensee Con-
tamine les droitz precordes p̄ mauuaise sa
ueur Et q̄bien q̄ les ioyes de Volupte soyēt
petites si en est la peine longue qui ensuyt
meslee auecq̄s douleur miserable. Et pour
ce delaisse suyure tousiours les delices du
monde Elles ne durent point Elles sen fu
yent incontinent. Et sont muees en lheure
Parquoy quicōques p̄ aduenture despise Quisq̄s in
en ce monde et cōtemne les ioyes q̄ sont vai hoc mūdo
nes plaines de Volupte et de soy mesmes ne &c.
se ingere poīt entre elles Celluy veritable
ment est saige et apres sa mort goustera les
ioyes du ciel et la sacree ambroise par loy
perpetuelle No⁹ auons de Sardinapalus
qui despisāt lhonneur de vertu celebroit
seulement les festes et solennitez de Volupte les illecebres d̄ son corps et ne q̄roit
q̄ folle amour Et iugea q̄ on deuoit employer son couraige aux delices car ap̄s
la mort il nest aucune Volupte qui est la
sentēce du dyable et tellemēt se frappa en
ceste folle et vilaine Volupte ql se vestit en
fēme dōt vng sien p̄uost nōme Arbaces
Voyant son fol couraige se irrita et meut
to⁹ les seigneurs de la court cōtre le roy
qui p̄ la p̄mission de dieu le pere oīpotent
mourut dobscure mort et ēuoya dieu et dā
na son ame aux ēfers Pource les delices
du mōde lesquelles faulse Volupte mon- Delicie mū
stre sont a fouyr et gecter au loing de no⁹ di quas p̄-
Car dicelles courēt cruelz venins et grāt mit &c.
habondāce de fiel Pourtant suye les lhō
me saige et ensuyue choses hōnestes.

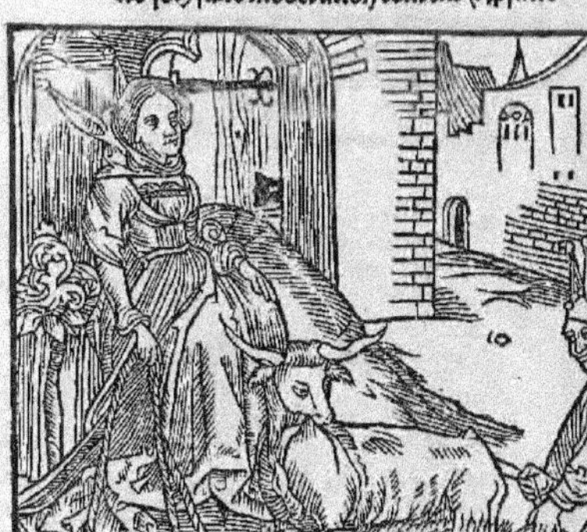

¶ De ceulx q̄ ne peuuēt celer leur secret.

¶ Aultre satyre en laq̄lle lacteur blasme
et reprēt les folz q̄ sont trop hastifz de re- Qui nō ī ta
ueler leur secret Et dit aīsi ou p̄lude Qui cita poterit
ne pourra tenir ses secretz en sa poictrine &c.
taisible et caicher en son cueur ce qui doit
estre occulte il est fol puis quil ne scait

restraindre sa pensee et souvent apres la re-
uelation de son cas encourt griefue tristesse Et sont comparez iceulx folz a sanson
fortin qui reuela a sa fême dalida que toute sa force luy tenoit aux cheueux lesquelz
suborne de ses ennemys elle luy couppa
puis fut prins et eut les yeulx creuez et plo
ra sa folle reuelatiõ. Pource dit lescripture

Qui silere me vis pri- mũ ipse sile as ꝛc.

Tu qui me enseignes a taire aucunes cho
ses et les celer: celle les premierement Et ia
mais ne monstre a ta femme le secret de ta
pensee Et ou secret de ton lit ne dy point
mal du riche Car les oyseaux du ciel por-
teront ta voix ꝛ ceulx qui ont pennes an-
nonceront ta sentence. A ton amy et a ton
ennemy ne vueilles racõter ton sens Et se
tu as faict aucun delict de quoy mal te peut
aduenir garde toy de le descouurir.

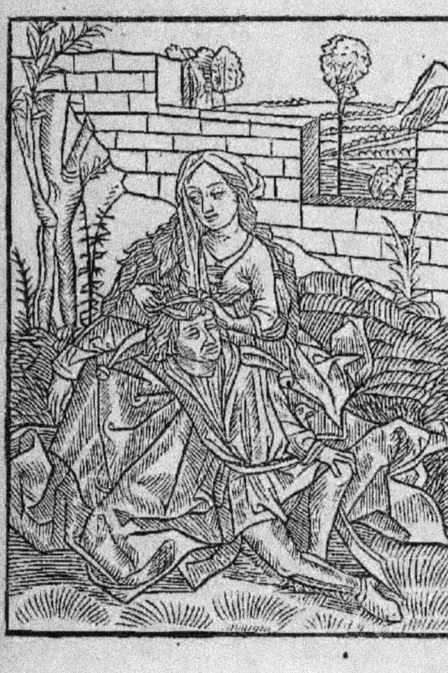

Qui secre- ta sue non vult abscõ dere mẽtis ꝛc.

Qui ne veult absconser et tai
re les secretz de sa pensee
mais les offre a sa femme ꝛ
a toutes gẽs ꝛ leur desclaire
tout ce quil veult ce quil a
estably ou conceu en icelle pensee il est pur
fol et repute fol de tout homme saige.
De ce nous auõs exemple de Sanson qui
iadis auoit este vng noble homme tresfort
il neust point este aueugle / la teste tousee
si son amye Dalida neust point sceu le secret de sa pensee. Stacius dit en sa thebay-
de que Amphiaraus vng grant clerc vati
cinateur inuite aux batailles thebayẽnes
doubtant les futures dispositions mauuai
ses pour luy se alla cacher Toutesfoys fi
nablemẽt fut enseigne p la ꝑpre bouche de
sa femme. Les hystoires des anciens et les

Hystorie re citãt nobis ꝛc.

pmiers enseignemẽs no⁹ racõtent q̃ fême
nest iamais bõne garde de secret. Et pour
tant celons noz secretz aux matronnes q̃
nõt point cõgneu celer les choses secretes
p elles omises Et se garde le saige de cel
luy q̃ publicqment mõstre ses secretz et q̃
na point aprins a les celer Tu aussi qui
veulx tenir ton cas secret Fuy le pcũcta
teur / cestassauoir celluy q̃ de toutes choses se enqert / car cest vng baueur. Et se
vante tousiours des choses grãdes. Et
q̃ toutes choses luy sont ꝓsperes et secon
des en amour. Et si adoncq̃s vng tel babillart ꝛ mẽteur vãteur aussi q̃ de toutes
choses se enquiert aucun vouloit enq̃rir
les parolles et deceptions. En toutes ses
choses il le approuueroit menteur / Car
a vng babillart vanteur et menteur ordinaire rien nest si desplaisant que quãt
on le reprent. De laquelle follie congnoist tout homme saige qui escoute les
parolles dung tel flaioleur quil nourrit vng cocu scabreux et le assouage de
ses mains Pource dit Seneque. Se tu
desires les secretz de ta pensee demeurer caichez Fay que tu ne me die pas
ce que a peine ie puys celler et absconser
Et affin q̃ tu celles ta chose occulte en ta
secrete poictrine ne le mõstre point aux
autres / mais soyes p tout taciturne / car
se le roy achab neust iamais mõstre a sa

Condita si mentis cu- pias. ꝛc.

femme Jezabel les parolles et deceptiõs
de sa pensee Naboth ne fust point mort
ainsi quil fut Et pourtant ceulx qui por
tent aucuns secretz en leur cueur soyent
subtilz et se gardent quilz ne monstrent
aux autres folement telles choses ainsi
ilz demoureront plus seurs en tout tẽps
Car iadis dist vng pphete de la saincte
gent Je estudieray garder a moy mes/
mes le secret de ma pensee Ainsi folest q̃
le reuele et dit a aultruy.

Qui gestãt ĩ corde suo secreta ca/ ti sint. &c.

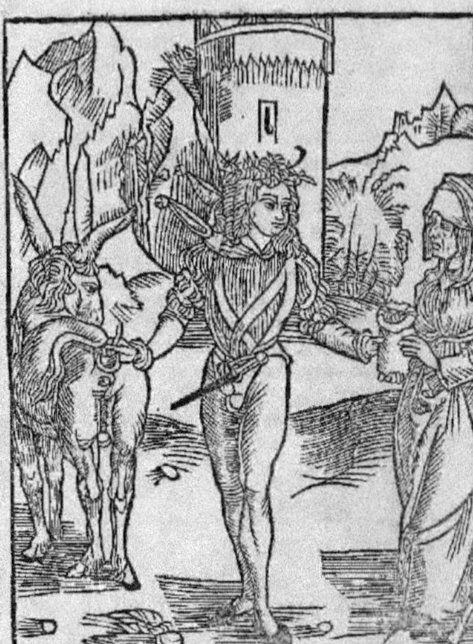

¶ De cellluy qui espouse femme pour ses richesses et auoir.

¶ Ensuyt vne satyre assez prouuable p exemples diuerses Laquelle baille la/ cteur contre les ieunes folz qui par aua/ rice et pour pecune se marient et espou/ sent vieilles femmes et nõ pas pour lhõ neur et principale intention de mariage Mais pour auoir multitude de pecune. Et les compare a celluy qui va querir gresse au cul dung asne: et il ny treuue q̃ trouilles petz et estrons Dont dit le pro/ sude Le fol espousant femme pour les ri/ chesses seulles et non pour lamour de li/ gnee a venir demande mariage Celluy par merite seuffre lites noyses et rixes. et pert paix et les prouffitz de bon mariage. Dont lescripture met Rien nest plus intol/ lerable a lhomme de couraige que la fem/ me riche/car elle cõmande En vng maria ge les maisons et les richesses sont dõnees des parens Mais proprement de nostre sei gneur est donnee a lhomme la femme pru/ dente et saige donc cest vne grace que dieu fait a lhomme que luy dõner saige femme Car la femme litigieuse est ainsi comme les couuertures des maisons petulantes et tremblantes. Et se tu enquiers la verite de telz mariages le fac a largent est ayme nõ pas la femme.

Diuitias p pter solas. &c.

Impat er/ go viro &c.

Plusieurs querent gresse soubz la queue et ou cul dung asne cuiurent troilles petz fiens vains et ordures Et espou/ sent vne vieille quant lapde mẽt elle poyt route et est toute ifaicte pour tant quelle a des deniers et des richesses le gieres Mais paix aucune ne recree celluy qui ce fait ne repos aucun ne le nourrira/ Car tousiours a riottes et litiges frequẽtz Et ne regarderont aucuns des desirs de volupte celluy q̃ le fac des grandes riches/ ses a mauuaisemẽt allechie Car en tel ma/ riage aucune lignee nest esperee/ aucũe di/ lection. Et fera celluy a grant paine q̃l ayt vng iour de paix q̃ cõtinuellement le fac ne luy transuerbere ou batte les oreilles et q̃l ne luy soit reprouchie Pour leq̃l fac il a este fait fol inert et meschant Et met en substã ce lecclesiaste en son. xix. q̃ tard acõpaigne la face amiable de fortune ceulx qui se ma/ rient pour les deniers non pour soy/ Cest a dire par vraye amour ne pour les en/ fans. Et ainsi en la chambre de telz maria ges est mener la seulle pecune. Et pour les richesses nous tirons les obscures ioyes et sont penibles du lit Et nya lon cure de m[illegible]sti

Arminã q̃ cunt multi sub. &c.

Raro hõs fortune fa/ cies. &c

Quorz sunt in tenebris. &c. — sont en tenebres. Et disent qui nous voit et qui nous congnoist ou a congneuz Les insanies qui ont plaines veilles. Cestassa uoir les folz qui nõt point de repos & pour faire leurs follies veillent quottidienne-ment ne gardẽt ne ennuit ne demain leurs vies nettes. Car le fol par temps de nuit court par les places Et lamoureux excluz chante chant flebile et pitoyable. Cest a en tendre q̃ quãt ces folz amoureux ne peuẽt venir a leur entente de fille ou de femme ilz entreprennent telles follies daller par nuit faire sonner/ donner aubades deuãt luys delle pour la resueillier. Et puis chanter q̃l ques regretz/ quelque a dieu/ ou aultre chã son pitoyable pour denoter la destresse ou ilz sont. La satyre dit plus a plain.

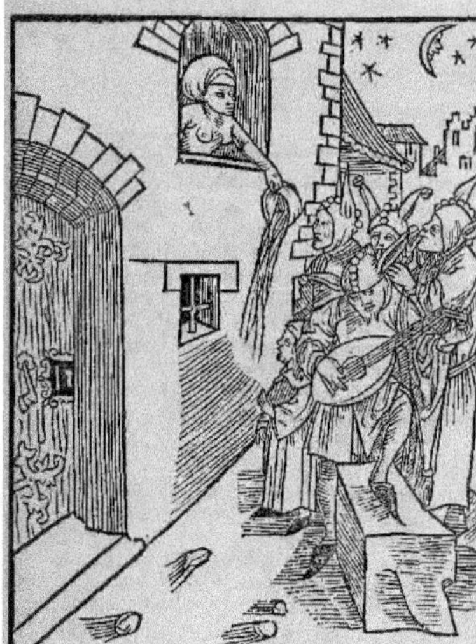

Cuisse ia pres que mis fin a ma satyre et mene la nef a port ensemble les haultes voilles: mais la tourbe & cõ paignie des folz qui vollent par nuitz a lheure q̃ toutes choses animan tes prennẽt leur doulx repos me offrent mõ propos pourtant q̃ ie leur voy faire leurs follies a lheure que repos est donne p rai son aux corps & aux couraiges ou pensees des hommes. Car adoncques la compai-gnie ebrieuse: cest assauoir sans considera-tion plus q̃ gens yures occupe les voyes les rues/ les chemins/ et les places: crie et chãte folles parolles. Et aussi les fantasti ques visions nocturnales nees des fontai nes denfer et la compaignie des furies in-fernalles troublent iceulx hommes q̃ fra-pent les harpes/ touchẽt les doulces barbi tes/ iouent des cordes: et de la lyre ismariẽ-ne. Et deuãt la maison de leur chiere amie modulent chans vrlent en estant la et chantent folles cantiques. Et ne sen par tent point de la tant que lurine soit respã due a leur teste ou quil volle pot ou pier-res Et reallement font les folz ces cho-ses en temps diuer: alors que les maisõs sont toutes couuertes et roides de neige et de glace. O hommes mal puidẽs que vous delectent ces vaines ioyes de la nuit: que vous aide courir par nuit: cest pour vous dangier et follie de laquelle sont tous entaichez: car non pas seulemẽt les ieunes hõmes crees de humble & sim-ple communite font telles follies de nuit en chantãt tacitement & a couuert. Mais ce mesme sõt les barõs/ clercz/ moynes/ et prestres. Et les appelle tous la flente folle a son ieu. Lũg brait/ lautre crie/ lau tre besle. Et le plus tortueusement criant ou demenant sa voix a le plus de louen-ge: et entre iceulx folz est tenu le plus gẽ til compaignon. Et souuent en ceste fol-le compaignie est souuent trouue le fol mary qui a acoustume en folle corde me ner la folle cohorte: & laisse sa femme seul le couchee en son lit dont il luy donne sou uent cause de mal: et de appeller quelque aultre a luy tenir cõpaignie. Et dit Iu-

Iã satyre finem.&c.

Ebria tur-ba vias.&c.

Iã domuz chãte.ac.

O male prudentes quid.&c.

Hac etiam in turba t[illegible] peric.&c.

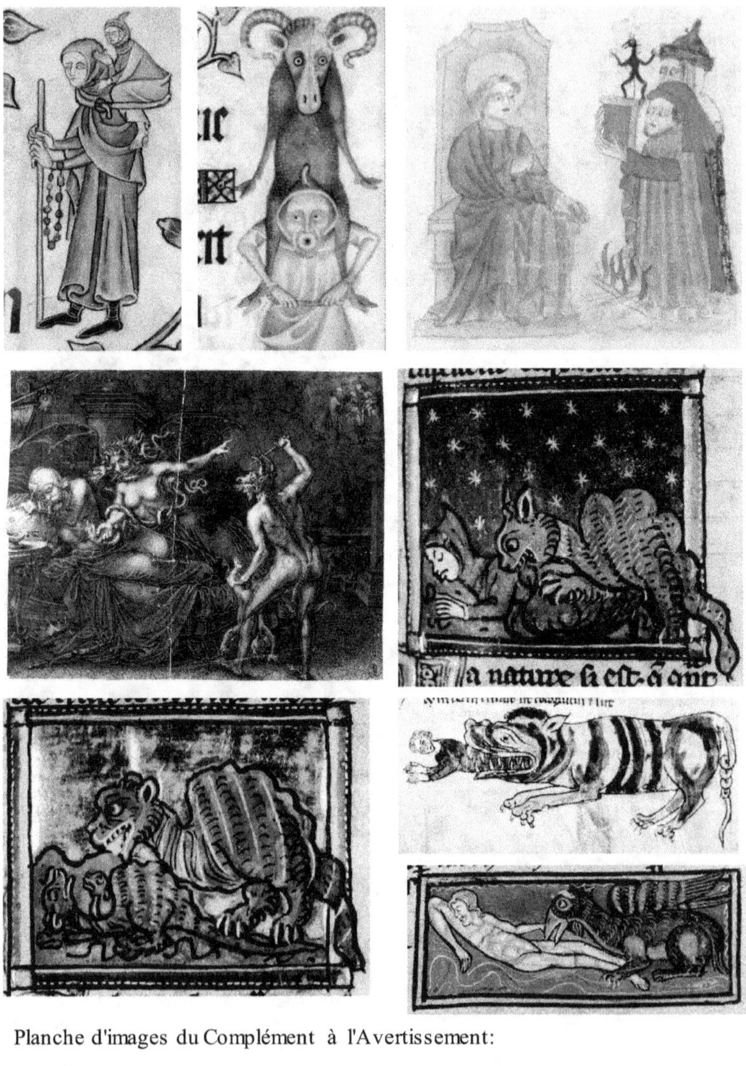

Planche d'images du Complément à l'Avertissement:

De gauche à droite, et de haut en bas: *The Luttrell Psalter*, British Library Add MS 42130, f.53r. et 181r.; Bayerische Staatsbibliothek. *Weltchronik. Sibyllenweissagung. Antichrist* - BSB Cgm 426; *Scène allégorique d'ensorcellement*, attribuée à Jacopo Ligozzi; Bodleian Library, MS. Douce 88, f.96r., 96v., 99v.; Bibliothèque Nationale de France, lat. 14429, f.110v.

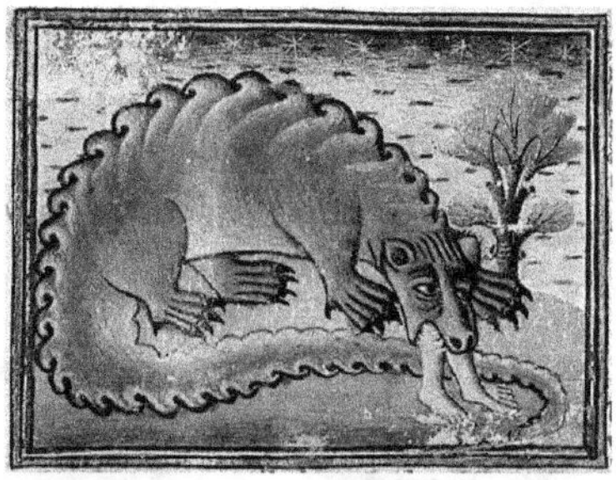

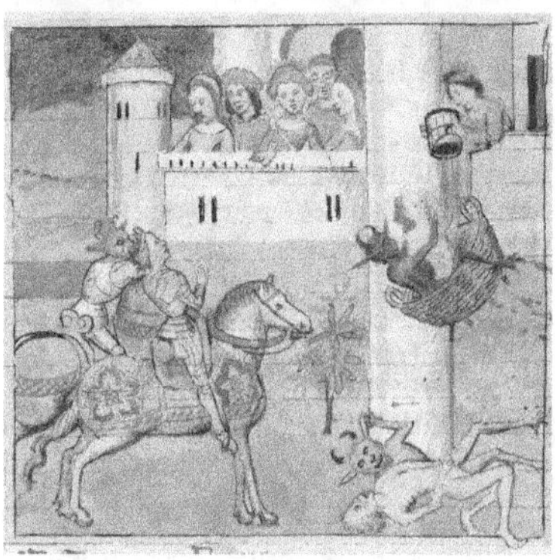

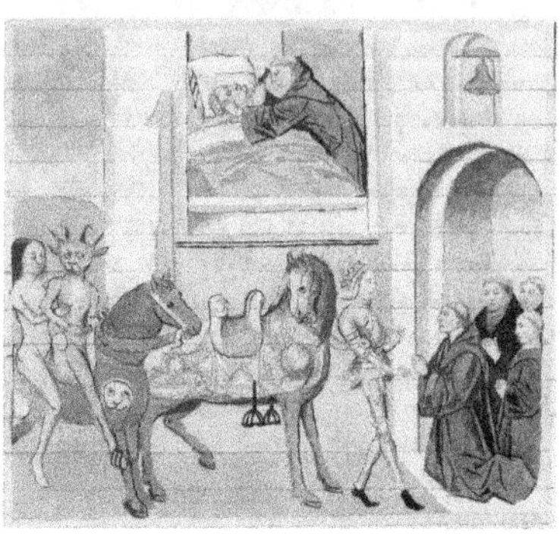

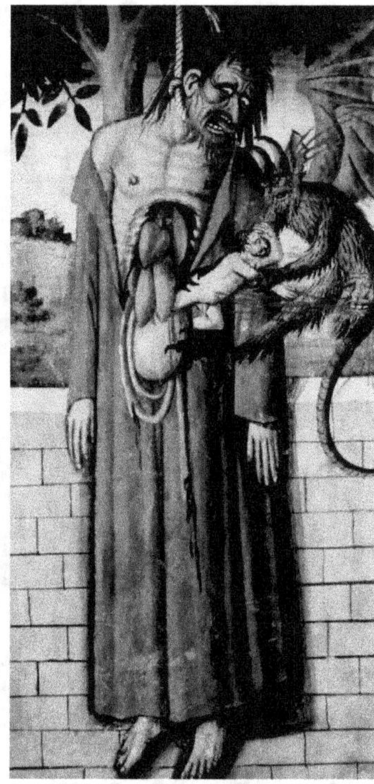

De gauche à droite, et de haut en bas: Museum Meermanno, MMW, 10 B 25, f.12v.; *Le livre du roy Modus et de la royne Racio*, Arsenal, 3079-3080, f. 133v. et 135r.; Giovanni Canavesio, *La pendaison de Judas*

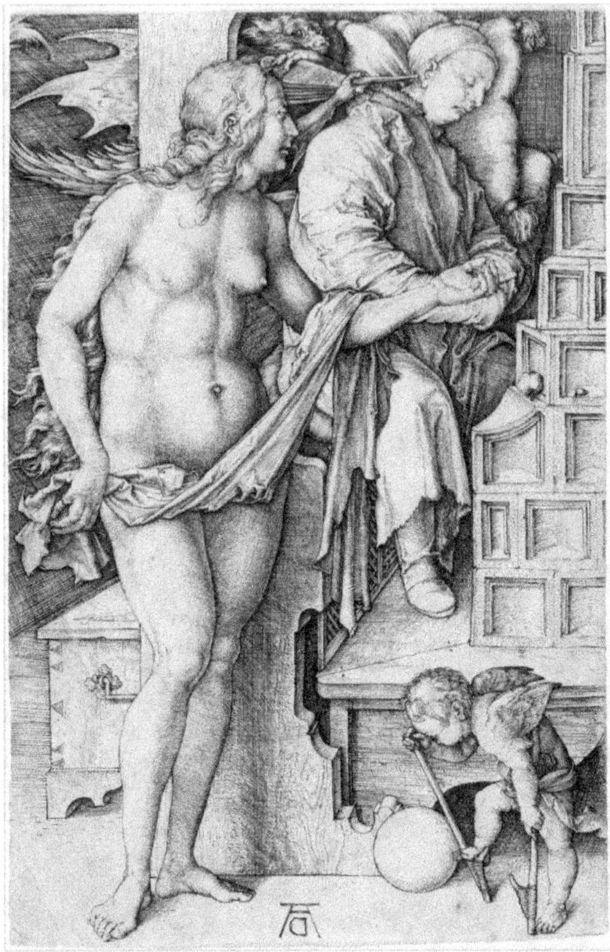

Planche d'images de base

De haut en bas et de gauche à droite:
Dürer, *Le Songe du Docteur*; Giovanni di Paolo, illustration de la *Divine Comédie*; Bruxelles, KB, 9278 (XVème siècle); Corrège, *Allégorie des Vices*;

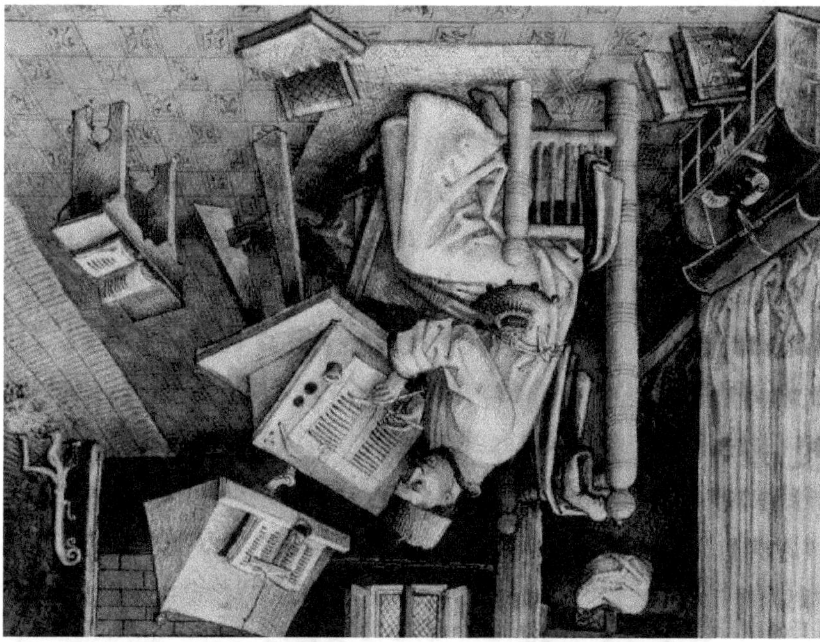

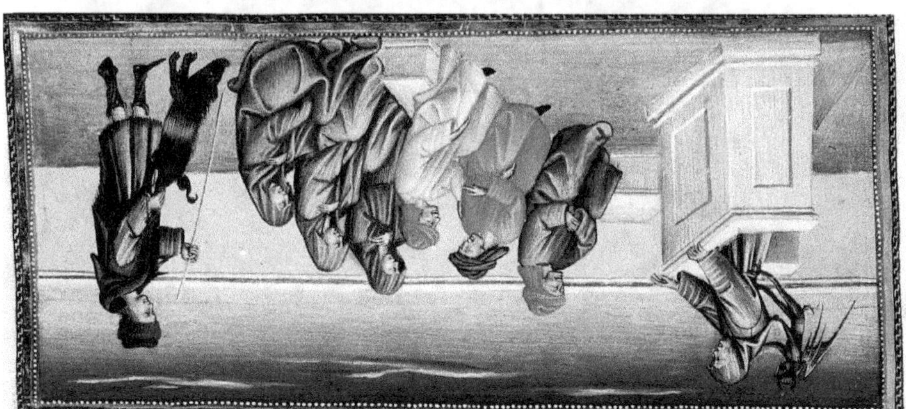

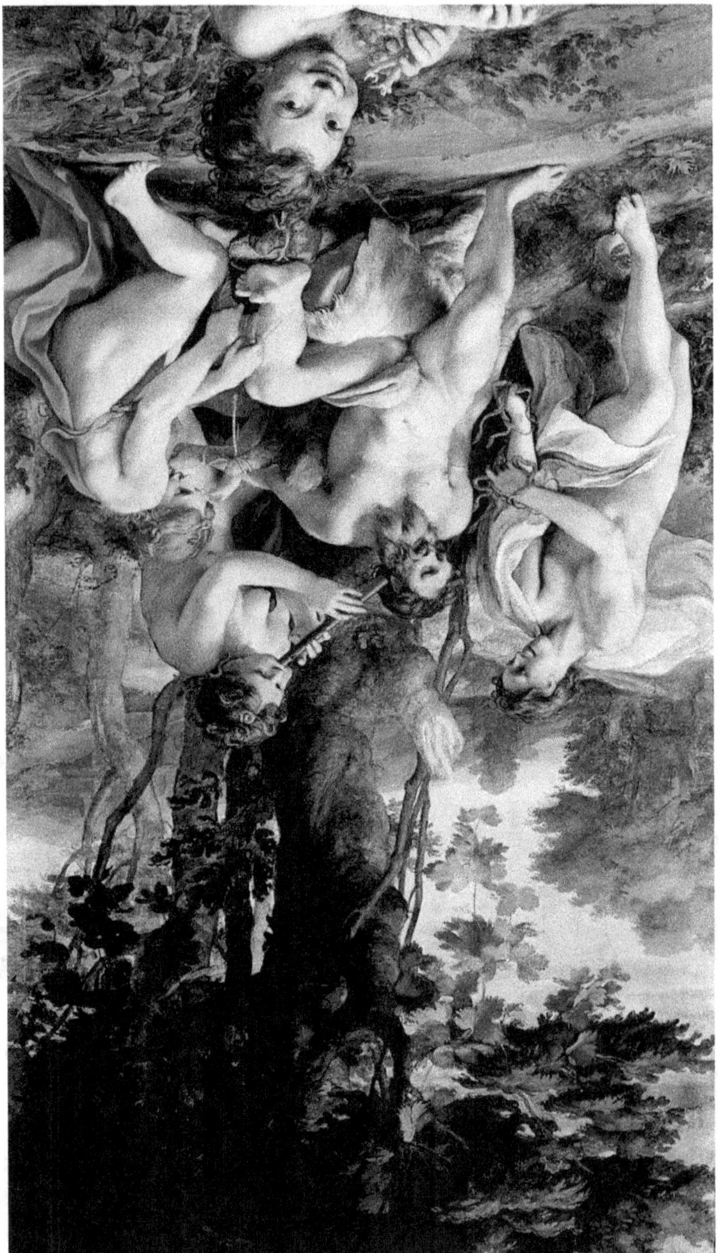

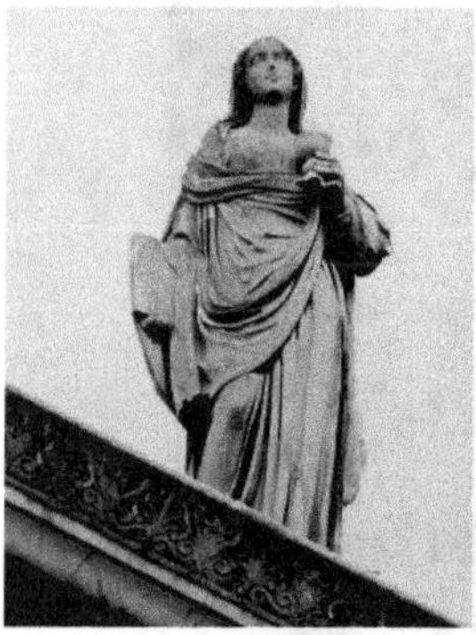
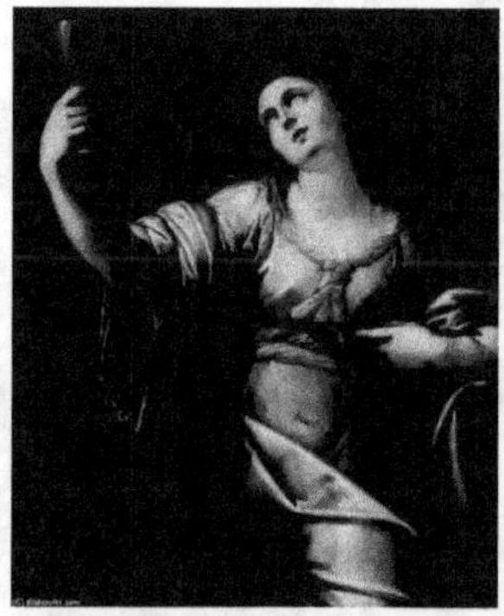
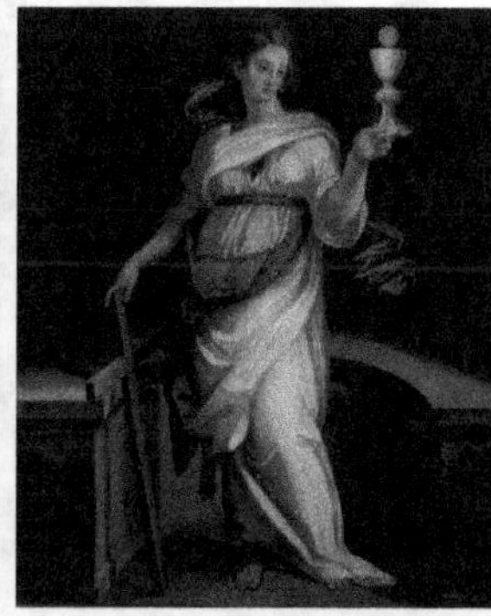
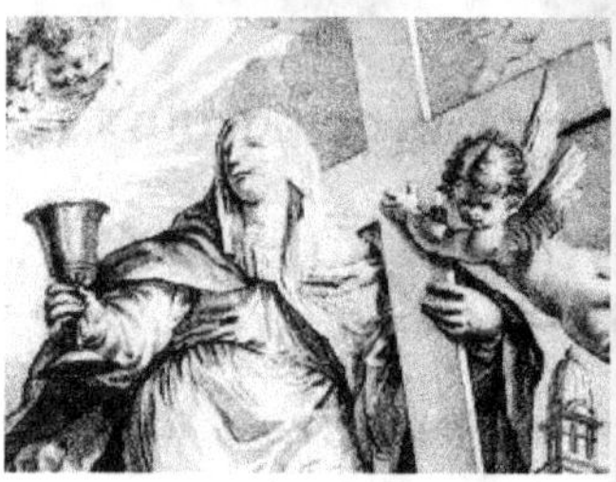
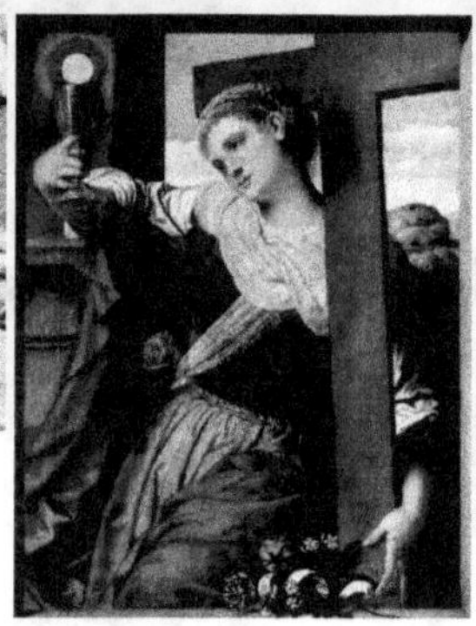
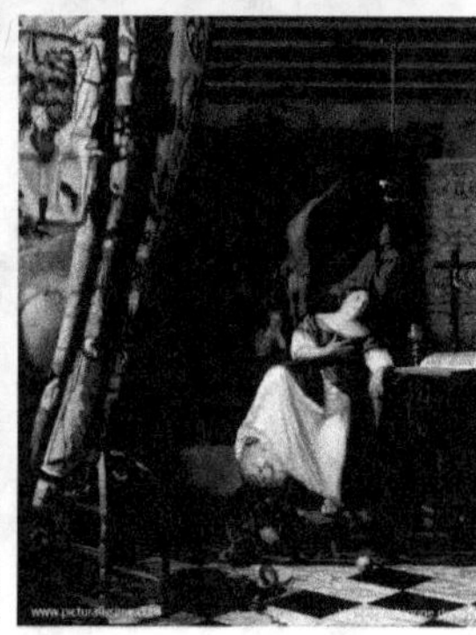

Planche d'images d'Allégorie de la Foi

De haut en bas et de gauche à droite:
Allégorie de la Foi, à Notre Dame de Lorette; Ercole Procaccini; Filippo et Filippino Lippi; La Foi; Moretto da Brescia; Veermer

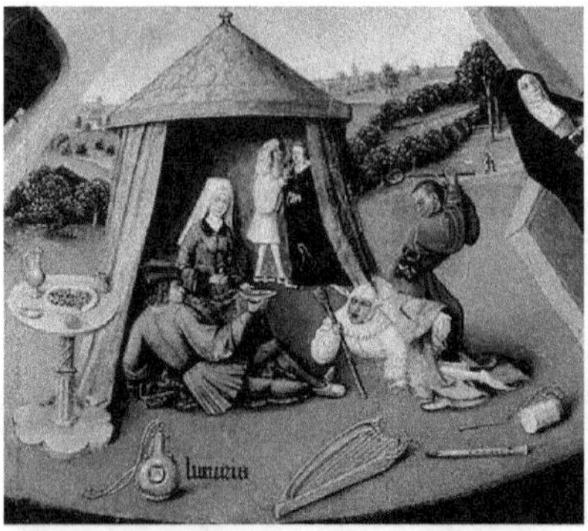

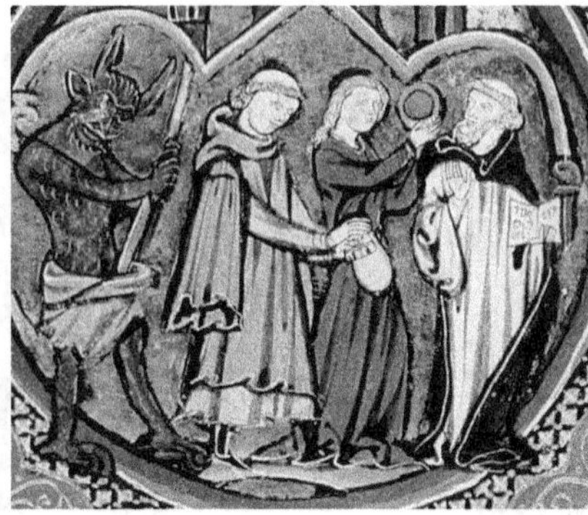

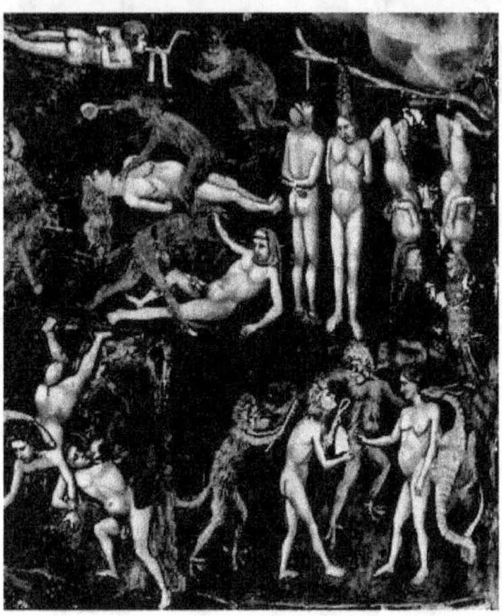

Planche d'images autour du couple de la Chapelle Scrovegni

De haut en bas et de gauche à droite:
Bosch, la Luxure des Sept Péchés Capitaux; ms XIIIe s.; détail de l'Enfer de la Scrovegni

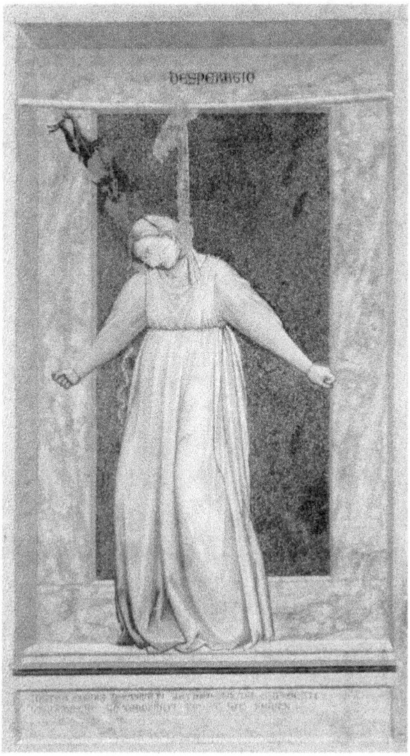

Planche d'images autour des Vices et des Vertus de la Chapelle Scrovegni

De haut en bas et de gauche à droite (et en suivant l'ordre d'apparition des Vices et des Vertus dans la Chapelle):
Désespération; Envie; Infidélité; Injustice; Colère; Inconstance; Folie; Espérance; Charité; Foi; Justice; Tempérance; Fortitude; Prudence

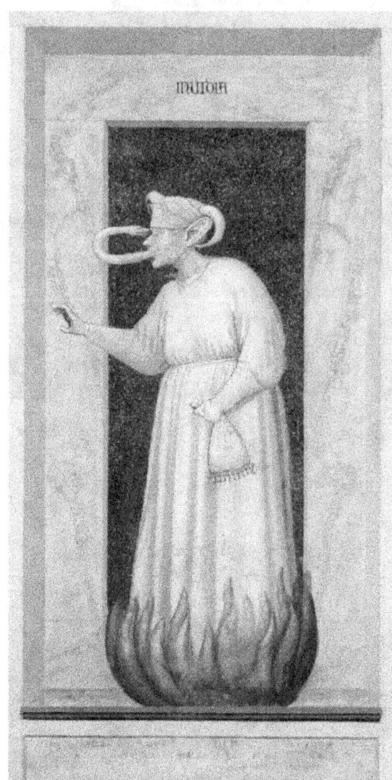

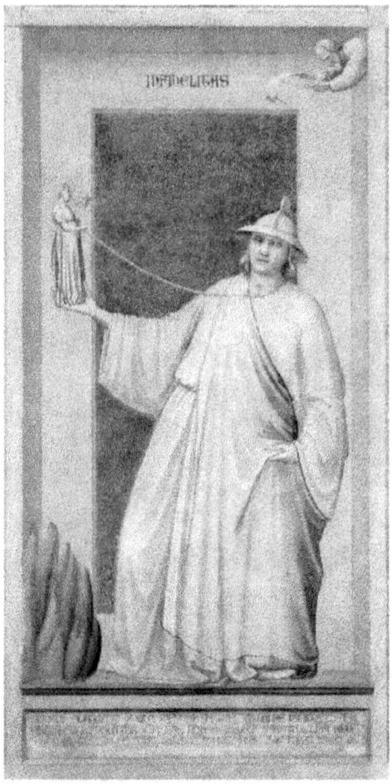
INFIDELITAS

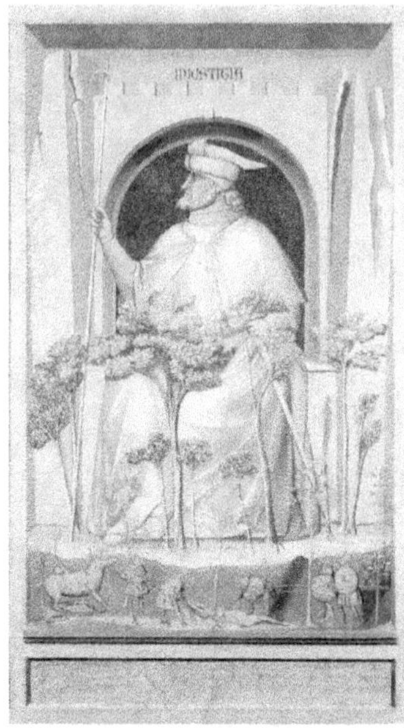
INIUSTICIA

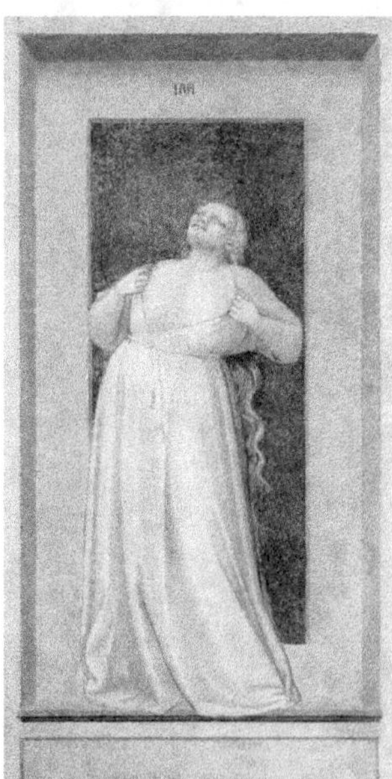
IRA

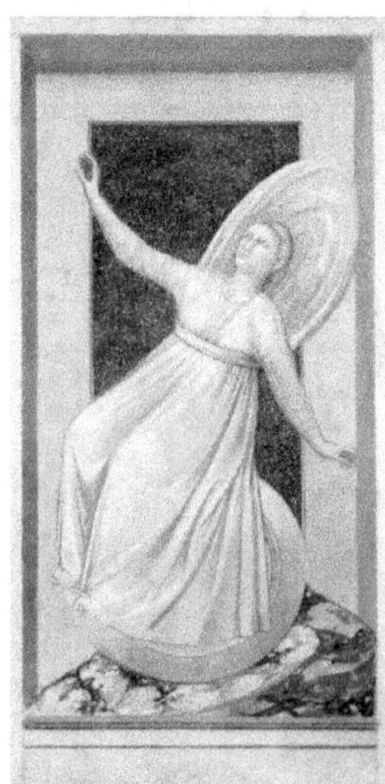

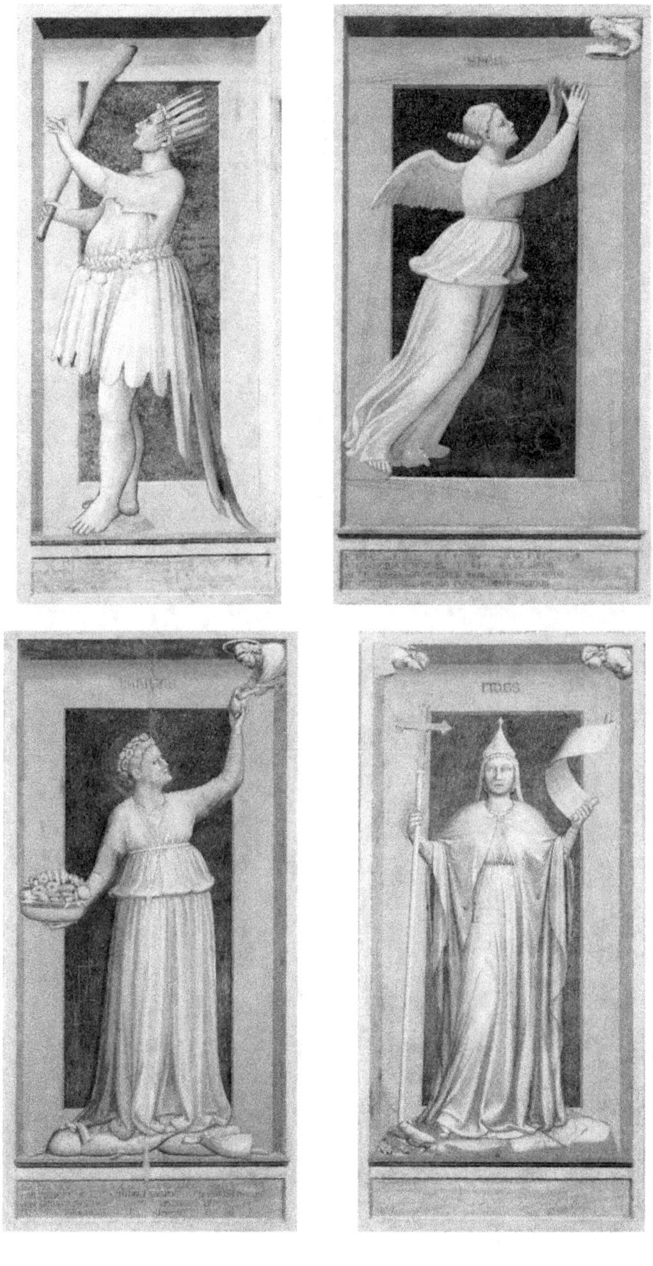
FIDES

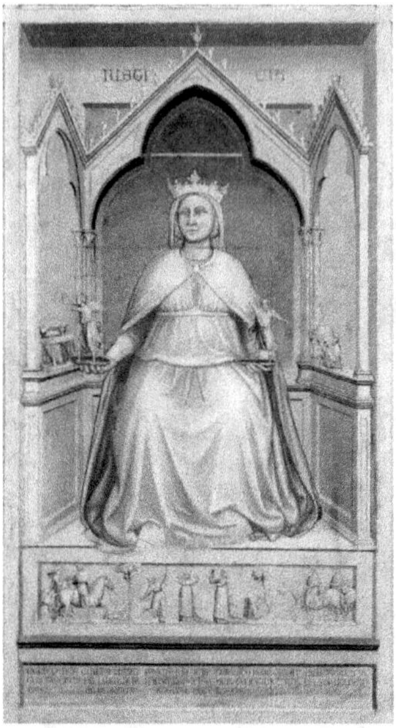

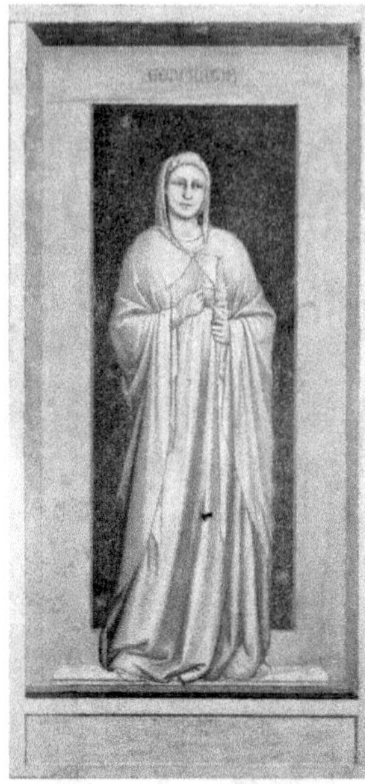

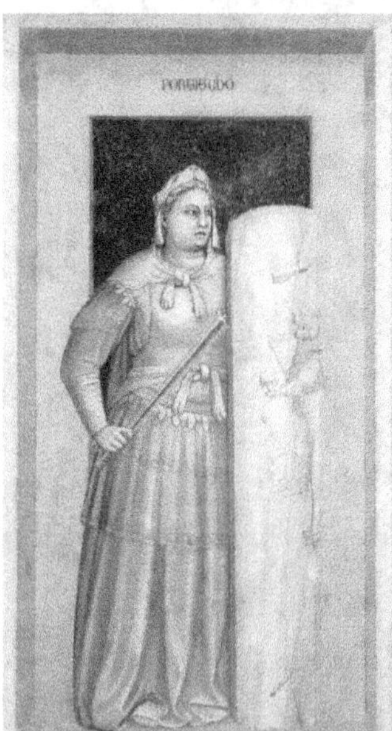

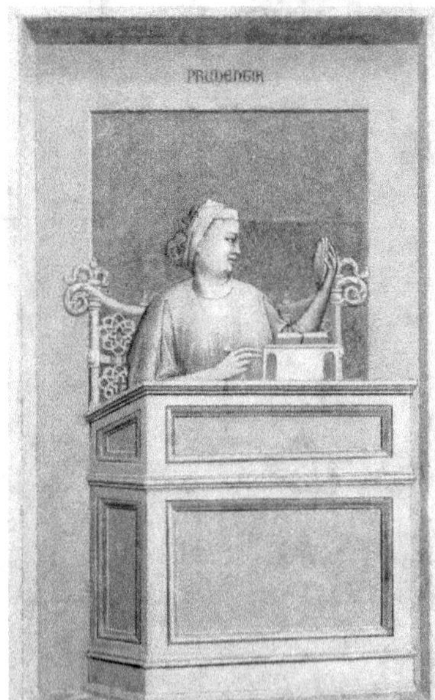

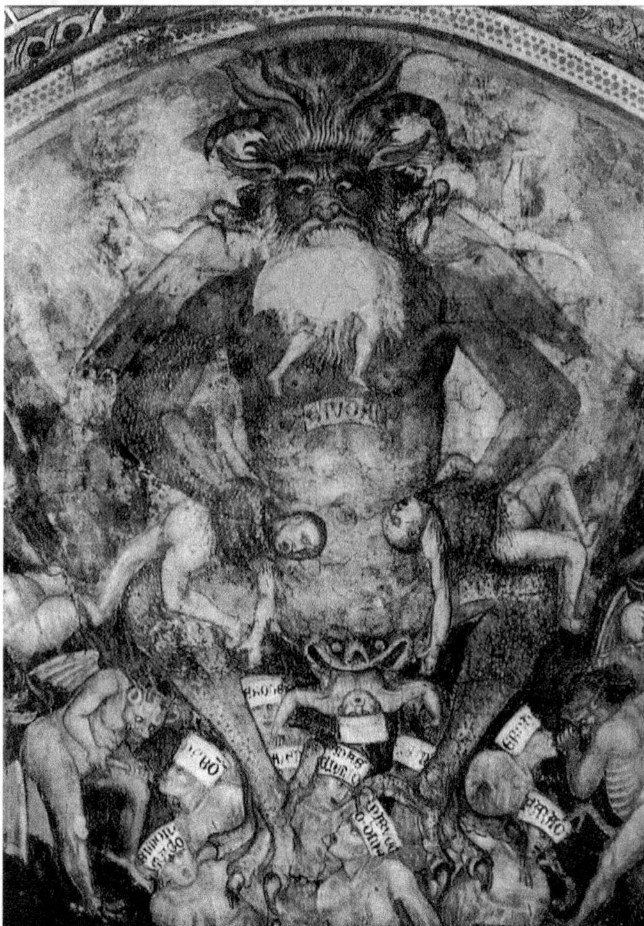

Planche d'images autour du Jugement final de Taddeo di Bartolo

De haut en bas et de gauche à droite:
Léviathan, Avarice, Envie, Gourmandise, Luxure, Orgueil, Sodomites;
Nouvealle reproduction du détail de l'Enfer de la Scrovegni

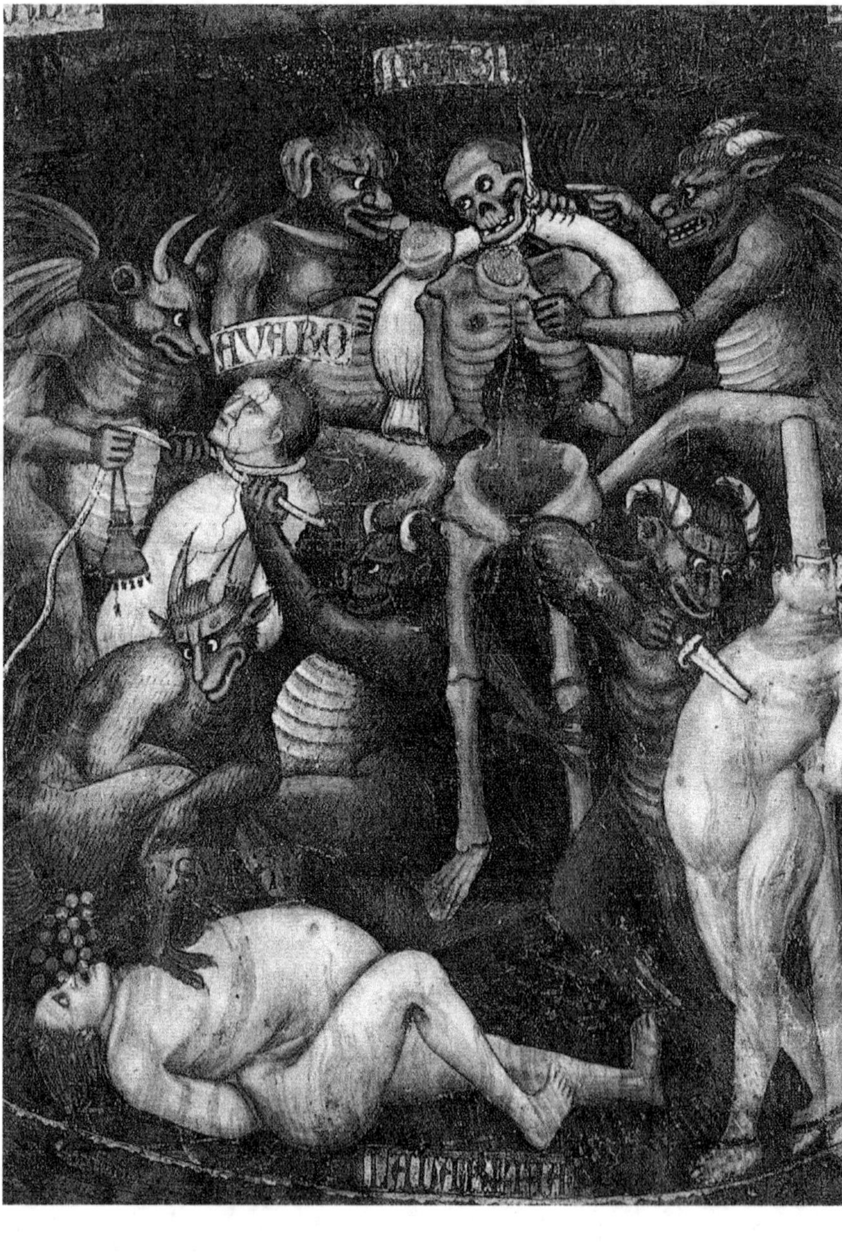
AVARO

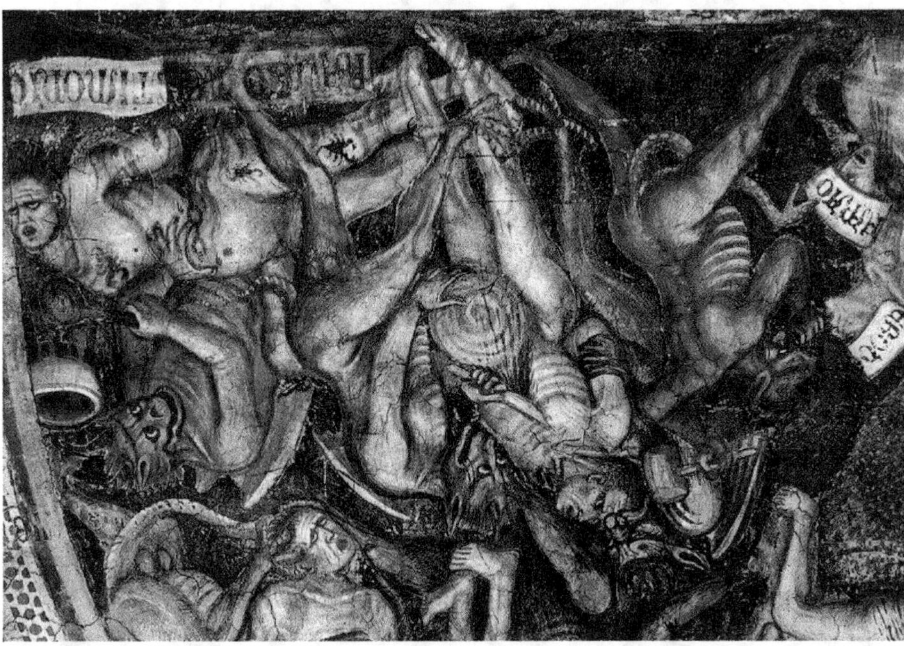

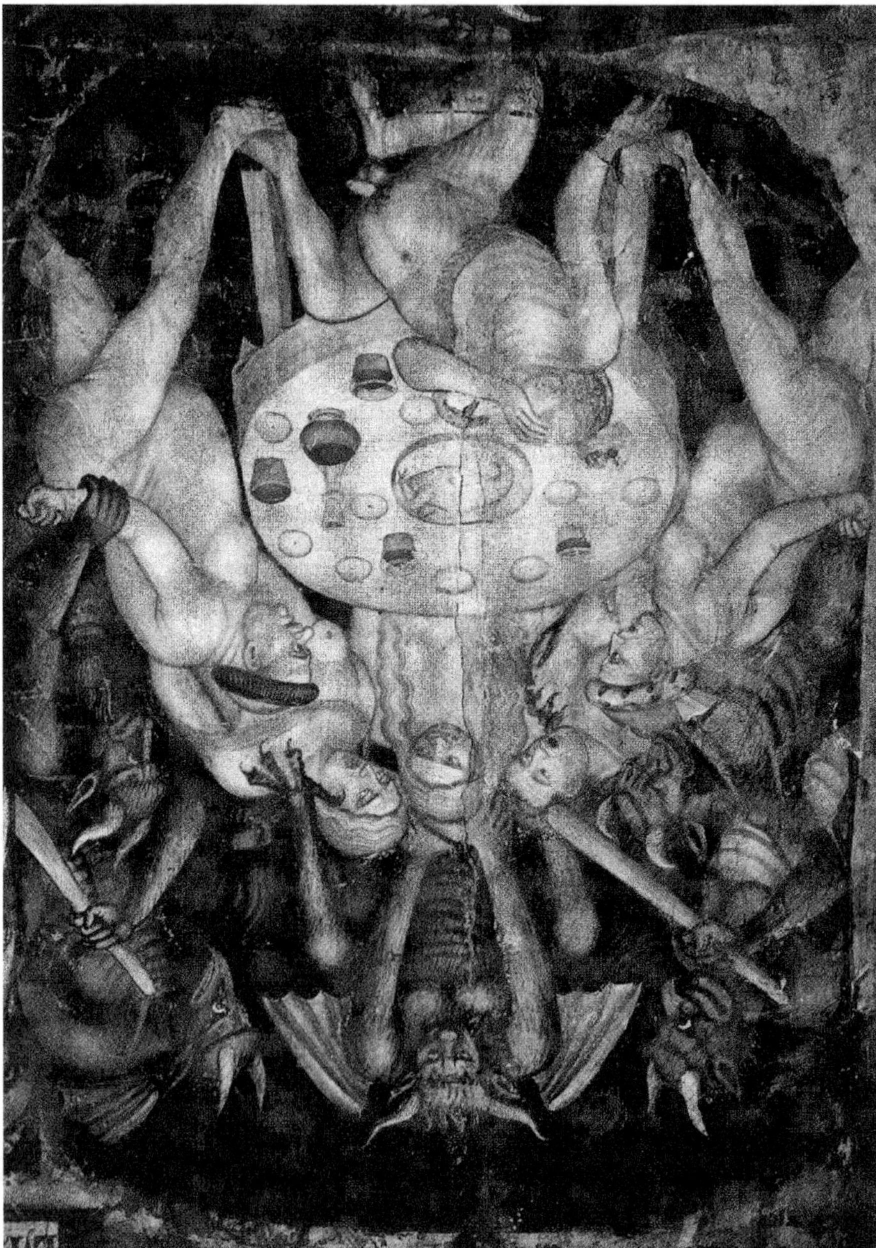

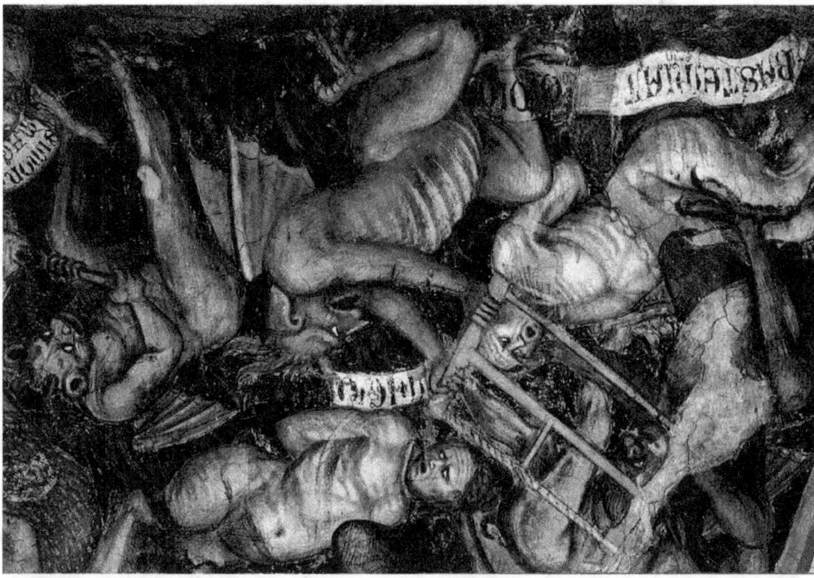

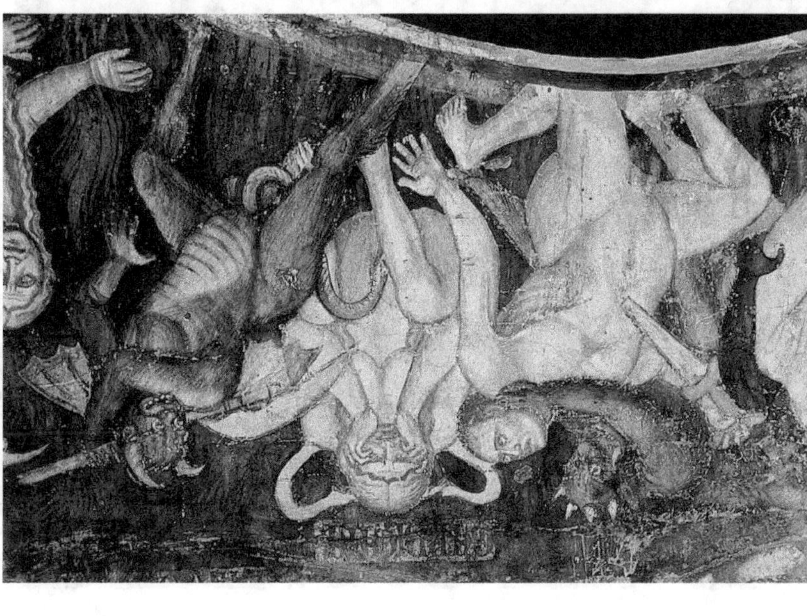

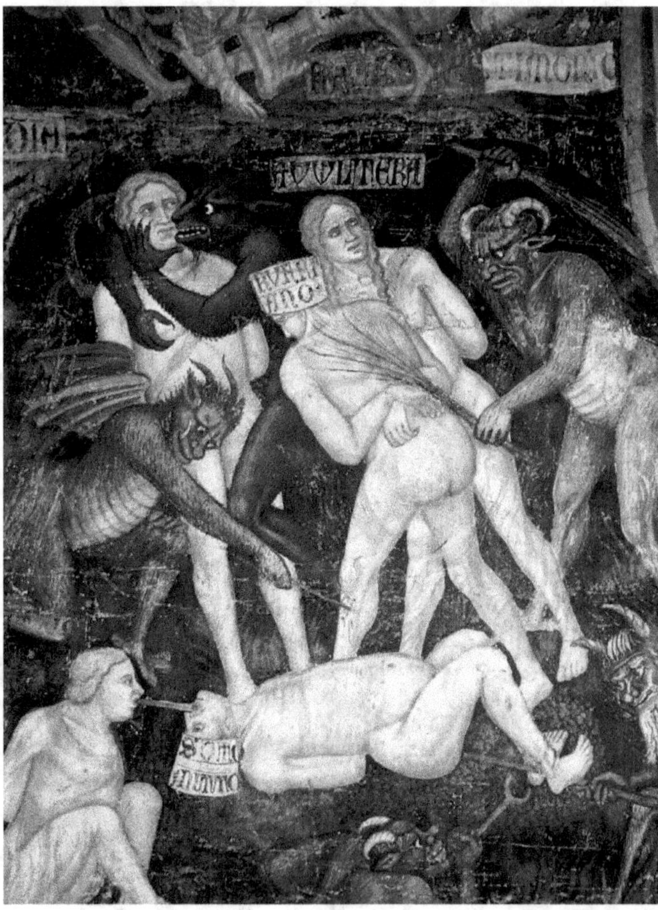

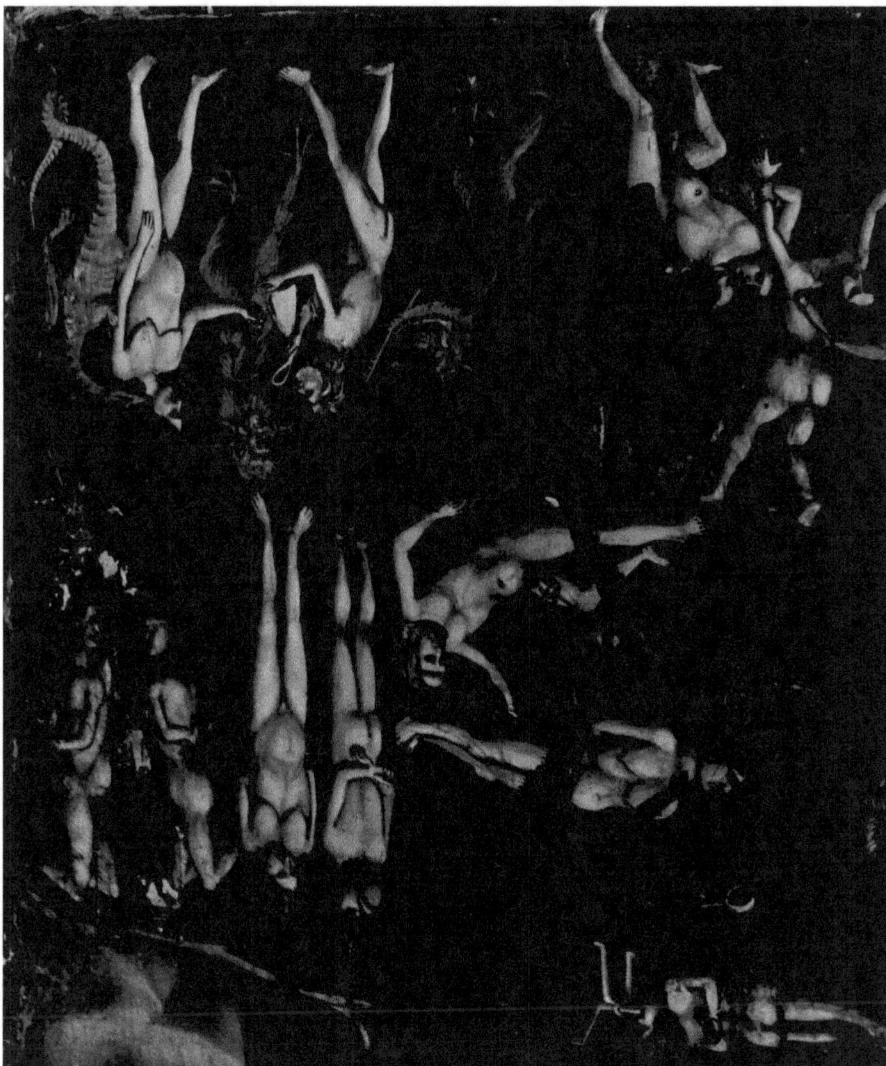

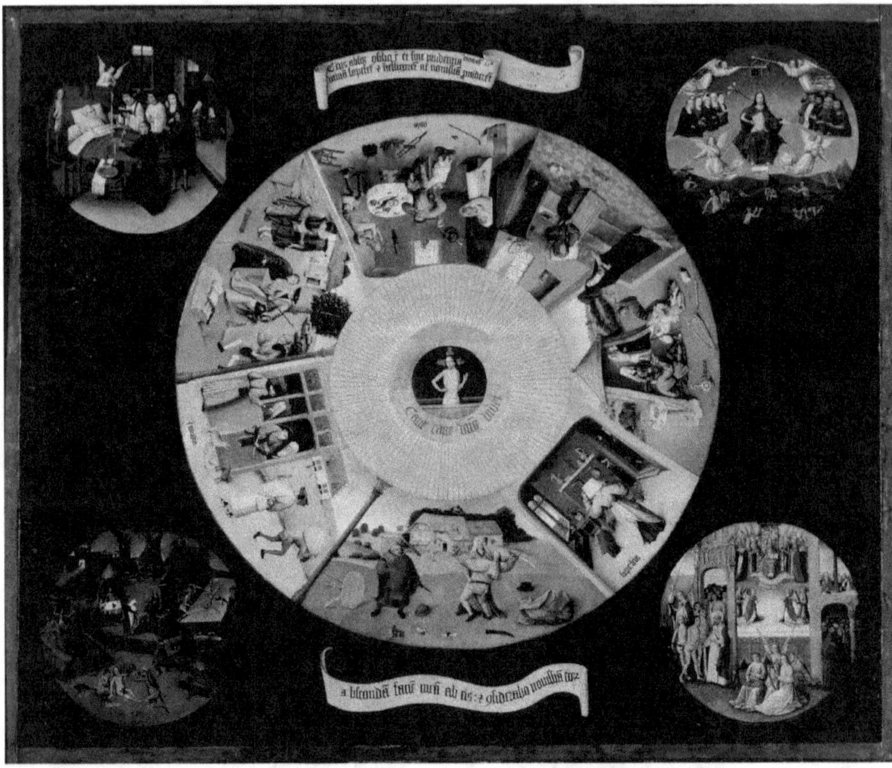

Planche d'images autour de la Paresse (ensembles)

De haut en bas et de gauche à droite:
Bosch: la roue des Sept Péchés; Acidia; Luxuria; Superbia;
Brueghel: Avaricia; Charitas; Desidia; Fides; Fortitudo; Gula; Invidia; Ira; Iusticia; Luxuria; Superbia; Prudentia; Spes; Temper;
Callot: Les Sept Péchés en sept gravures;
Abraham Bosse; Aldegrever, Socordia; & Acedia; Pencz; Giulio Campagnola

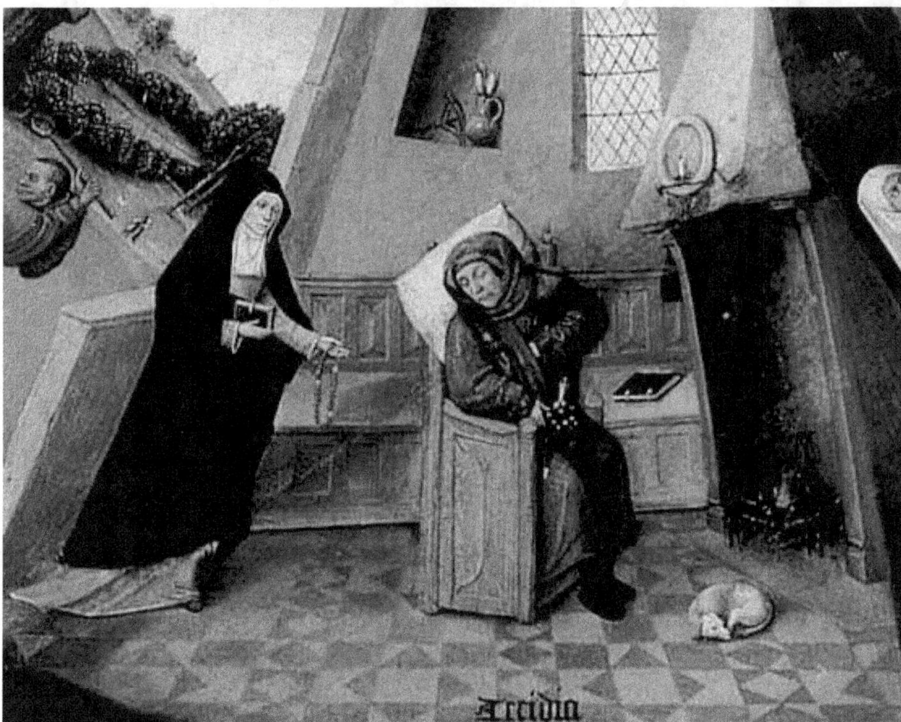
Accidia

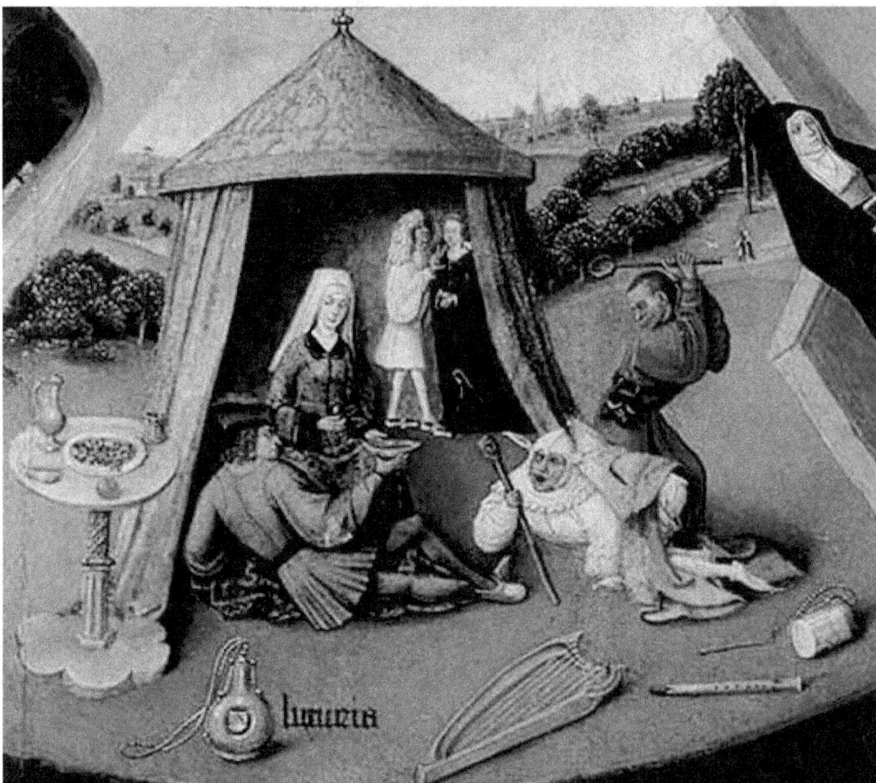
luxuria

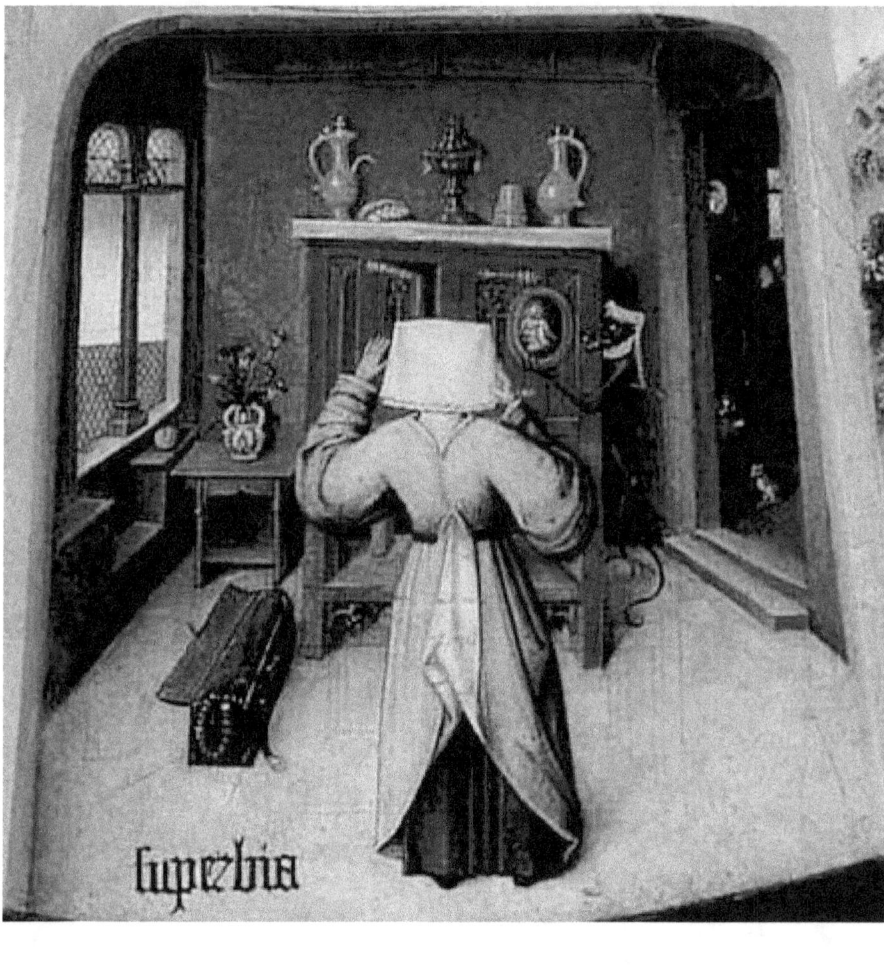
superbia

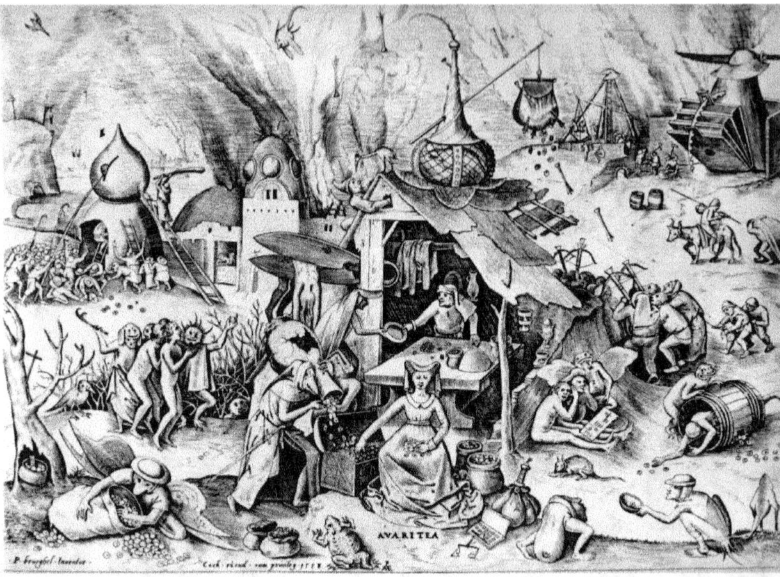
AVARITIA

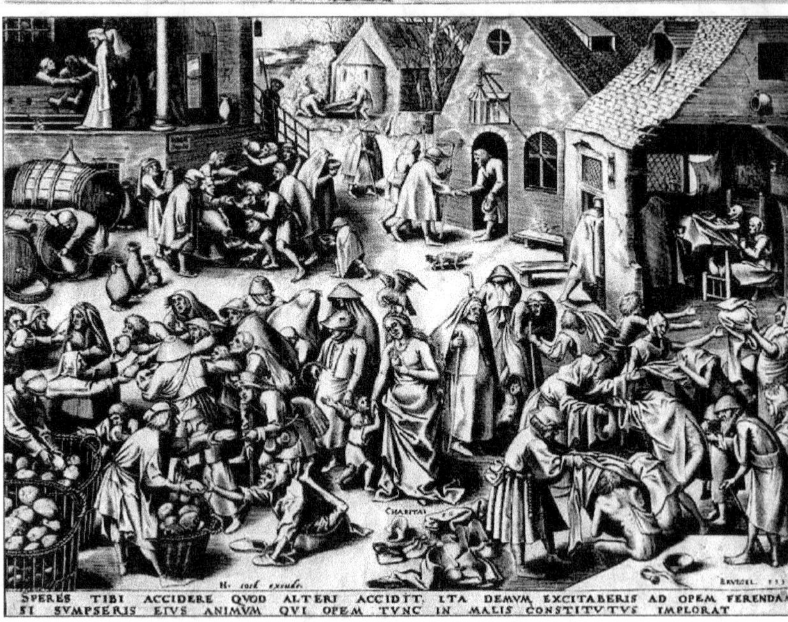
CHARITAS
SPERES TIBI ACCIDERE QVOD ALTERI ACCIDIT, ITA DEMVM EXCITABERIS AD OPEM FERENDAM
SI SVMPSERIS EIVS ANIMVM QVI OPEM TVNC IN MALIS CONSTITVTVS IMPLORAT

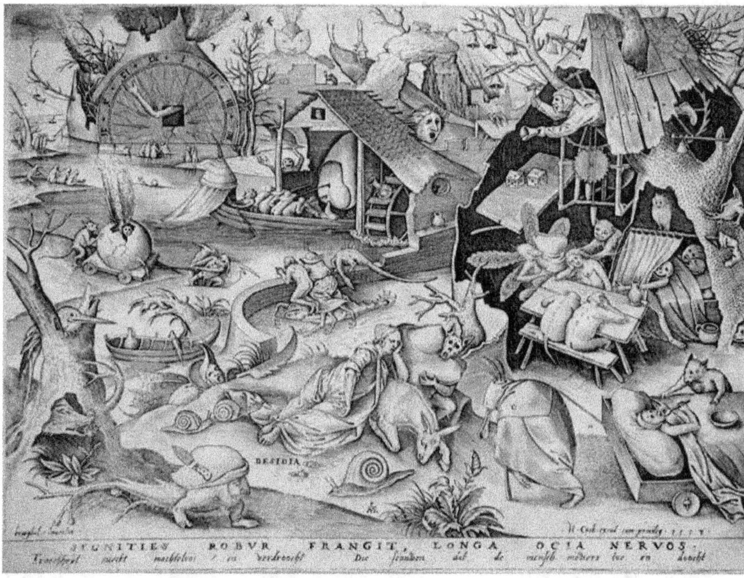
DESIDIA
SEGNITIES ROBVR FRANGIT, LONGA OCIA NERVOS.

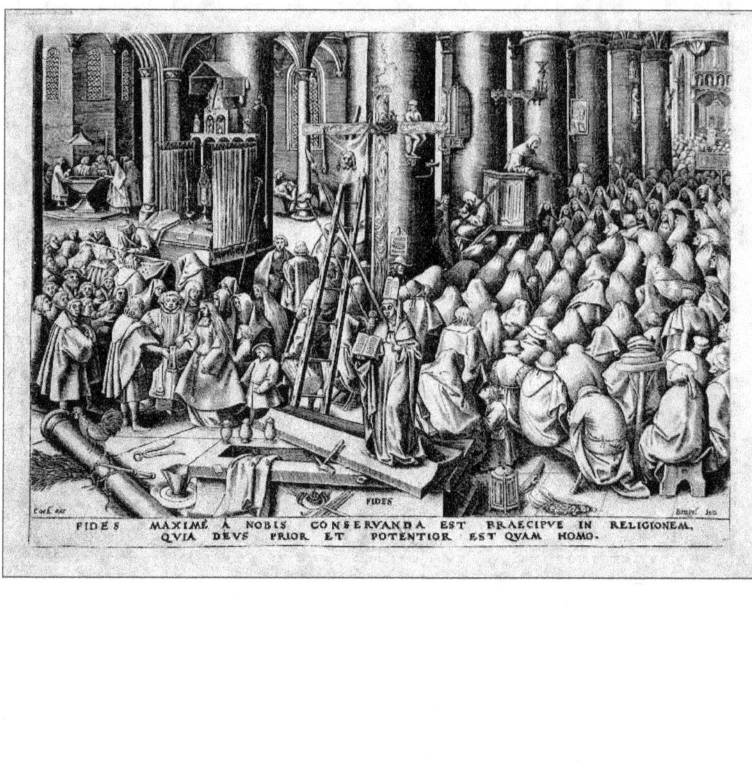
FIDES
FIDES MAXIMÈ A NOBIS CONSERVANDA EST PRAECIPVE IN RELIGIONEM,
QVIA DEVS PRIOR ET POTENTIOR EST QVAM HOMO.

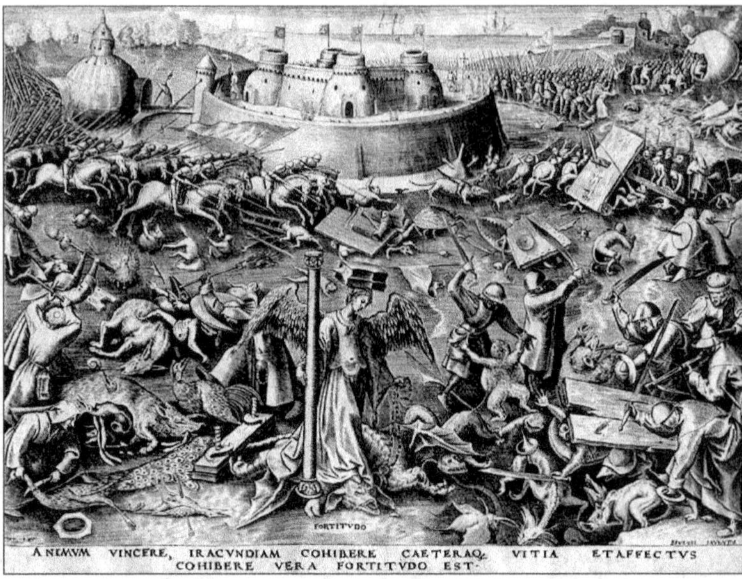
FORTITVDO
ANEMVM VINCERE, IRACVNDIAM COHIBERE CAETERAQ. VITIA ETAFFECTVS
COHIBERE VERA FORTITVDO EST·

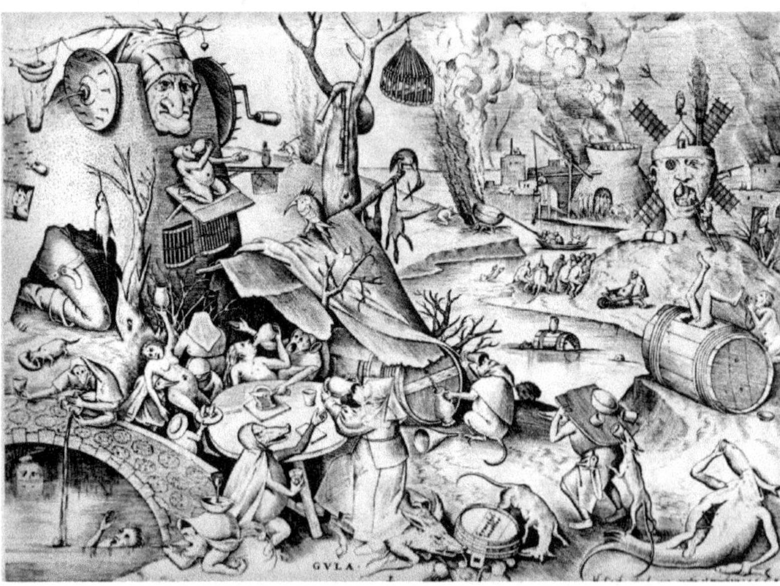
GVLA

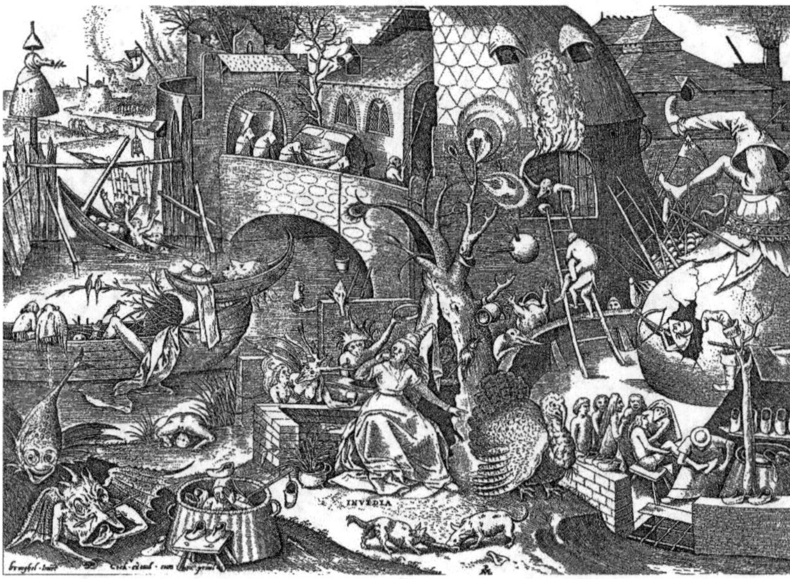
INVIDIA

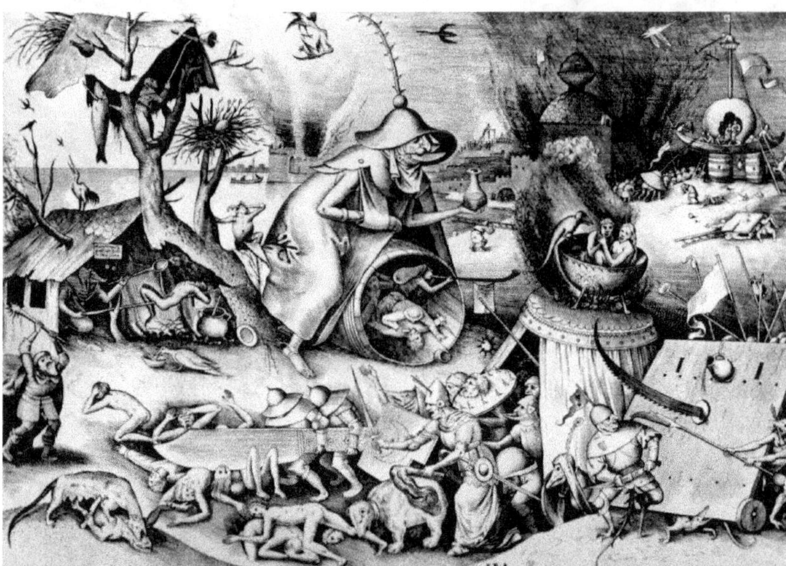
IRA

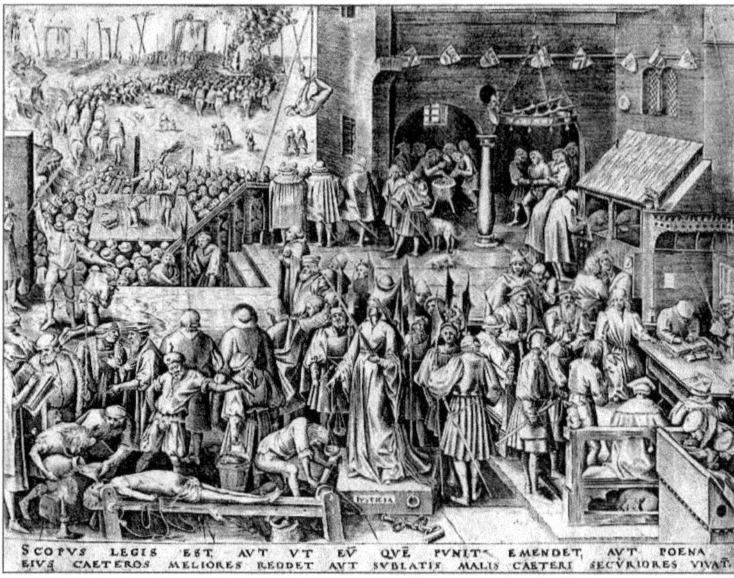
IVSTICIA
SCOPVS LEGIS EST AVT VT EV̄ QVĒ PVNIT EMENDET, AVT POENA
EIVS CAETEROS MELIORES REDDET AVT SVBLATIS MALIS CAETERI SECVRIORES VIVAT.

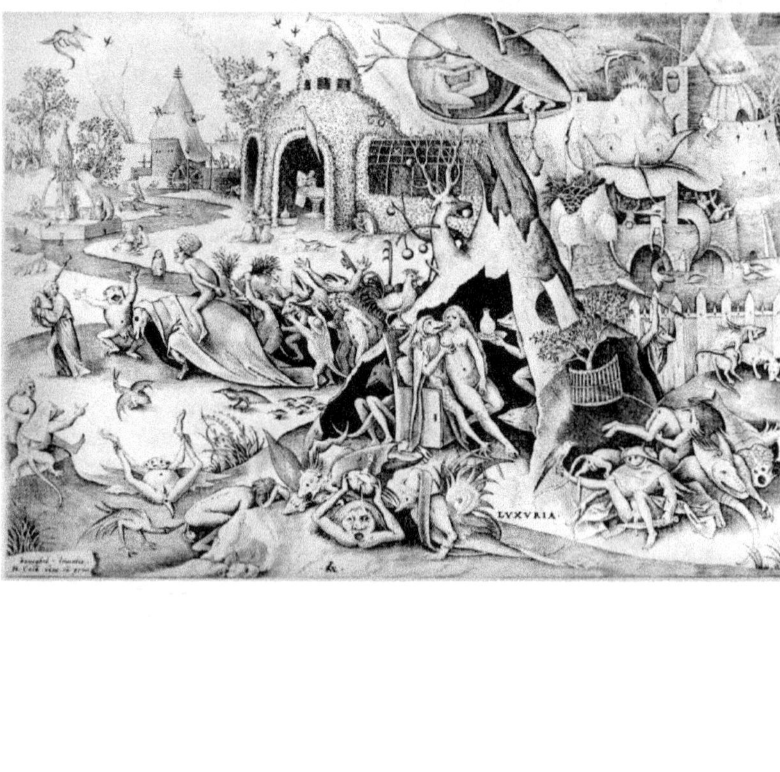
LVXVRIA

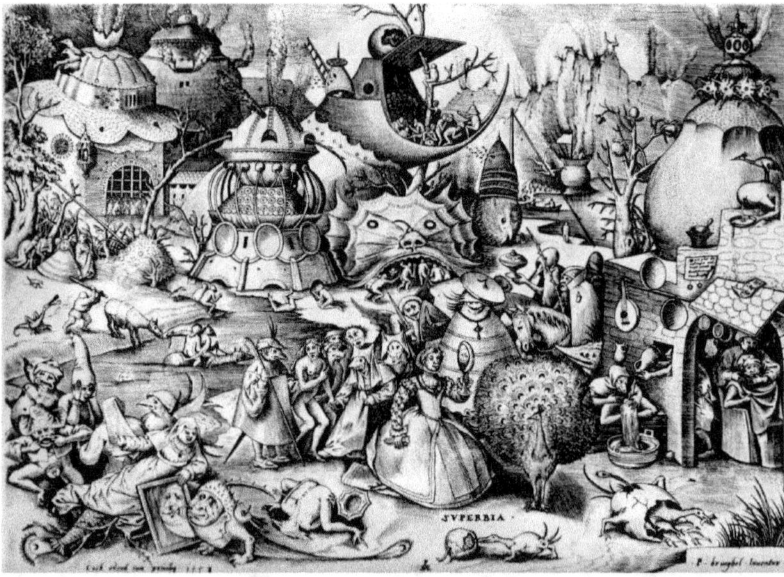
SVPERBIA
P. brueghel. Inuentor.

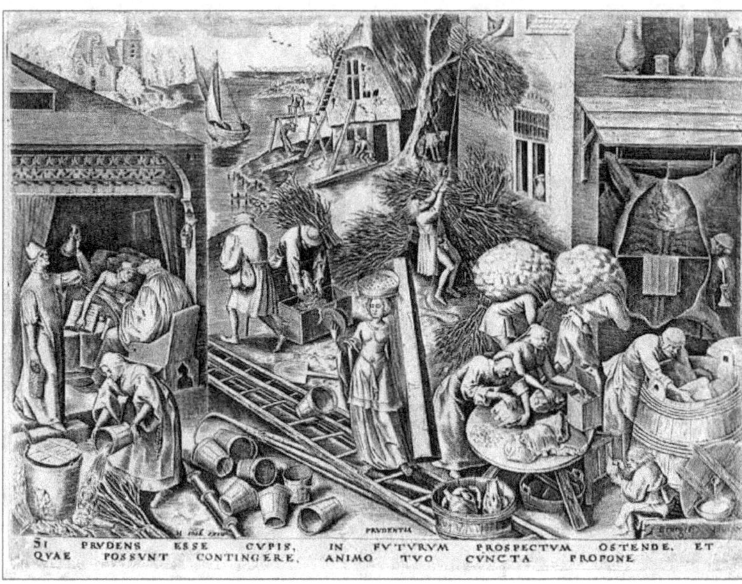
PRVDENTIA
SI PRVDENS ESSE CVPIS, IN FVTVRVM PROSPECTVM OSTENDE, ET
QVAE POSSVNT CONTINGERE, ANIMO TVO CVNCTA PROPONE

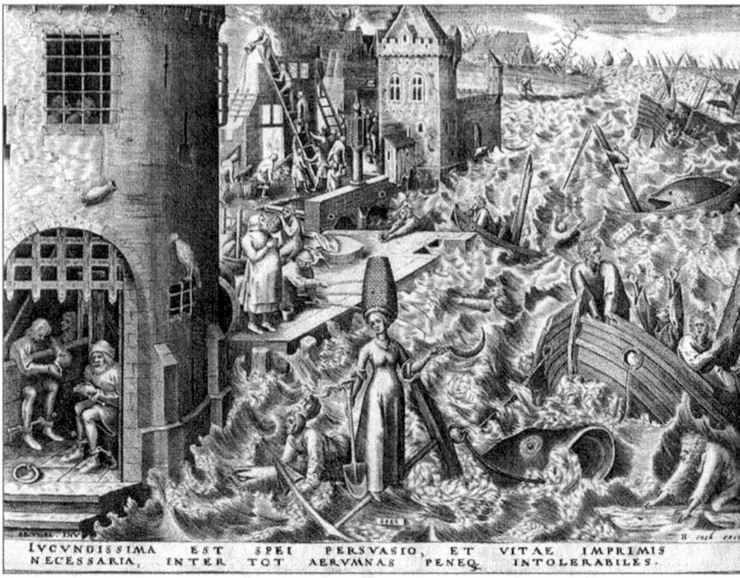
IVCVNDISSIMA EST SPEI PERSVASIO, ET VITAE IMPRIMIS
NECESSARIA, INTER TOT AERVMNAS PENEQ INTOLERABILES.

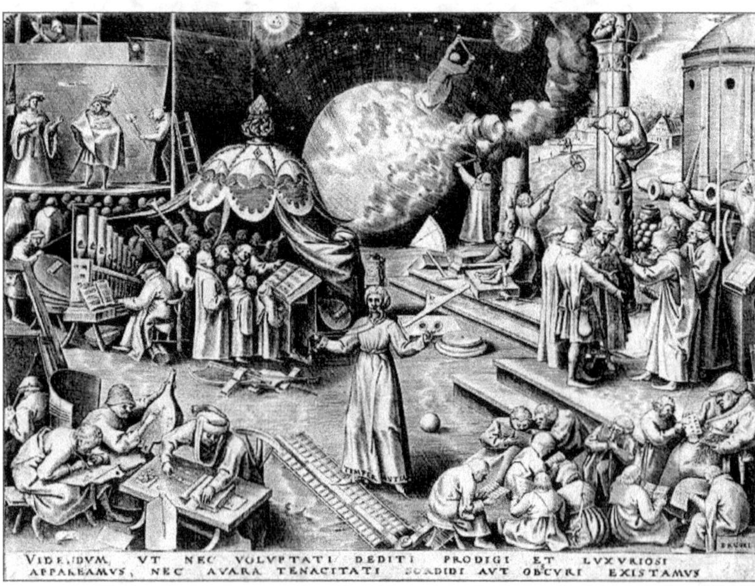
VIDENDVM, VT NEC VOLVPTATI DEDITI PRODIGI ET LVXVRIOSI
APPAREAMVS, NEC AVARA TENACITATI SORDIDI AVT OBSCVRI EXISTAMVS

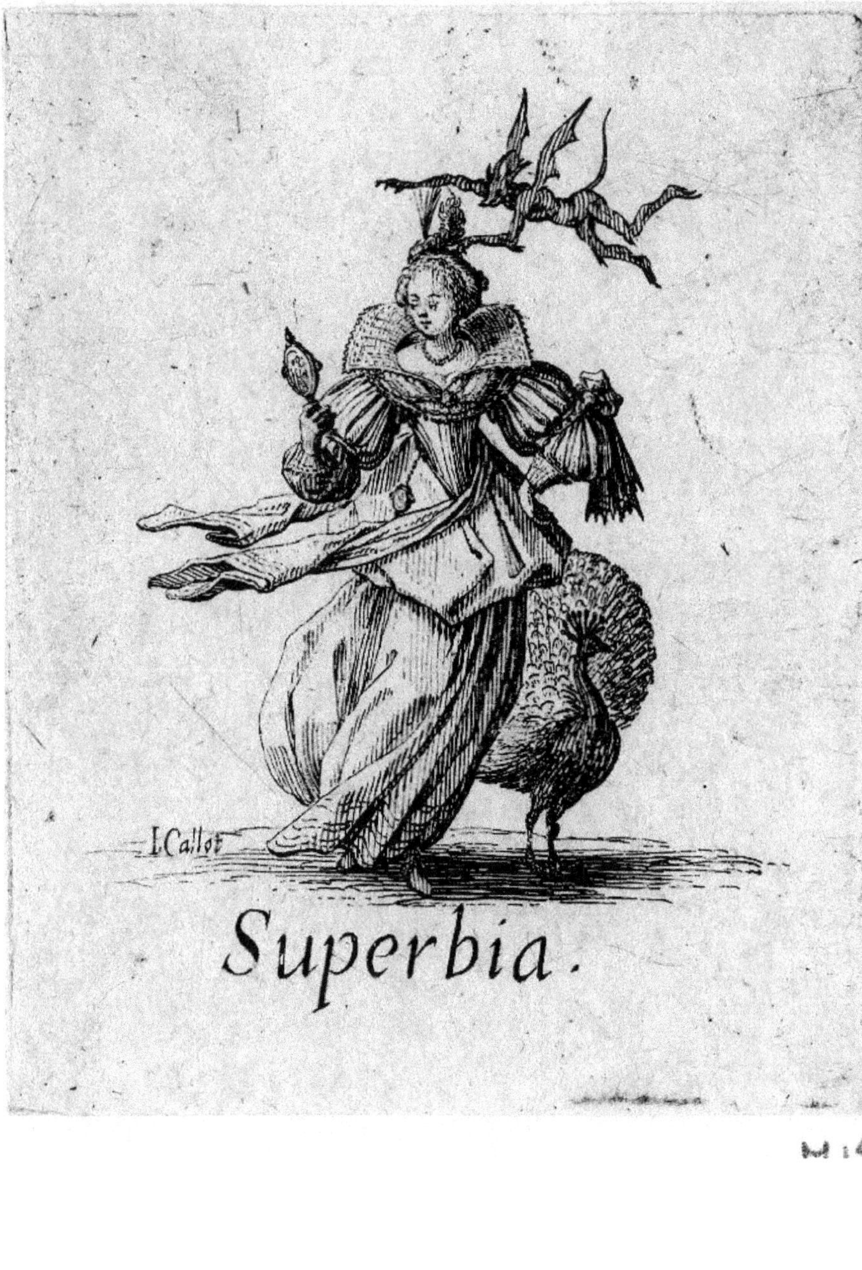
I.Callot
Superbia.

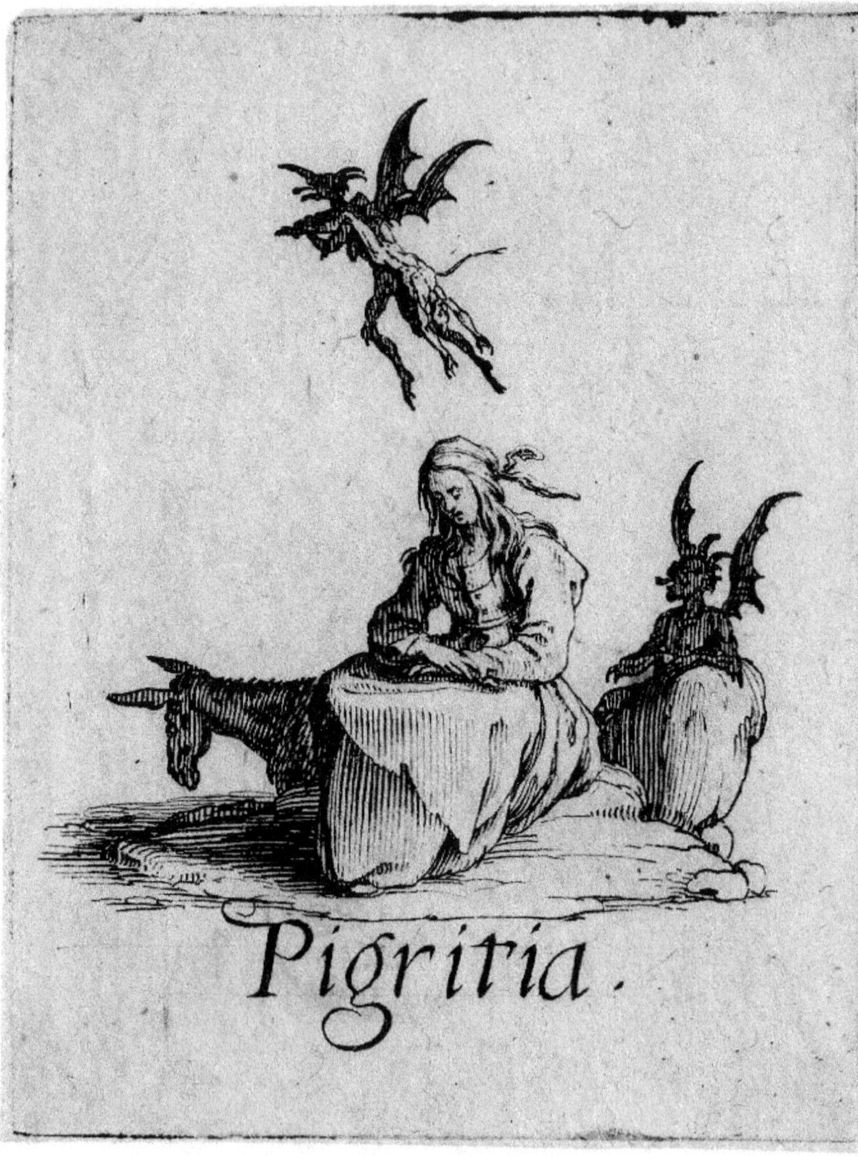
Pigritia.

Pigritia.

2

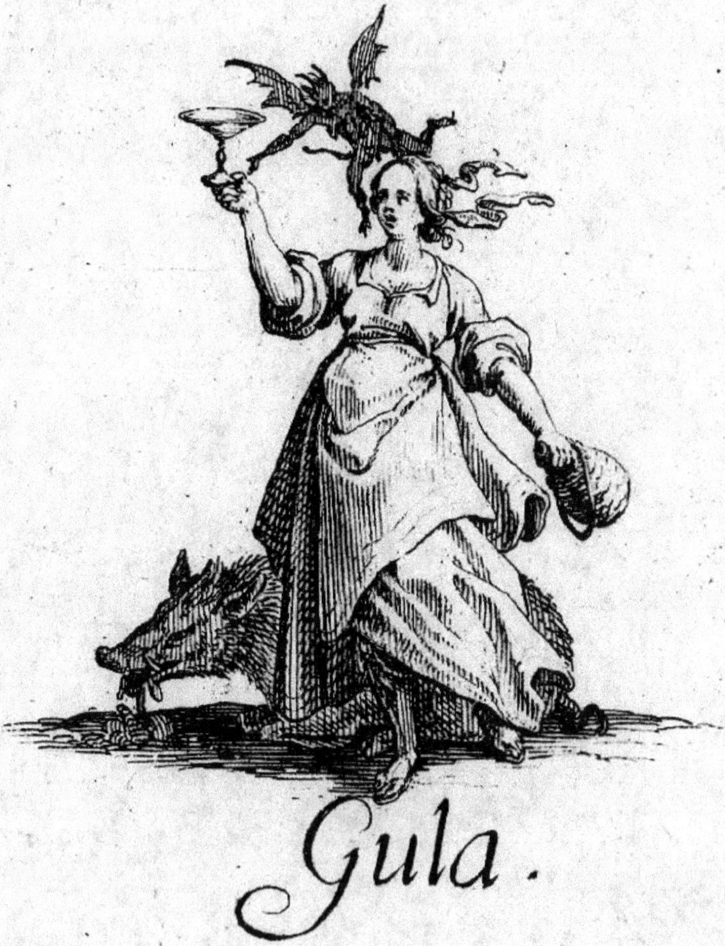

Gula.

3

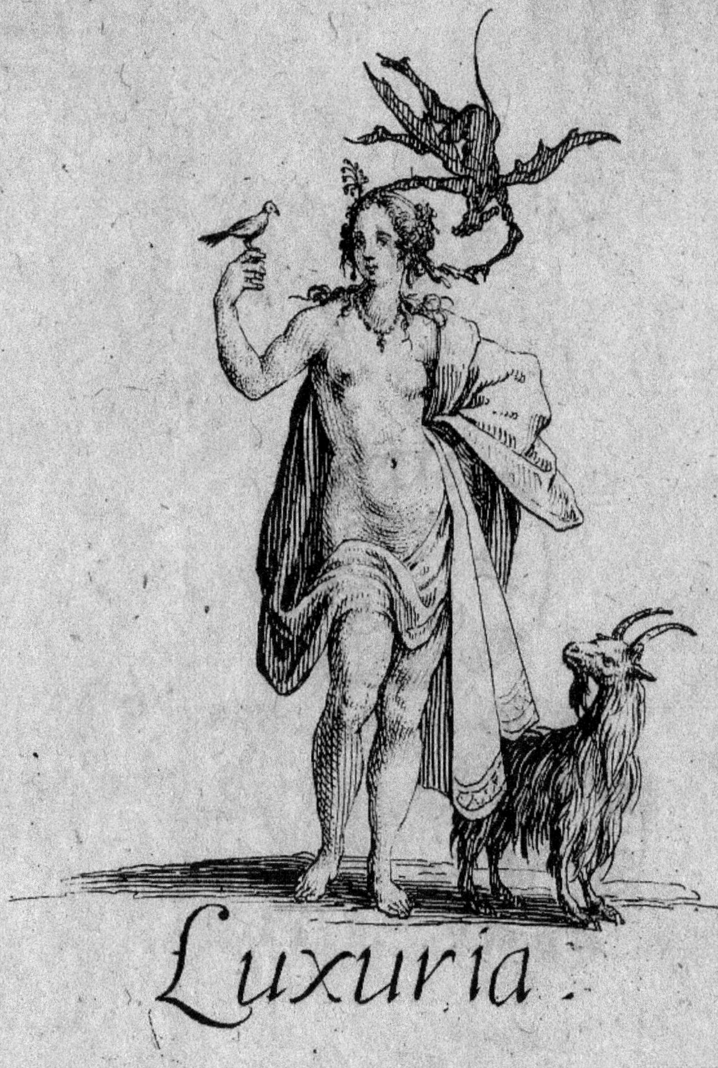

Luxuria.

H160

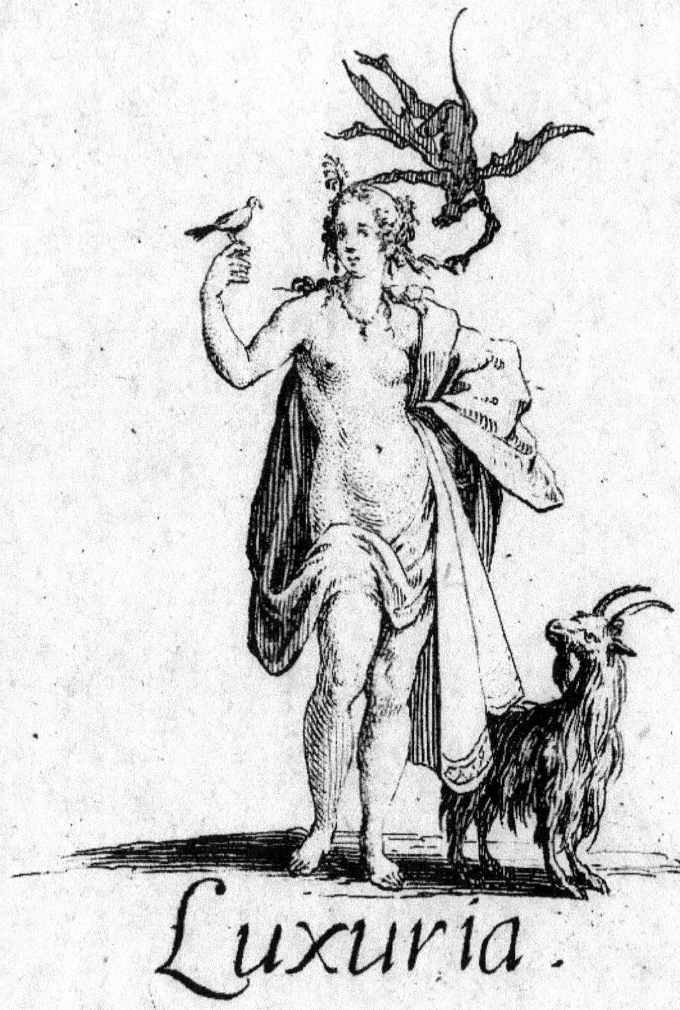

Luxuria.

4

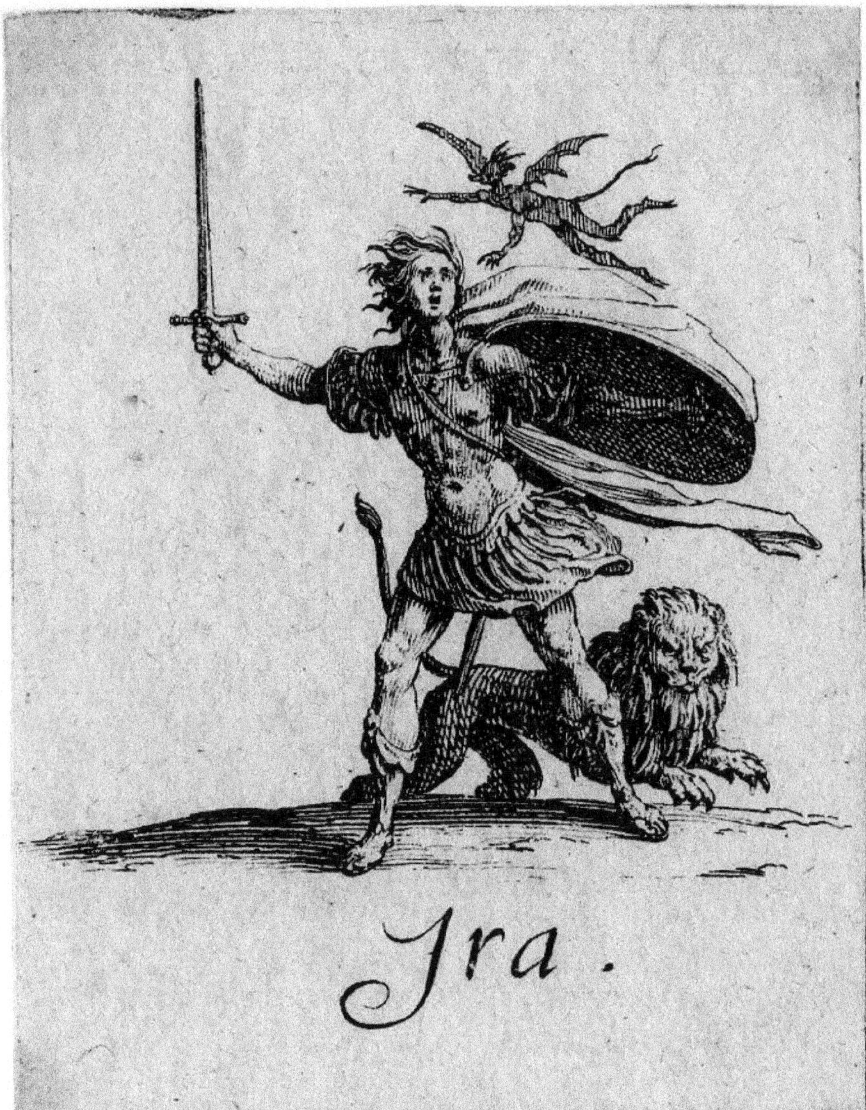

Jra.

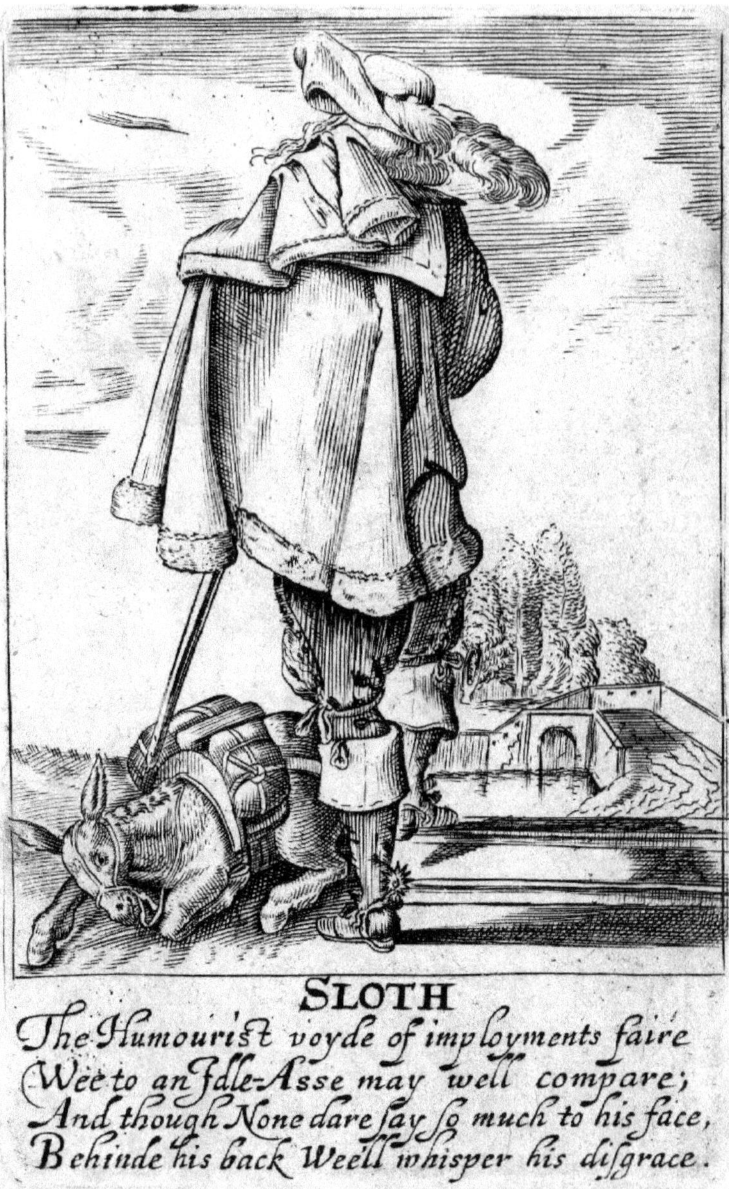

SLOTH

The Humourist voyde of imployments faire
Wee to an Idle-Asse may well compare;
And though None dare say so much to his face,
Behinde his back Weell whisper his disgrace.

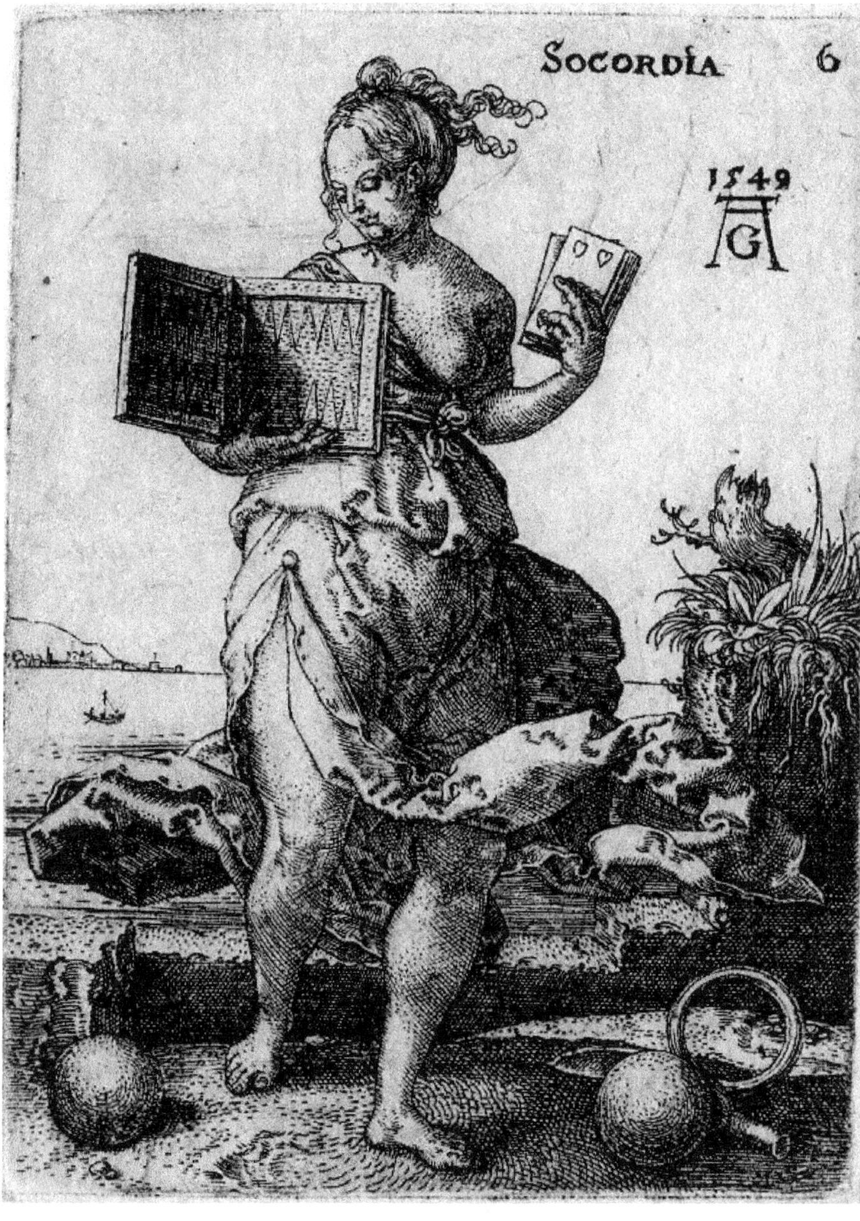
SOCORDIA 6
1549
AG

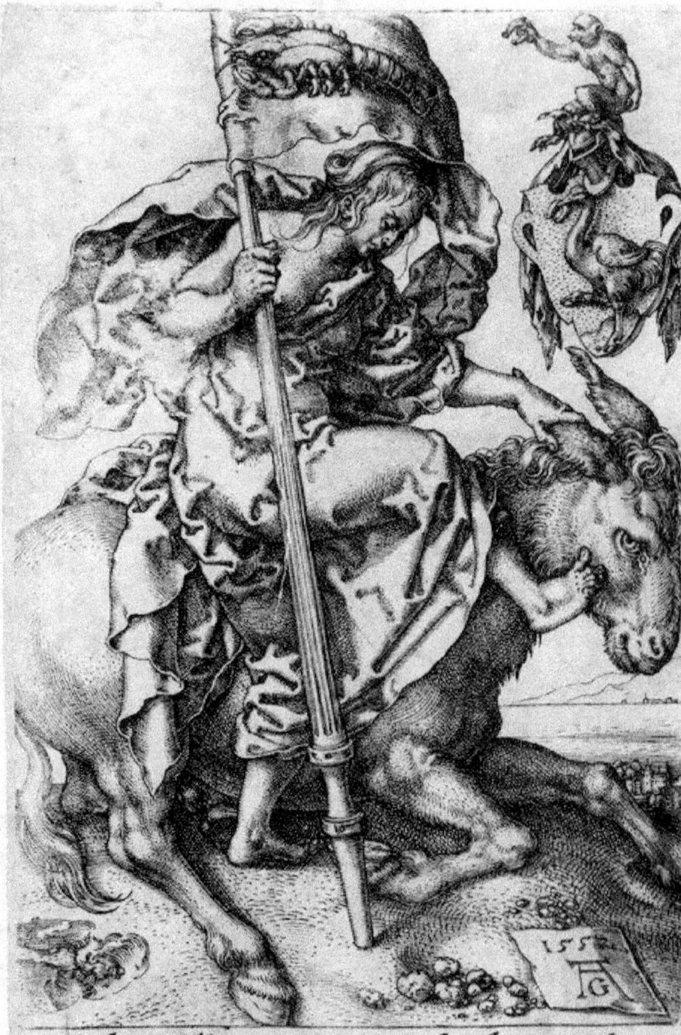
1552
Fæda pusillanimes pgignit Acedia mentes.
Inficit et repha pectora magna lue.

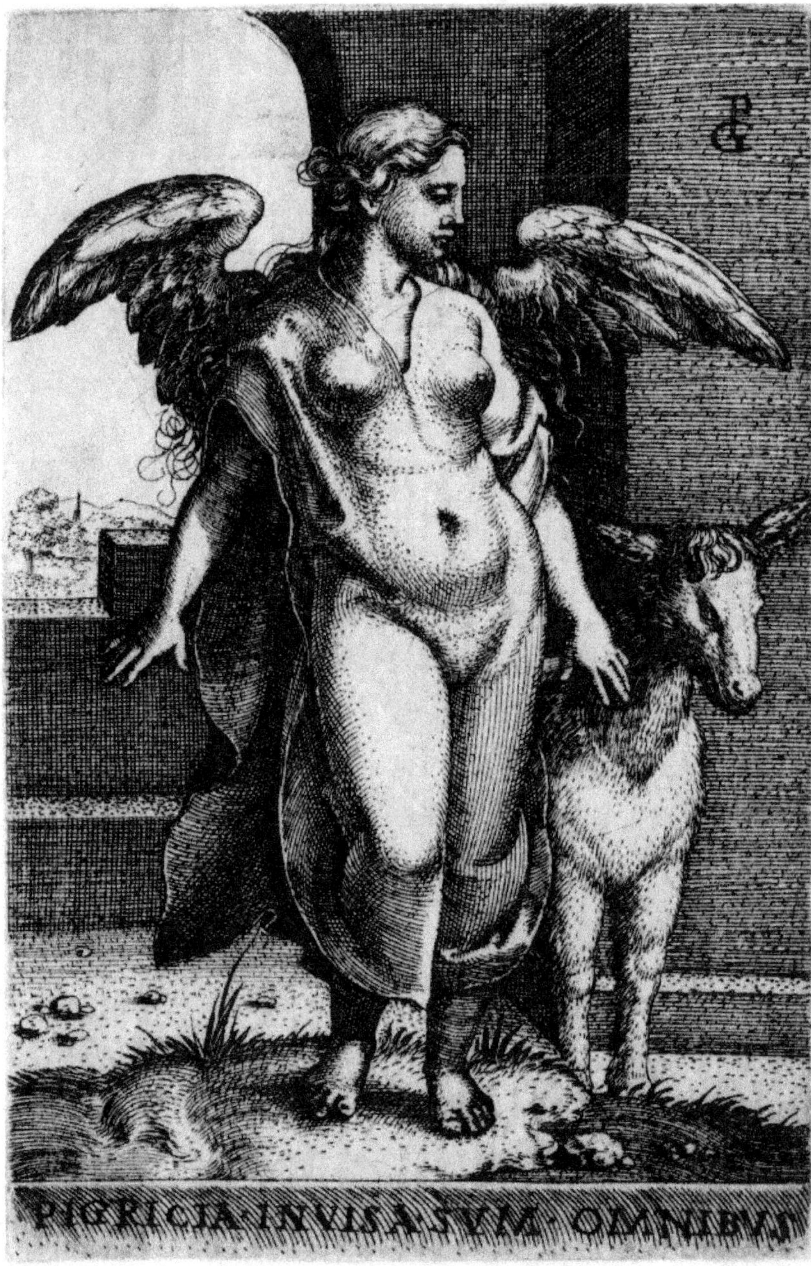
PG
PIGRICIA·INVISA·SVM·OMNIBVS

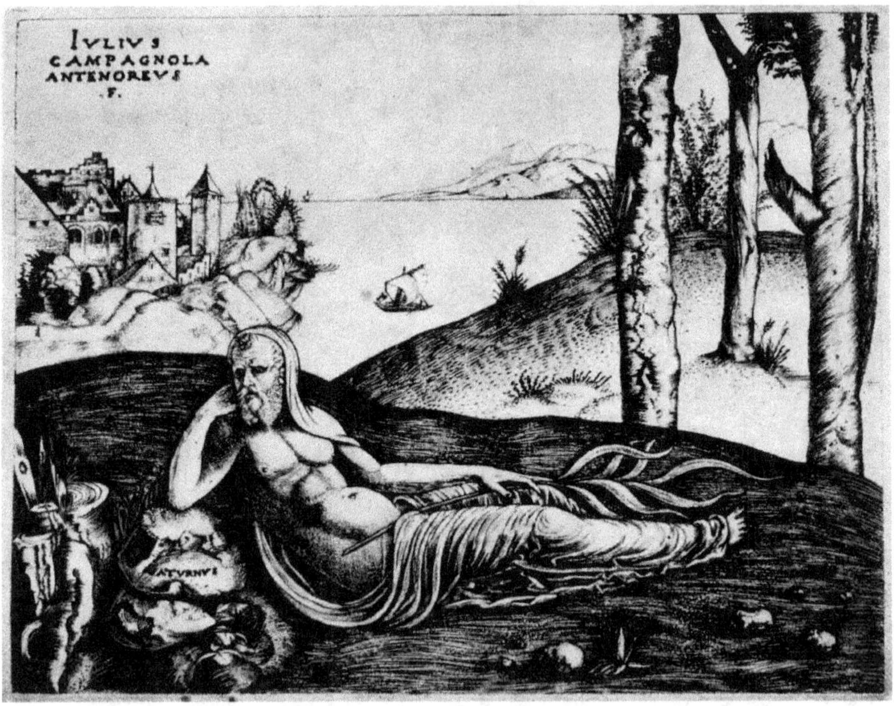
IVLIVS
CAMPAGNOLA
ANTENOREVS
.F.
SATVRNVS

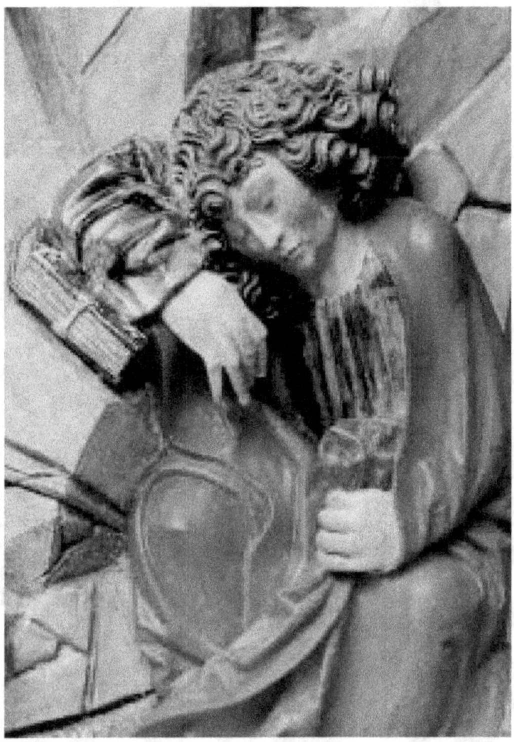

Planche d'images autour de la Paresse (autres)

De haut en bas et de gauche à droite:
église St. Moritz, Rottenberg; Crispijn de Passe l'Ancien; Thomas Couture, *Daydreams*; Desislav Gechev; Jacob Gole, *La paresse du toucher*; Edward Bird; Félix Vallotton; Frederic James Shields, *Allegory of idleness*; Gaston de la Touche, *L'Ennui*; George Glover; Giuseppe Maria Mitelli; Greuze, *Le petit paresseux;* Greuze, *Paresse (La dormeuse)*; Greuze, *La tricoteuse endormie;* Greuze, *Indolence*; Holbein, *Celui qui pense qu'il n'y a pas de bonheur*; Jacques de Backer; Jan Harmensz; John Goddard; John William Godward, *Dolce far niente*; Ligozzi; *lmanak voor het schoone en goede...*, Amsterdam; Lawrence Alma-Tadema, *Love in Idleness*; Michel-Ange (2 reproductions); Nicolaes Maes; Ramon Casas i Carbó; Rembrandt; *Paresse*, d'une série d'affiches; Matham d'après Goltzius, *Paresse*, 1587 & 1593; Theodor Galle; Abraham Bloemaert, *Parabole du grain de blé et de l'ivraie*; Maude Goodman, *A Moment of Idleness*; Daniel Hernández Morillo, *Perezos;* William Quiller Orchardson, *Dolce Far Niente;* Vermeer; Walter Richard Sickert, *Ennui;* Sigismundo Fanti; De Geyn; Pierre Roche; Master of the Drapery Studies; Bonasone; *La chanson de la paresse*, Série aux armes d'Epinal, FOL-LI-59 (13) / B-912

PIGRITIA. 7

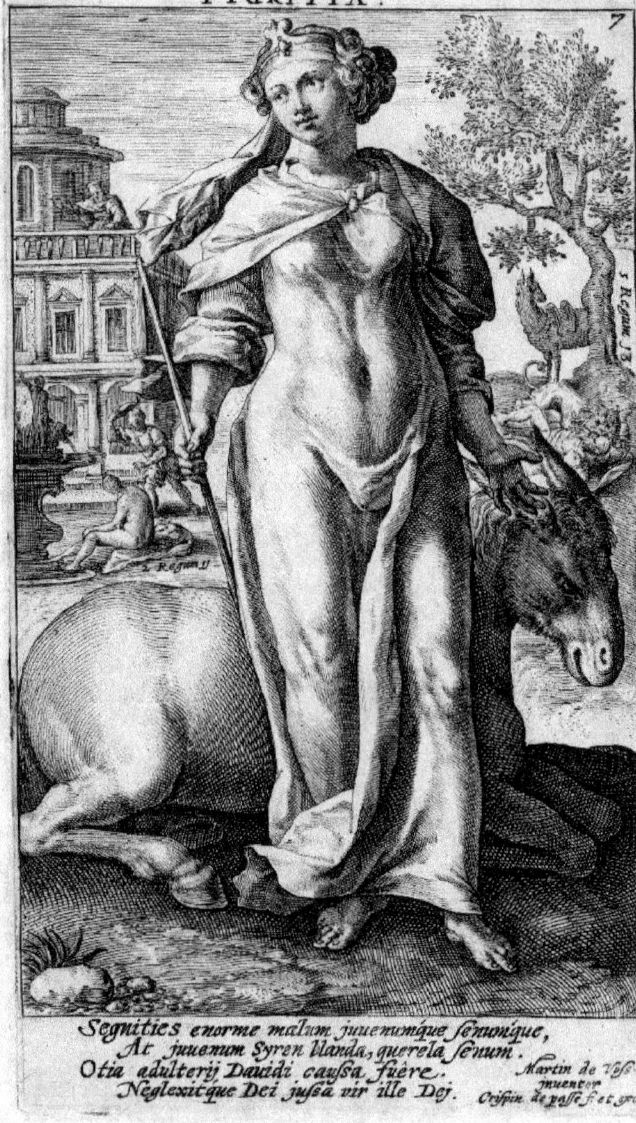

Segnities enorme malum juuenumque senumque,
At juuenum Syren blanda, querela senum.
Otia adulterij Dauidi caussa fuêre.
Neglexitque Dei jussa vir ille Dej.

Martin de Vos inuentor
Crispin de passe f. et exc.

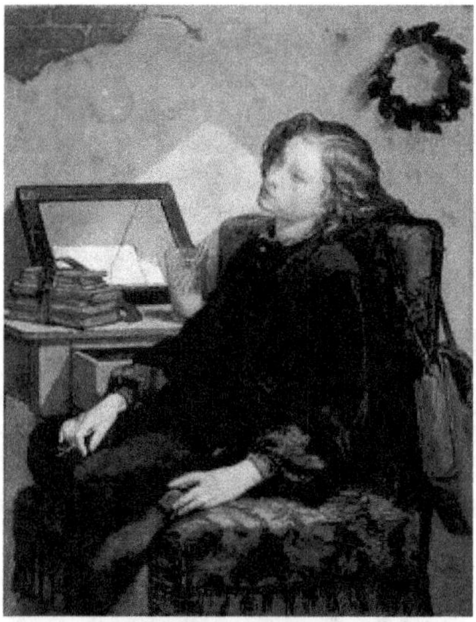

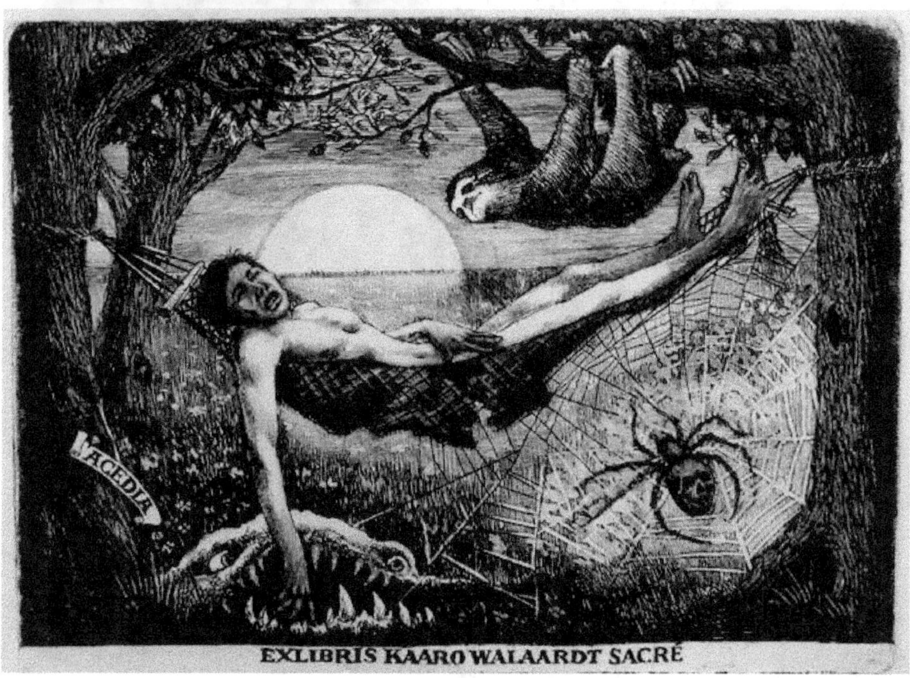
ACEDIA
EXLIBRIS KAARO WALAARDT SACRÉ

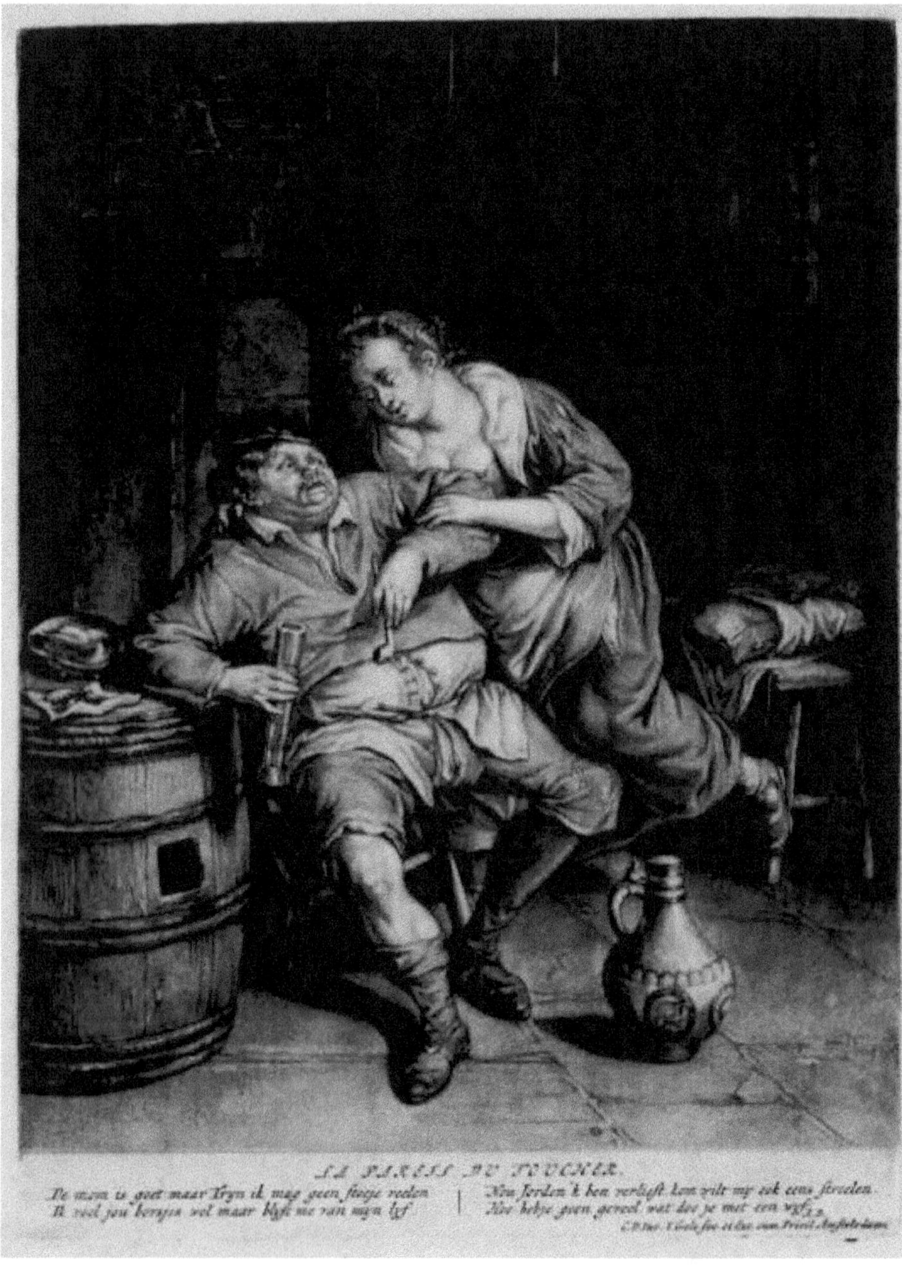
De mom is goet maar Tryn ik mag geen steege reeden
Ik reel jou borsjes wel maar blyf me van myn lyf
Nou Jorden 'k ben verlieft. kom wilt my ook eens streelen.
Hoe hebje geen gereed wat doe je met een wyf

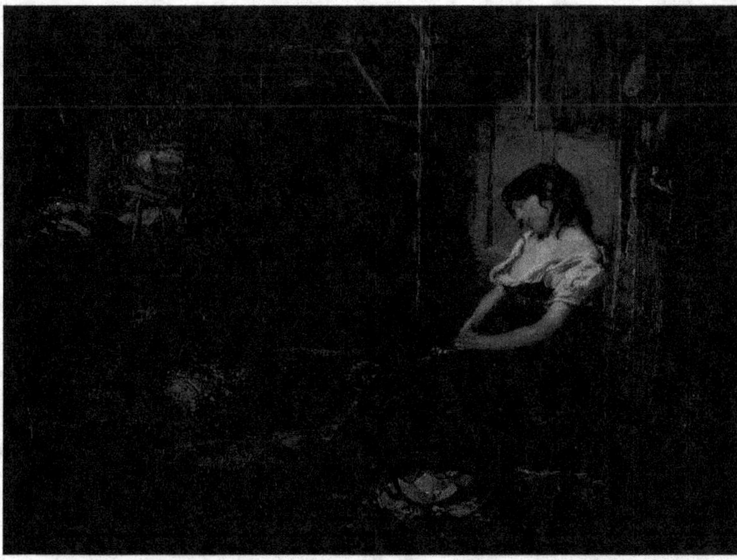

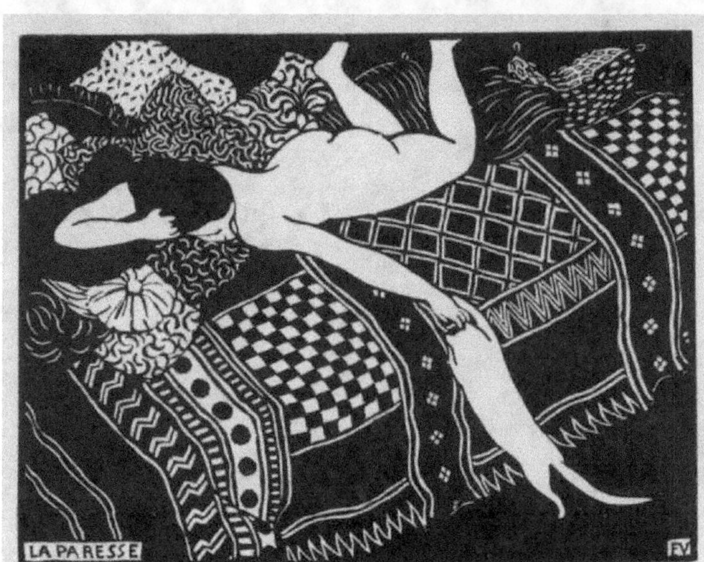
LA PARESSE
F.V.

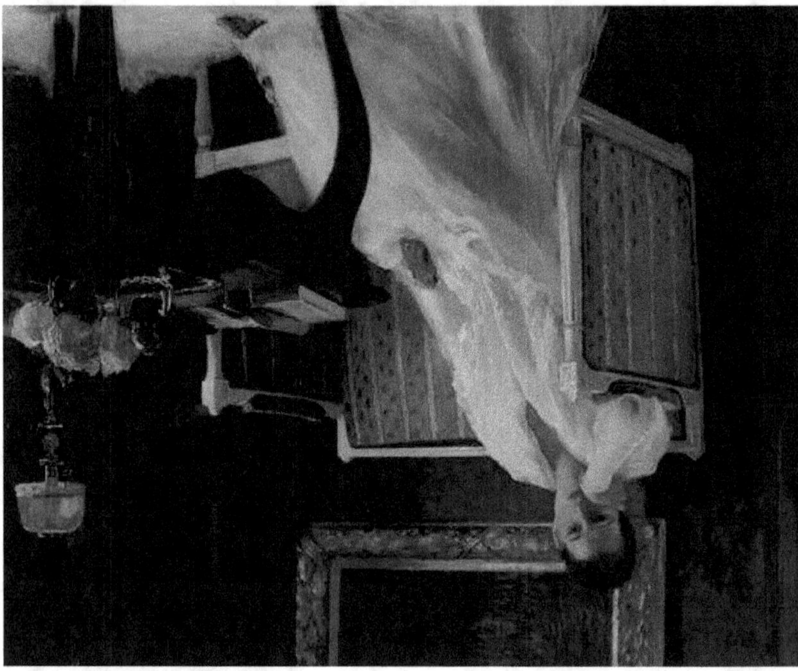

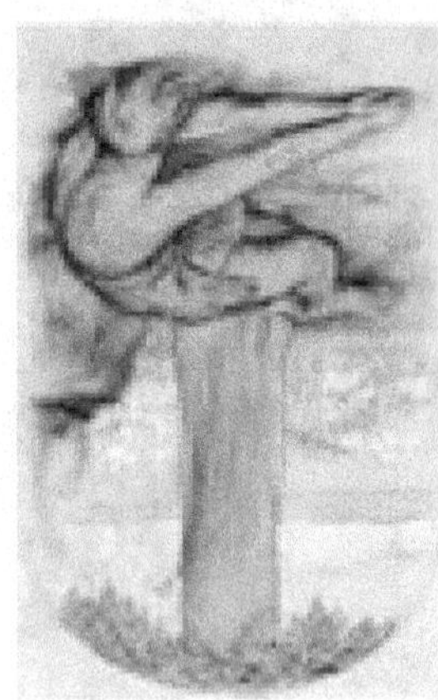

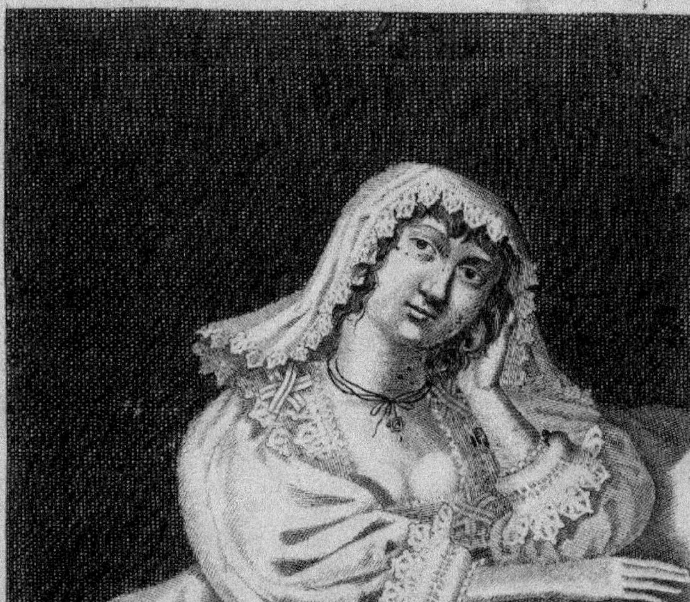

ACEDIA SLOTH.

Fye on the Slothfull dame, whylst shee sleepes fast,
And snortes her tyme out, All thinges runne to wast,
Better it weare, A man had worne the willowe,
Then haue A wife, still leaning on A Pillowe.

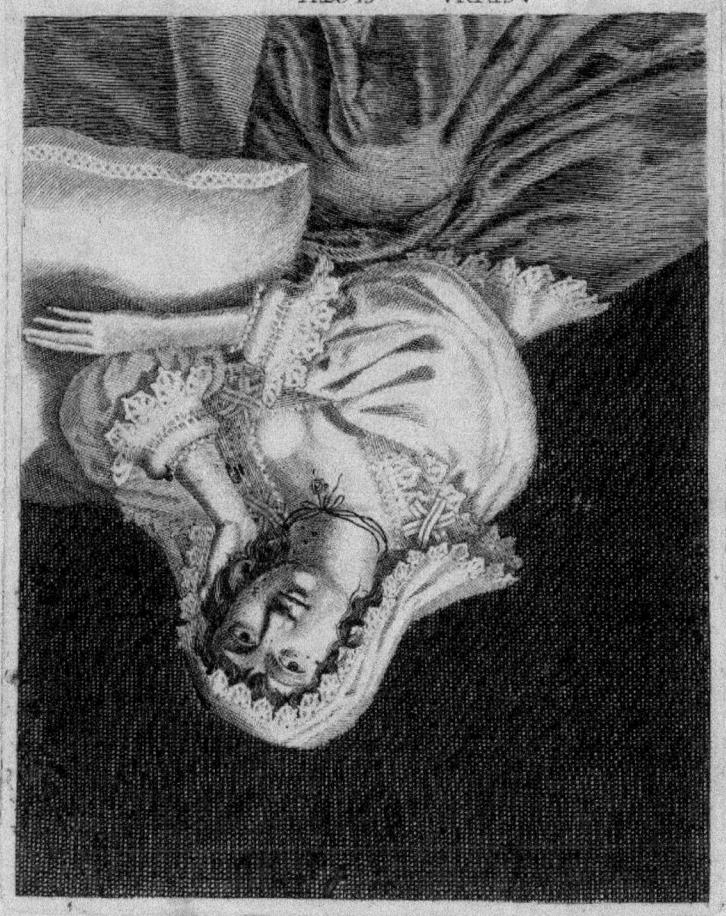

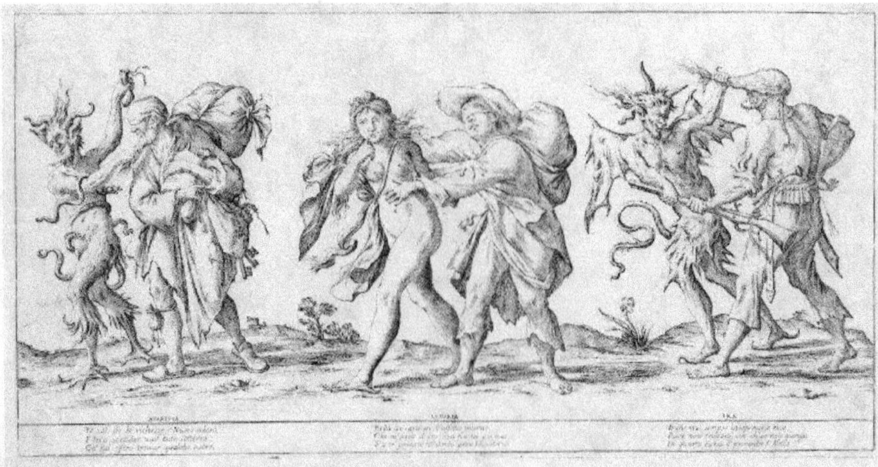

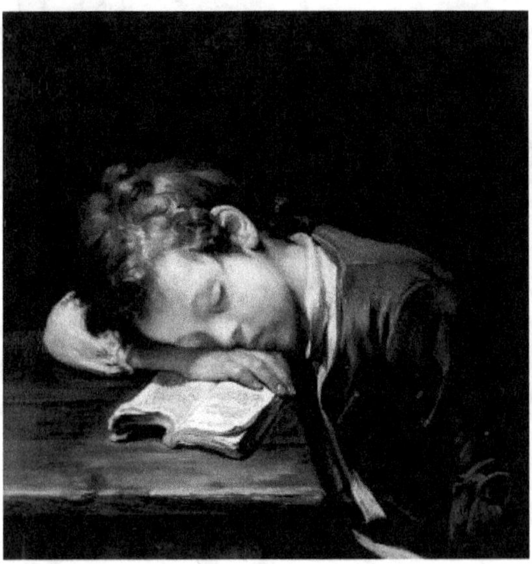

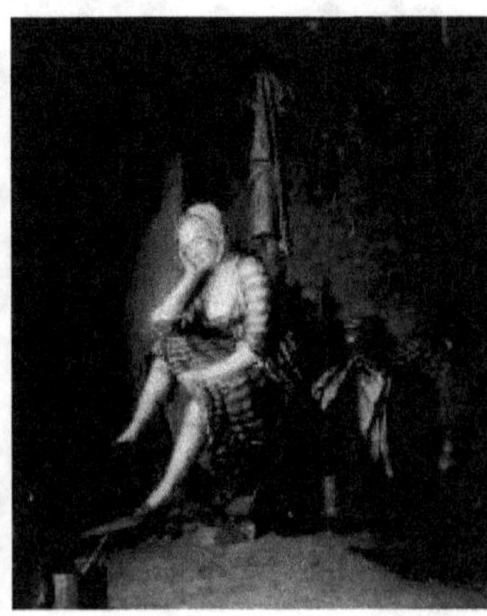

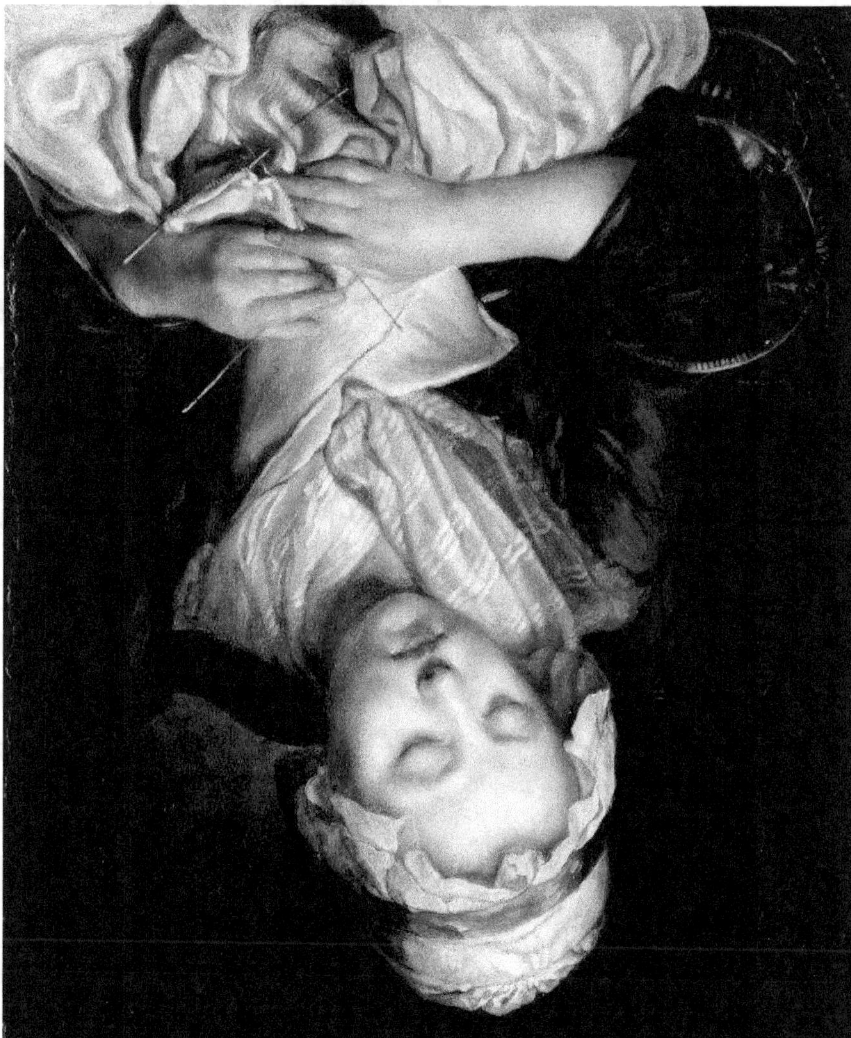

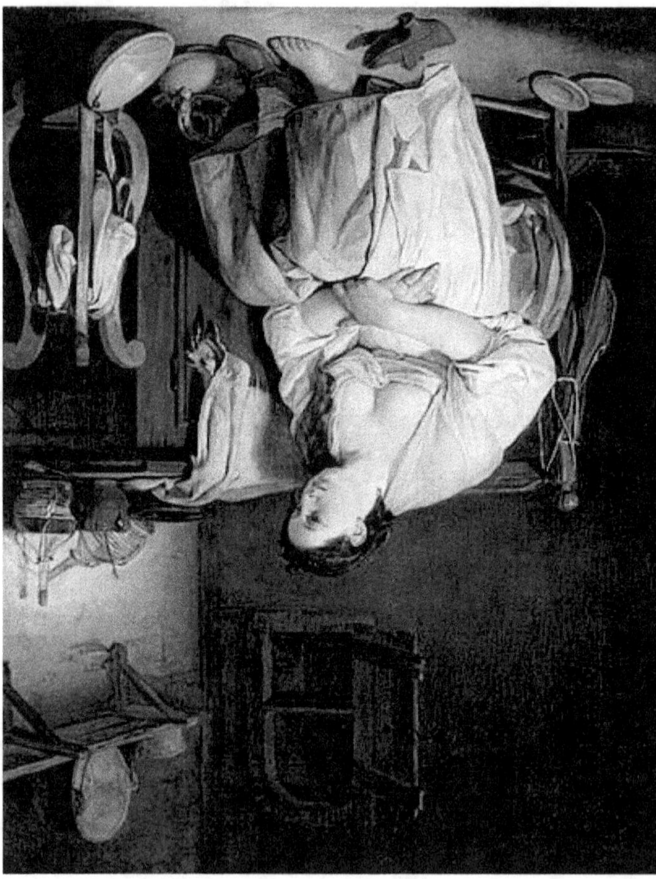

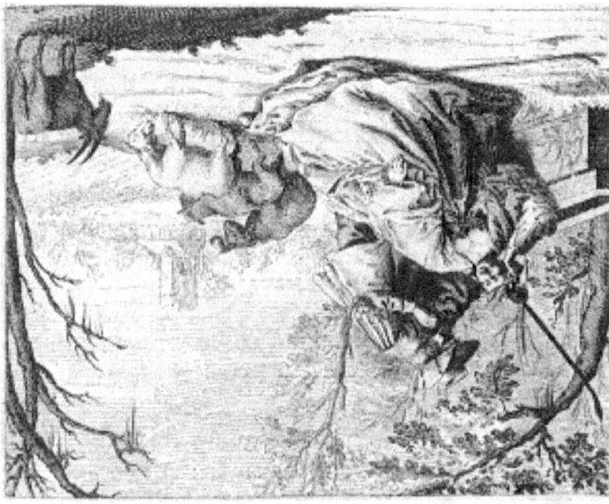

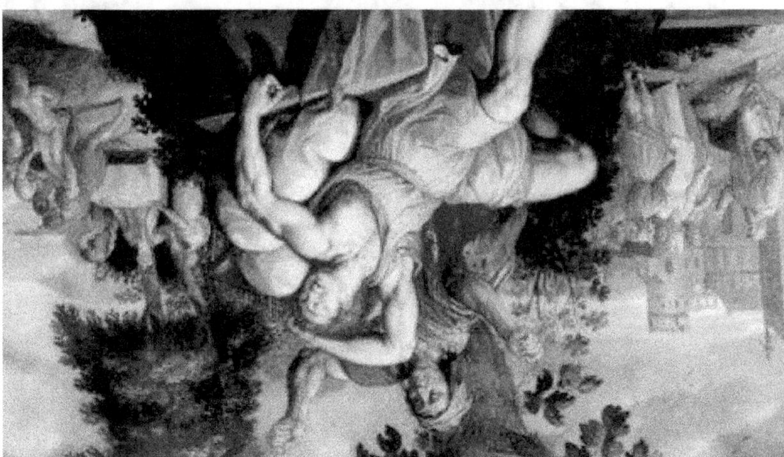

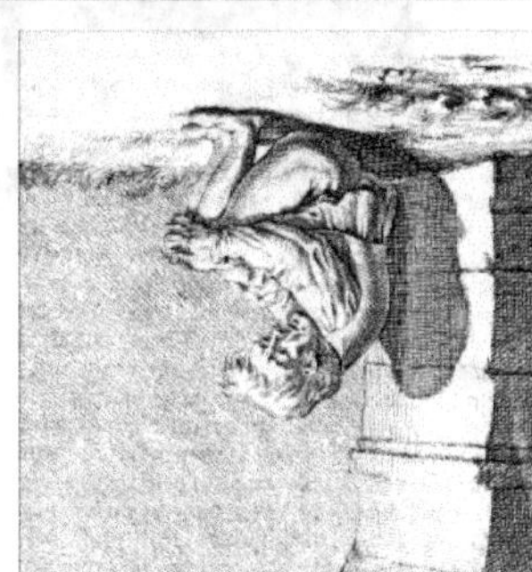

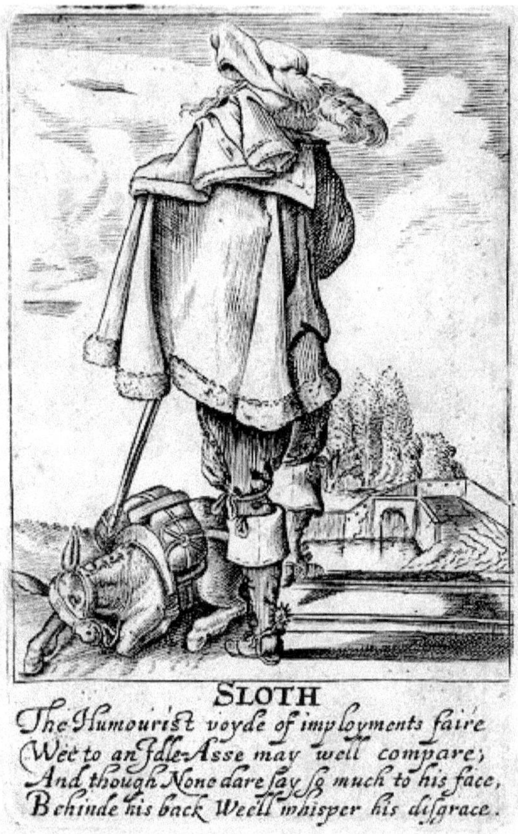

SLOTH

The Humourist voyde of imployments faire
Wee to an Idle-Asse may well compare;
And though None dare say so much to his face,
Behinde his back Weell whisper his disgrace.

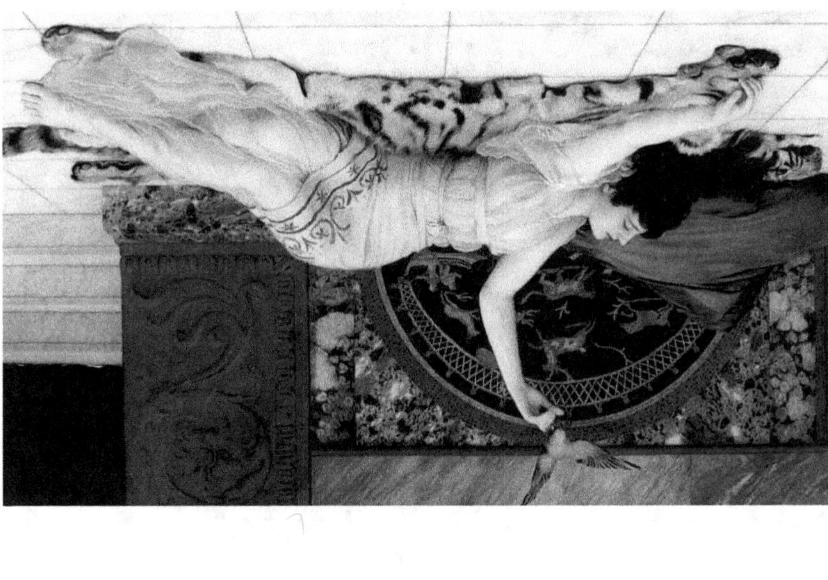

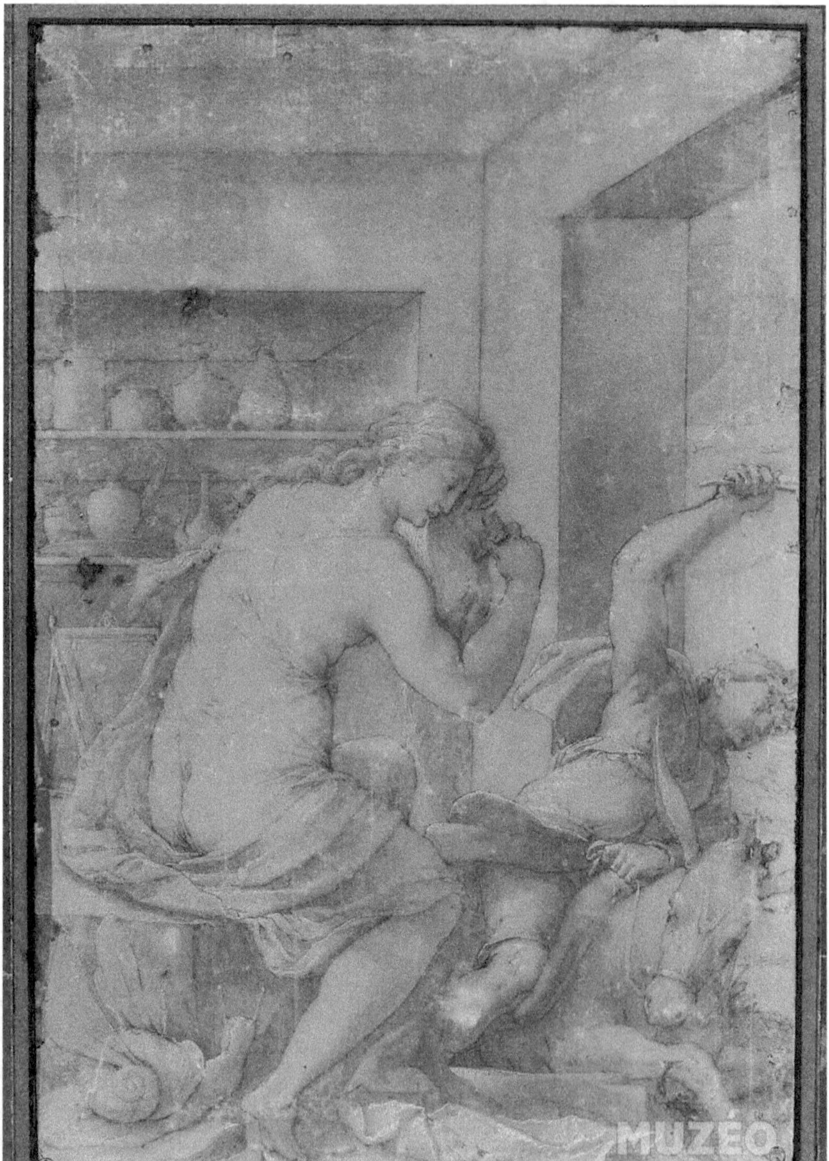
MUZÉO

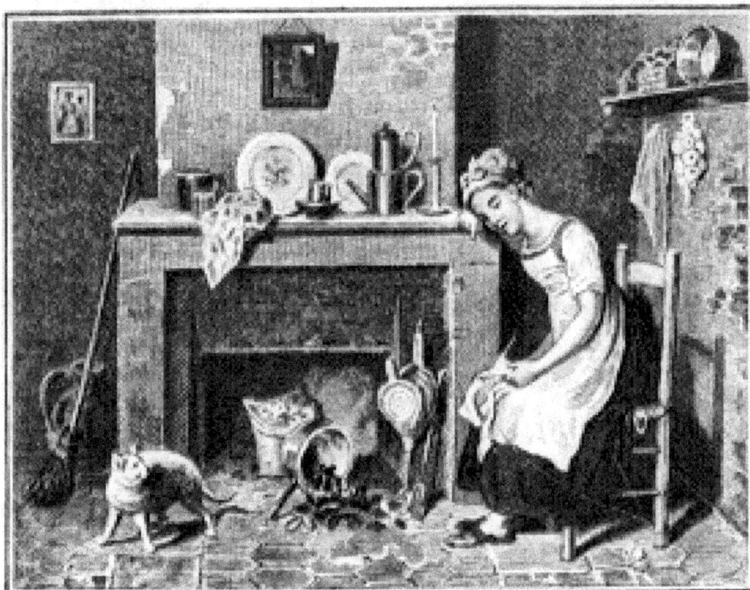

Och, de arme meid!   blz. 51.

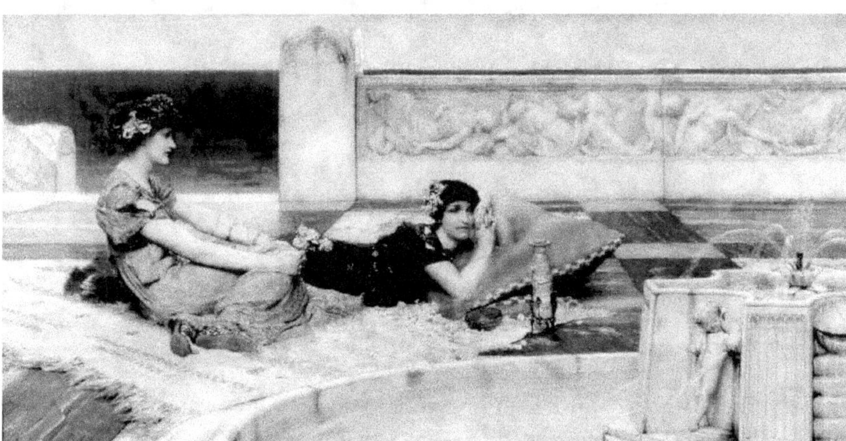

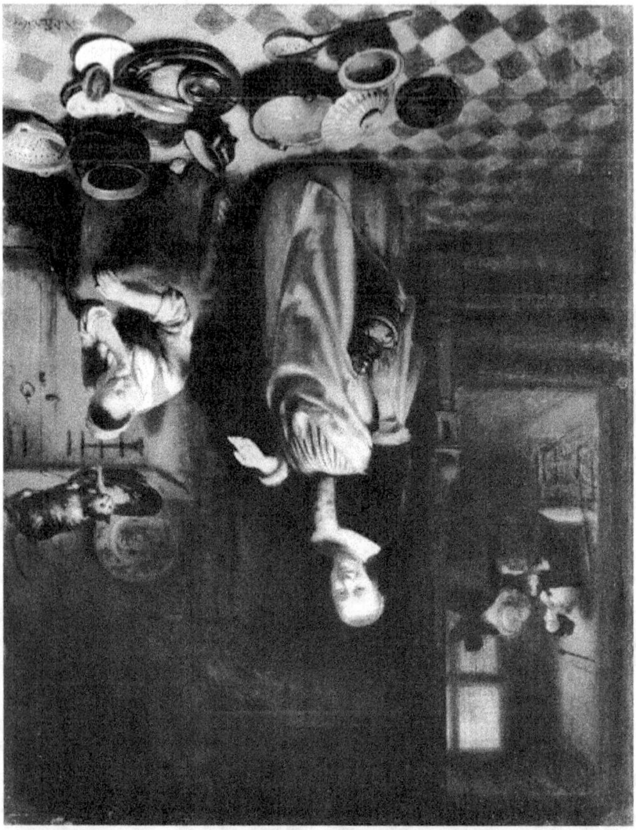

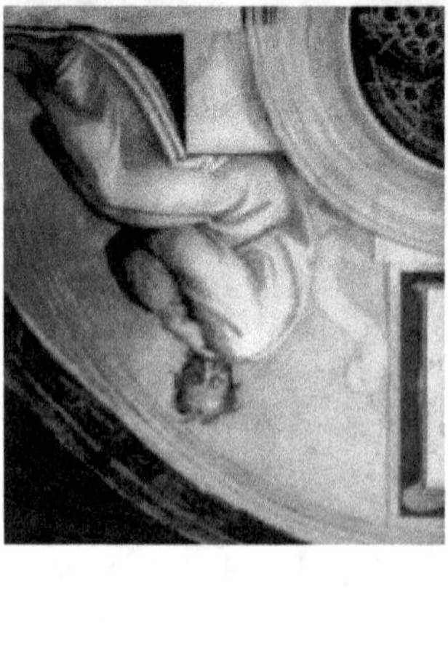

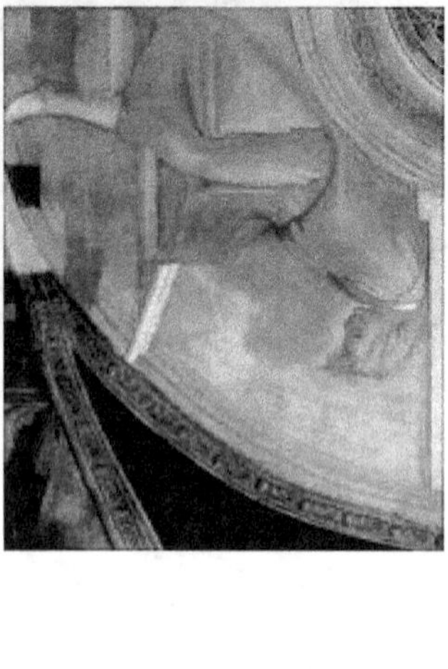

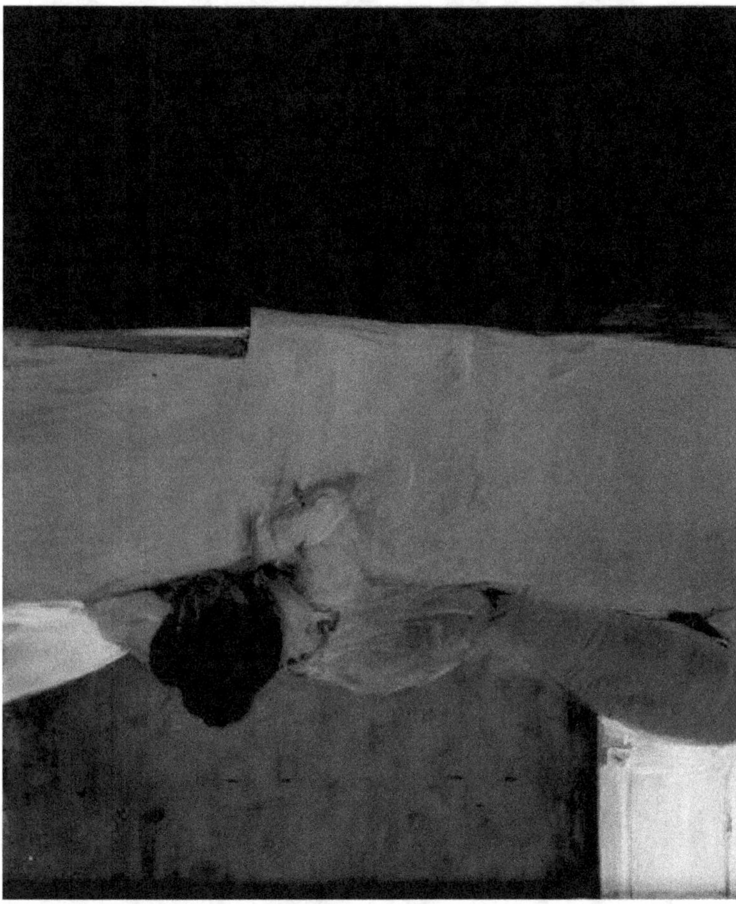

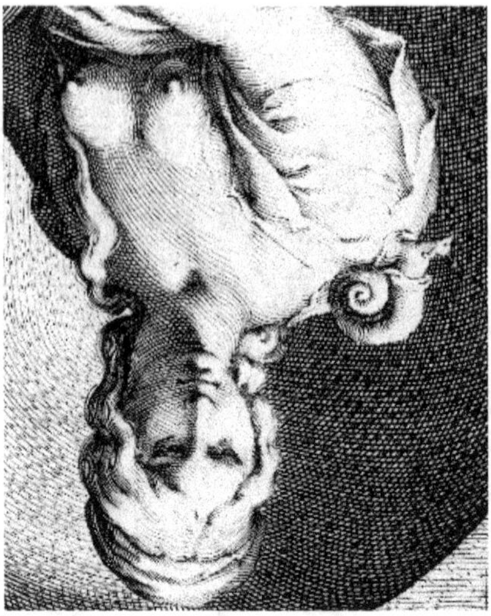

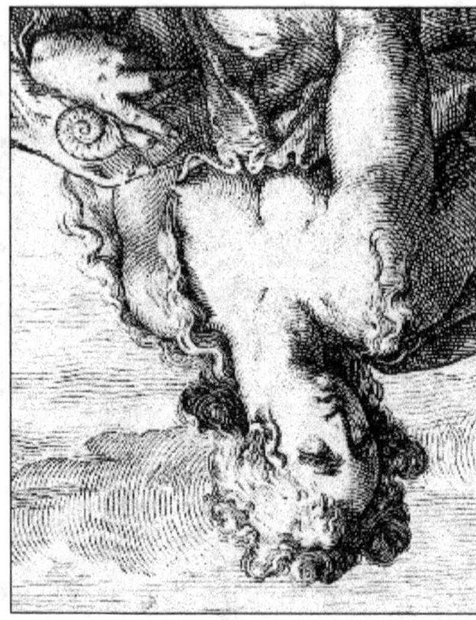

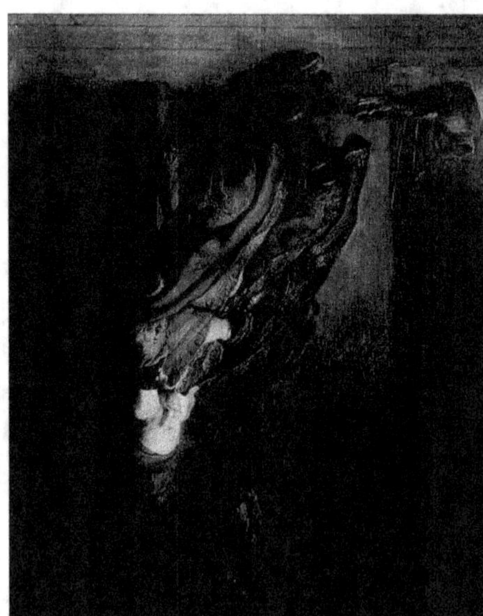

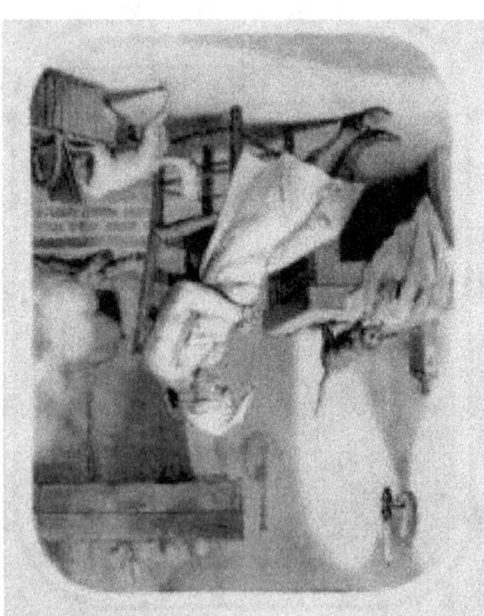

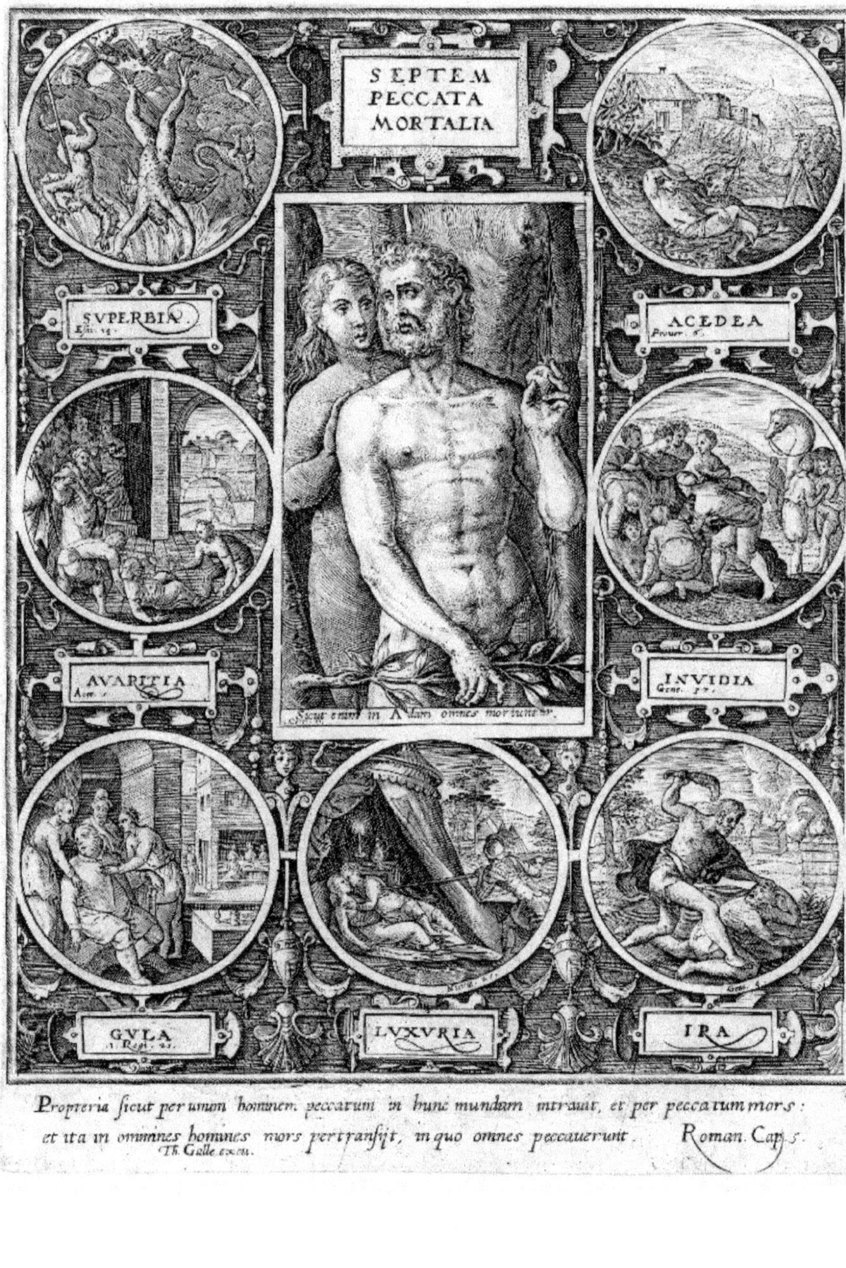

Propteria sicut per unum hominem peccatum in hunc mundum intrauit, et per peccatum mors: et ita in omnines homines mors pertransijt, in quo omnes peccauerunt. Roman. Cap. 5.

Th. Galle excu.

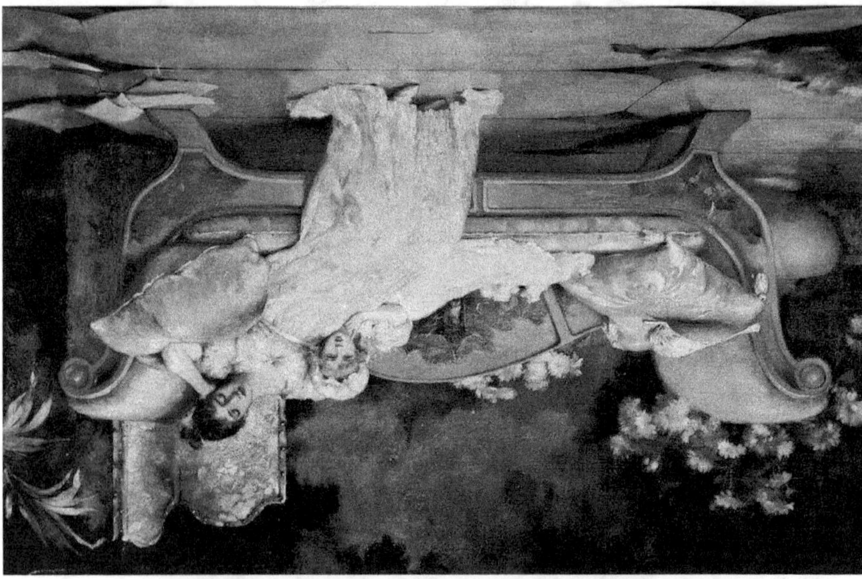

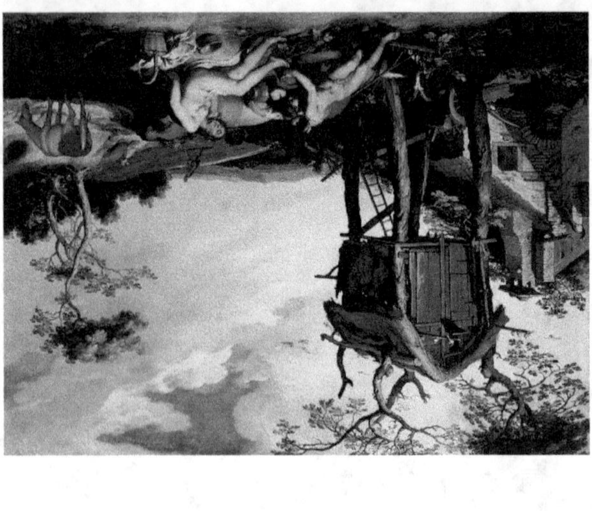

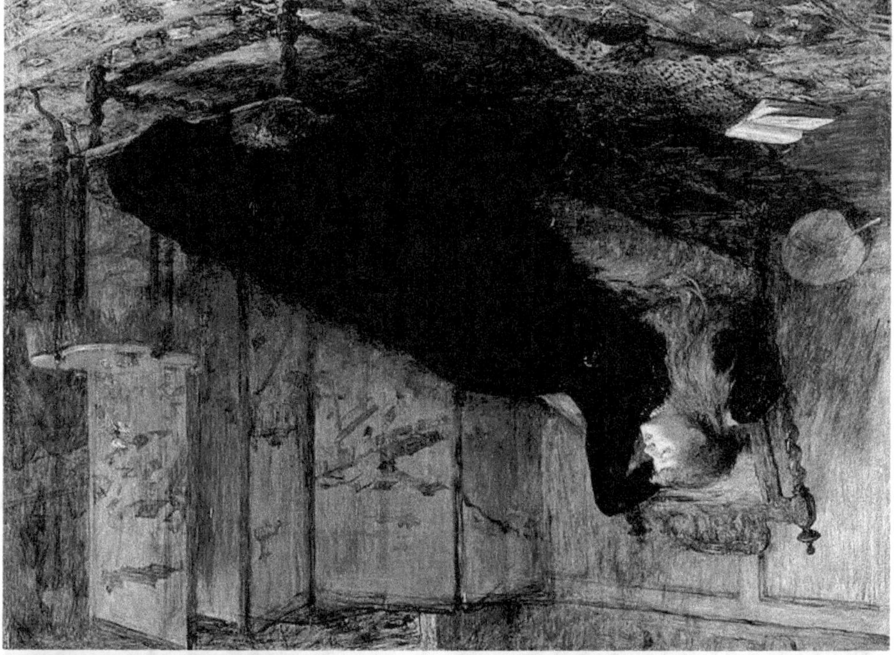

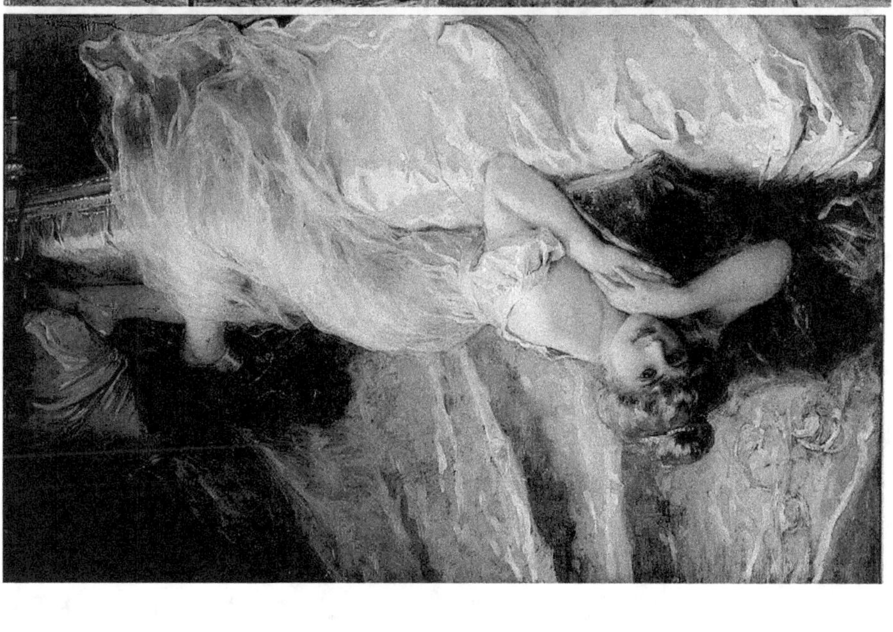

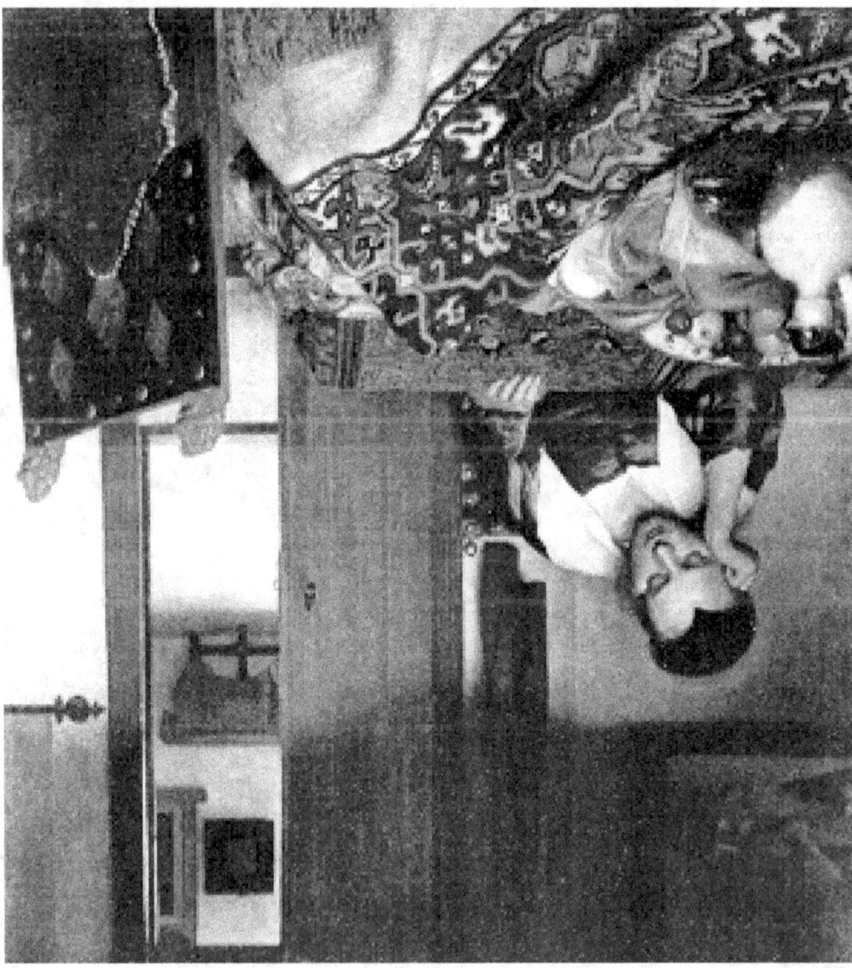

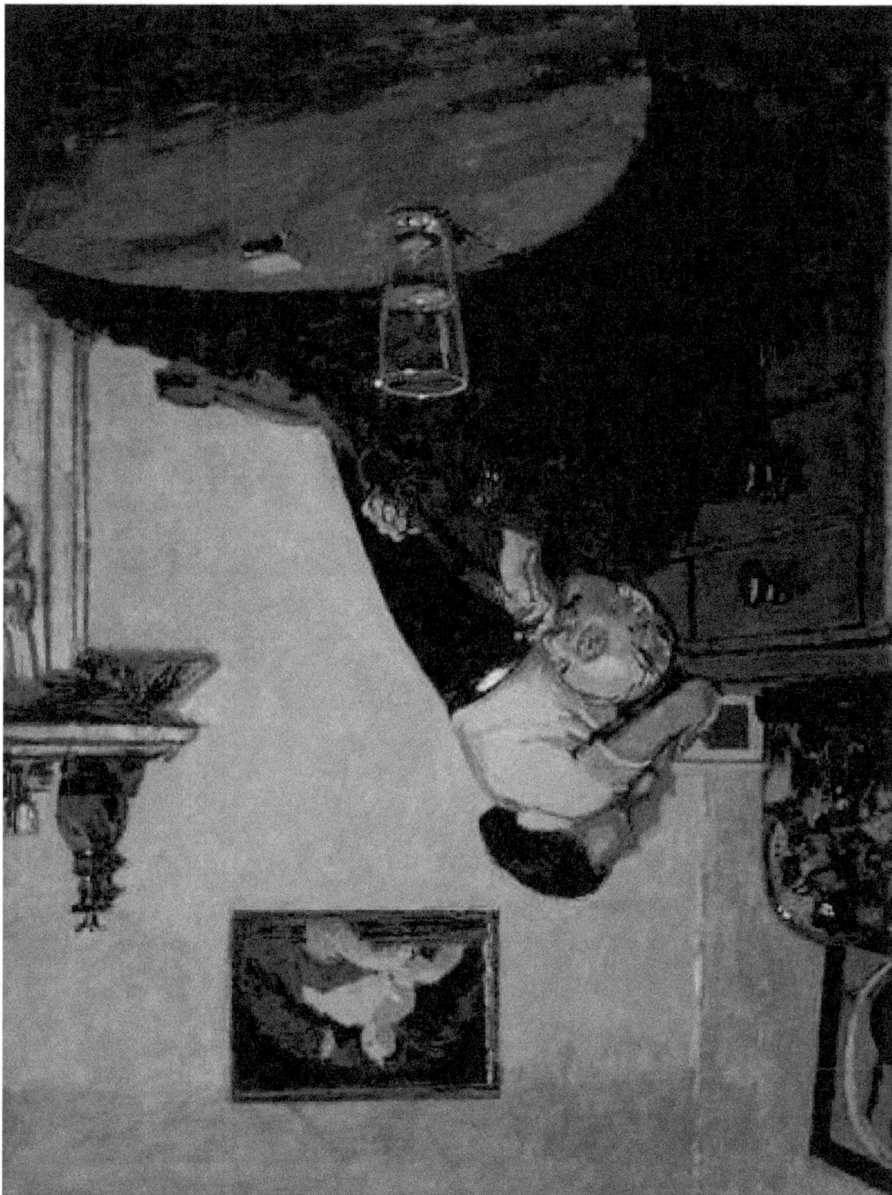

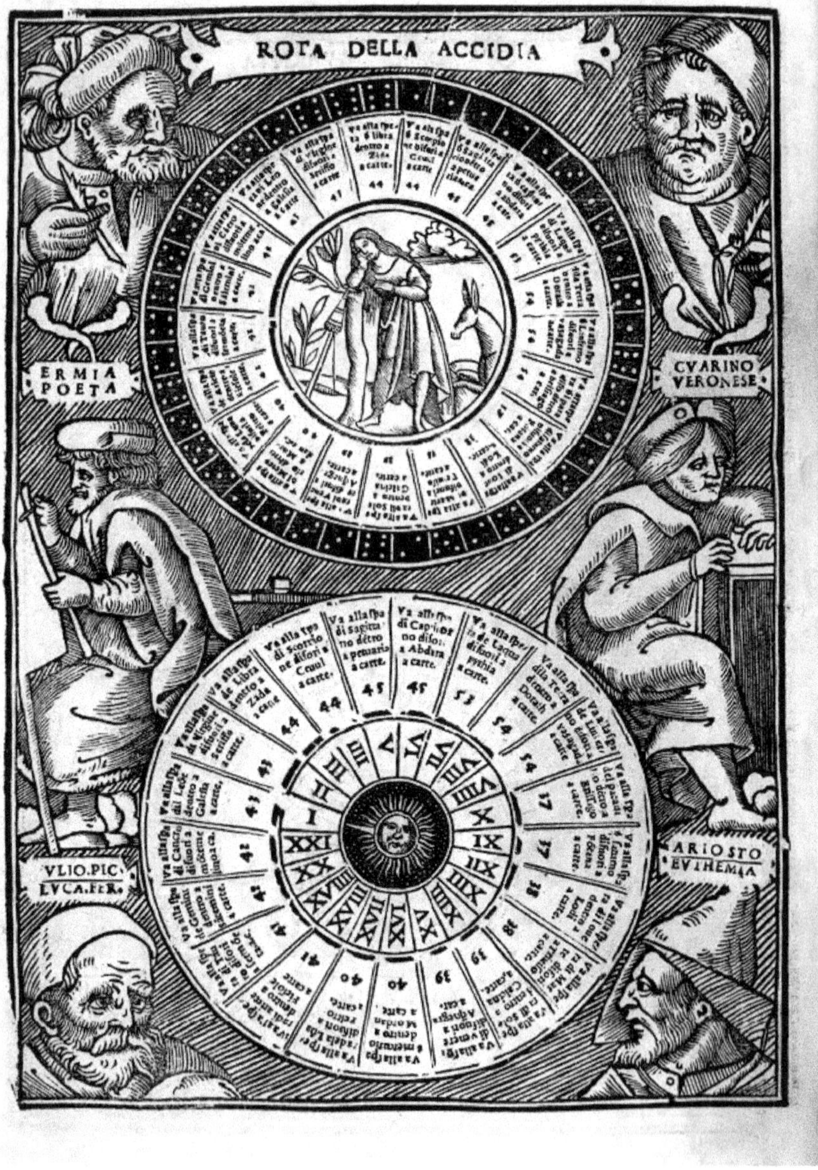
ROTA DELLA ACCIDIA
ERMIA POETA
CVARINO VERONESE
VLIO.PIC. LVCA.FER.
ARIOSTO EVTHEMIA

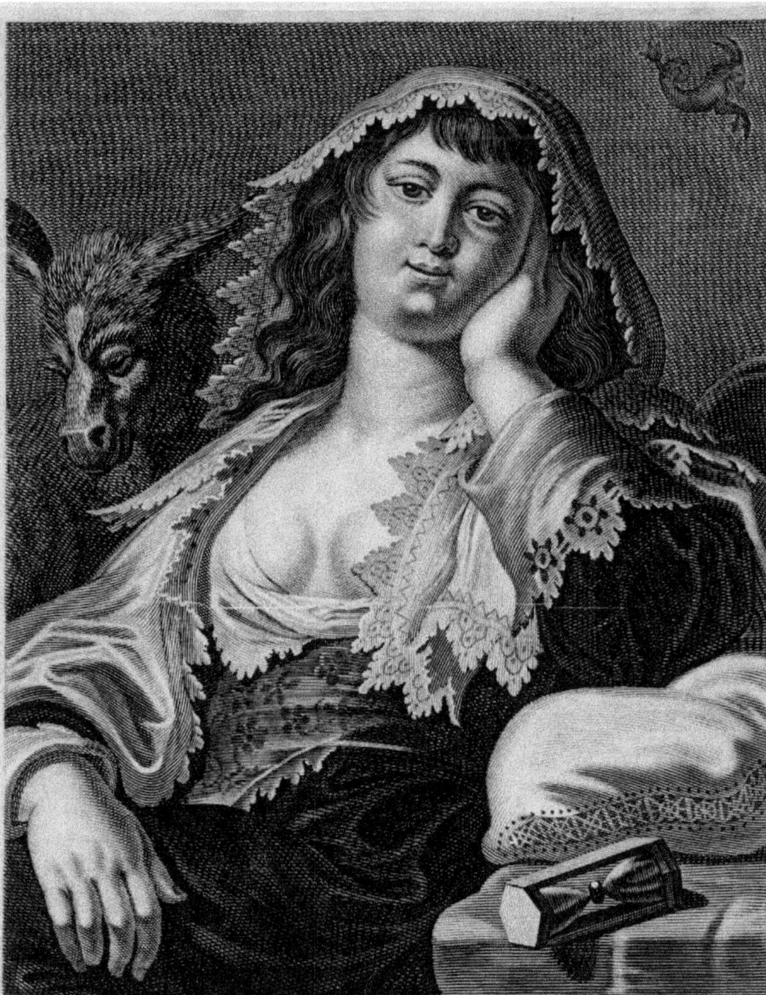

LA PARESSE. 7.

J'aime tant le repos du corps
Que ie me meurs si ie ne dors,
En ce temps glacé de froidure,
Car Decembre, a ce que ie voy,
Qu'est il [illegible] Mois où la Nature
Est paresseuse comme moy.

Ce qu'on appelle Diligence,
Est vne chose qui m'offence,
L'oysiueté seule me plaist,
Et dans mon humeur volontaire
Sans m'enquerir quelle heure il est
Je n'ay soing que de ne rien faire.

DECEMBRE. 12.

Contre les efforts de l'Ennuy,
Je passe doucement ma vie,
Sans peur, sans peine, et sans regret,
Je suis paisible dans la guerre,
Et je scay mesme le secret
De dormir malgré le Tonnerre.

Guillaume de Geyn fecit

Le Blond exc. auec Priuilege du Roy

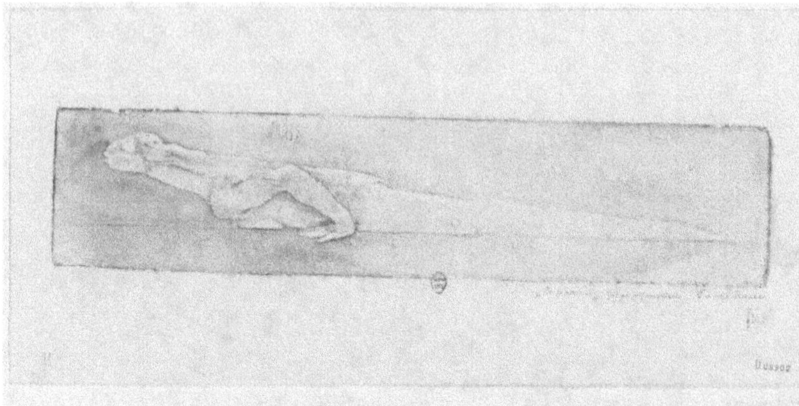

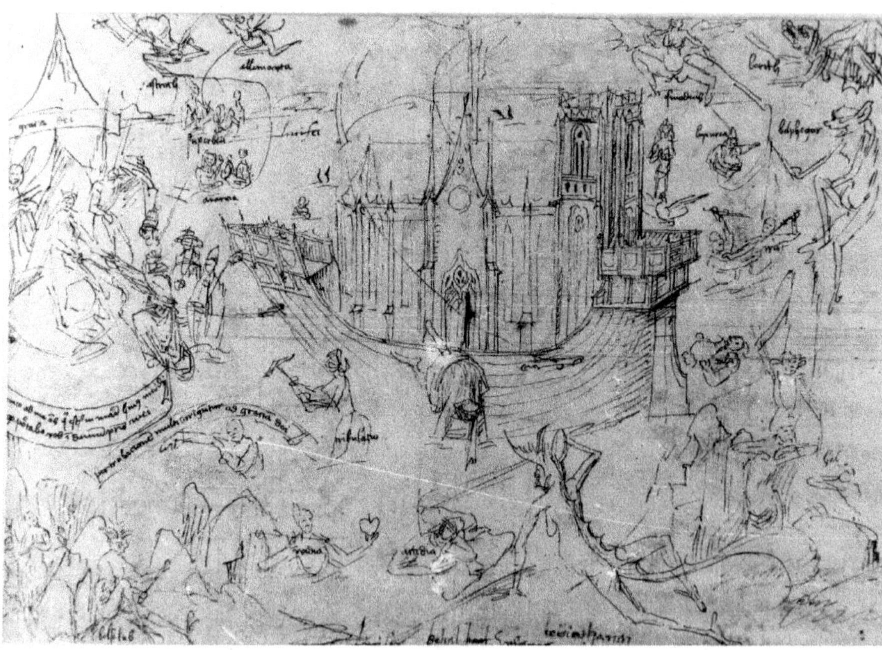

INTEMPESTA DIES, VT NOX. EST DESIDIOSO.

Symb. XXVI.

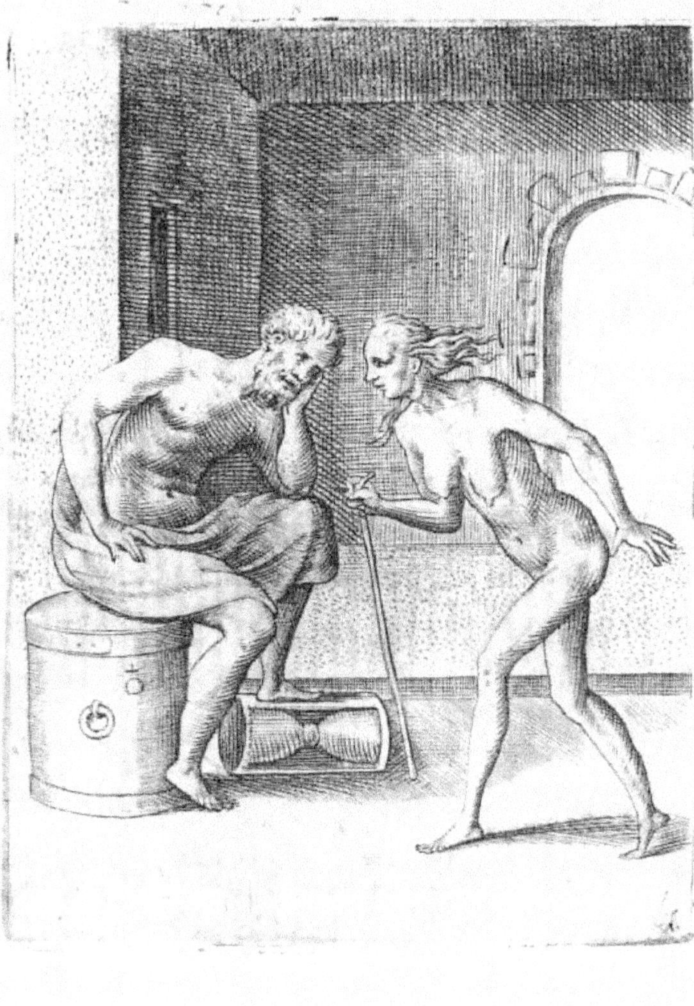

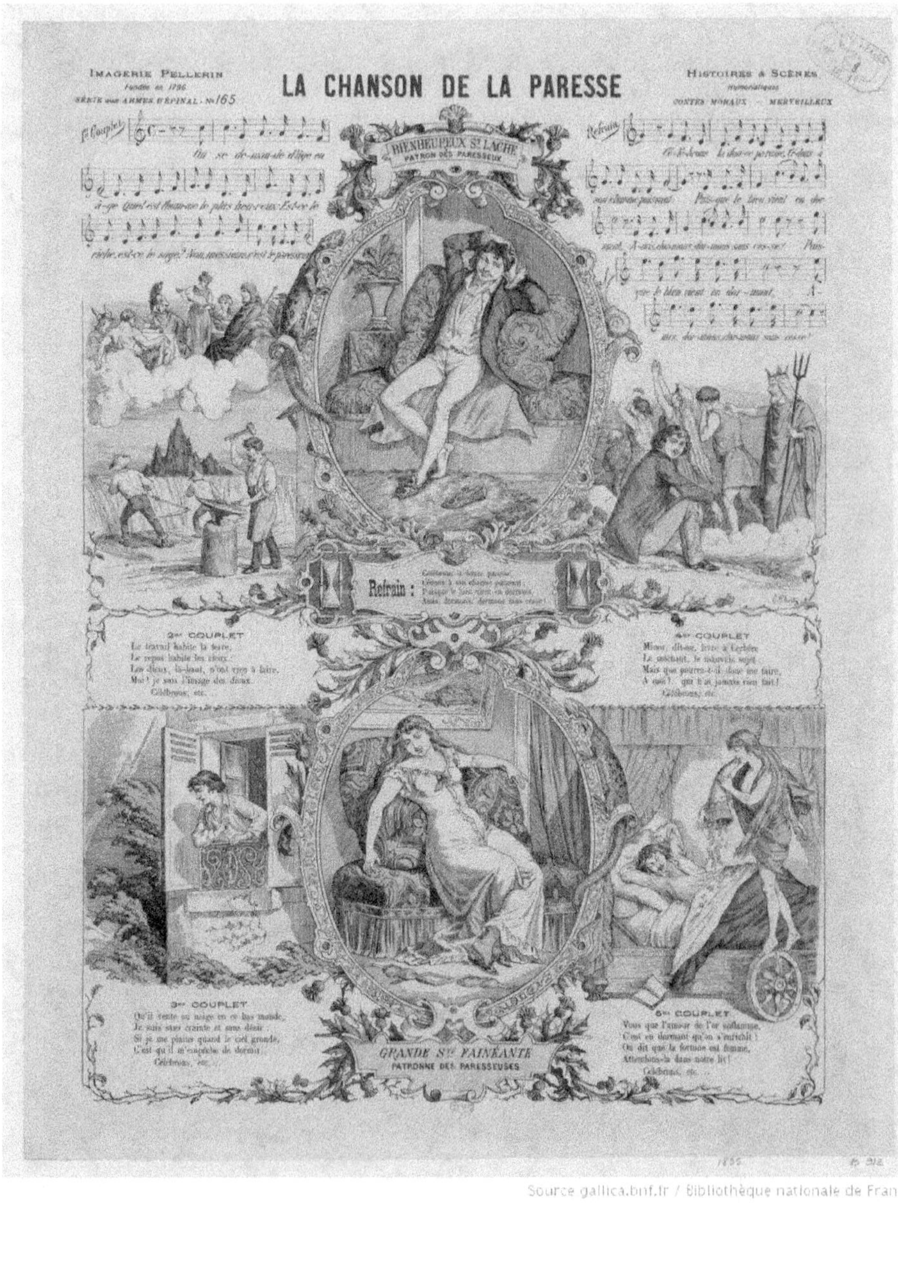
Imagerie Pellerin
Fondée en 1796
Série aux Armes d'Épinal - N° 165
LA CHANSON DE LA PARESSE
Histoires & Scènes
humoristiques
Contes moraux - Merveilleux
1er Couplet
Refrain
BIENHEUREUX St LACHE
PATRON DES PARESSEUX
Refrain :
2me COUPLET
Le travail habite la terre,
Le repos habite les cieux.
Les dieux, là-haut, n'ont rien à faire.
Moi ! je suis l'image des dieux.
Célébrons, etc.
4me COUPLET
Minos, dit-on, livre à Cerbère
Le méchant, le mauvais sujet.
Mais que pourra-t-il donc me faire,
À moi ! qui n'ai jamais rien fait !
Célébrons, etc.
3me COUPLET
Qu'il vente ou neige en ce bas monde,
Je suis sans crainte et sans désir.
Si je me plains quand le ciel gronde,
C'est qu'il m'empêche de dormir.
Célébrons, etc.
GRANDE Ste FAINÉANTE
PATRONNE DES PARESSEUSES
5me COUPLET
Vous que l'amour de l'or enflamme,
C'est en dormant qu'on s'enrichit !
On dit que la fortune est femme,
Attendons-la dans notre lit !
Célébrons, etc.

Planche d'images autour de l'opposition entre la Paresse et l'Industrie

De haut en bas et de gauche à droite:
Antoine Couchet; Ambraham Bloemaert, 1624; Boissard; Hogarth; Jacob de Gheyn II; Jean-François De Troy, *Une Allégorie du Temps dévoilant la Vérité;* Pastorino de Pastorini; *Le travail et la paresse - histoire enfantine;* Ligozzi, *Le Vice distrayant l'Étude*; Ligozzi, *La Luxure*; Lotto; Van de Venne; Louis Laguerre; Mei, *Allégorie de la Fortune* ; Philippe Galle, *Le paresseux dort au champ et à la maison*; & *Le paresseux mendie autour de ceux qui ont travaillé;* Goya, *Mejor es holgar*; Raimondi, *Le paresseux fustigé*

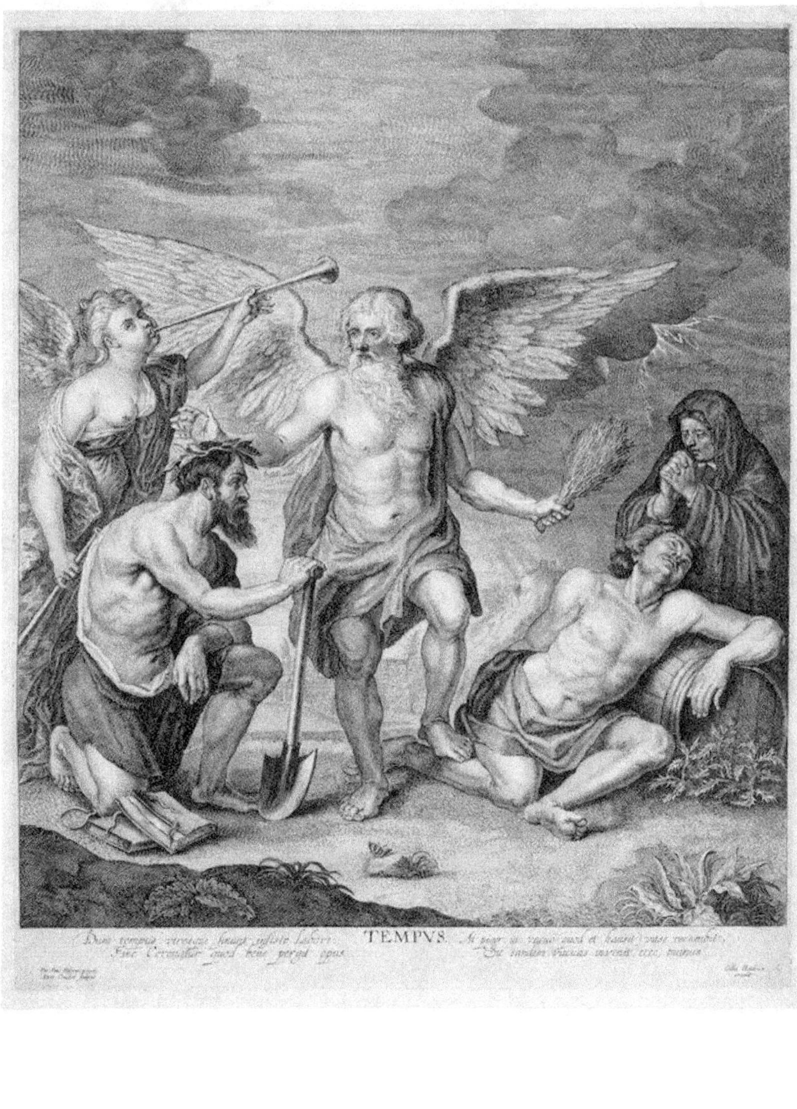

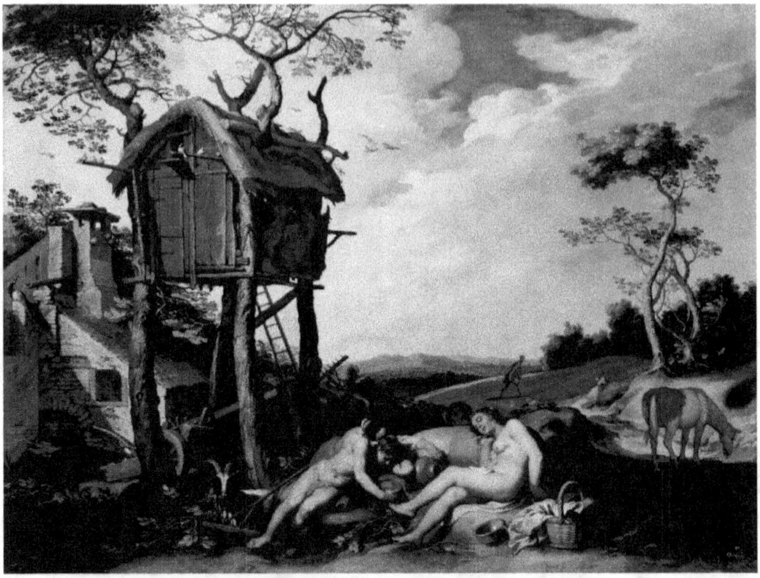

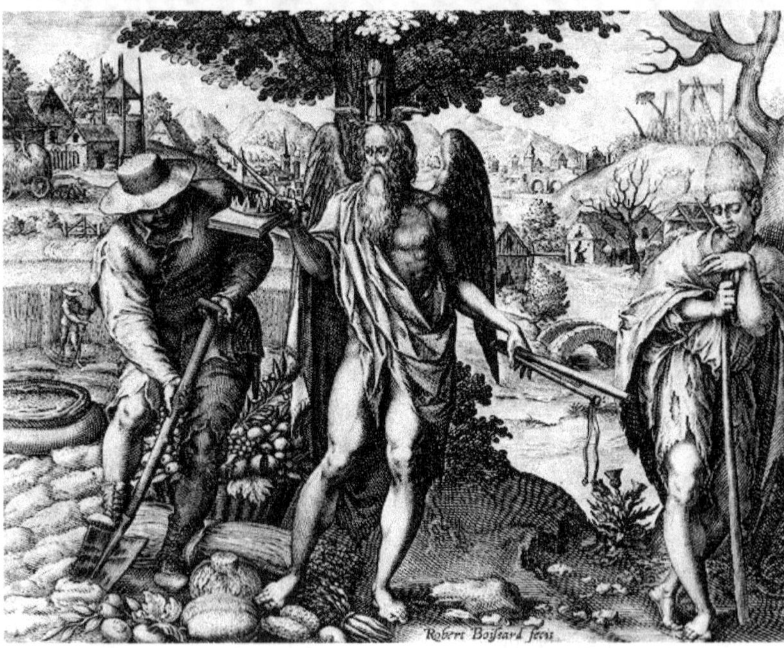
Robert Boissard fecit

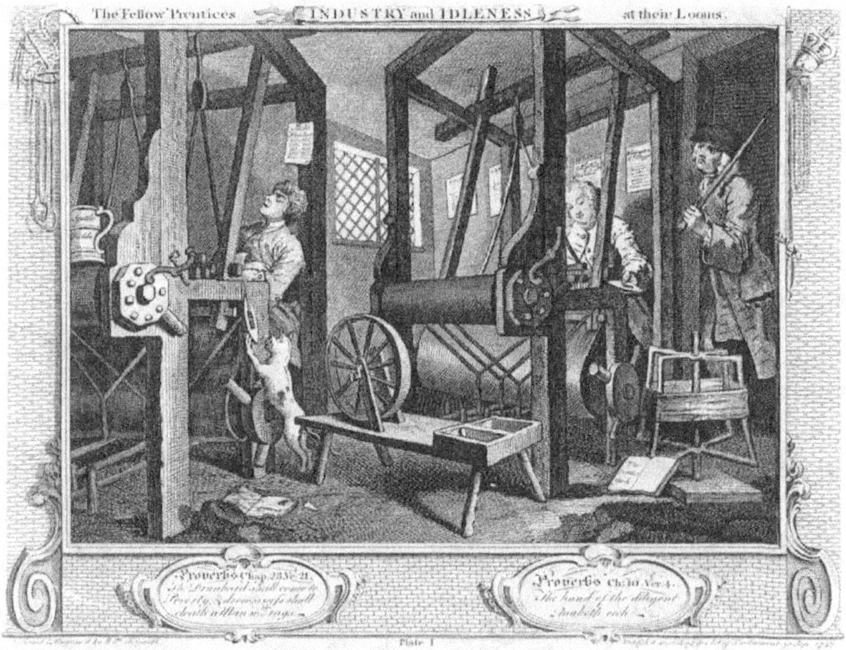
The Fellow 'Prentices
INDUSTRY and IDLENESS
at their Looms.
Proverbs Chap. 23 Ve. 21
Proverbs Ch. 10 Ver. 4.
The hand of the diligent
Plate I

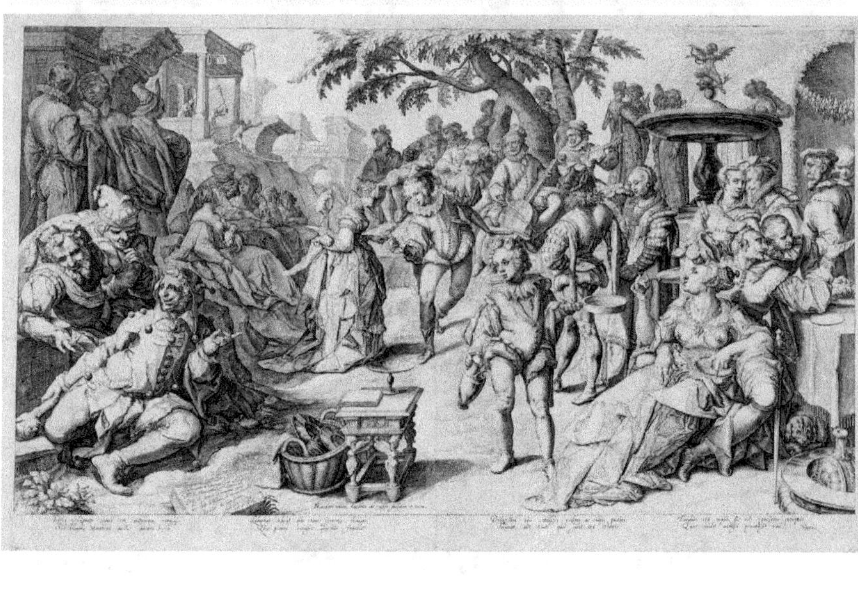

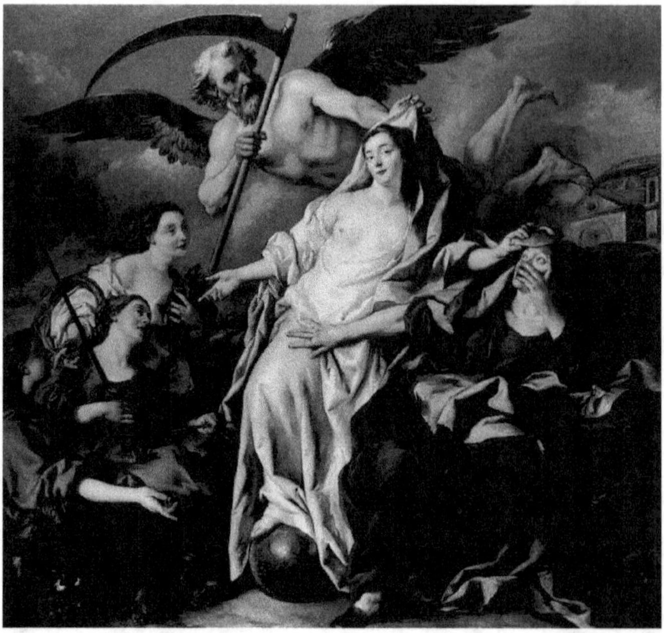

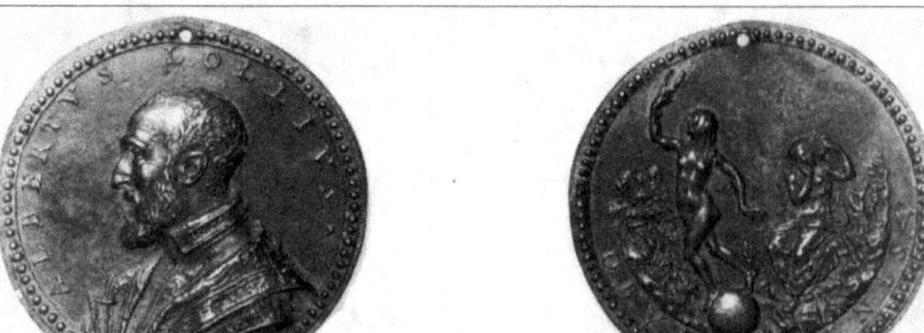

LE TRAVAIL ET LA PARESSE. 129

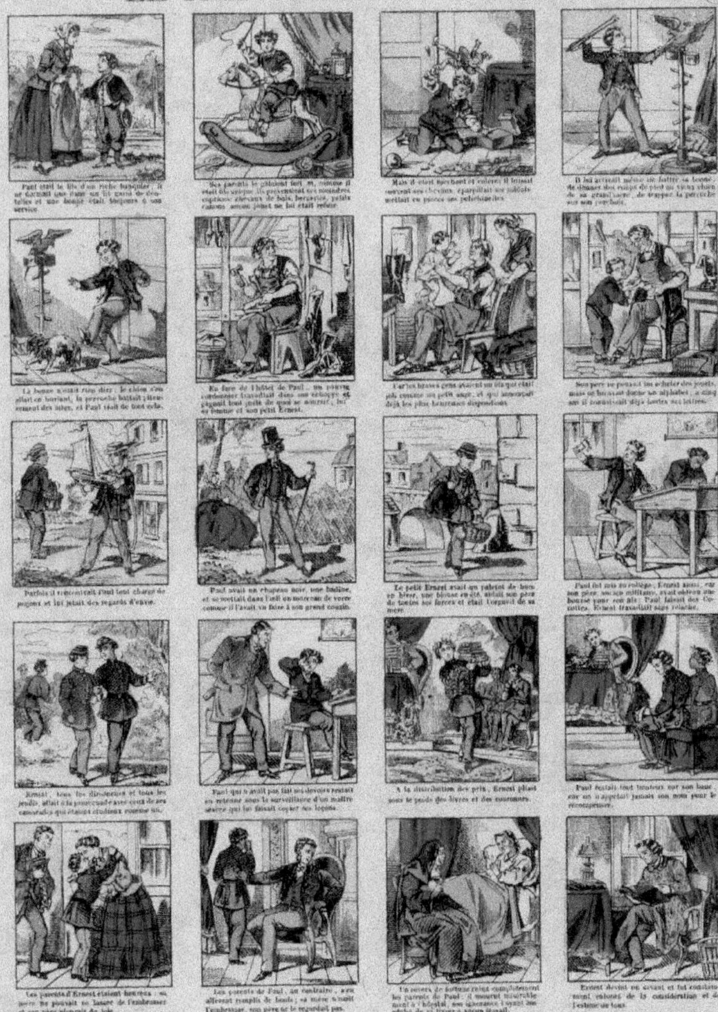

Imp. lith. Pellerin & Cie à Epinal

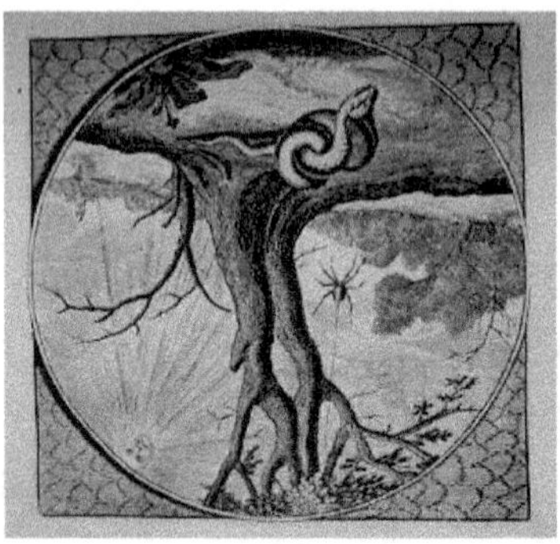

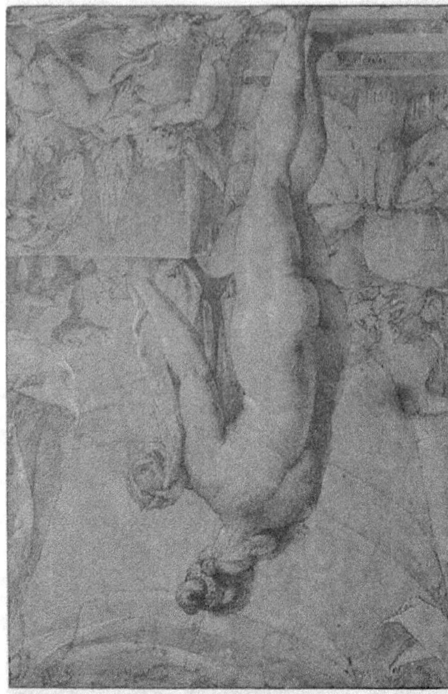

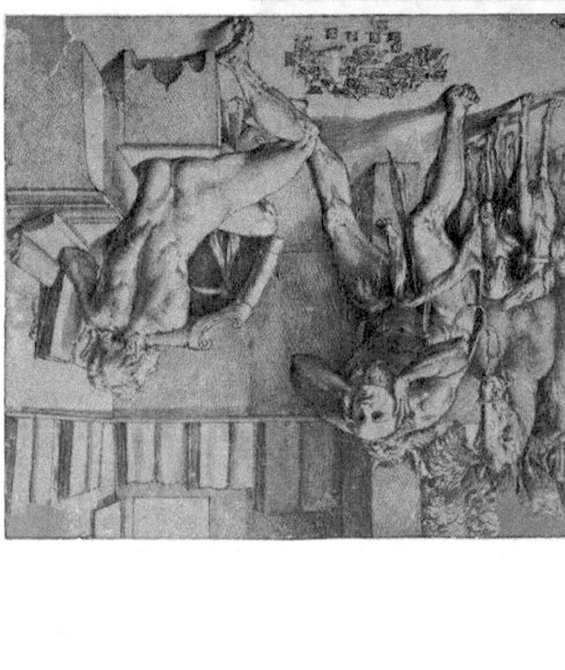

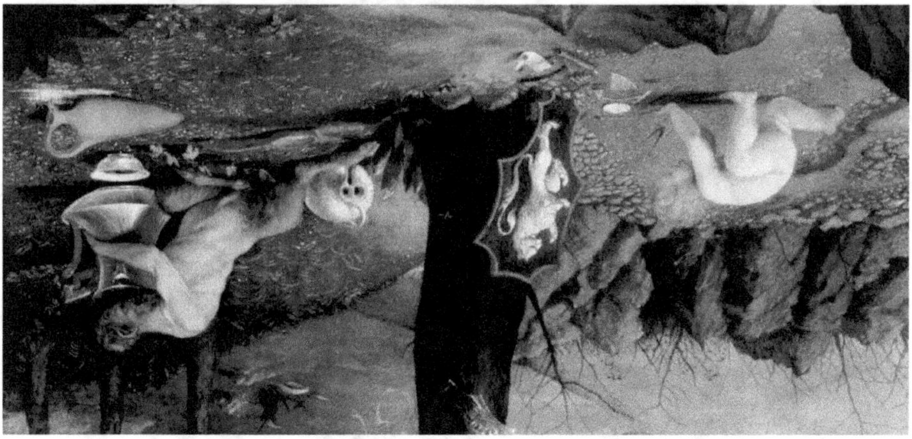

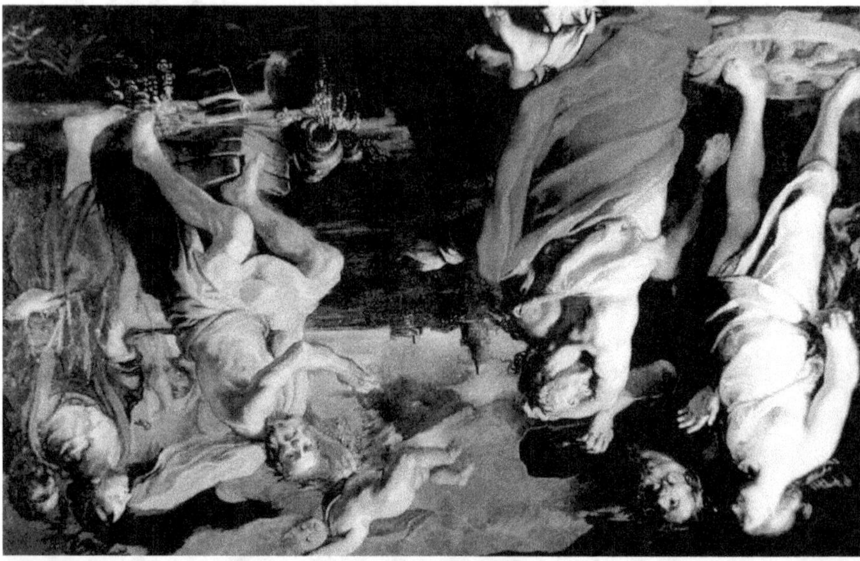

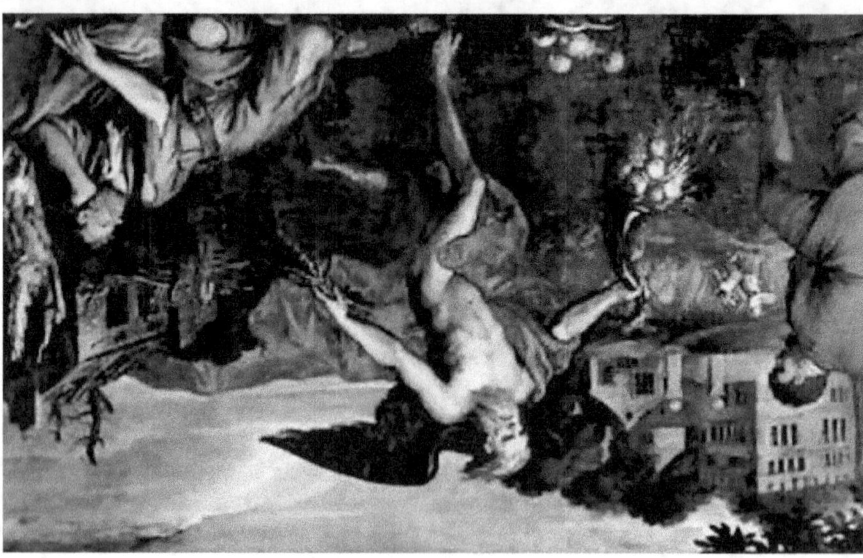

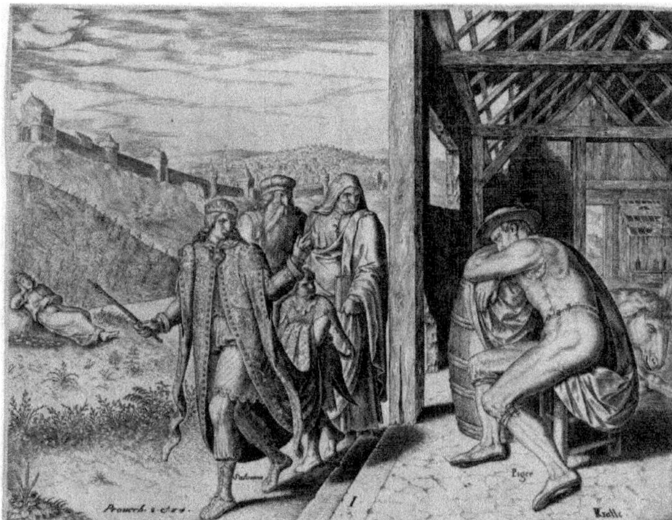

DOLIO VT INDORMIT DESES, STERTIT QVE SVPINVS,
NEC MALE CONSVLTVM CVRA ILLVM TANGIT AGELLI,
DEFLVIT INCVLTA ET SPEM VINEA FALLIT HERILEM
ET LOLIVM INFELIX PRO FRVGIBVS OBSIDET ARVA.

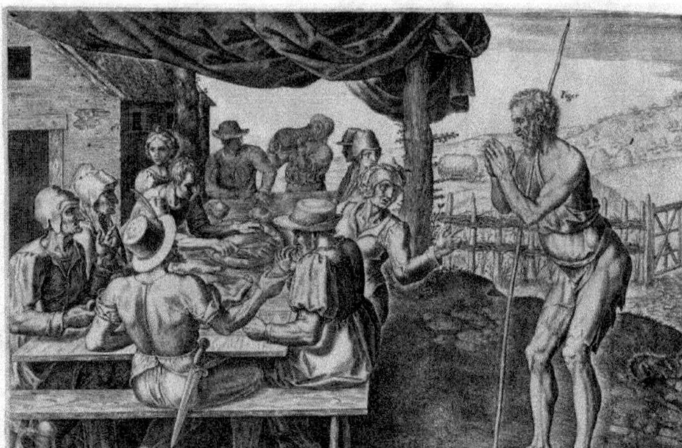

TVM DEMVM LACER AC NVDVS GENIALIA CIRCVM
COMPITA, PLACANDO QVÆRIT SOLATIA VENTRI.
IMPLORAT QVE FIDEM SVPPLEX, PASSVS QVE REPVLSAM
CVM PROBRO EIICITVR NVLLI MISERANDVS, AMARO.

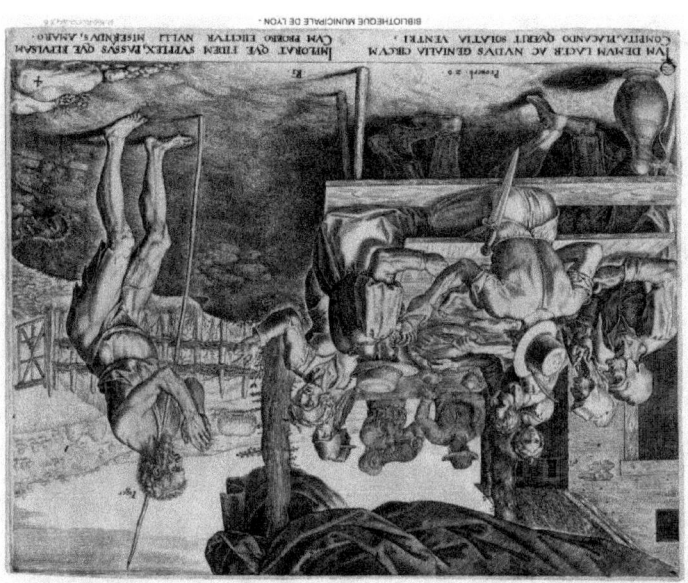

73.

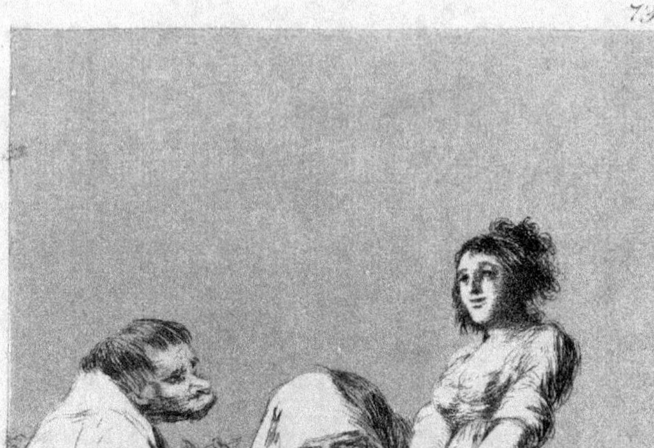

Mejor es holgar.

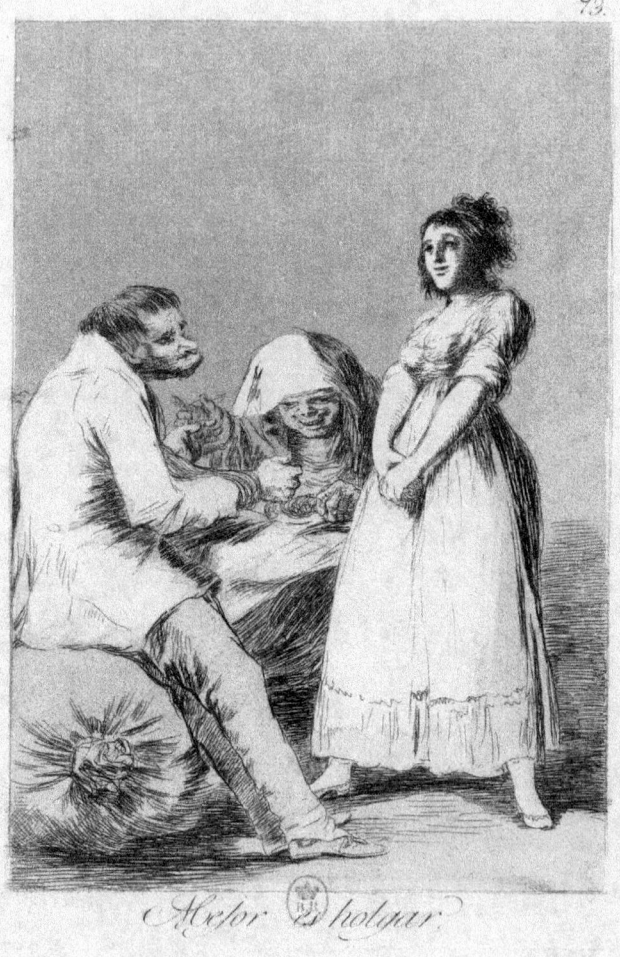

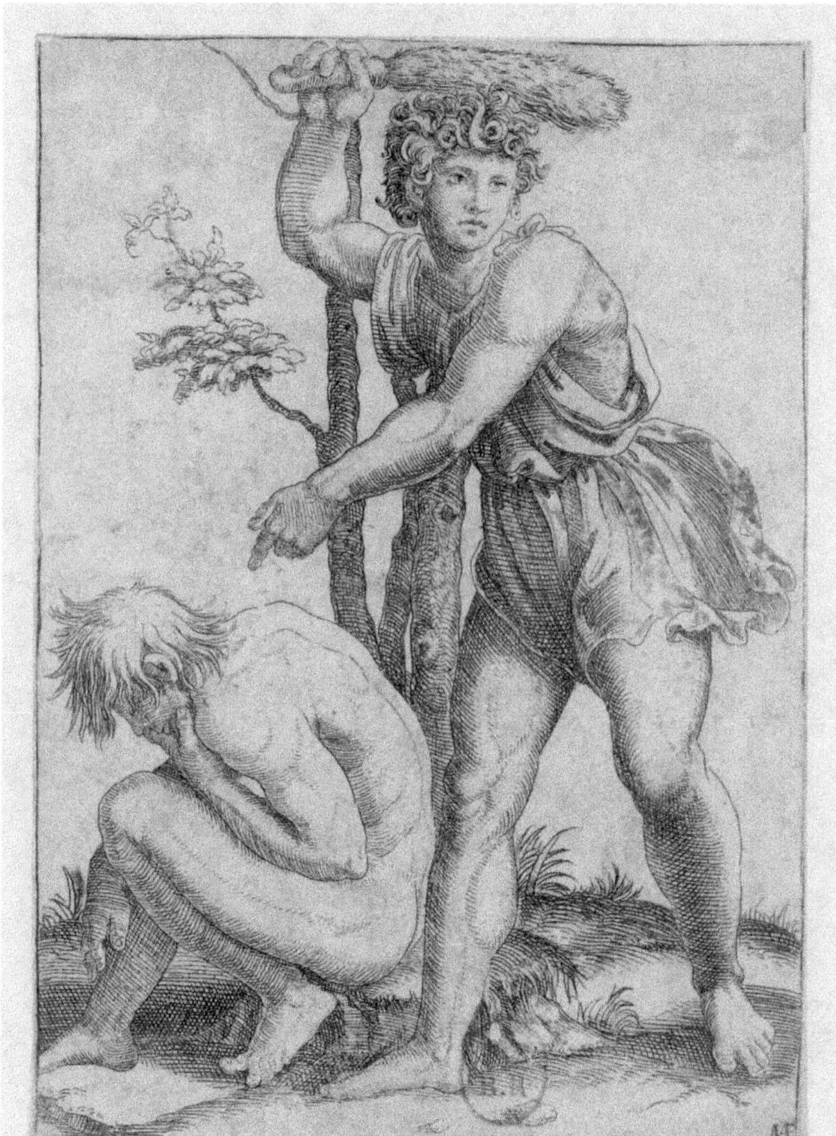

Planche d'images autour de l'Amérique

De haut en bas et de gauche à droite:
Theodor Galle, *Nova Reperta*; Retour de Colomb en Espagne; Emanuel Gottlieb Leutze, *Colomb devant la Reine*; Indiens; *Débarquement de Colomb*, Library of Congress; Débarquement de Colomb

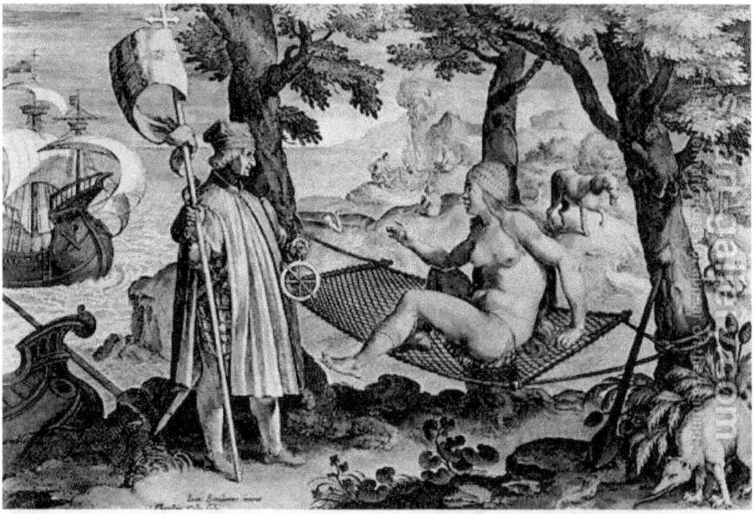

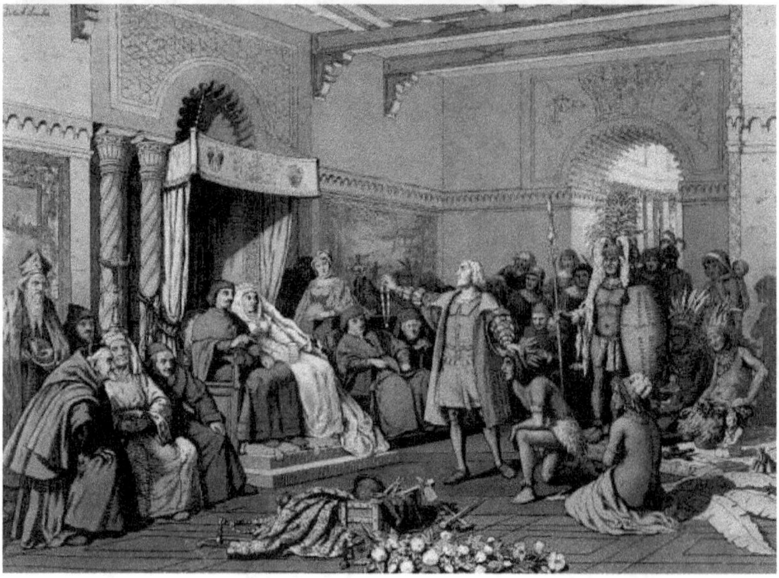

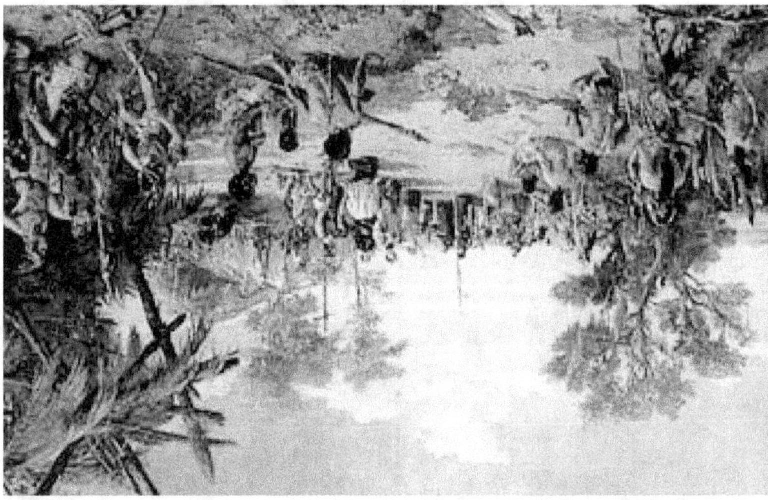

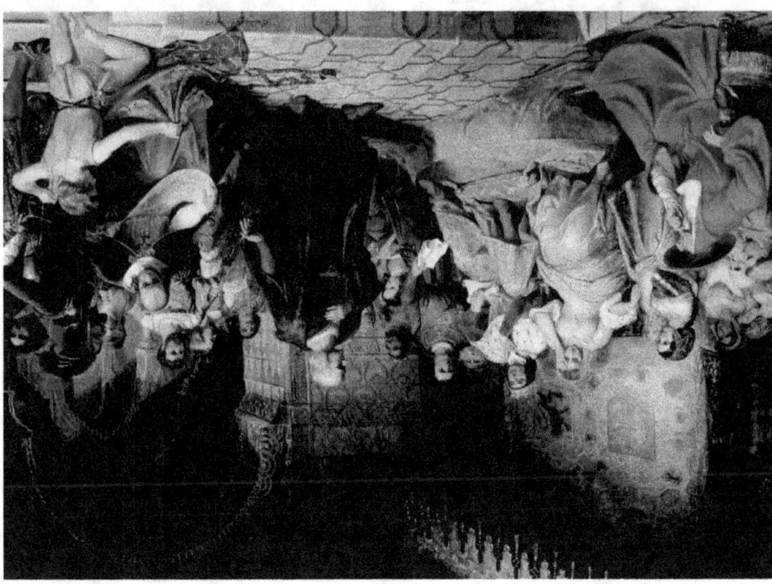

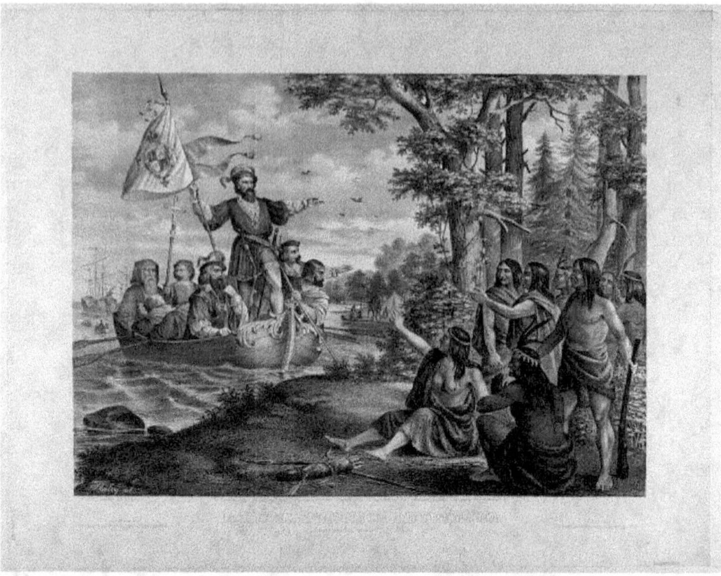

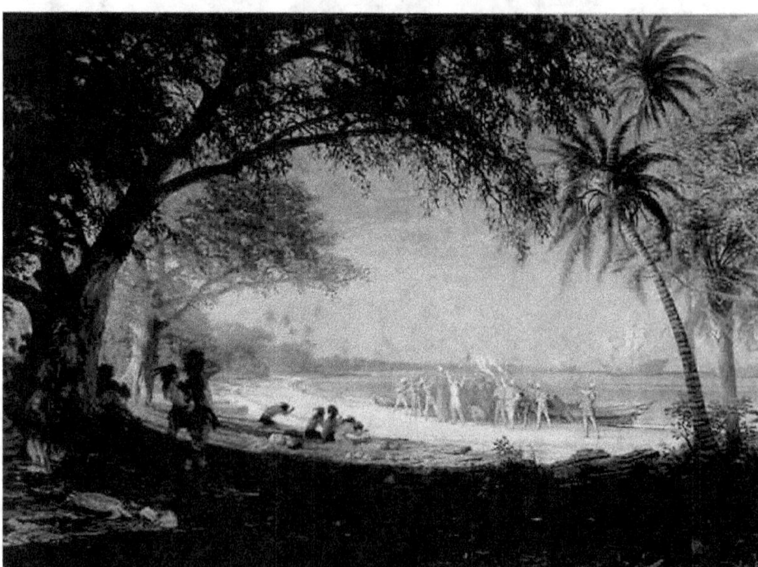

Planche d'images autour du couple du démon de l'Hérésie

De haut en bas et de gauche à droite:
Bosch: détail des Sept Péchés de Genève; Bosch, Les Péchés Capitaux de Genève; L'Envie; La Paresse;
Brueghel, Les Idolâtres; Ed and Pope; Granville, L'Amour et la Folie;
Holbein: Excommunication; Fortune; Orgueil du propre lignage;
Un idolâtre baise le cul du diable; la messe est une idolatrie; le cul du diable dans le miroir de l'orgueil; Metz; Nabuchodonosor, Bourg-Argental;
Notre-Dame de Paris: Folie-Prudence; Idolâtrie-Foi; bas-relief de la Folie; détail de l'antérieur; vitrail de la Prudence; détail de l'antérieur; vitrail de la Folie; détail de l'antérieur; pierre angulaire de l'histoire de Théophile; vitrail de l'Apostat; bas-relief de l'Apostat; vitrail de l'Idolâtrie

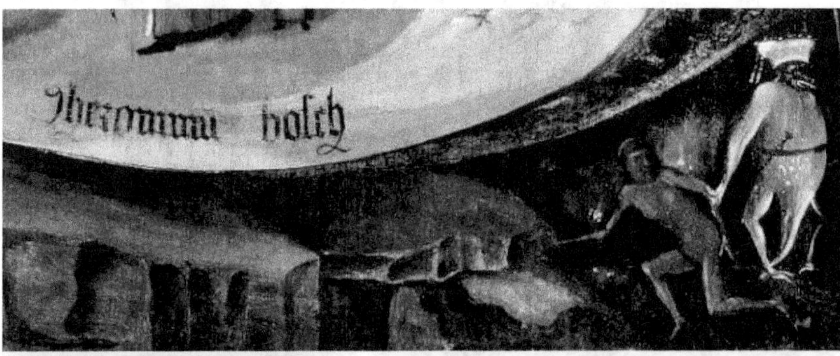

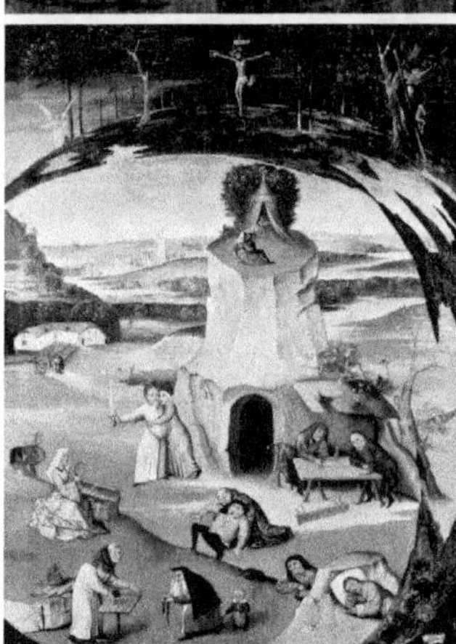

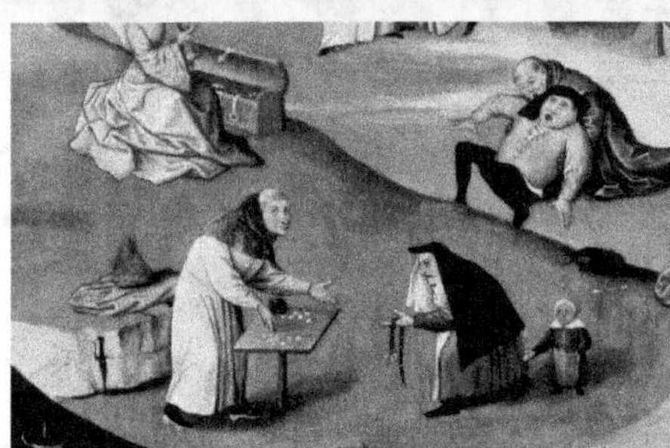

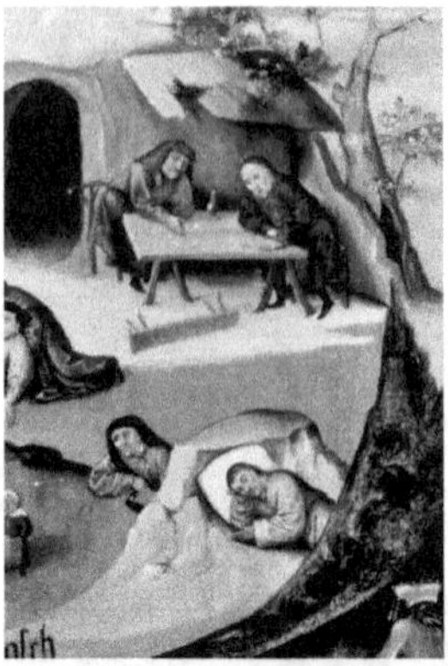

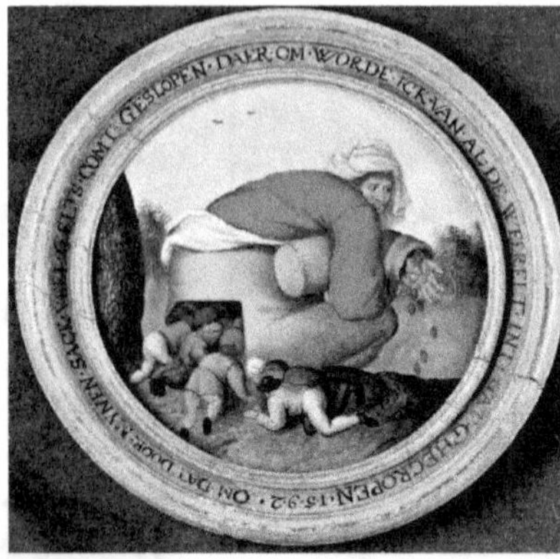
GHECROPEN·15·92· OM DAT DOOR

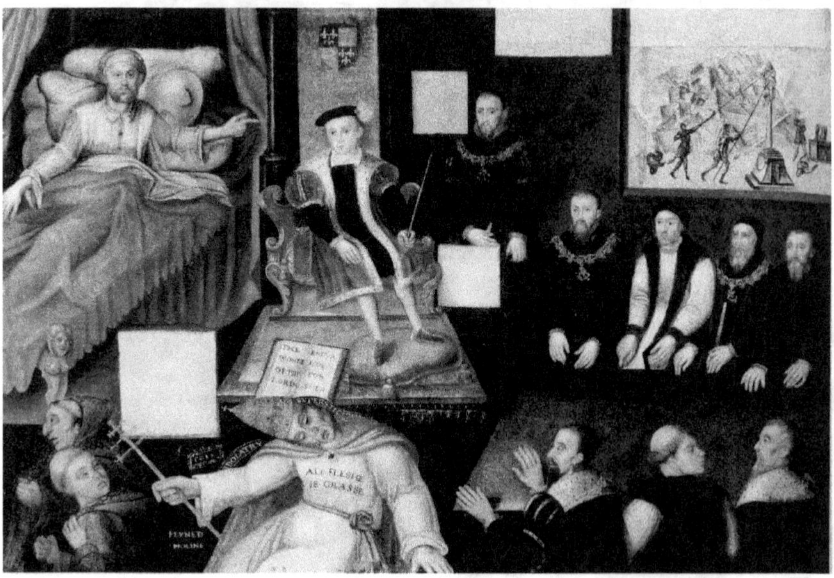
ALL FLESHE IS GRASSE
FEYNED HOLINES

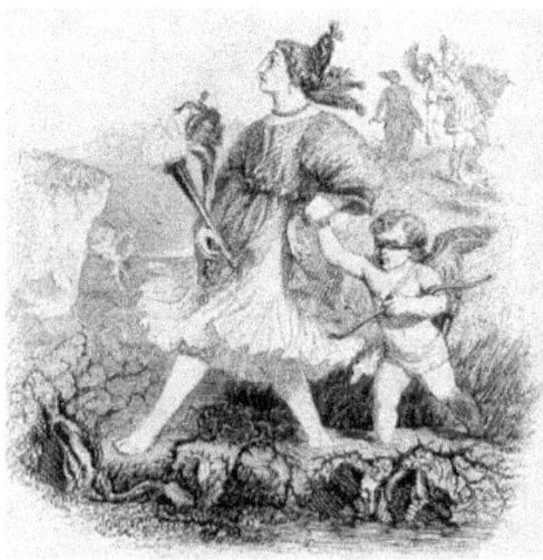
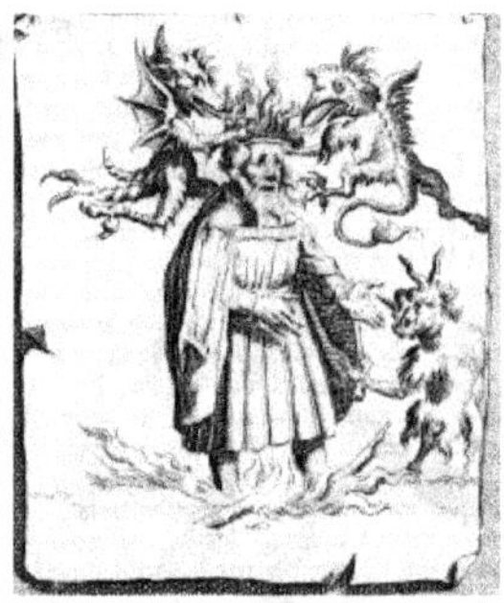
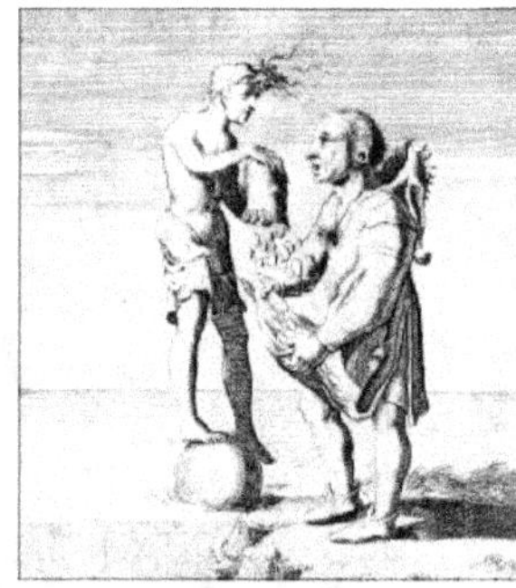
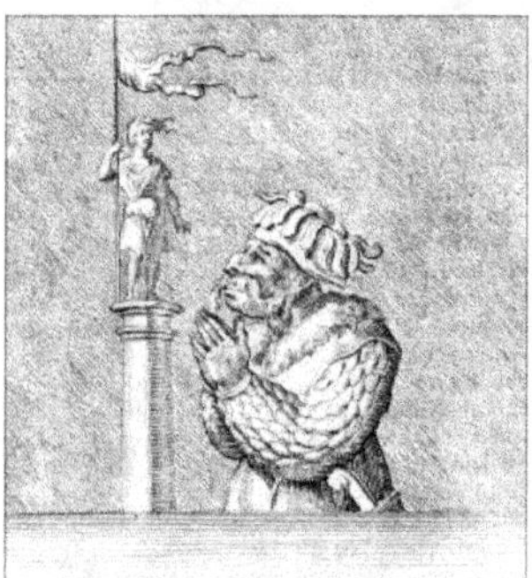
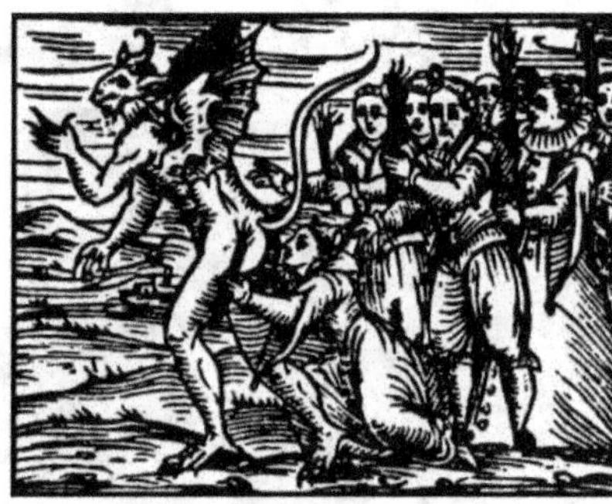
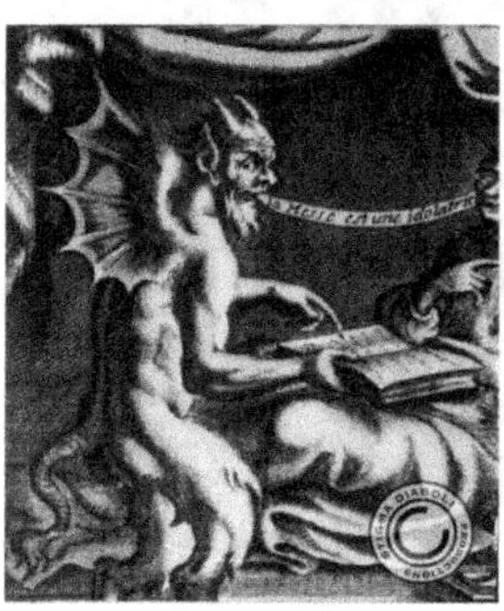
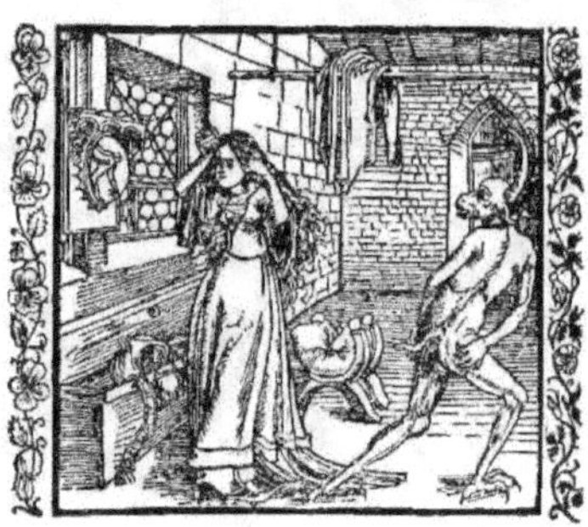

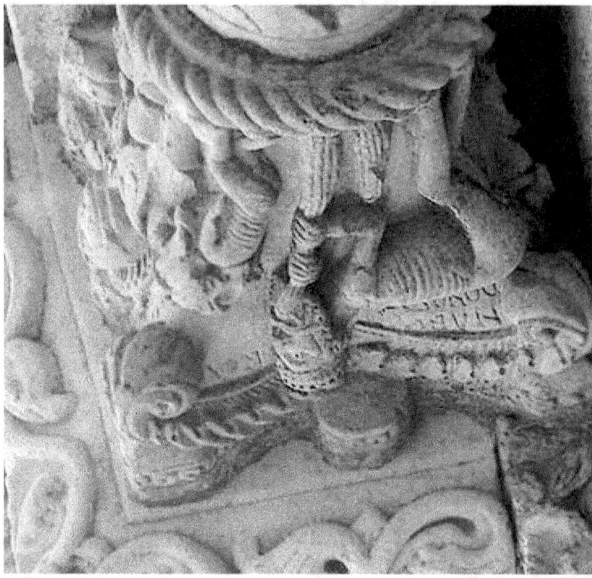

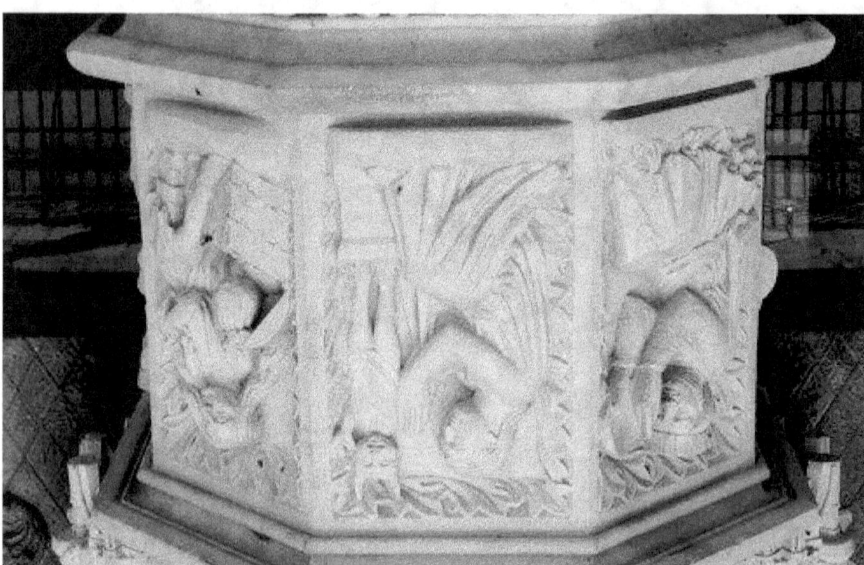

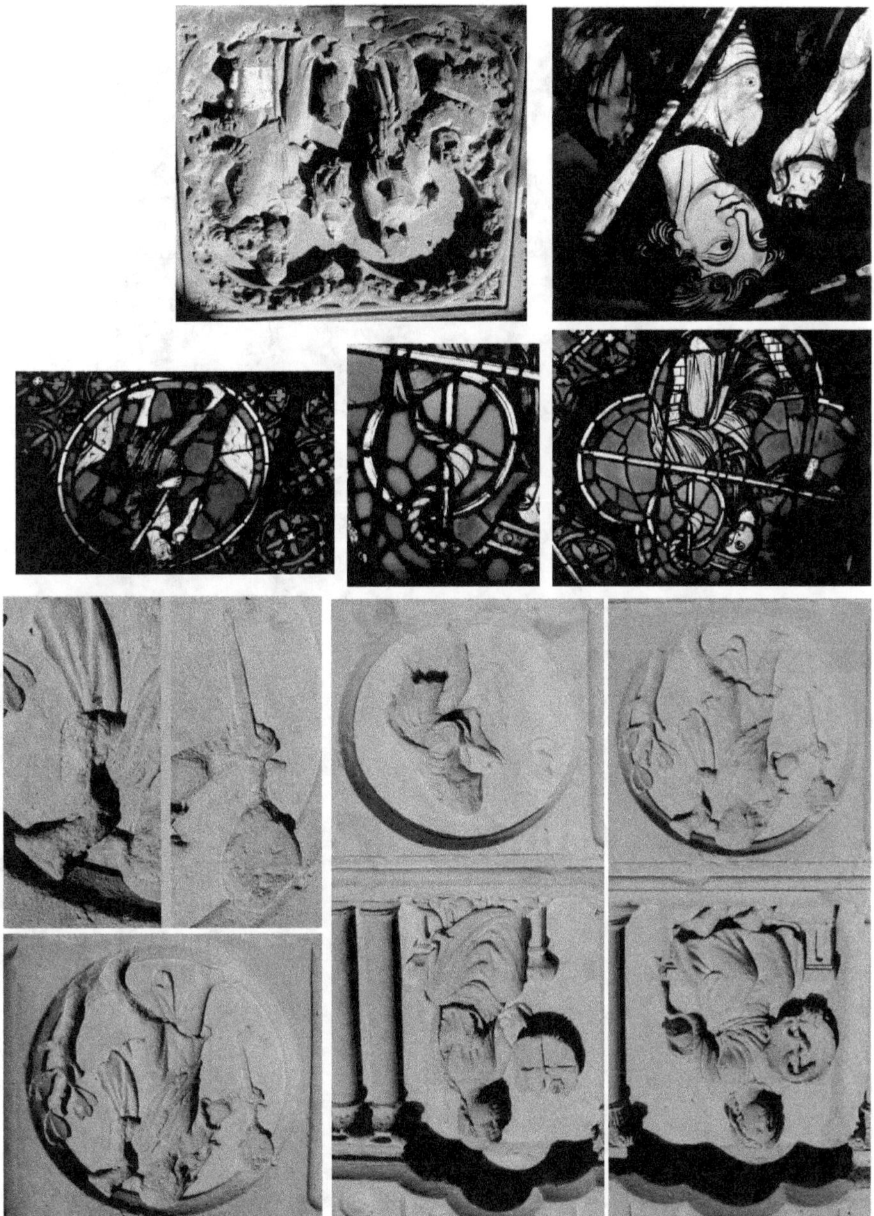

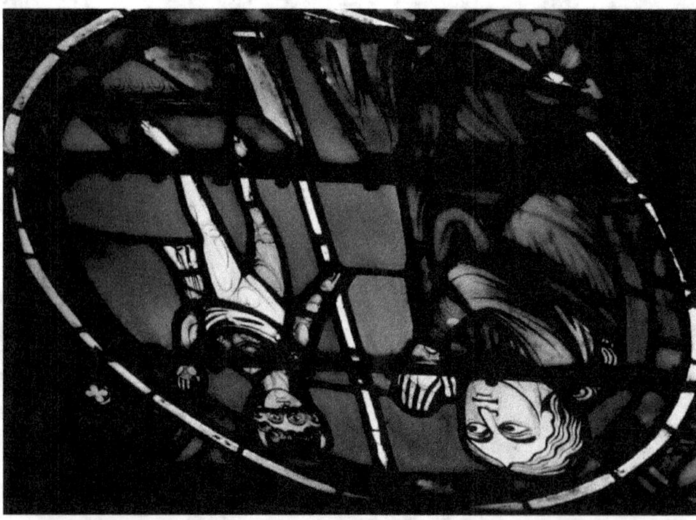

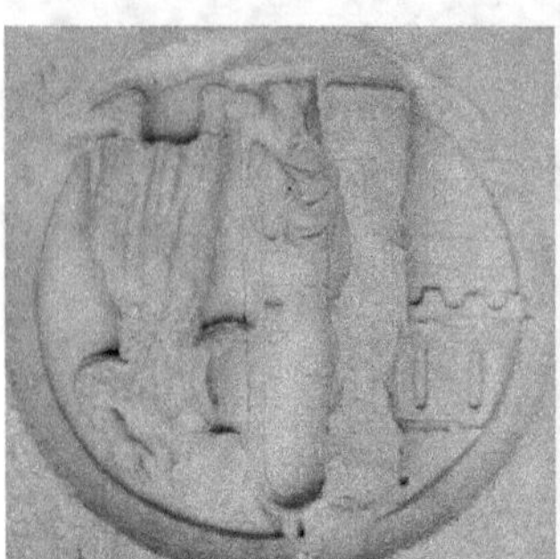

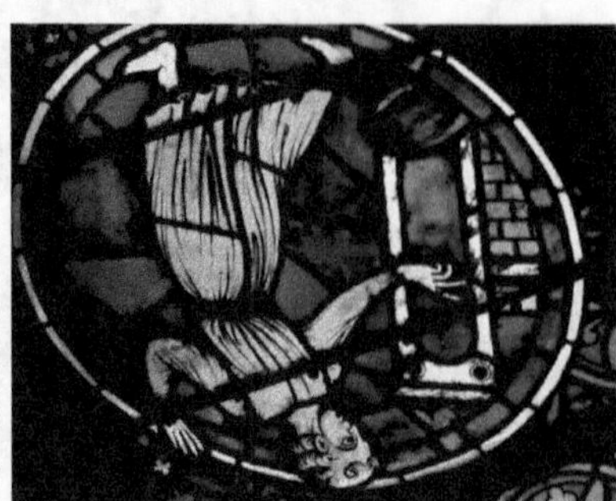

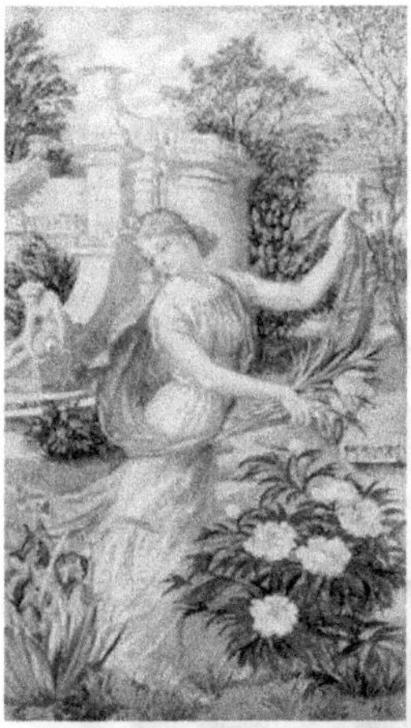

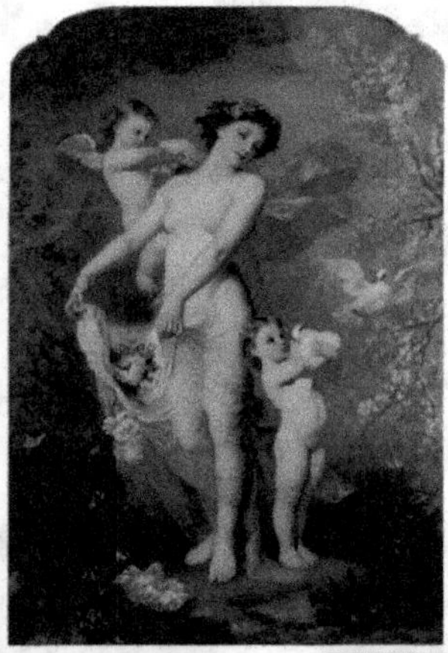

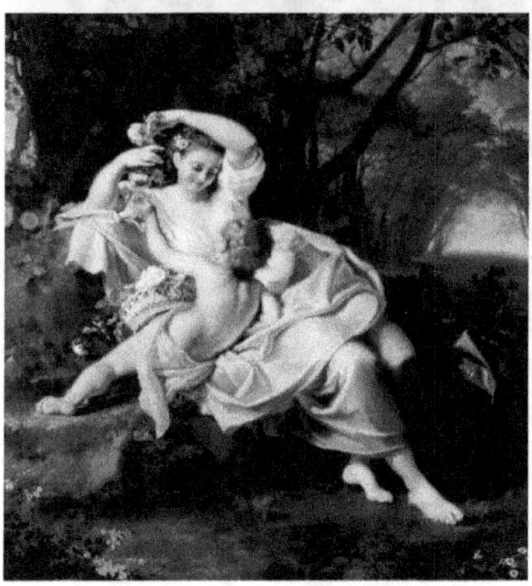

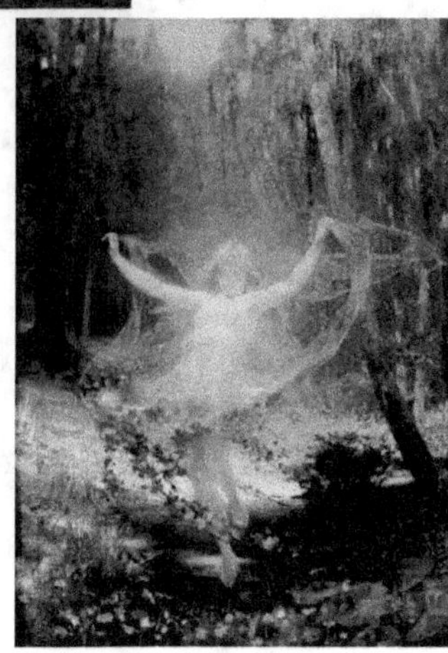

Planche d'images autour d'Églé et du printemps

De haut en bas et de gauche à droite:
Eugène-Samuel Grasset; André Charles Vollemot; Bartolomeo Guidobono; Cesar Philipp; Moritz Stifter; John Reinhard Weguelin; Jerzy Eleuter Szymonowicz Siemiginowski; Jules Joseph Lefebvre; Sebastiano Mazzolino; Jules Scalbert;
Joseph Noel Paton: The Quarrel of Oberon and Titania; The Reconciliation of Titania and Oberon; Song of Silenus; Silenus & AEgle;
Antoine Coypel, Silène; Alciati, Iusta Invicta; Jean Jouvenet, Naissance de Bacchus, salle-à-manger Monseigneur; Bon Boulogne, Bacchus et Ariane, salle-à-manger, premier étage; Charles de La Fosse, Le triomphe de Bacchus; Philippe et Hélie Poncet;
Botticelli: Le Printemps; La Naissance de Vénus

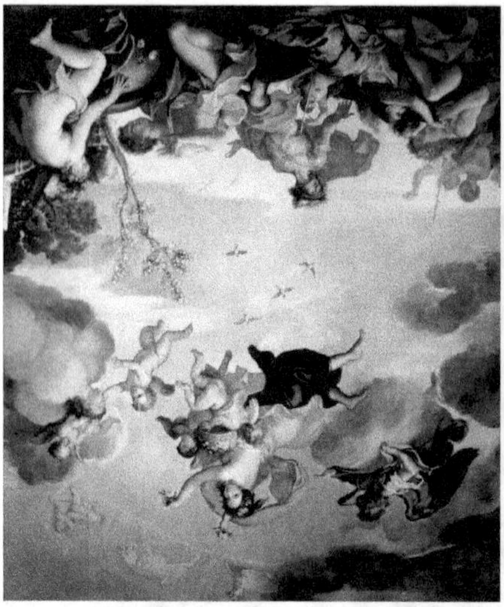
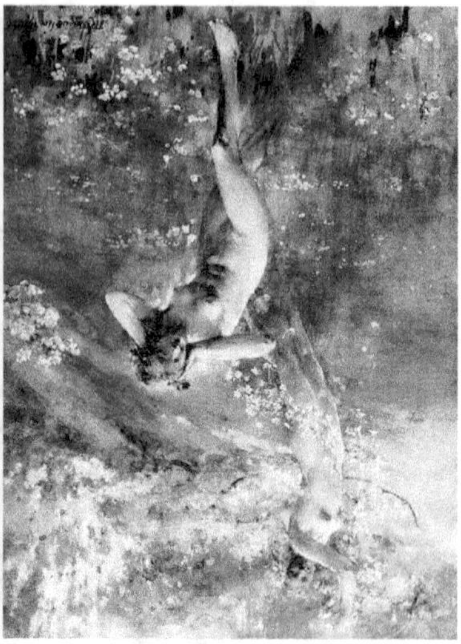
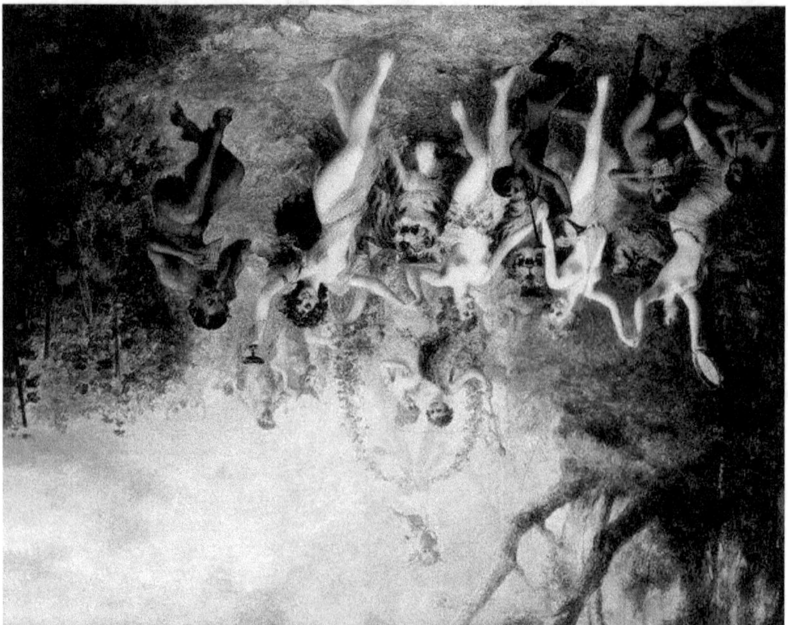

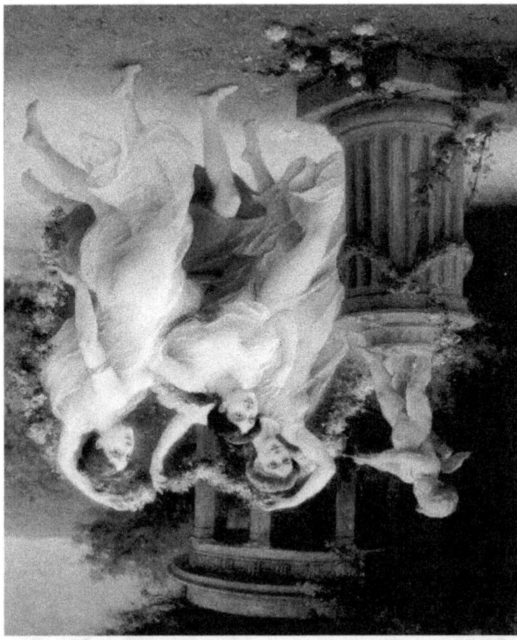
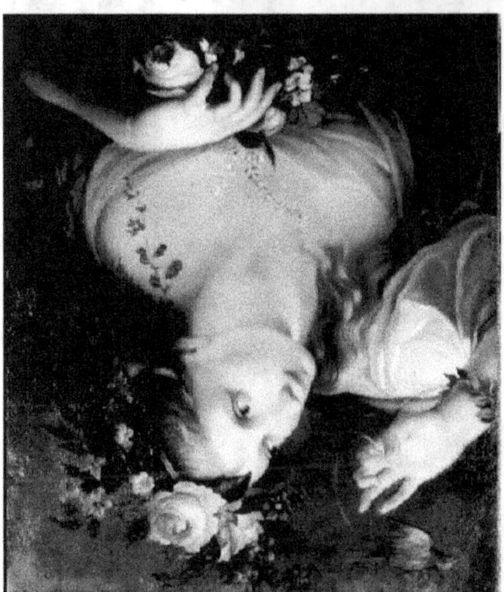
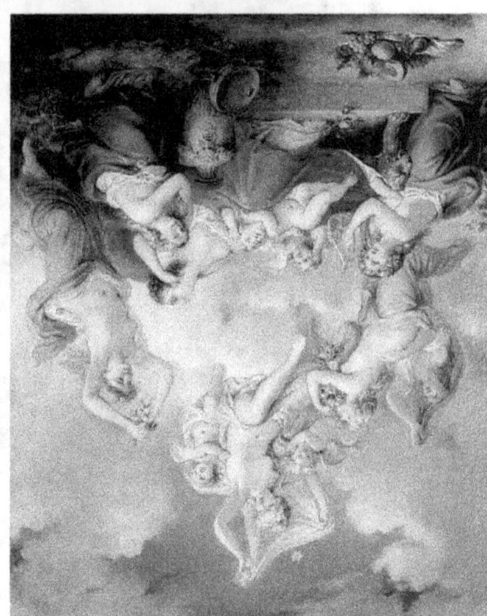

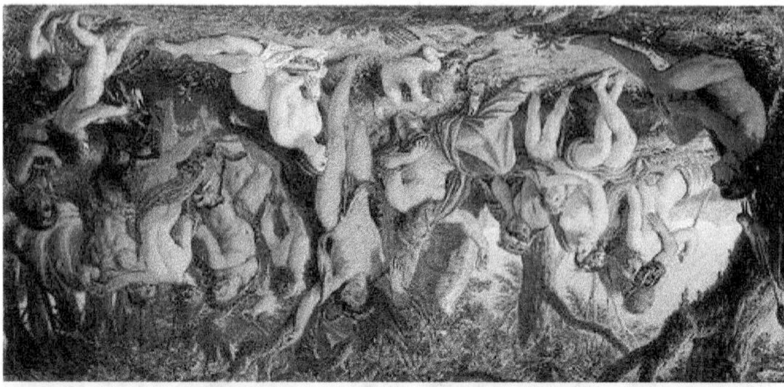
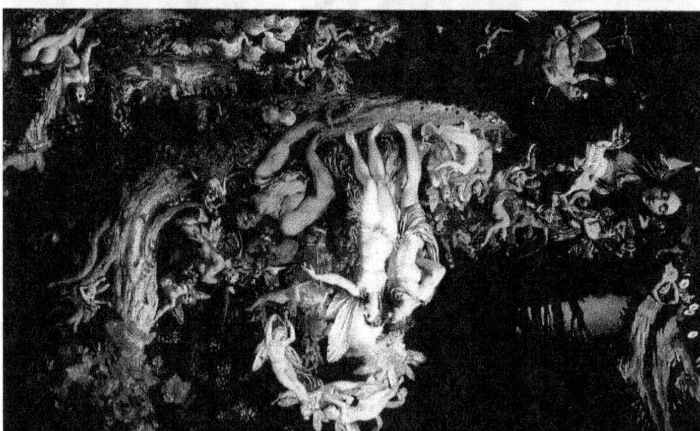
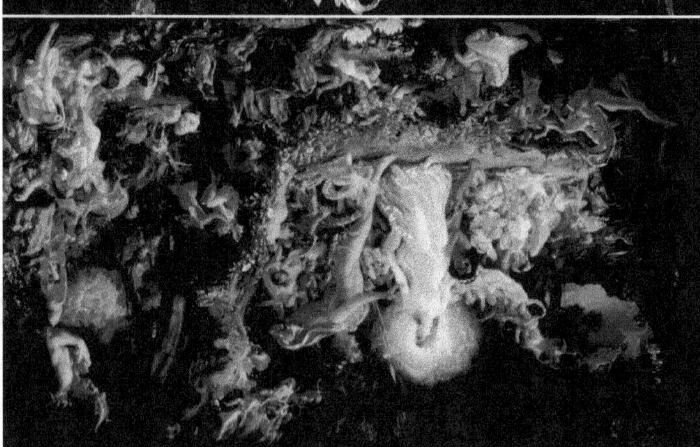

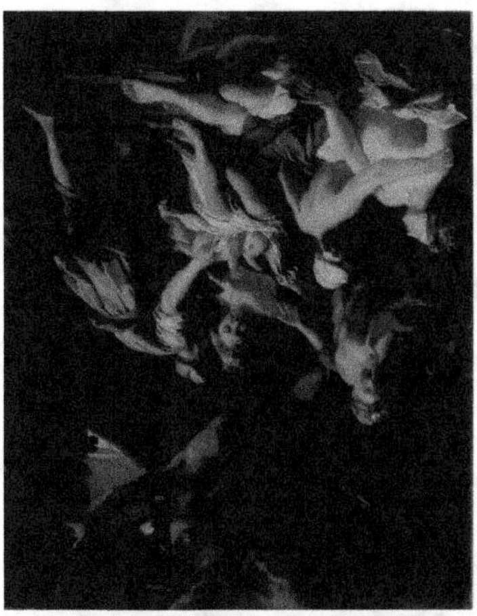

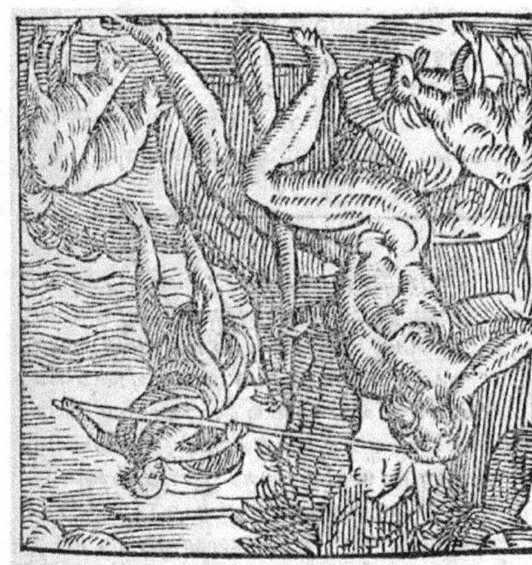

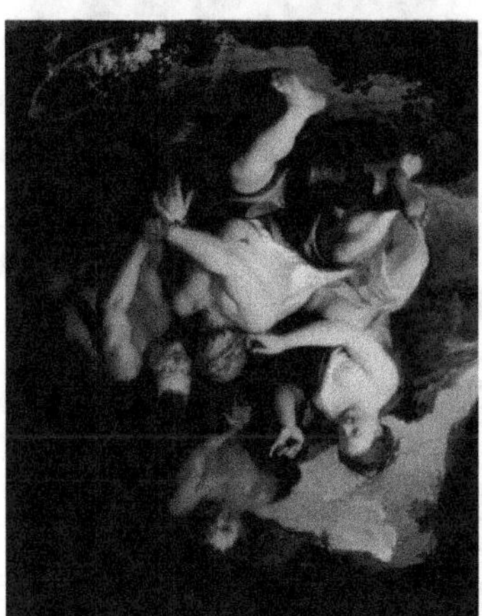

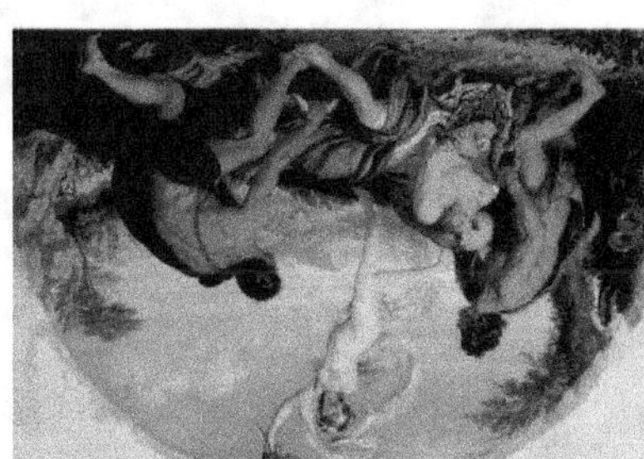

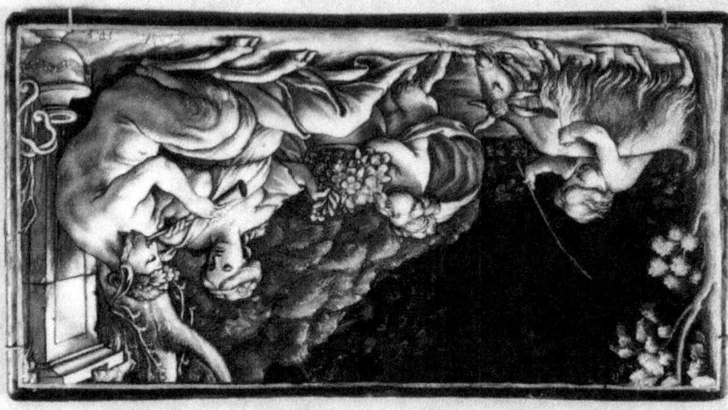

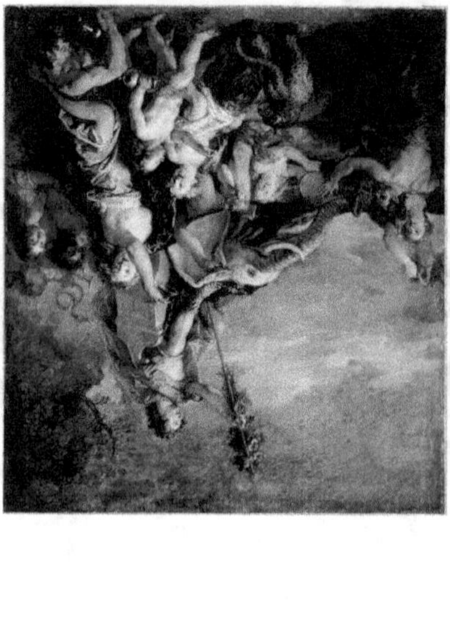

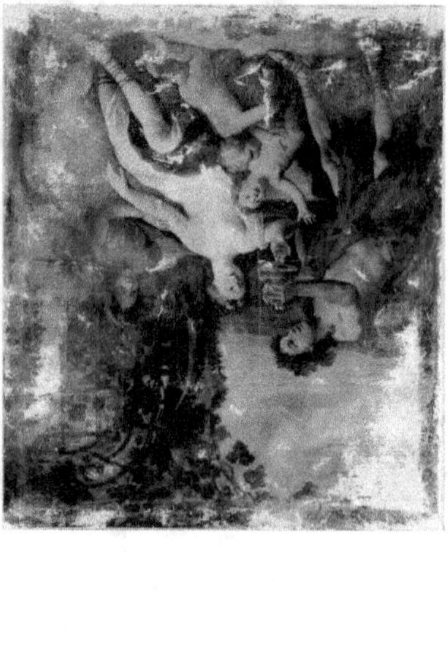

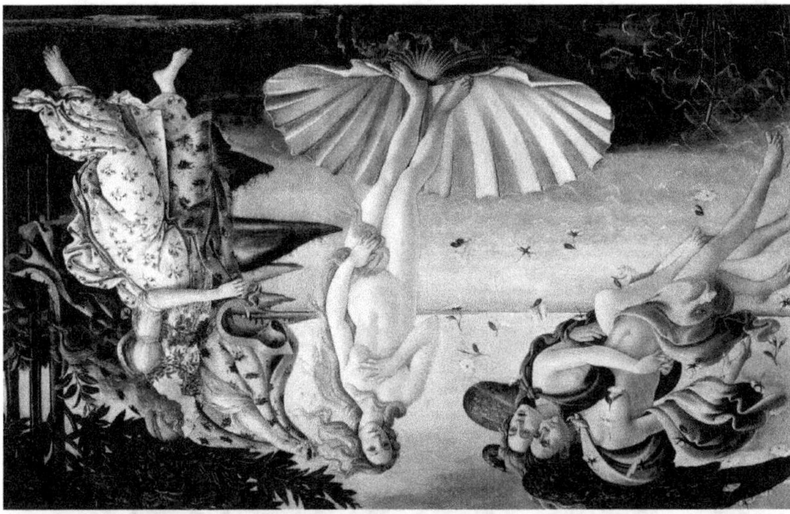

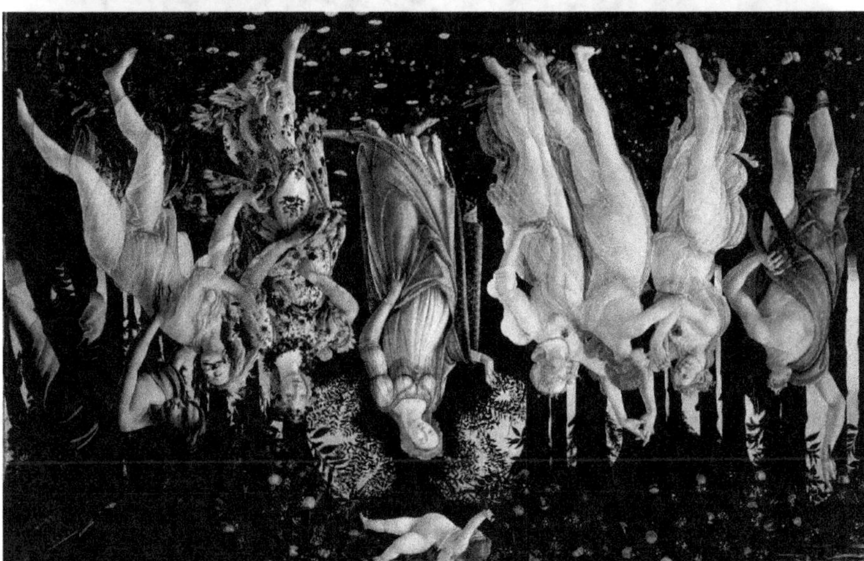

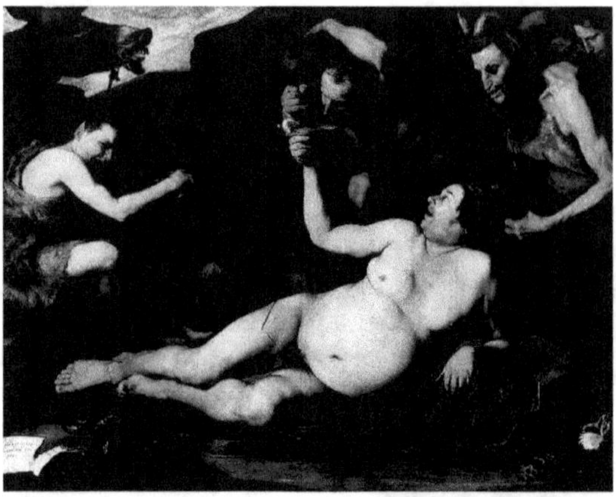

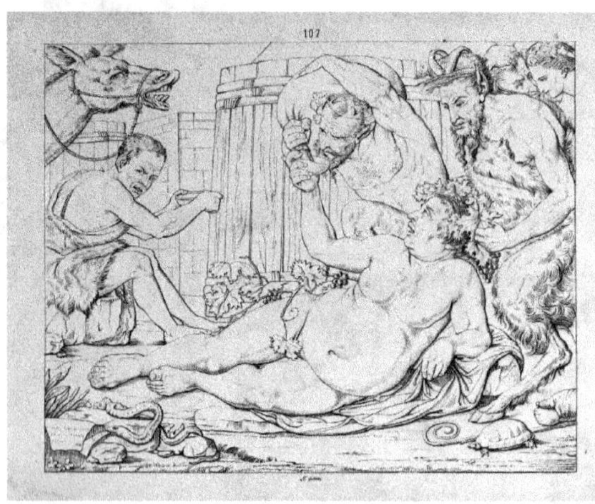

Planche d'images autour de Silène

De haut en bas et de gauche à droite:
Ribera: *Silène ivre*, 1626 et 1628; *Bacchus couché avec un satyre remplissant sa coupe et Pan le parant; Satyre puni par Cupidon*;
Rubens: *Silène ivre*, 1618; *Bacchus*, 1638;
Silenu Alcibiadis, pp. 129, 139, 396;
A satyr on a pedestal kicks out at a magician while a priestess attempts to insert a clyster-pipe; Adam et l'arbre du Péché; Van Veen, *Les emblemes de l'amour*, p. 25

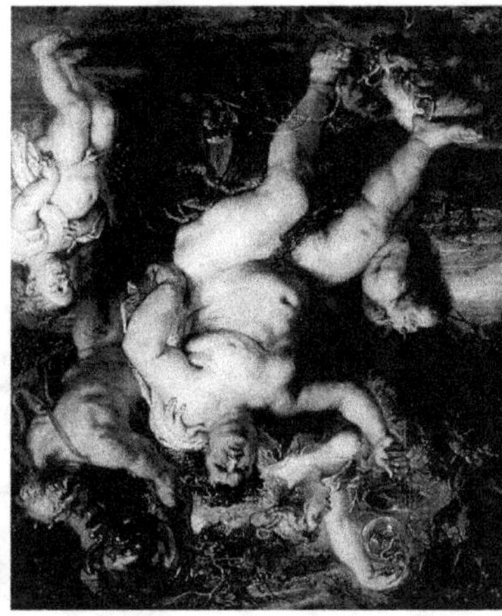

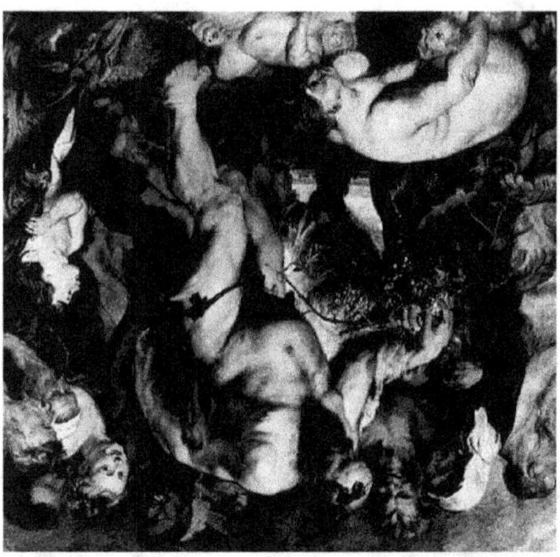

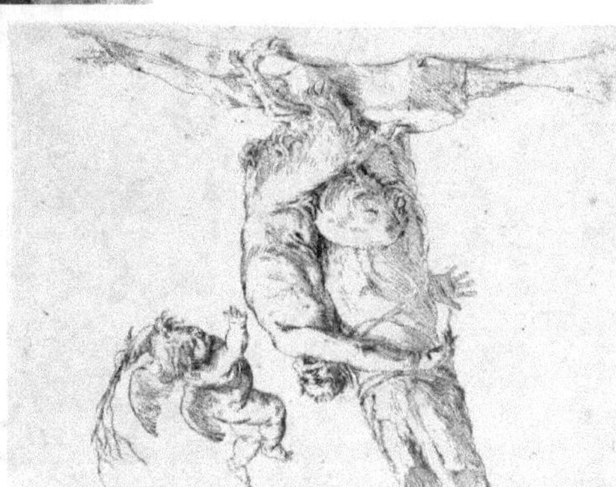

XLI.

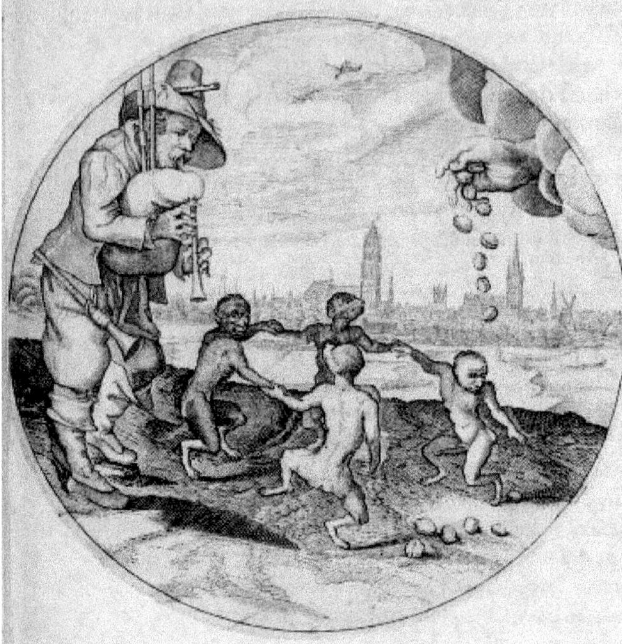

Sen. Hippol. . . . . . *Amor per Cœlum volat*
Regnumque tantum minimus in superos habet.

Ovid. de Rem. lib. 1. *Forte aderam juveni, dominam lectica tenebat,*
Horrebant sævis omnia verba minis;
Iamque vadaturus lecticâ prodeat, inquit,
Prodierat; visâ conjuge multus erat:
Et manus, & manibus duplices cecidêre tabellæ
Fertur in amplexus, atque ita, vincis, ait.

XLVI.

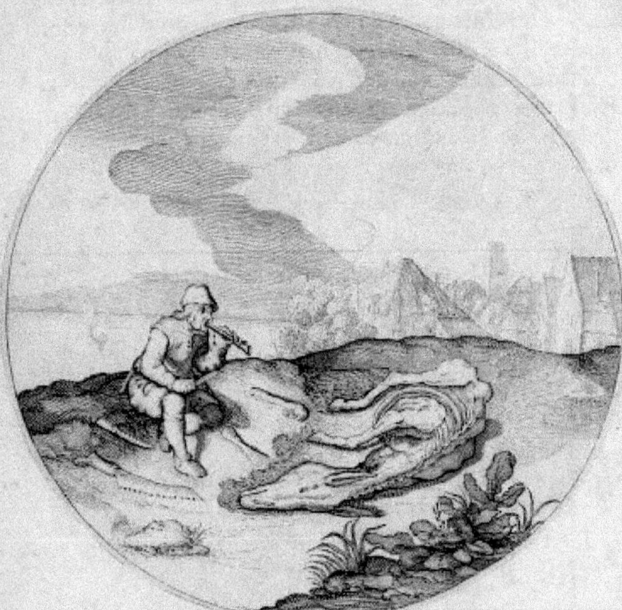

Cypræ. de Iur. Connubior. cap. 9. NVptias impares (ita nuncupant juristæ matrimonium senis decrepiti & floridæ virginis L. si maior C. de Legit. Hæred.) præter alia multa incommoda inducere votum captandæ mortis, tragicus exitus non rarò docuit, hinc nuptiæ Sophoclis & Alcippes hujusmodi dicteriis exagitatæ leguntur:

Noctua vt in tumulis, super vtque cadauera Bubo,
Talis apud Sophoclem nostra puella sedet.

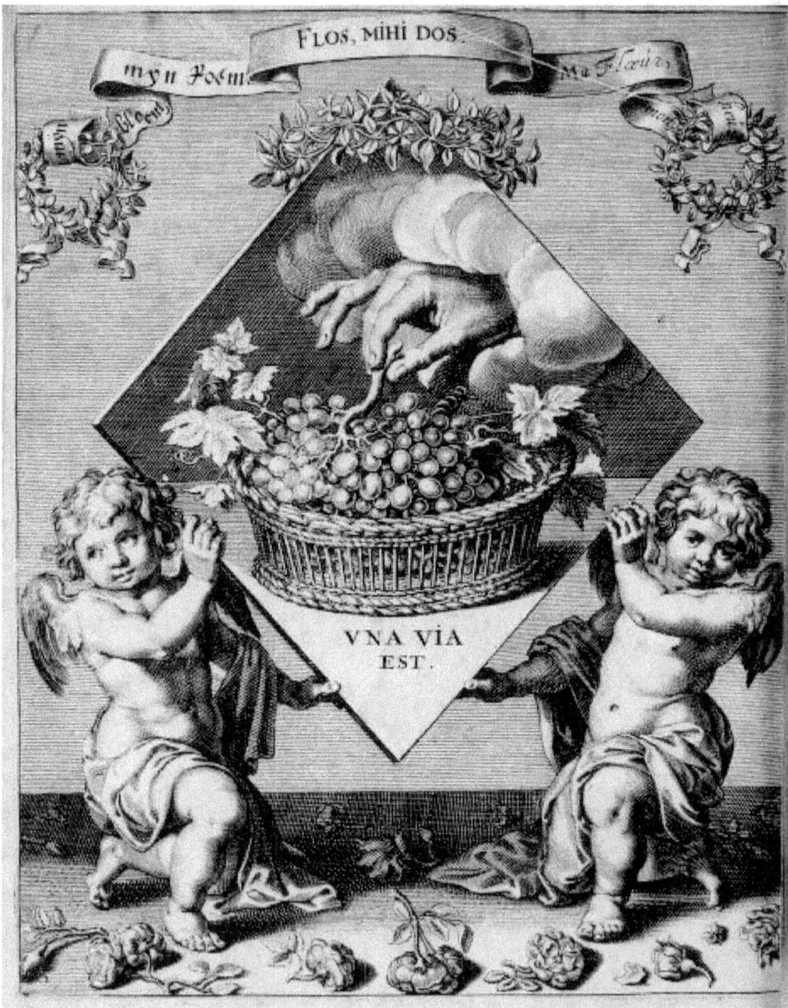
FLOS, MIHI DOS.
VNA VIA
EST.

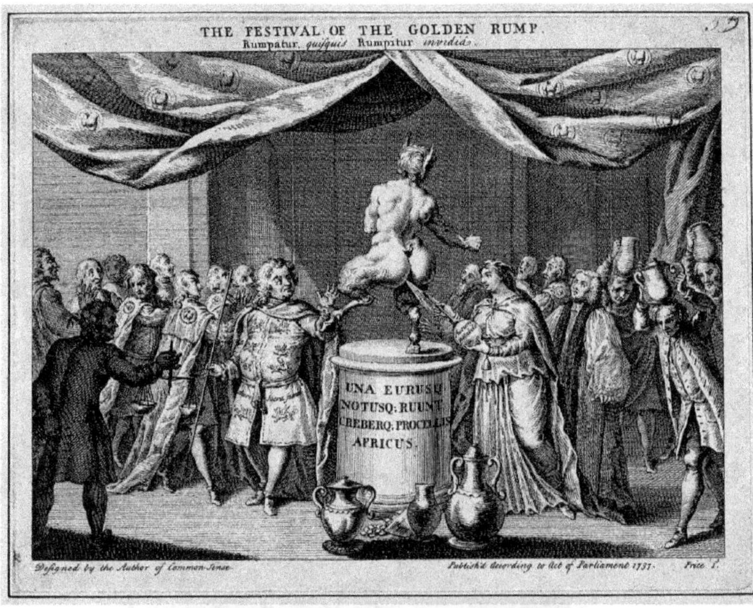
THE FESTIVAL OF THE GOLDEN RUMP.
Rumpatur, quisquis Rumpitur invidia.
UNA EURUSQ NOTUSQ: RUUNT CREBERQ: PROCELLIS AFRICUS.
Designed by the Author of Common-Sense
Publish'd According to Act of Parliament 1737.
Price 1.

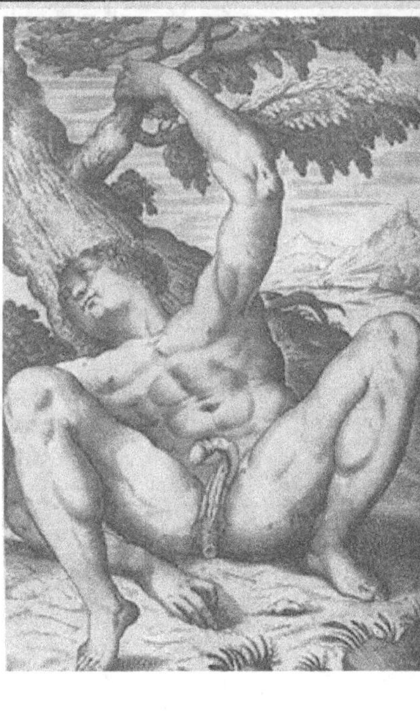

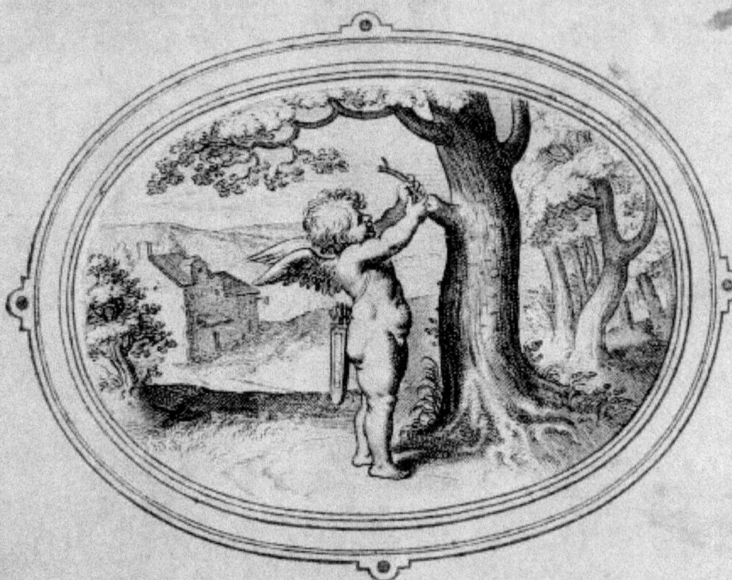

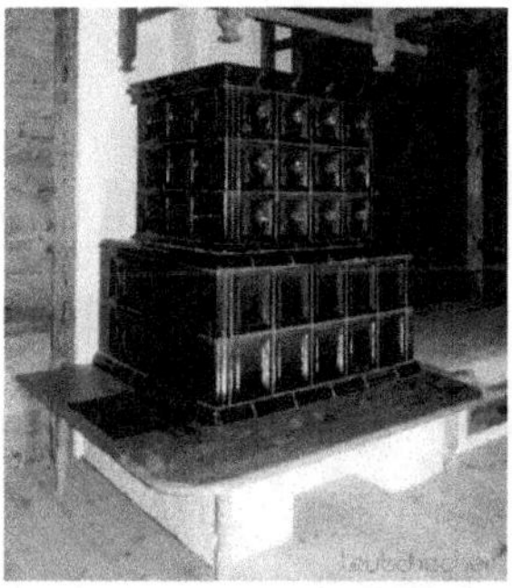
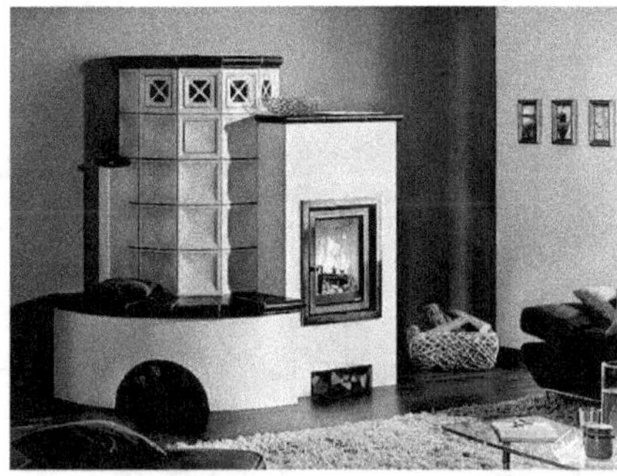
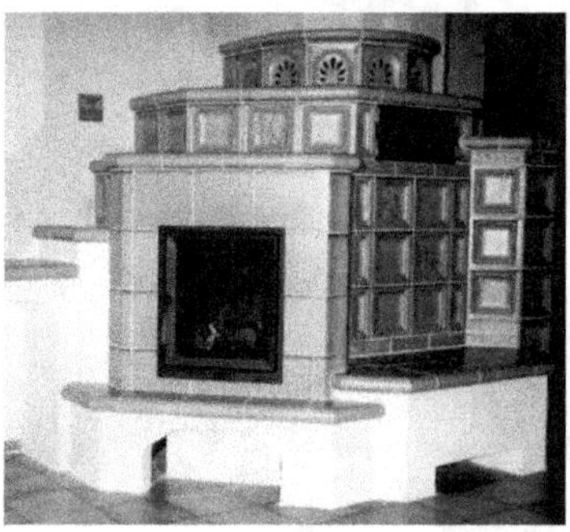
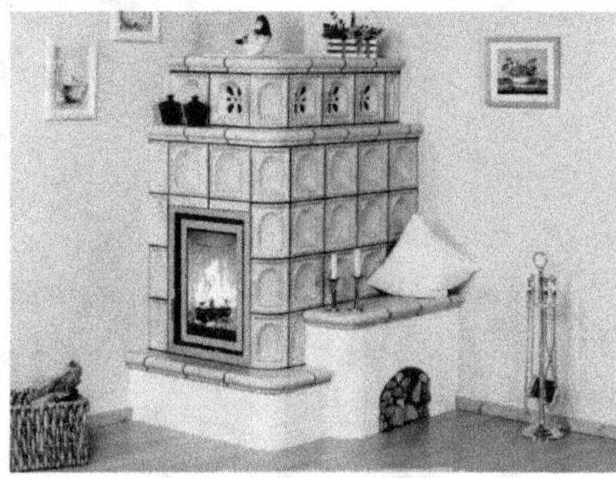

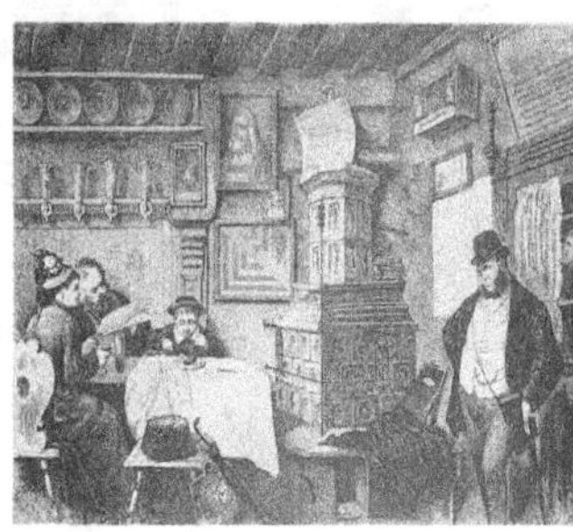

Planche d'images sur le *kachelofen*

De haut en bas et de gauche à droite:
Quatre images de kachelofen; Zeichnung; Die Gartenlaube, 1878

Planche d'images autour de la Vérité nue

De haut en bas et de gauche à droite:
"Falstaff and Mistress Quickly from 'The Merry Wives of Windsor,'" de Francis Philip Stephanoff; Medieval manuscript, Jews identified by rouelle are being burned at stake; Le Pérugin, lotta tra amore e castità; Willem van der Vliet, Une Allégorie; Allegorical Heresy; Jean-Charles Delafosse, Allégorie de la Vérité; Pierre Mignard, Allegorie de la Vérité; Cornelis Anthonisz, Allegory of Ill Fortune; Amiens; Armssheim; Bartolomeo Manfredi, Allegory of the Four Seasons; Botticelli, Athénas et le Centaure; Ripa, Prudence; Cornelis Anthonisz, The Wise Man and the Wise Woman; Cornelis Van Poelenburch, Vénus et un satyre, une Allégorie de la Chasteté vaincue; Le Corrège, Allégorie des Vertus; Corrège, Allégorie des Vices; Dürer; Église Fanejford; Giotto, Allégorie de la Chasteté; Ripa Iconologie, et Images de la Prudence; Iglesia San Petro in Spoleto, façade occidentale, c. 1200; Job, Sainte-Chapelle de Paris, baie D (48); John Bydell, Engraving from the Goodly Primer; Judaica Jewish Anti Semiti; L'empereur Henri VII de Luxembourg remet un privilège aux juifs, c. 1340, Cologne Landeshauptarchiv; Pietro Liberi, Allégorie des Vices; Pietro Liberi, Le Temps découvrant la Vérité; Lotto, Allégorie de la Chastité, 1505; Luca Giordano, Allégorie de la Chasteté; Luca Giordano, Vénus, Cupidon et Mars; Mantegna, Trois Vices; Mantegna, Allégorie du Vice et de la Vertue; Sanctuaire de Jésus de Nazareth de Guanajuato, Mexique; Ms 27 fol 215v., Musée de chantilly; Cornelis Anthonisz, he Wise Man and the Wise Woman; Le Pérugin, Combat de l'Amour et de la Chasteté; Pietro Liberi, Allégorie de la Témperance; Pietro Liberi, Le Temps défait par la Vérité; Libération de la Tromperie; Ripa, Zèle; Rubens, Vérité Eucharistique vainquant l'Hérésie, Prado, c. 1622-25; Rubens, La victoire de la vérité eucharistique sur l'Idolâtrie, Prado, c. 1622-25; saint Bernard et Titivillus, Heures de Louis de savoye; Saint-Sulpice; Sainte Geneviève tenant, un livre, des clés et un cierge avec ange et démon; trois images de shofar; Tabla gótica de la Virgen de la Misericordia, 1485; Tournon; Tytinillus, gravure allemande, XVIIe; Valenciennes - BM - ms. 0006 f. 320. Bible, 2e quart du XVIe s., France, Job, sa femme et le démon; Jacobello Dalle Masegne

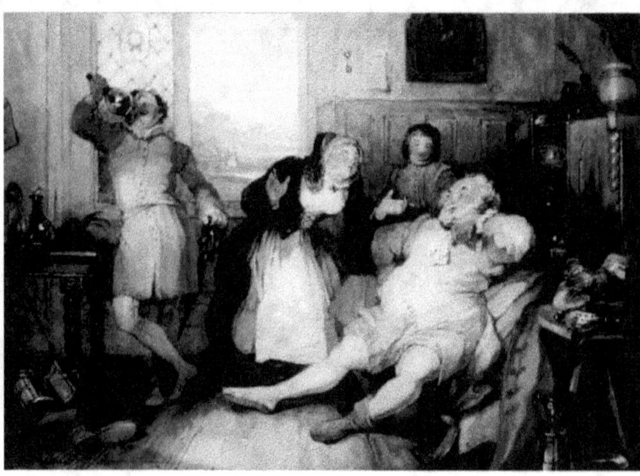

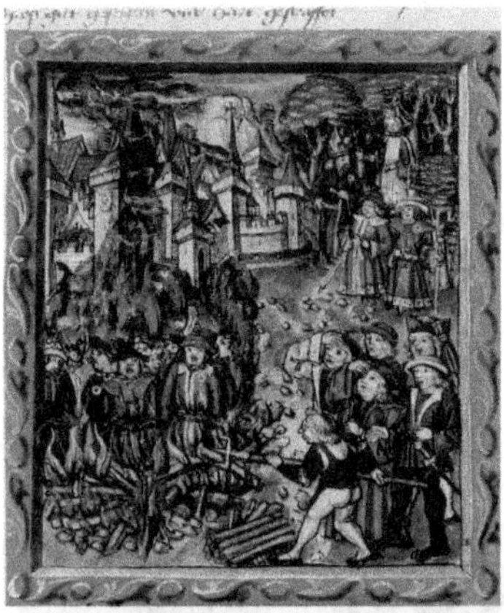

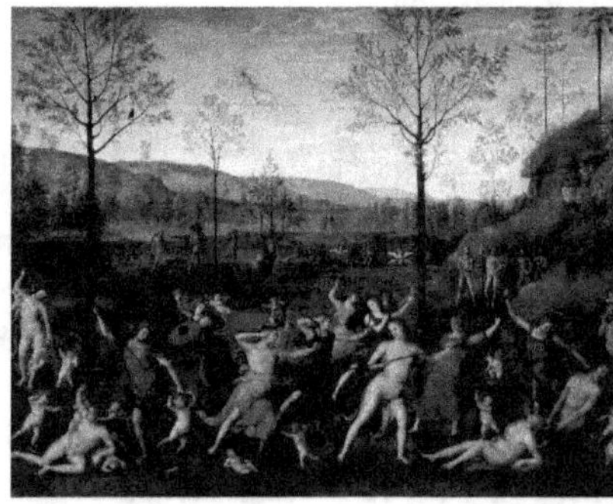

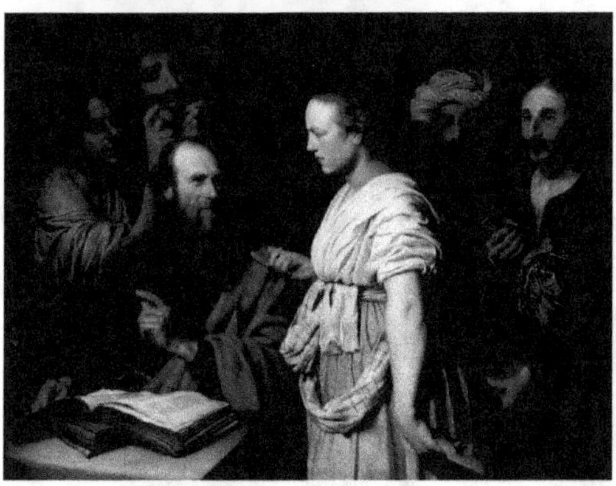

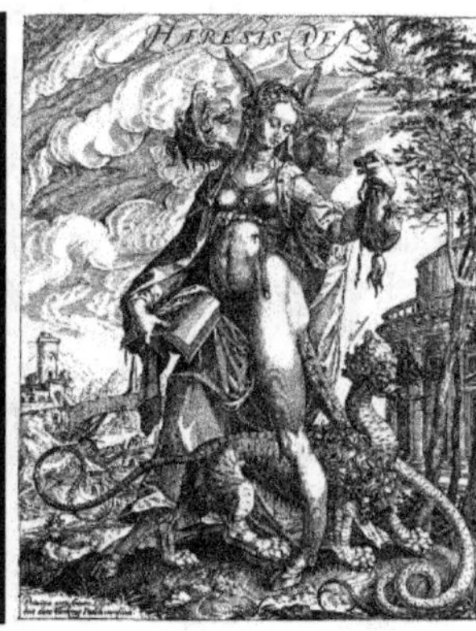
HÆRESIS DEA

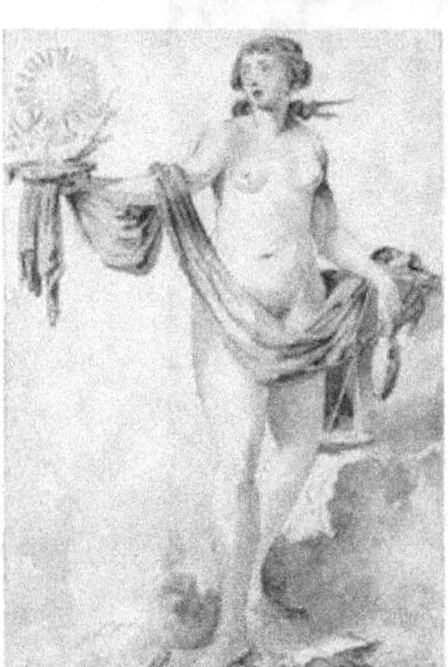

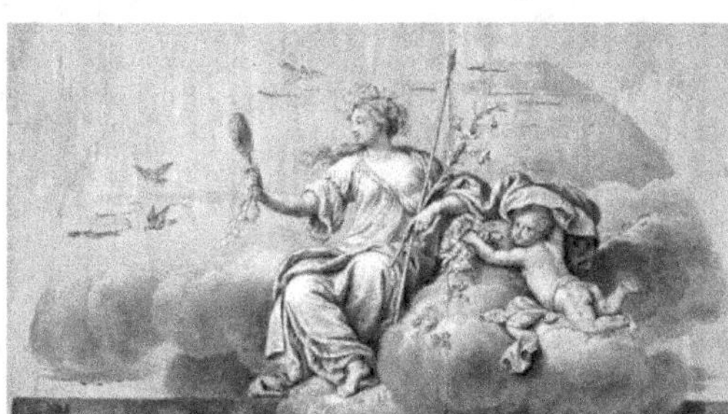

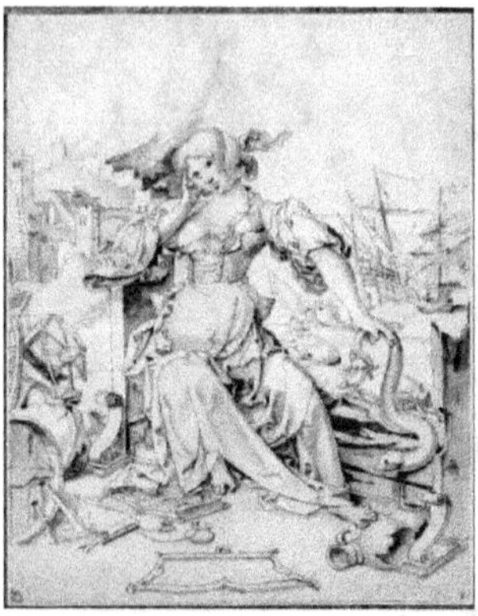

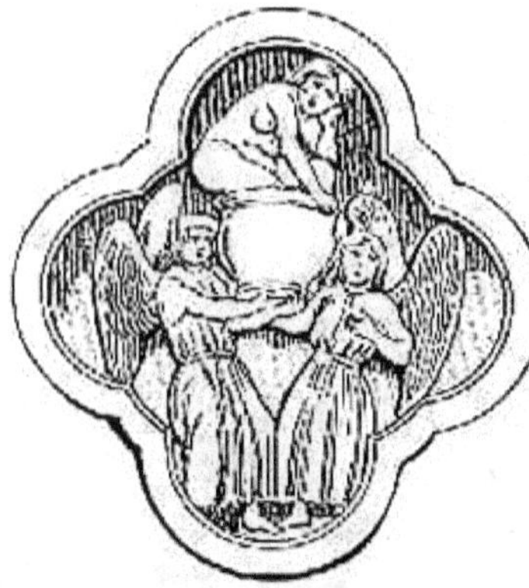

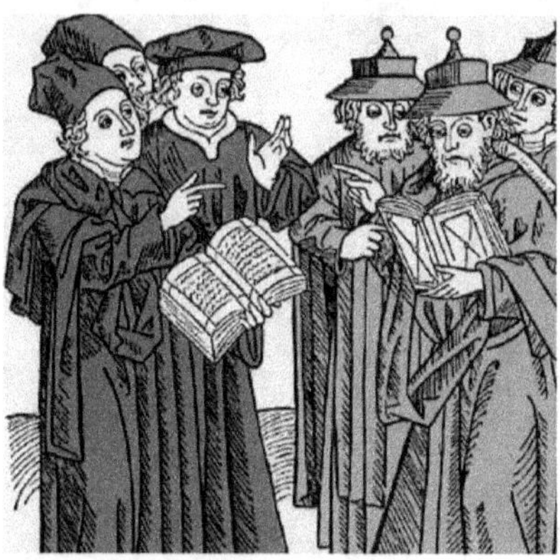

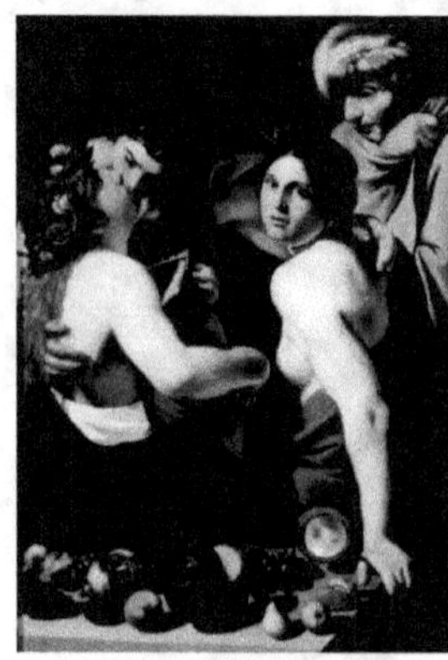

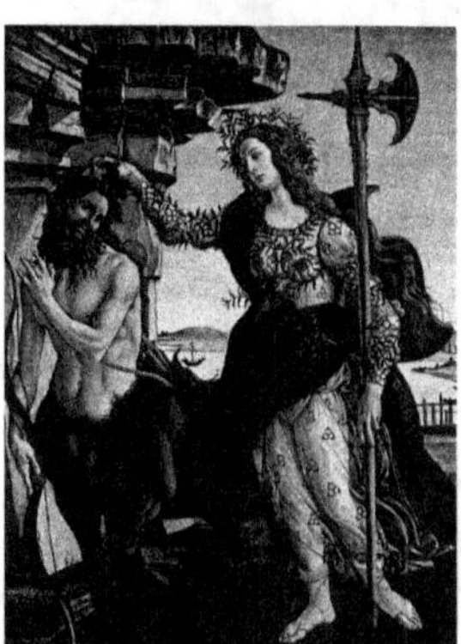

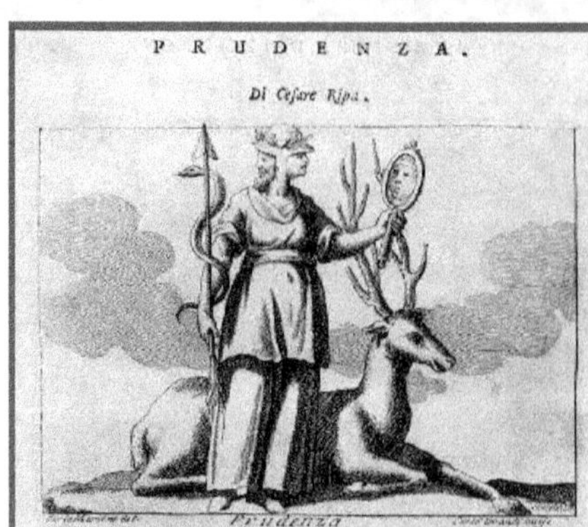
PRUDENZA.
Di Cesare Ripa.
Prudenza

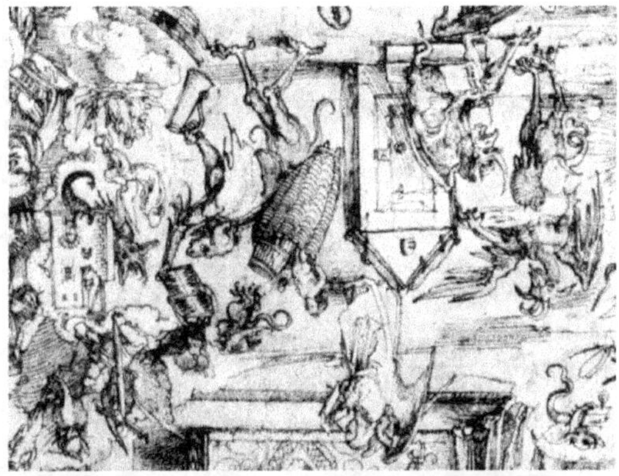

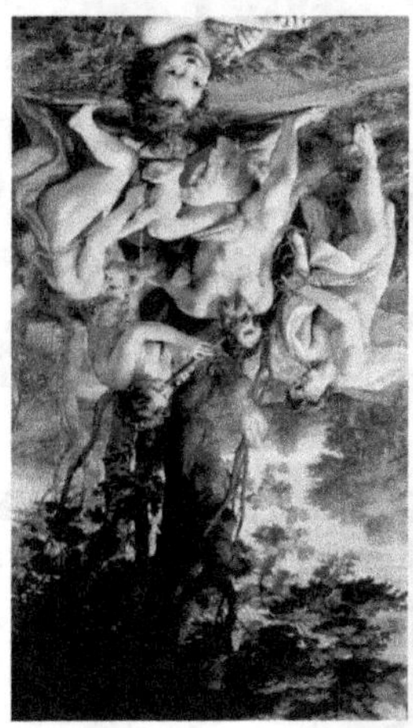

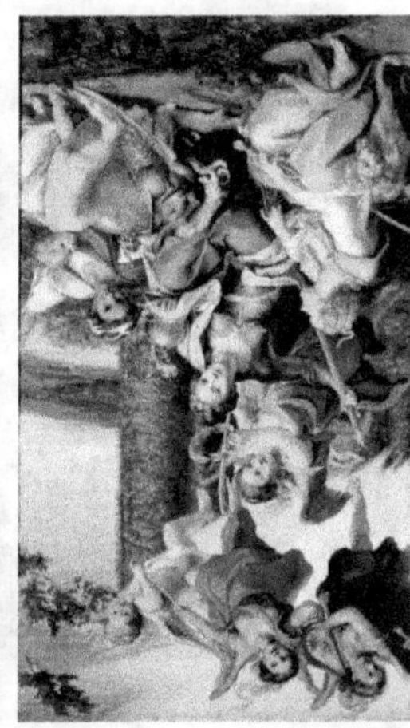

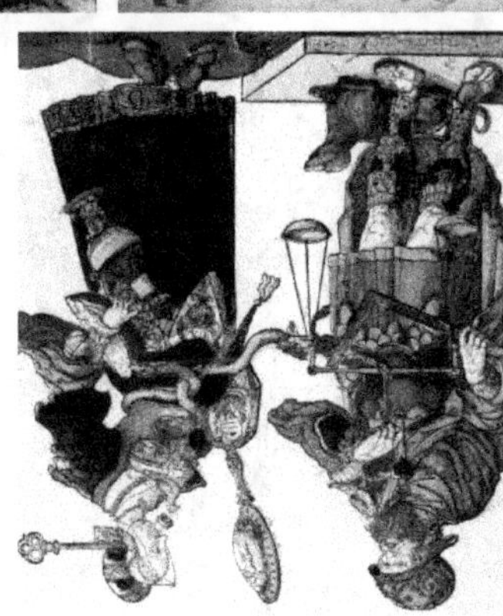

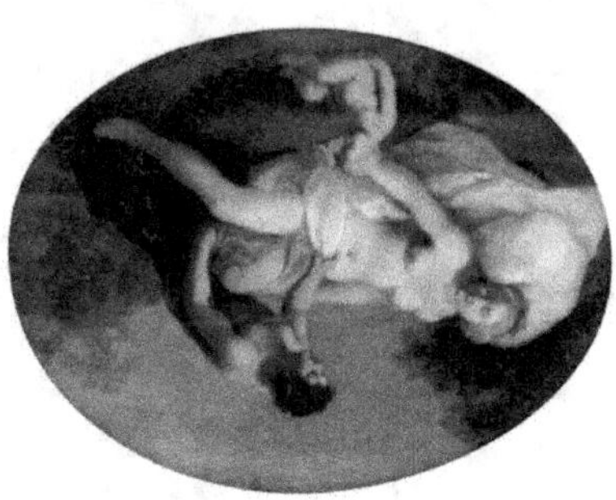

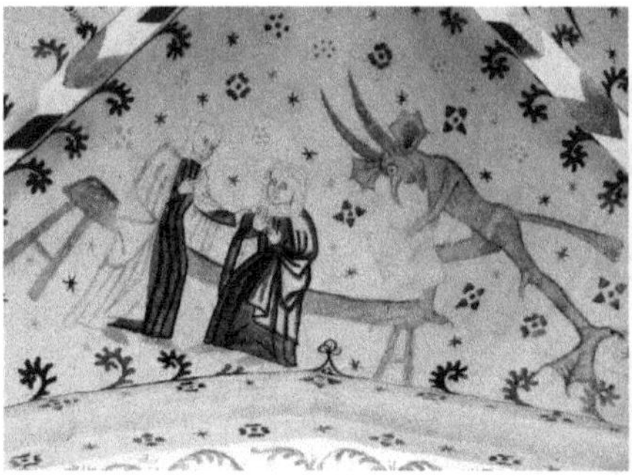

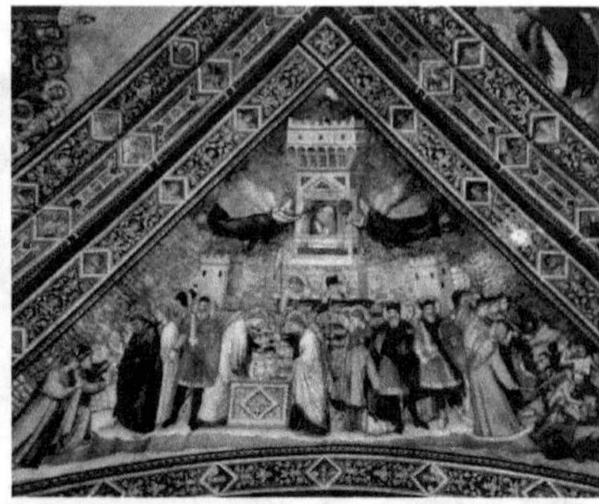

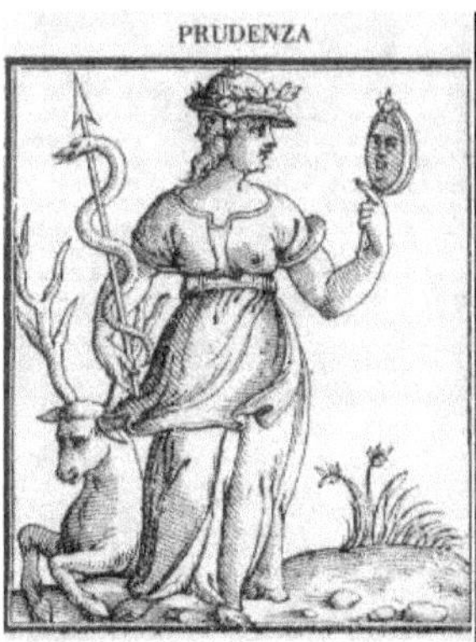
PRUDENZA

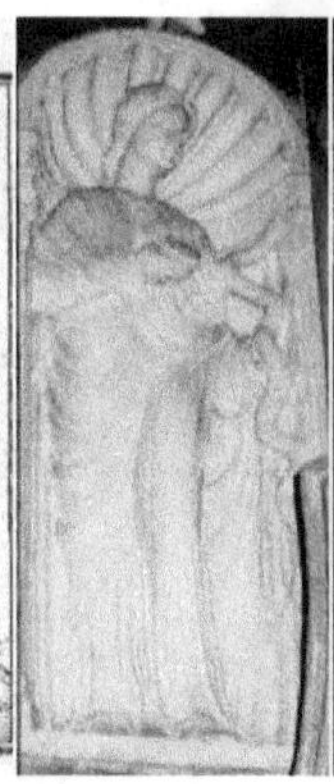

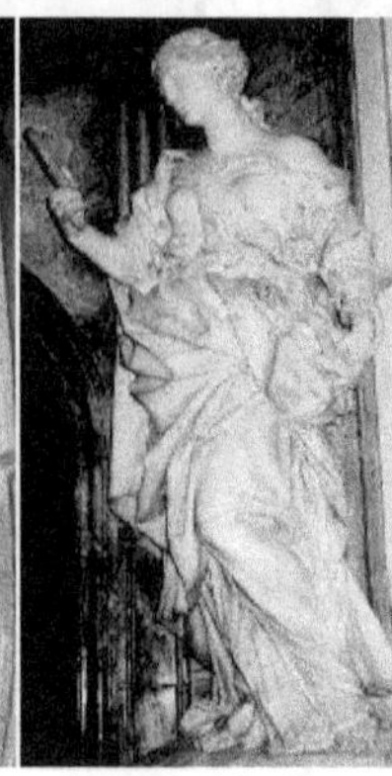

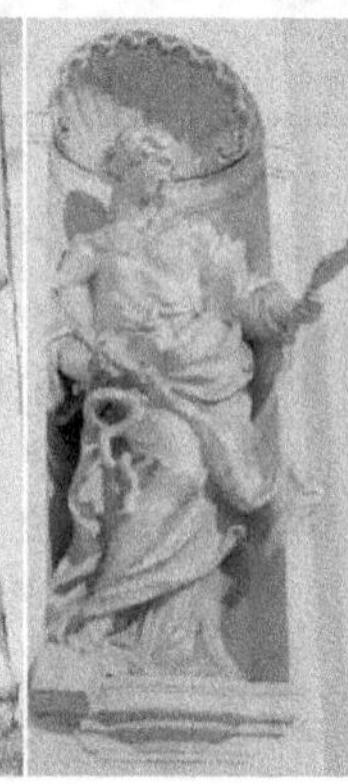

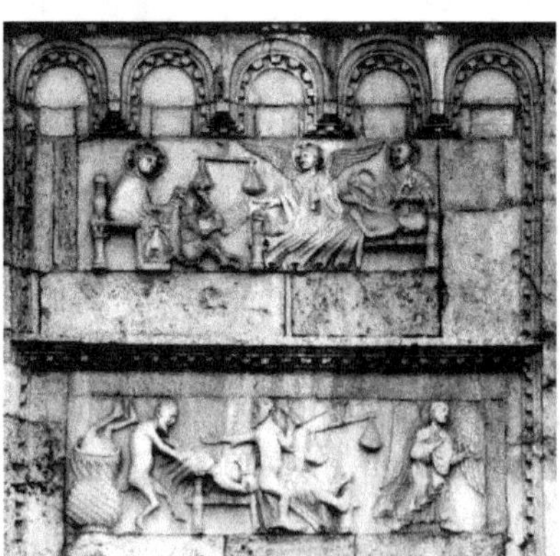

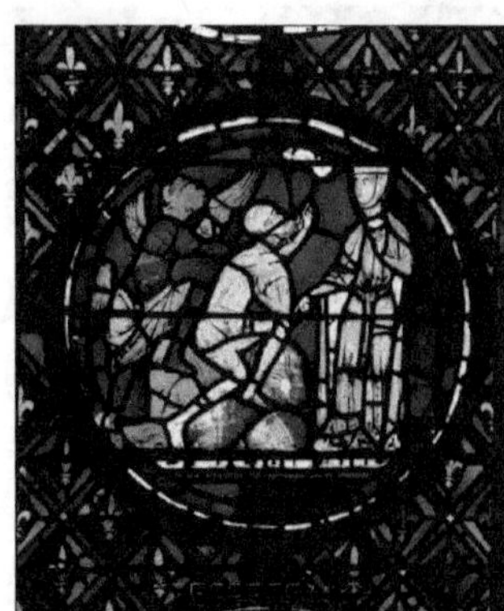

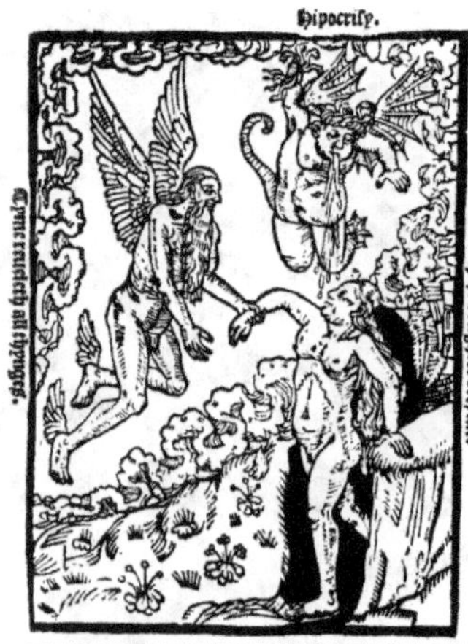
Hipocrisy.
Trouthe, the doughter of tyme.
Tyme reueleth all thynges.

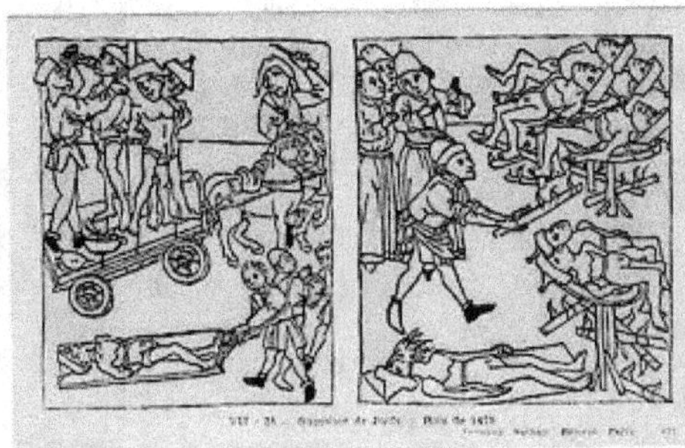

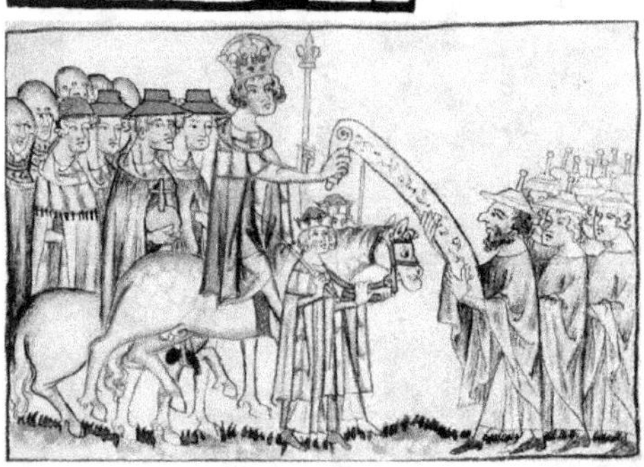

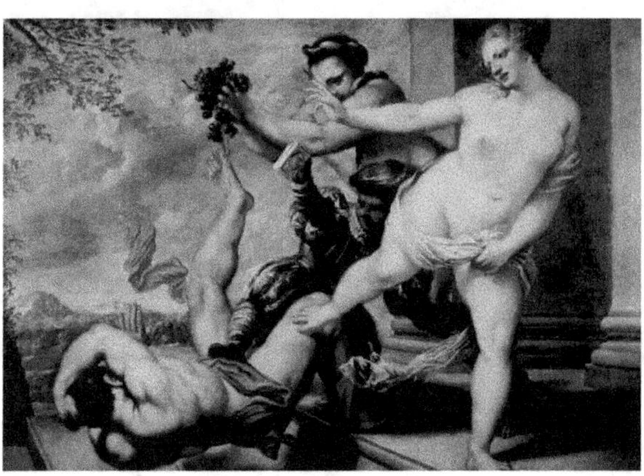

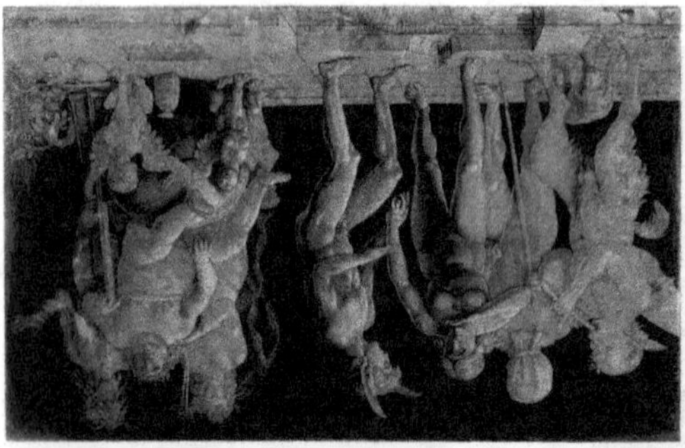
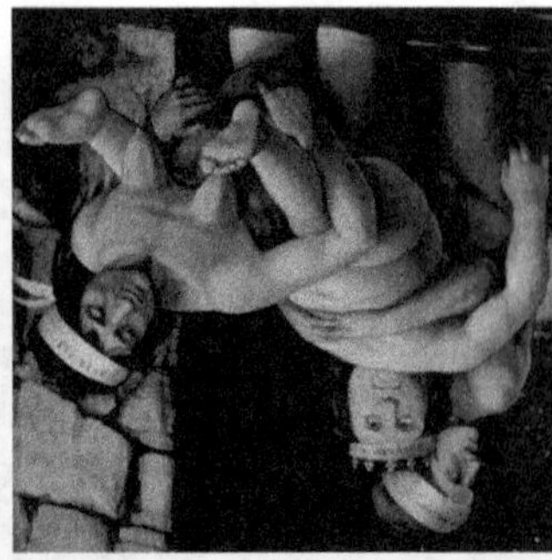
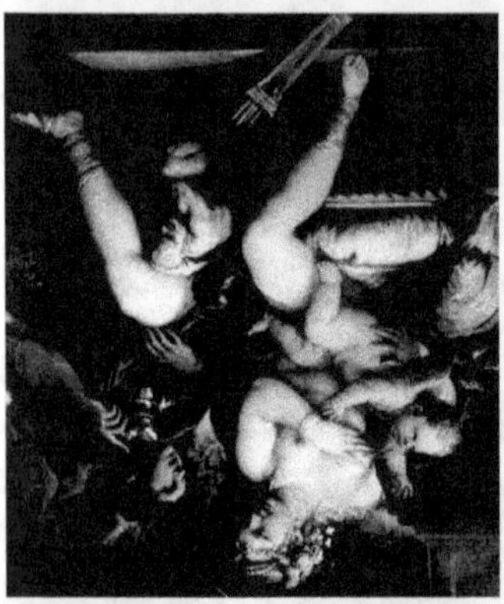
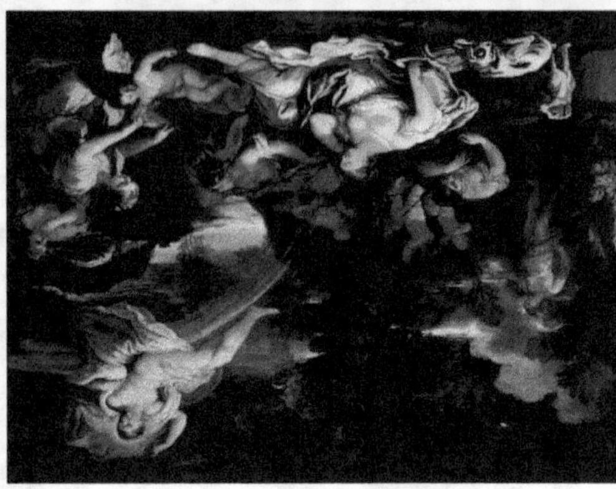
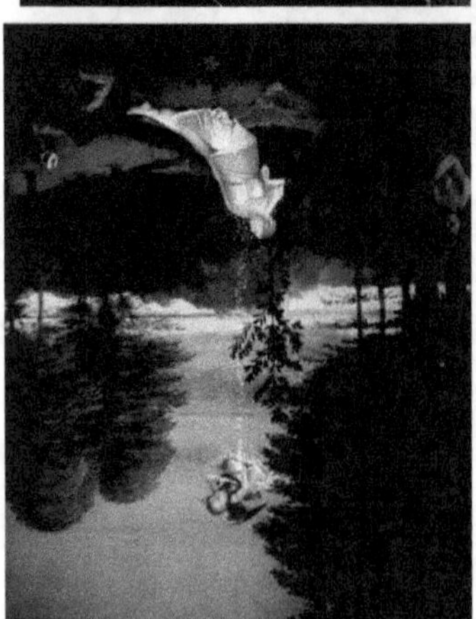
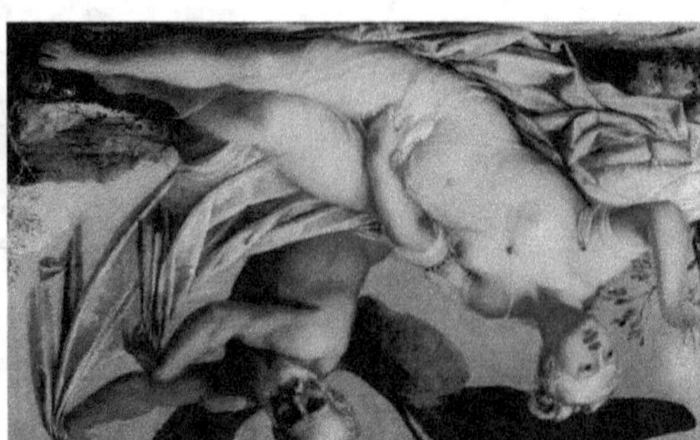

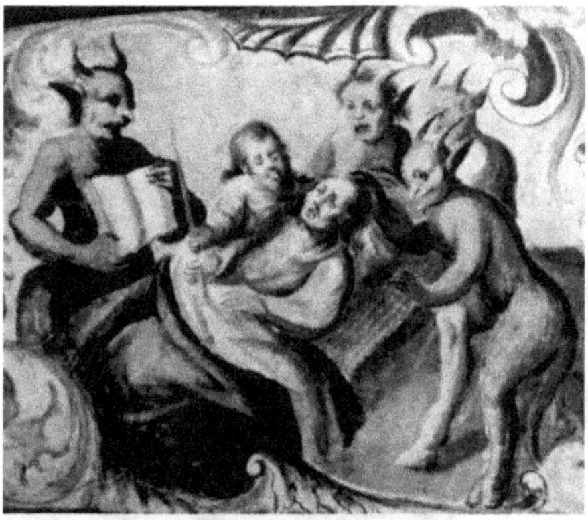

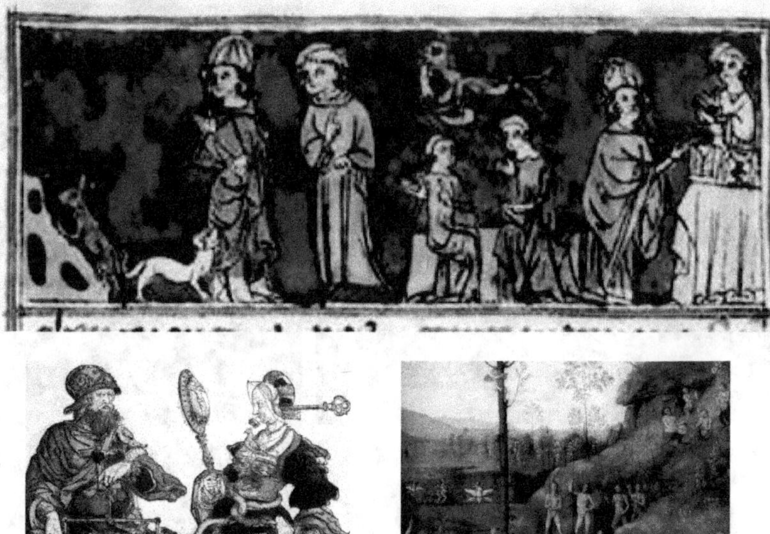

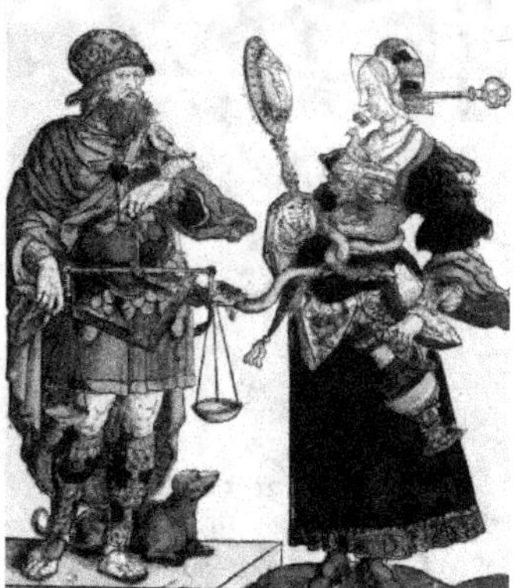

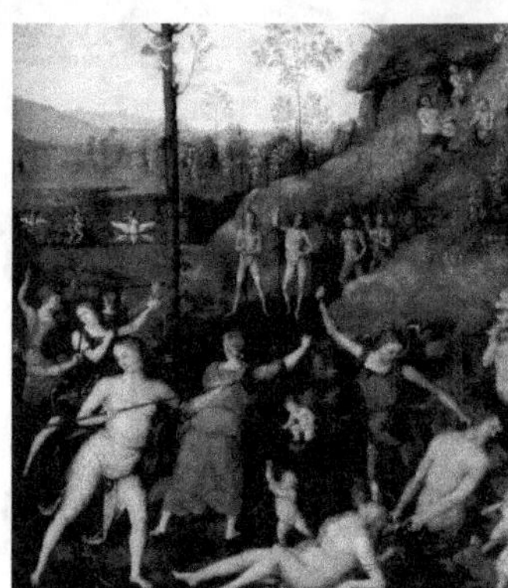

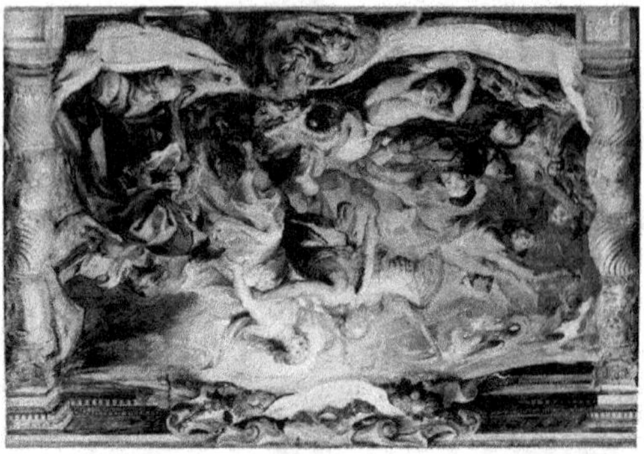

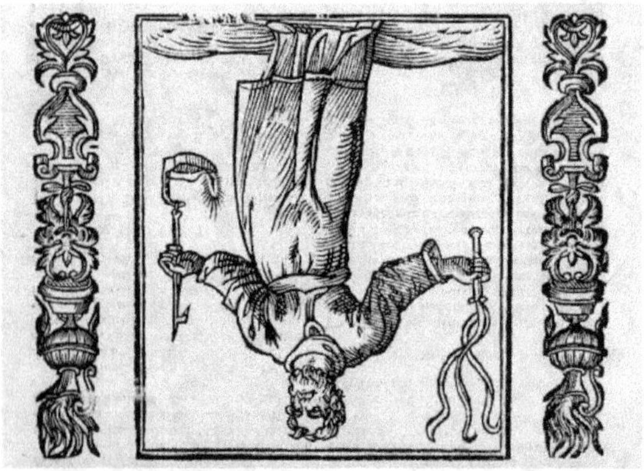

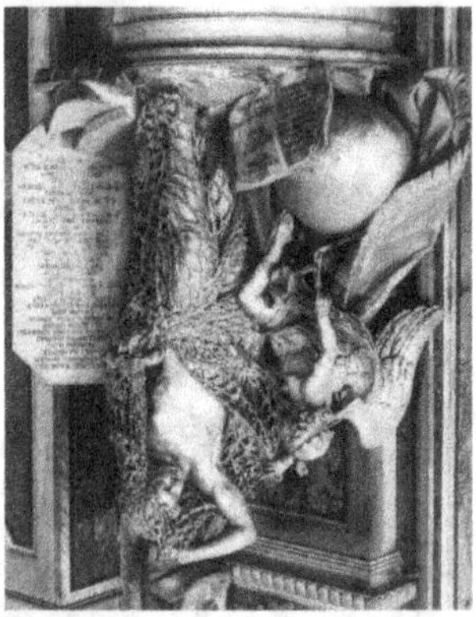

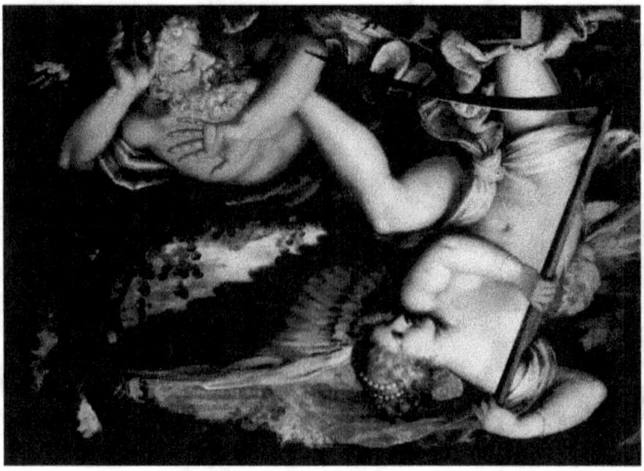

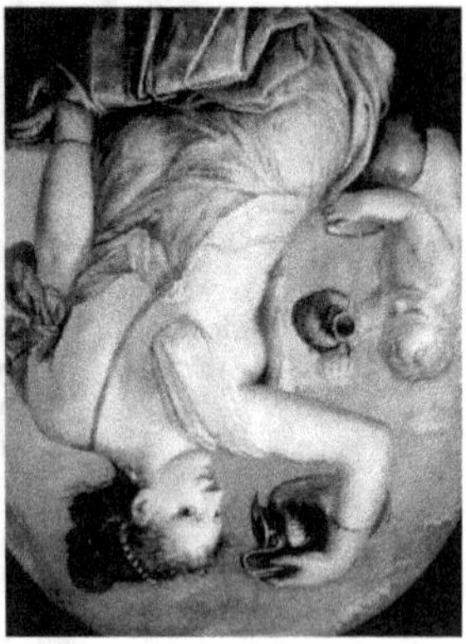

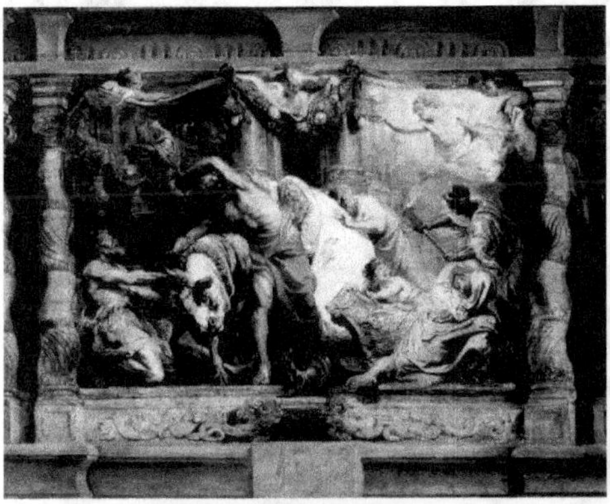

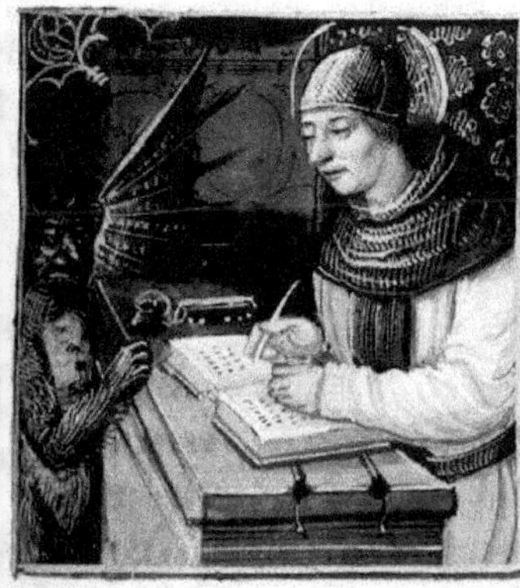

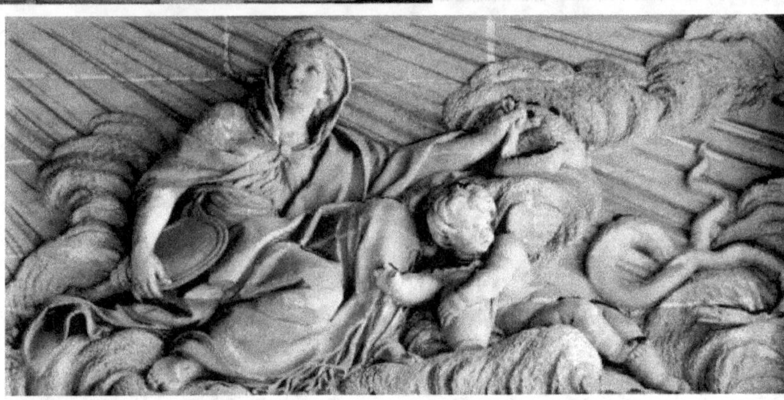

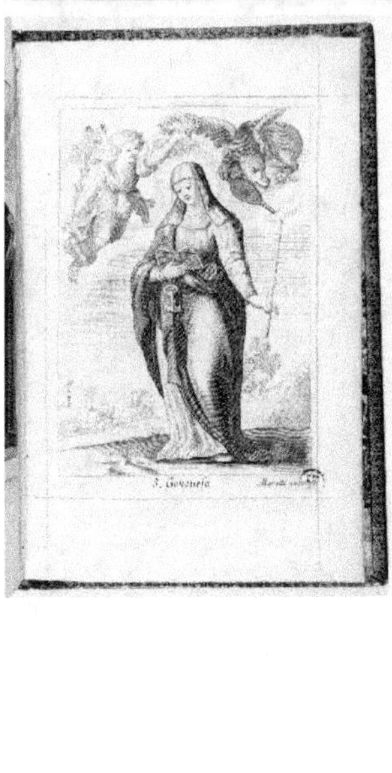

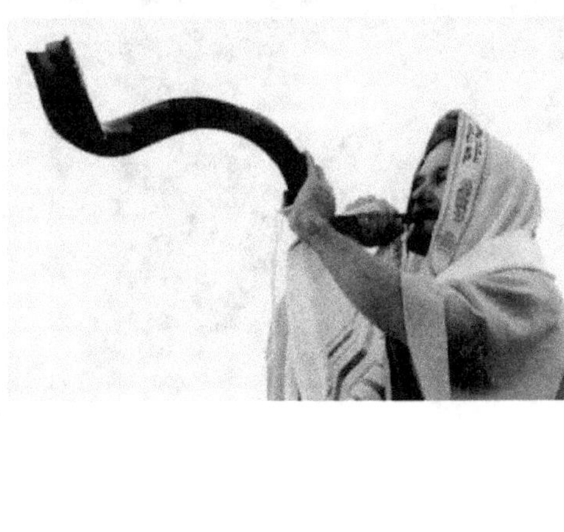

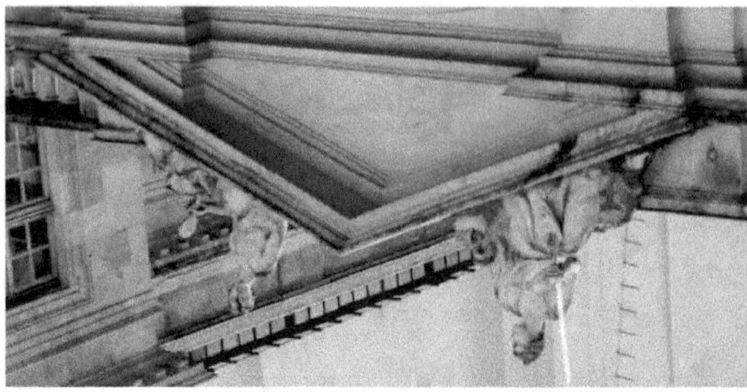

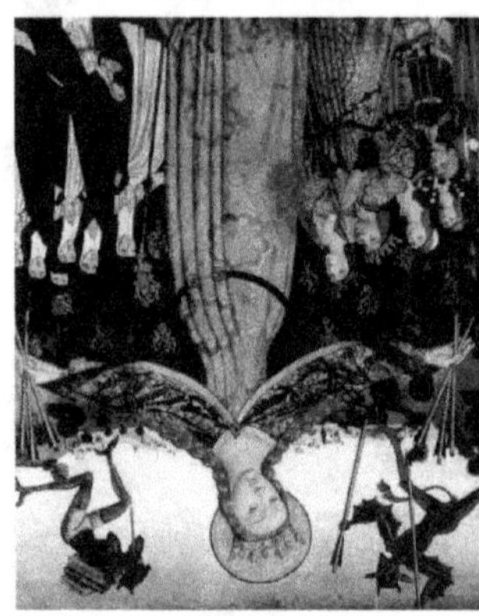

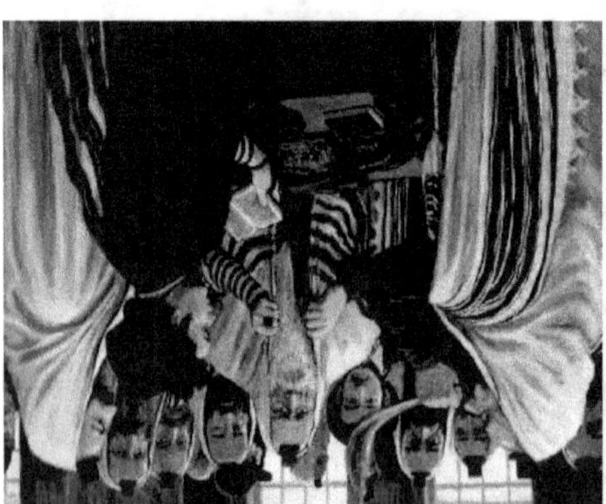

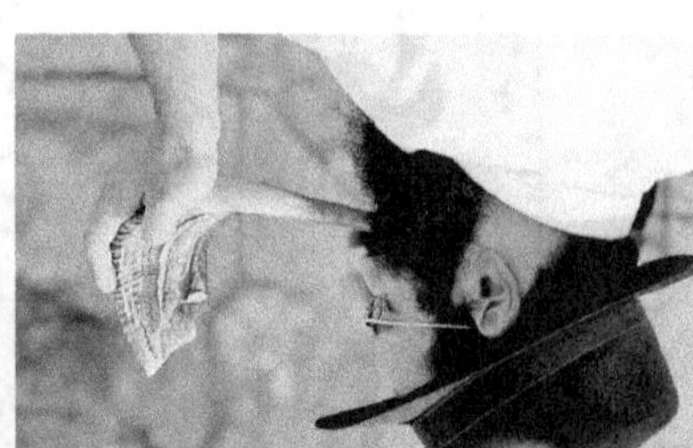

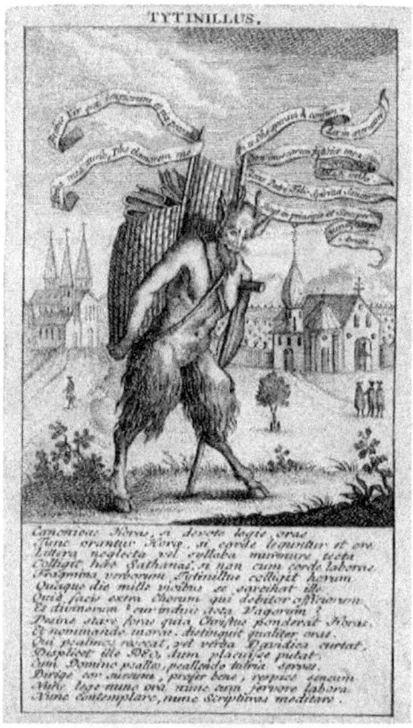
TYTINILLUS.
Canonicas Horas, si devote legis oras
Tunc orantur Horæ, si corde leguntur et ore
Collige hæc Sathanas, si non cum corde laboras
Quaque die mille vicibus se sarcinat ille
Nunc contemplare, nunc Scripturas meditare.

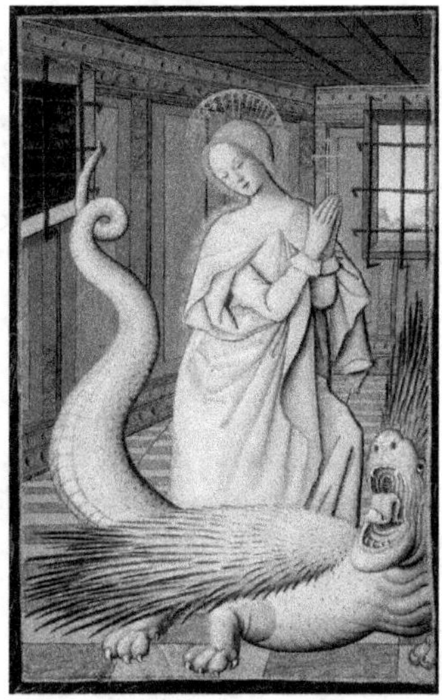

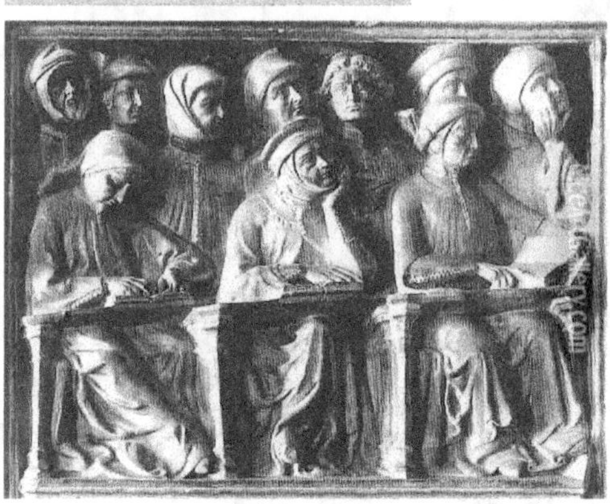

Planche d'images autour de Sainte Catherine nue

De haut en bas et de gauche à droite:
Giorgione, Judith; Bicci di Lorenzo; Bilvert; Sainte Catherine avec la roue et la bague; Francis John Williamson; Charles William Mitchell, Hypatia; Giampietrino, Santa Caterina d'Alessandria; Scene de la Vie de Saint Catherine d'Alexandrie; La Vision de Sainte Catherine; école suisse, 1473;
Le martyre de Sainte Catherine: Fernando Gallego; Giampetrino; Gaudenzio Ferrari; Mattia Preti; Simon Vouet; Claude Mellan; Belles Heures des Frères Limbourg ;
Tintoret: Sainte Catherine dans le Donjon, Sainte Catherine souffrant le supplice de la Roue, et Sainte Catherine flagellée

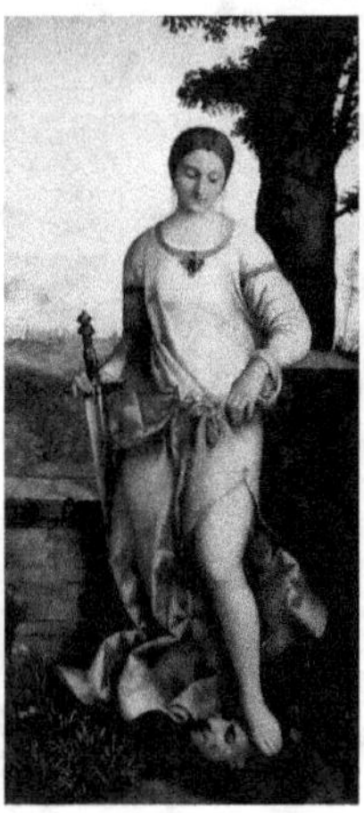
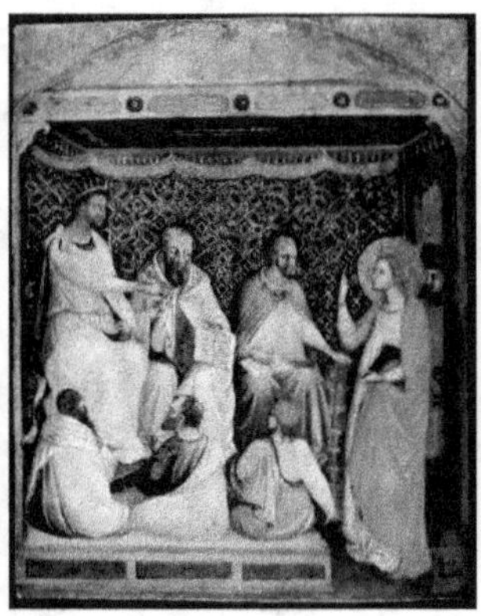
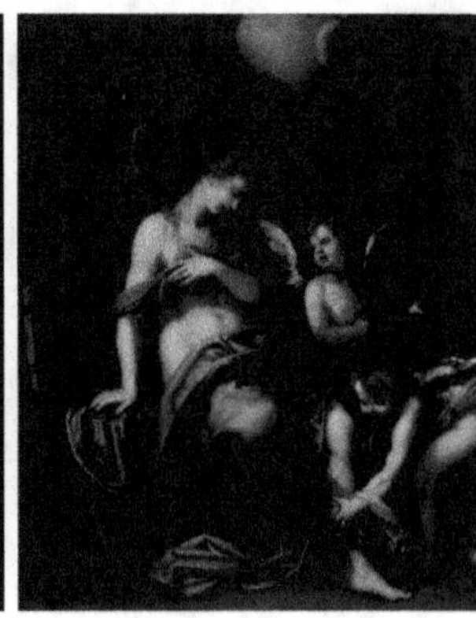

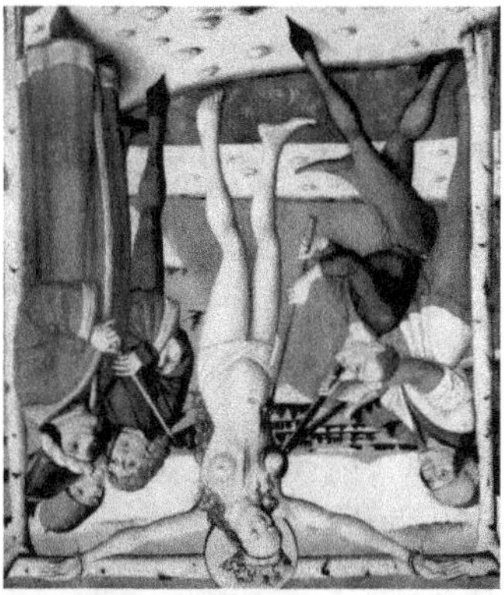
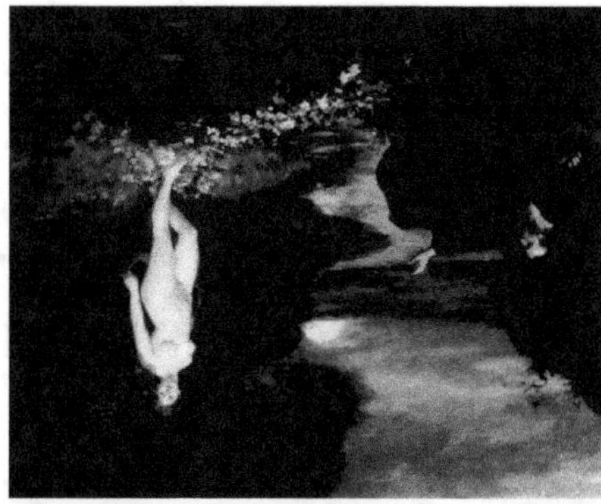
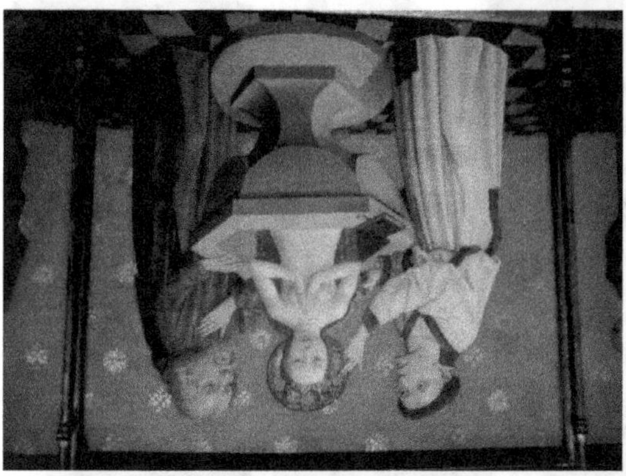
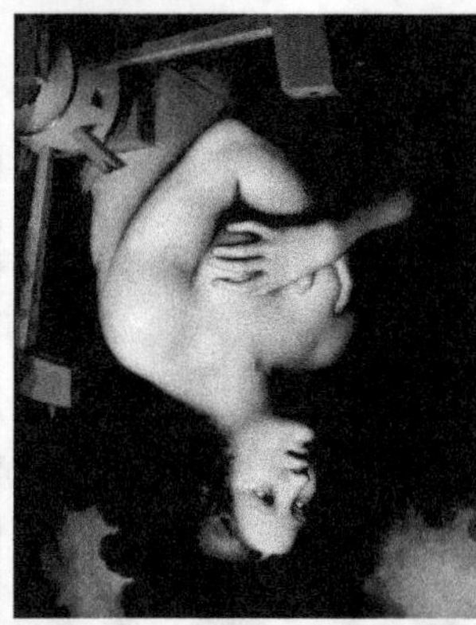
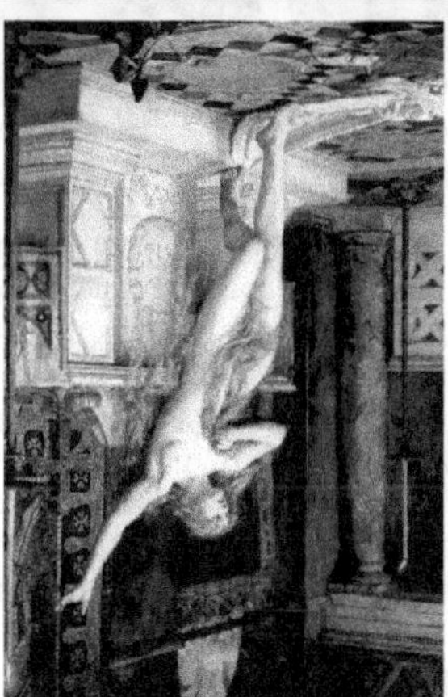
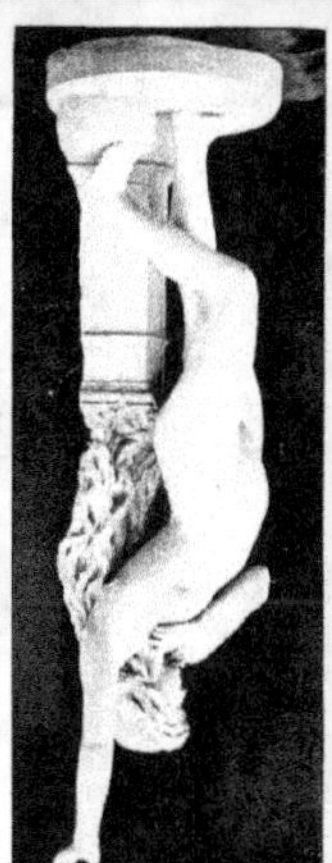
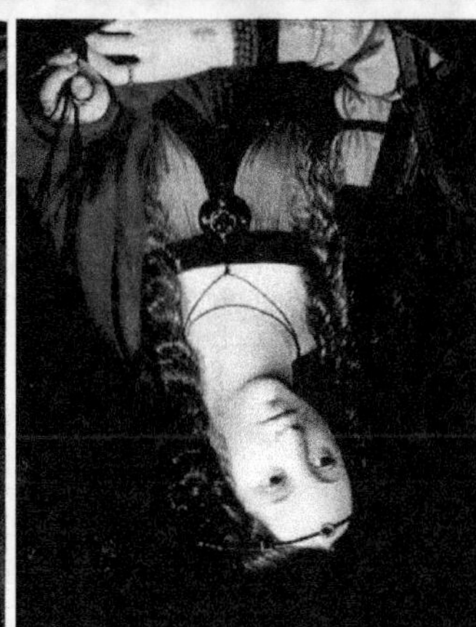

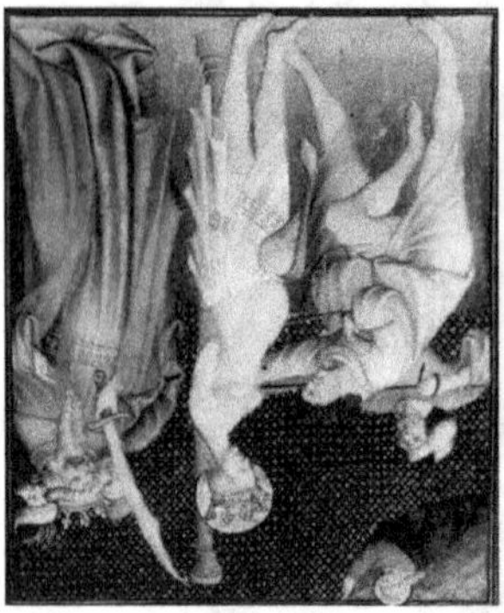
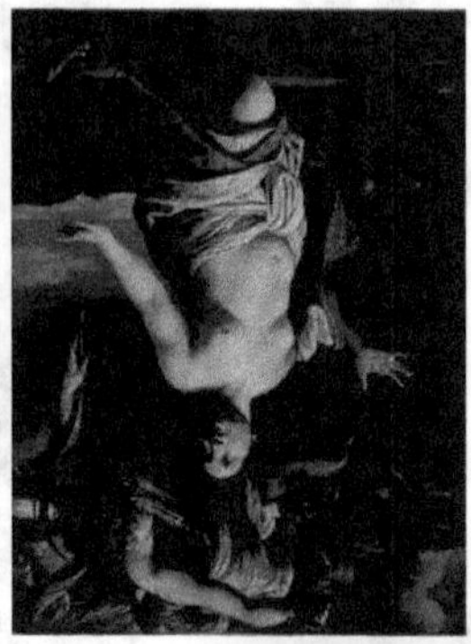
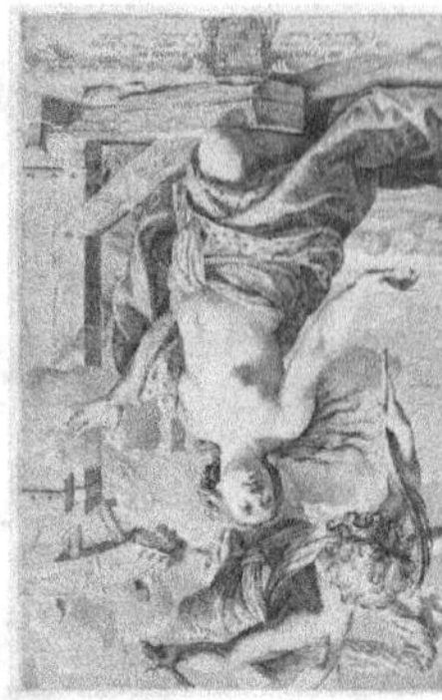
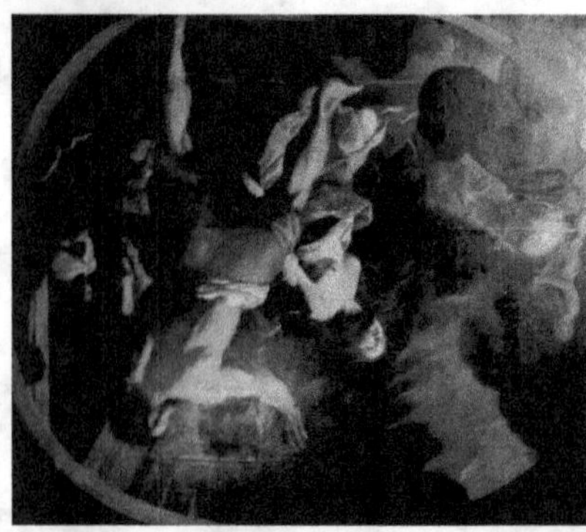
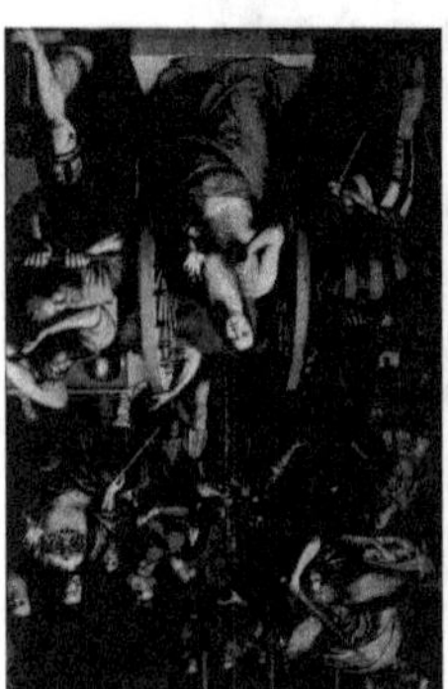
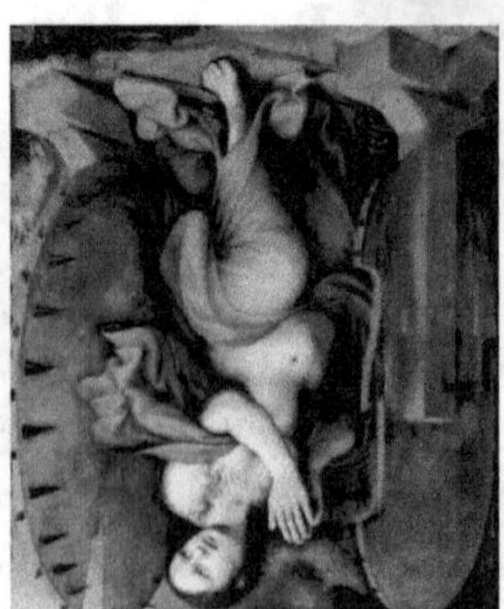
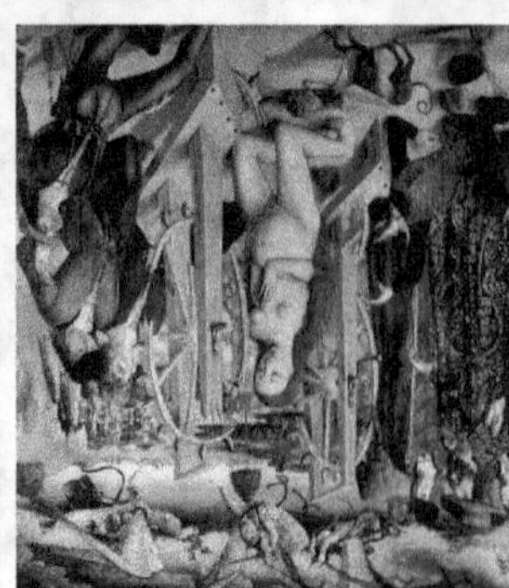

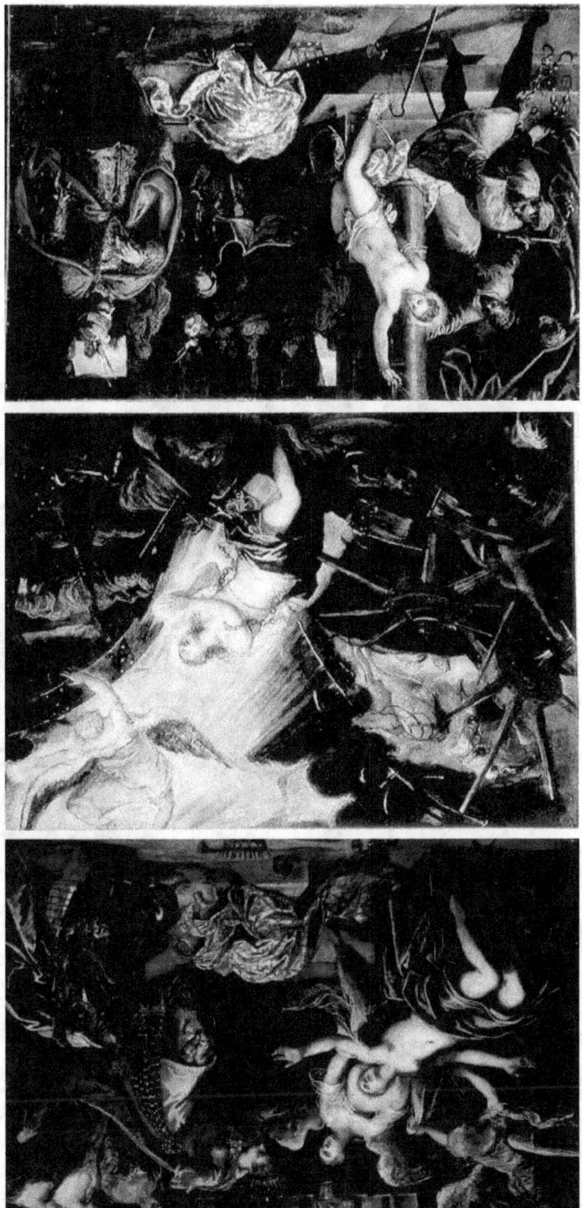

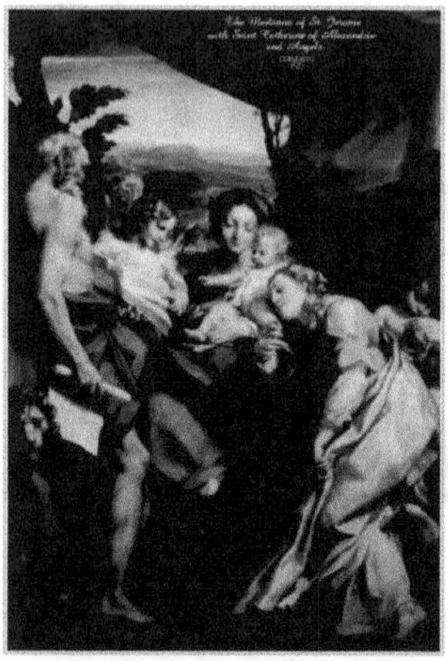
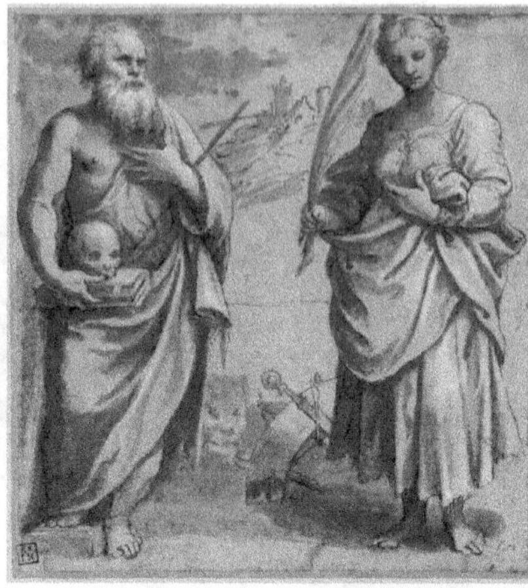
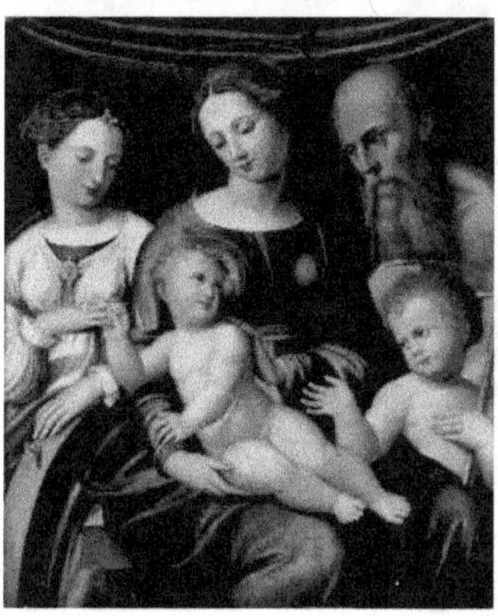
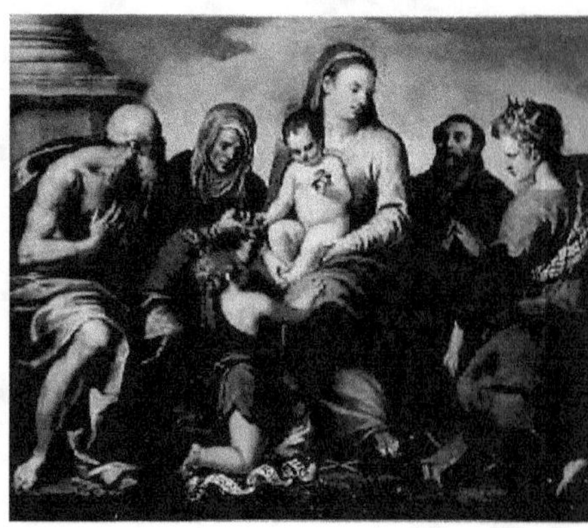

Planche d'images autour de Saint Jéròme avec Sainte Catherine

De haut en bas et de gauche à droite:
Le Corrège; Girolamo da Treviso; Innocenzo Da Imola; Jacopo d'Antonio Negretti; Orazio Samacchini; The Master of the Legend of Saint Mary Magdalene

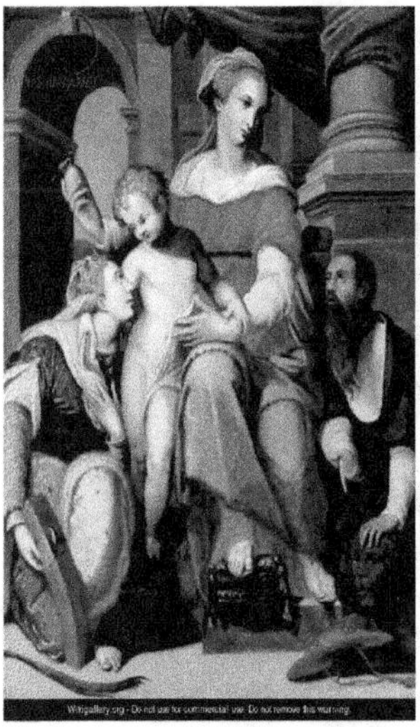
Wikigallery.org - Do not use for commercial use. Do not remove this warning.

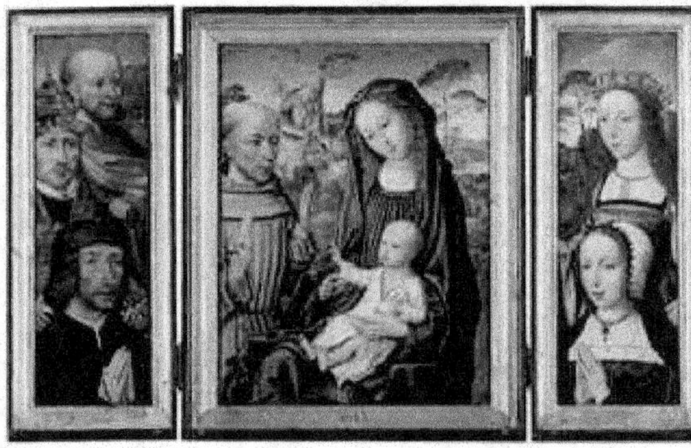

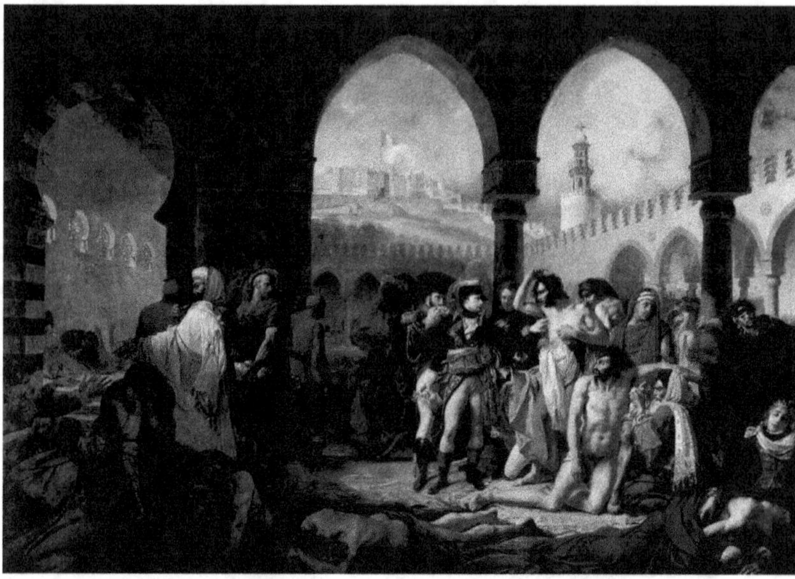

Planche d'images autour de la *Dispute de Catherine*

De haut en bas et de gauche à droite:
Antoine-Jean Gros, *Bonaparte visitant les pestiférés de Jaffa*; Caravage, *Conversion de Saint Paul*; cercle de Ferrer et d'Arnau Bassa, *Dispute de Saint Stéphane avec les Juifs*; *Tentation de Saint Antoine, Retable d'Isenheim;* détail du personnage du premier plan; Raphaël, *Dispute du Saint Sacrement*; détail; étude pour la *Dispute du Saint Sacrement* de Raphaël; hausaltar kreuzlegende, mittel hi adam elsheimer; Le Tintoret, *Enlèvement du corps de Saint Marc;* Leipziger Disputatio; Le Tintoret, *Cène*, Chiesa di San Paolo, Venise; & Chiesa di San Trovaso;
Versions de Sainte Catherine: Maître du Maréchal de Boucicaut; Sournia; Borgia, appartement; Caravage; Onorio Marinari; Raphaël; Van der Weyden
Versions de la *Dispute de Sainte Catherine:* avec un personnage en roi mage au fond à droite; *Dispute* avec un personnage vaincu au premier plan; Federico Zuccaro; Ludovico Cardi Cigoli; Masaccio; Pordenone; Prospero Fontana; Le Tintoret; Raphaël;
Versions du *Mariage mystique de Sainte Catherine*: Véronèse; Pietro Faccini; Lorenzo Lotto, *Mariage mystique de Sainte Catherine d'Alexandrie avec Sainte Catherine de Sienne*
Versions du *Martyre de Sainte Catherine*: Francisco Ribalta; Giuliano Burgiardini; Jacopo da Ponte; Vincente Castelló

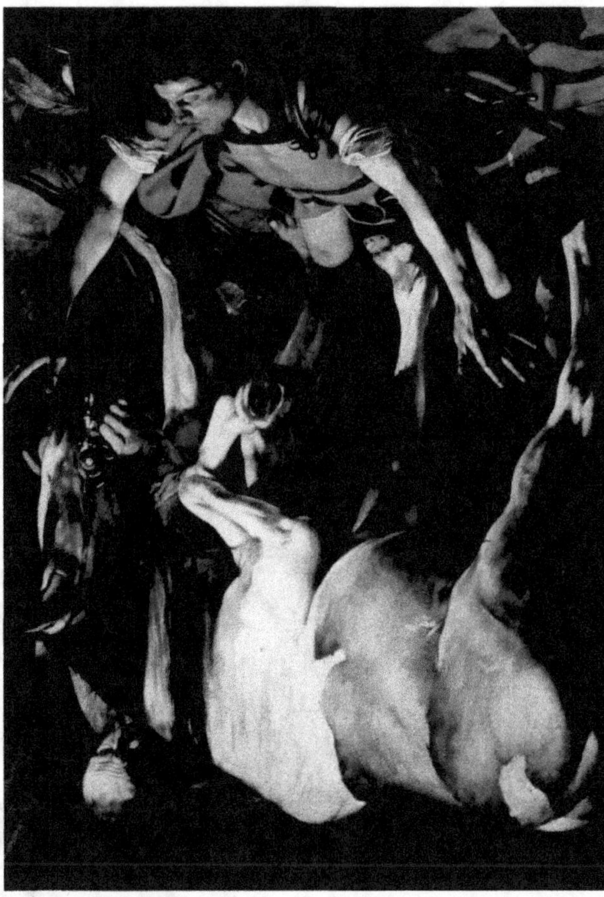

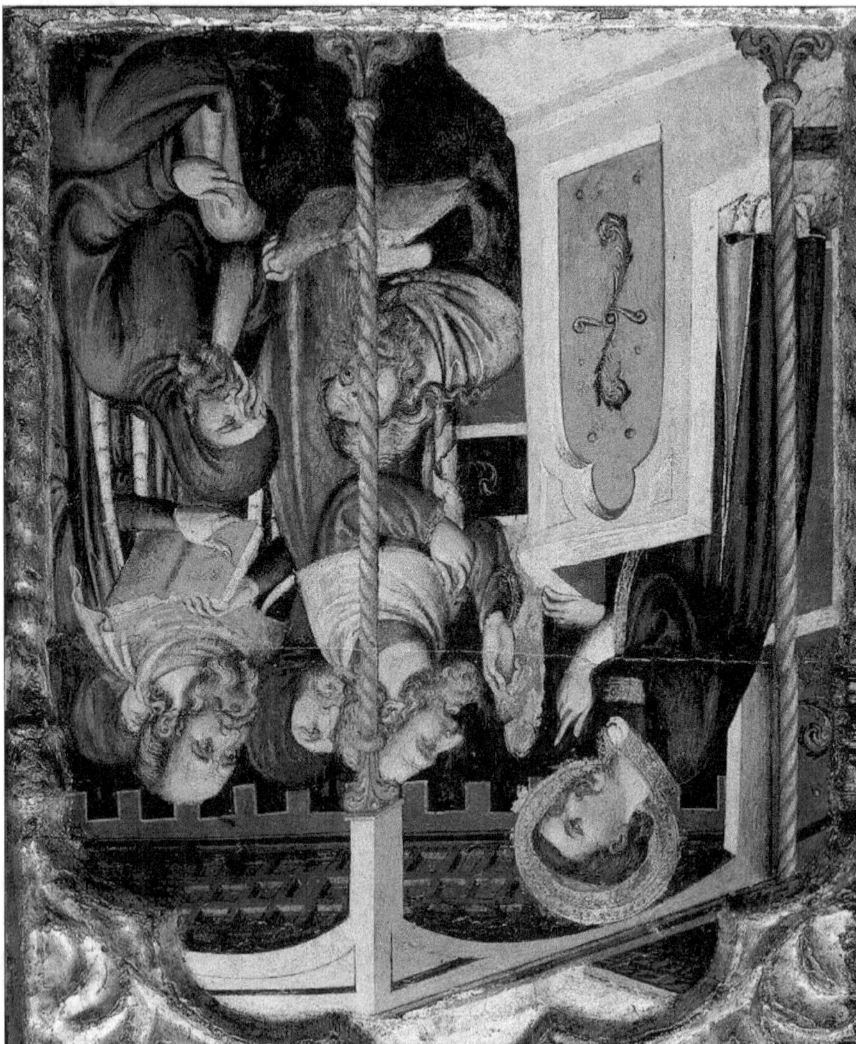

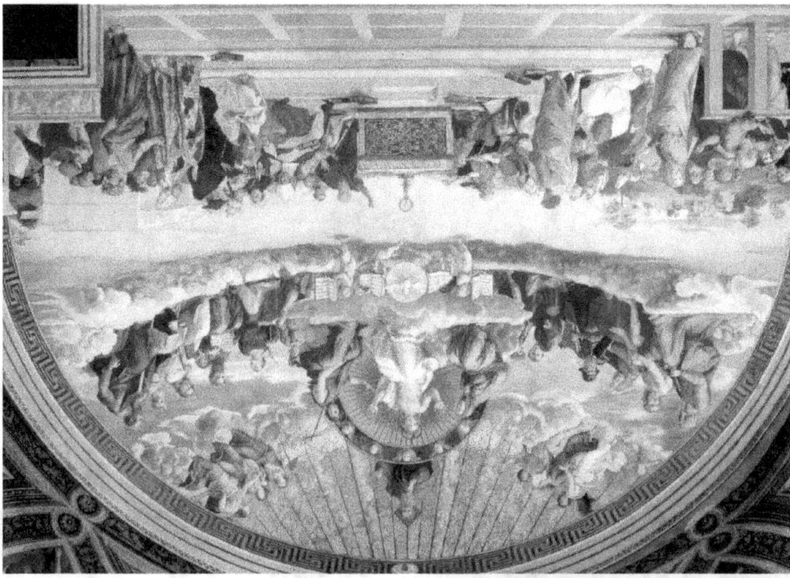

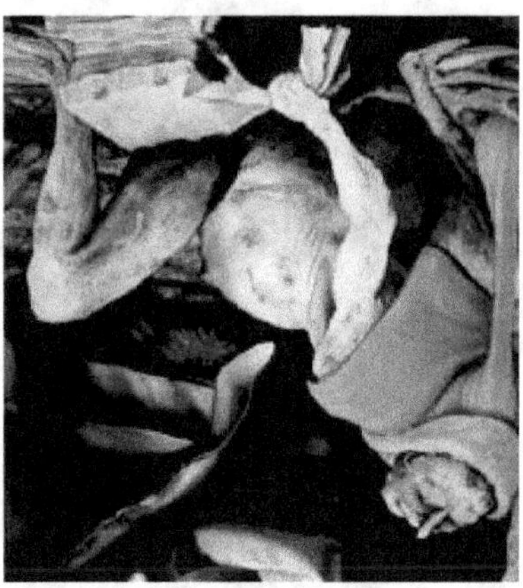

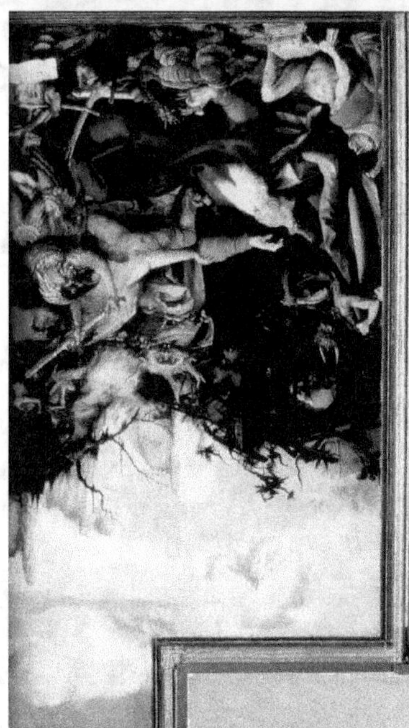

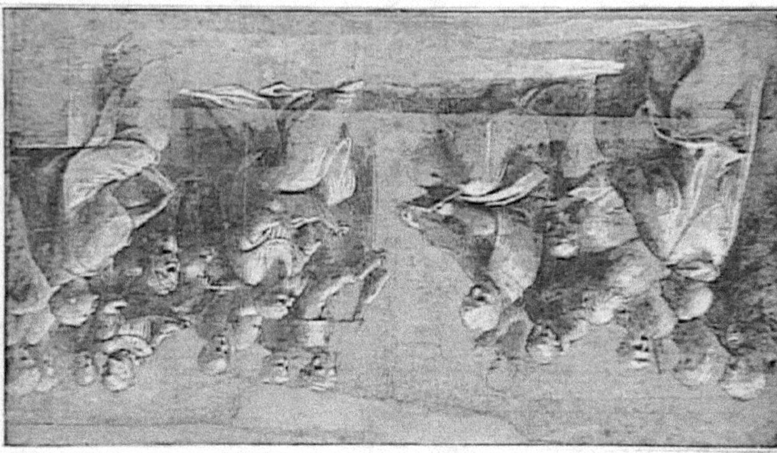

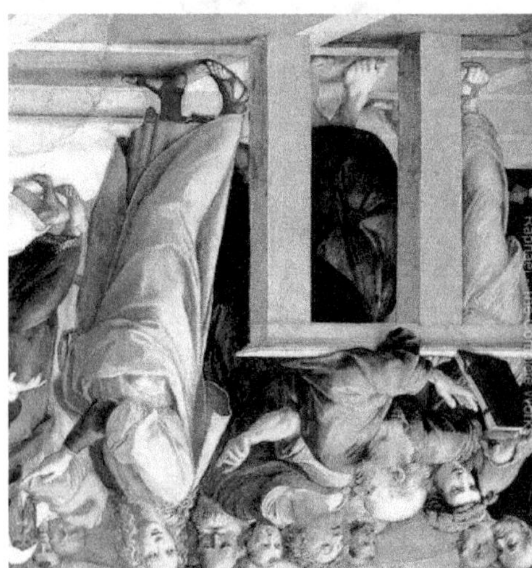

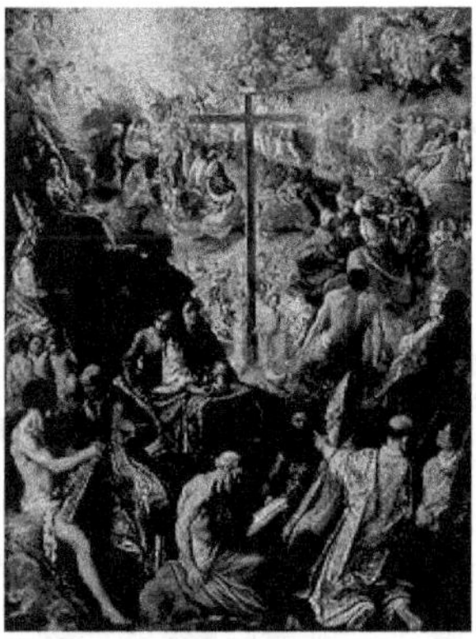
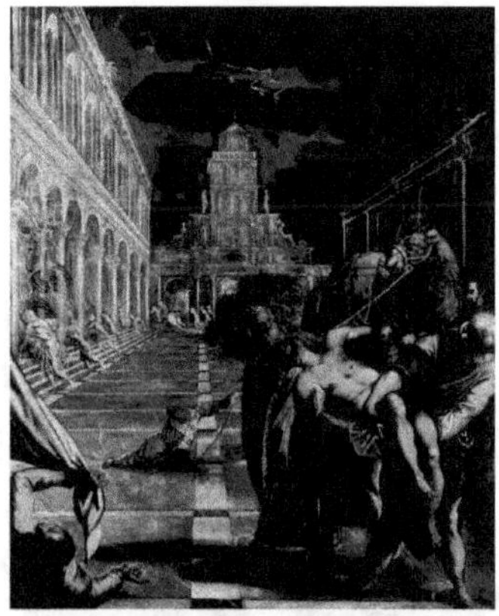
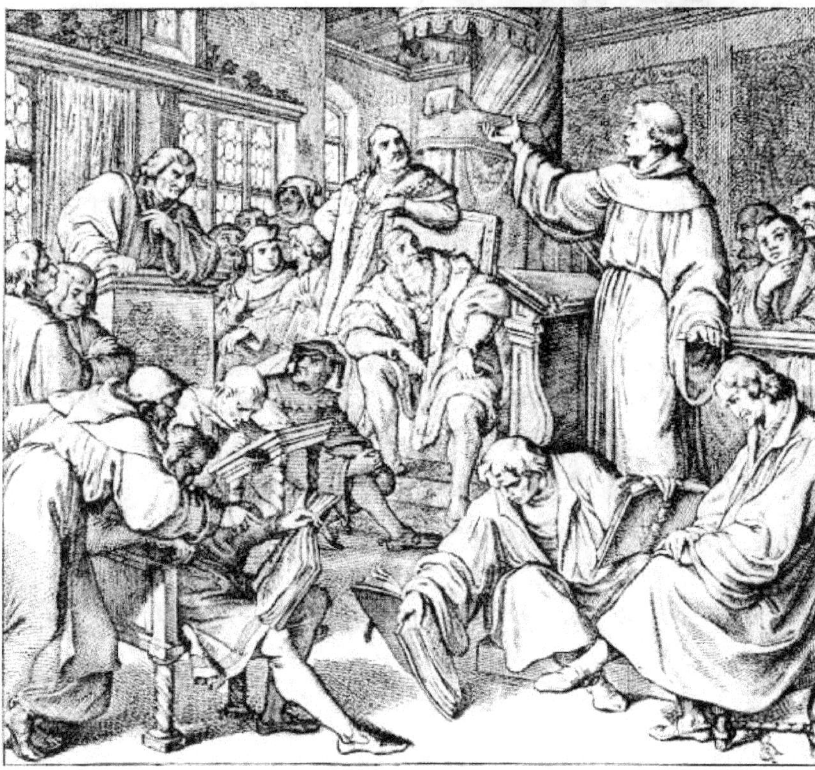

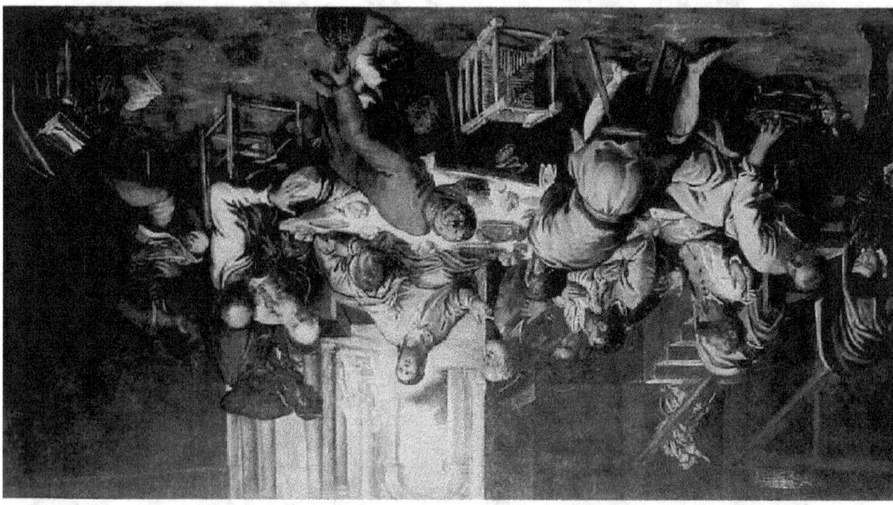

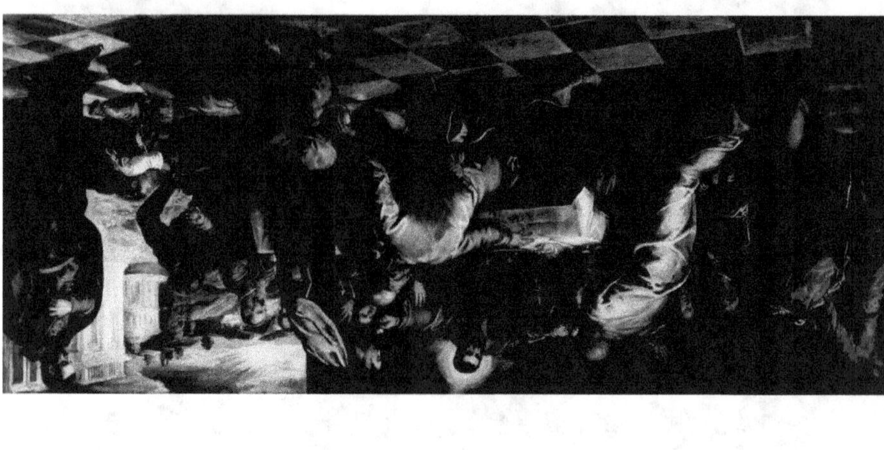

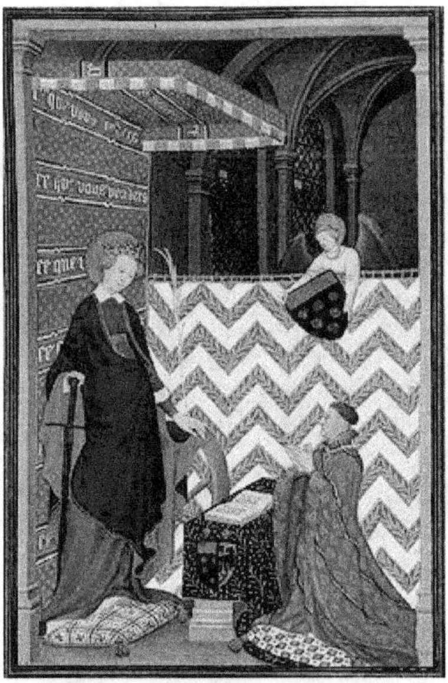

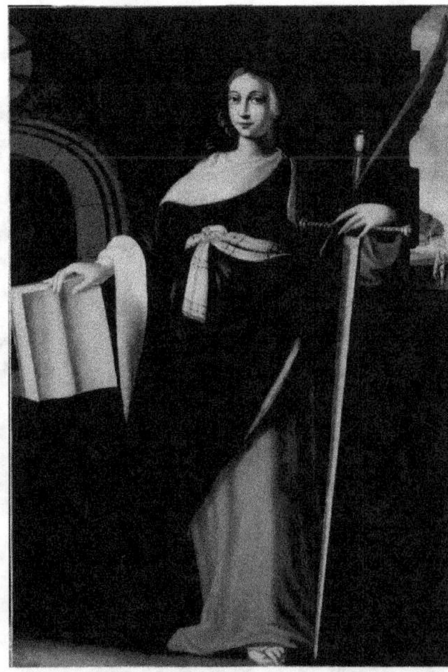

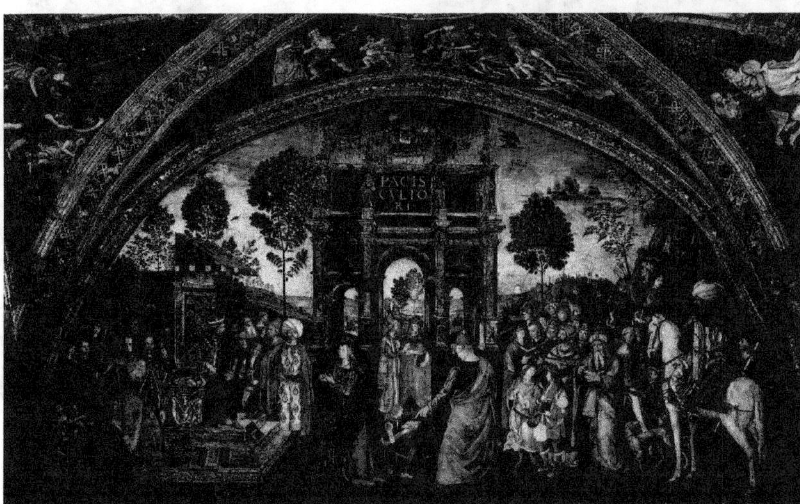
PACIS
CVLTO
RI

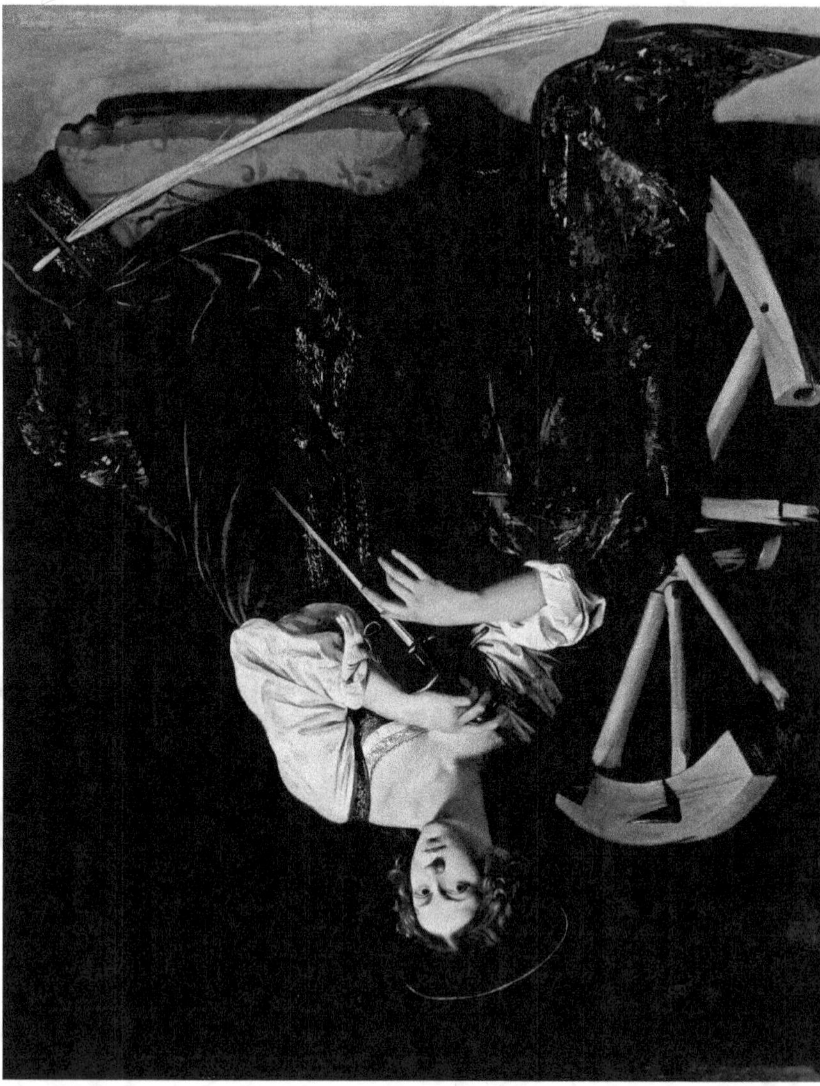

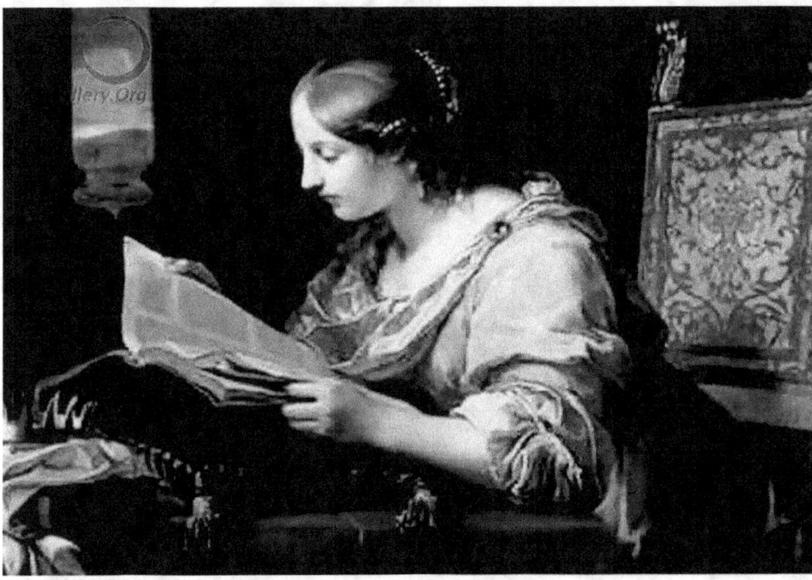

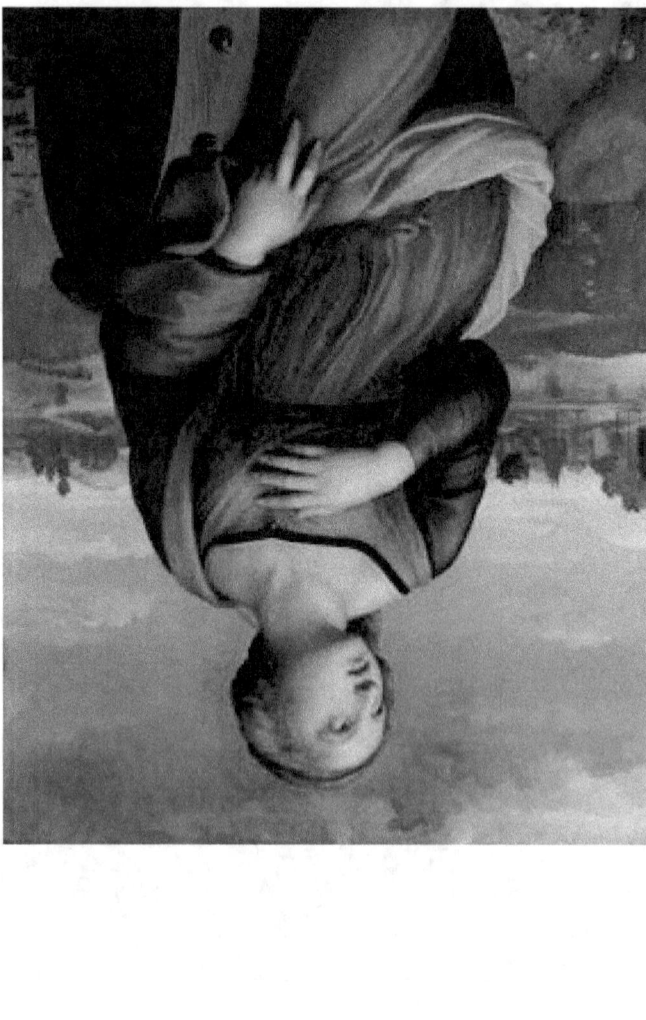

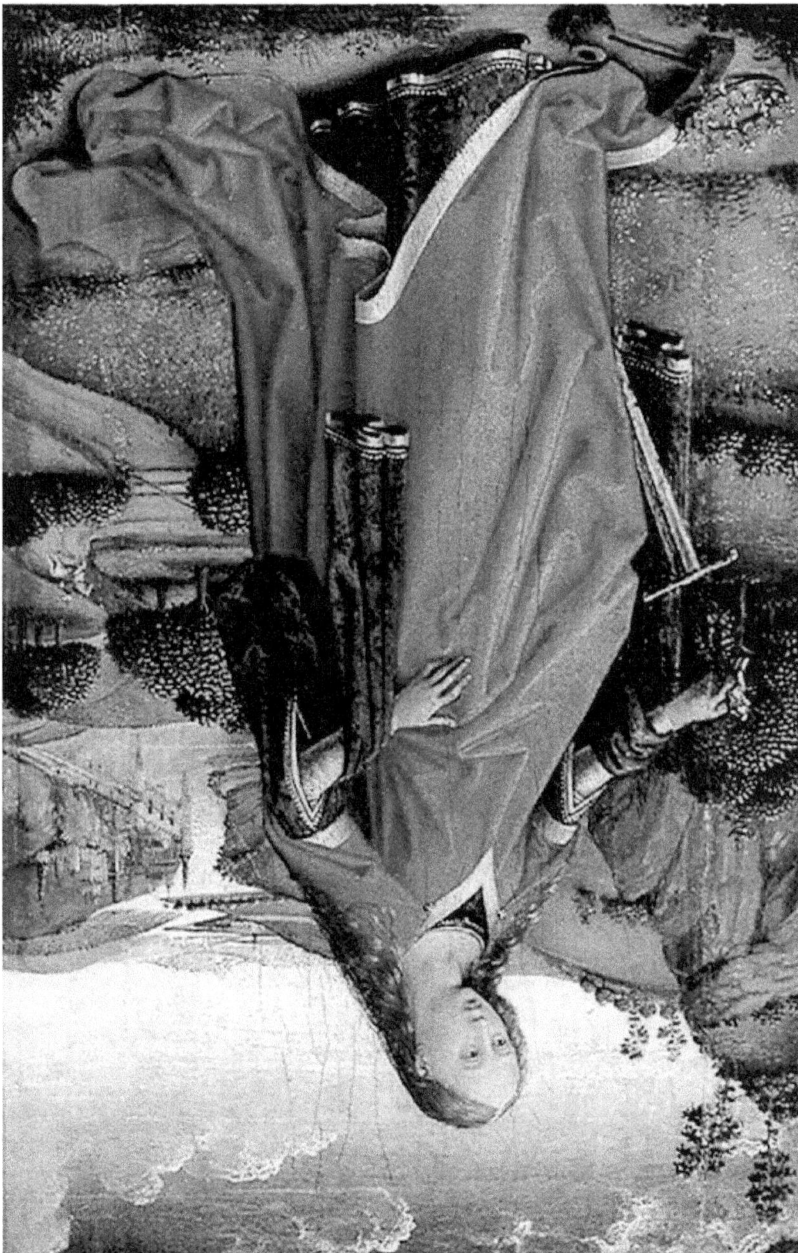

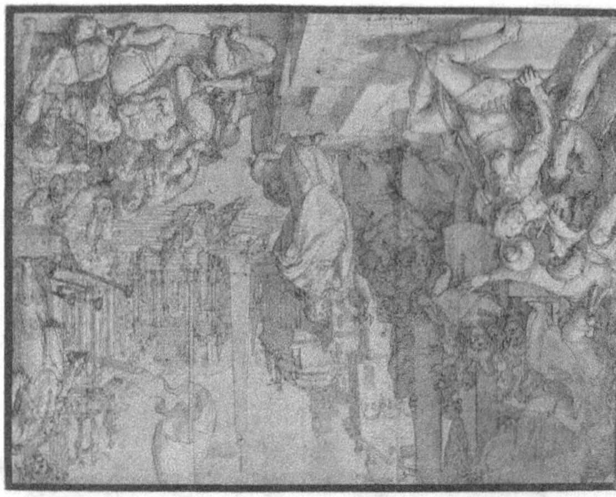

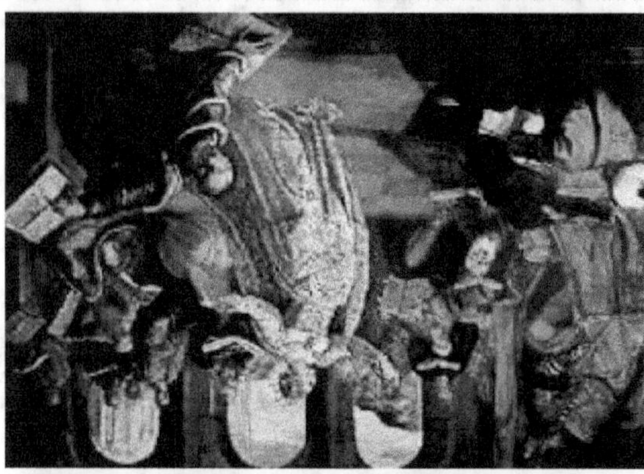

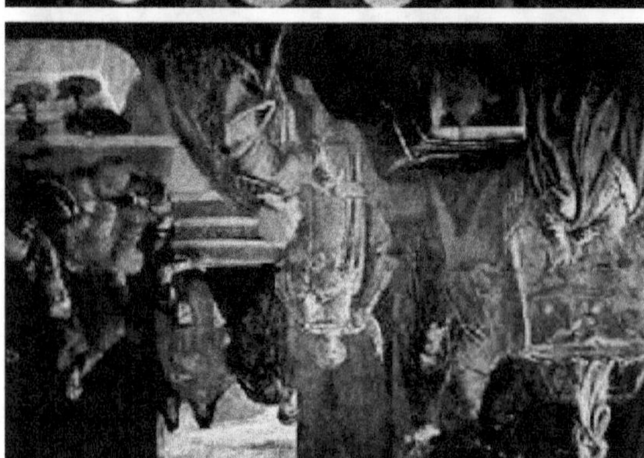

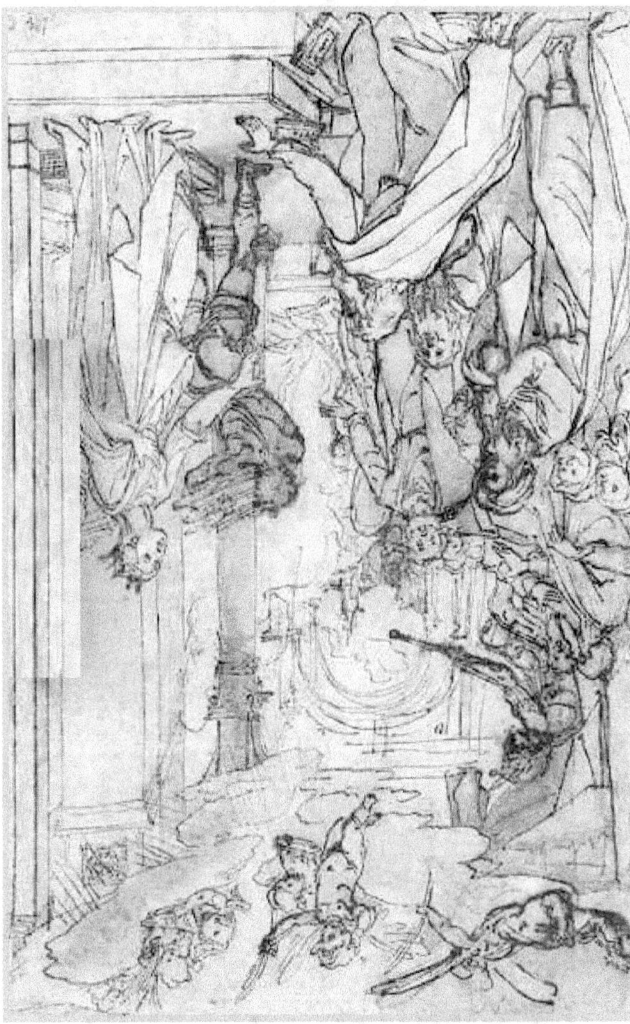

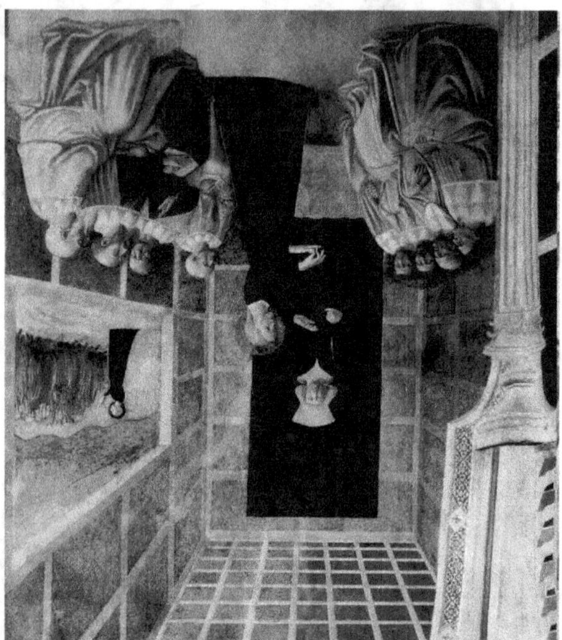

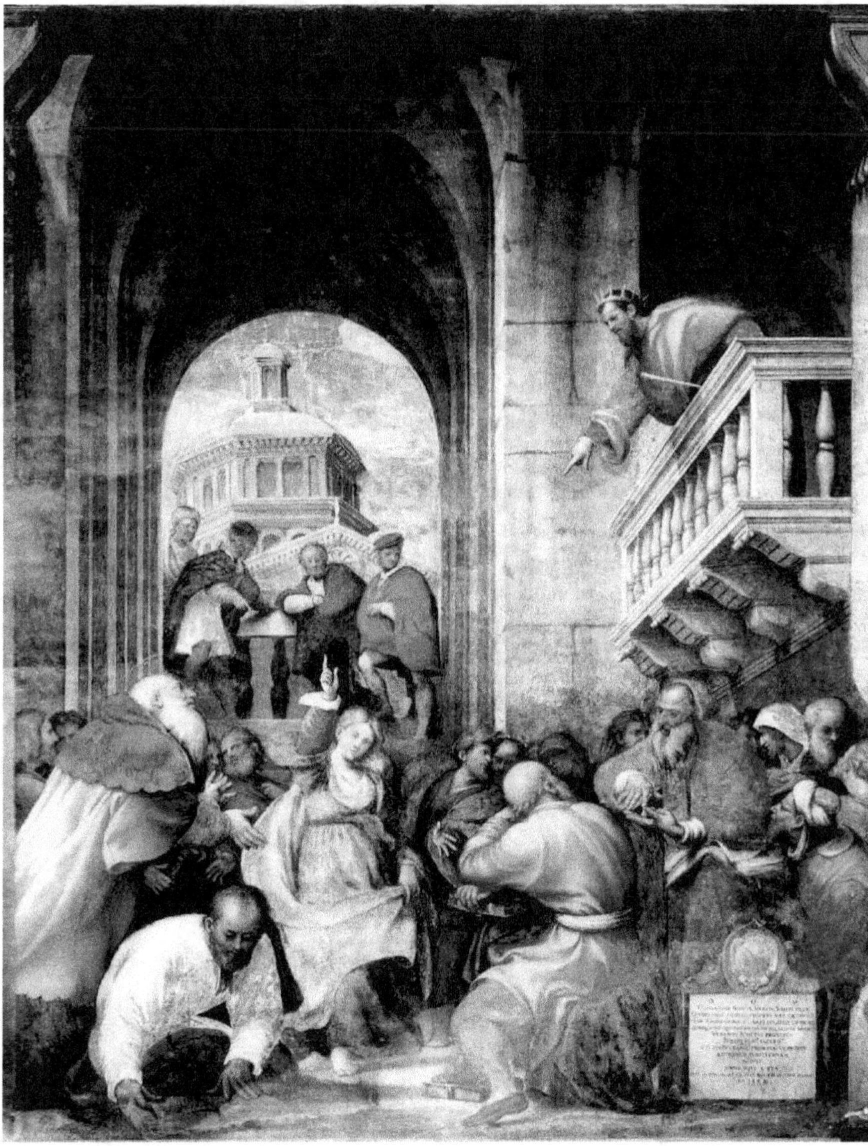

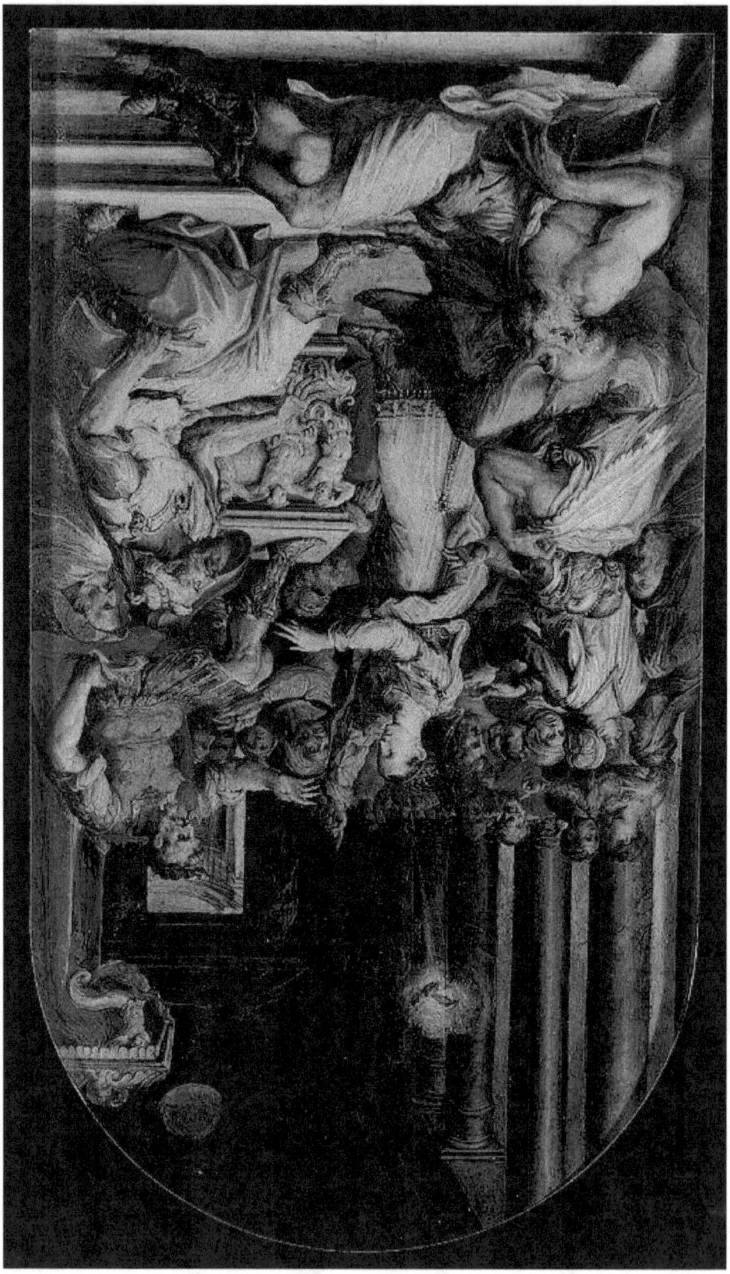

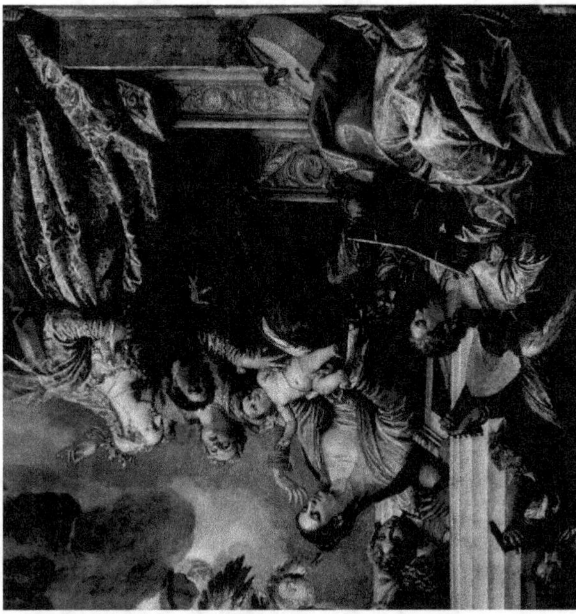

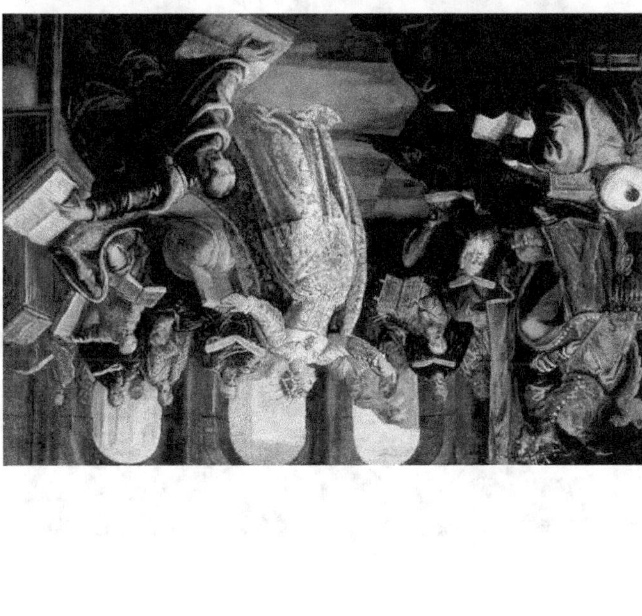

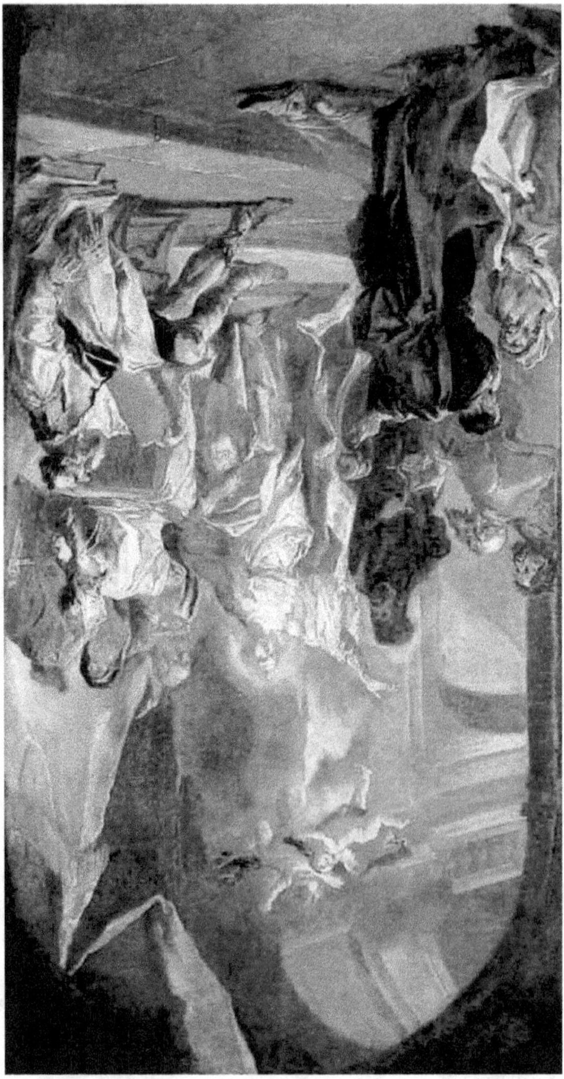

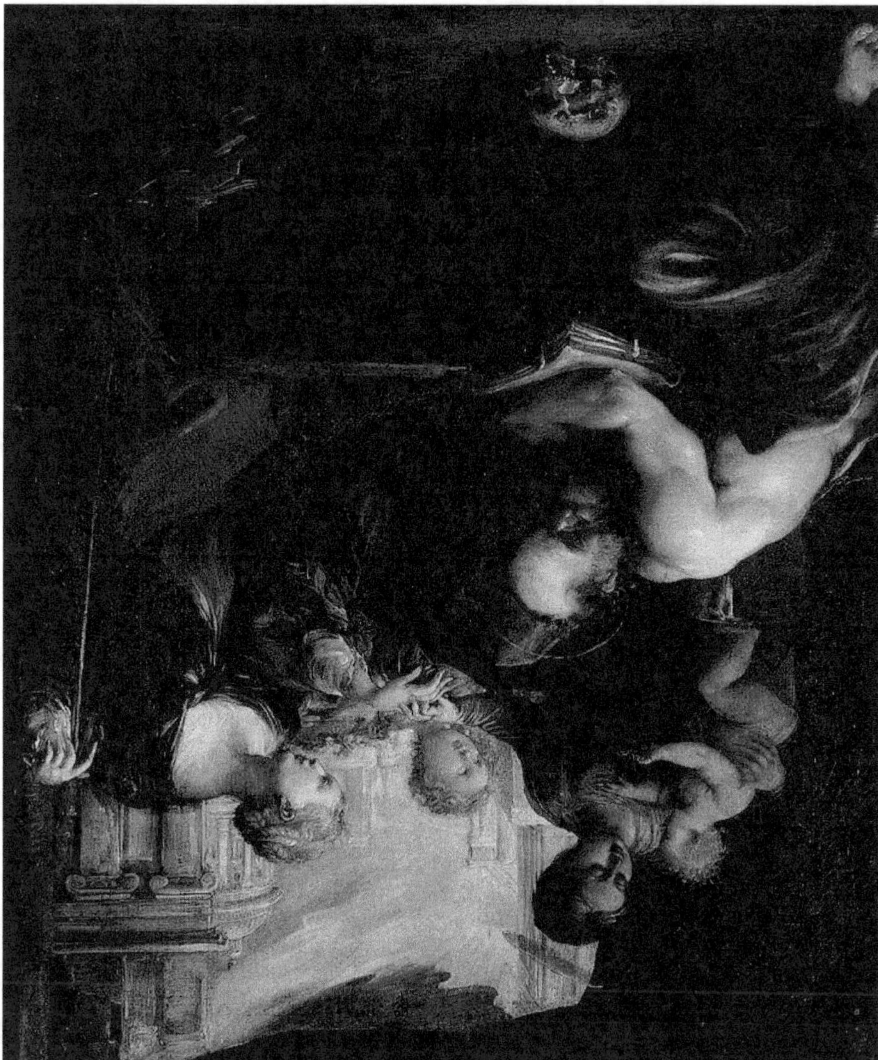

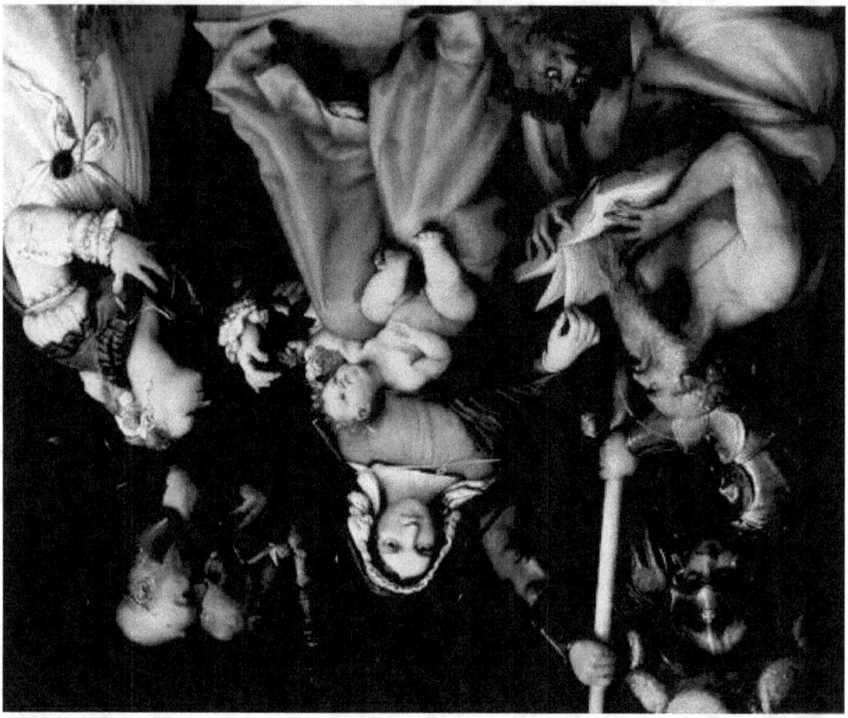

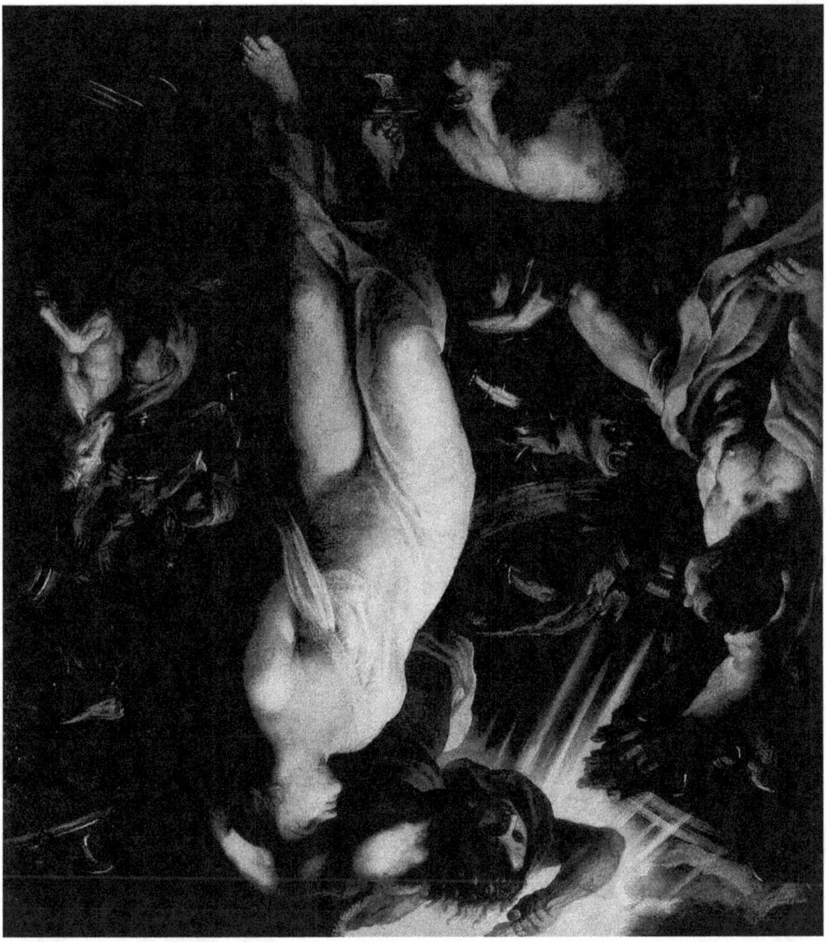

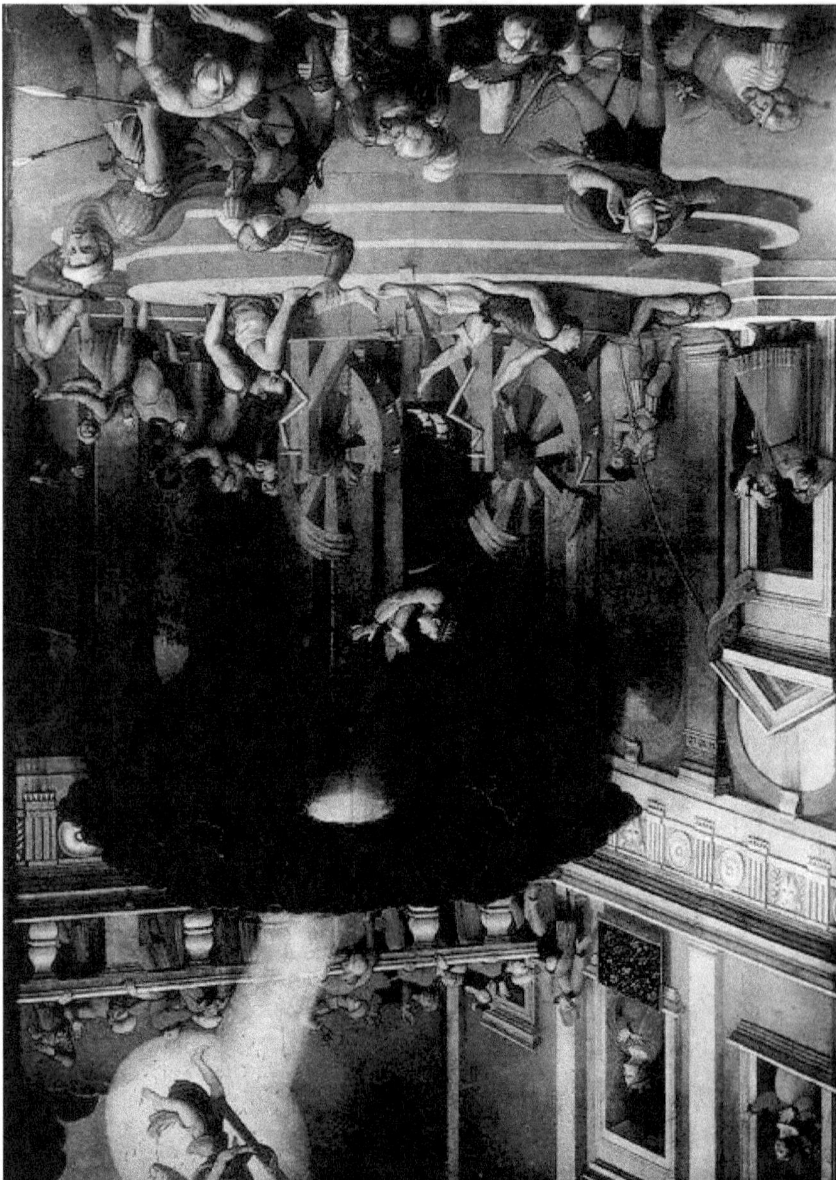

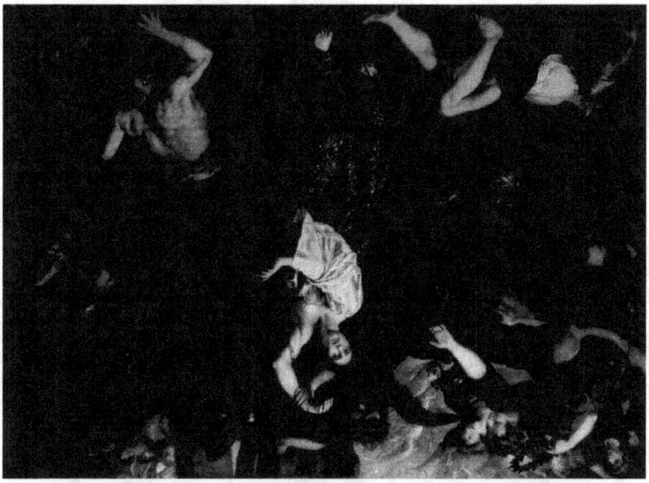

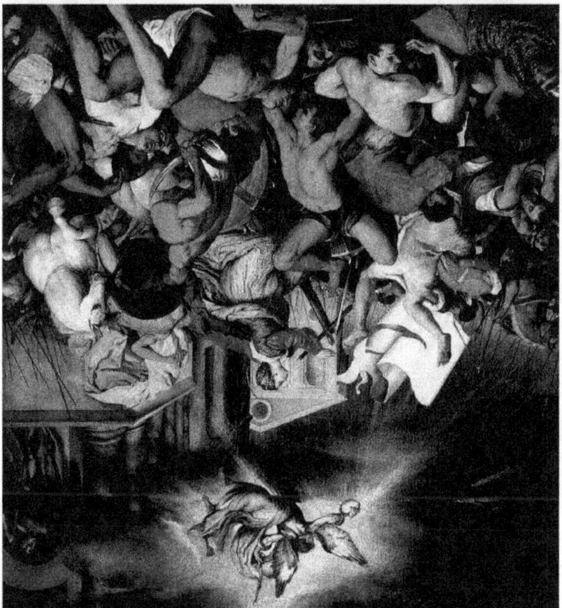

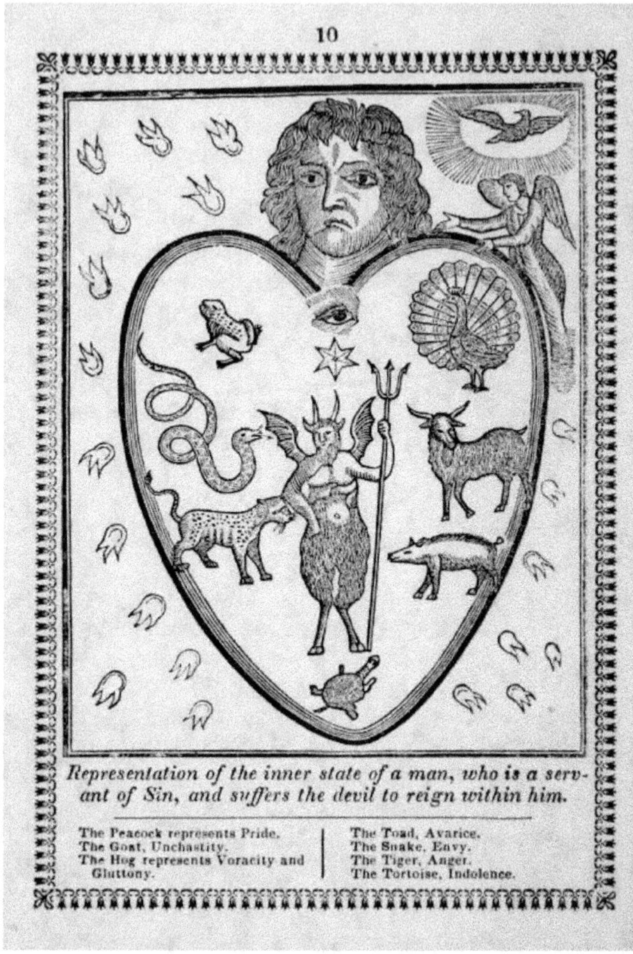

10
Representation of the inner state of a man, who is a servant of Sin, and suffers the devil to reign within him.
The Peacock represents Pride.
The Goat, Unchastity.
The Hog represents Voracity and Gluttony.
The Toad, Avarice.
The Snake, Envy.
The Tiger, Anger.
The Tortoise, Indolence.

Planche d'images autour de l'*inner state of man*

De haut en bas et de gauche à droite:
Representation of the inner state of man, who is a servant of Sin; le cœur de l'âme entre Jésus (tête), l'ange et les démons; *Book of the Heart*; Brueghel, *Desida*; Brueghel, même image, détail; L'Arbre des Sept Péchés, Crostwight; David Asante; *Corporal tree of seven corporal works of mercy,* Edingthorpe; Gossner; Jacques Chiquet, *Mirror of the Sinful*; / *deadly corps*, Littlehorwood; *7 deadly proceeding from Pride,* mur Nord, Raunds, Northamptonshire; sculpture des sept péchés capitaux, église paroissiale de Saint-Léry; tableau de mission de François-Marie Balanant

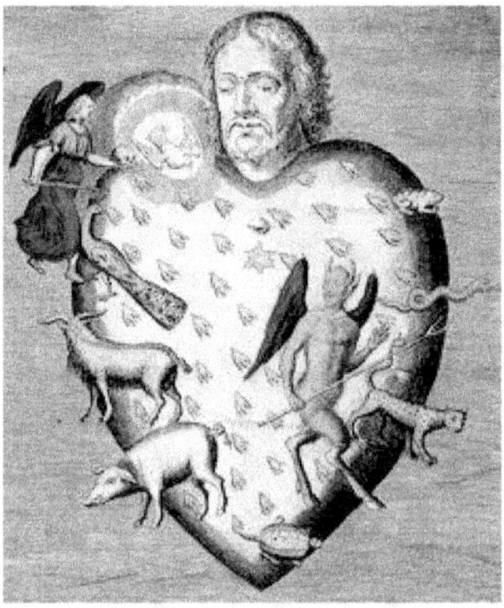

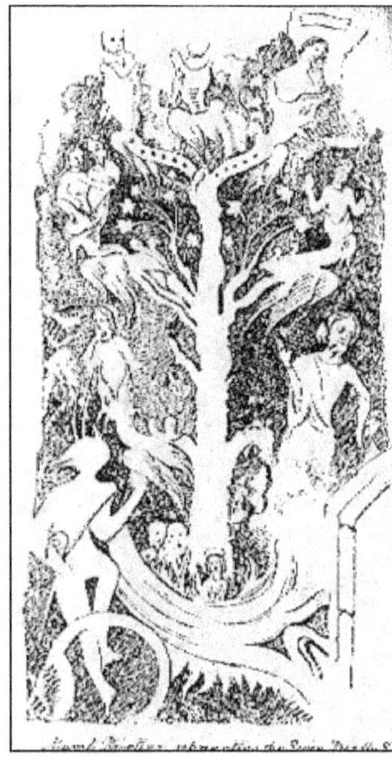

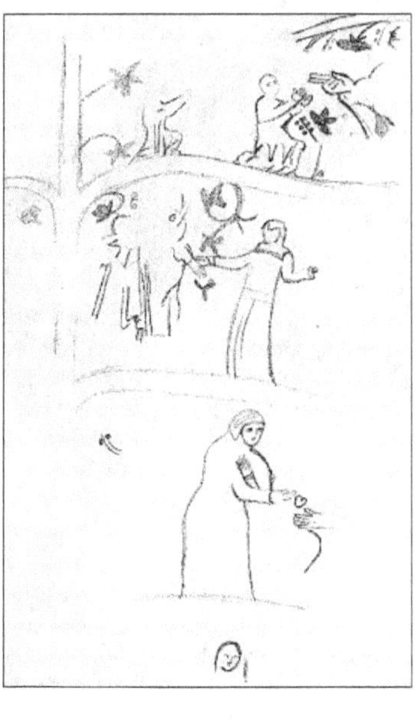

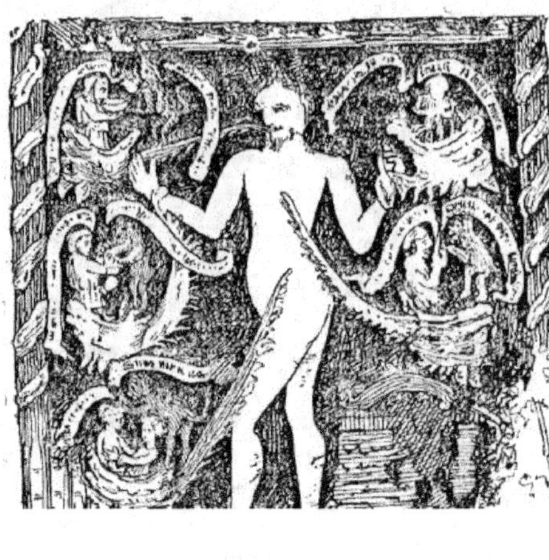

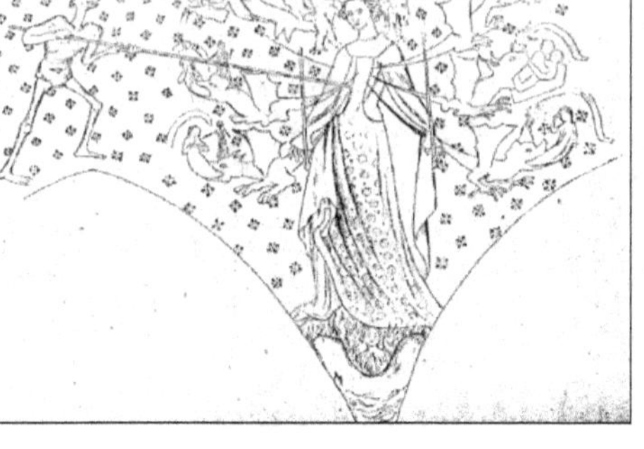

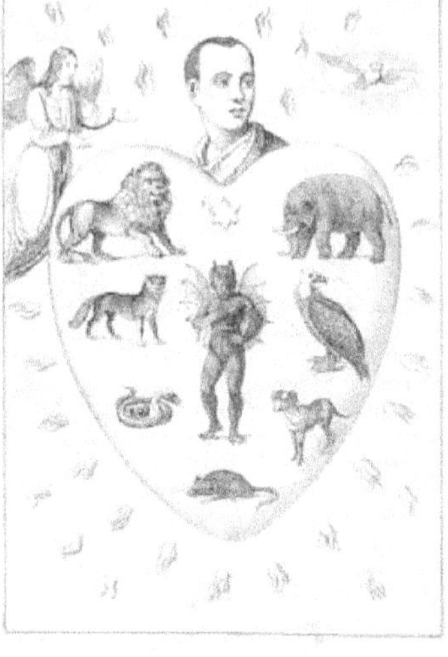

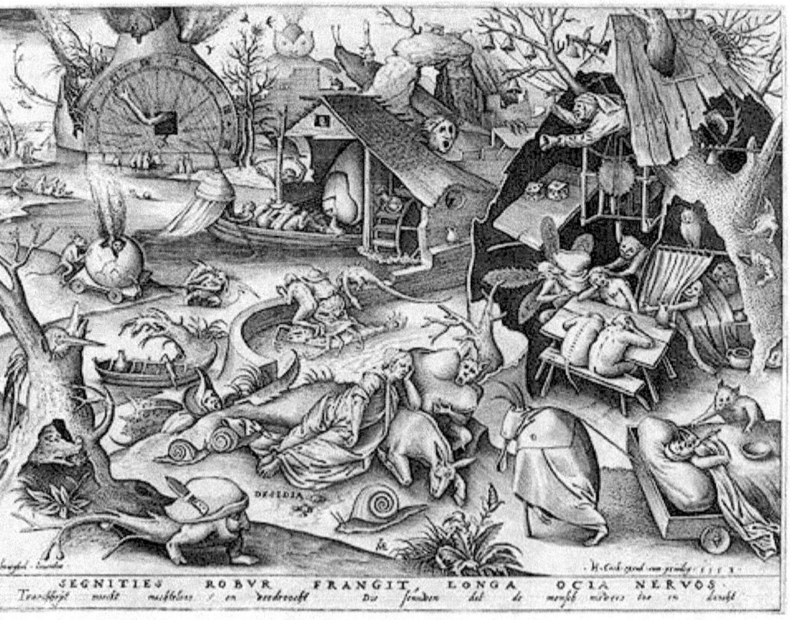
DESIDIA
SEGNITIES ROBVR FRANGIT, LONGA OCIA NERVOS.

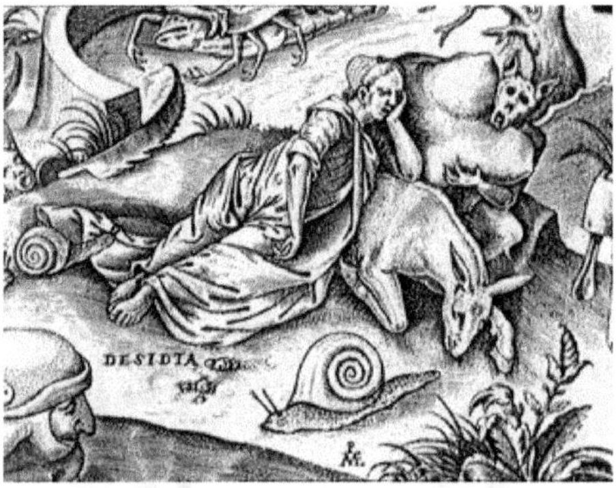
DESIDIA

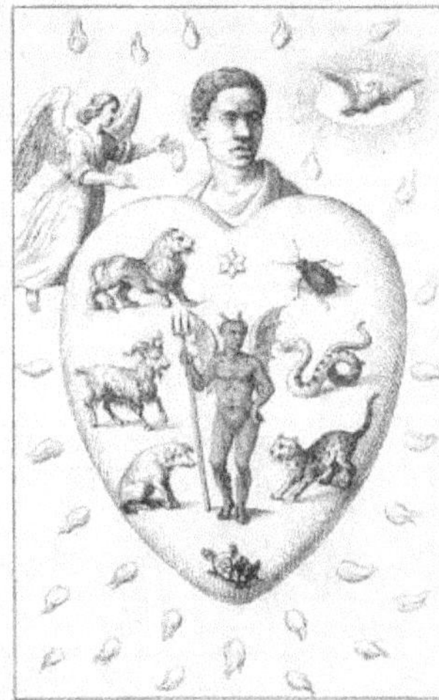

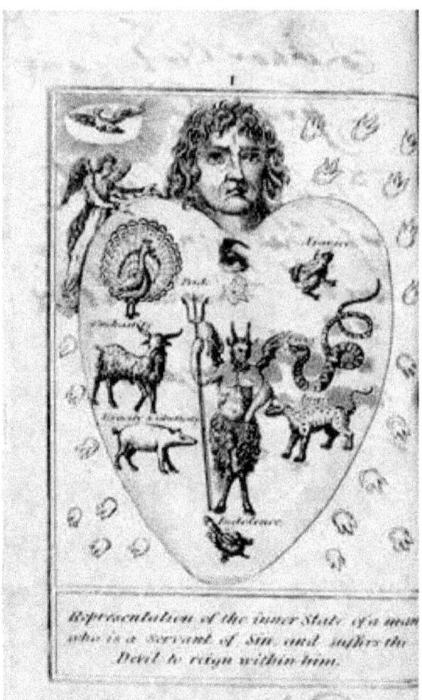
Representation of the inner State of a man
who is a Servant of Sin and suffers the
Devil to reign within him.
Resist the Devil
he will fly fare from
you

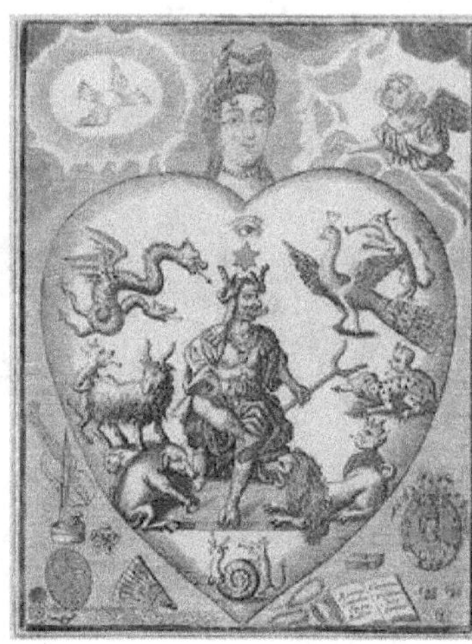

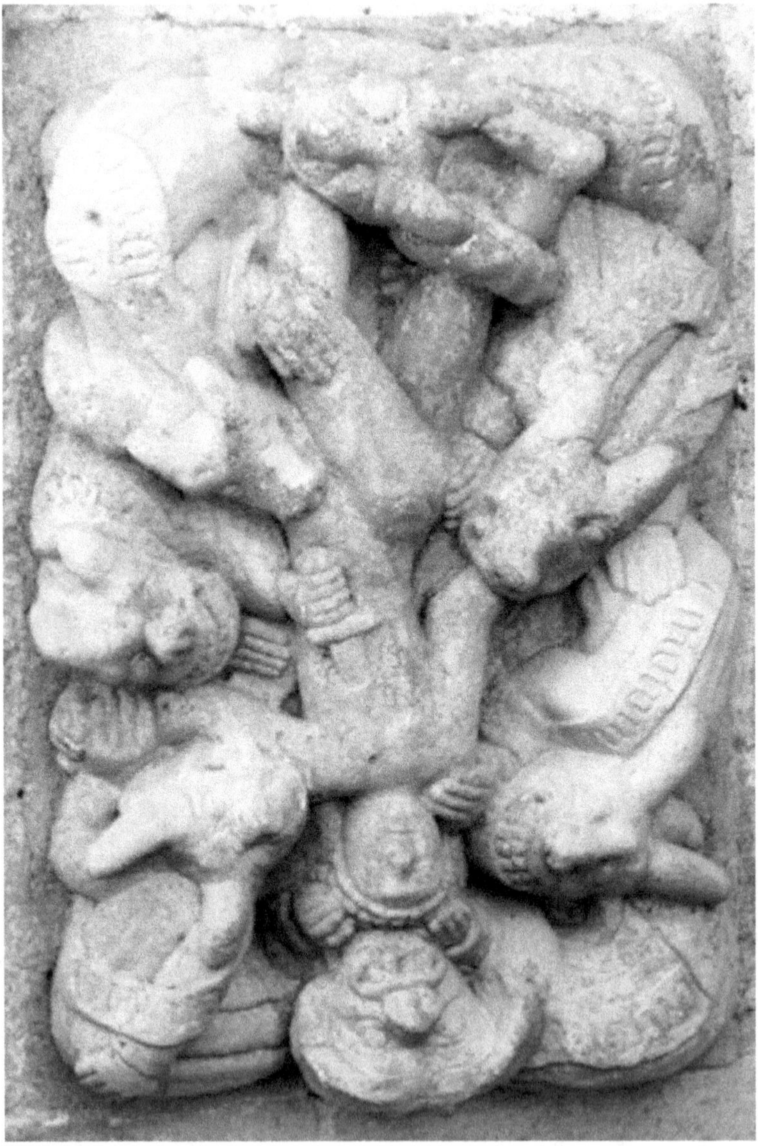

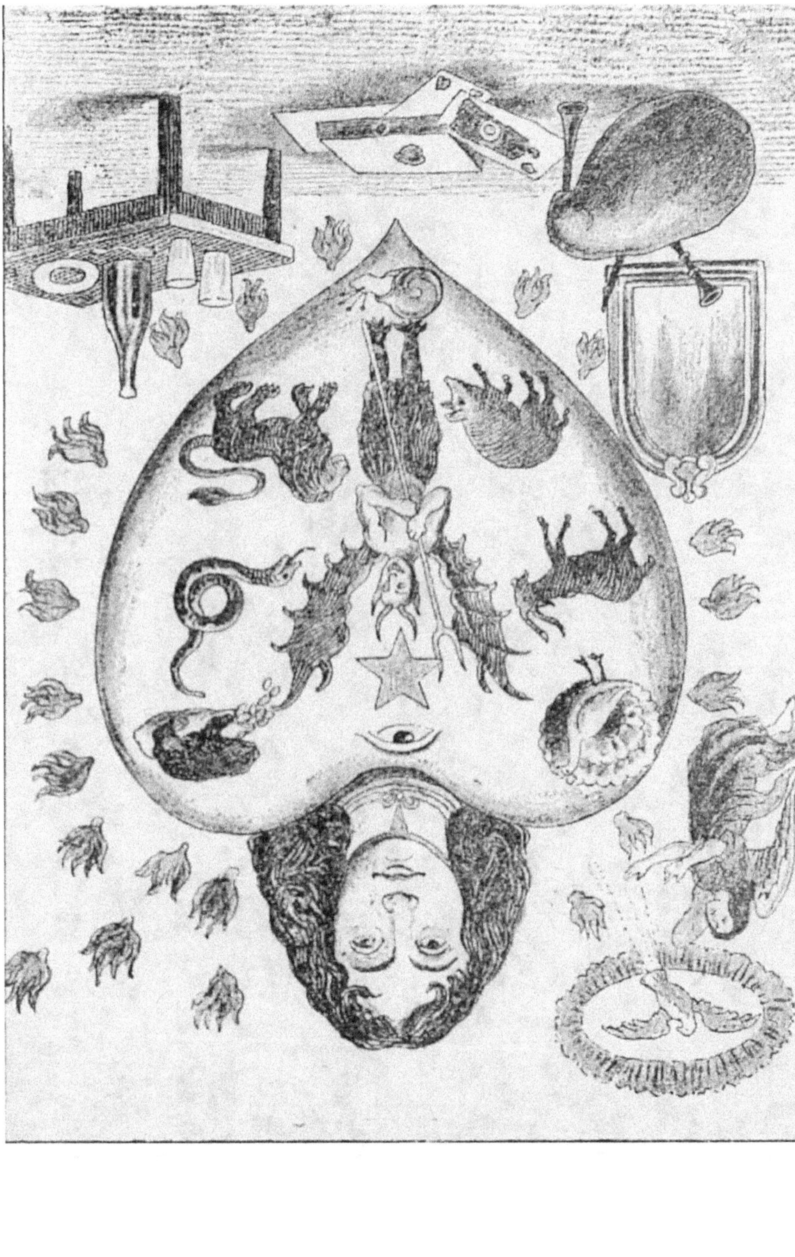

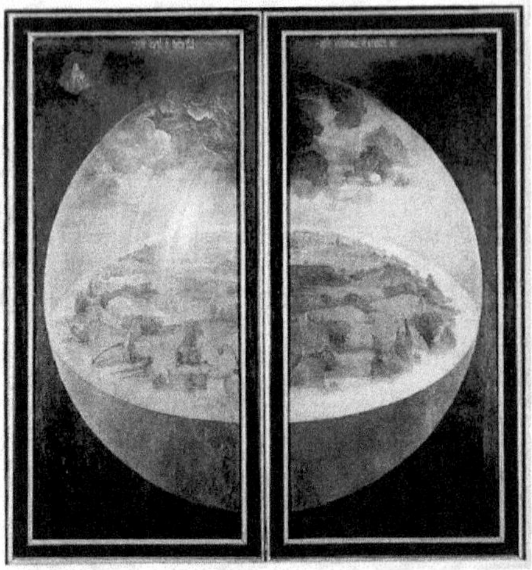

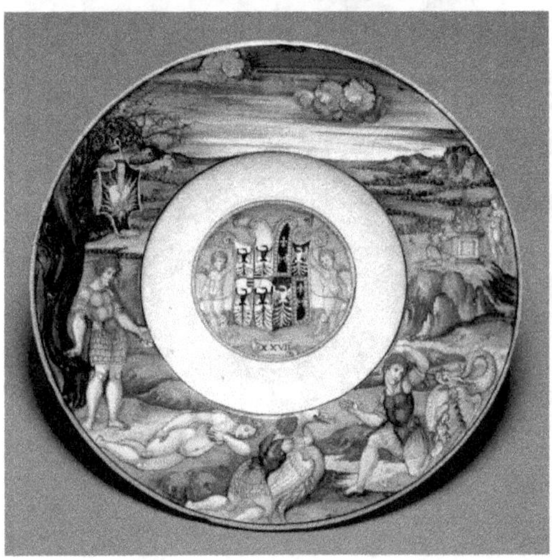

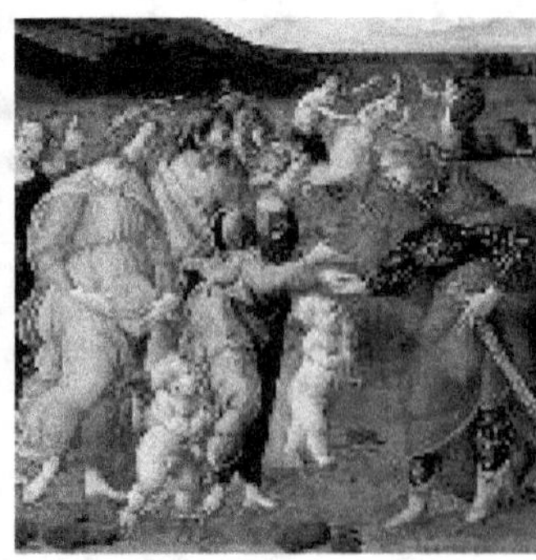

Planche d'images autour de Comus et Thétis

De haut en bas et de gauche à droite:
Bosch, *Le Jardin des Délices*, panneaux externes; assiette du Fitzwilliam Museum; Bartolo; Giovanni, *Cortège de Thétis*; partie droite; partie gauche; détail de droite; détail de gauche; Giovanni, *Noces de Thétis et Pélée*

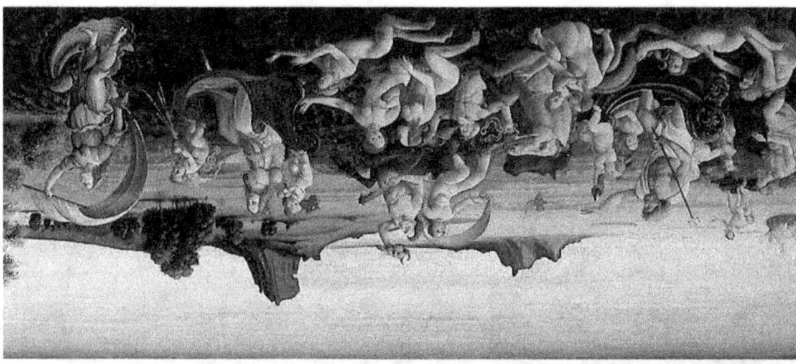
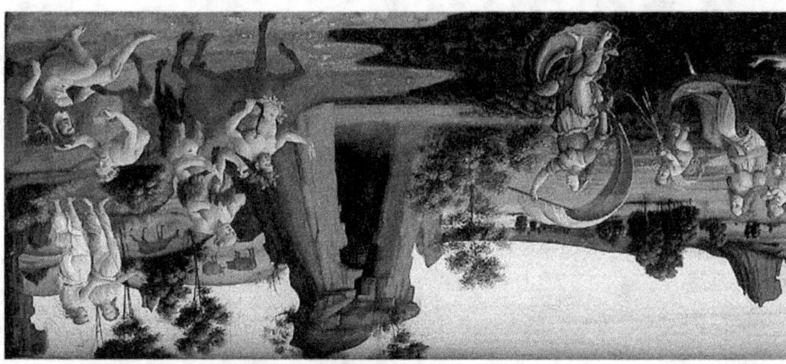
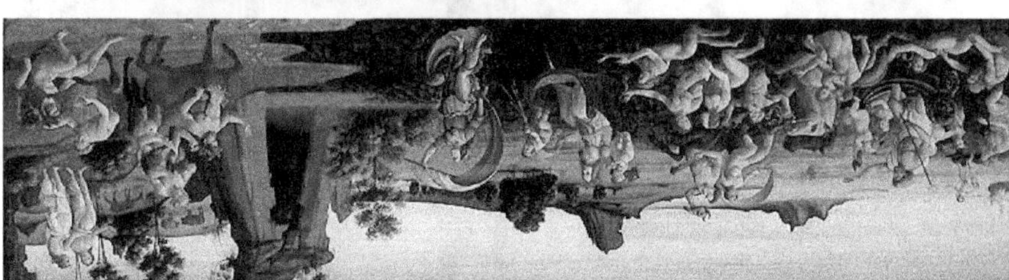

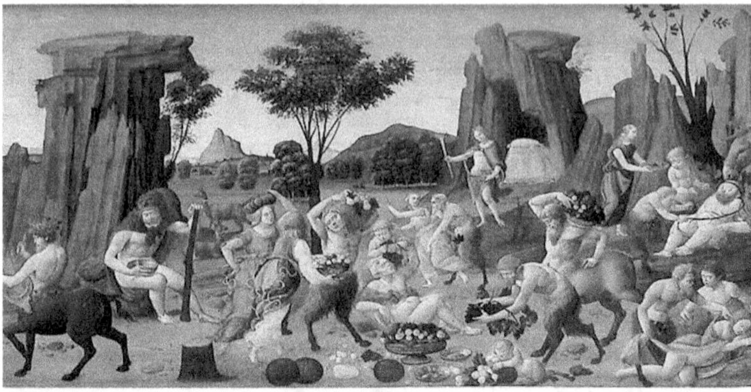

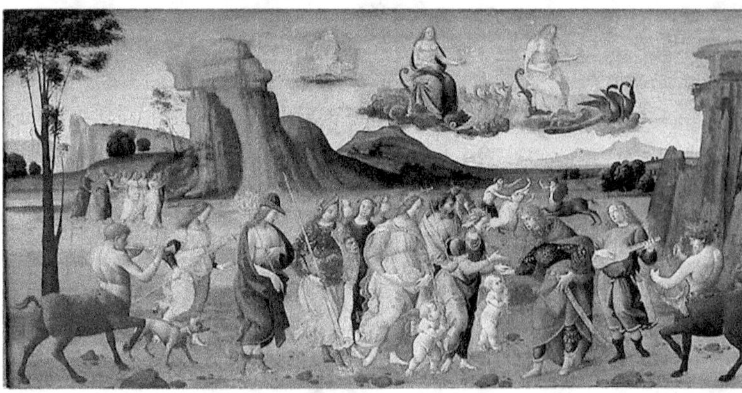

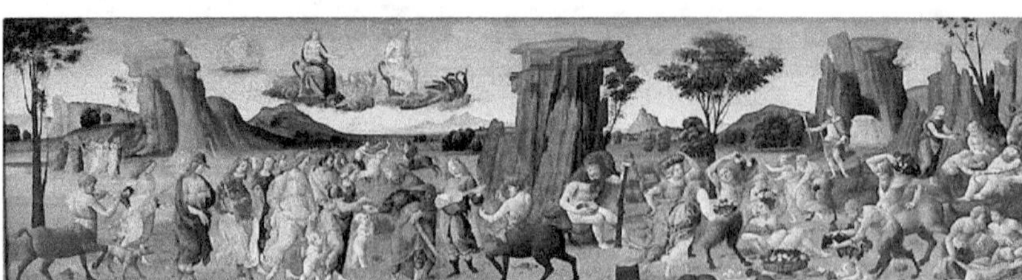

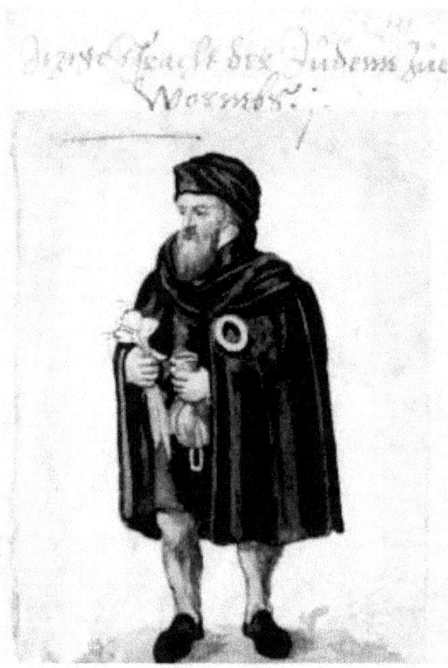

Planche d'images autour des fruits

De haut en bas et de gauche à droite:
Représentation du Juif, Worms; *La Nef des Fous*; *Silenus Alcibiadis* , pp. 55, 57, 67, 101; Farnesina, Loggia de Cupidon et Psyché

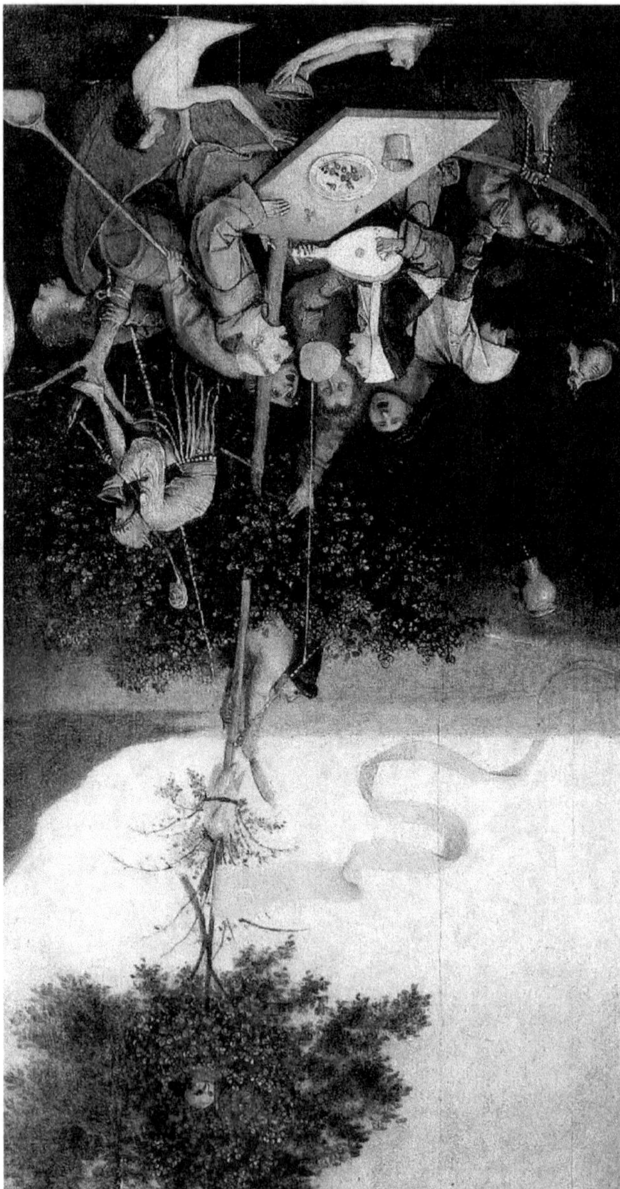

QVOD NON NORIS, NON AMES.

IIII.

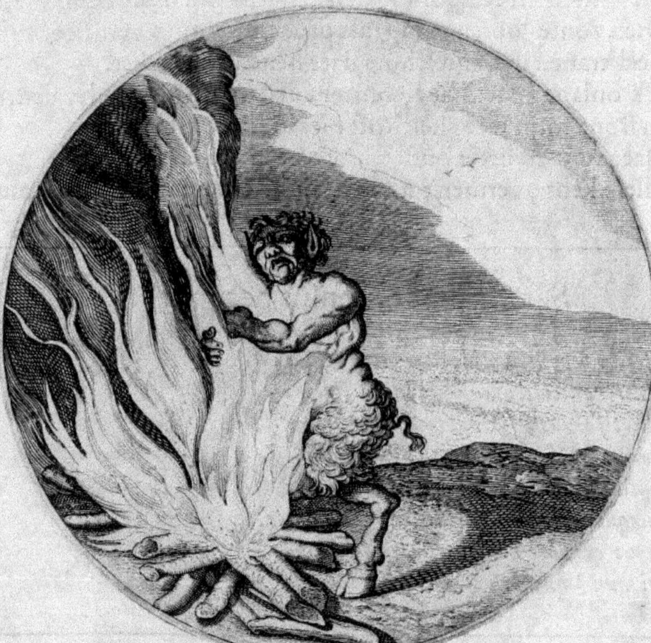

PROVERB. 5. 20. *Quare sedeceris, fili mi, ab extraneâ.*

HESIOD. Τὴν δὲ μάλιστα γαμεῖν ἥ τις σέθεν ἐγγύθι ναίει
Πάντα μάλ' ἀμφὶς ἰδών.

Hanc autem maxime duc in vxorem, quæ prope te habitat.
Omnia valdè circumspiciens.

PETRA. DE REMED. VTRIVS. FORT. LIB. 1.
Multos amantes credulitas sua circumvenit, libenter enim credunt quod optant.

B　　'T neemt

V.

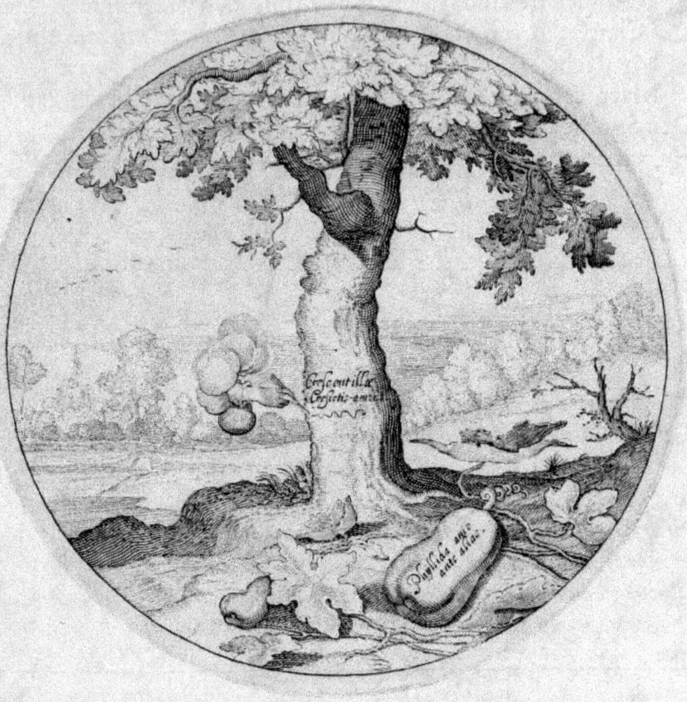

PLVTARCHVS.

AMor neque nos statim neque vehementer ab initio, quem admodum ira, invadit; neque facile, ingressus, decedit, quamvis alatus: sed sensim ingreditur ac molliter, manetque diu in sensibus.

SENE. HIPPOL.

LAbitur sensim furor in medullas,
Igne furtivo populante venas,
Non habet latam data plaga frontem,
Sed vorat tectas penitus medullas.

MITE PYRVM VEL SPONTE FLVIT.

X.

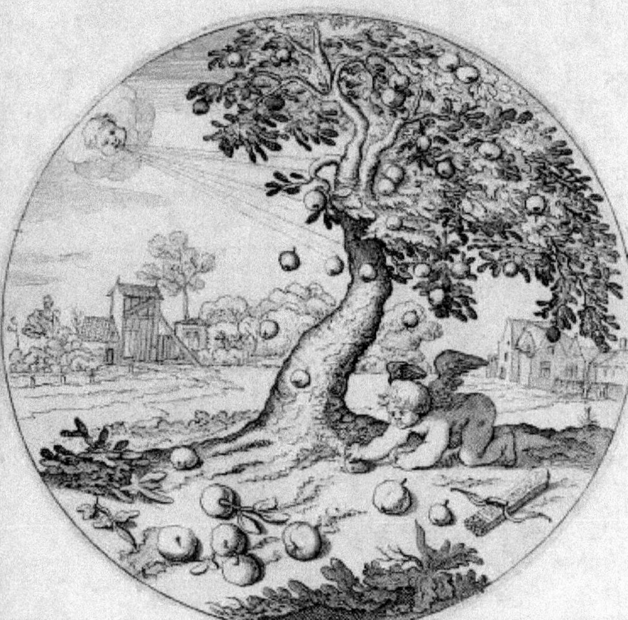

HORAT. LIB. 2. CAR. OD. 5. . . . . . *Tolle cupidinem*
Immitis uvæ:
Iam te sequetur, jam protervâ
Fronte petet lalage maritum.

VIRG. . . . . . . *Primus & adhuc crescentibus annis*
Non mentem Venus ipsa dedit.

TERTVLLIAN. *Acerba res est, immatura virgo.*

NVDA MOVET LACHRIMAS.

XXVII.

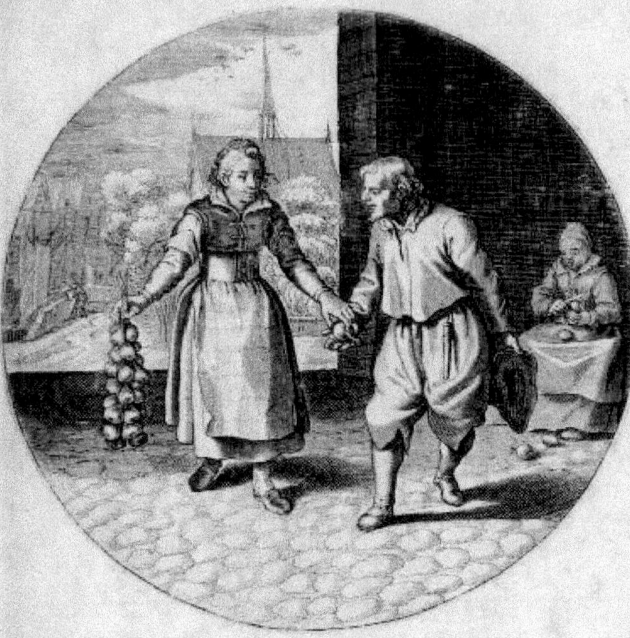

HEROD. LIB. 1. *Mulier exutâ tunicâ verecundiam pariter exuit.*

Annæn. Robert. Rer. Iud. Lib. 4. Cap. 10.

N*Vditas in viro indecens, in muliere probrosa: vnde Herodotus apud Lydos ac plerasque gentes, etiam barbaras, viris indecorum fuisse tradit se nudos ostendere, nam (vt ait Cicero) hoc solum animal natum est, pudoris & verecundiæ particeps.*

ADDE,

Flagitij principium esse, nudare inter cives corpora.

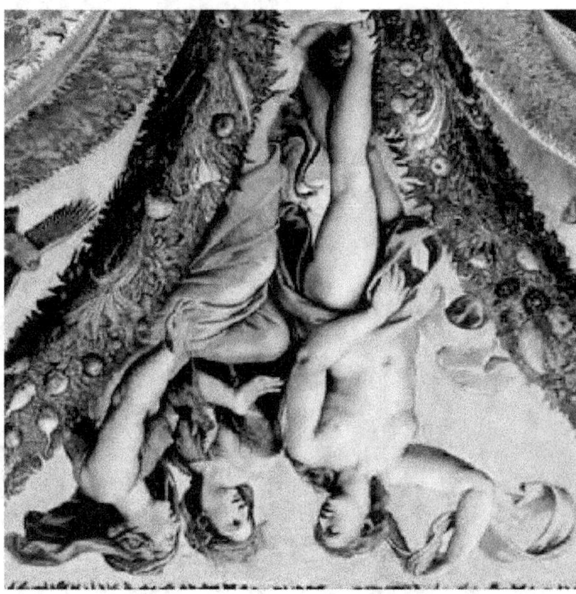

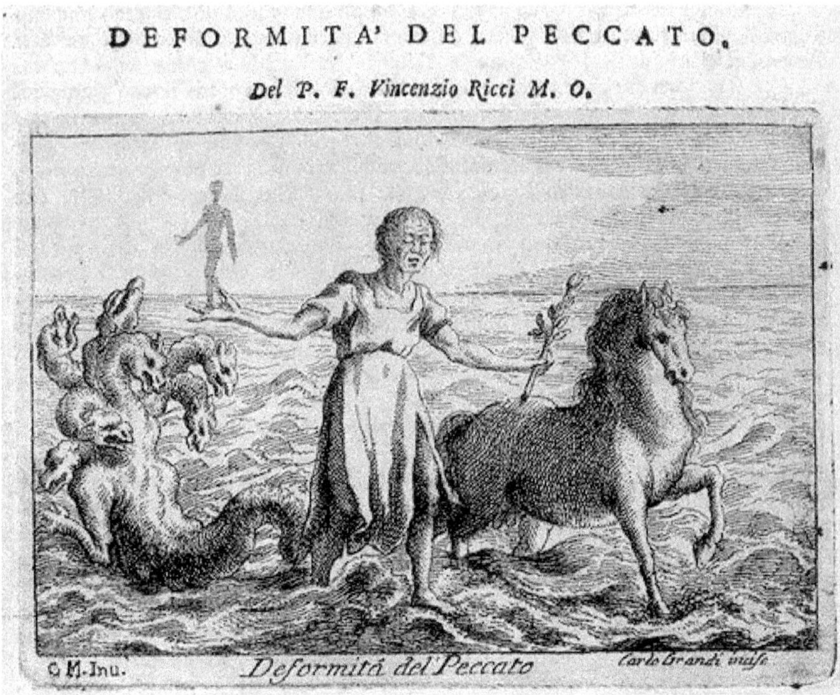

Planche d'images autour de la maille

De haut en bas et de gauche à droite:
Ripa: *Diformita dl peccato; Falsita di amore; Fraude* (2 images)*; Sincerita*; *Inganno*; Chapelle San Severo, Naples: Christ; *Il Disinganno* par Francesco Queirolo (2 vues)*; Pudicizia* par Antonio Corradini (4 vues), *La Pudicizia*;
Le Titien, *Allégorie de l'Amour Sacré et de l'Amour profane*; Guernico, *Cena mitologica (Venus, Marte, Cupidoe/o Tempo)*

FALSITA' DI AMORE, OVVERO INGANNO.

Di Cesare Ripa.

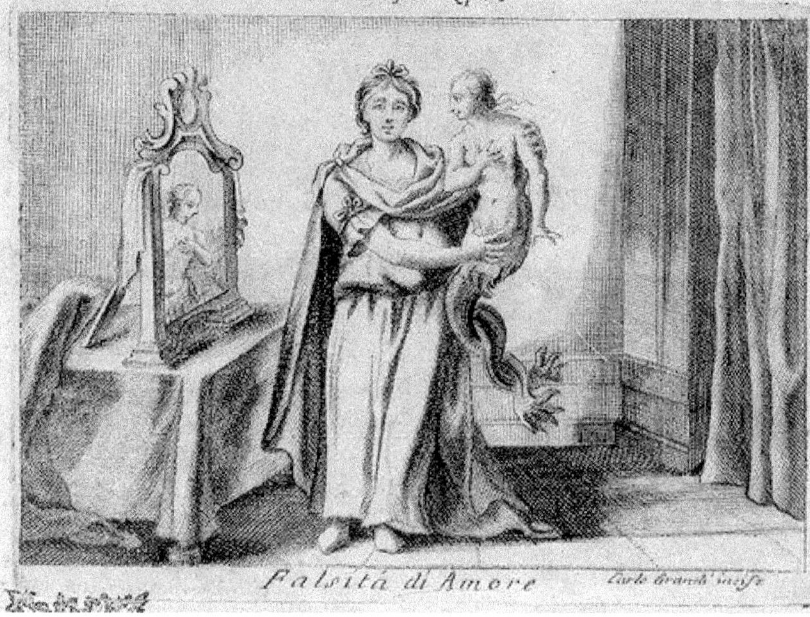

F R A U D E.

Di Cesare Ripa.

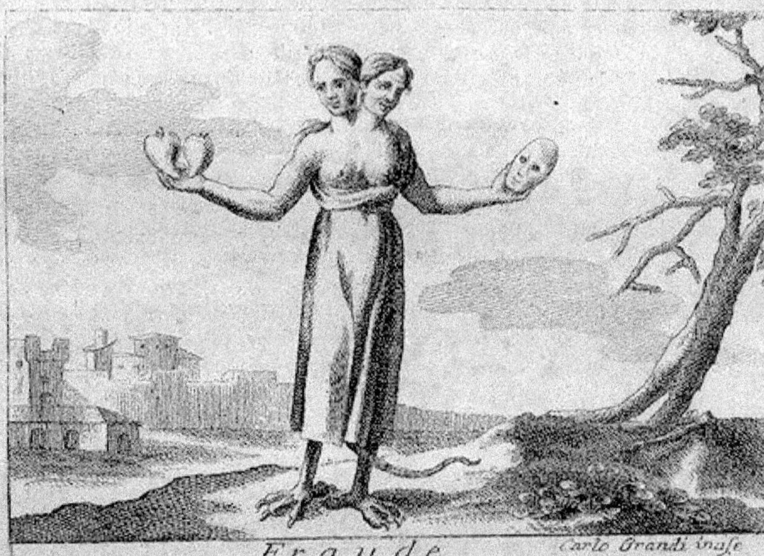

Fraude — Carlo Grandi inc.

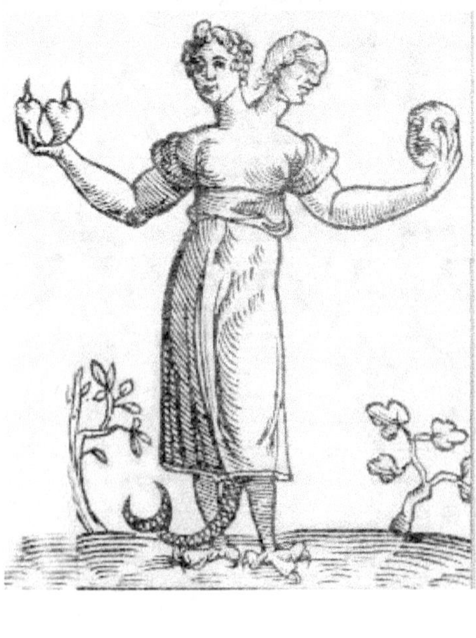

SINCERITA'.

Dello Stesso.

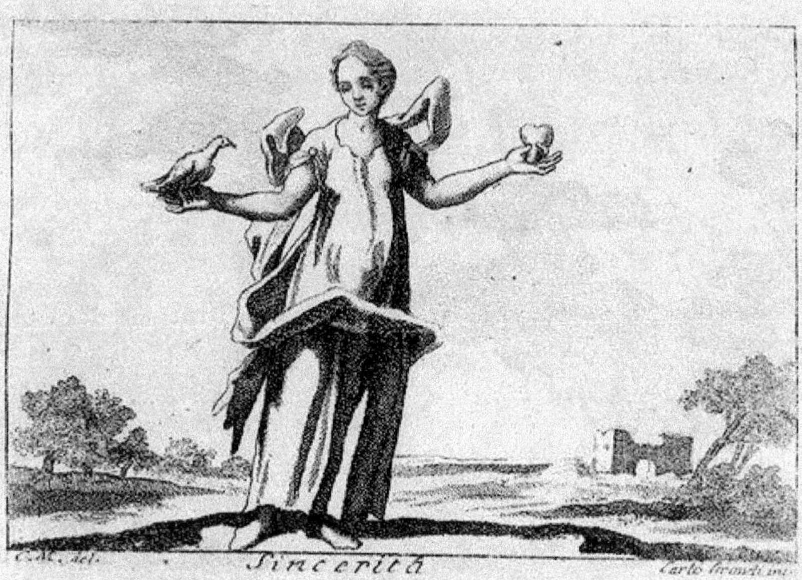

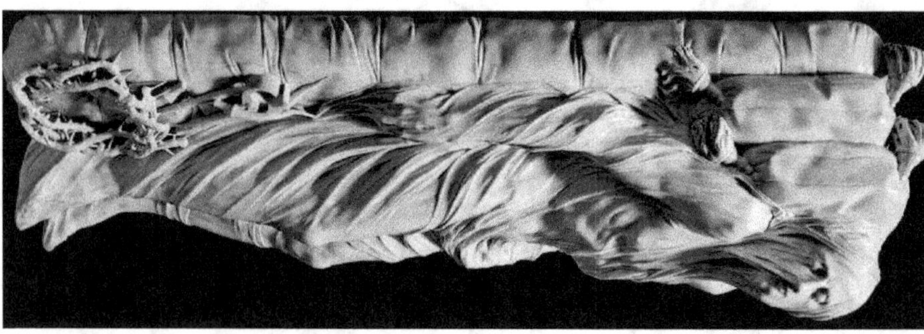

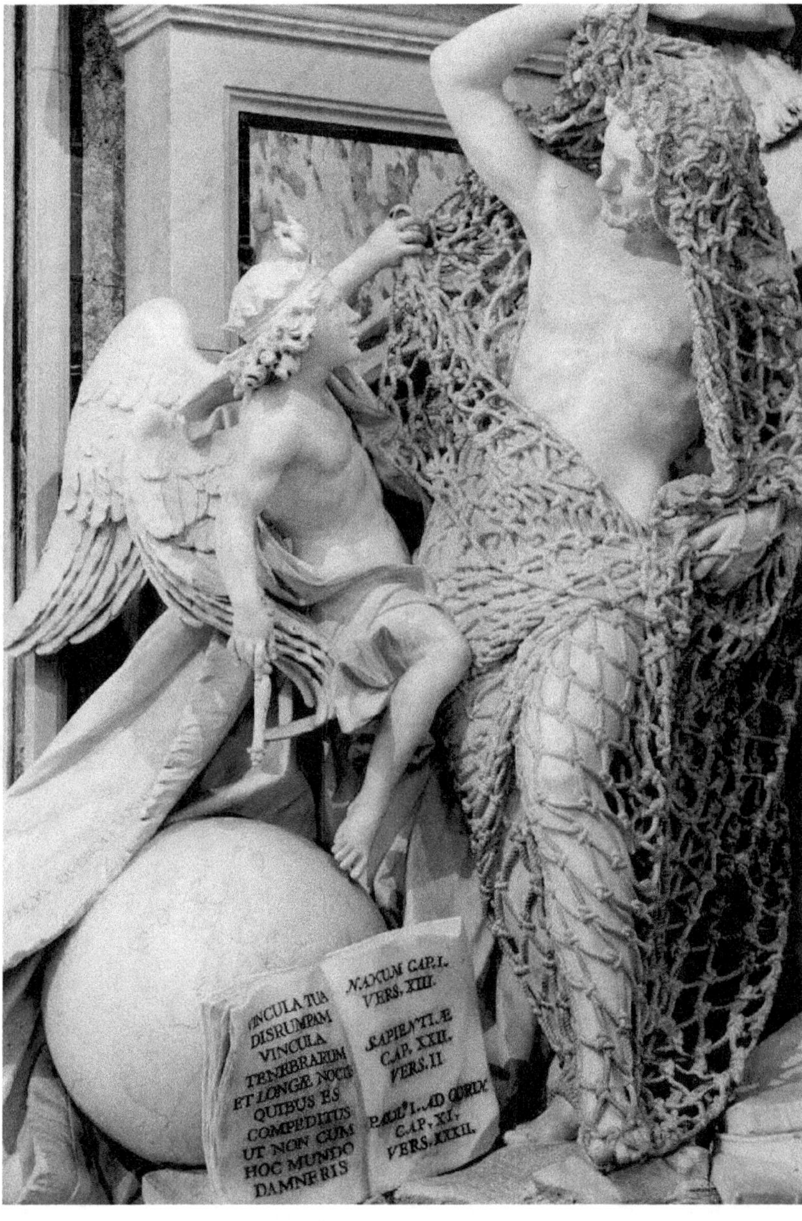
VINCULA TUA
DISRUMPAM
VINCULA
TENEBRARUM
ET LONGÆ NOCTIS
QUIBUS ES
COMPEDITUS
UT NON CUM
HOC MUNDO
DAMNERIS
NAXUM CAP. I.
VERS. XIII.
SAPIENTIÆ
CAP. XXII.
VERS. II
CAP. XI.
VERS. XXXII.

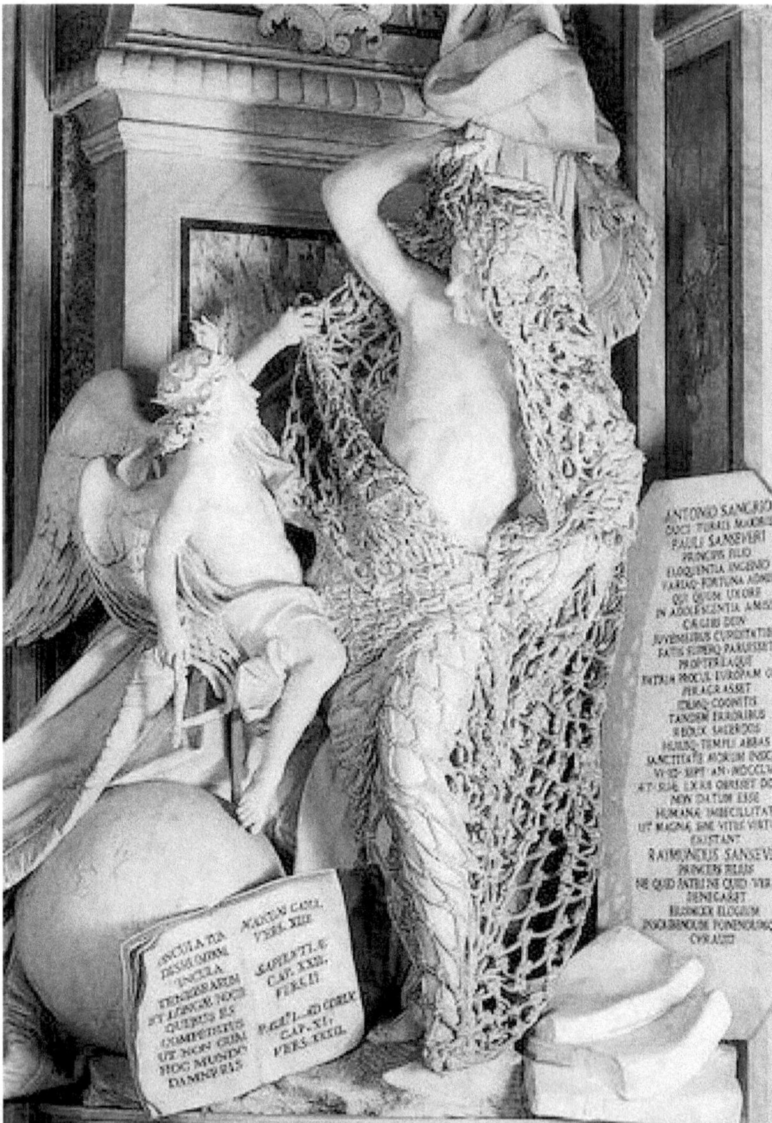

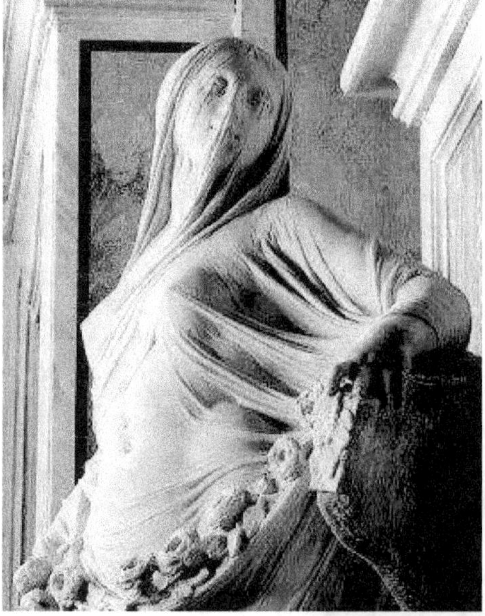

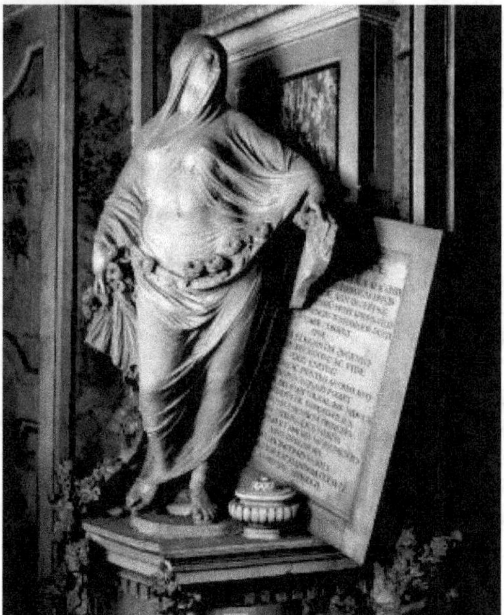

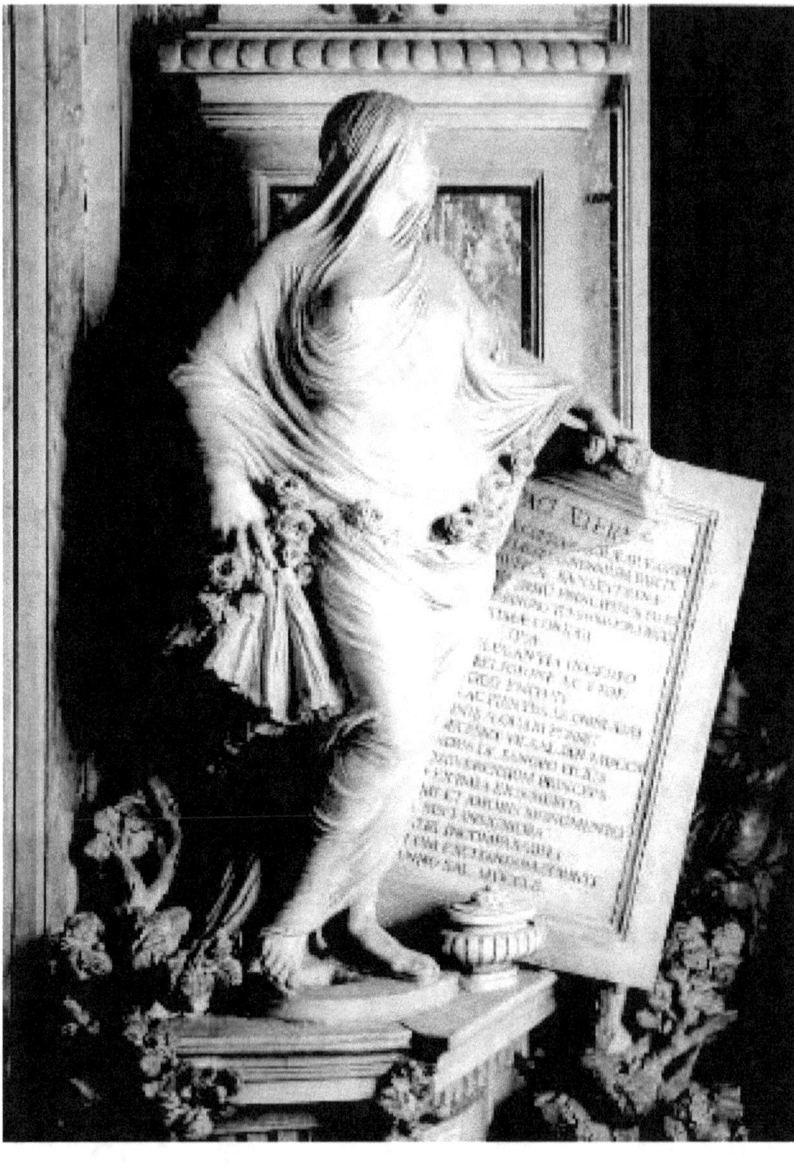

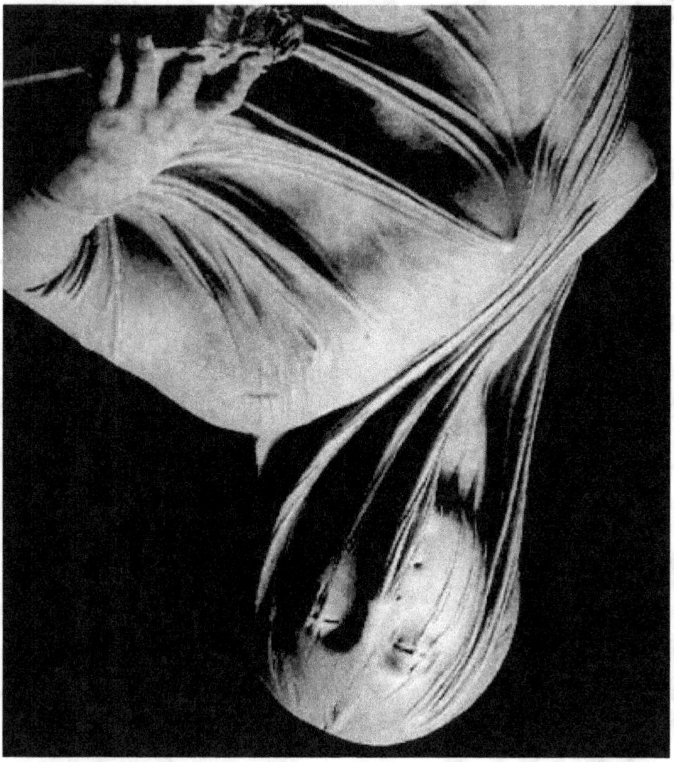

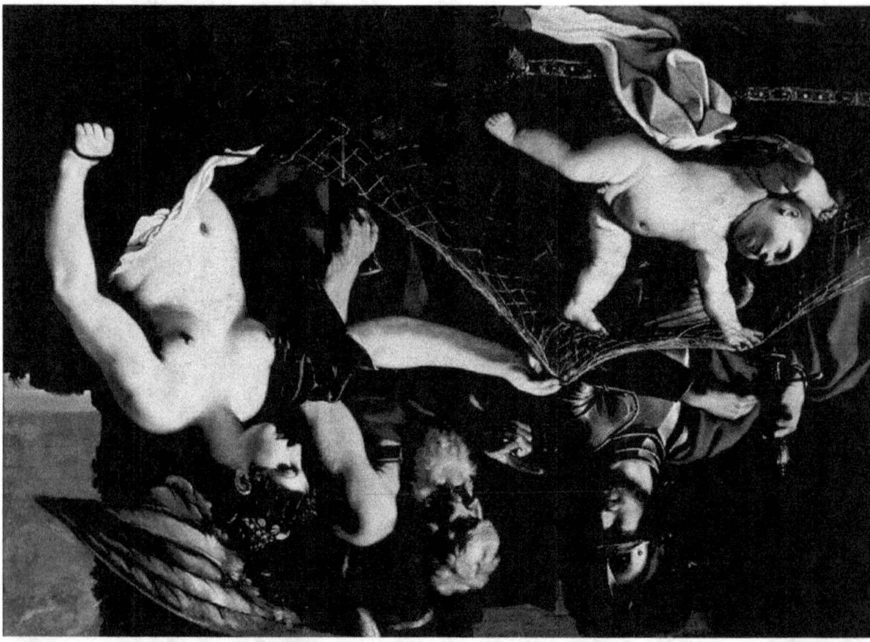

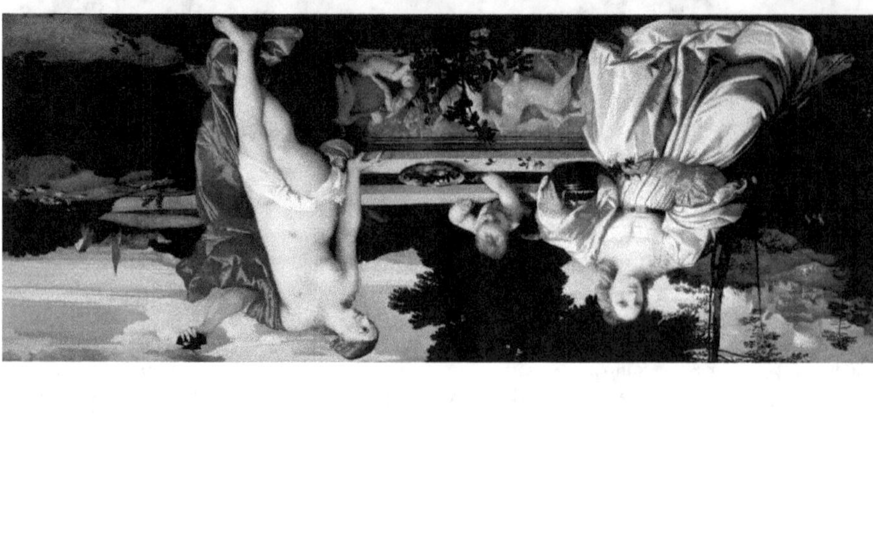

Planche d'images sur le thème iconographique de l'opposition entre Vice et Vertu:

Véronèse, Honor et Virtus post mortem floret; Véronèse, Allégorie de la Vertu et du Vice; A satyr on a pedestal kicks out at a magician while a priest Wellcome; Alessandro Magnasco; Bacchus reclines while a satyr fills his bowl and Pan adorns Wellcome; Cartari, Satyr; Toussaint Dubreuil, Cybèle éveillant le Sommeil; Francis Quarles, Emblems & Hieroglyphikes, 1669: deux séries; Daumier, La Paix Idyll; Hypnerotomachia Poliphili, p. 73; Altdorfer, La chute; Rembrandt, La chute d'Adam et Ève ; détail de l'antérieure; Magritte, L'empire des lumières; Les fripons craignent les réverbères, 1790; Luca Giordano, Amour et Vice Désarmant Justice; Mantegna, Bacchanale avec Silène; Bernard Salomon, Penthée tué par les bacchantes (Métamorphose, Lyon, 1557); Religione (Ripa, 1603); Religione (Ripa, 1625); Cochin, Roland retrouve la raison (Rol. furieux Brunet 1776, ch. 39); Antoine Coypel, Silène barbouillé de mûres; détail du précédent; Hallé, Silène dans sa grotte, barbouillé de mûres par Églé; Rubens, Silène et Églé (version d'Anvers); détail du précédent; Temperanza (Ripa, 1603); Vergogna honesta (Ripa, 1603)

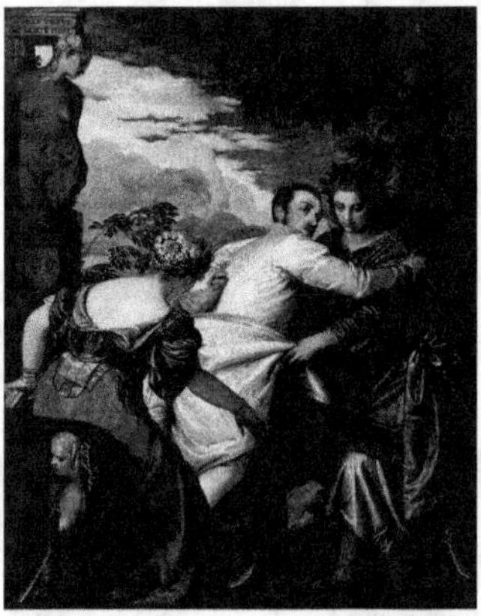

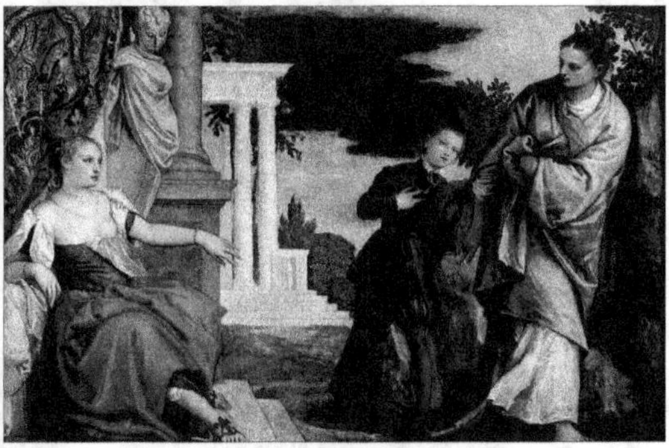

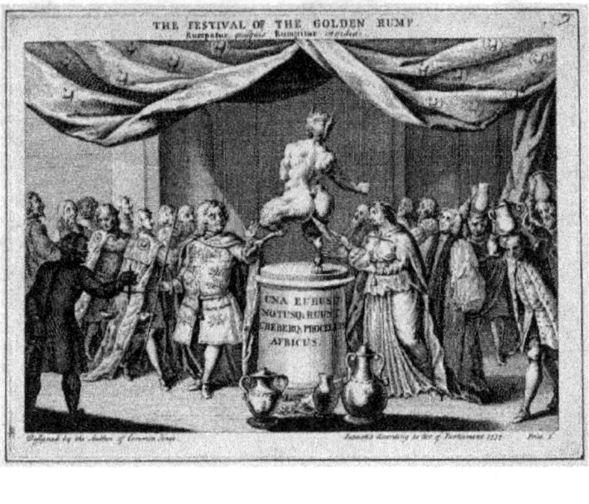

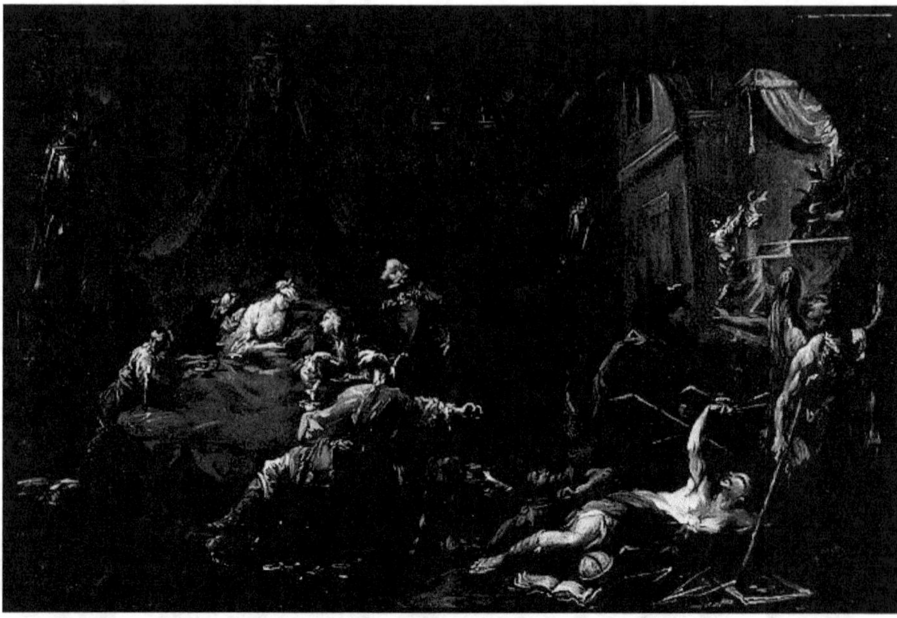

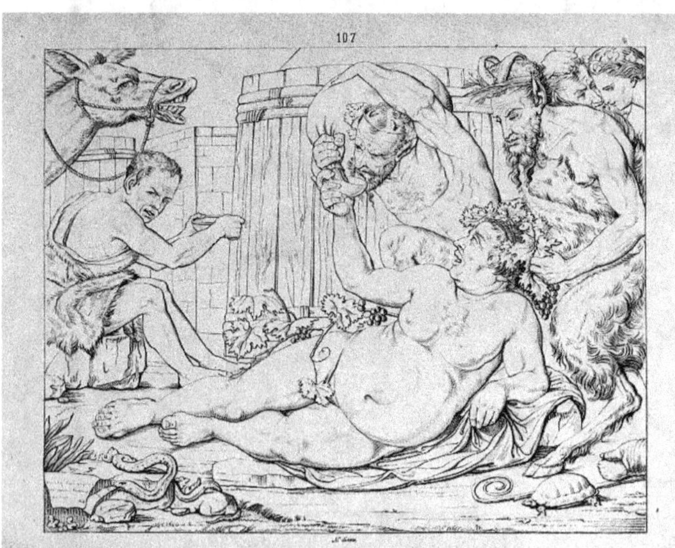
107

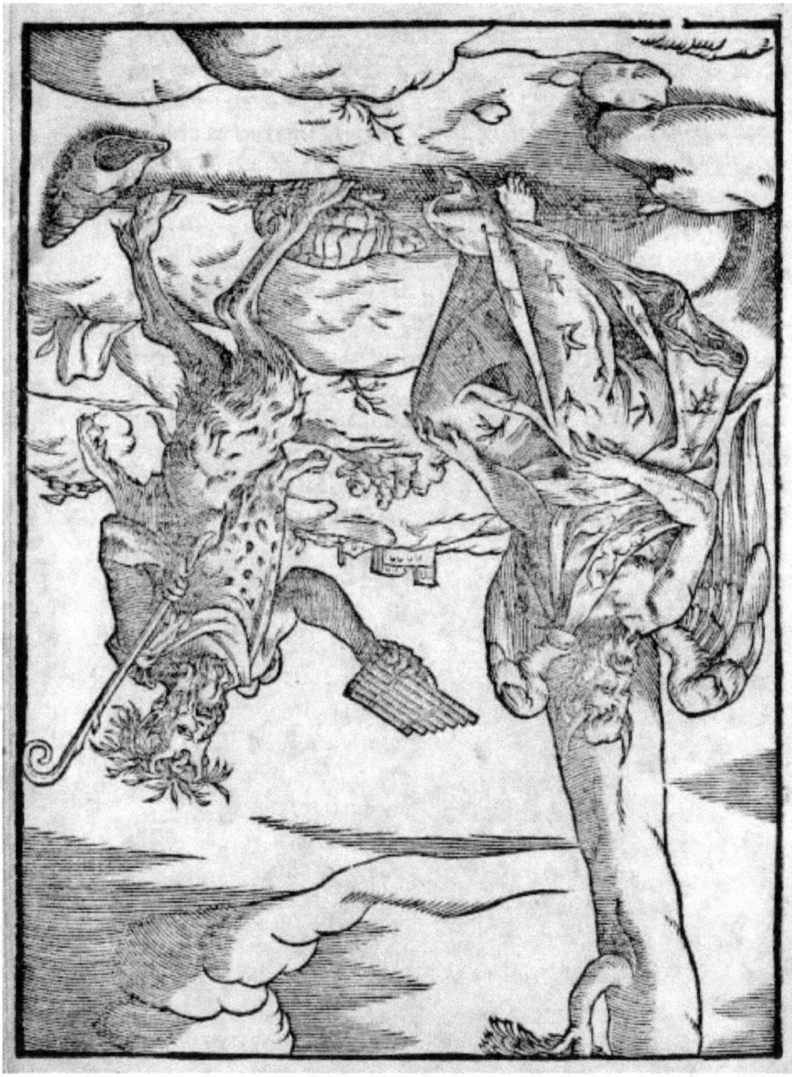

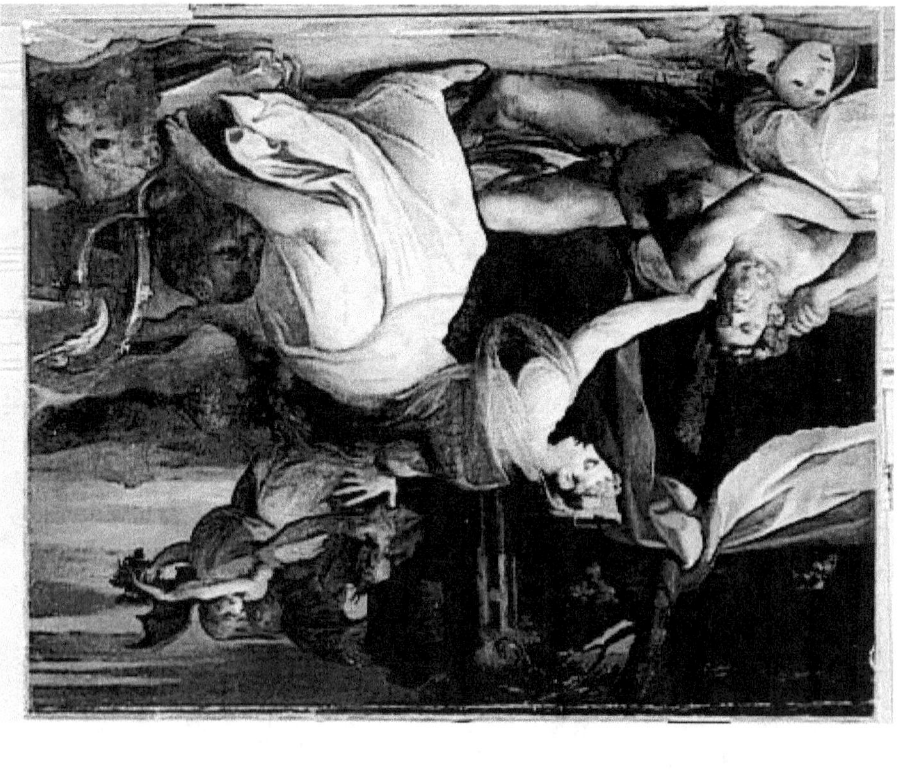

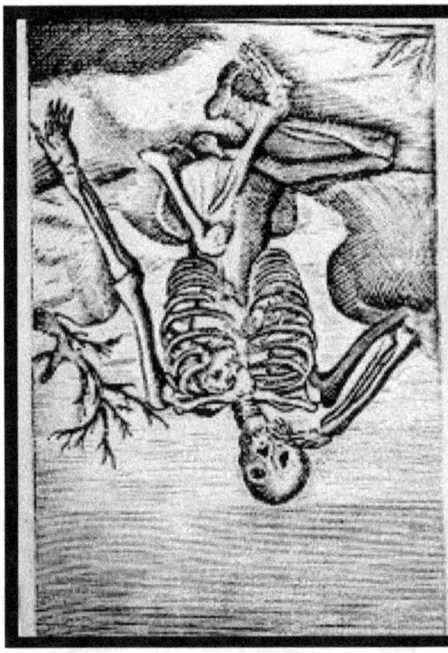
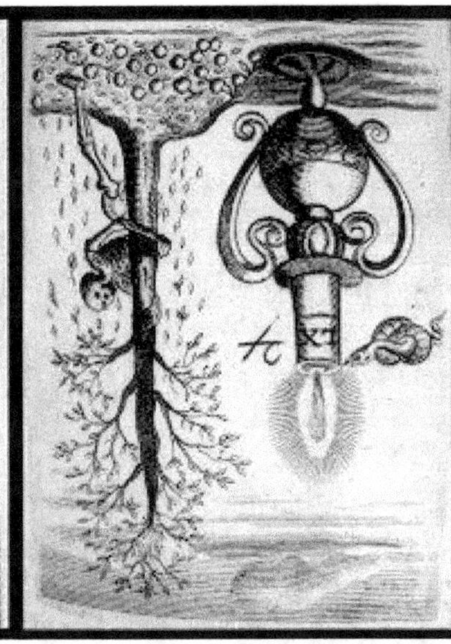
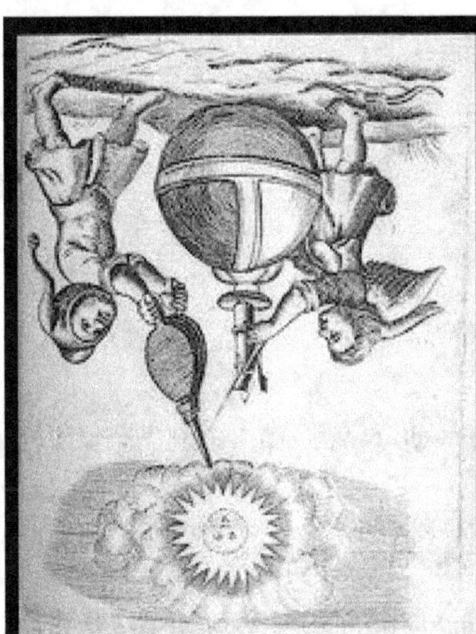
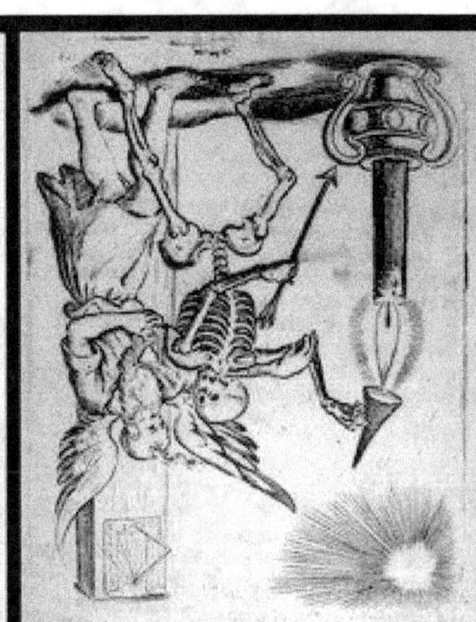

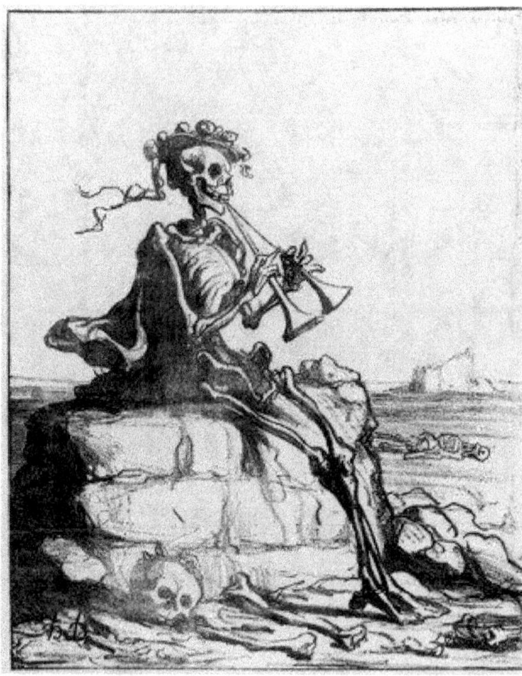

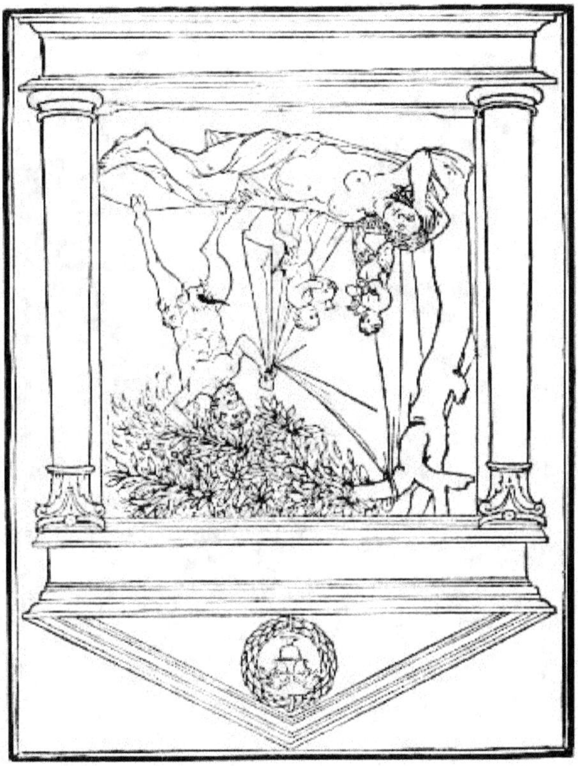

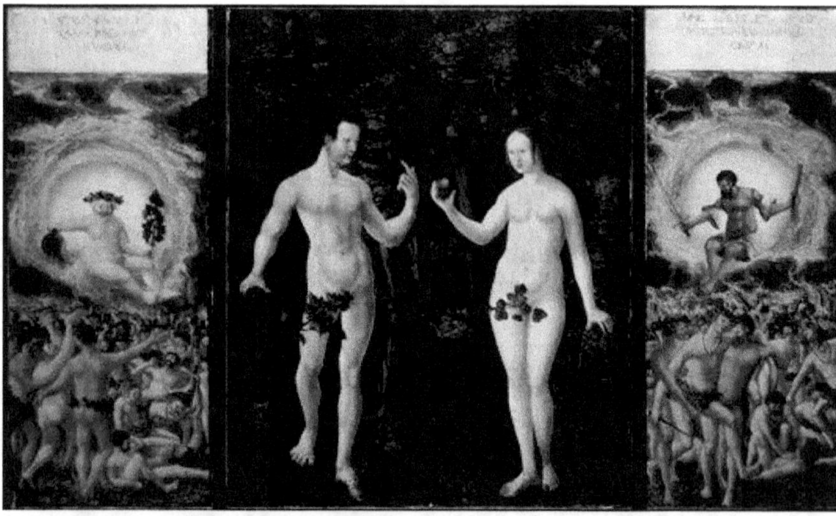

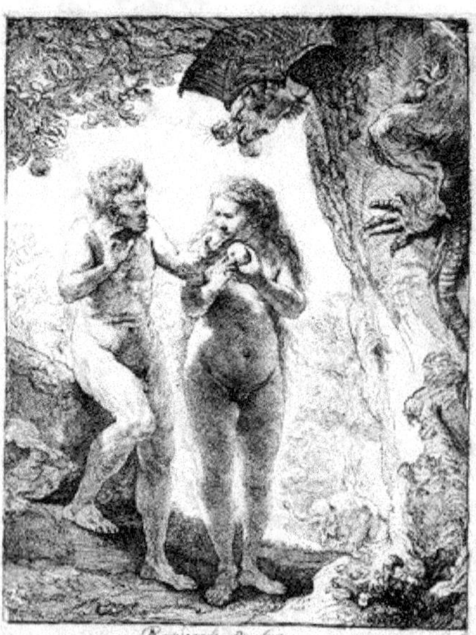
Rembrandt

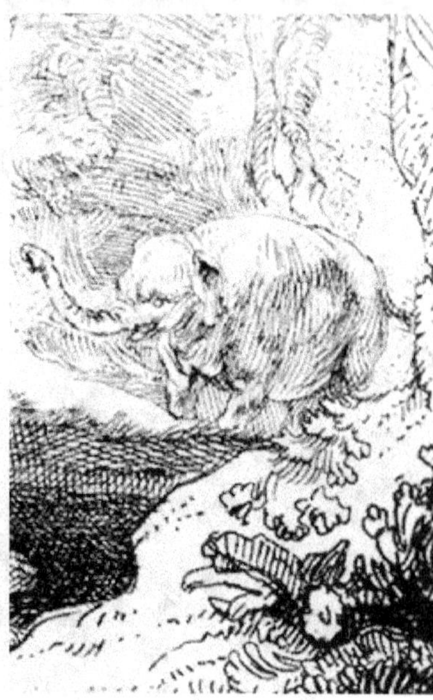

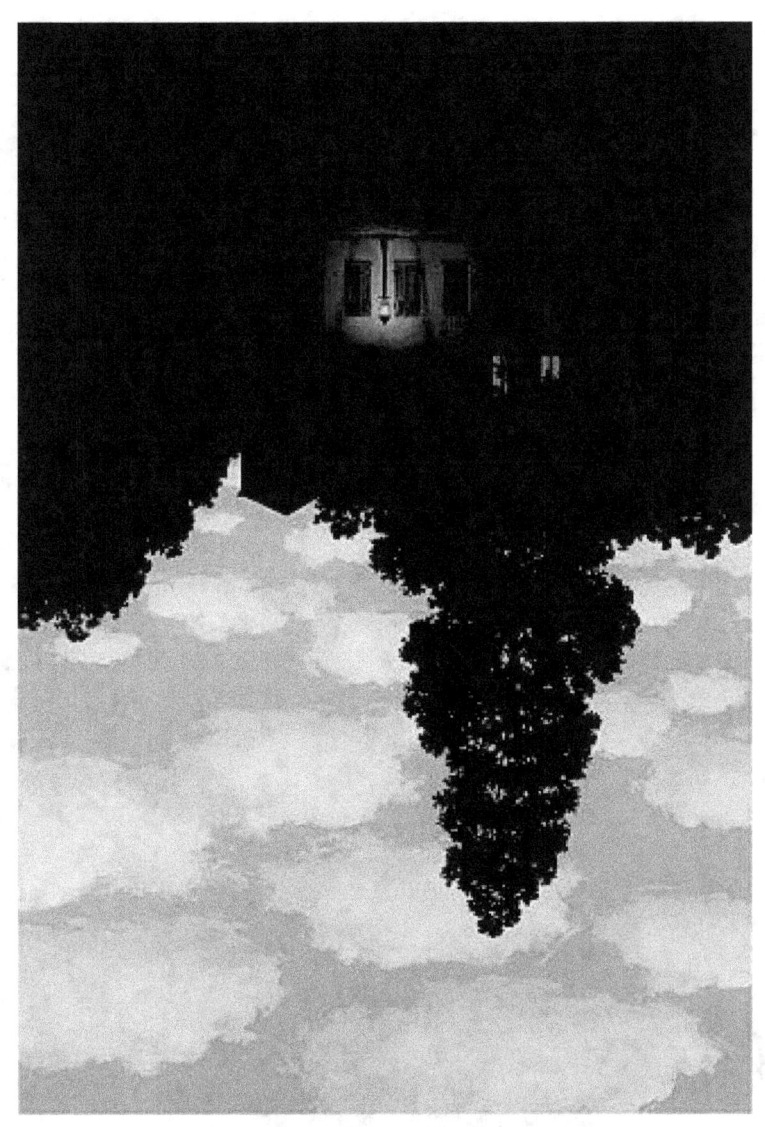

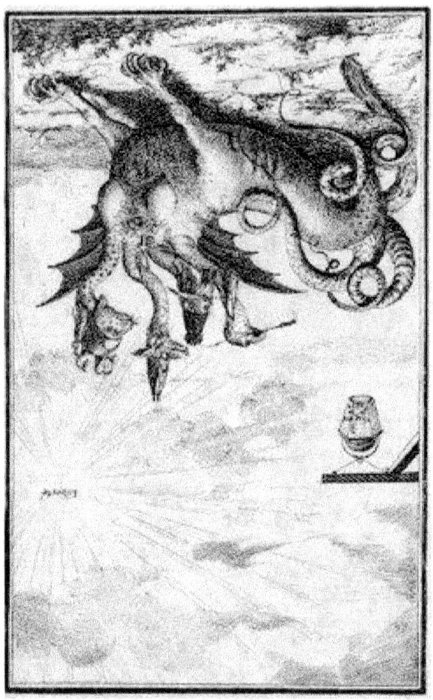

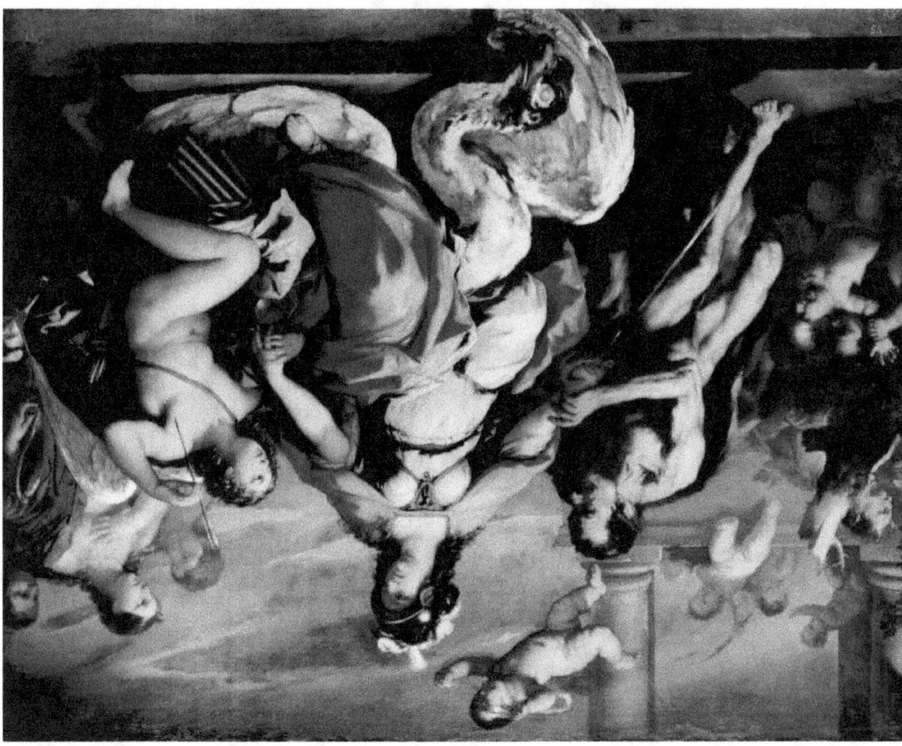

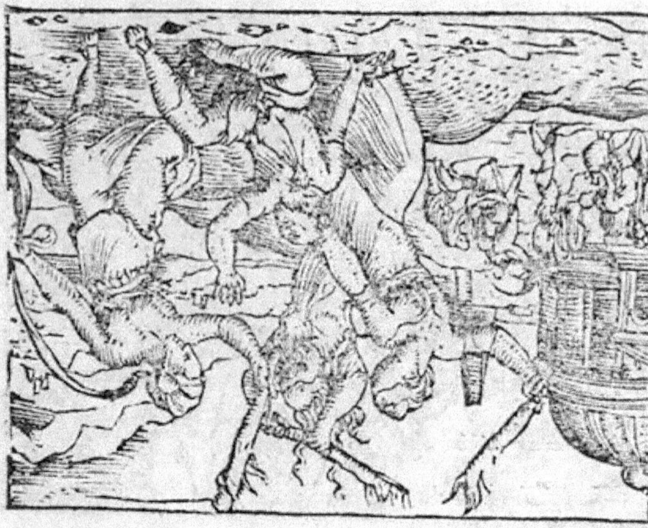

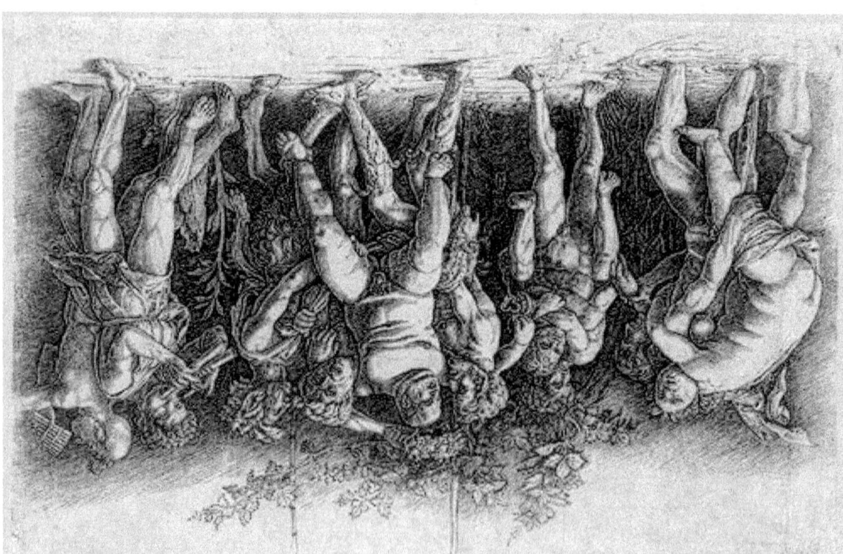

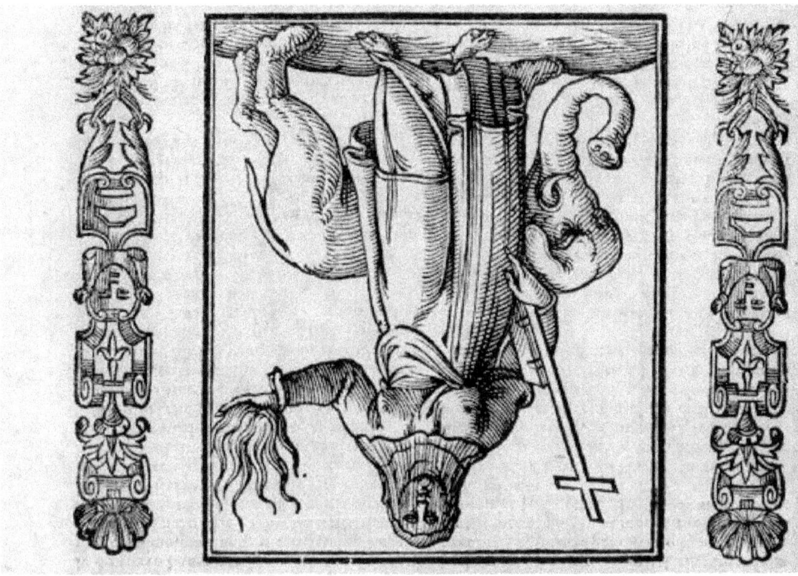

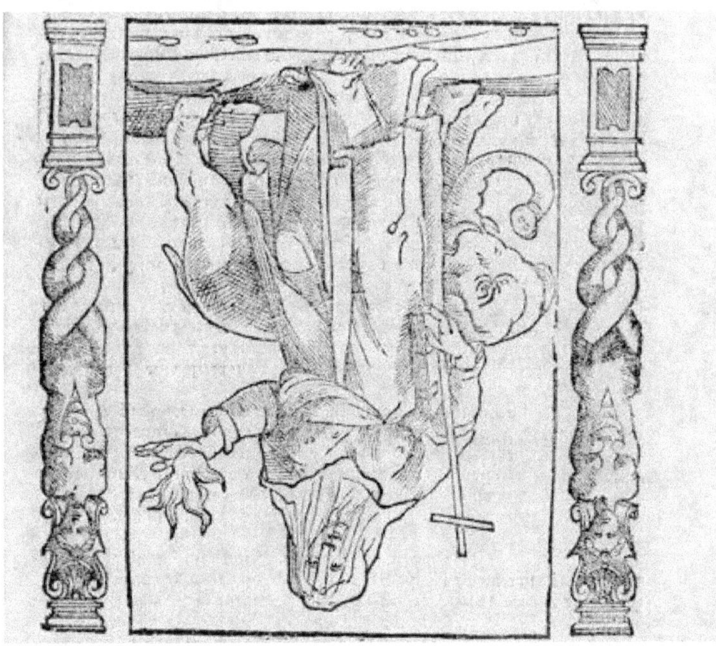

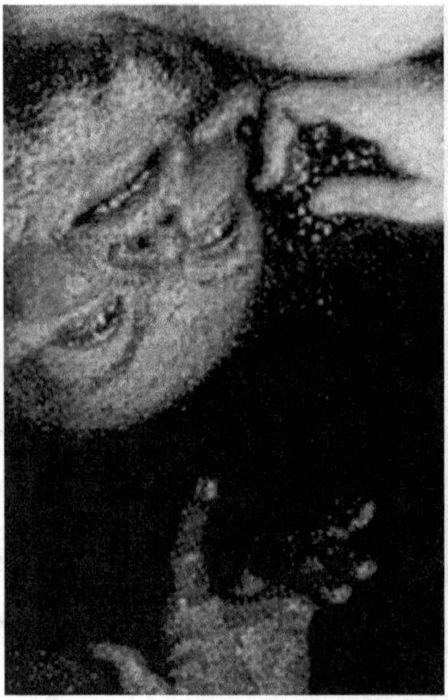
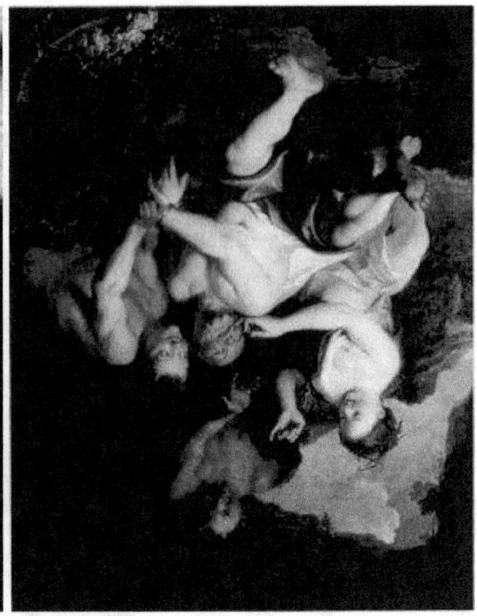
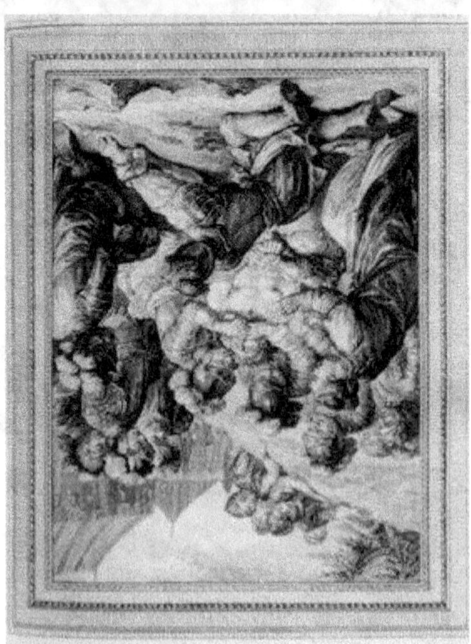

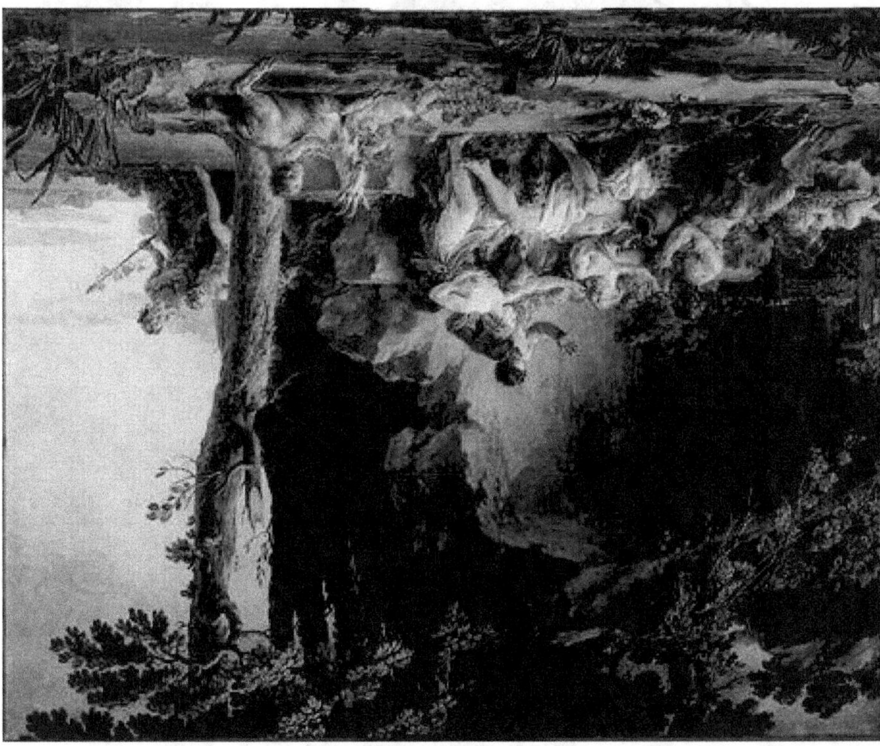

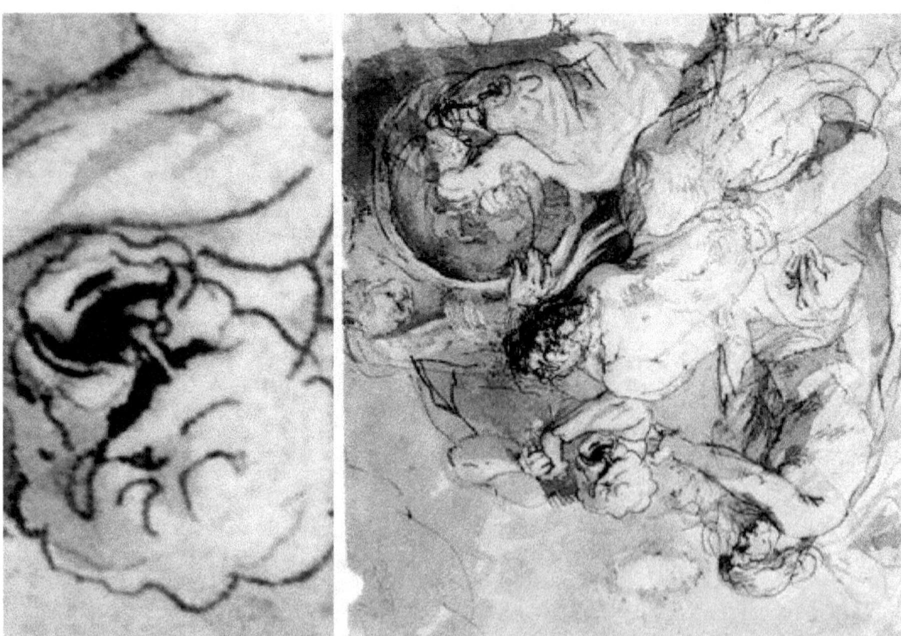

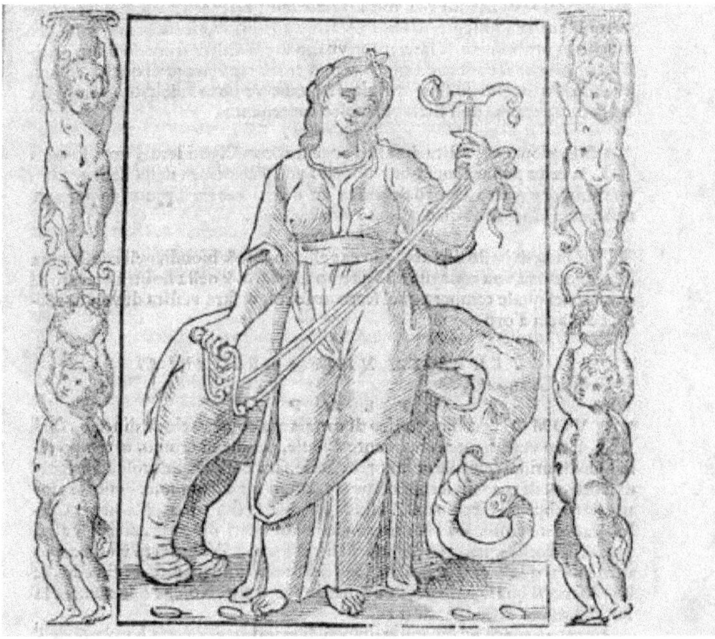

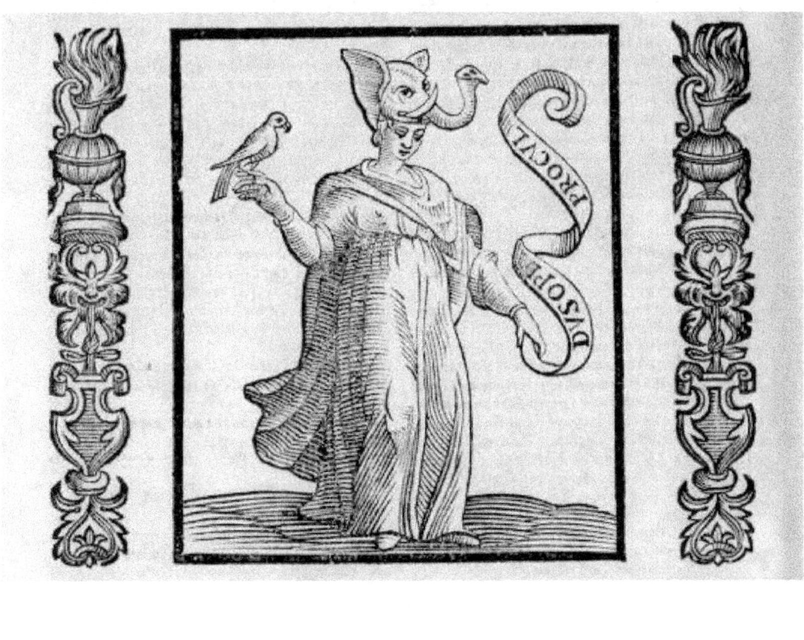
DVSOPI PROCVL

Planche d'images à partir des Livres d'Emblèmes:

Dulle Griet: Brueghel; David Teniers II; David Ryckaert II;
Amoris diuini et humani effectus, pp. 13; 85 (comme dans notre texte, de même ici encore les références de pages données ici peuvent entrer en conflit avec les numéros de pages du texte: elles se basent sur le format PDF en un seul volume, intégrant le numéro de page depuis la couverture, des ouvrages dont les pages sont ici citées);
Emblemes, ov, Devises chrestienne, pp. 21; 77; 117; 133; 177; 199;
La doctrine des mœurs, pp. 87; 101; 135; 153; 155; 157; 159; 161; 165; 175; 177; 179; 185; 195; 197; 199;
Les mysteres de l'amour divin, pp. 142; 372; 396; 440; 462; 470; 514;
Pievx desirs imites des latins, pp. 254; 284; 316

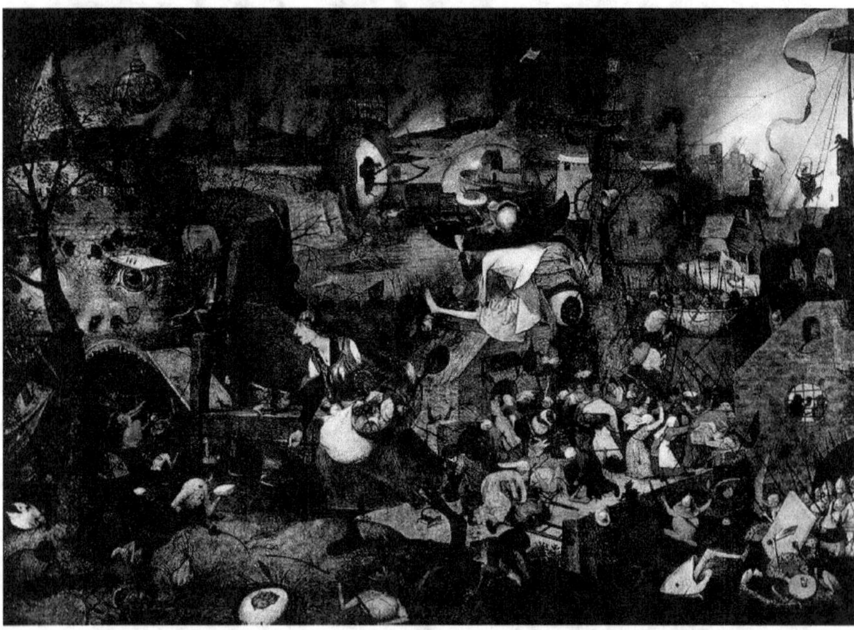

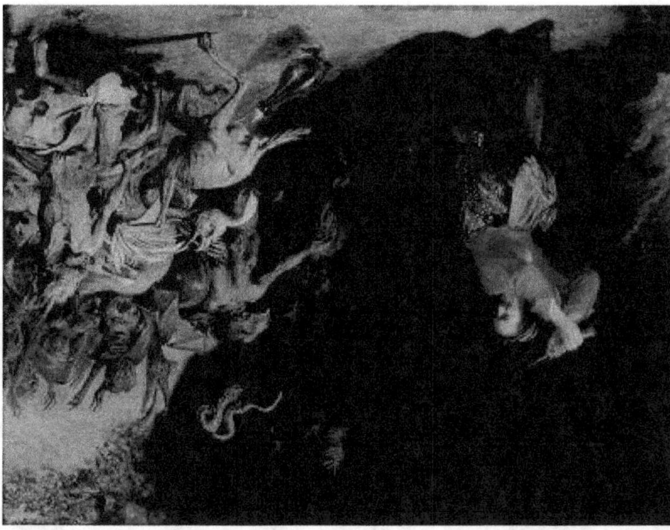

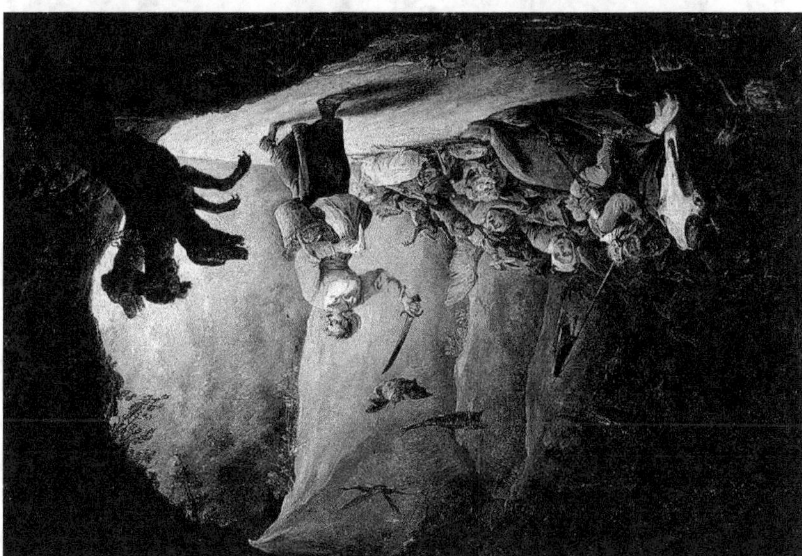

5.

~17

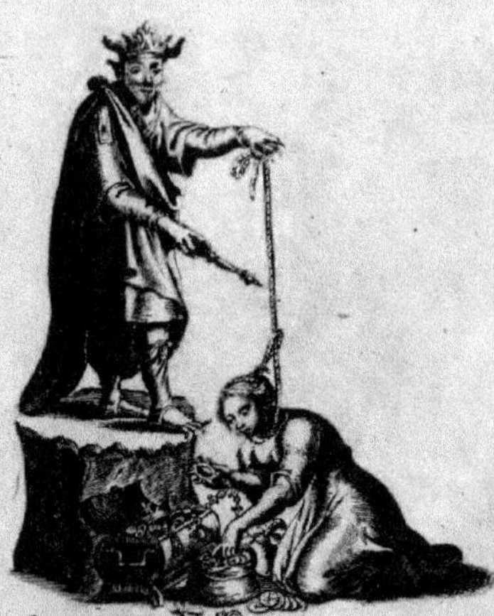

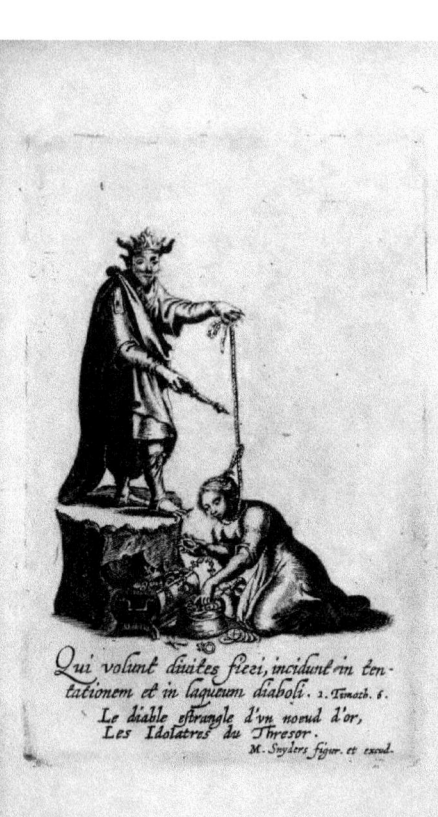

Qui volunt diuites fieri, incidunt in tentationem et in laqueum diaboli. 1. Timoth. 6.

Le diable estrangle d'vn noeud d'or,
Les Idolatres du Thresor.

M. Snyders figur. et excud.

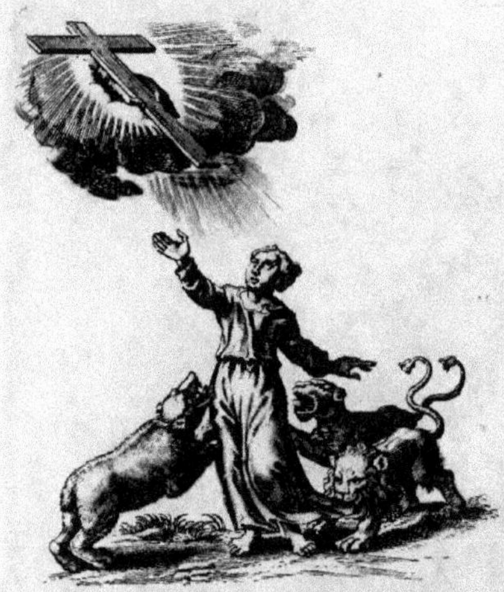

Ne tradas bestijs animas confitentes tibi. Ps. 73.

Ces bestes ne me sont offence
Quand i'ay la Croix pour ma defence.

M. Snyders exc. cum Priuilegio.

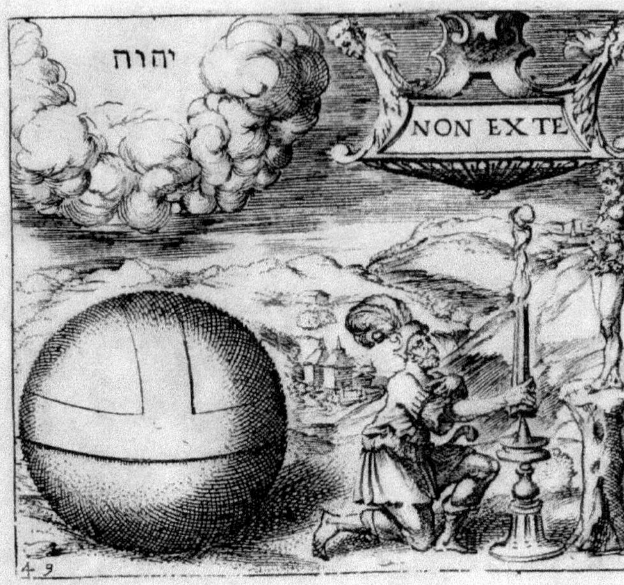

L'homme endurcy, par son orgueil deceu,
Dit que son œuure au ciel le iustifie.
O fol, qu'as tu que tu n'ayes receu?
Si l'as receu, donc ne t'en glorifie,
Et à cela, qui n'est rien, ne te fie.
Car à celuy semblable ie te voy,
Qui ne croit rien, & à tous certifie
Le monde auoir esté creé par soy.

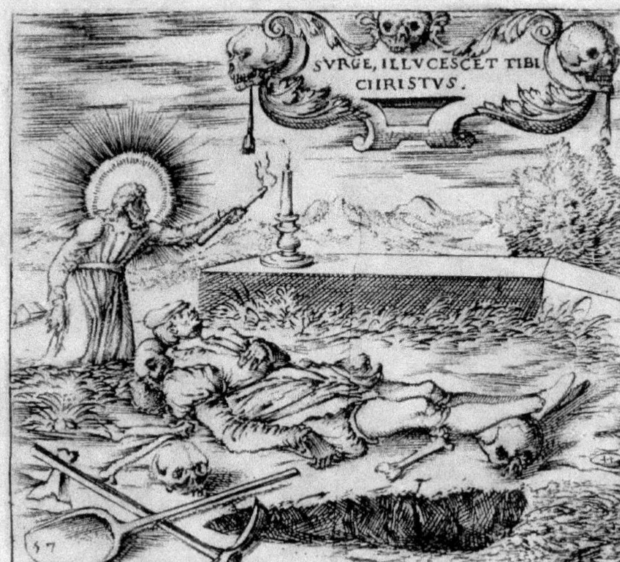

Si Jesus-Christ n'eust esclairé nostre ombre,
Comme cestuy, nous serions endormis,
Et reputez d'entre les morts au nombre:
Mais de sa grace il ne l'a point permis.
Puis qu'il nous a hors de tenebres mis,
Et donné foy pour à luy nous conduire.
Prions tousiours que n'y soyons remis,
Et que sur nous sa clarté face luire.

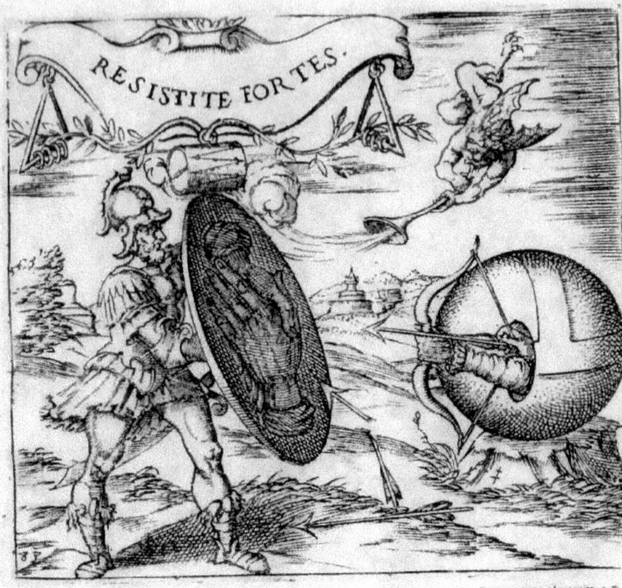

On voit asses combien grandes alarmes
Satan, le monde, ont iusqu'ici liurez
A tous Chrestiens : mais comme bons gendarmes
Resistez forts par foy : car deliurez
Serez bien tost de ces fols enyurez
Du sang des saincts, qui crie à Dieu vengeance:
Ainsi par foy Christ, vostre chef, suyurez.
Voyci, il vient : courage en patience.

Comme

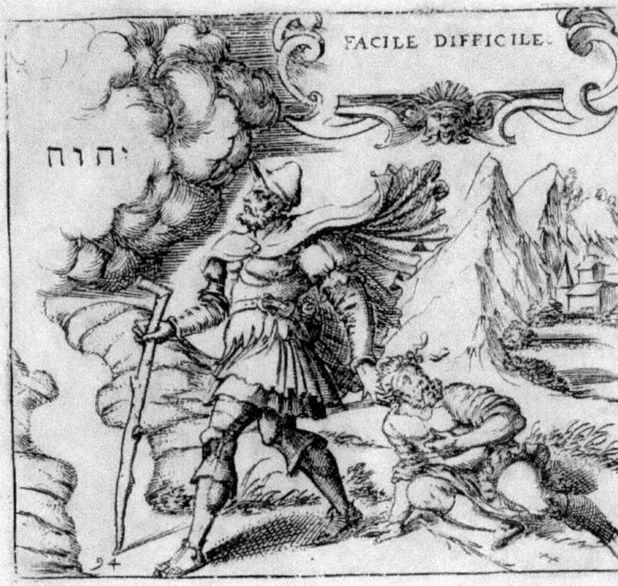

De Dieu la voye est droite & trespolie:
Le iuste y passe, & le meschant trebusche.
Qui fait cela? son orgueil & folie,
Qui d'vn festu fait vne lourde buche,
L'homme endurci les saints escrits espluche,
Non pour desir de gloire à son Dieu rendre,
Mais pour remplir sa sotte coqueluche
De mots obscurs pour l'innocent surprendre.

Qui

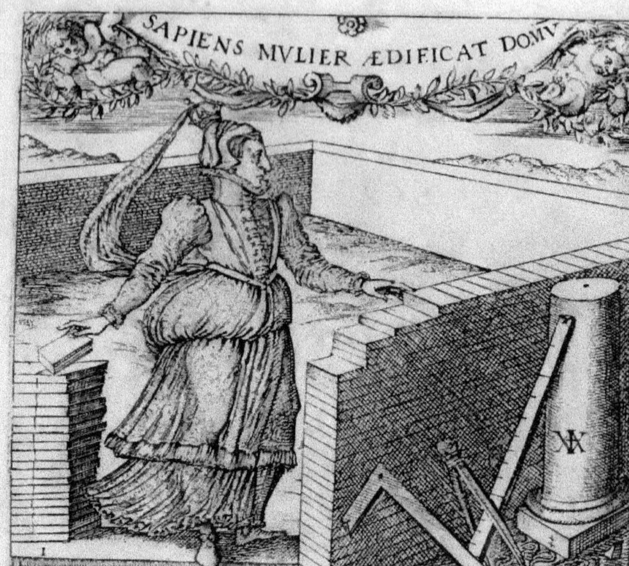

Voyez comment ceste Reine s'efforce
De cœur non feinct d'auancer l'edifice
Du temple sainct, pour de toute sa force
Loger vertu, & dechasser tout vice.
Notons que Dieu la rend ainsi propice,
Afin qu'il soit glorifié en elle:
Et qu'on soit prompt (ainsi qu'elle) au seruice
Dont le loyer est la vie eternelle.

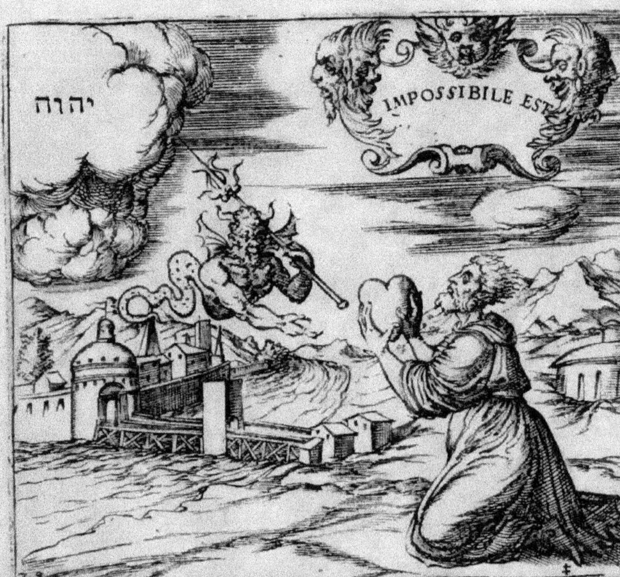

Voicy qui fait d'vn ſeul cœur deux offrandes:
Faiſant partagé entre Dieu & le diable.
O toy Chreſtien, Dieu veut que tu entendes
Qu'il eſt ialoux, & n'eſt point ſupportable
De te ſouiller en choſé abominable:
Car tu ne peux ſeruir à deux ſeigneurs.
Or Dieu veut tout. car, n'eſtant partiſſable,
Des hommes veut & les corps & les cœurs.

LA CREINTE EST LA COMPAGNE DE LA PVISSANCE.

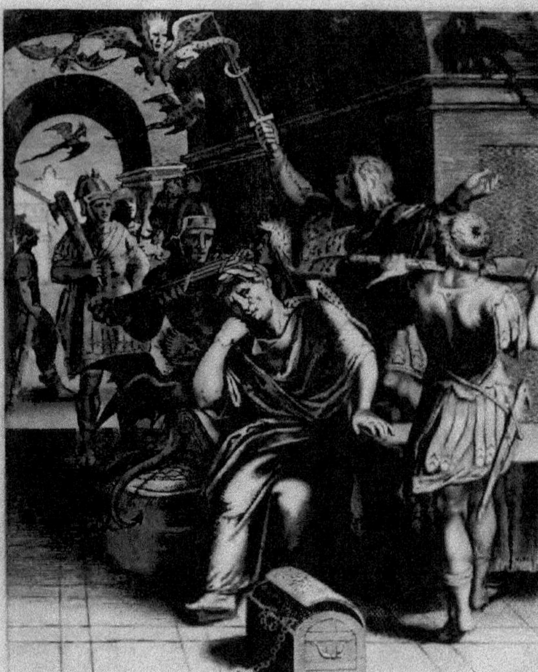

Ces gardes aux casaques peintes,
Dont les Rois sont enuironnez;
Ne les deffendent point des creintes,
A quoy Dieu les a condamnez.
C'est en vain qu'ils ozent se pleindre,
D'vn Arrest si iuste & si doux.
Celuy qui se fait creindre à tous
Doit estre reduit à tout creindre.

LES RICHESSES SONT BONNES AVX BONS.

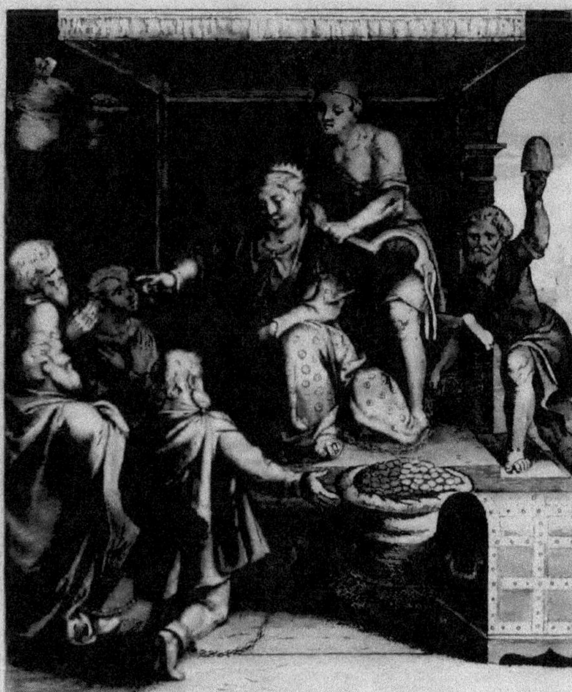

La plus part des Mortels sont si peu genereux,
Qu'ils flattent lâchement des monstres trop heureux
Que leurs biens mal-acquis sont l'object de l'enuie.
Moy qui n'ay point comme eux, le courage abbattu;
Ie veux toute ma vie
Mespriser la fortune, & suiure la vertu.

LA PARESSE EST LA MERE DES VICES.

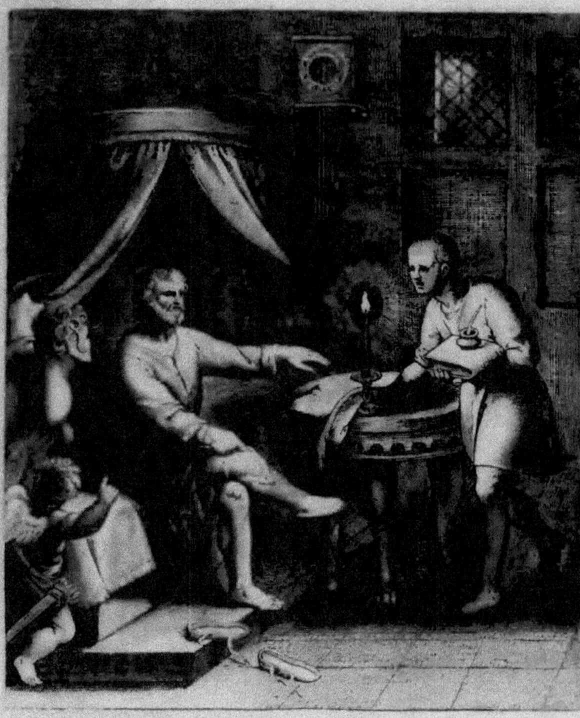

L'ame est vne machine a beaucoup de ressorts.
L'oysiueté les roüille & les rend inutiles.
Trauaille incessamment de l'esprit, ou du corps;
Et ta machine aura ses mouuements faciles.

LES EXCEZ DE LA BOVCHE SONT LA MORT DE L'AME.

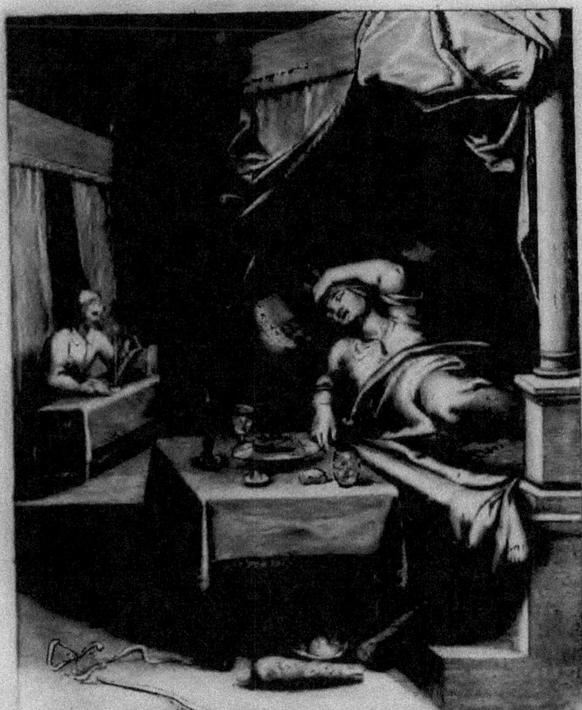

Monstre que l'on voit tousiours yure,
Pourceau dont le ventre est le Roy:
A tort tu te vantes de viure
Ceux qui sont au tombeau, n'y sont pas tant que toy.

QVI AYME LA VERTV, MESPRISE TOVT LE RESTE.

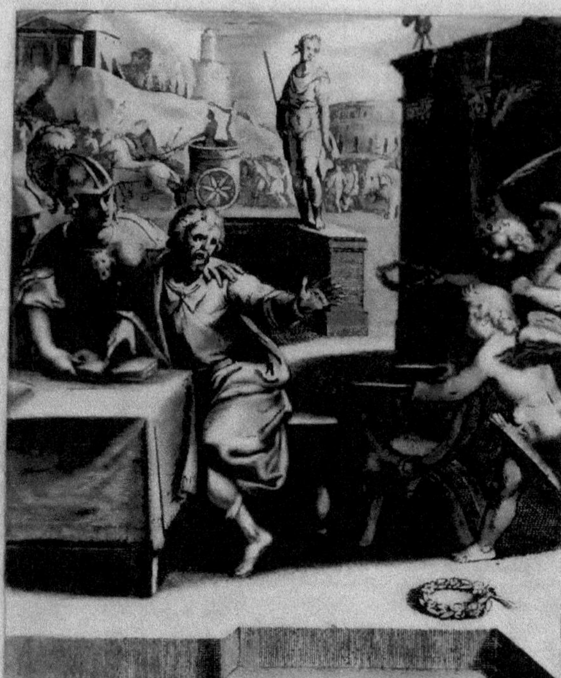

L'homme de bien inceſſamment ſoûpire,
Pour la vertu, comme pour vn Treſor.
S'il la poſſede il a ce qu'il deſire;
Et par ſa force ſeule, il obtient vn Empire,
Qu'on cherche vainement deſſus vn Trône d'or.

LE SAGE SEVL EST LIBRE.

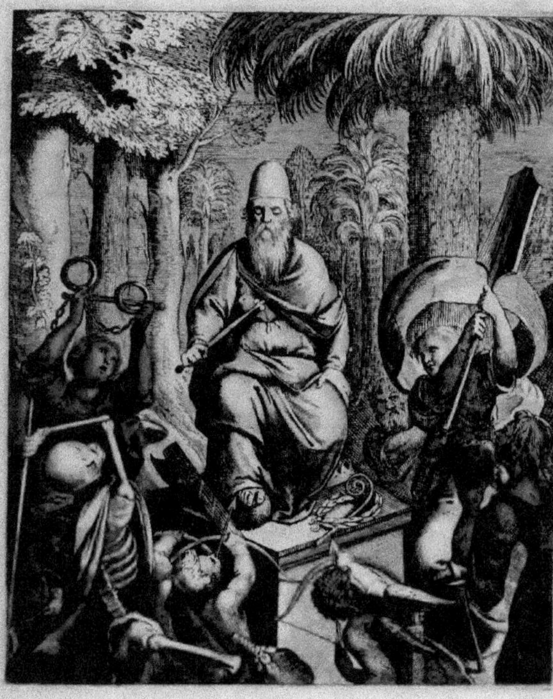

Ce n'est ny la faueur des Rois,
Ny les suffrages populaires,
Qui peuuent sousmettre à nos lois,
Nos fiers & mortels aduersaires.
La Vertu seule a ce pouuoir.
Elle fait qu'vn esclaue est libre dans ses chaines.
Qu'vn iuste mal-heureux, rit au milieu des gesnes;
Et que mesme la mort ne le peut émouuoir.

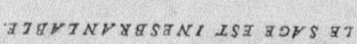

LE SAGE EST INESBRANLABLE.

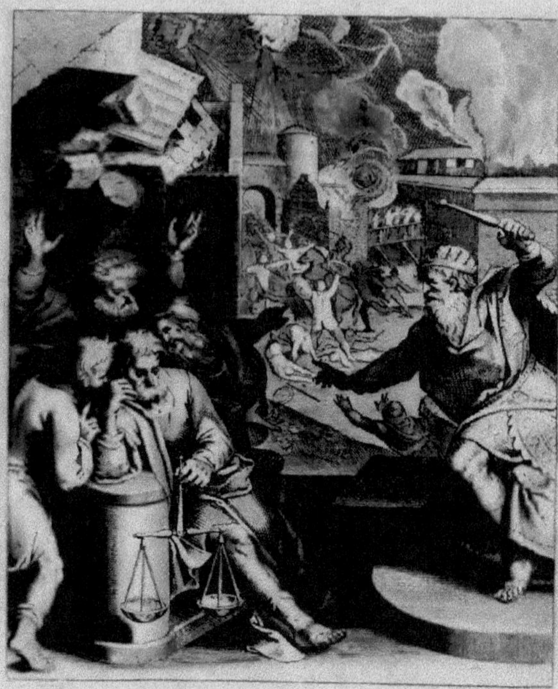

Le ſage grand comme les Dieux,
Eſt maiſtre de ſes deſtinées;
Et de la fortune, & des Cieux,
Tient les puiſſances enchainées.
Il regne abſolument ſur la terre & ſur l'onde.
Il commande aux Tyrans. Il commande au treſpas.
Et s'il voyoit perir le monde;
Le monde periſſant, ne l'eſtonneroit pas.

L'HOMME DE BIEN EST PAR TOVT EN SEVRETÉ.

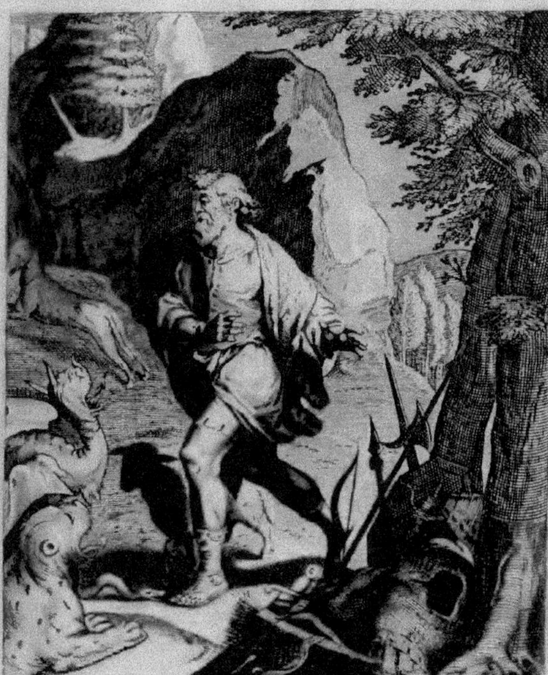

Vne ame vrayment heroïque,
Trouue par tout, des lieux de seureté;
Et vit mesme en tranquilité,
Parmy tous les monstres d'Affrique.
Le Sage qui sçait que la vie,
N'est que le chemin de la mort;
Ne craint iamais d'aller au port,
Ou sa naissance le conuie.

LA BONNE CONSCIENCE EST INVINCIBLE.

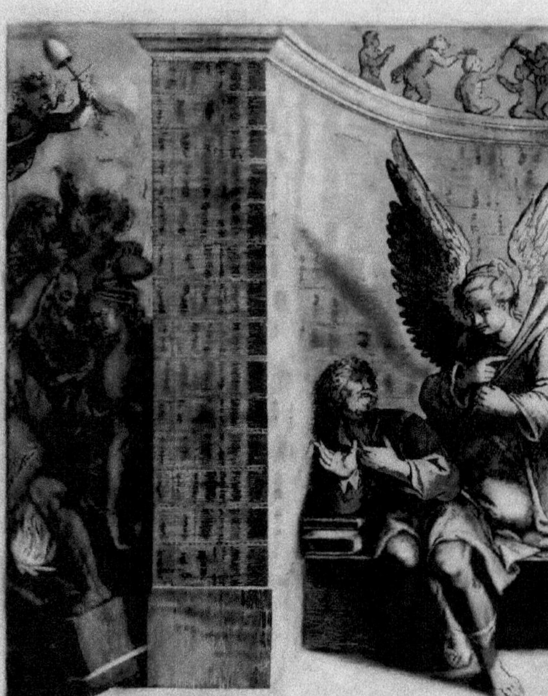

L'innocence est vn mur d'airain,
Que nul effort ne peut détruire.
Le cœur où l'on la voit reluire,
Ayant vn pouuoir souuerain,
Ne voit rien qui luy puisse nuire.

L'ESPRIT A BESOIN DE REPOS.

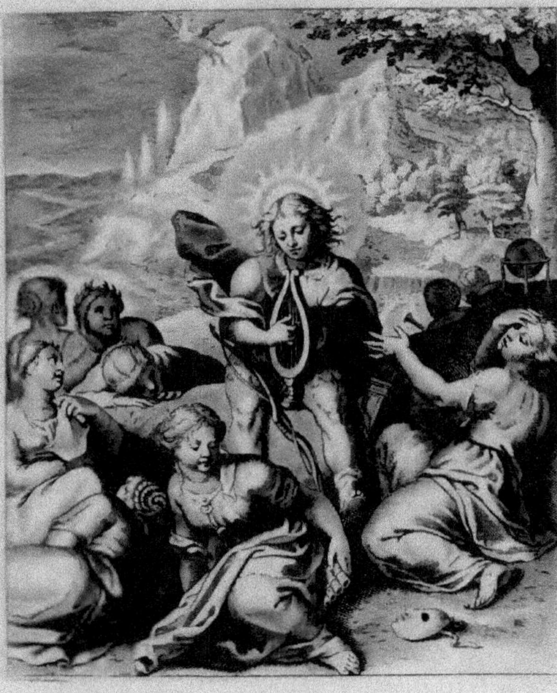

Vn trauail continu, nous est vn long suplice.
Le Bal qui dure trop lasse le plus dispos.
Il faut ménager à propos,
Le temps qu'on donne à l'exercice,
Et celuy qu'on donne au repos.

LE SAGE N'EST PAS TOVSIOVRS SERIEVX.

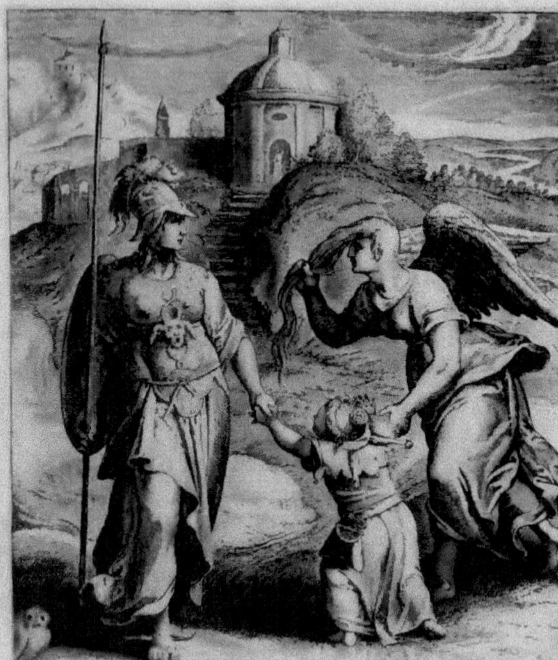

La Vertu n'a rien de ſauuage.
Elle charme les cœurs par l'attrait de ſes loix;
Et permet iuſtement que l'homme le plus ſage,
Faſſe l'enioüé quelquefois.

LA IOYE FAIT PARTIE DE LA SAGESSE.

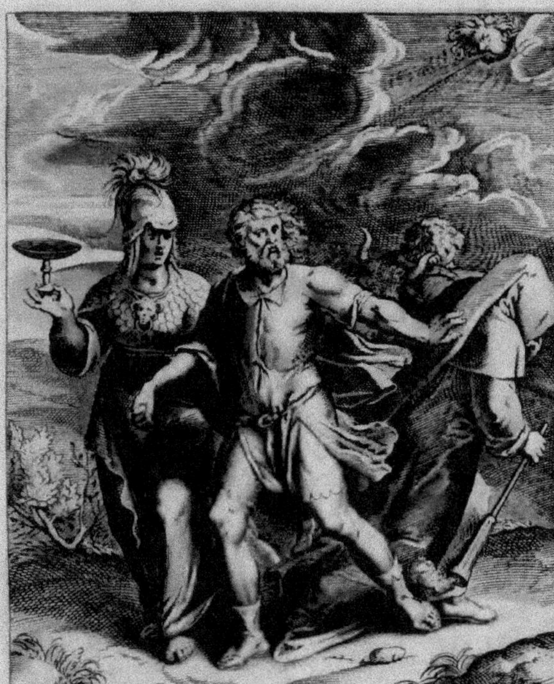

Le Sage ſçait bien choiſir,
Le temps de rire, & de boire,
Et n'oſte point à ſa gloire
Ce qu'il donne à ſon plaiſir.

L'ENVIE CEDE A LA MORT SEVLEMENT.

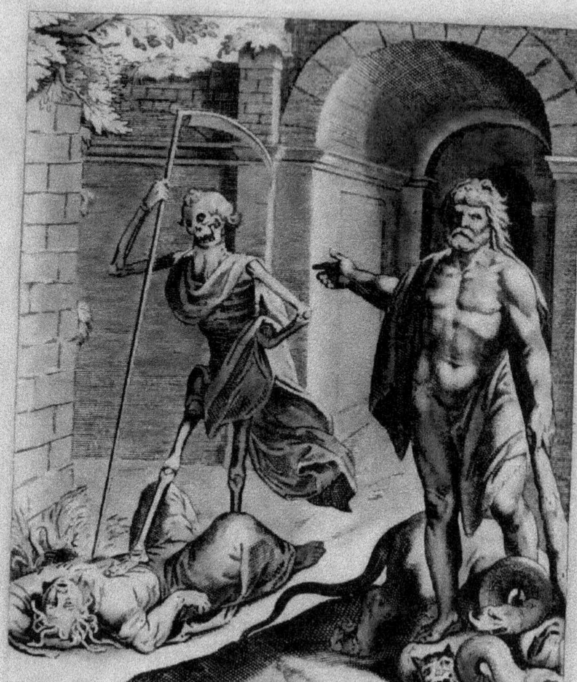

Le cruel Monſtre de l'Enuie,
Suit les grans hommes pas à pas ;
Et pour auancer leur treſpas,
HaZarde inceſſamment leur vie.
Mais quand par l'excez de ſa rage,
Leurs iours ont éteint leur ſlambeau ;
Il arme contre ſoy ſon perſide courage,
Et tombe mort au pied de leur tombeau.

IL N'EST RIEN SI COVRT QVE LA VIE

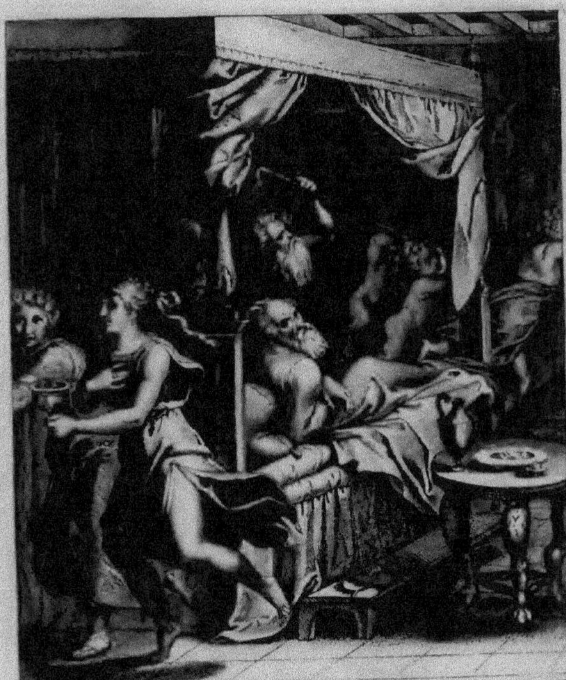

Franc d'ambition & d'enuie;
Pauure mortel, passe vne vie,
Que la mort tallonne de pres.
Peu de chose suffit au Sage,
Et pour faire vn petit voyage,
Il ne faut pas de grands aprests.

TOVT SE PERT AVEC LE TEMPS.

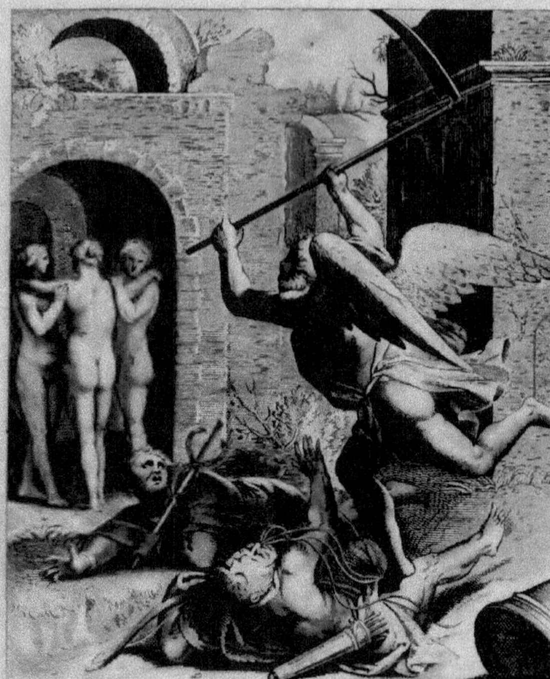

Rayon d'vn Soleil inuisible;
Pompe de la Nature: Enchantement des yeux;
Beauté qui de l'amour rend le trait inuincible,
Il est vray, ton Empire est grand comme les Cieux.
Mais ne te flatte point du pouuoir de tes charmes:
Ne vante point les feux: Ne vante point les armes,
Dont tu desoles l'Vniuers.
Tu passeras vn iour par le ciseau des Parques;
Et si de tes appas il reste quelques marques,
Ce ne sera que dans nos vers.

PHILOSOPHER C'EST APPRENDRE A MOVRIR.

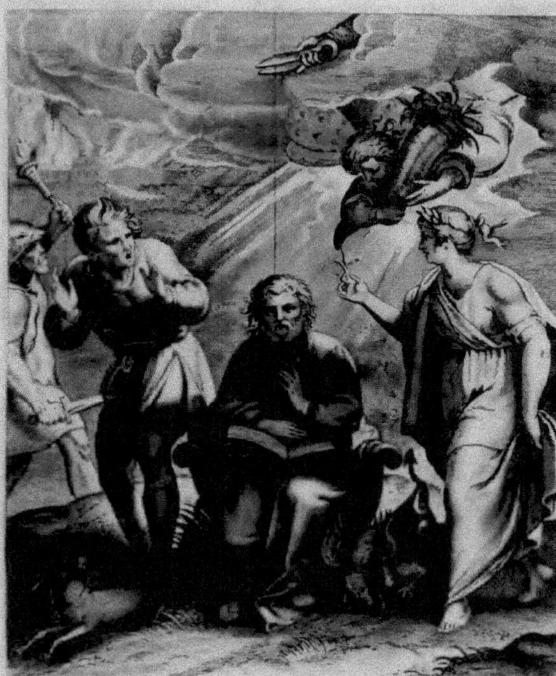

Ce qui n'est pas en ta puissance,
Ne doit point troubler ton repos.
Tu balances mal à propos,
Entre la Crainte & l'Esperance.
Laisse faire le Ciel. C'est ton maistre & ton Roy;
Et suporte auec constance,
Ce qu'il a resolu de toy.

il aſſure qu'il eſt venu apporter un feu de benediction, afin de les embraſer & de les animer à la pourſuite du bien, & à la pratique de toutes les vertus.

Dieu, dit le S. Roi Prophete, mortifie & vivifie; il ôte & donne la vie, il détruit en nous l'eſprit humain, l'amour propre, l'attachement à nôtre propre volonté, les deſirs & les convoitiſes de la chair, & generalement tout ce qui nous porte au peché, pour enſuite nous donner la vie de la foy, l'eſprit d'humilité & d'obéïſſance, & ſur tout la ſainte charité ou le divin amour, ſelon l'homme, reparé & renouvellé par la grace chrétienne & medicinale du Redempteur.

De ſorte que l'on peut dire à nôtre égard que la vie ſuppoſe la mort, & que Dieu ne reſuſcite l'ame qu'aprés l'avoir fait mourir. C'eſt pour ce ſujet, & pour nous rendre ſenſible cette ſage conduite, qu'il renverſa Paul afin de le relever, & qu'il en fit d'un perſecu-

p. 257.

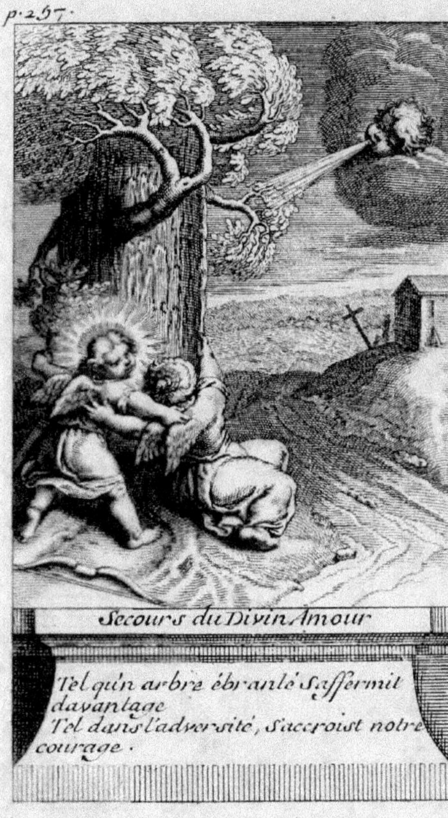

Secours du Divin Amour

Tel qu'un arbre ébranlé s'affermit davantage
Tel dans l'adversité, s'accroist notre courage.

p. 275

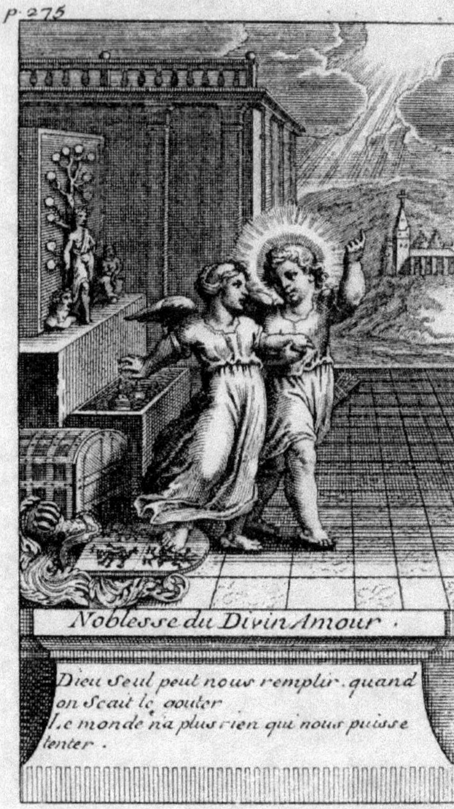
Noblesse du Divin Amour.
Dieu Seul peut nous remplir. quand on Scait le gouter
Le monde n'a plus rien qui nous puisse tenter.
46

continuelle, ſelon S. Auguſtin, où l'ame joüit d'une ſatisfaction complete. *Beata vita, gaudium de veritate de juſtitiâ*, &c.

En effet, quand eſt-ce que l'avare, l'ambitieux & le voluptueux diſent au milieu de leur abondance, c'eſt aſſez. Leurs deſirs ſont-ils contens, & leurs cœurs ſont-ils pleinement raſſaſiez ? Non ſans doute, non puiſqu'ils reſſentent encore au milieu de leurs ſatisfactions des vuides, des indigences, & ſouvent des peines & des dégoûts inſuportables : au lieu que ceux qui ſont penetrez de l'amour de la verité & des œuvres de juſtice demandent ſouvent à Dieu qu'il les épargne dans les conſolations qu'ils en reçoivent.

C'eſt dans cette heureuſe experience que les Xaviers & les Thereſes ſe plaignoient ſi amoureuſement dans l'abondance des douceurs dont ce ſaint amour les combloit ; & ce qui a fait conclure au S. Prophete qu'une affreuſe ſolitude, qu'une auſtere penitence, &

p325.

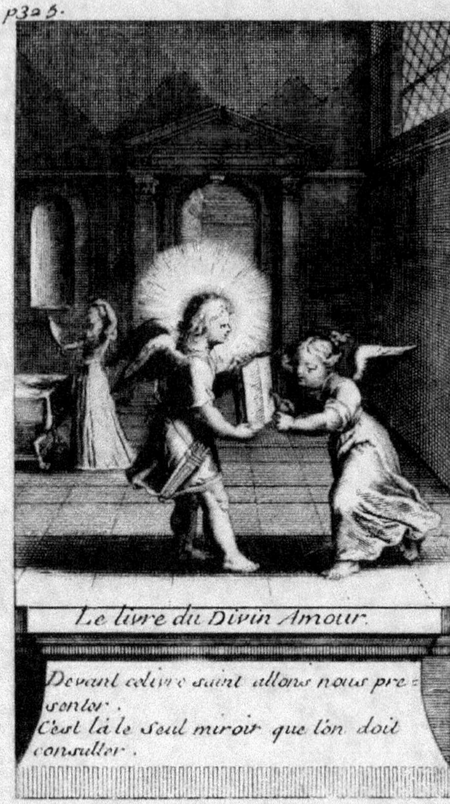

Le livre du Divin Amour.

Devant ce livre saint allons nous pre=
senter.
C'est là le seul miroir que l'on doit
consulter.

51

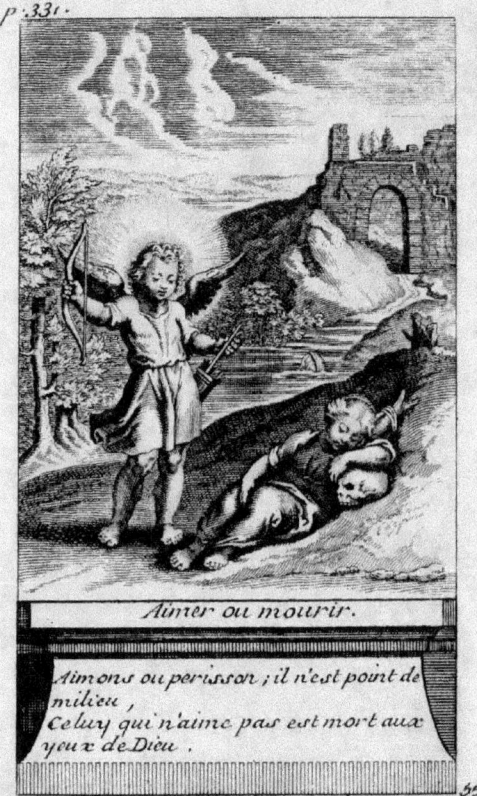

p. 331.

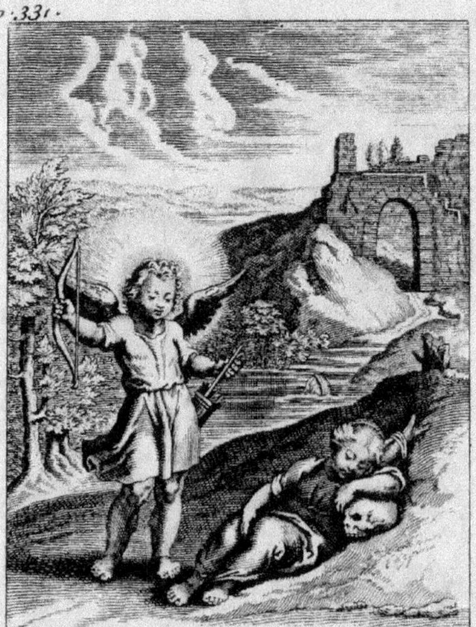

Aimer ou mourir.

Aimons ou perissons ; il n'est point de milieu,
Celuy qui n'aime pas est mort aux yeux de Dieu.

55

P.365.

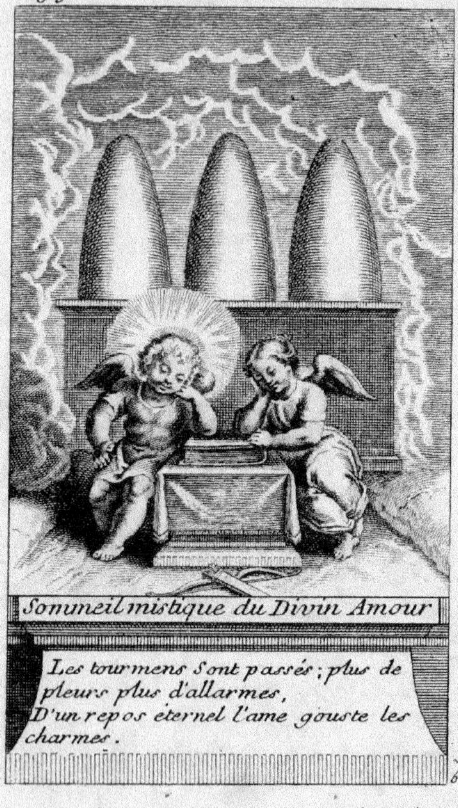

Sonmeil mistique du Divin Amour

Les tourmens Sont passés ; plus de pleurs plus d'allarmes,
D'un repos éternel l'ame gouste les charmes.

60

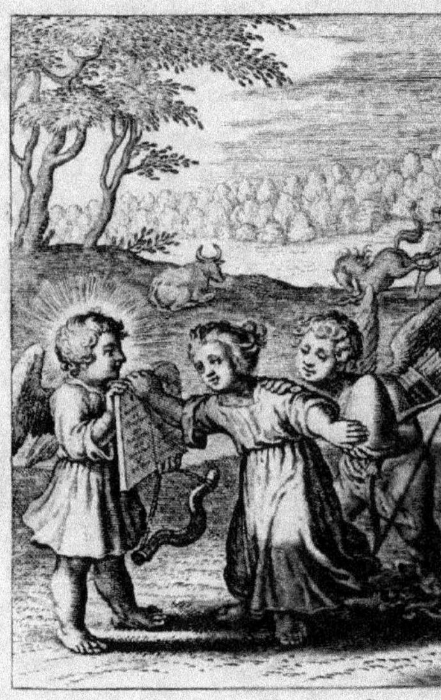

Concupiuit anima mea desiderare iustificationes tuas. Psal. 118. 16.

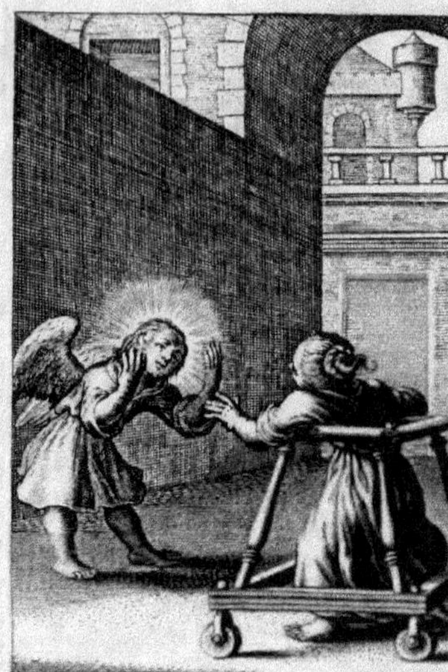

Perfice gressus meos in semitis tuis, vt non moueantur vestigia mea. Psal. 16.

18.

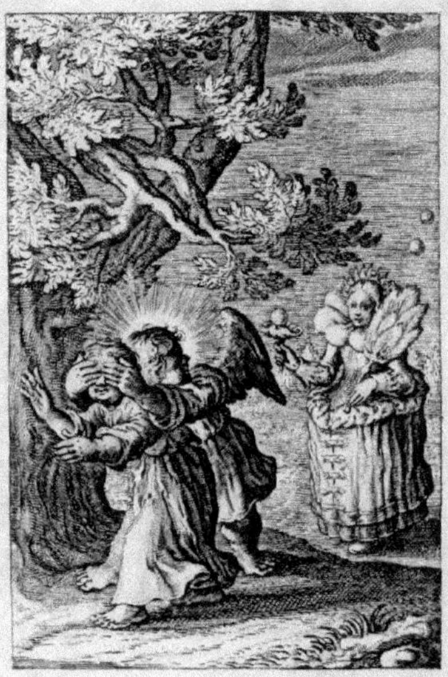

Auerte oculos meos ne videant vanitatem. Psal. 118.

20

Planche d'images autour d'Otto Van Veen:

Emblemata amatori, pp. 98; 130; 138 (comme dans notre texte, de même ici encore les références de pages données ici peuvent entrer en conflit avec les numéros de pages du texte: elles se basent sur le format PDF en un seul volume, intégrant le numéro de page depuis la couverture, des ouvrages dont les pages sont ici citées);
L'ame amante de son Dieu, pp. 90; 153; 178; 253; 301;
Les emblemes de l'amour, pp. 21; 23; 35; 39; 47; 51; 53; 57; 73; 85; 87; 111; 117; 127; 177; 185; 195; 201; 205; 229; 259;
William Strang; Maerten van Heemskerck; Brueghel, La parabole des aveugles; Dürer, 1530; dessin de Lucas Cranach l'Ancien; Albrecht Altdorfer, Fortune accompagnée d'un Génie aveugle avec des béquilles debout sur un globe, 1511

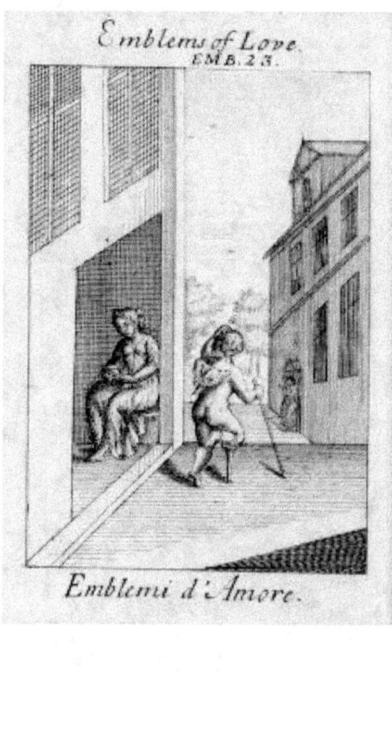

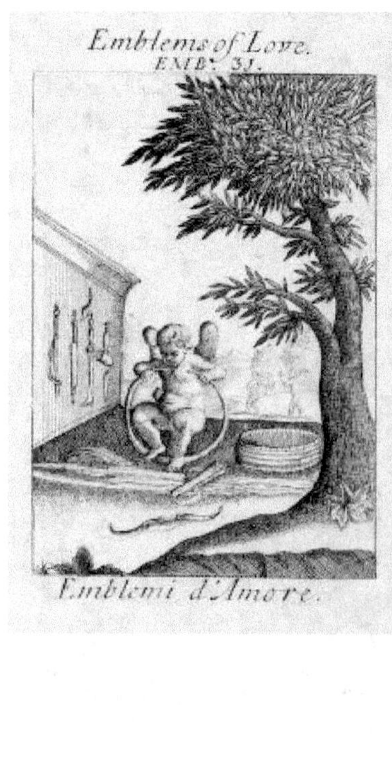

Emblems of Love.
EMB. 33.

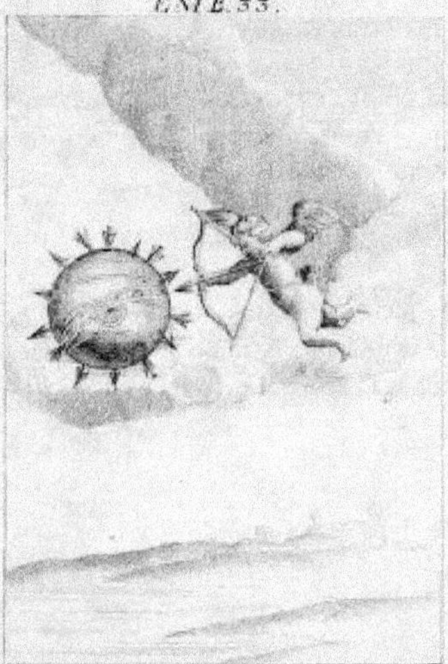

Emblemi d'Amore.

XVIII.

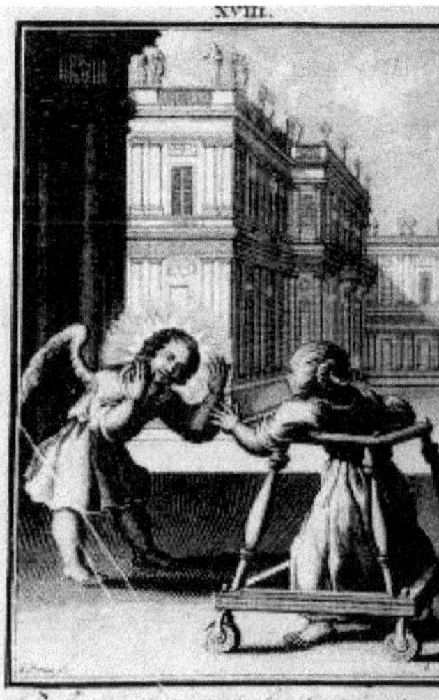

Perfice gressus meos in semitis tuis, ut non moveantur vestigia mea. Psal. 16.

XXXIX.

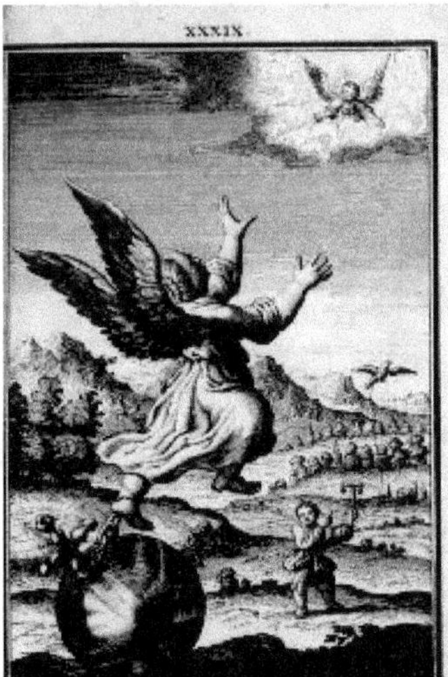

Coarctor autem e duobus, desiderium habens dissolvi et esse cum Christo. ad Philip. 1.

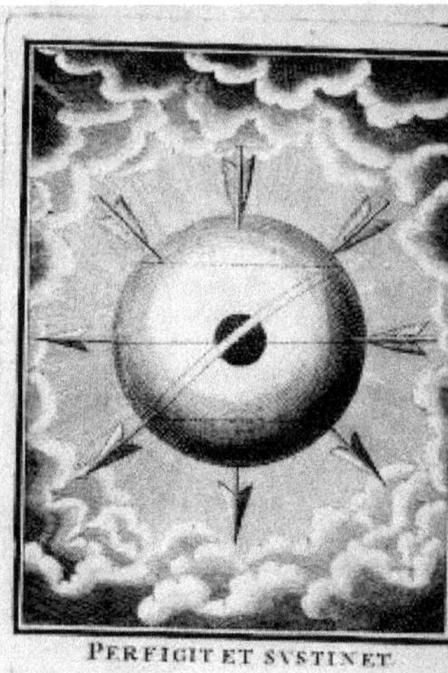

PERFIGIT ET SVSTINET.

XXIV.

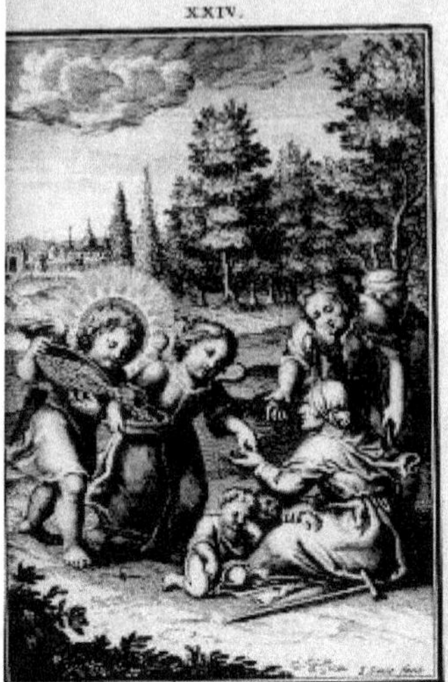

Facit munificum.

XL.

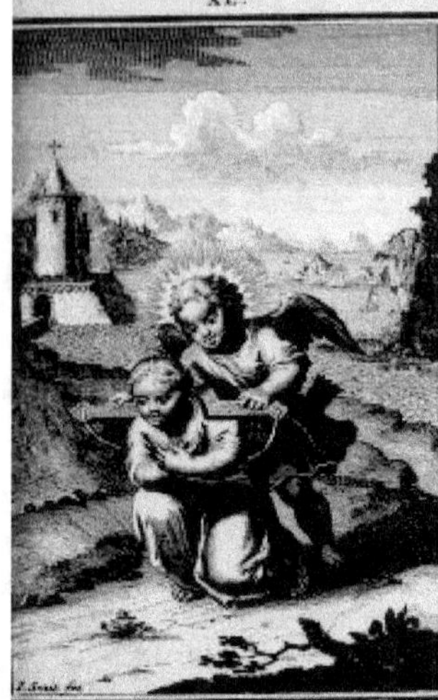

Nullus liber erit si quis amare velit.

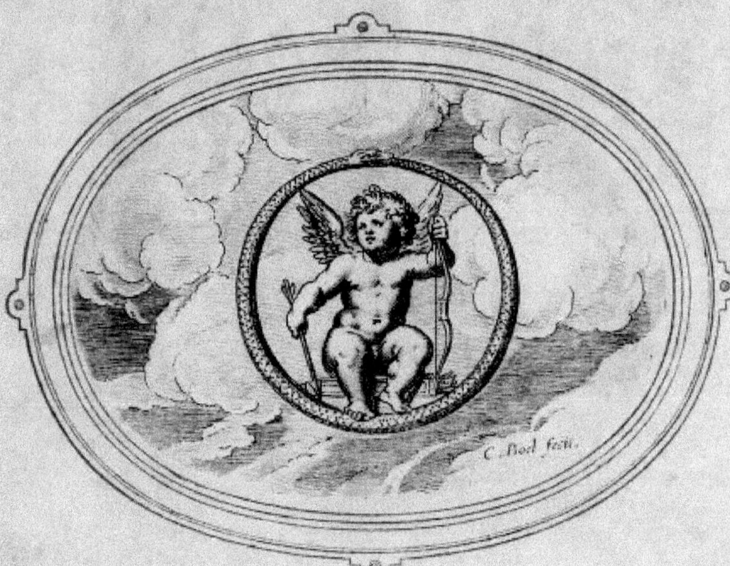
C. Boel fecit.

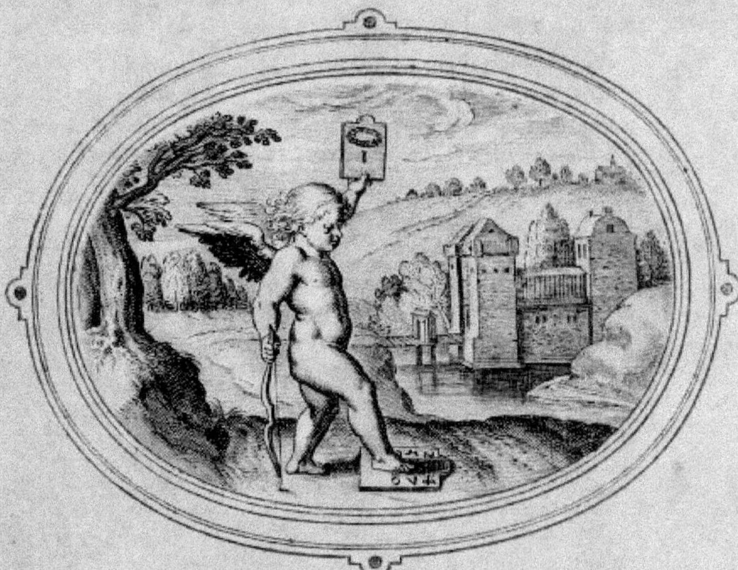

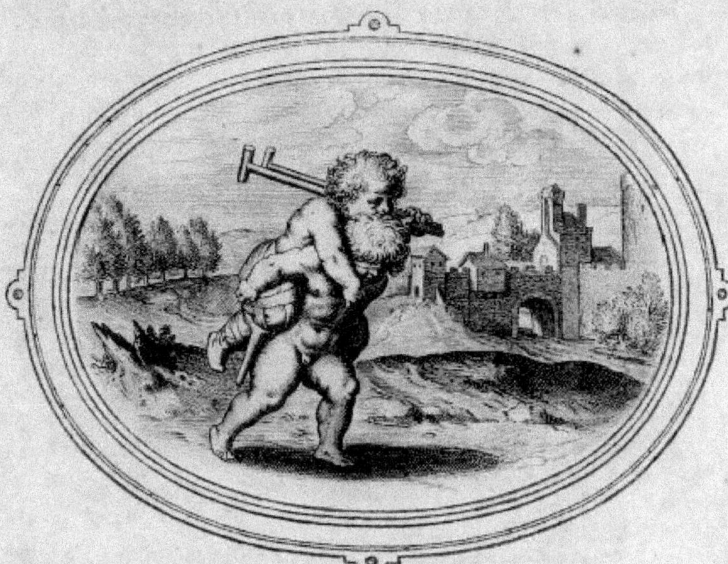

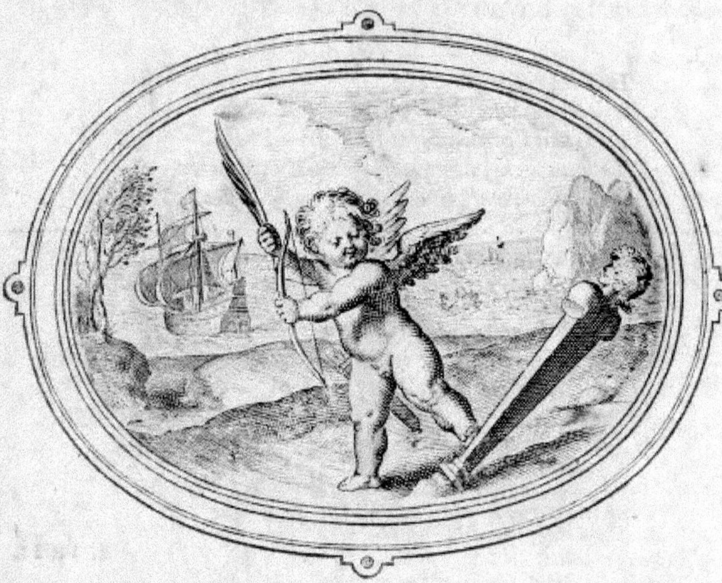

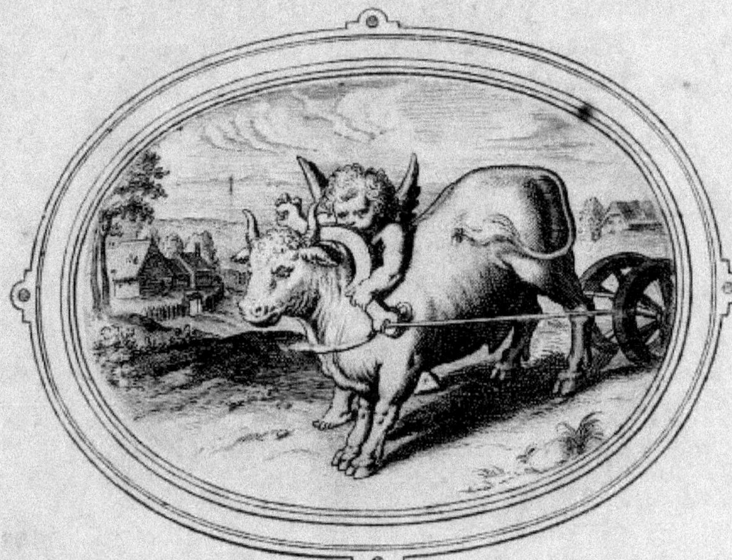

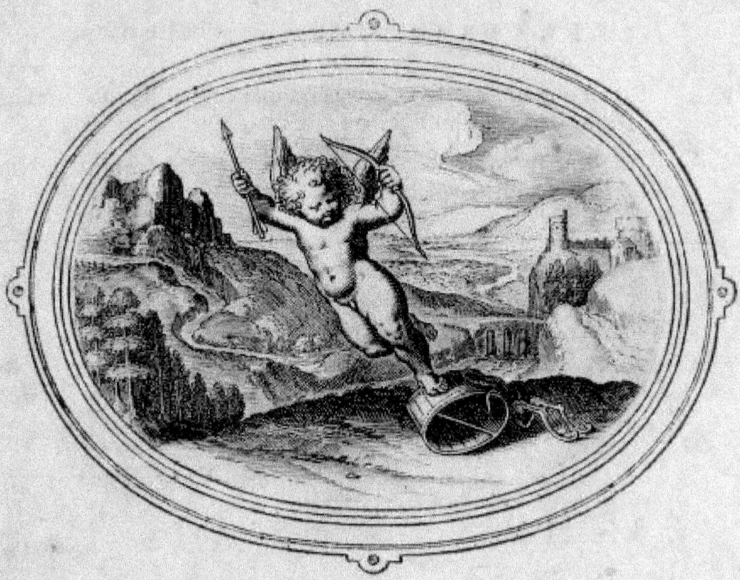

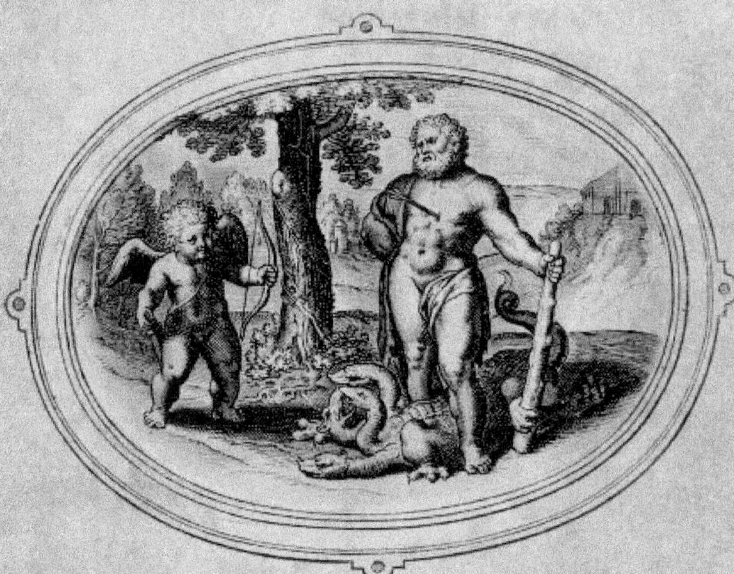

E

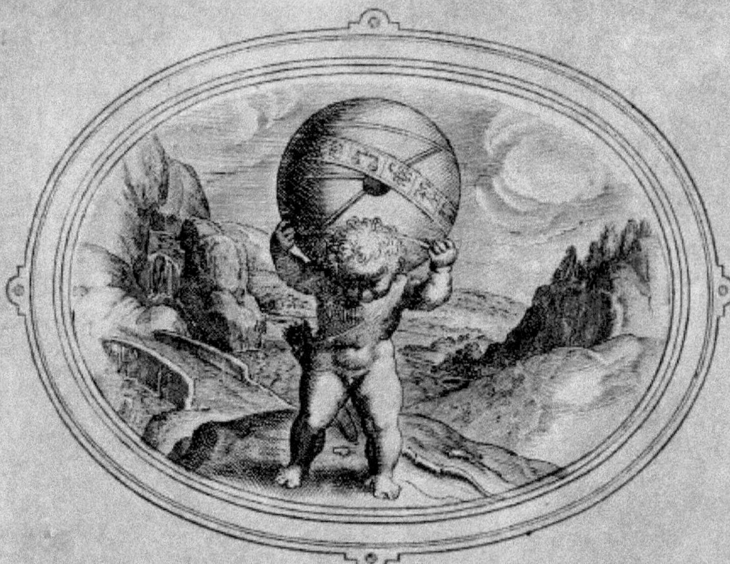

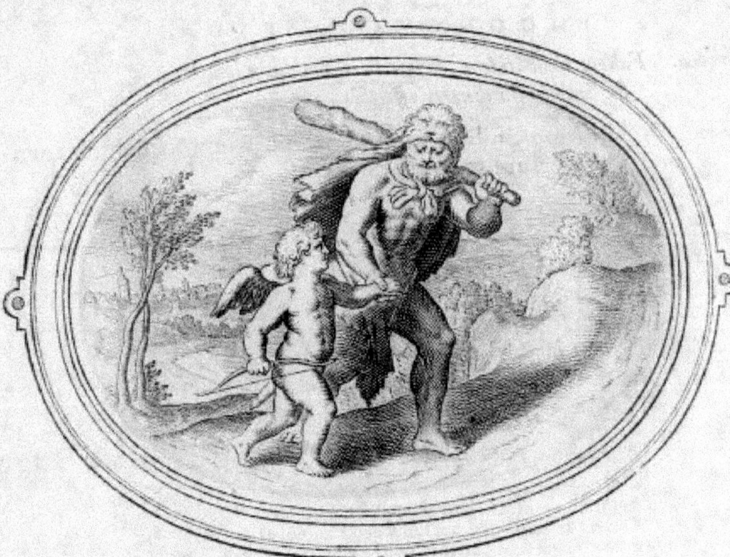

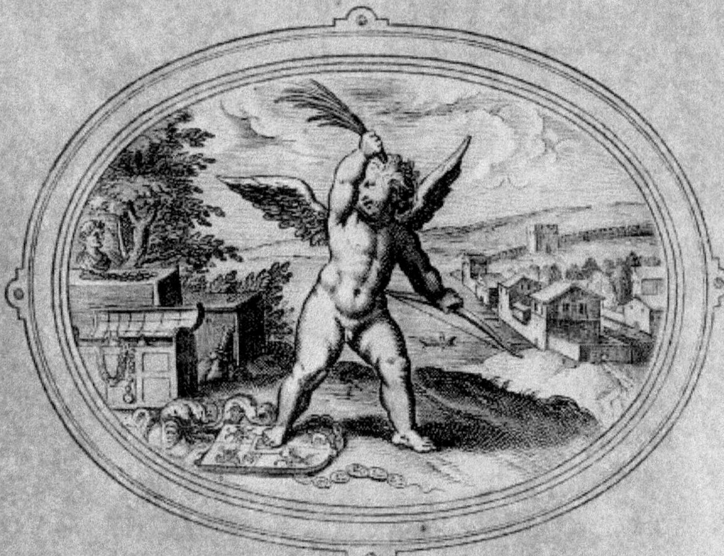

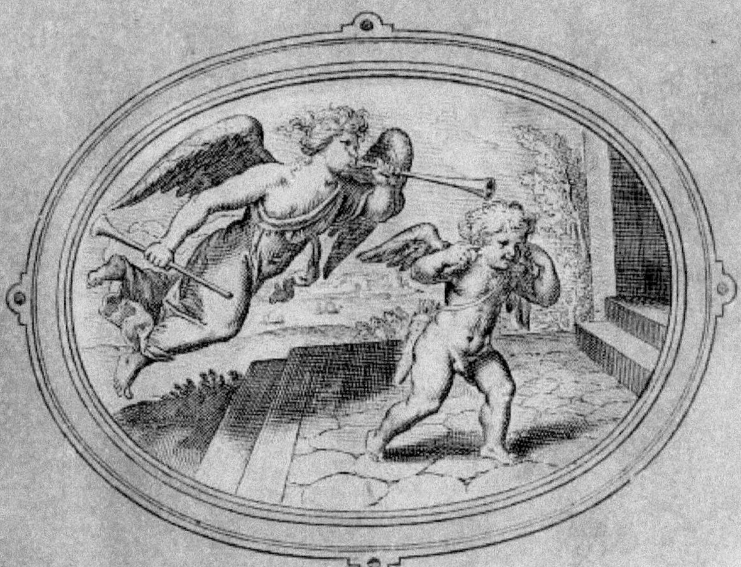

I 2

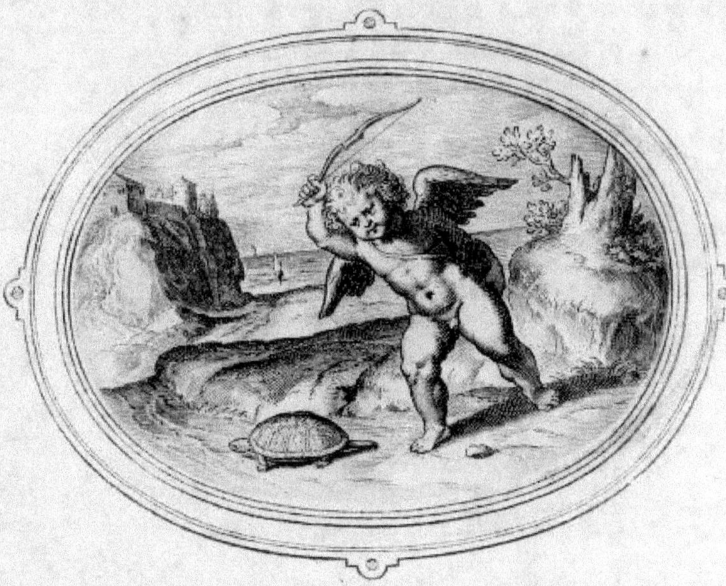

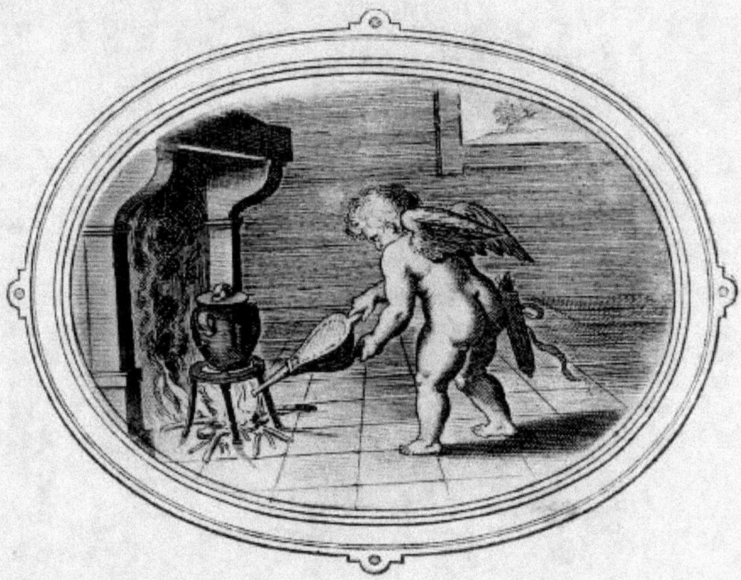

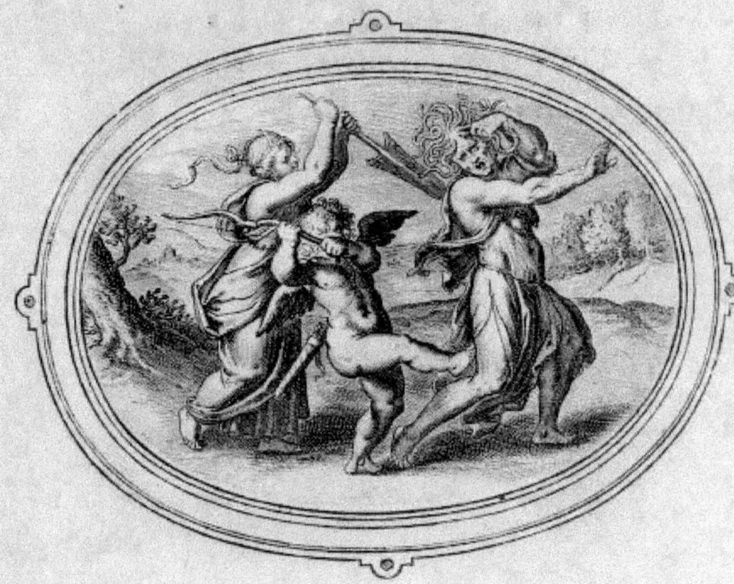

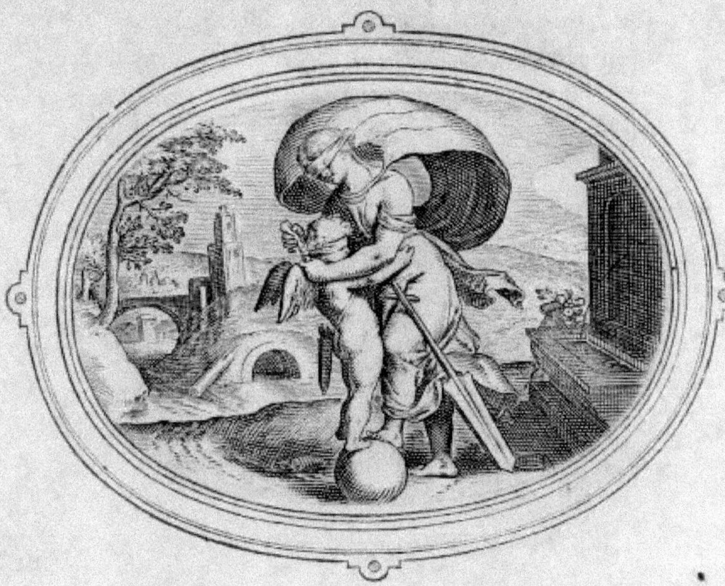

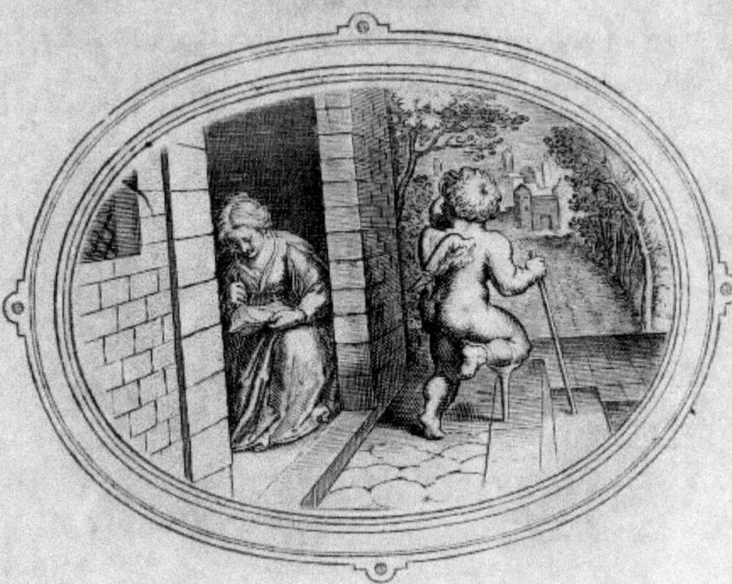

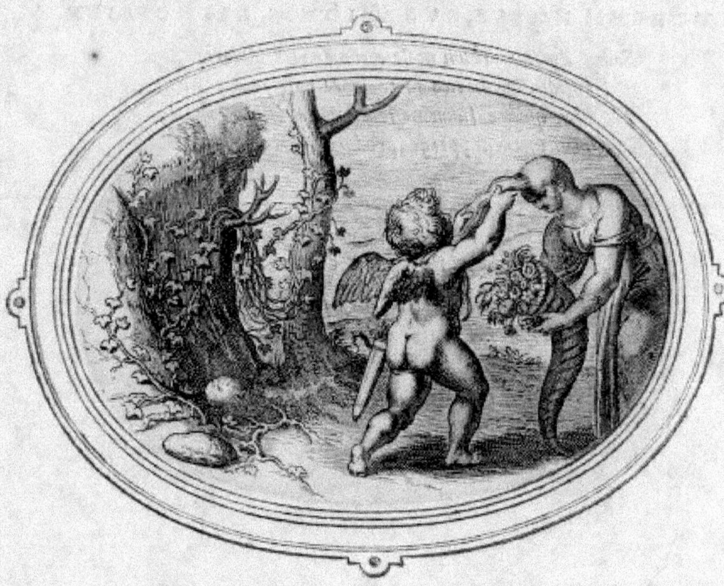

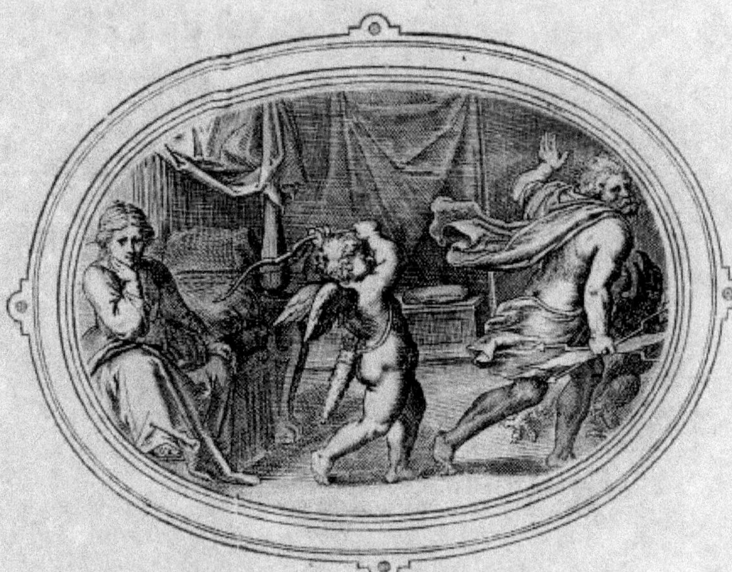

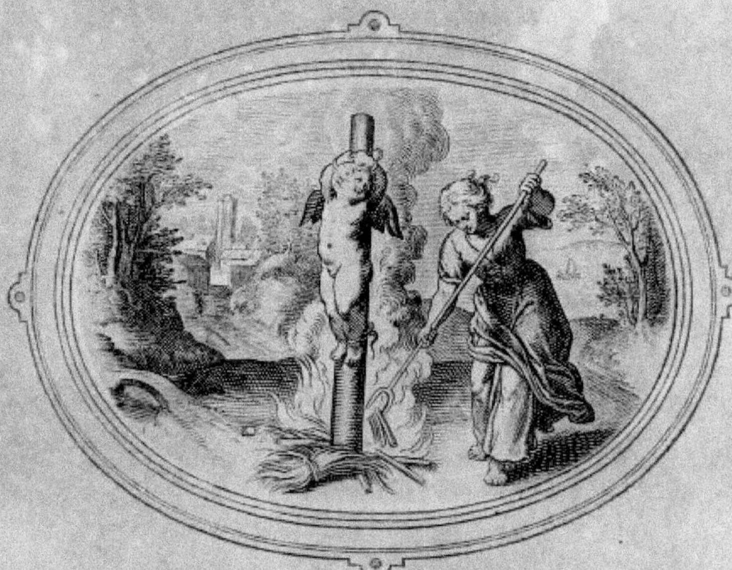

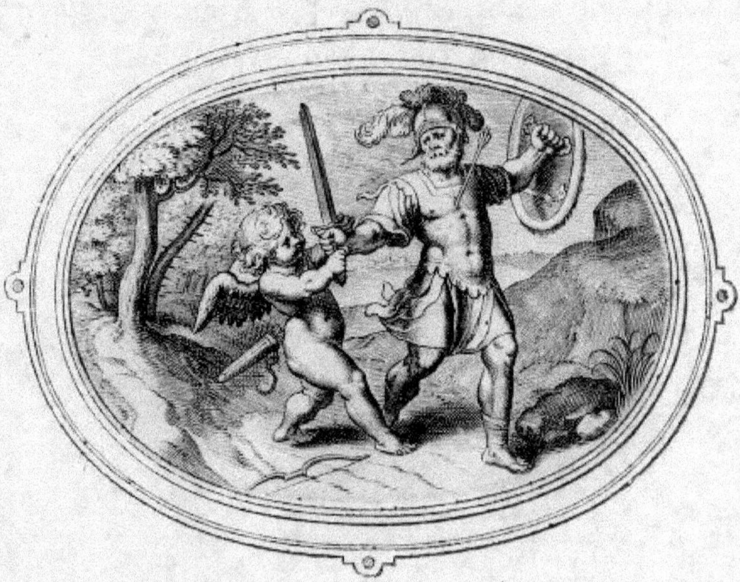

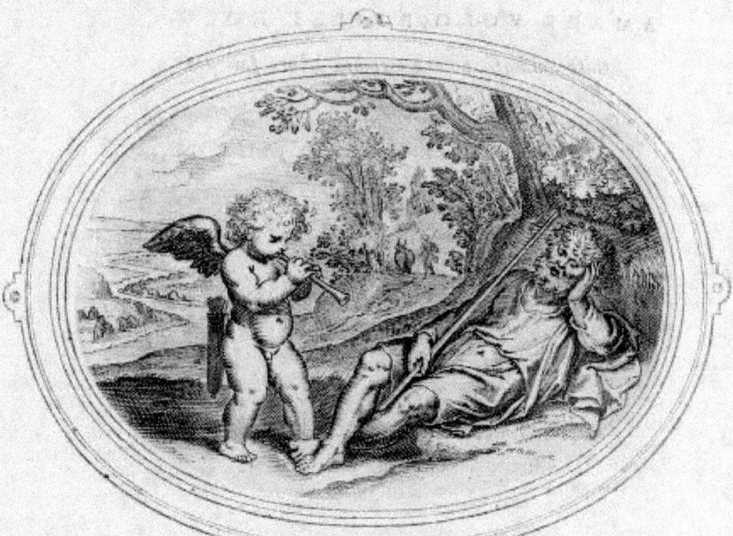

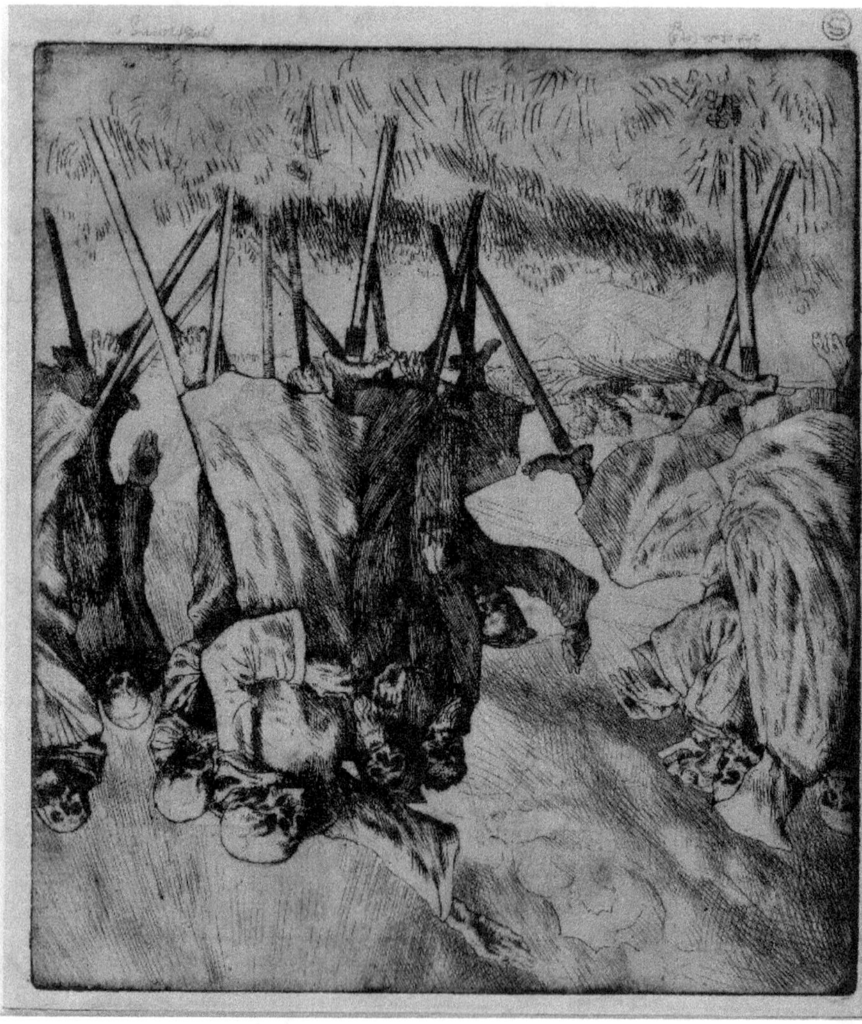

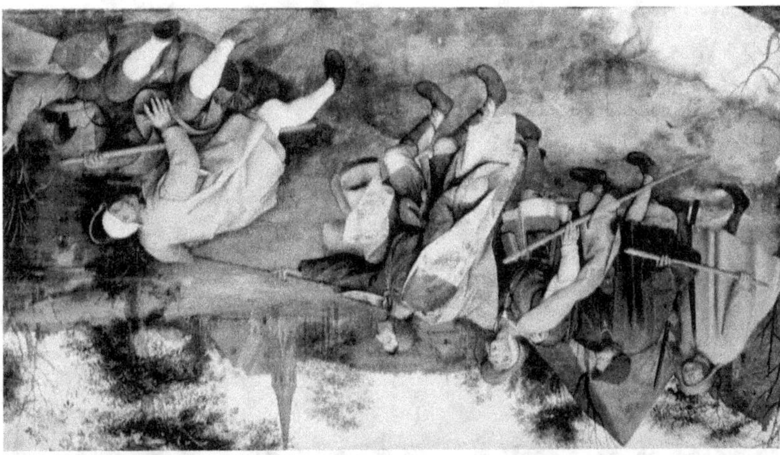

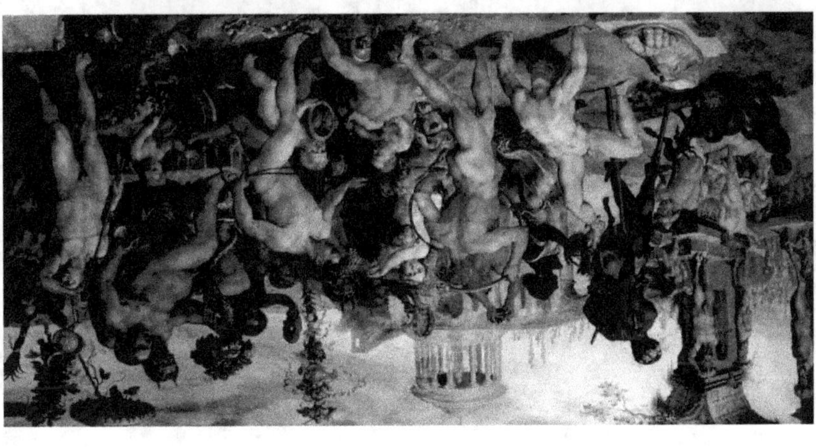

d

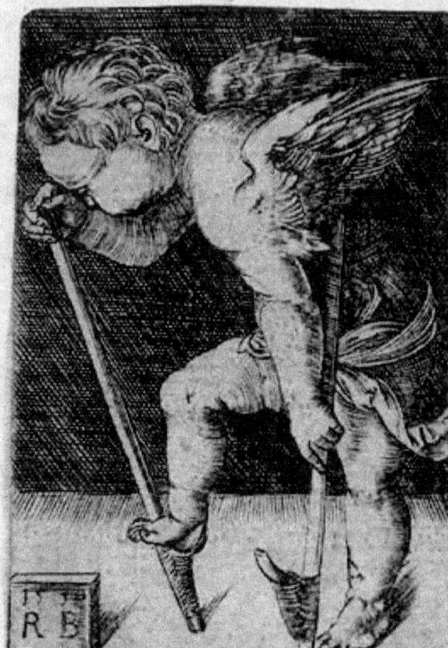

Undescribed

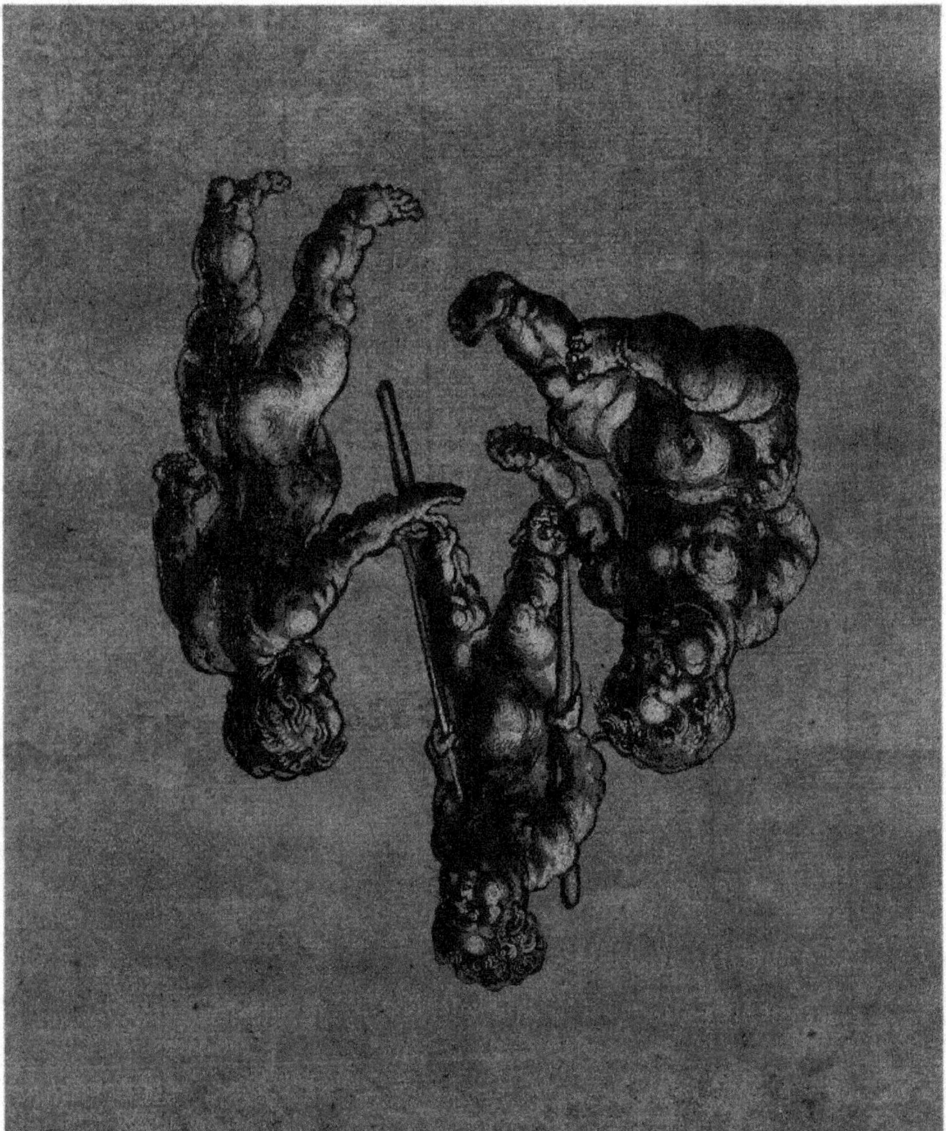

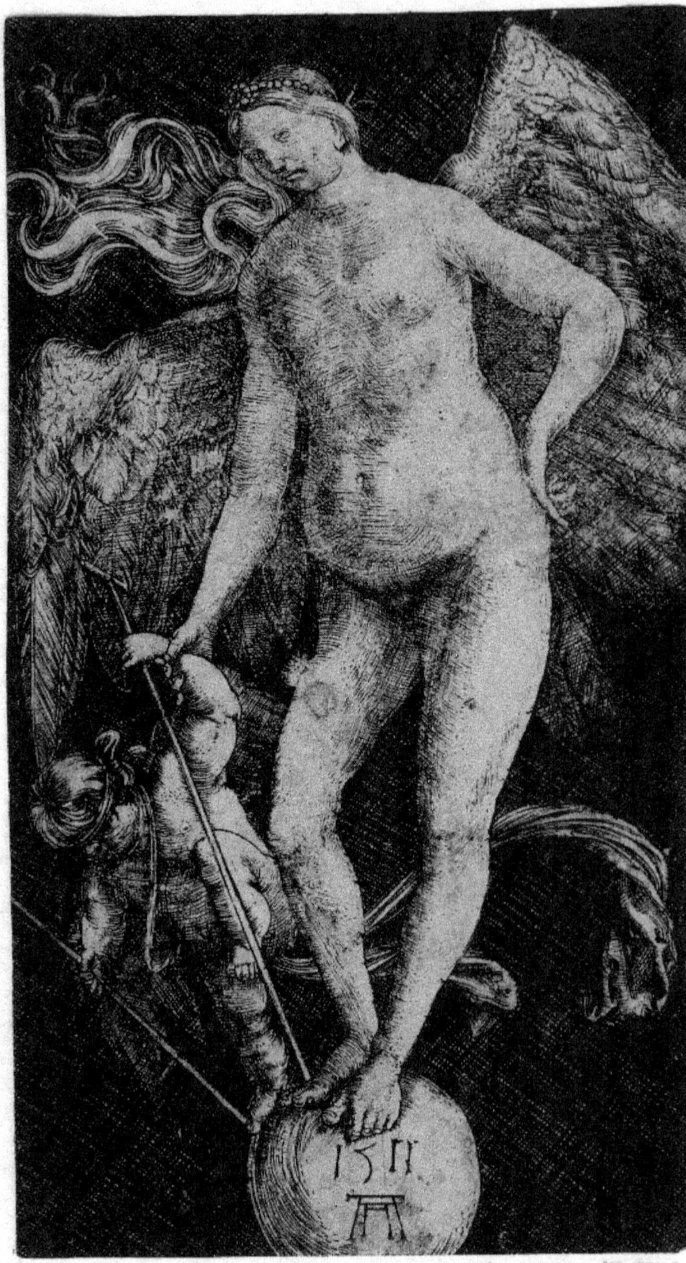
1511

Planche d'images sur Hercule:

Tarot: L'Amoureux; L'Amoureux vert; versions de Fournier; François Chosson; Jacques Vieville; Hésitation;
Cartari, Les images des dieux, pp. 31; 496;
Cartari, Bacchus en procession, 1647;
Annibale Carracci, Tazza Farnese: esquisse et Silène pour la Tazza;
Anthonis van Dyck, Silène ivre appuyé sur des Satyres, c. 1620; Van Dyck, Silène ivre; Cornelis Schut; Cornelis van Poelenburgh, Vénus avec Satyre - Allégorie de la Chasteté; Karel Philips Spierinck; Monnot, Ampélos essayant d'atteindre une grappe de raisin tenue par Bacchus; Noël Hallé, Eglé et Silène; Giorgio Sommer, Bacco e Ampelo (Florence), c. 1806;
Rubens: Hercule ivre soutenu par un faune et une faunesse; Le triomphe de la Vertu; Le triomphe de la Vérité, Cycle Médicis; Un héros couronné par la victoire;
Hercule à la croisée des chemins: Girolamo di Benvenuto; Annibale Carracci;
Hercule entre le vice et la vertu: Jan van de Hoecke; Batoni, version de Saint-Petersbourg; Batoni, version de Turin; Sadeler

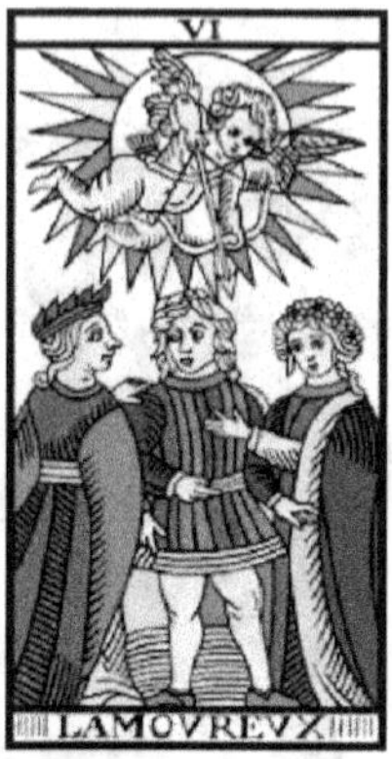
VI
LAMOVREVX
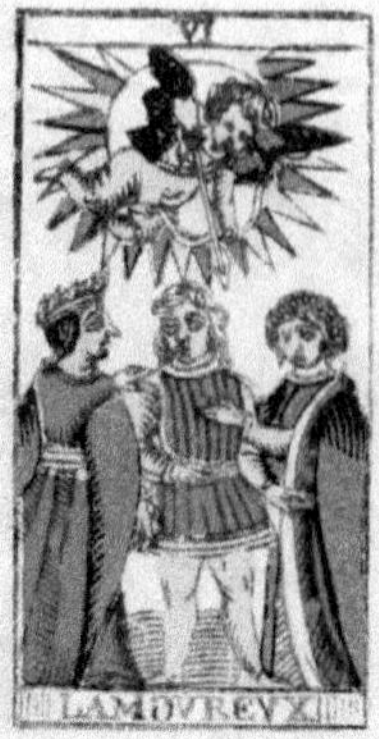
LAMOVREVX
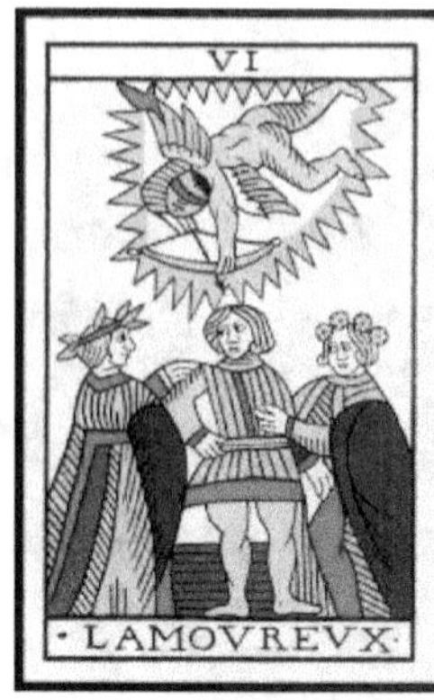
VI
· LAMOVREVX ·
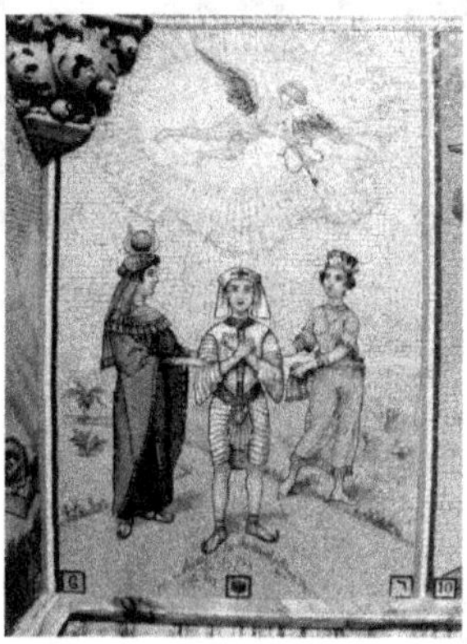
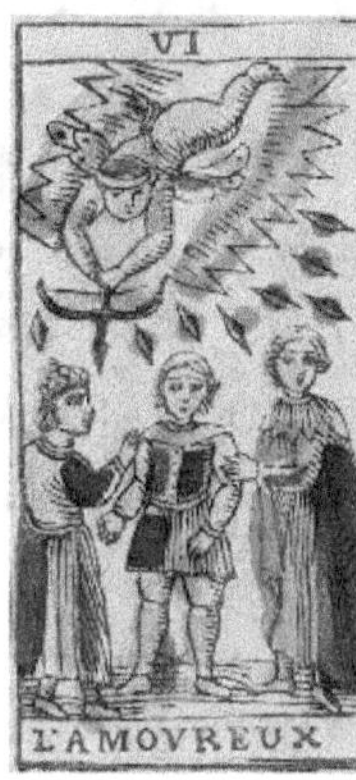
VI
L'AMOVREUX
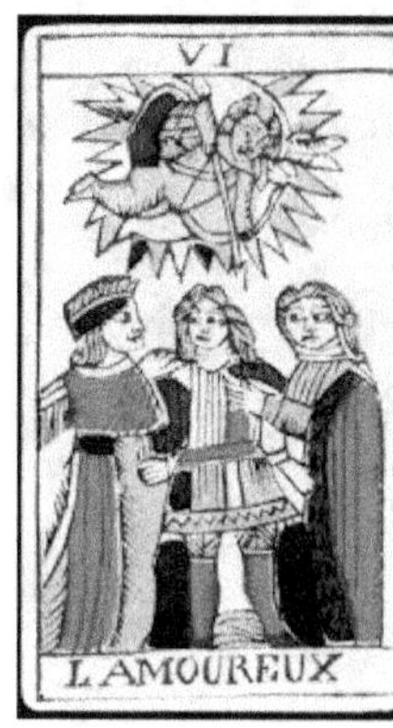
VI
L'AMOUREUX
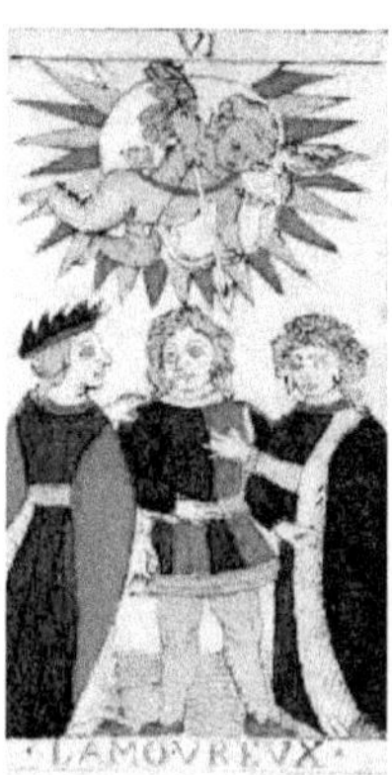
· LAMOVREVX ·
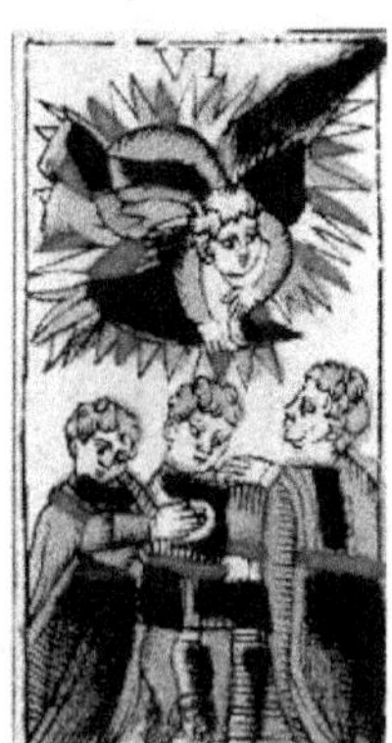
VI
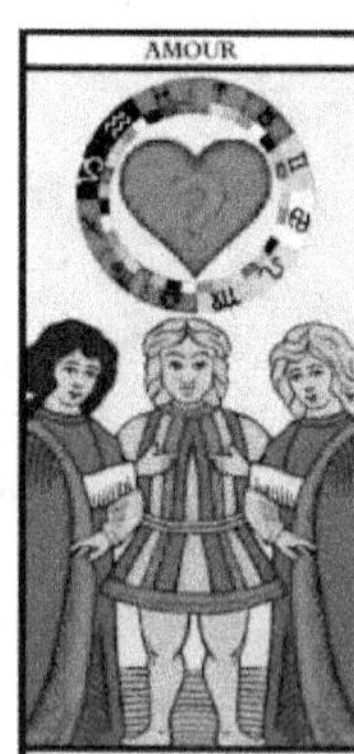
AMOUR
HESITATION

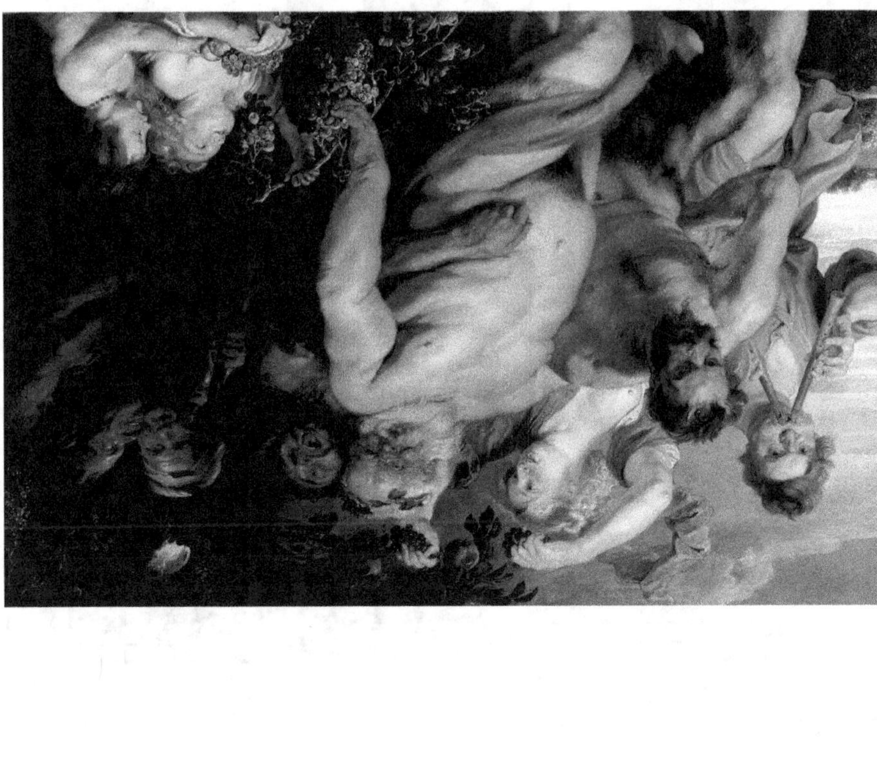

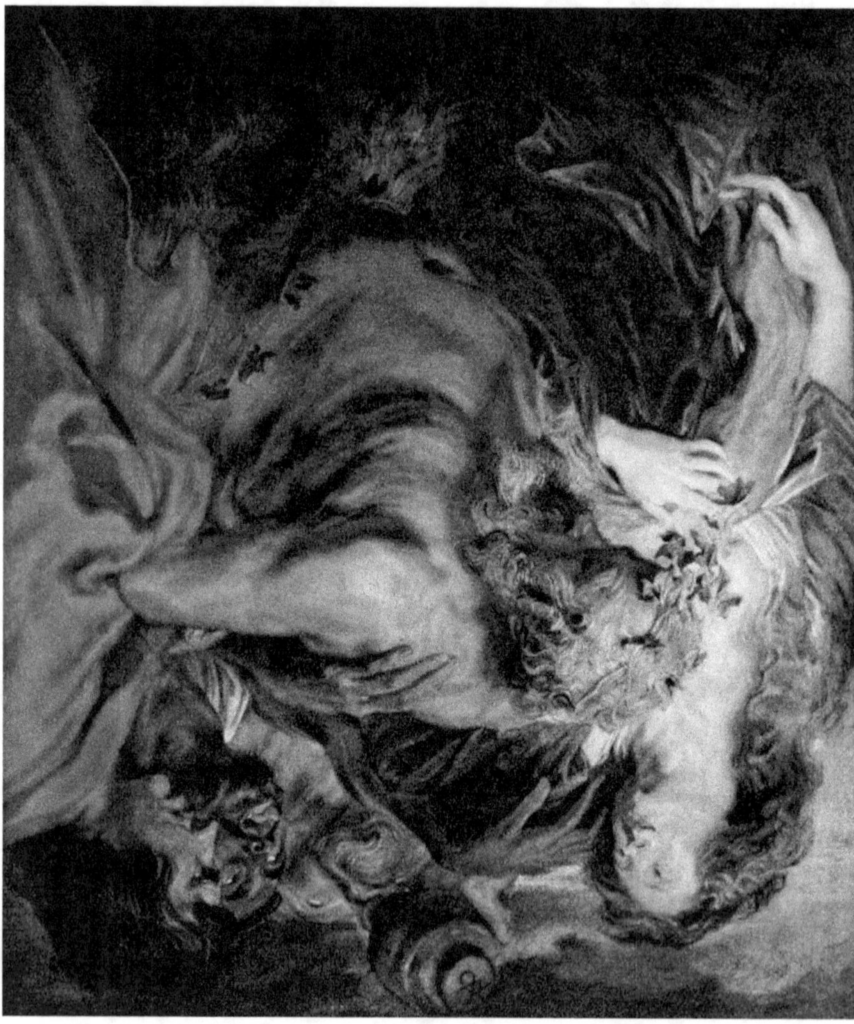

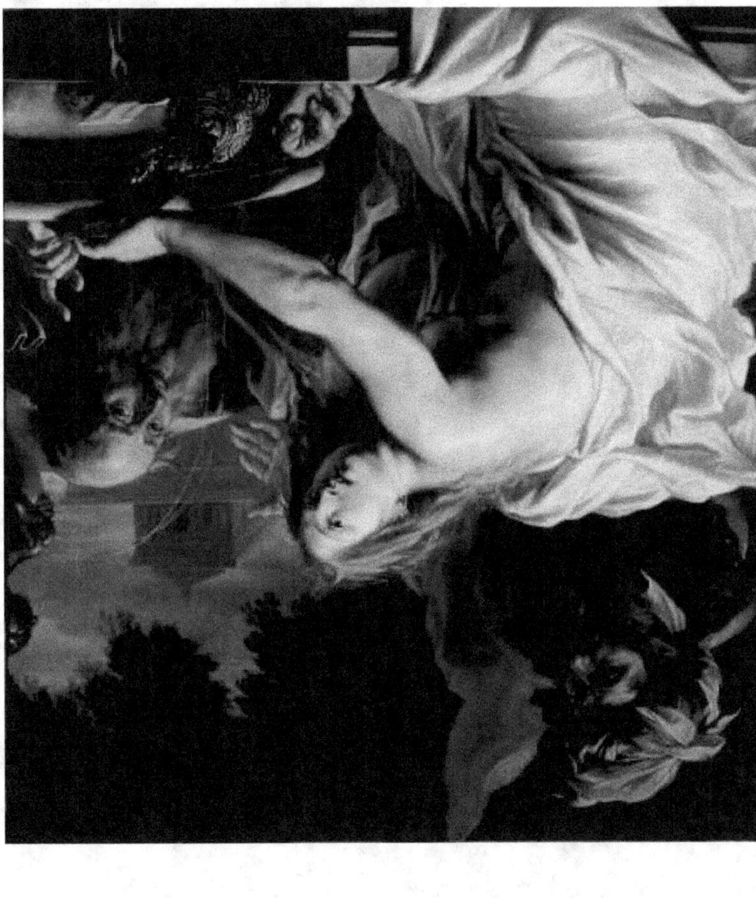

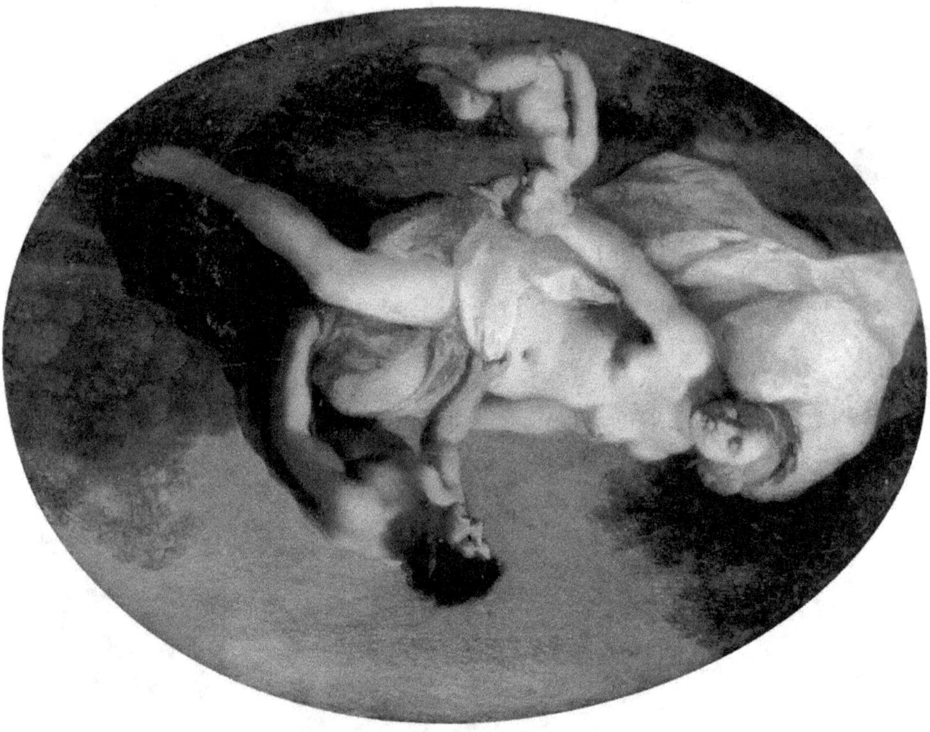

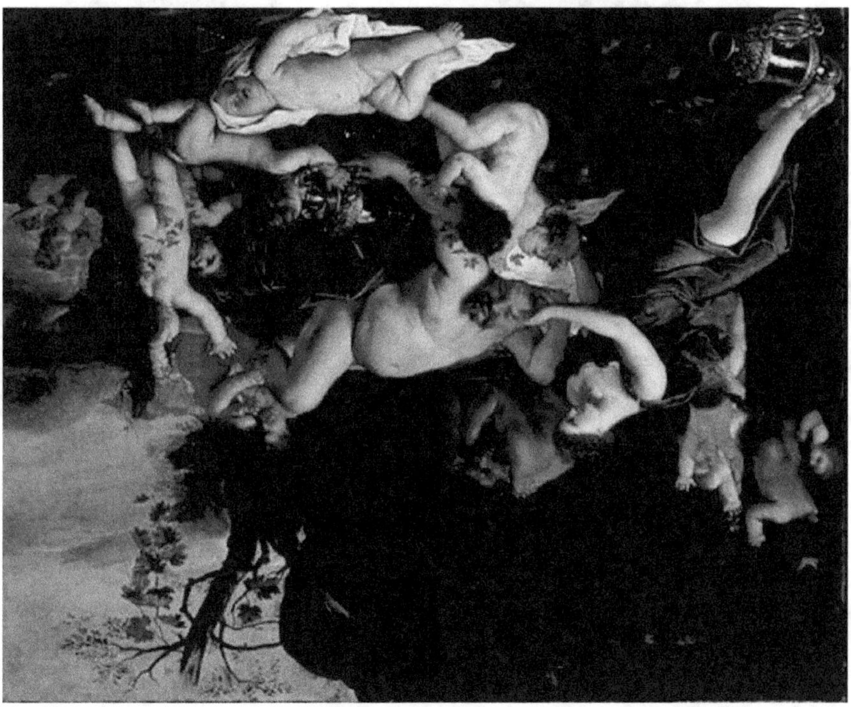

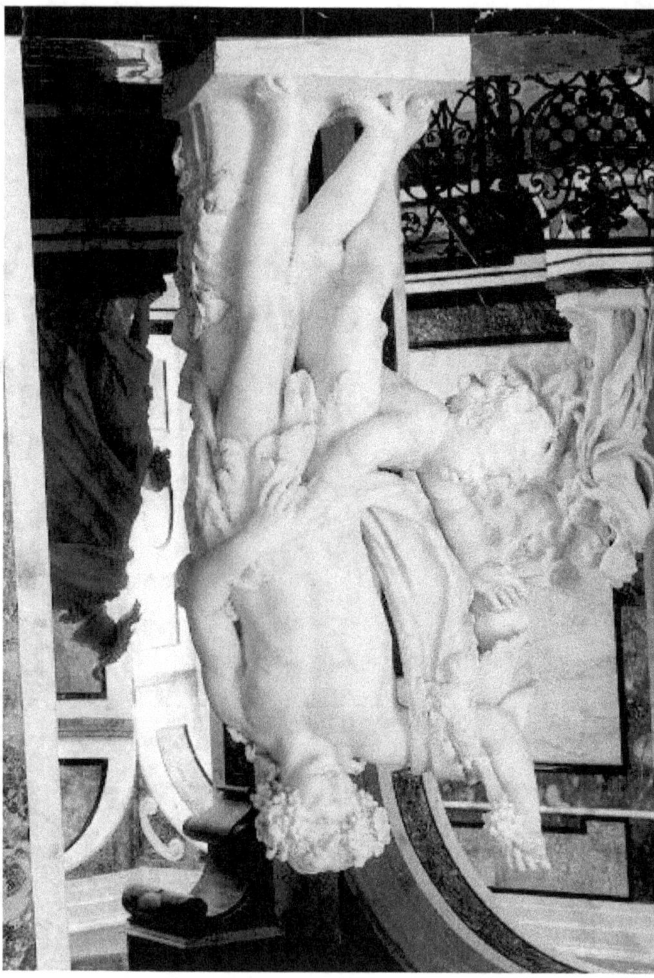

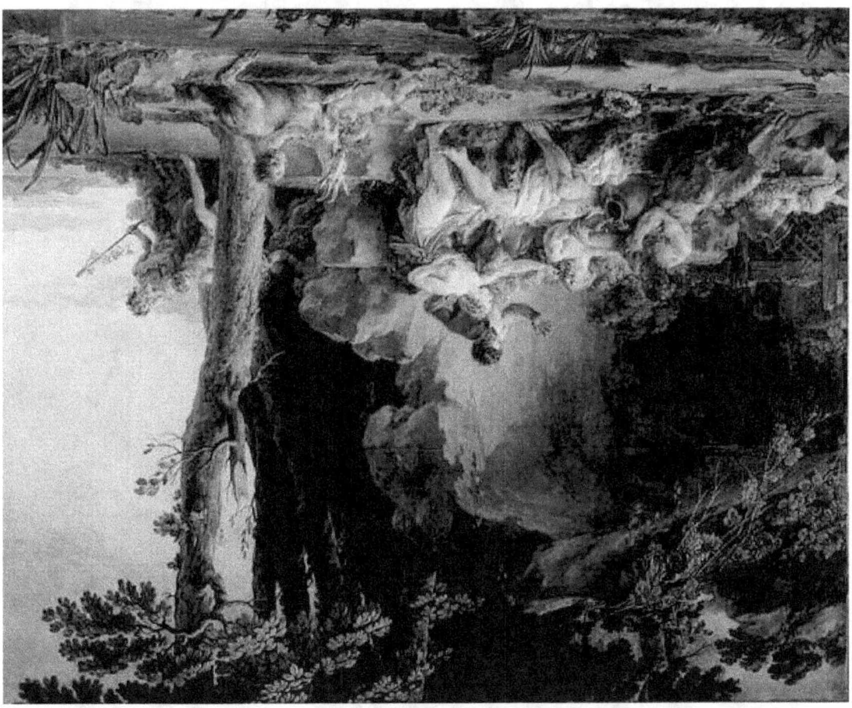

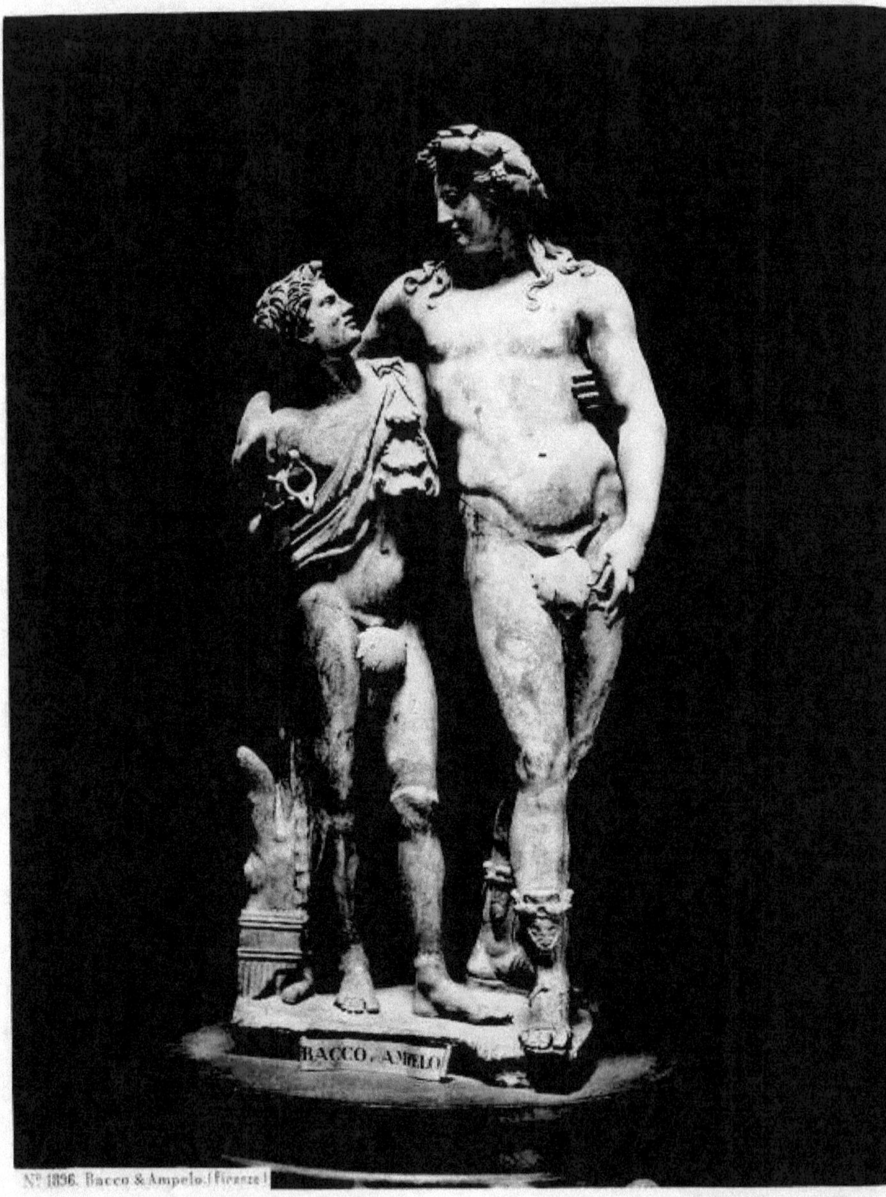

Nº 1896. Bacco & Ampelo. (Firenze)

P. uffizi.

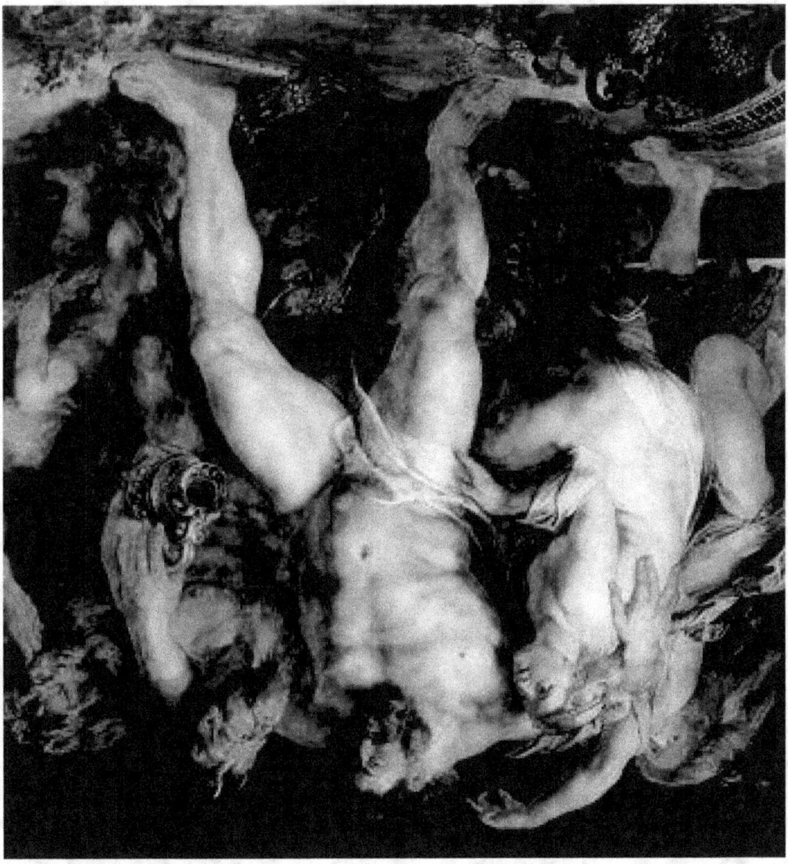

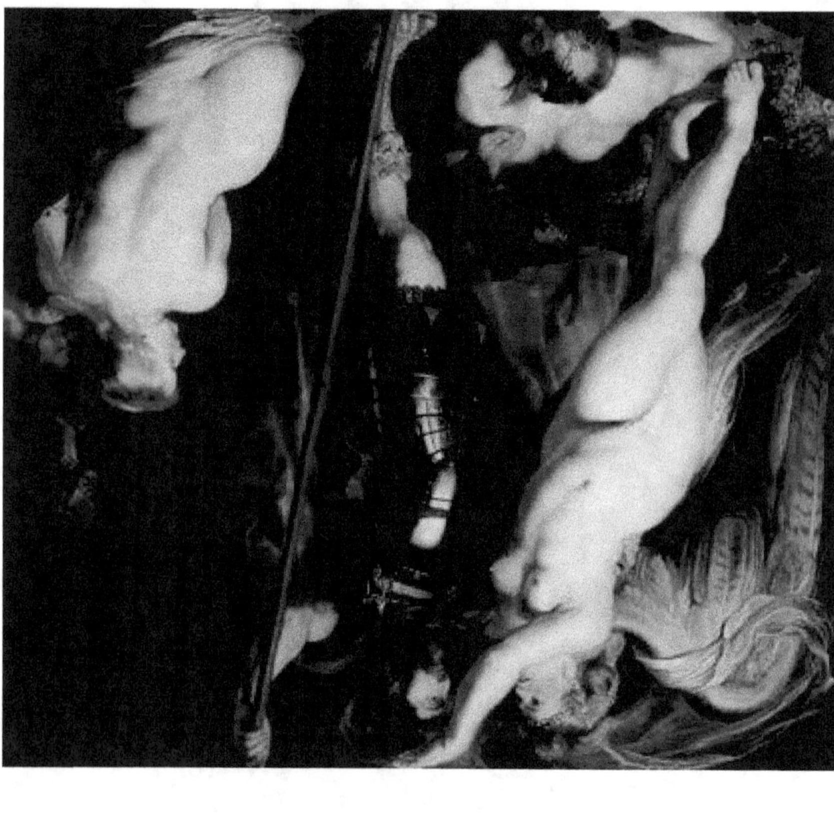

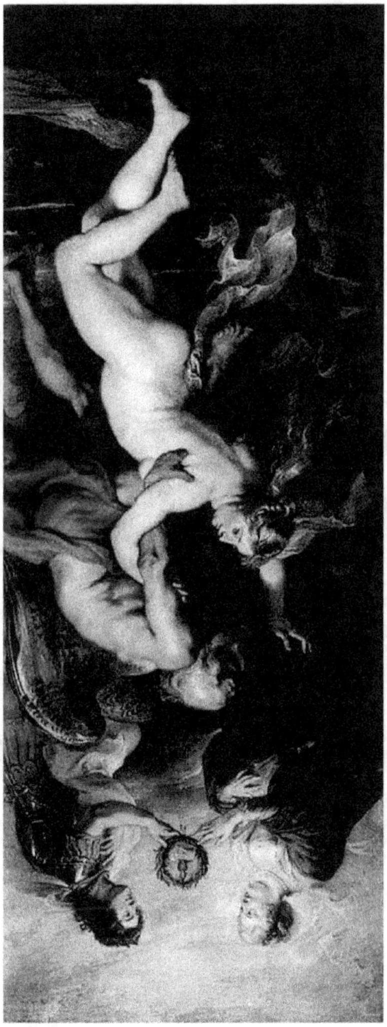

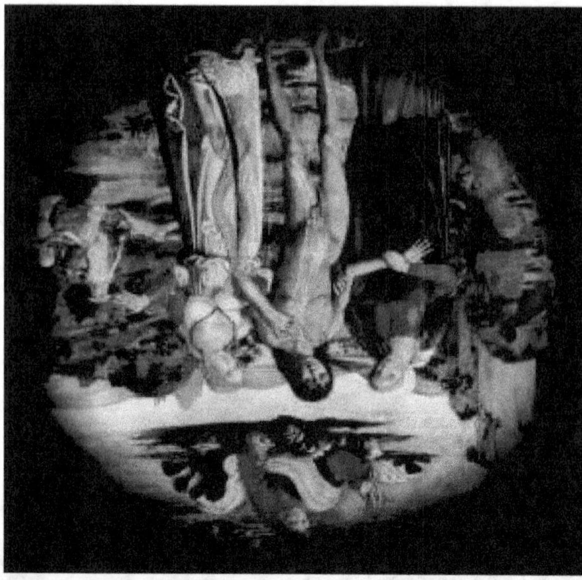

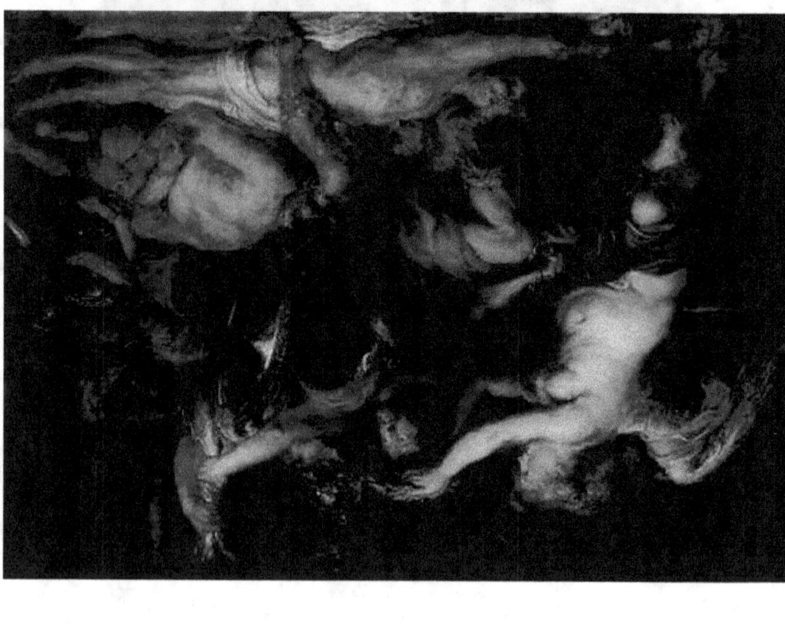

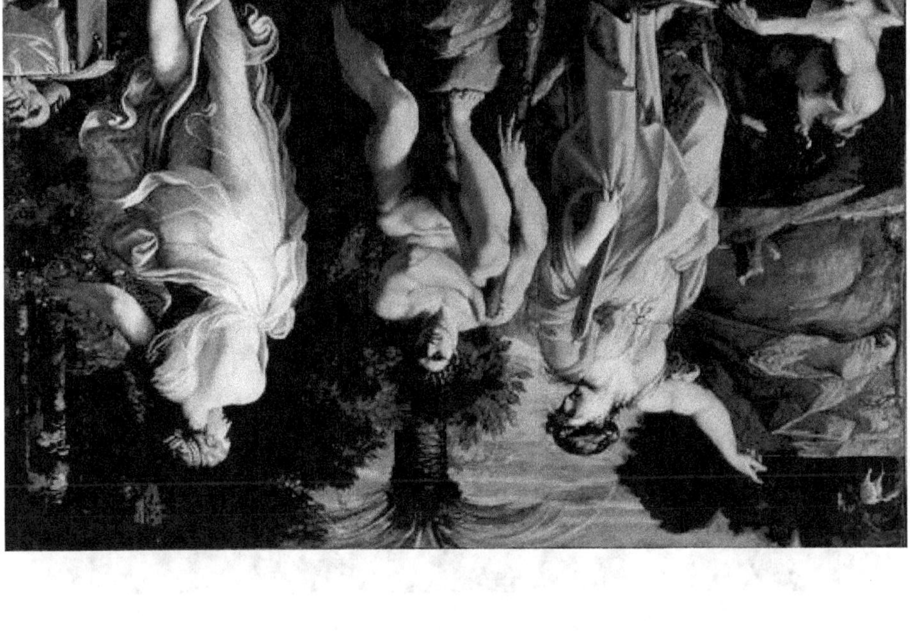

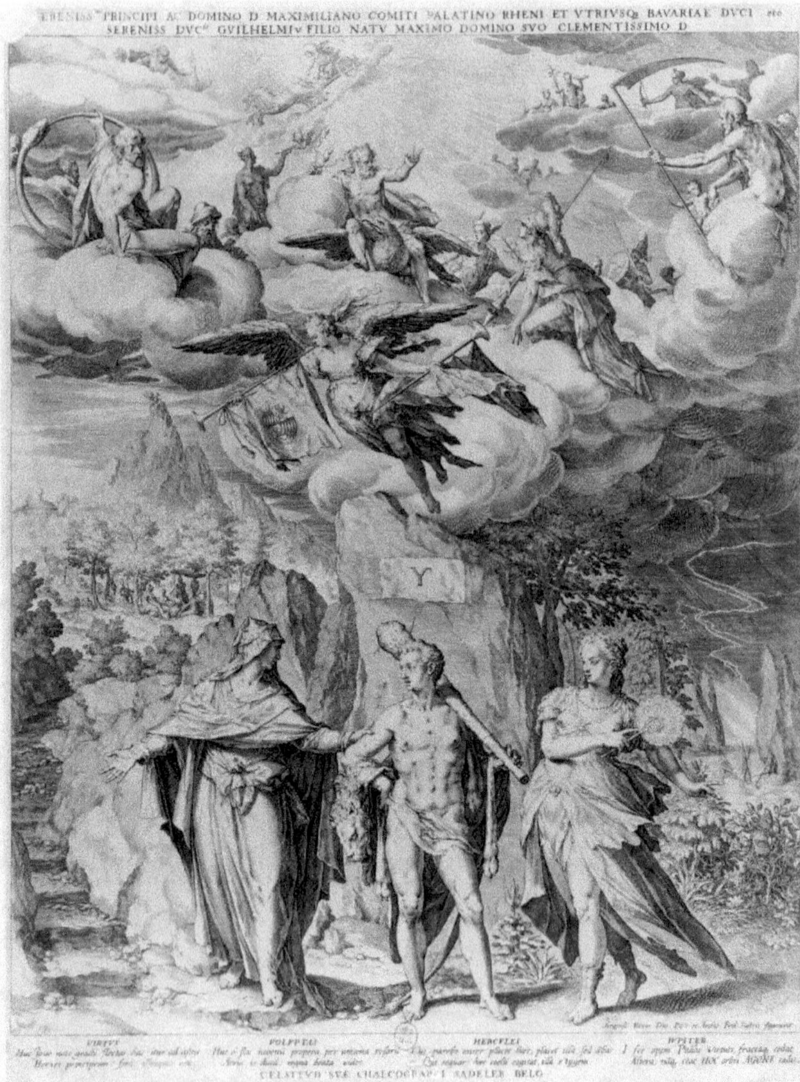
SERENISS^MO PRINCIPI AC DOMINO D MAXIMILIANO COMITI PALATINO RHENI ET VTRIVSQ BAVARIAE DVCI
SERENISS DVC^IS GVILHELMI FILIO NATV MAXIMO DOMINO SVO CLEMENTISSIMO D
VIRTVS
VOLVPTAS
HERCVLES
IVPITER
CELSITVDI SVAE CHALCOGRAP I SADELER BELG

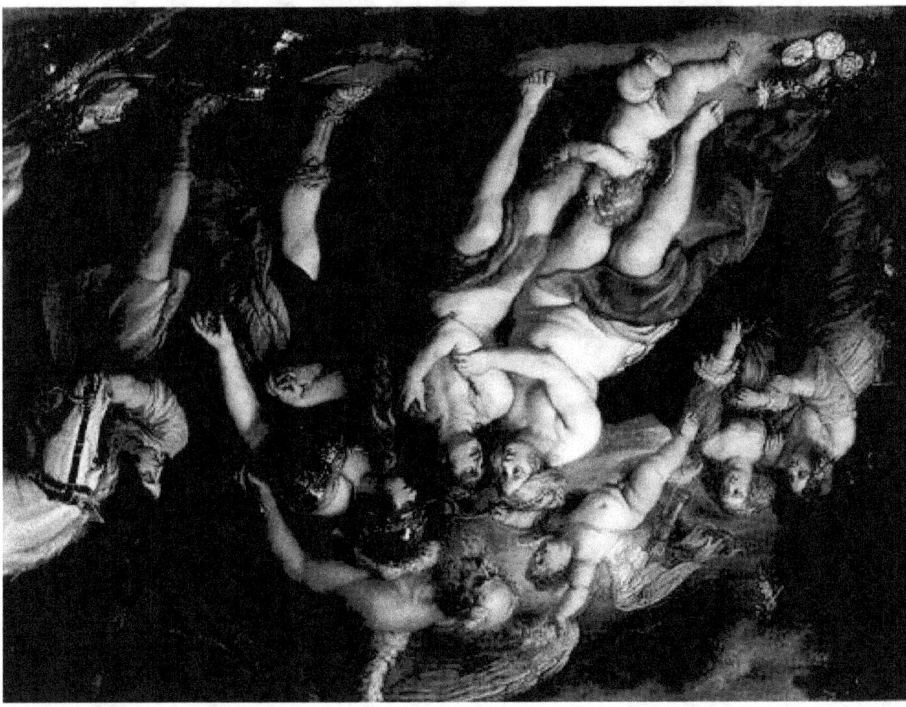

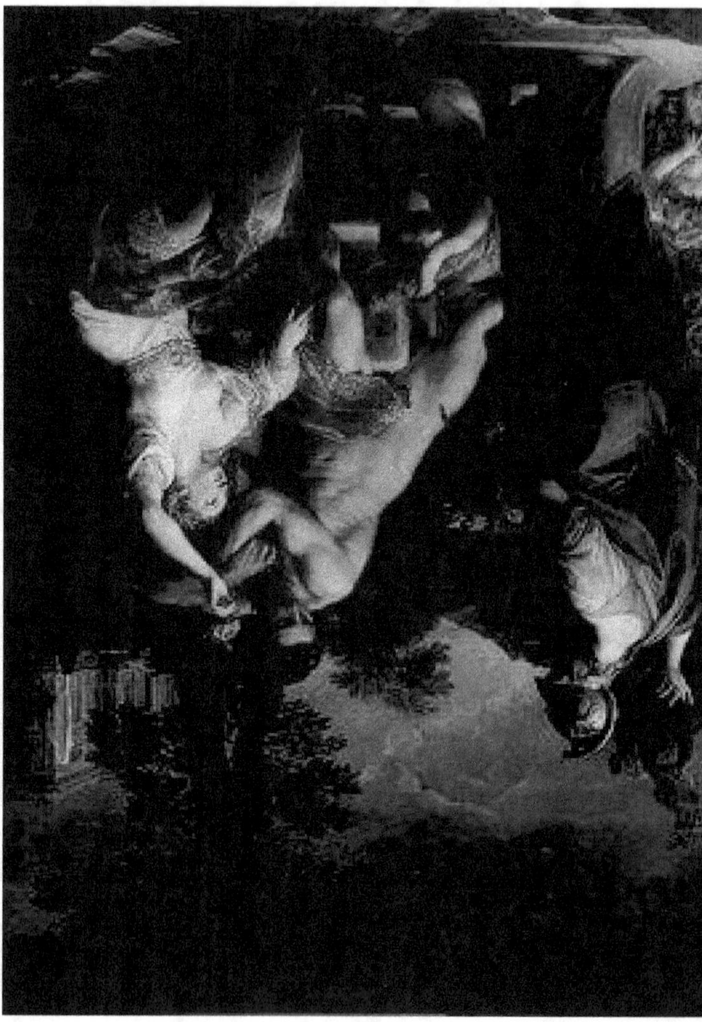

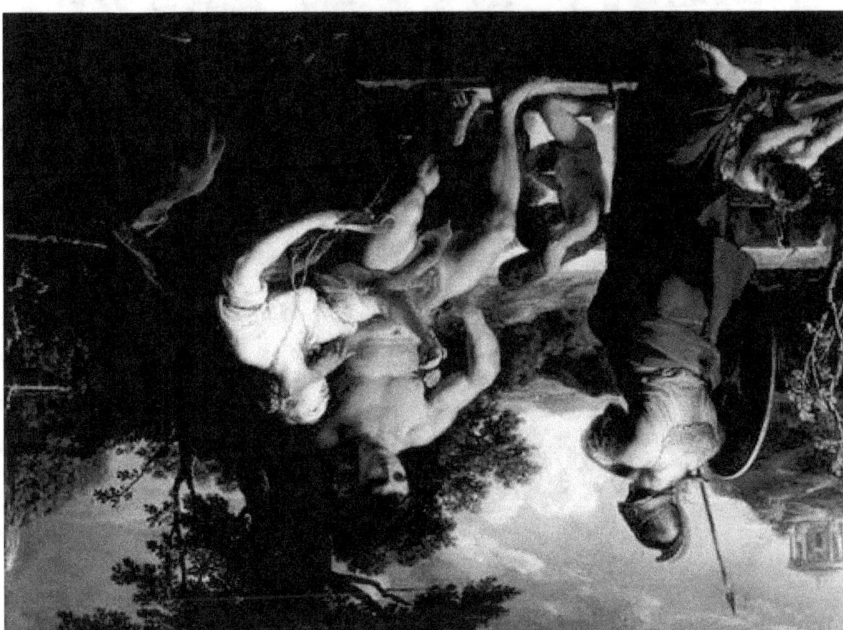

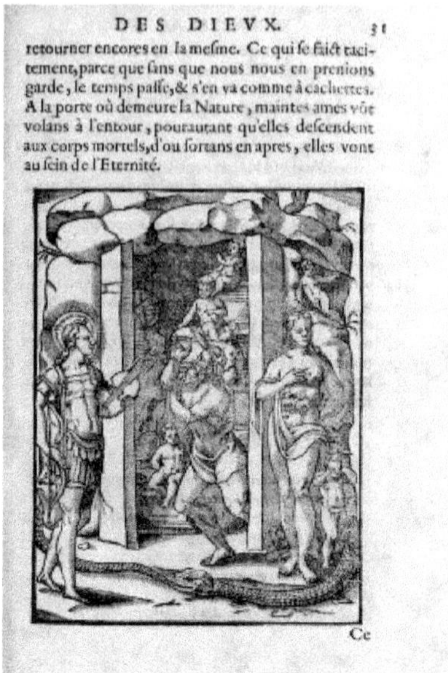

retourner encores en la mesme. Ce qui se faict tacitement, parce que sans que nous nous en prenions garde, le temps passe, & s'en va comme à cachettes. A la porte où demeure la Nature, maintes ames võt volans à l'entour, pourautant qu'elles descendent aux corps mortels, d'ou sortans en apres, elles vont au sein de l'Eternité.

Ce

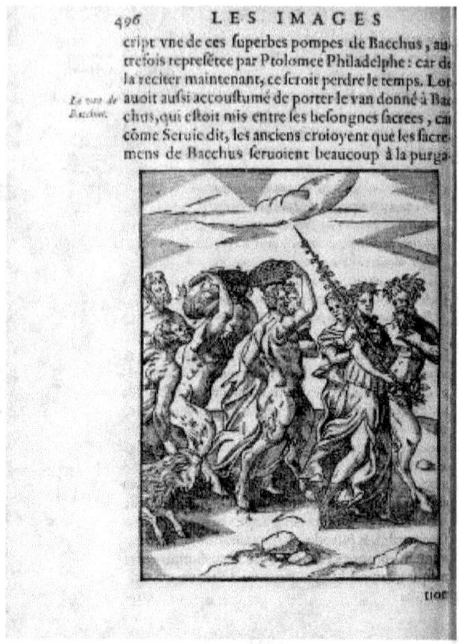

cript vne de ces superbes pompes de Bacchus, au-trefois representée par Ptolomee Philadelphe : car de la reciter maintenant, ce seroit perdre le temps. Lon auoit aussi accoustumé de porter le van donné à Bacchus, qui estoit mis entre les besongnes sacrees, car cõme Seruie dit, les anciens croioyent que les sacremens de Bacchus seruoient beaucoup à la purga-

Le van de Bacchus.

tion

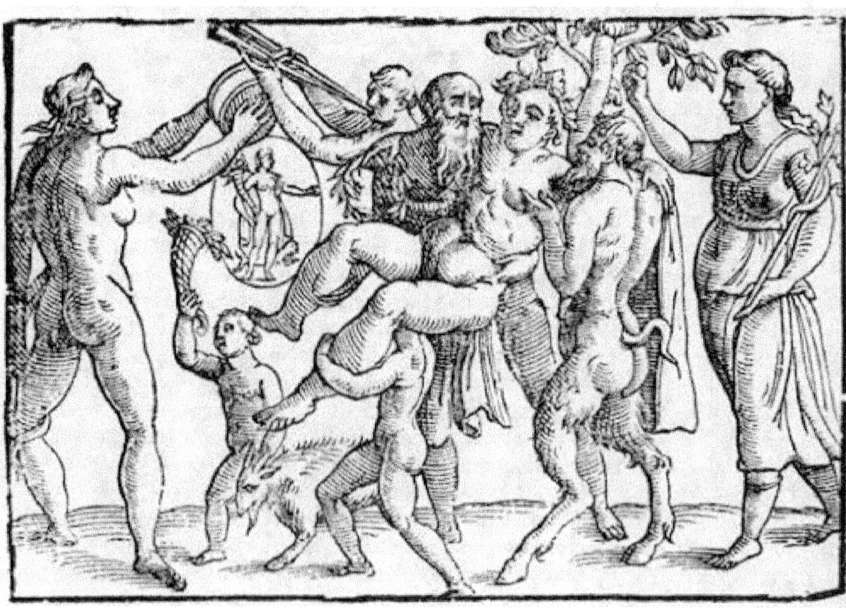

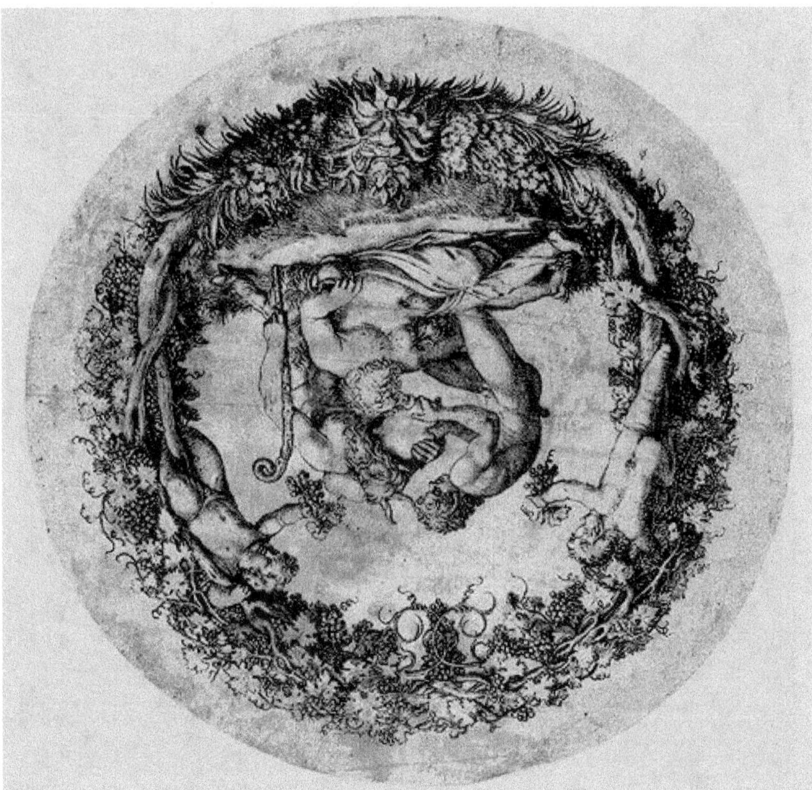

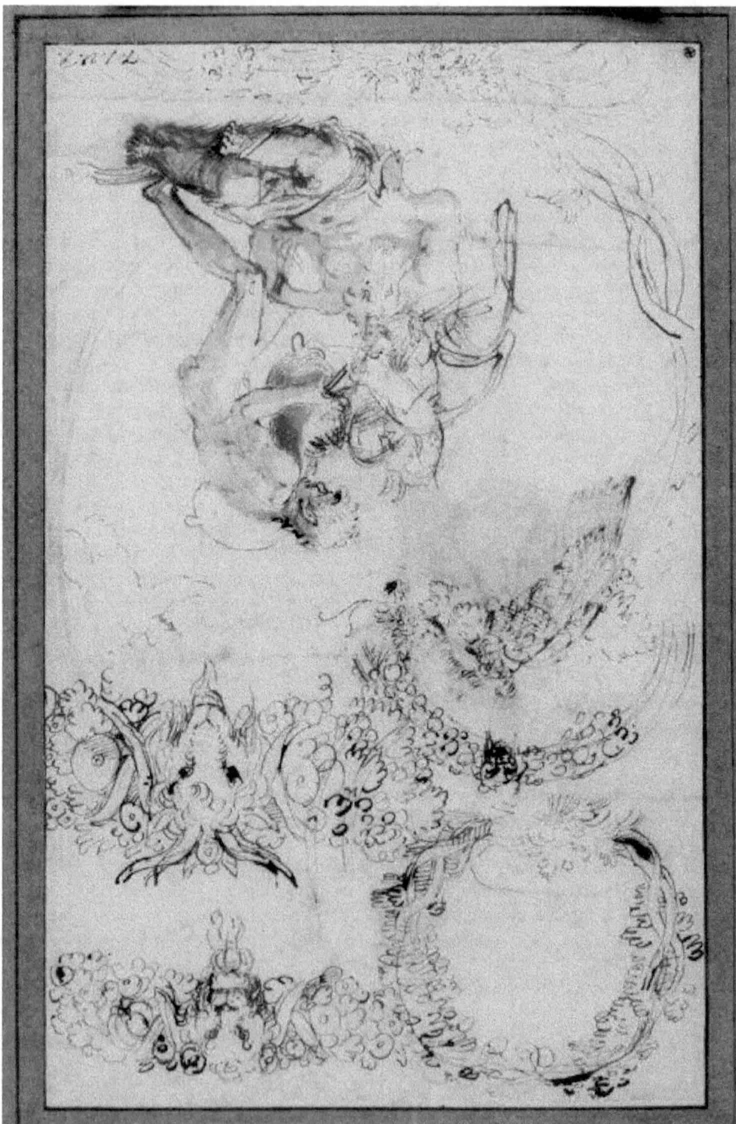

Planche d'images de Scriptorium et chaire:

Deux scriptoria; Deux images des Heures de Philippe le Bon, c. 1450-1460; Un moine expérimenté copie un manuscrit, un autre, plus jeune, lui apporte un ouvrage.,Manuscrit de l'*Ethique d'Aristote,* enluminé par Nicole Oresme, Paris, 1376; Apôtre Paul, manuscrit byzantin, XIe siècle; Cathédrale d'Amiens, portail sud dit de la Vierge dorée ou de Saint Honoré.Détail d'une voussure d'un personnage à l'allure de scribe écrivant à son scriptorium, avec son pennaculum ou calamarium à la main, ses deux atramentii,en forme traditionnelle de corne, passés à travers des trous dans son écritoire; Armarium, Mausolee, Galla-Placidia; Evangiles de Loisel Reims, IXe siècle: Saint Jean; Saint Marc; Evangiles gréco-latins, saint Luc, XIIIe siècle; Le Dominicain Vincent de Beauvais écrivant (vers 1250) son Speculum Historiale, Le Miroir de l'Histoire, aidé en cela par les Cisterciens de l'abbaye de Royaumont. On le voit là, visité par le roi Saint Louis et son épouse, la reine Jeanne de Bourgogne; moine-copiste; Codex Amiatinus. Le scribe Esdras restaure la Loi Juive après la captivité de son peuple à Babylone. environ 716, Florence, Biblioteca Medicea Laurenziana MS. Am.I; Eleanor Fortescue Brickdale, Abelard and Heloise french scholar and nun embracing in the scriptorium; Jacques de Guise écrivant, XVème siècle; Master of Parral, St Jerome in the scriptorium, 1480-1490; LE copiste Pierre Lombard; copiste, bas-relief; le copiste Jean Mielot (1448-1468) travaillant à son scriptorium; un scribe de monastère au travail; Ghirlandaio, Saint Jérôme, 1480; Maître de Vienne, Saint Grégoire et les écrivains, IXe s.; Gabriel Mälesskircher, Saint Marc avec son lion, 1478, Museo Thyssen-Bornemisza, Madrid INV. Nr. 236 (1928.18); Mälesskircher, Saint Jean l'Évangéliste avec son aigle, 1478, Museo Thyssen-Bornemisza, Madrid N° INV. 235 (1928.17); Mälesskircher, Saint Luc peignant la Vierge, 1478; Mälesskircher, Saint Luc avec son boeuf, 1478; Mälesskircher, Saint Matthieu l'Évangéliste, 1478, Museo Thyssen-Bornemisza, Madrid INV. Nr. 234 (1928.16); Rev. Edward L. Cutts, Scenes & characters of the middle ages, Londres, Alexander Moring Ltd, 1872, fig. 22; Erythraea écrivant, d'après Boccace, Des cleres et nobles femmes, De claris mulieribus, trad. Fr. Anonyme, c. 1400-25, Paris, British Library MS Royal 20 C V f. 32v; Peter Comestor travaillant, par Guyart des Moulins, La Bible historiale complétée (Genèse-Psaumes), France, Centre (Paris?), 1357; Antonello de Messine, 1474-1475, Londres, National Gallery; baruch écrivant; Bern burgerbibliothek-Mss-hh-I.16 f41 Berne 1484-85; deux images de la Bible de Vivien; Donatus écrit sa grammaire; Heures à l'usage de Rome; IXe siècle, Cambrai, bibliothèque municipale 386 folio 40; Jacques de Cessoles, Amberg 1458, Rome, Vatican, Biblioteca apostolica Pal.lat. 961 folio 13v; La Haye, KB 76 F2 folio 255; le Rêve de l'amant; Livre du Trésor; Londres, British library, Harley 2897, folio 186v, Paris, 1410-1419.; Martin Lefranc, XVe siècle, Collection privée; New York, Pierpont Morgan library ms M105 folio 35; Portrait de Virgine, Ve siècle, Rome, Biblioteca Apostolicat Vaticana, Vat. Lat 3867 folio 3v; Saint Jérôme, Angleterre ou Hollande, 3e quart du XVe siècle, Oxford, Bodleian library, Bodlley Auct.D.inf.2.13 folio 209v; Saint Luc écrivant, sud de la Hollande, c.1450, La Haye, KB 76 G 22 folio 8; Saint Luc, Bible de Souvigny, Bourbonnais, fin XIIe siècle, Moulins, BM 1 folio 342; Saint Luc, Tours, 2ème moitié du IXe siècle, Paris BNF latin 269 folio 150v; Saint Luc, XVe siècle, Briançon, Eglise des Cordeliers; Saint Luc. Londres, British library, Harley 2820 folio 120. Cologne, dernier quart du XIe siècle; Saint Marc, Evangiles de Loisel, Reims, 800-850, Paris, BNF latin 17968 folio 55v; Saint Marc, Hidlesheim, 970-1030, Hildesheim, Domschatz 34 folio 66v; Saint Marc, Saint-Gall, IXe-Xe siècle, Munich Bayerische staatsbibliothek Clm 22311 folio 97; Saint Marc, Utrecht 1332, La Haye 10B21 folio 117v; saint mathieu, xive siècle; Sedechias avec ses disciples; St Jean, Oxford; St Luc, Livre de prières d'Alphonse V d'Aragon; St Marc, Freising; St Mathieu, Freising; St Marc, Livre de prières d'Alphonse V d'Aragon; st Mathieu, Heures Rothschild, Heures de Jeanne de Castilles c. 1500, Londres, British library Add 35313 folio 14v de londres; Valentin Boltz; Vulfage écrivant; Saint écrivant , Paris, 1410-1419, British library, Harley 2897 folio 186v; Saint Jérôme, Atelier de Van Eyck, 1442, Detroit, Institute of Art; Saint Jérôme, Savoie, 3ème quart du XVe siècle, Dijon, Bibliothèque municipale 8 folio 1v; Saint Luc peignant la Vierge, Niklaus Manuel, 1515, Kunst museum of Bern; Bible d'Hambourg, GKS 4, 2 ; Saint Grégoire, après 1154, Oxford, Bodley, Canon.Liturg. 297 folio 110v; Saint Luc, Mayence IXe siècle, Munich, Bayerische staatsbibliothek Clm 4451 folio 176; Salomon écrivant les Proverbes, Picardie, vers 1220-1230, Paris, bibliothèque Mazarine 36 folio 240v; Baruch, Catalogne , XIIIe siècle, Dijon 3 folio 169; Titus, Universitäts und Landesbibliothek, Düsseldorf ms A 14 fol 119v

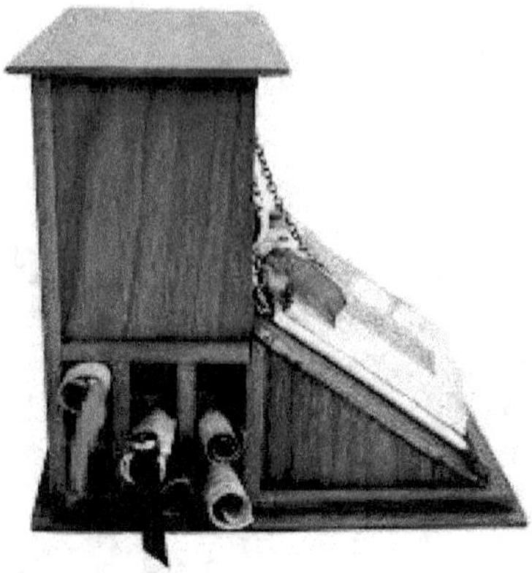

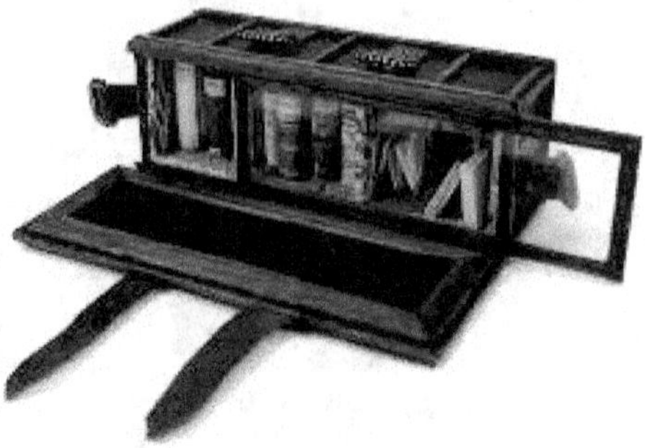

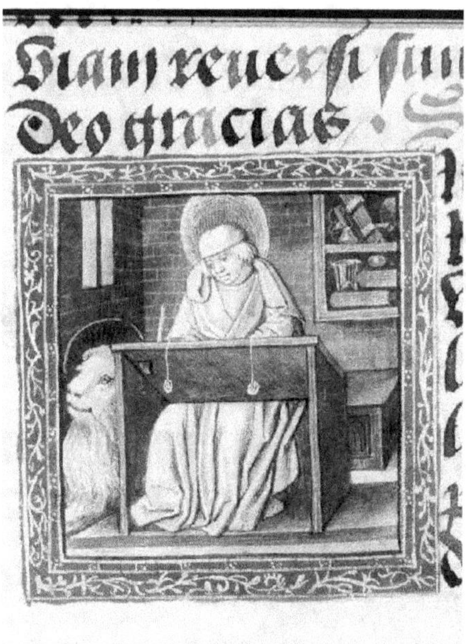

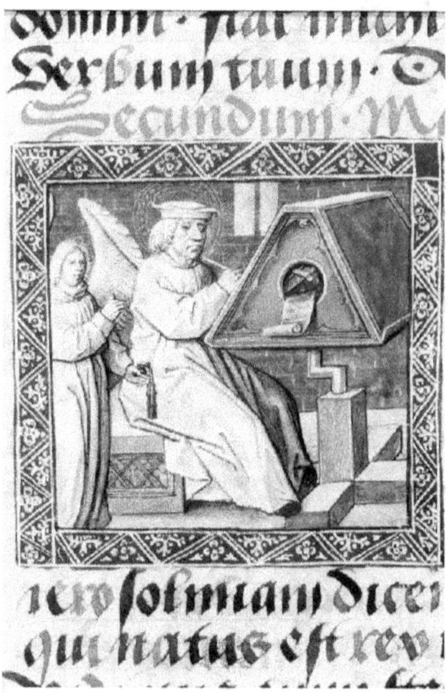

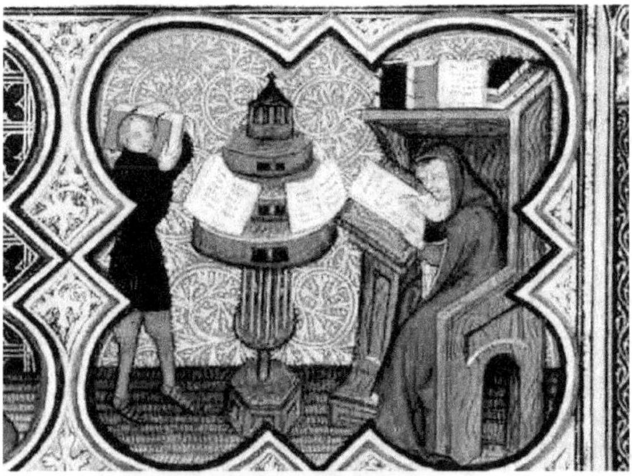

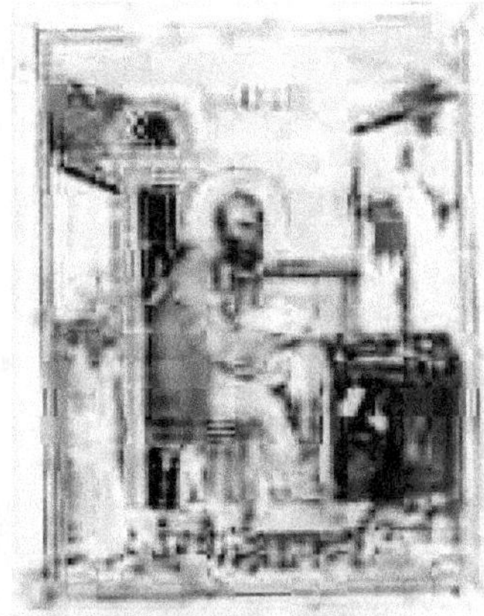

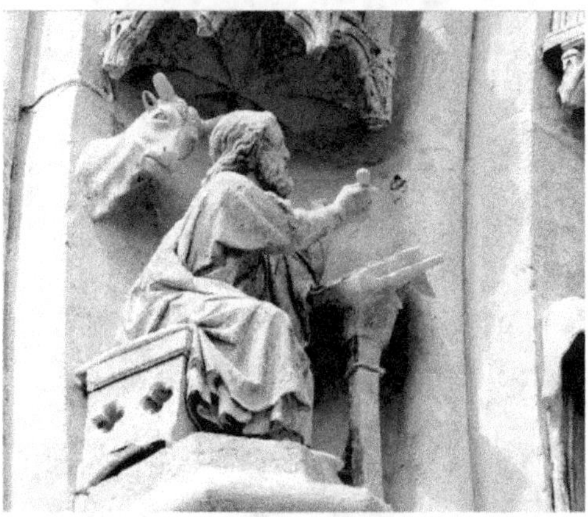

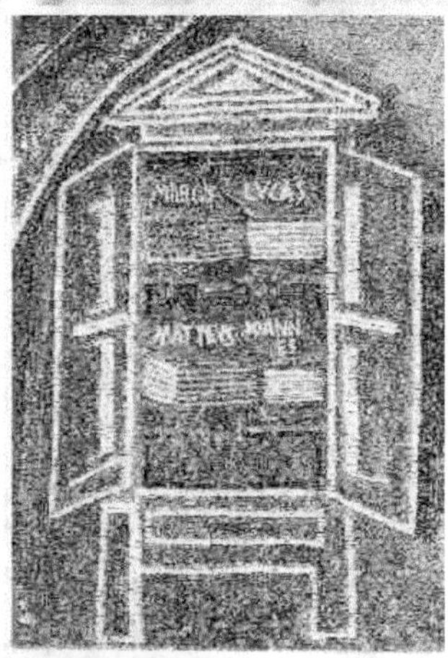

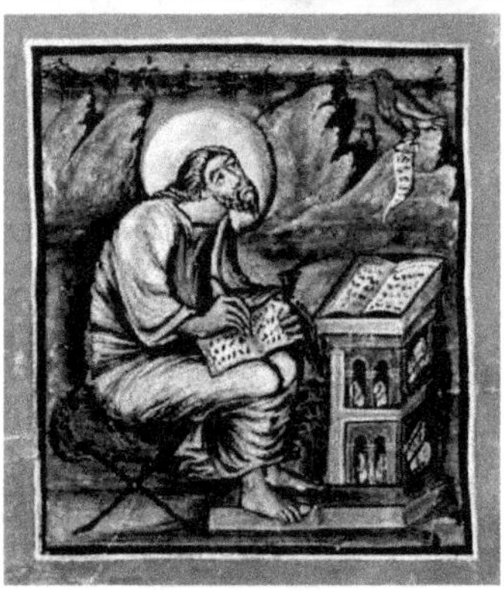

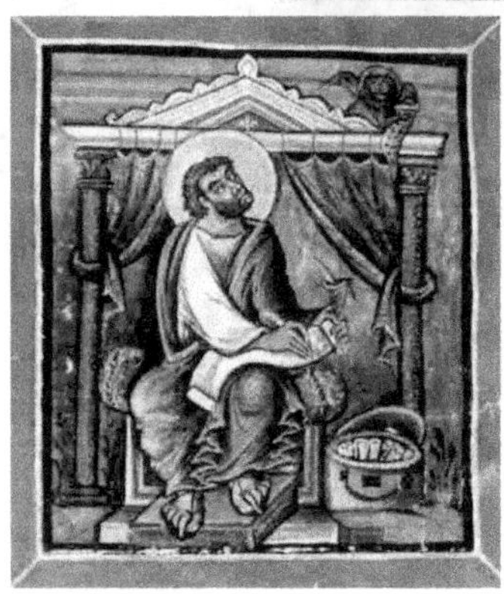

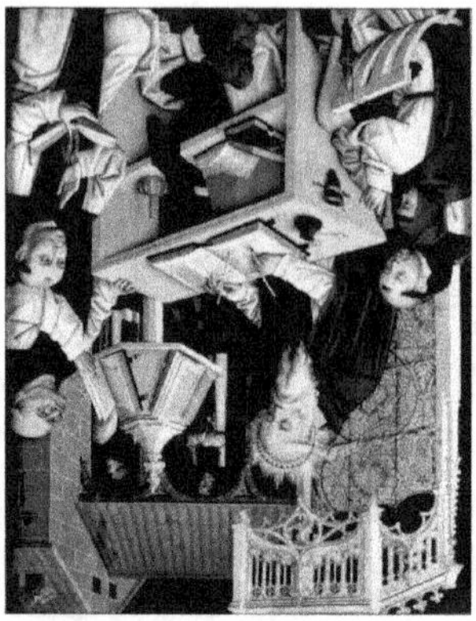
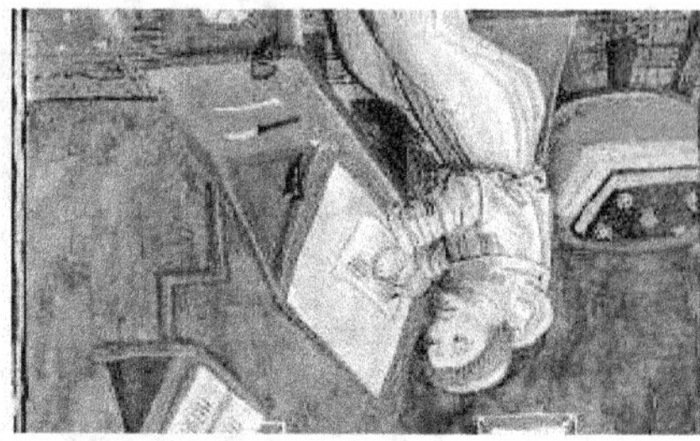
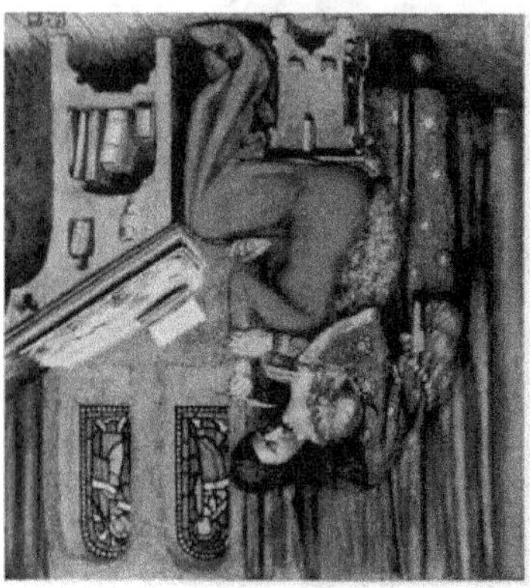
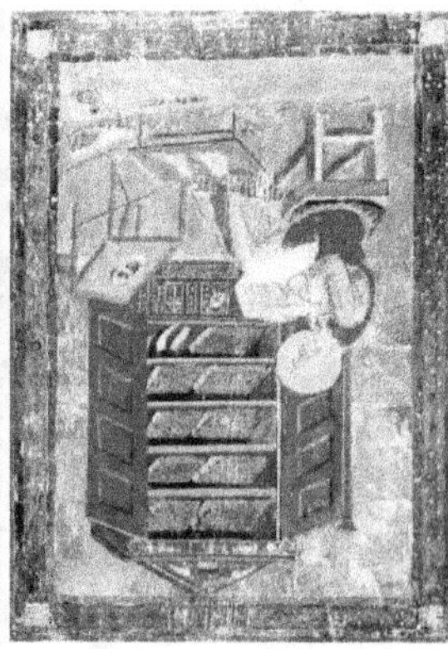
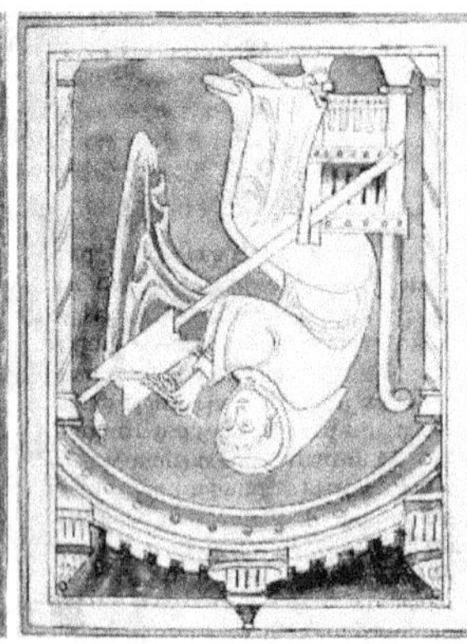
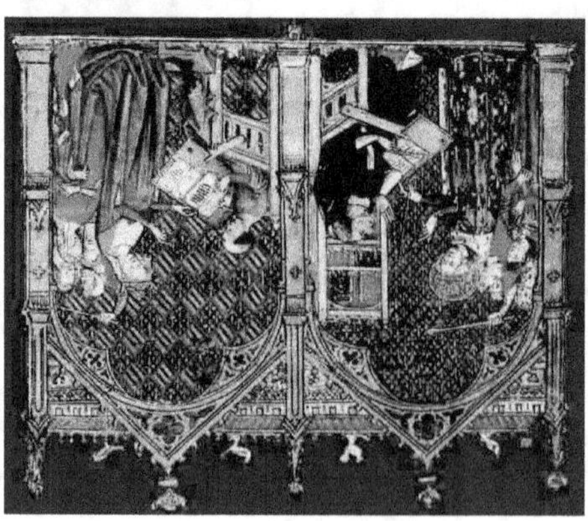
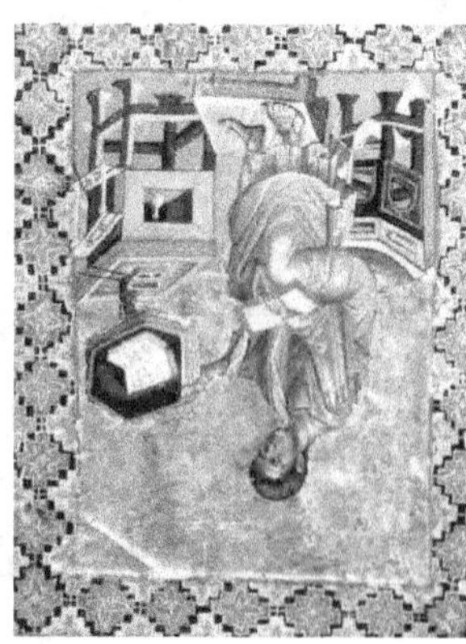

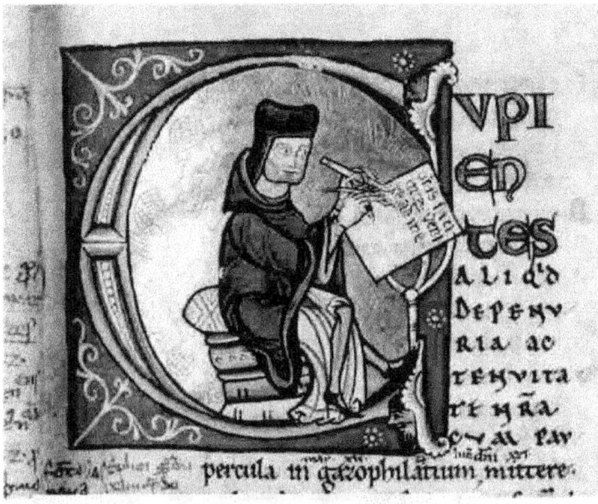

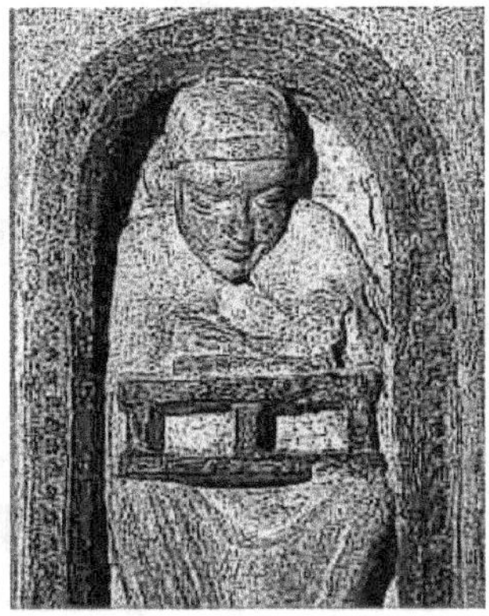

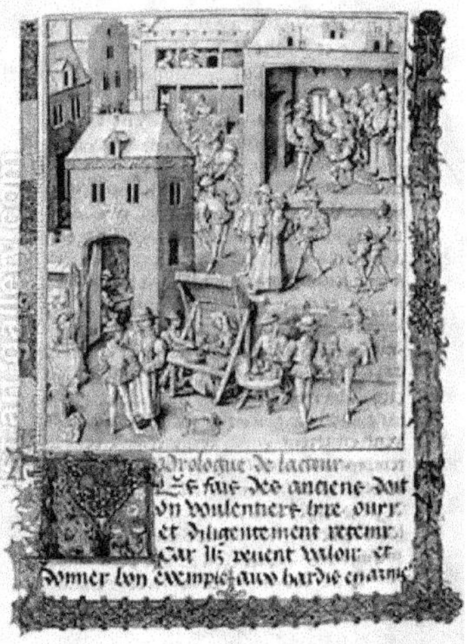

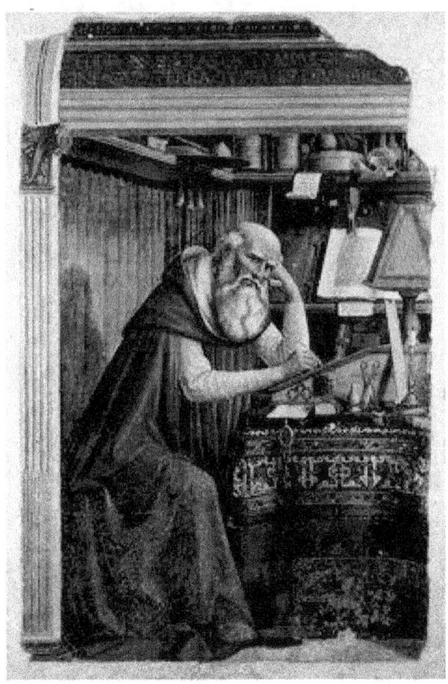

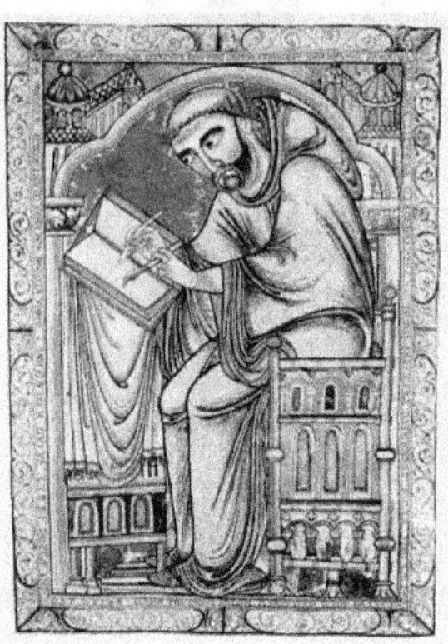

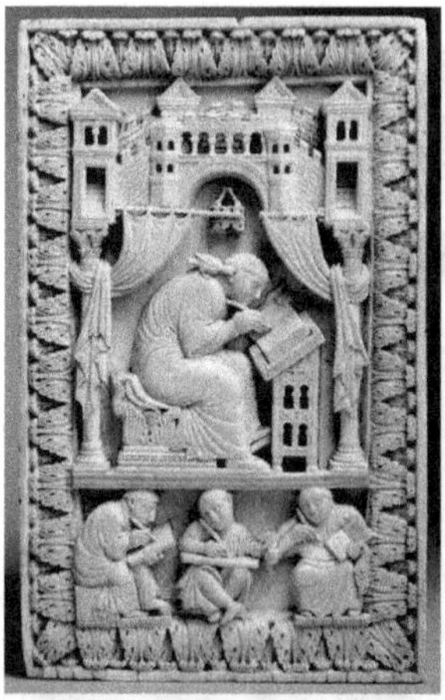
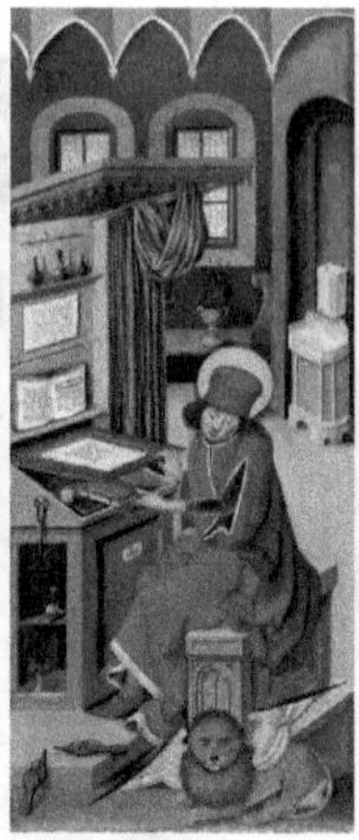
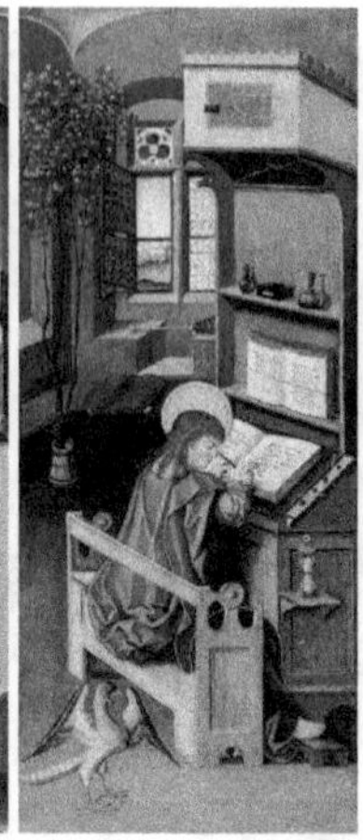
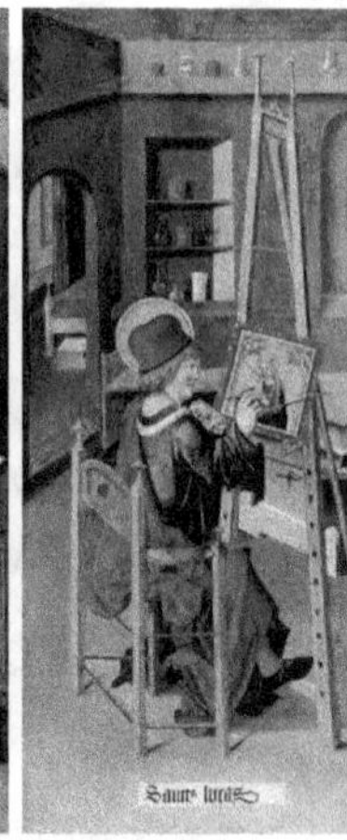
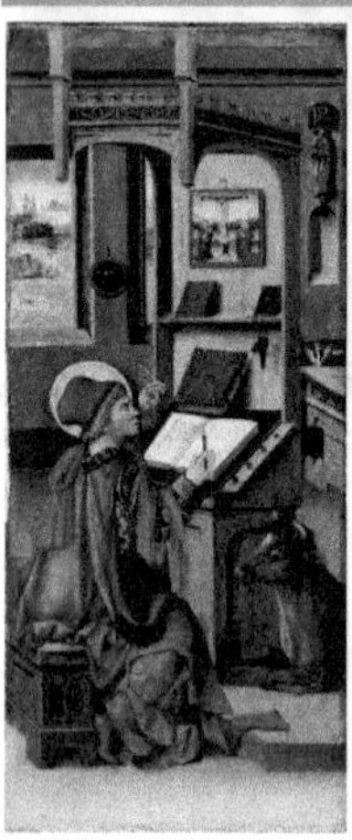
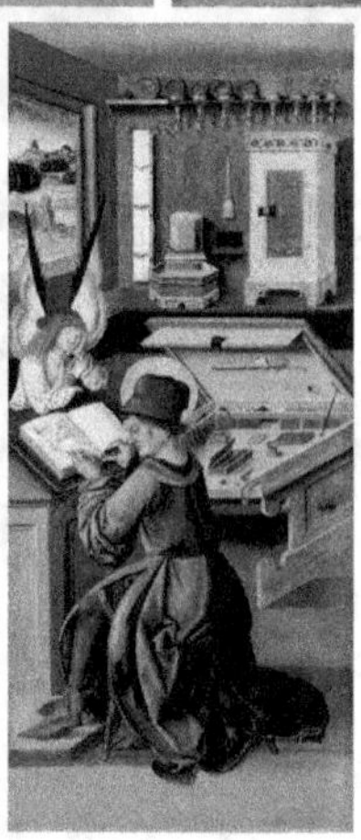
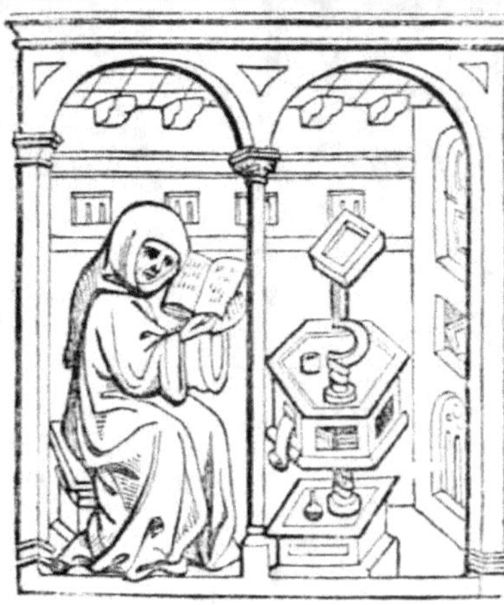

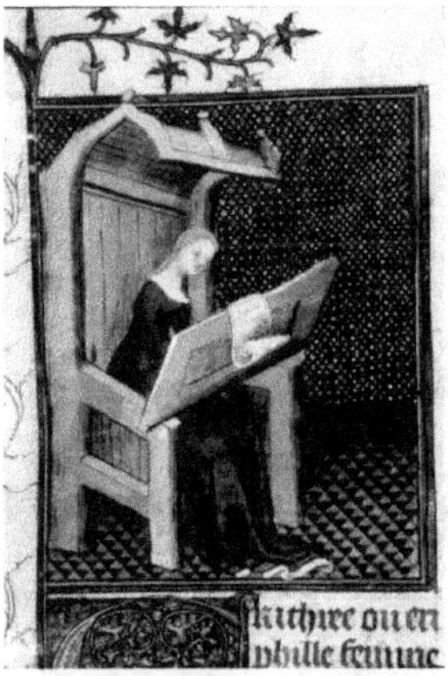
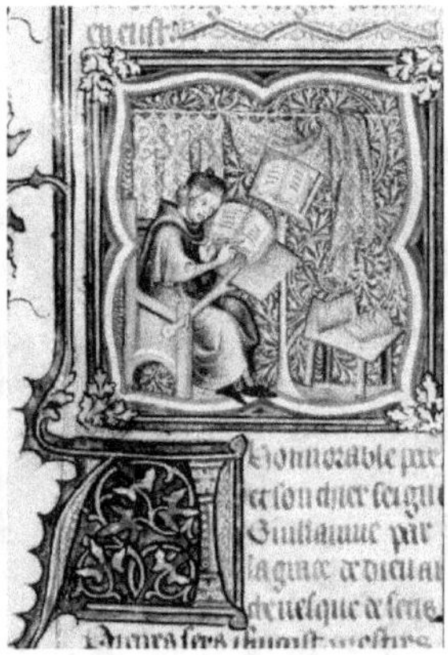
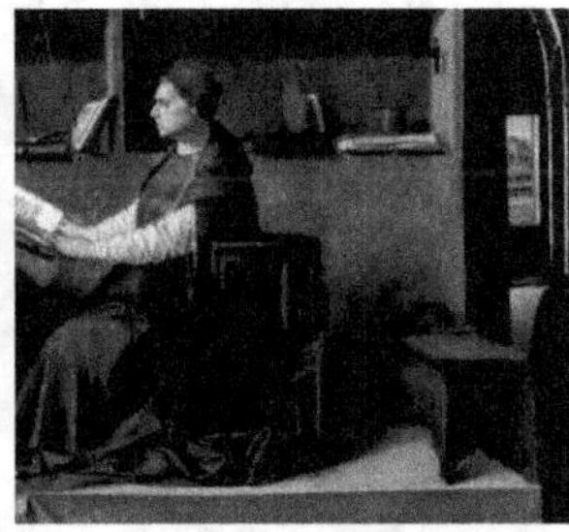
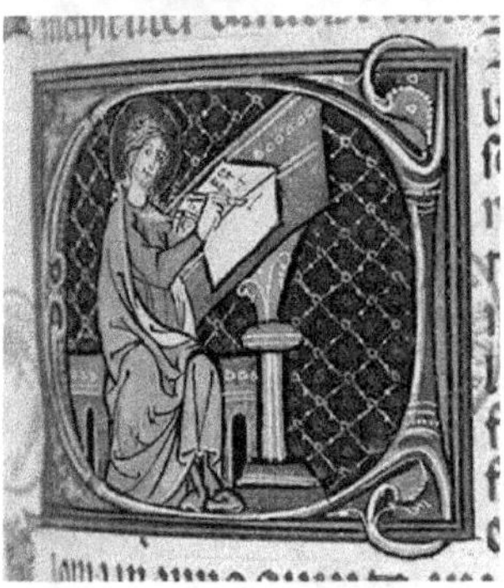
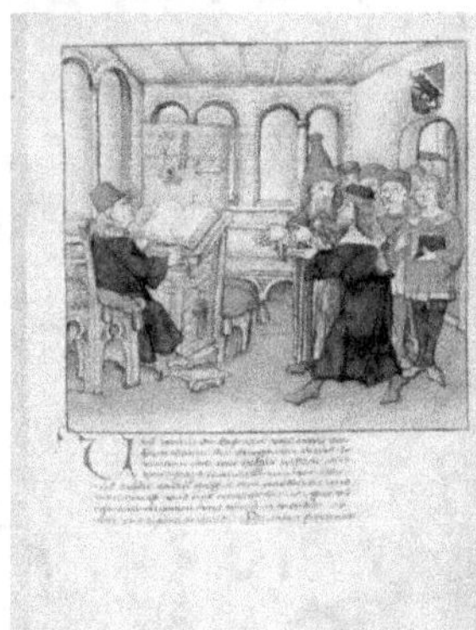
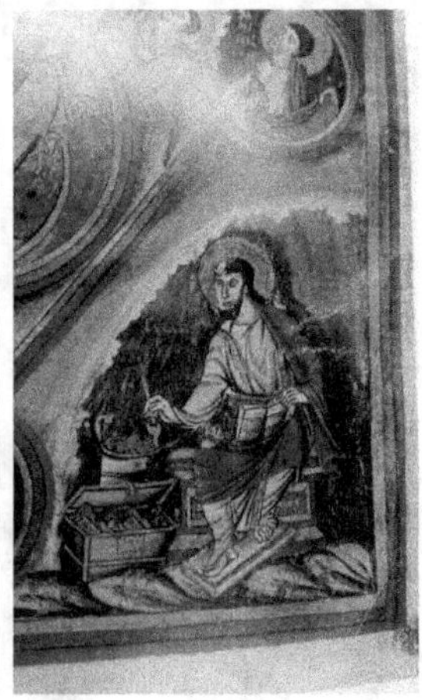
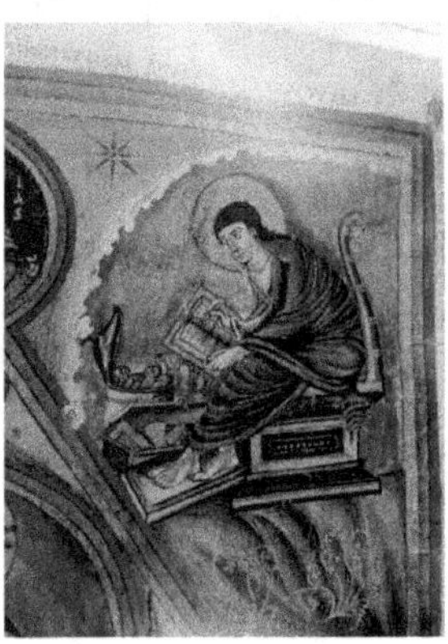
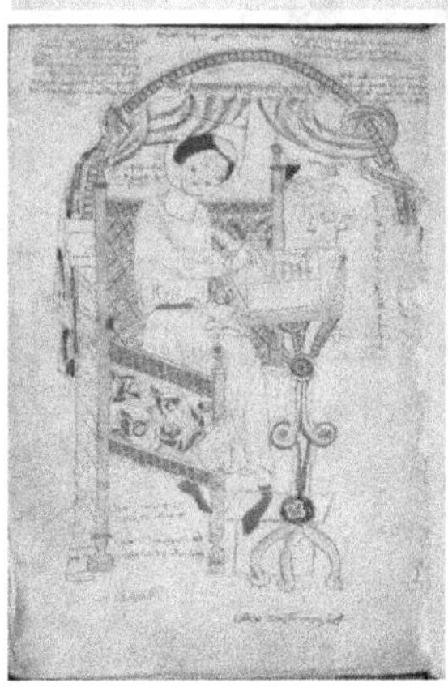
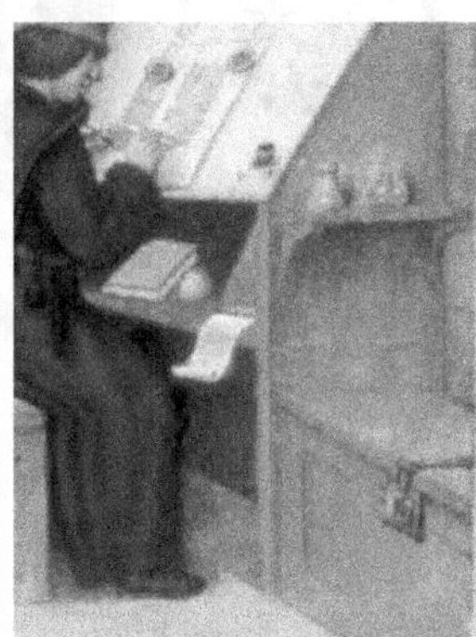

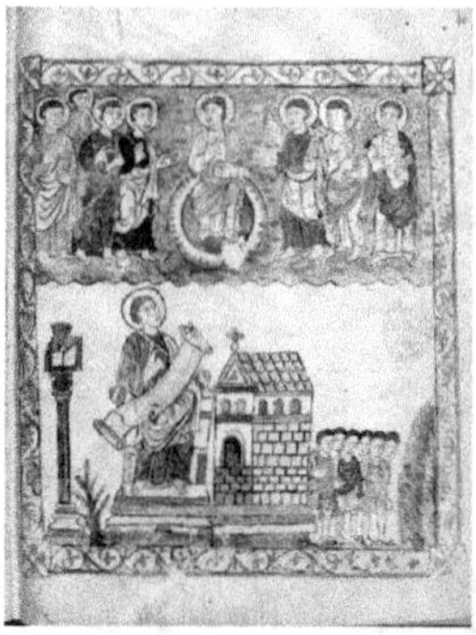
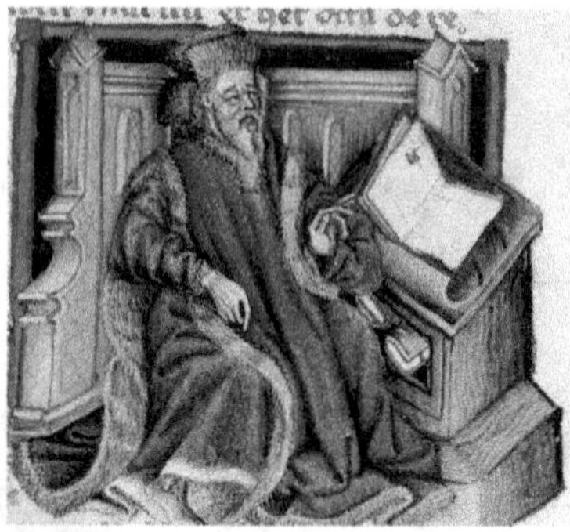
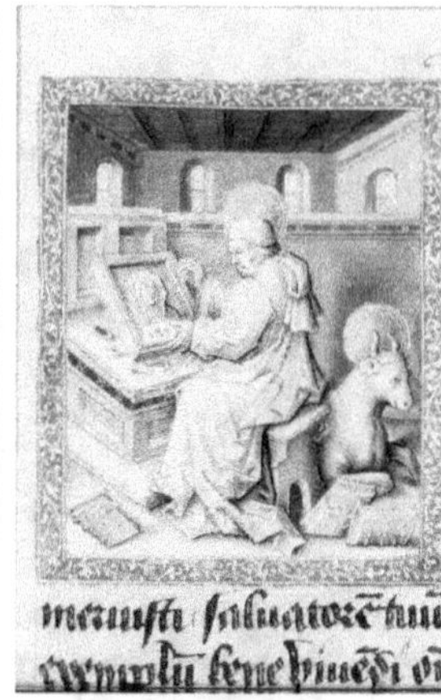
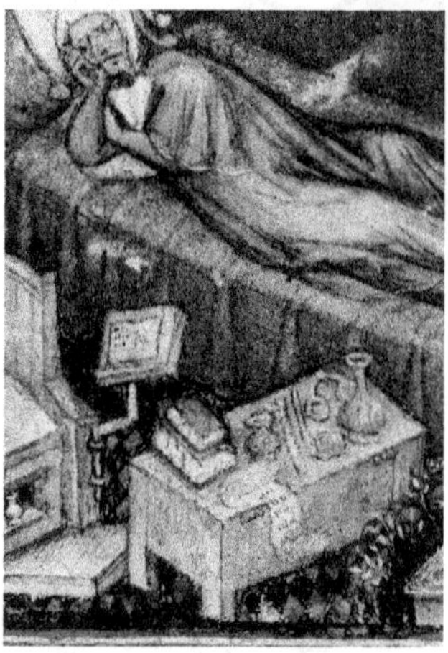
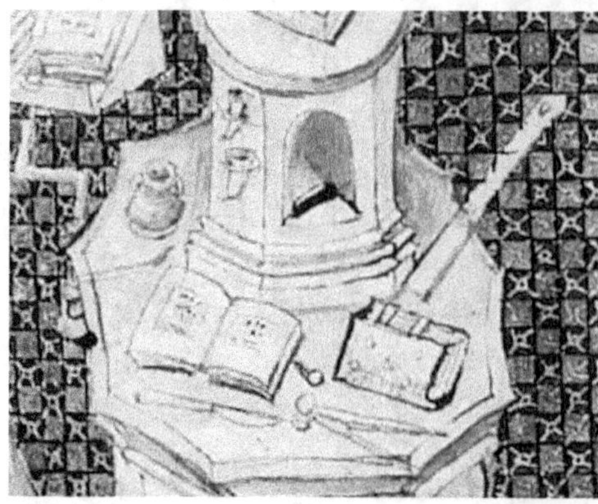
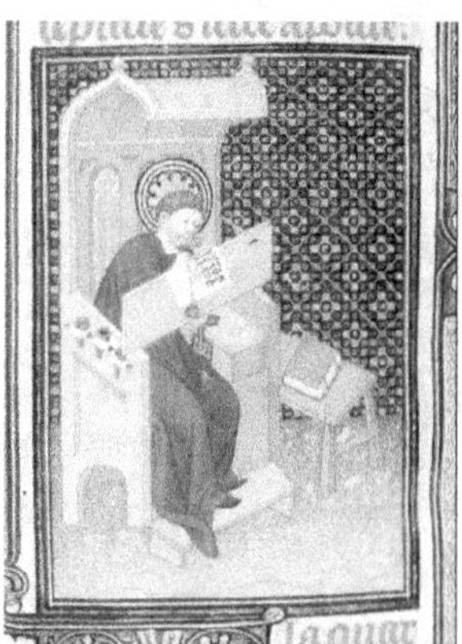
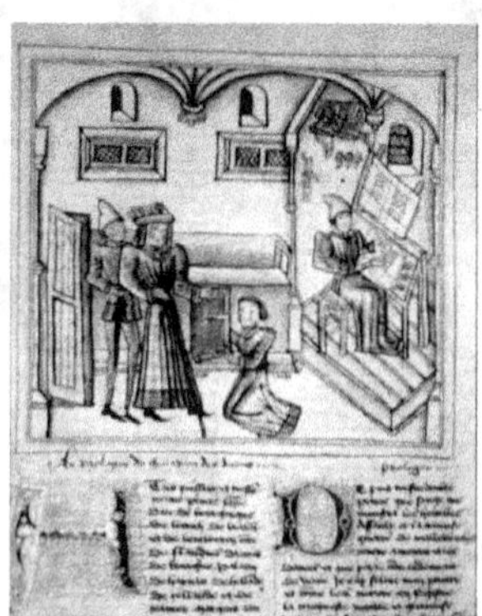
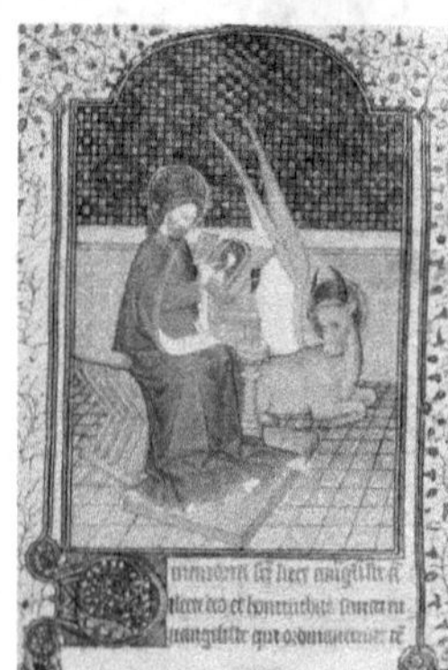

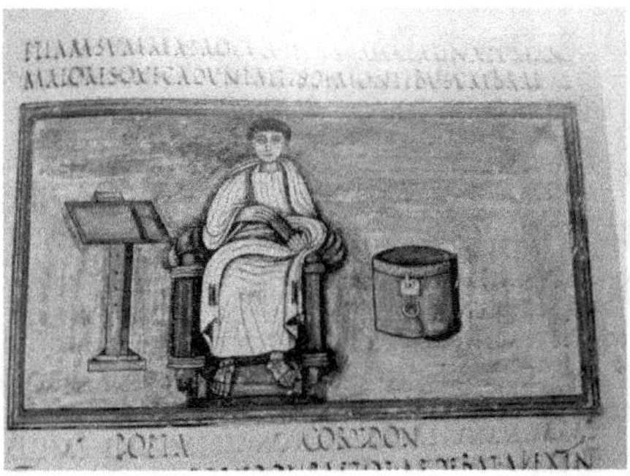

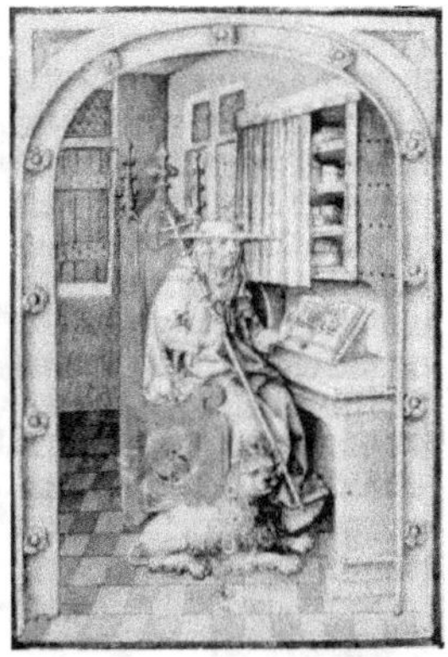

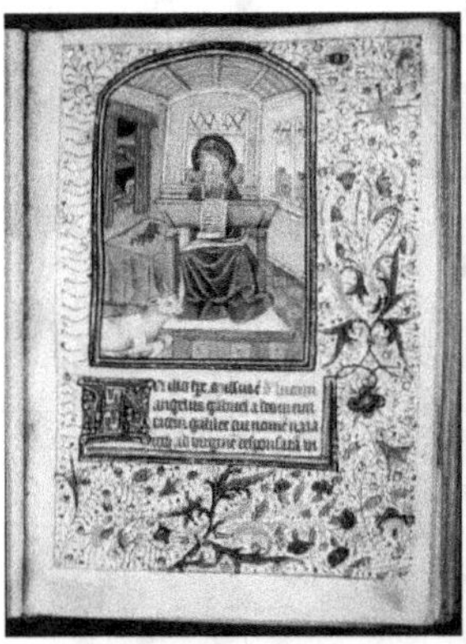

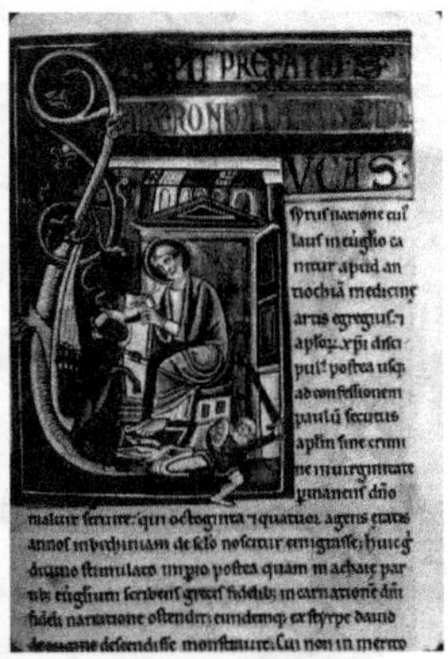

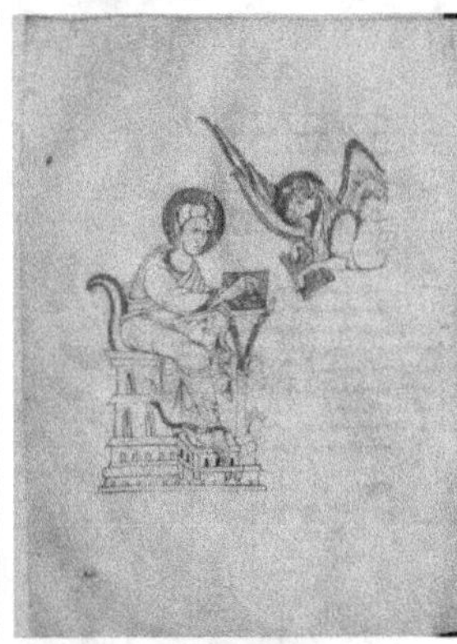

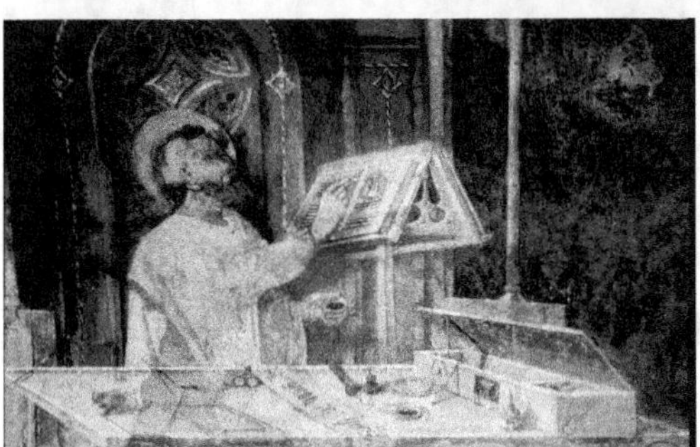

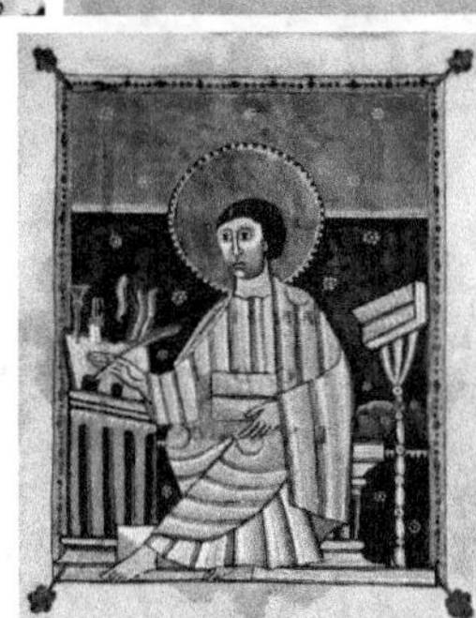

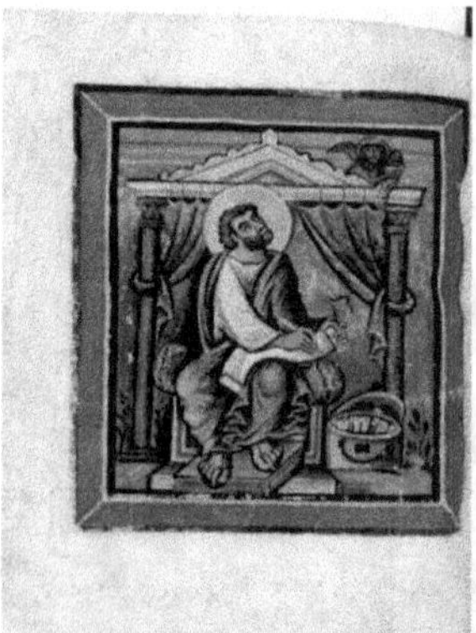

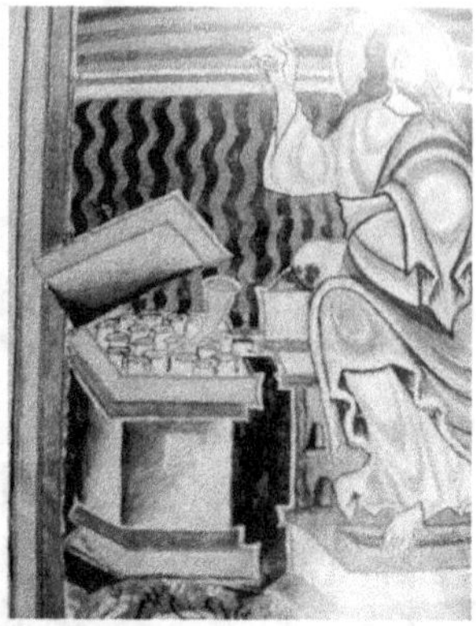

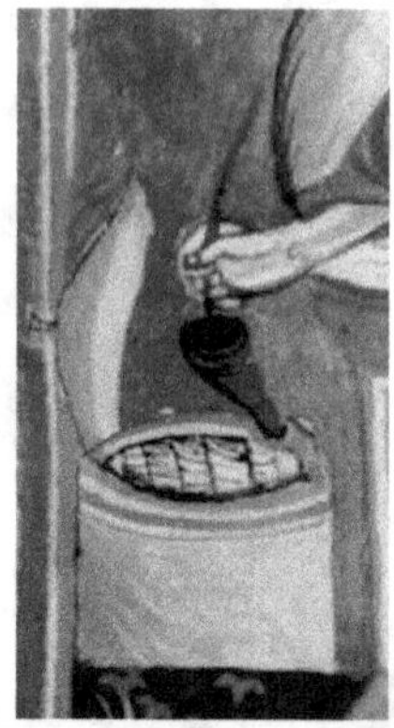

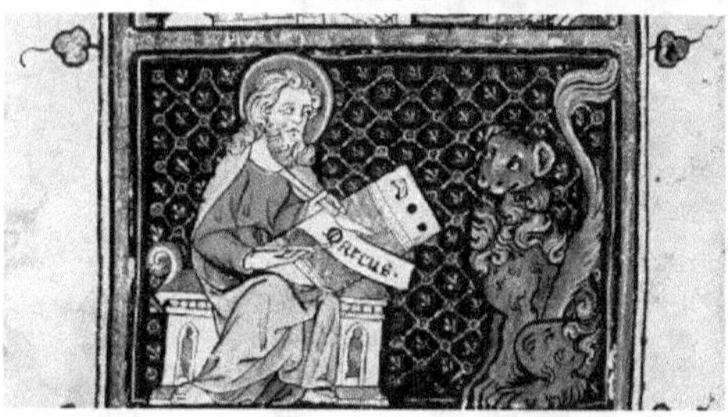
Marcus.

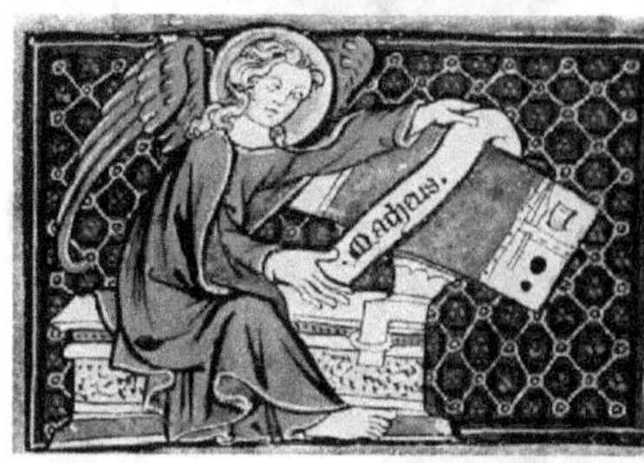
Matheus.

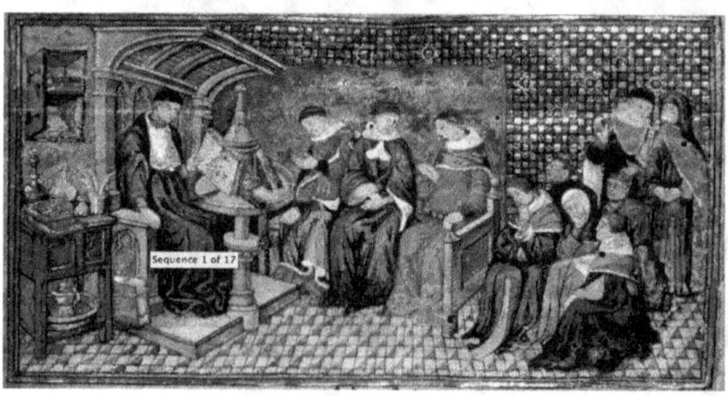
Sequence 1 of 17

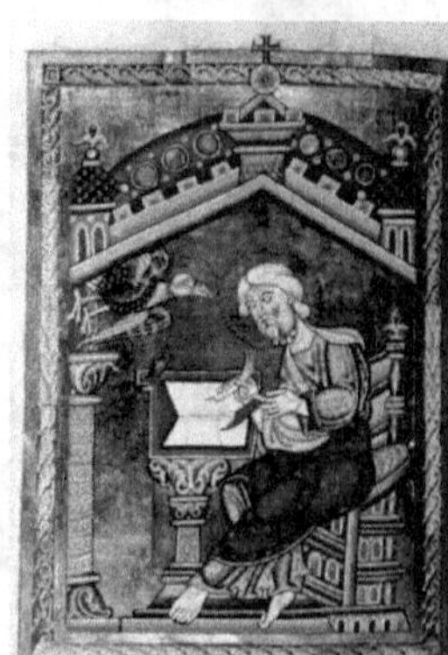

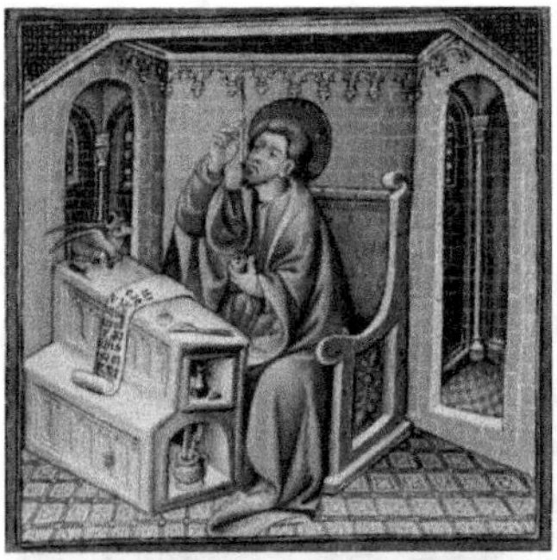
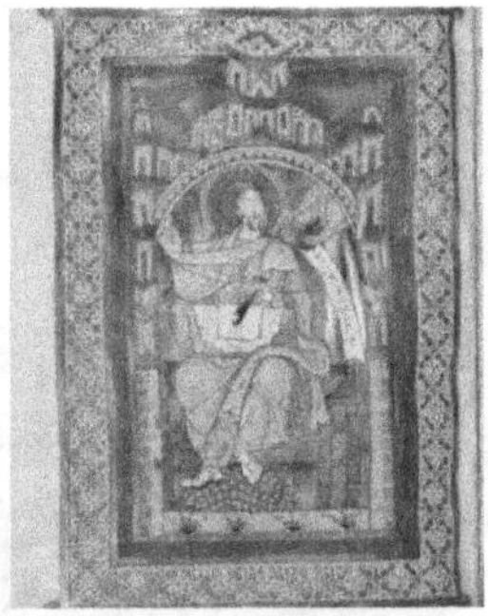
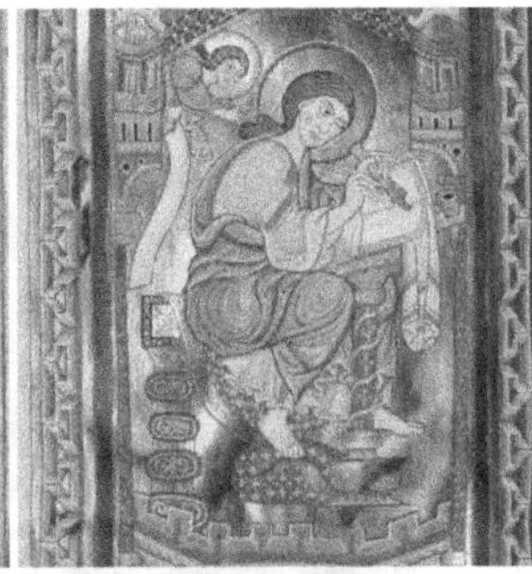
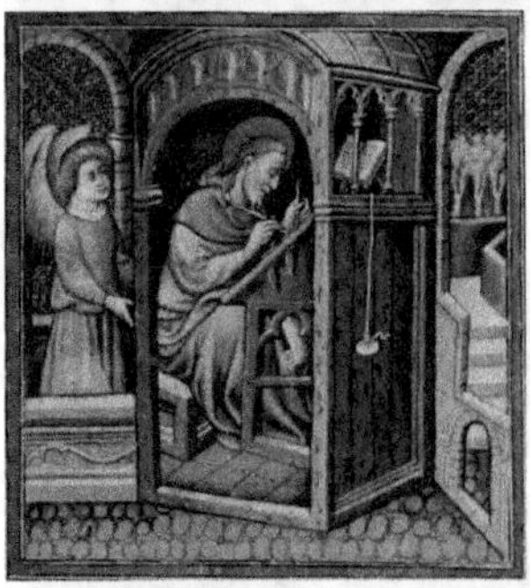
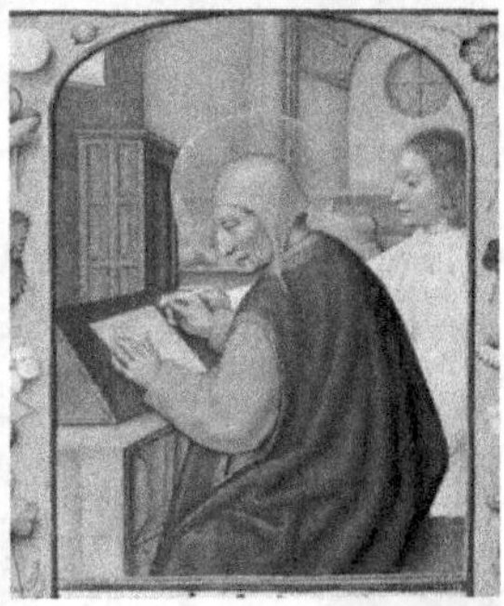
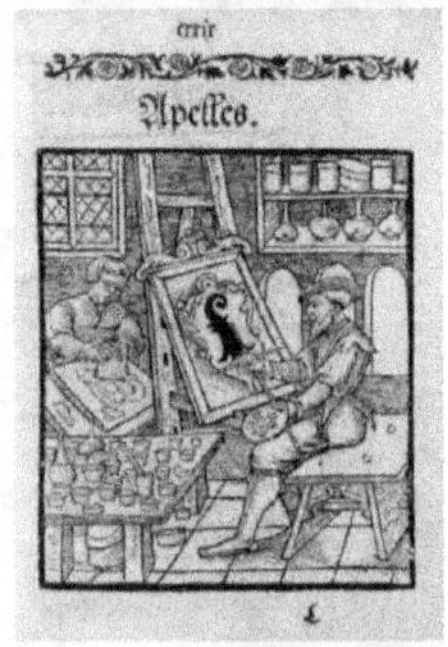
Apelles.
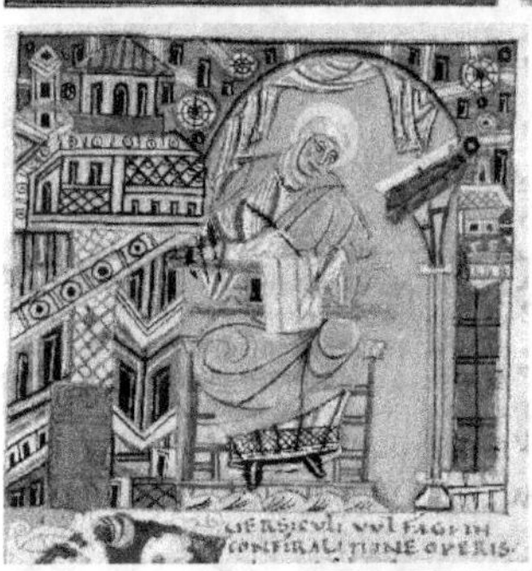
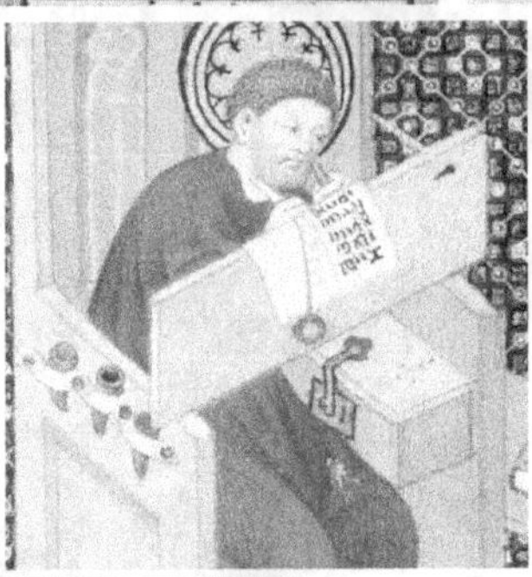
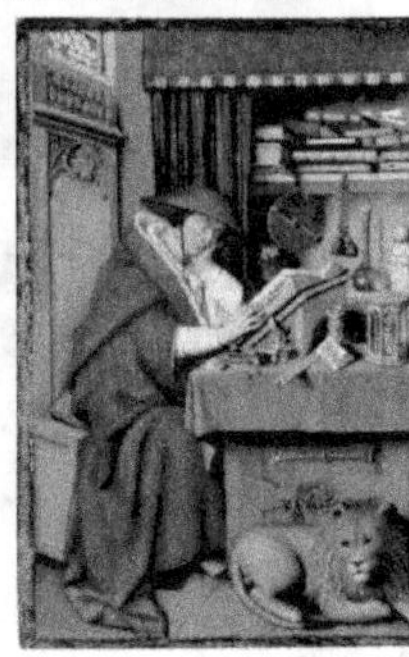
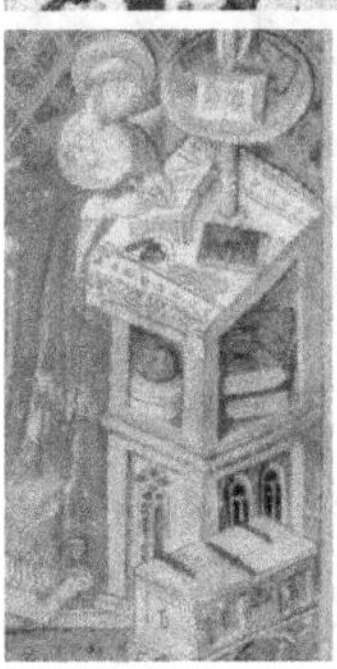
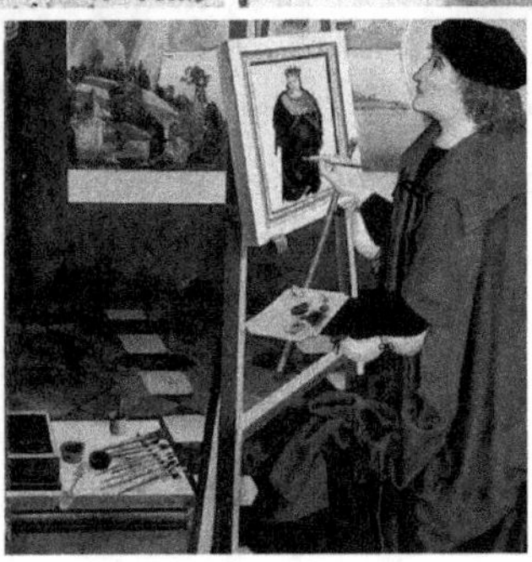

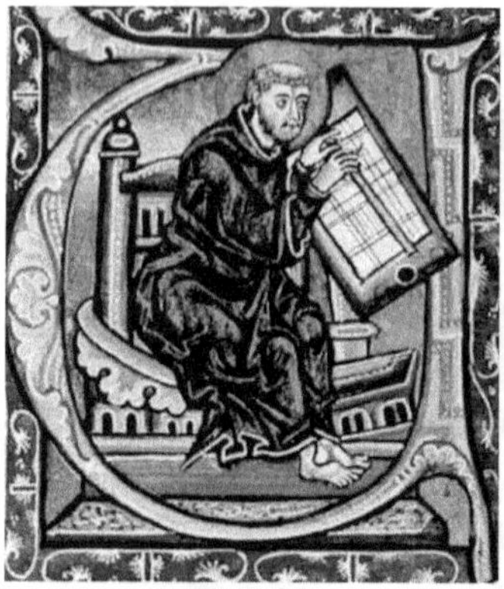
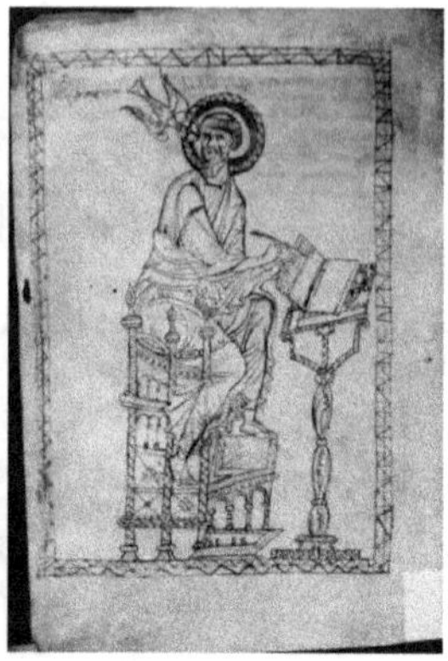
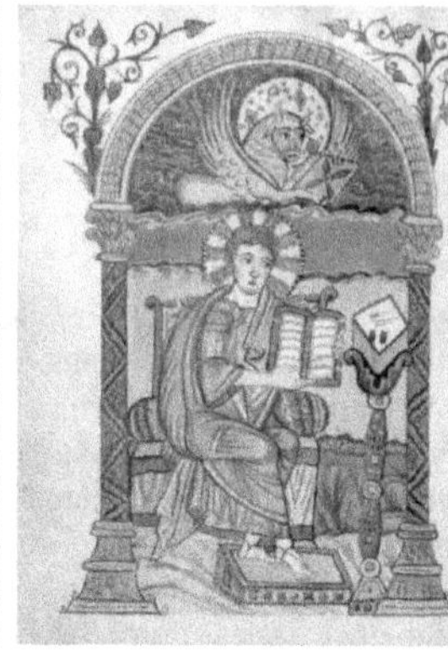
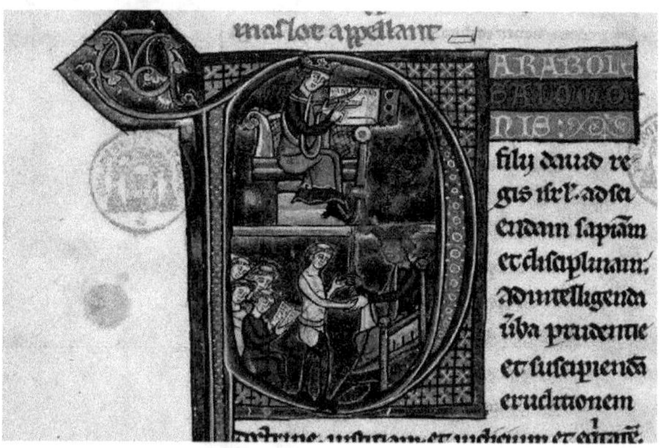
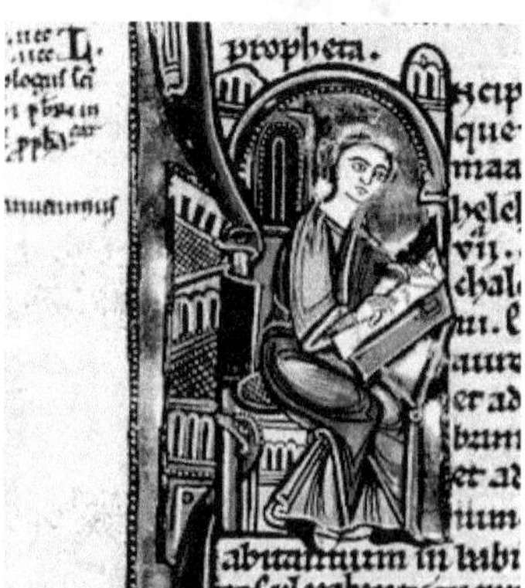
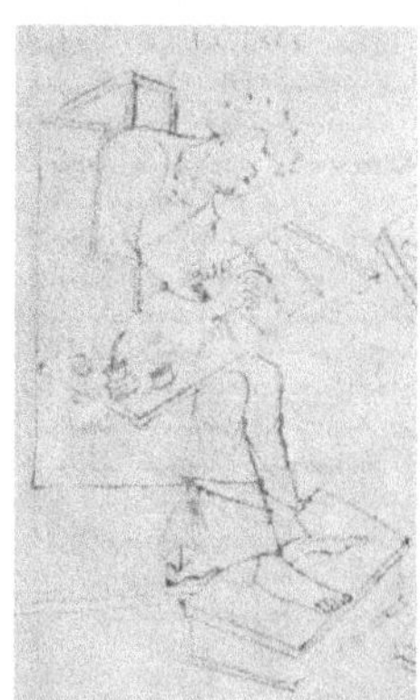

Planche d'images sur le thème iconographique de Saint Jérôme à son étude:

Libraries in the Medieval and Renaissance Periods; medieval writing desk;
Saint Jérôme par: Antonello da Messina (trois images); Antonio da Fabriano II; Dürer, 1511; Frankenthaler Bibel; Marinus van Reymerswale; atelier de Reymerswale; Jaume Ferrer; Jan van Eyck; Vincenzo Catena; atelier de Pieter Coecke van Aelst; Coelum Stellatum Christianum;; Giotto; Lorenzo Monaco, c. 1420; Lucas Cranach; Colantonio, c. 1444-1445; Stefan Lochner, c. 1435, North Carolina Museum of Art, Raleigh, G.52.9.139; Master of Sir John Fastolf, c. 1420-1450; Bible, Walters Manuscript W.805, fol. 1r ; ms flamand, Xve s., Lambeth Palace Library MS. 455, Horae, Use of Sarum, ; Henry V Steinwick, 1630, Joseph R.Ritman Collection;
Anonyme, Gregor und hl Hieronymus mit Christus am Kreuz, c. 1460; Wartburg Lutherstube (deux images);

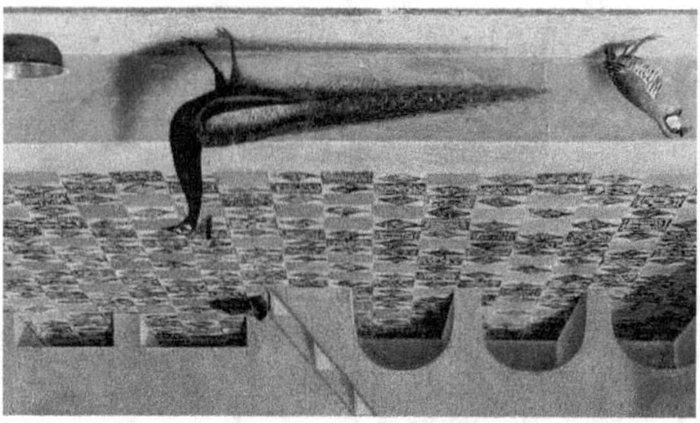

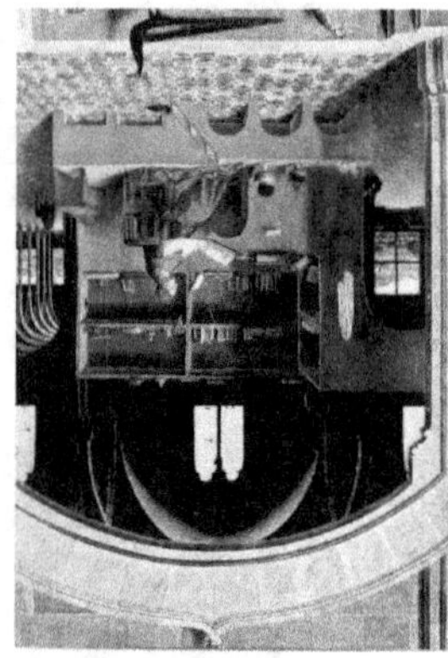

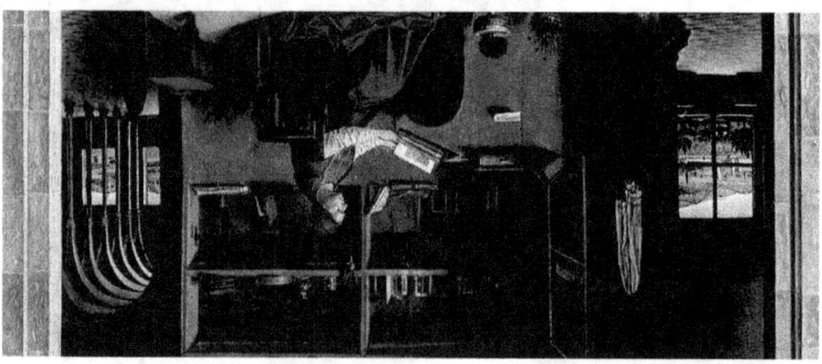

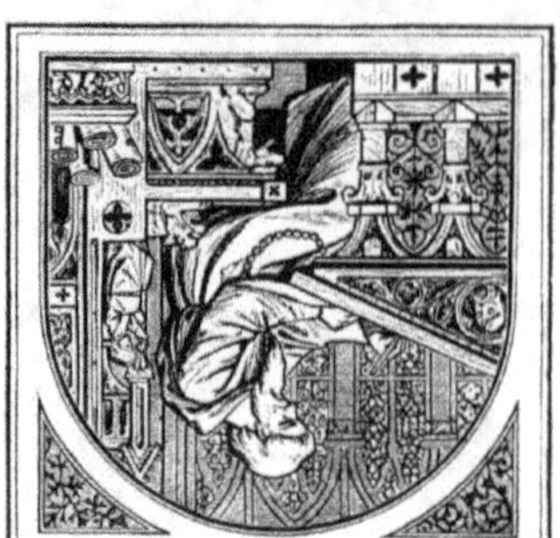

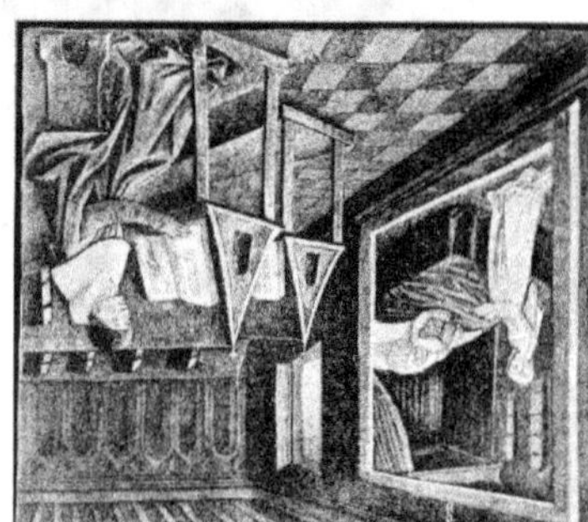

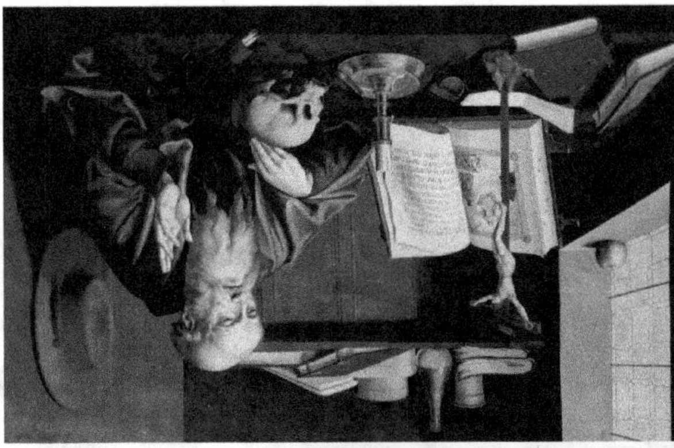

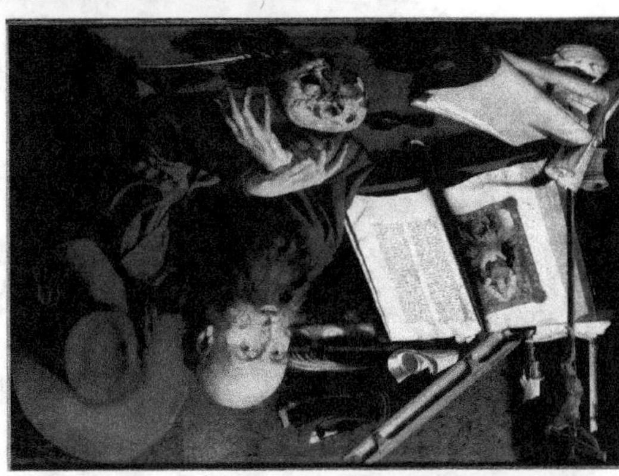

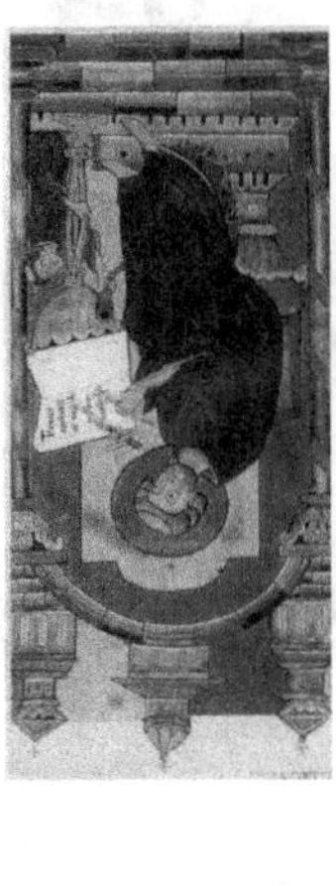

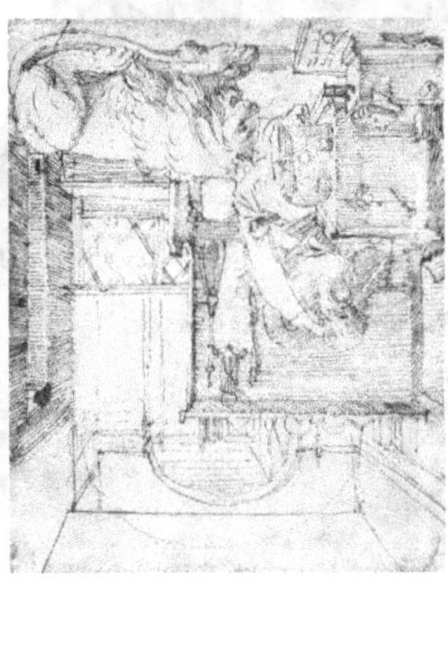

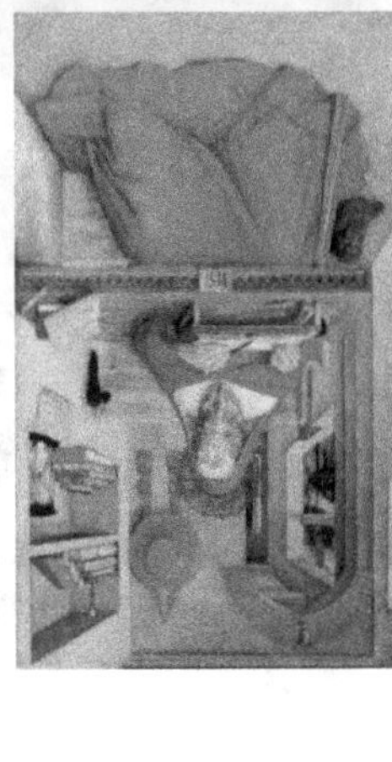

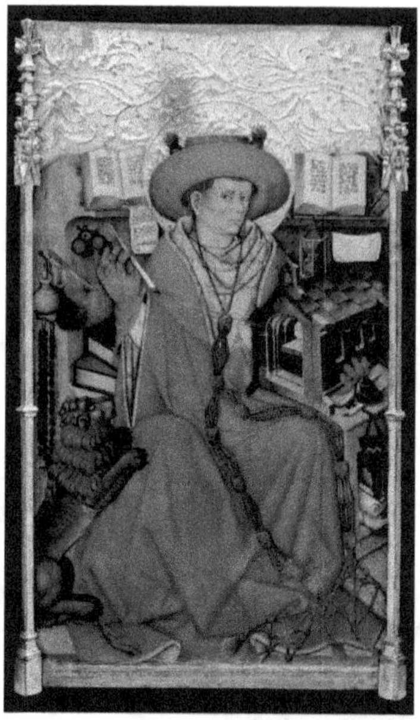
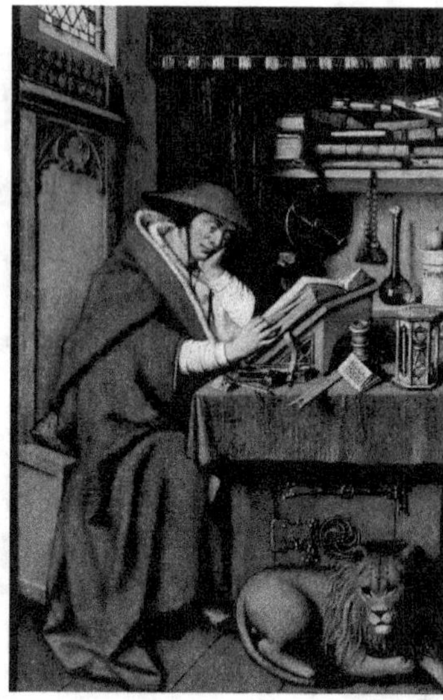
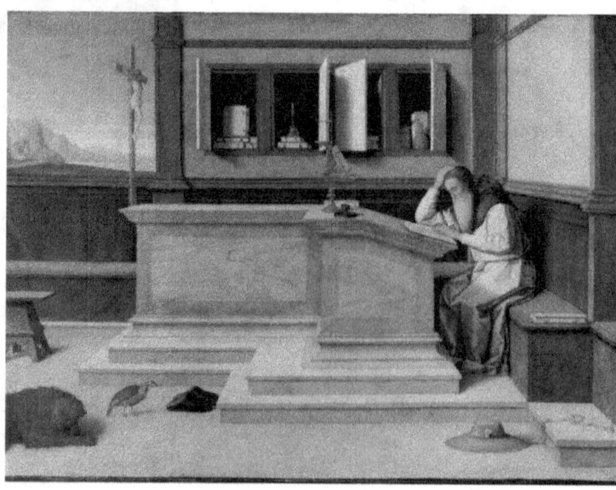

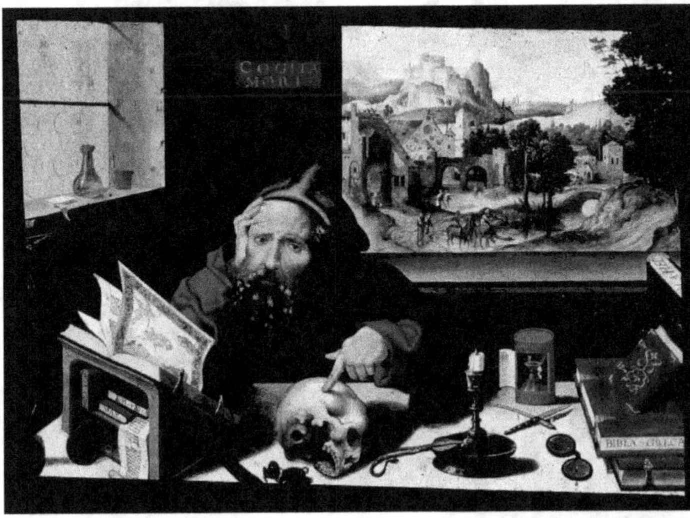
COGITA MORI

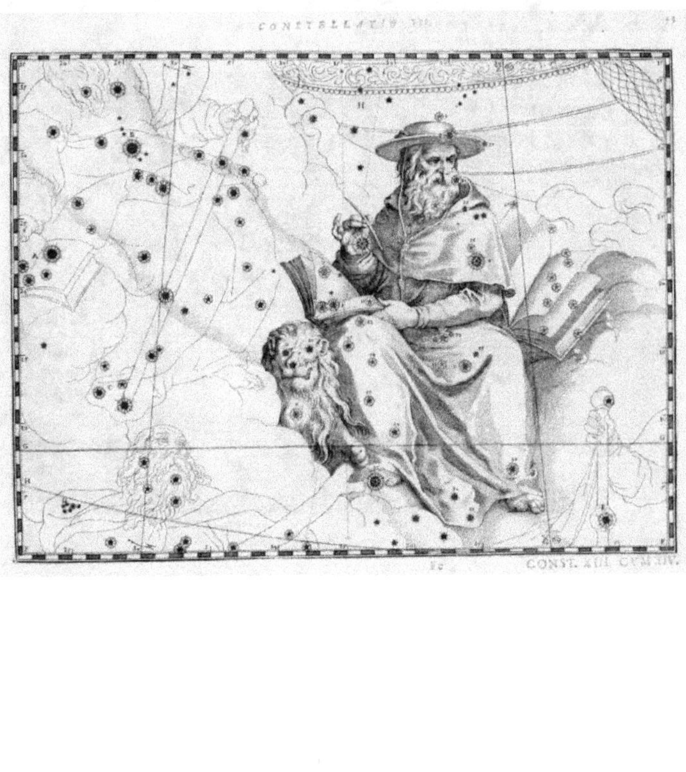

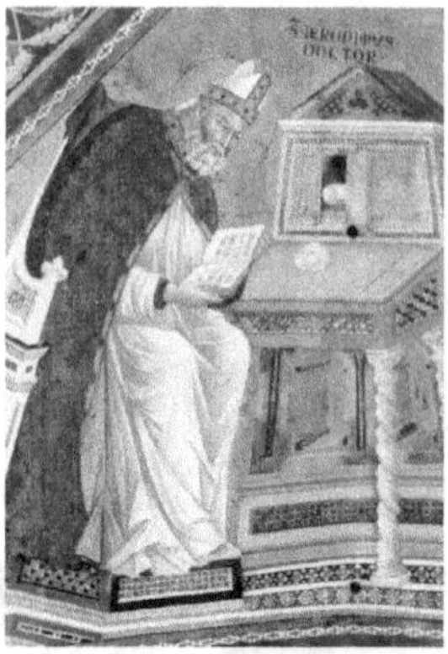
DOCTOR

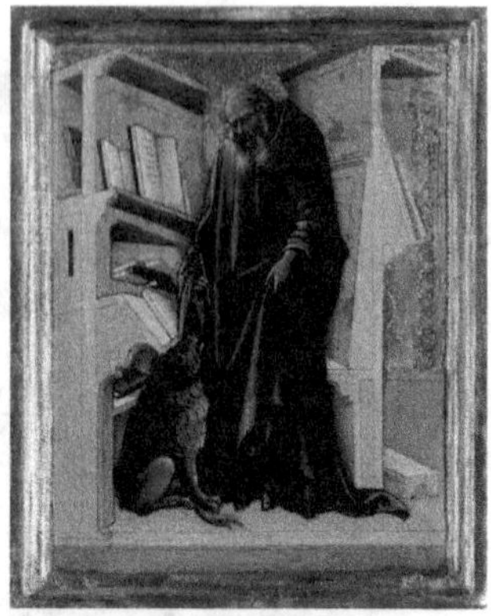

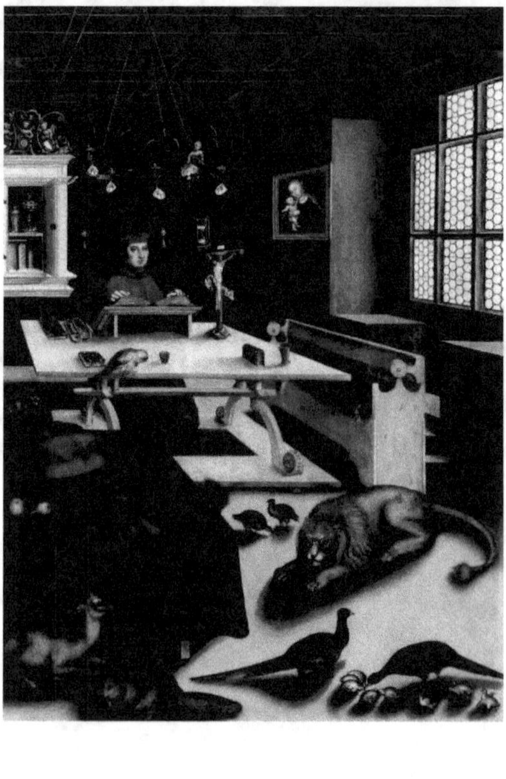

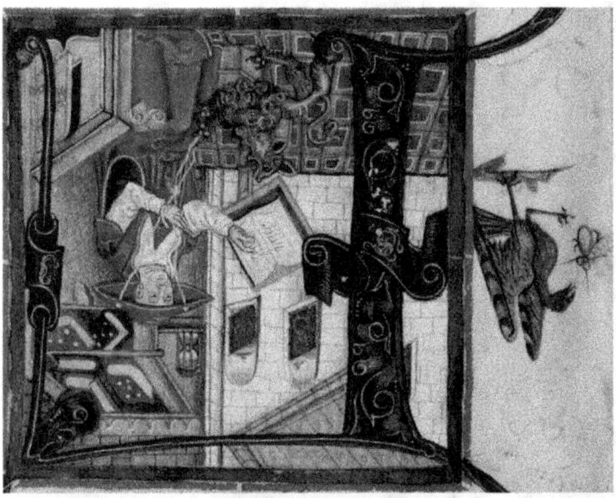

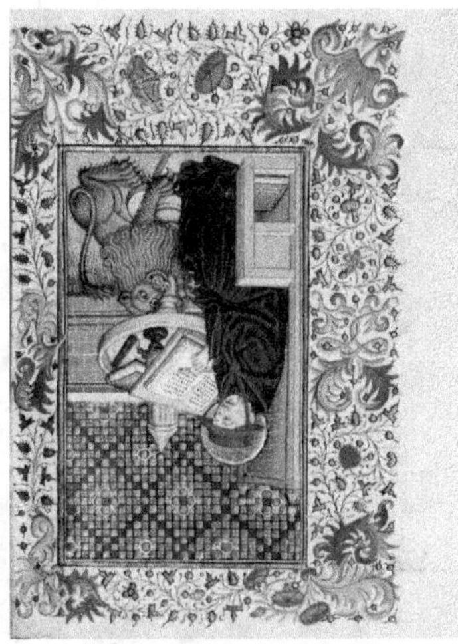

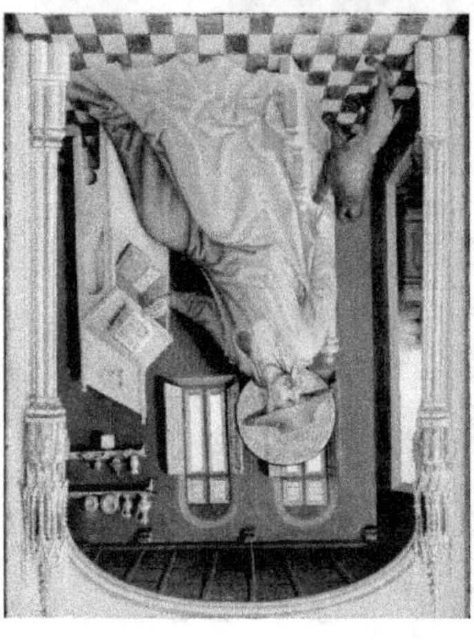

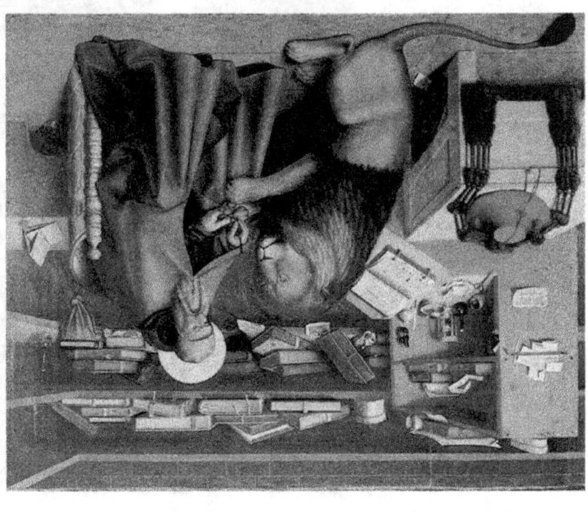

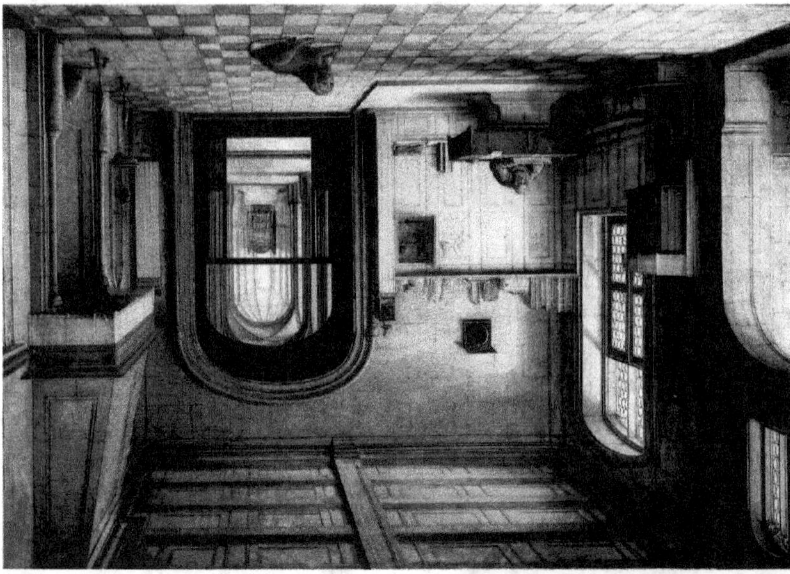

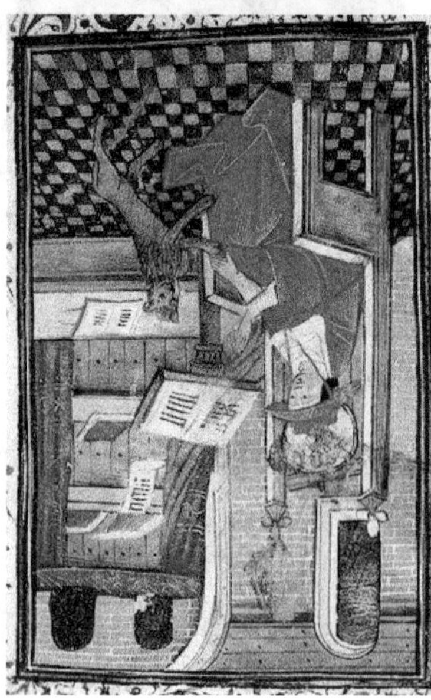

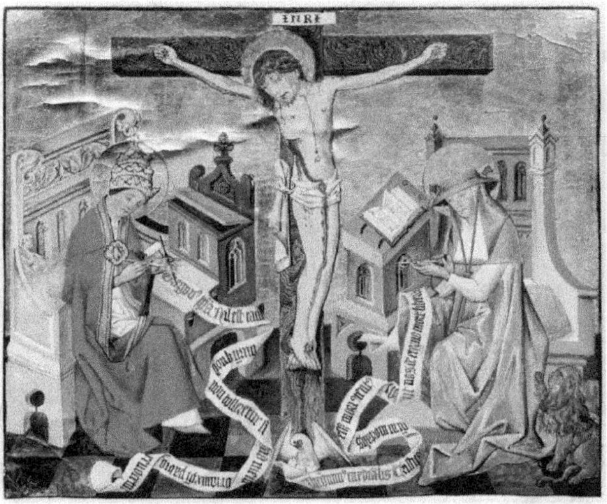
INRI

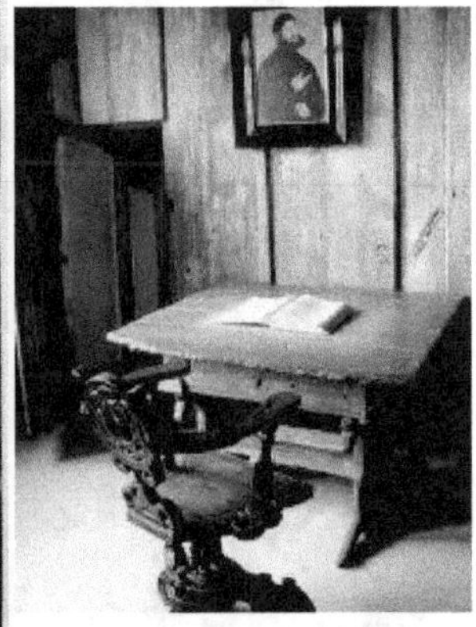

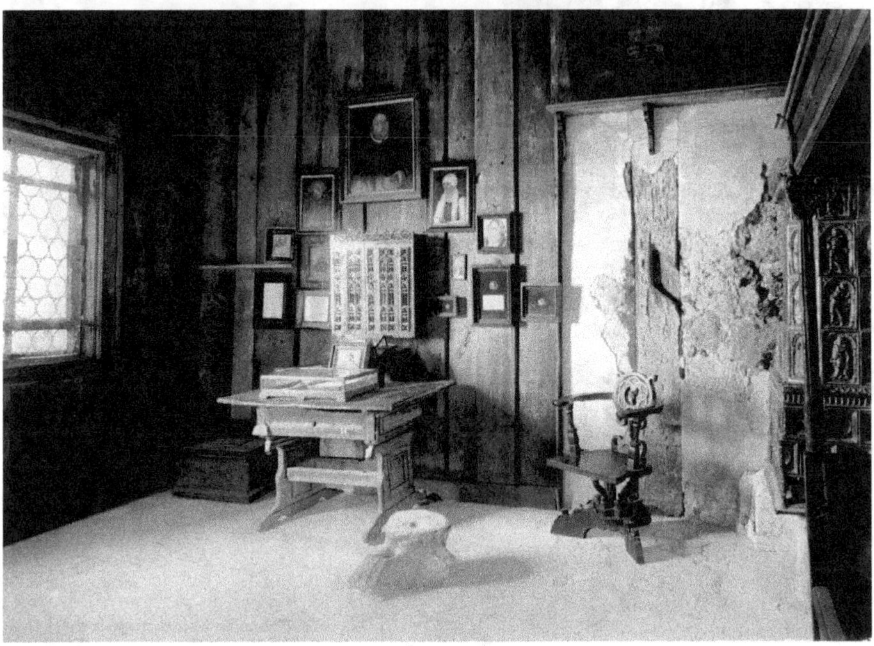

www.ingramcontent.com/pod-product-compliance
Lightning Source LLC
Chambersburg PA
CBHW050044230526
45470CB00004B/1403
9782354241926

www.ingramcontent.com/pod-product-compliance
Lightning Source LLC
Chambersburg PA
CBHW070647220526
45466CB00001B/324